"十三五"工商管理类课程规

财务会计实务

徐佳 编著

Financial Accounting

经济管理出版社
ECONOMY & MANAGEMENT PUBLISHING HOUSE

图书在版编目（CIP）数据

财务会计实务/徐佳编著. —北京：经济管理出版社，2015.12
ISBN 978-7-5096-4123-1

Ⅰ.①财… Ⅱ.①徐… Ⅲ.①财务会计—高等职业教育—教材 Ⅳ.①F234.4

中国版本图书馆 CIP 数据核字（2015）第 306038 号

组稿编辑：王光艳
责任编辑：许　兵
责任印制：黄章平
责任校对：赵天宇

出版发行：经济管理出版社
　　　　　（北京市海淀区北蜂窝 8 号中雅大厦 A 座 11 层　100038）
网　　址：www. E-mp. com. cn
电　　话：(010) 51915602
印　　刷：三河市延风印装有限公司
经　　销：新华书店
开　　本：720mm×1000mm/16
印　　张：36.75
字　　数：700 千字
版　　次：2016 年 2 月第 1 版　2016 年 2 月第 1 次印刷
书　　号：ISBN 978-7-5096-4123-1
定　　价：98.00 元

前言

　　《财务会计实务》是会计学专业核心课程的必备教材，也是经济类专业基础课的必备教材。此书是在《基础会计》的基础上，进一步深化对会计目标和会计信息质量要求的理解，并更加深入地阐述了会计准则在会计实务中的具体应用、主要会计事项的确认要求和账务处理方法，以及财务报告的编制方法。《财务会计实务》系统地阐述了财务会计的基本理论知识和实际应用方法，具有较强的理论性、实践性和趣味性，使学习者巩固所学知识，同时强化学习者的实践操作能力。

　　本书是为了满足高等职业教育中会计专业教学的需要，依据2006年颁布的《企业会计准则》和2014年修订、发布的新准则编写。本书的总体思路是以四项会计假设为前提，立足我国现有的会计实务，按照会计要素各个项目分项展开，最后归结到财务会计报告。本书编写人员是在高职院校从教多年的一线教师，了解学生的实际情况和教学工作的实际需求，从而保证了教材的针对性和适用性。本书着重突出基本理论、基本方法和基本技能。同时，考虑到教材内容的完整性和学生继续学习的需要，对长期股权投资、所得税等较为复杂内容也作了详细介绍，教师在教学过程中可根据实际情况进行调整。

　　本书沿着会计报表的主线，围绕会计要素展开，以财务会计报告为结尾。全书共16章，每章的学习目标让学生清楚了解各章的学习内容和要达到的标准，并配有可操作性很强的技能训练，帮助学生理论联系实际，提高动手操作能力，有利于学生掌握会计账务处理的原理、方法和应用。本书重点培养学生能够熟练按照《企业会计准则》等政策法规进行企业日常经济业务的会计处理，使学生具备学习后续专业课程的专业基础能力和可持续发展能力，从而有助于学生获取会计从业资格及初级会计专业技术资格证书，实现毕业证书与职业资格证书的"双证融通"。本书重点突出，详略得当，与职业资格证书考试和就业岗位核心能力的具体要求相呼应，突出高职教育特色。本书主要作为高职高专会计专业教材使用，也可作为教师、企事业单位会计人员，以及参加会计专业技术资格考试人员的参考用书。本书可供普通高等院校、高等职业院校经济管理类专业作为教材使用，也可作为成人高等教育及经管类自学爱好者的参考用书。

本书内容与时俱进，体例独特，每章的开篇均以本章学习目标、本章关键词、思维导图、主要分录总结、本章主要参考法规索引、本章练习组成。本书对每一章节中的相关内容进行比较分析，列出了相关比较表。同时，本书给出了对主要的会计分录进行总结归纳，方便学生记忆。书中配有历年专业技术资格考试真题，对特定知识点进行了巩固练习。同时，本书除了每章后所配的大量章节练习，还在书后配有五套综合模拟练习题，可供学生期末检验和考前训练。本书遵循"以应用为目的、以必需和够用为度"的教学原则，并力求符合高职高专教育教学的特点。本书各章的练习题覆盖广、内容翔实。学生通过练习，既可以巩固所学的知识，加深对教材内容的理解；又可以掌握财务会计的基本概念、基本核算以及财务会计的基本框架体系，为提高动手能力打下坚实的理论基础。本书所选练习题力求有代表性，尽量做到举一反三、事半功倍；全书分为同步练习题和参考答案两个部分，方便读者自测、自查。

本书在内容体系上体现了如下特点：

第一，内容新颖，与会计改革步伐同行。本书以会计的基本概念和方法为基础，在阐述会计基本理论与方法的同时，紧紧围绕我国财务会计改革现状，对财政部2006年《企业会计准则——基本准则》、41项具体准则、《企业会计准则应用指南》等重点内容做了系统的介绍。同时，比对国际会计准则，对企业会计的基本做法进行了讨论。

第二，目的明确。本书作为大学本科财务会计教材，我们在内容安排上，则精选和提炼企业经济活动的常规业务，并注重会计理论与方法的实用性和适用性，立足于素质教育，启发思维，开阔视野，提高技能。

第三，由简到繁，由浅入深。人们认识客观事物，总是由简到繁、由浅入深的。本书的体系就是依据这一认识规律构筑的。对内容的论述力求做到深入浅出、通俗易懂，举例也是清晰易懂，既适合教师讲授，也便于学生自学；对难以理解的内容，均举例或以图示说明。

第四，适用范围广。本书不仅可作为财经院校会计专业核心课教材，也可作为财政、税收、金融、审计和企业管理等专业的教学用书，还可供有关部门的会计、审计、经济管理、经济检查监督人员以及广大投资者了解企业会计活动的自学用书。

作　者

2015 年 12 月

目录

第一章 **总　论** / 001

第一节　财务报告目标 / 002

　一、财务报告目标 / 002

　二、会计基本假设 / 003

　三、会计基础 / 005

第二节　会计信息质量要求 / 006

　一、可靠性 / 006

　二、相关性 / 006

　三、可理解性 / 007

　四、可比性 / 007

　五、实质重于形式 / 008

　六、重要性 / 008

　七、谨慎性 / 008

　八、及时性 / 009

第三节　会计要素及其确认与计量原则 / 009

　一、会计要素的确认原则 / 010

　二、会计要素的计量属性 / 015

第三节　财务会计法规 / 017

　一、会计法 / 017

　二、企业财务会计报告条例 / 017

　三、企业会计准则 / 018

第四节　会计机构及从业人员 / 020

一、会计机构 / 020

二、会计从业人员 / 020

三、会计工作岗位 / 021

第二章　货币资金 / 025

第一节　库存现金 / 026

一、现金管理制度 / 026

二、现金的账务处理 / 027

三、现金的清查 / 027

第二节　银行存款 / 028

一、银行存款的管理 / 028

二、银行结算方式 / 029

三、银行存款的账务处理 / 041

四、银行存款的核对 / 042

第三节　其他货币资金 / 044

一、其他货币资金的内容 / 044

二、其他货币资金的账务处理 / 045

第三章　应收及预付款项 / 057

第一节　应收票据 / 058

一、应收票据概述 / 058

二、应收票据的账务处理 / 059

第二节　应收账款 / 061

一、应收账款的内容 / 061

二、应收账款的账务处理 / 062

三、商业折扣与现金折扣的处理 / 063

第三节　预付账款 / 065

第四节　其他应收款 / 067

一、其他应收款的内容 / 067

二、其他应收款的账务处理 / 067

第五节　应收款项减值 / 068

一、应收账款减值损失的确认 / 068

二、坏账准备的账务处理 / 070

第四章 **存货** / 079

　第一节　存货概述 / 080

　　一、存货的内容 / 080

　　二、存货成本的确定 / 082

　　三、发出存货的计价方法 / 086

　第二节　原材料 / 092

　　一、采用实际成本核算 / 092

　　二、采用计划成本核算 / 097

　第三节　包装物 / 101

　　一、包装物的内容 / 101

　　二、包装物的账务处理 / 101

　第四节　低值易耗品 / 103

　　一、低值易耗品的内容 / 103

　　二、低值易耗品的账务处理 / 103

　第五节　委托加工物资 / 105

　　一、委托加工物资的内容和成本 / 105

　　二、委托加工物资的账务处理 / 105

　第六节　库存商品 / 107

　　一、库存商品的内容 / 107

　　二、库存商品的账务处理 / 108

　第七节　存货清查 / 111

　　一、存货盘盈的账务处理 / 112

　　二、存货盘亏及毁损的核算 / 112

　第八节　存货减值 / 114

　　一、存货跌价准备的计提和转回 / 114

　　二、存货跌价准备的会计处理 / 116

第五章 **金融资产** / 127

　第一节　金融资产的分类 / 128

　　一、以公允价值计量且其变动计入当期损益的金融资产 / 129

　　二、持有至到期投资 / 130

　　三、贷款和应收款项 / 132

　　四、可供出售金融资产 / 132

五、不同类金融资产之间的重分类 / 133

第二节　交易性金融资产 / 135

一、交易性金融资产概述 / 135

二、交易性金融资产的账务处理 / 135

第三节　持有至到期投资 / 140

一、持有至到期投资的概述 / 140

二、持有至到期投资的账务处理 / 140

第四节　可供出售金融资产 / 148

一、可供出售金融资产的内容 / 148

二、可供出售金融资产的账务处理 / 148

第六章　**长期股权投资** / 163

第一节　长期股权投资的范围 / 164

第二节　长期股权投资的初始计量 / 166

一、企业合并形成的长期股权投资
/ 166

二、企业合并以外的其他方式取得的
长期股权投资 / 171

第三节　长期股权投资的后续计量 / 172

一、成本法 / 173

二、权益法 / 175

三、长期股权投资减值 / 180

第七章　**固定资产** / 193

第一节　固定资产概述 / 194

一、固定资产的特征 / 194

二、固定资产的分类 / 194

第二节　固定资产的账务处理 / 195

一、固定资产核算应设置的会计科目 / 195

二、固定资产的取得 / 196

第八章　**无形资产及其他资产** / 221

第一节　无形资产 / 222

一、无形资产的特征 / 222

二、无形资产的内容 / 223

三、无形资产的确认 / 225

四、无形资产的账务处理 / 226

第二节　其他资产 / 229

第九章　**投资性房地产** / 239

第一节　投资性房地产概述 / 240

一、投资性房地产的范围 / 241

二、不属于投资性房地产的范围 / 242

第二节　投资性房地产的账务处理 / 243

一、投资性房地产核算应设置的会计科目 / 243

二、投资性房地产的取得 / 243

三、投资性房地产的后续计量 / 245

四、房地产的转换 / 248

五、投资性房地产的处置 / 252

第十章　**流动负债** / 263

第一节　短期借款及应付利息 / 264

一、短期借款 / 264

二、应付利息 / 266

第二节　应付账款、应付票据及预收账款 / 266

一、应付账款 / 266

二、应付票据 / 269

三、预收账款 / 271

第三节　应付职工薪酬 / 273

一、应付职工薪酬核算的内容 / 273

二、应付职工薪酬的科目设置 / 275

三、短期薪酬的核算 / 275

四、设定提存计划的核算 / 281

第四节　应交税费 / 281

一、应交增值税 / 282

二、应交消费税 / 288

三、应交营业税 / 290

四、其他应交税费 / 292

第五节　应付股利及其他应付款 / 296

一、应付股利 / 296

二、其他应付款 / 297

第十一章　**非流动负债** / 315

第一节　长期借款 / 316

一、长期借款概述 / 316

二、长期借款的核算 / 317

第二节　应付债券及长期应付款 / 319

一、应付债券 / 319

二、长期应付款 / 321

第三节　债务重组 / 322

一、债务重组方式 / 322

二、债务重组的会计处理 / 323

第十二章　**所有者权益** / 341

第一节　实收资本 / 342

一、实收资本概述 / 342

二、实收资本与注册资本的区别 / 343

三、实收资本的账务处理 / 343

第二节　资本公积 / 350

一、资本公积概述 / 350

二、资本公积的账务处理 / 351

第三节　留存收益 / 353

一、留存收益概述 / 353

二、留存收益的账务处理 / 353

第十三章　**收入** / 371

第一节　销售商品收入 / 372

一、销售商品收入的确认 / 372

二、一般销售商品业务收入的处理 / 374

三、已经发出但不符合销售商品收入确认条件的商品的处理 / 376

四、商业折扣、现金折扣和销售折让的处理 / 378

　　　　五、销售退回的处理 / 383

　　　　六、采用预收款方式销售商品的处理 / 385

　　　　七、采用支付手续费方式委托代销商品的处理 / 385

　　　　八、销售材料等存货的处理 / 388

　　第二节　提供劳务收入 / 389

　　　　一、在同一会计期间内开始并完成的劳务 / 390

　　　　二、劳务的开始和完成分属不同的会计期间 / 391

　　第三节　让渡资产使用权收入 / 398

　　　　一、让渡资产使用权收入的确认和计量 / 398

　　　　二、让渡资产使用权收入的账务处理 / 399

　　　　　第十四章　**费用** / 413

　　　　　　第一节　费用概述 / 414

　　　　　　第二节　营业成本 / 415

　　　　　　　一、主营业务成本 / 415

　　　　　　　二、其他业务成本 / 420

　　　　　　第三节　营业税金及附加 / 422

　　　　　　第四节　期间费用 / 424

　　　　　　　一、期间费用概述 / 424

　　　　　　　二、期间费用的账务处理 / 424

第十五章　**利润** / 443

　　第一节　利润概述 / 444

　　　　一、利润的类别 / 444

　　　　二、利润总额计算 / 445

　　第二节　营业外收支 / 447

　　　　一、营业外收入 / 447

　　　　二、营业外支出 / 456

　　第三节　所得税费用 / 457

　　　　一、应交所得税的计算 / 457

　　　　二、所得税费用的账务处理 / 459

　　第三节　本年利润 / 460

　　　　一、结转本年利润的方法 / 460

　　　　二、结转本年利润的会计处理 / 461

第十六章　**财务报告** / 477

　第一节　财务报告概述 / 478

　　一、财务报告的目标 / 478

　　二、财务报表的组成 / 478

　第二节　资产负债表 / 479

　　一、资产负债表概述 / 479

　　二、资产负债表的结构 / 479

　　三、资产负债表的编制 / 481

　第三节　利润表 / 486

　　一、利润表概述 / 486

　　二、利润表的结构 / 486

　　三、利润表的编制 / 487

　第四节　现金流量表 / 489

　　一、现金流量表概述 / 489

　　二、现金流量表的结构 / 490

　　三、现金流量表的编制 / 491

　第五节　所有者权益变动表 / 494

　　一、所有者权益变动表概述 / 494

　　二、所有者权益变动表的结构 / 494

　　三、所有者权益变动表的编制 / 495

　第六节　附注 / 498

　　一、附注概述 / 498

　　二、附注的主要内容 / 498

综合练习 / 517

　模拟试卷（一）/ 517

　模拟试卷（二）/ 528

　模拟试卷（三）/ 540

　模拟试卷（四）/ 550

　模拟试卷（五）/ 561

参考文献 / 573

第一章
总 论

财务会计指企业会计的一个分支，是通过对企业已经完成的资金运动进行全面系统的核算与监督，以为外部与企业有经济利害关系的投资人、债权人和政府有关部门提供企业的财务状况与盈利能力等经济信息为主要目标而进行的经济管理活动。

【学习目标】

通过本章的学习，要求了解财务会计的概念、特点；理解财务会计与社会环境的关系；掌握财务会计的内容；熟悉财务会计的法规体系，懂得在市场经济条件下依法从事会计工作是提高会计信息质量的根本保证。

【关键词】

财务会计	Financial accounting
会计假设	Accounting assumption
会计要素	Accounting elements
会计信息质量	Quality of accounting information
资产	Assets
负债	Liabilities
所有者权益	Owner's equity
收入	Income
费用	Cost
利润	Profit

【思维导图】

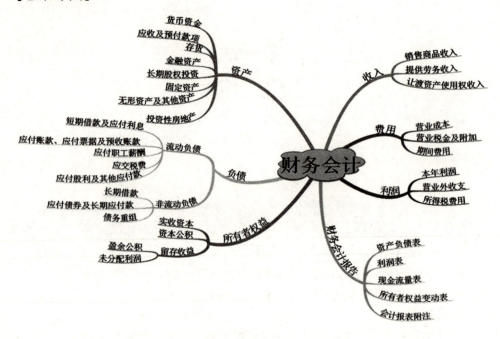

第一节　财务报告目标

　　会计是以货币为主要计量单位，采用专门方法和程序，对企业和行政、事业单位的经济活动进行完整的、连续的、系统的核算和监督，以提供经济信息和提高经济效益为主要目的的经济管理活动。企业的会计工作主要反映企业的财务状况、经营成果和现金流量，并对企业经营活动和财务收支进行监督。

一、财务报告目标

　　企业财务会计的目的是通过向企业外部会计信息使用者提供有用的信息，帮助使用者作出相关决策。承担这一信息载体和功能的是企业编制的财务报告，它是财务会计确认和计量的最终结果，是沟通企业管理层与外部信息使用者之间的桥梁和纽带。因此，财务报告的目标定位十分重要。财务报告的目标定位决定着财务报告应当向谁提供有用的会计信息，应当保护谁的经济利益，这是编制企业财务报告的出发点；财务报告的目标定位决定着财务报告所要求会计信息的质量特征，决定着会计要素的确认和计量原则，是财务会计系统的核心与灵魂。

通常认为财务报告目标有受托责任观和决策有用观两种。在受托责任观下，财务报告的目标是反映受托责任的履行情况，会计信息更多地强调可靠性，会计计量主要采用历史成本；在决策有用观下，财务报告的目标是提供经济决策有用的信息，会计信息更多地强调相关性，如果采用其他计量属性能够提供更加相关信息的，会较多地采用除历史成本之外的其他计量属性。

我国企业财务报告的目标是向财务报告使用者提供与企业财务状况、经营成果和现金流量等有关的会计信息，反映企业管理层受托责任履行情况，有助于财务报告使用者作出经济决策。

财务报告外部使用者主要包括投资者、债权人、政府及其有关部门和社会公众等。满足投资者的信息需要是企业财务报告编制的首要出发点，将投资者作为企业财务报告的首要使用者，凸显了投资者的地位，体现了保护投资者利益的要求，是市场经济发展的必然。如果企业在财务报告中提供的会计信息与投资者的决策无关，那么财务报告就失去了其编制的意义。根据投资者决策有用目标，财务报告所提供的信息应当如实反映企业所拥有或者控制的经济资源、对经济资源的要求权以及经济资源及其要求权的变化情况；如实反映企业的各项收入、费用、利润和损失的金额及其变动情况；如实反映企业各项经营活动、投资活动和筹资活动等所形成的现金流入和现金流出情况等，从而有助于现在的或者潜在的投资者正确、合理地评价企业的资产质量、偿债能力、盈利能力和营运效率等；有助于投资者根据相关会计信息作出理性的投资决策；有助于投资者评估与投资有关的未来现金流量的金额、时间和风险等。除了投资者之外，企业财务报告的外部使用者还有债权人、政府及有关部门、社会公众等。由于投资者是企业资本的主要提供者，在通常情况下，如果财务报告能够满足这一群体的会计信息需求，也可以满足其他使用者的大部分信息需求。

二、会计基本假设

会计基本假设是对会计核算所处时间、空间环境等所作的合理假定，是企业会计确认、计量和报告的前提。会计基本假设包括会计主体、持续经营、会计分期和货币计量。

（一）会计主体

会计主体，是指会计工作服务的特定对象，是企业会计确认、计量和报告的空间范围。为了向对务报告使用者反映企业财务状况、经营成果和现金流量，提供与其决策有用的信息，会计核算和财务报告的编制应当集中于反映特定对象的活动，并将其与其他经济实体区别开来。在会计主体假设下，企业应当对其本身发生的交易或事项进行会计确认、计量和报告，反映企业本身所从事的各项生产经营活动和其他相关活动。明确界定会计主体是开展会计确认、计量和报告工作的重要前提。

明确会计主体，才能划定会计所要处理的各项交易或事项的范围。在会计工作中，只有那些影响企业本身经济利益的各项交易或事项才能加以确认、计量和报告。

明确会计主体，才能将会计主体的交易或者事项与会计主体所有者的交易或者事项以及其他会计主体的交易或者事项区分开来。例如，企业所有者的交易或者事项是属于企业所有者主体所发生的，不应纳入企业会计核算的范畴，但是企业所有者投入到企业的资本或者企业向所有者分配的利润，则属于企业主体所发生的交易或者事项，应当纳入企业会计核算的范围。

会计主体不同于法律主体。一般来说，法律主体必然是一个会计主体。例如，一个企业作为一个法律主体，应当建立财务会计系统，独立反映其财务状况、经营成果和现金流量。但是，会计主体不一定是法律主体。例如，在企业集团的情况下，一个母公司拥有若干子公司，母子公司虽然是不同的法律主体，但是母公司对于子公司拥有控制权，为了全面反映企业集团的财务状况、经营成果和现金流量，就有必要将企业集团作为一个会计主体，编制合并财务报表。

（二）持续经营

持续经营，是指在可以预见的将来，企业将会按当前的规模和状态继续经营下去，不会停业，也不会大规模削减业务。在持续经营前提下，会计确认、计量和报告应当以企业持续、正常的生产经营活动为前提。

企业是否持续经营，在会计原则、会计方法的选择上有很大差别。一般情况下，应当假定企业将会按照当前的规模和状态继续经营下去。明确这个基本假设，就意味着会计主体将按照既定用途使用资产，按照既定的合约条件清偿债务，会计人员就可以在此基础上选择会计原则和会计方法。如果判断企业会持续经营，就可以假定企业的固定资产会在持续经营的生产经营过程中长期发挥作用，并服务于生产经营过程，固定资产就可以根据历史成本进行记录，并采用一定的折旧方法，将历史成本分摊到各个会计期间或相关产品的成本中。如果判断企业不会持续经营，固定资产就不应采用历史成本进行记录并按期计提折旧。

如果一个企业在不能持续经营时仍按持续经营基本假设选择会计确认、计量和报告原则与方法，就不能客观地反映企业的财务状况、经营成果和现金流量，会误导会计信息使用者的经济决策。

（三）会计分期

会计分期，是指将一个企业持续经营的生产经营活动划分为一个个连续的、长短相同的期间。会计分期的目的，在于通过会计期间的划分，将持续经营的生产经营活动划分成连续、相等的期间，据以结算盈亏，按期编报财务报告，从而及时向财务报告使用者提供有关企业财务状况、经营成果和现金流量的信息。在会计分期假设下，企业应当划分会计期间分期结算账目和编制财务报告。会计期间通常分为年度和中期。中期，是指短于一个完整的会计年度的报告期间。由于会计分期，才产生了当期与以前期间、以后期间的差别，才使不同类型的会计主体有了记账的基准，进而孕育出折旧、摊销等会计处理方法。

(四) 货币计量

货币计量，是指会计主体在会计的确认、计量和报告时以货币计量，反映会计主体的生产经营活动。

在会计的确认、计量和报告过程中之所以选择货币为基础进行计量，是由货币的本身属性决定的。货币是商品的一般等价物，是衡量一般商品价值的共同尺度，具有价值尺度、流通手段、储藏手段和支付手段等特点。其他计量单位，如重量、长度等，只能从一个侧面反映企业的生产经营情况，无法在量上进行汇总和比较，不便于会计计量和经营管理，只有选择货币尺度进行计量，才能充分反映企业的生产经营情况，所以，《企业会计准则——基本准则》规定，会计确认、计量和报告选择货币作为计量单位。

三、会计基础

企业会计的确认、计量和报告应当以权责发生制为基础。权责发生制的基本要求：凡是当期已经实现的收入和已经发生或应当负担的费用，无论款项是否收付，都应当作为当期的收入和费用，记入利润表；凡是不属于当期的收入和费用，即使款项已在当期收付，也不应当作为当期的收入和费用。

在实务中，企业交易或者事项的发生时间与相关货币收支时间有时并不完全一致。例如，款项已经收到，但销售并未实现；或者款项已经支付，但并不是为本期生产经营活动而发生的。收付实现制是与权责发生制相对应的一种会计基础，它是以收到或支付的现金及其时点作为确认收入和费用等的依据。为了更加真实、公允地反映特定会计期间的财务状况和经营成果，基本准则明确规定，企业在会计确认、计量和报告中应当以权责发生制为基础。

目前，我国的行政单位会计采用收付实现制，事业单位部分经济业务或者事项的核算采用权责发生制，除此之外的业务采用收付实现制。

第二节　会计信息质量要求

会计信息质量要求是对企业财务报告中所提供会计信息质量的基本要求，是使财务报告中所提供的会计信息对投资者等信息使用者决策有用应具备的基本特征，它主要包括可靠性、相关性、可理解性、可比性、实质重于形式、重要性、谨慎性和及时性等。

一、可靠性

可靠性要求企业应当以实际发生的交易或者事项为依据进行确认、计量和报告，如实反映符合确认和计量要求的会计要素及其他相关信息，保证会计信息真实可靠、内容完整。

会计信息要有用，必须以可靠性为基础，如果财务报告所提供的会计信息是不可靠的，就会对投资者等使用者的决策产生误导甚至带来损失。为了贯彻可靠性要求，企业应当做到：

第一，以实际发生的交易或者事项为依据进行确认、计量，将符合会计要素定义及其确认条件的资产、负债、所有者权益、收入、费用和利润等如实反映在财务报表中。

第二，在符合重要性和成本效益原则的前提下，保证会计信息的完整性，其中包括应当编报的报表及其附注内容等应当保持完整，不能随意遗漏或者减少应予披露的信息。

第三，在财务报告中的会计信息应当是中立的、无偏的。如果企业在财务报告中为了达到事先设定的结果或效果，通过选择或列示有关会计信息以影响决策和判断的，这样的财务报告信息就不是中立的。

二、相关性

相关性要求企业提供的会计信息应当与投资者等财务报告使用者的经济决策需要相关，有助于投资者等财务报告使用者对企业过去、现在或未来的情况作出评价或者预测。

会计信息是否有用，是否具有价值，关键看其与使用者的决策需要是否相关，是否有助于决策或者提高决策水平。相关的会计信息应当能够有助于使用者评价企业过去的决策，证实或者修正过去的有关预测，因而具有反馈价值。相关的会计信息还应当具有预测价值，有助于使用者根据财务报告所提供的会计信息预测企业未来的财务状况、经营成果和现金流量。例如，区分收入和利得、费用和损失，区分流动资产和非流动资产、流动负债和非流动负债以及适度引入公允价值等，都可以提高会计信息的预测价值，进而提升会计信息的相关性。

会计信息质量的相关性要求，需要企业在确认、计量和报告会计信息的过程中，充分考虑使用者的决策模式和信息需要。但是，相关性是以可靠性为基础的，两者之间并不矛盾，不应将两者对立起来。也就是说，会计信息在可靠性前提下，应尽可能地做到相关性，以满足投资者等财务报告使用者的决策需要。

三、可理解性

可理解性要求企业提供的会计信息应当清晰明了，便于投资者等财务报告使用者理解和使用。

企业编制财务报告、提供会计信息的目的在于使用，而要想让使用者有效使用会计信息，就应当让其了解会计信息的内涵，弄懂会计信息的内容，这就要求财务报告所提供的会计信息应当清晰明了，易于理解。只有这样，才能提高会计信息的有用性，实现财务报告的目标，满足向投资者等财务报告使用者提供决策有用信息的要求。

会计信息是一种专业性较强的信息，在强调会计信息的可理解性要求的同时，还应假定使用者具有一定的有关企业经营活动和会计方面的知识，并且愿意付出努力去研究这些信息。对于某些复杂的信息，如交易本身较为复杂或者会计处理较为复杂，但如其与使用者的经济决策相关，企业就应当在财务报告中充分披露。

四、可比性

可比性要求企业提供的会计信息应当相互可比，主要包括两层含义：

第一，同一企业不同时期可比。为了便于投资者等财务报告使用者了解企业财务状况、经营成果和现金流量的变化趋势，比较企业在不同时期的财务报告信息，全面、客观地评价过去、预测未来，从而做出决策，会计信息质量的可比性要求同一企业不同时期发生的相同或者相似的交易或者事项，应当采用一致的会计政策，不得随意变更。但是，满足会计信息可比性要求，并非表明企业不得变更会计政策，如果按照规定或者在会计政策变更后可以提供更可靠、更相关的会计信息的，可以变更会计政策。有关会计政策变更的情况，应当在附注中予以说明。

第二，不同企业相同会计期间可比。为了便于投资者等财务报告使用者评价不同企业的财务状况、经营成果和现金流量及其变动情况，会计信息质量的可比性要求不同企业同一会计期间发生的相同或者相似的交易或者事项，应当采用规定的会计政策，确保会计信息口径一致、相互可比，以使不同企业按照一致的确认、计量和报告要求提供有关会计信息。

五、实质重于形式

实质重于形式要求企业应当按照交易或者事项的经济实质进行会计确认、计量和报告，不仅仅以交易或者事项的法律形式为依据。

在实际工作中，交易或者事项的外在法律形式并不总能完全反映其实质内容，企业发生的交易或者事项在多数情况下，其经济实质和法律形式是一致的。

但在有些情况下，会出现不一致。例如，以融资租赁方式租入的资产，虽然从法律形式来讲企业并不拥有其所有权，但是由于租赁合同中规定的租赁期相当长，往往接近于该资产的使用寿命；租赁期结束时承租企业有优先购买该资产的选择权；在租赁期内承租企业有权支配资产并从中受益等，从其经济实质来看，企业能够控制融资租入资产所创造的未来经济利益，在会计确认、计量和报告上就应当将以融资租赁方式租入的资产视为企业的资产，列入企业的资产负债表。

如果企业的会计核算仅按照交易或事项的法律形式进行，而这些形式又没有反映其经济实质和经济现实，那么，其最终结果将不仅不会有利于会计信息使用者的决策，反而会误导会计信息使用者的决策。

六、重要性

重要性要求企业提供的会计信息应当反映与企业财务状况、经营成果和现金流量有关的所有重要交易或者事项。

在实务中，如果某会计信息的省略或者错报会影响投资者等财务报告使用者据此作出决策的，该信息就具有重要性。重要性的应用需要依赖职业判断，企业应当根据其所处环境和实际情况，从项目的性质和金额大小两方面加以判断。

七、谨慎性

谨慎性要求企业对交易或者事项进行会计确认、计量和报告应当保持应有的谨慎，不应高估资产或者收益、低估负债或者费用。

在市场经济环境下，企业的生产经营活动面临许多风险和不确定性，如应收款项的可收回性、固定资产的使用寿命、无形资产的使用寿命、售出存货可能发生的退货或者返修等。会计信息质量的谨慎性要求，需要企业在面临不确定性因素的情况下做出职业判断时，应当保持应有的谨慎，充分估计到各种风险和损失，既不高估资产或者收益，也不低估负债或者费用。例如，要求企业对可能发生的资产减值损失计提资产减值准备、对售出商品可能发生的保修义务等确认预计负债等，就体现了会计信息质量的谨慎性要求。

八、及时性

及时性要求企业对于已经发生的交易或者事项，应当及时进行确认、计量和报告，不得提前或延后。

会计信息的价值在于帮助所有者或者其他方面作出经济决策，具有时效性。即使是可靠、相关的会计信息，如果不及时提供，就失去了时效性，对于使用者的效用就大大降低，甚至不再具有实际意义。在会计的确认、计量和报告过程中贯彻及时性：一是要求及时收集会计信息，即在经济交易或者事项发生后，及时收集整理各种原始单据或者凭证；二是要求及时处理会计信息，即按照会计准则的规定，及时对经济交易或者事项进行确认或者计量，并编制财务报告；三是要求及时传递会计信息，即按照国家规定的有关时限，及时地将编制的财务报告传递给财务报告使用者，便于其及时使用和决策。

在实务中，为了及时提供会计信息，可能需要在有关交易或者事项的信息全部获得之前即进行会计处理，从而满足会计信息的及时性要求，但可能会影响会计信息的可靠性；反之，如果企业等到与交易或者事项有关的全部信息获得之后再进行会计处理，这样的信息披露可能会由于时效性问题，对于投资者等财务报告使用者决策的有用性将大大降低。这就需要在及时性和可靠性之间做相应权衡，以最好地满足投资者等财务报告使用者的经济决策需要为判断标准。

第三节　会计要素及其确认与计量原则

会计要素是根据交易或者事项的经济特征所确定的财务会计对象和基本分类。会计要素按照其性质分为资产、负债、所有者权益、收入、费用和利润，其中，资产、负债和所有者权益要素侧重于反映企业的财务状况，收入、费用和利润要素侧重于反映企业的经营成果。

一、会计要素的确认原则

（一）资产

1. 资产的定义

资产，是指企业过去的交易或者事项形成的，由企业拥有或者控制的，资产会给企业带来经济利益的资源。

2. 资产的特征

根据资产的定义，资产具有以下几个方面的特征：

（1）资产预期会给企业带来经济利益。资产预期会给企业带来经济利益，是指资产直接或者间接导致现金和现金等价物流入企业的潜力。这种潜力可以来自企业日常的生产经营活动，也可以是非日常活动；带来的经济利益可以是现金或者现金等价物，或者是可以转化为现金或者现金等价物的形式，或者是可以减少现金或者现金等价物流出的形式。

预期能为企业带来经济利益是资产的重要特征。例如，企业采购的原材料、购置的固定资产等可以用于生产经营过程制造商品或者提供劳务，对外出售后收回货款，货款即为企业所获得的经济利益。如果某一项目预期不能给企业带来经济利益，那么就不能将其确认为企业的资产。前期已经确认为资产的项目，如果不能再为企业带来经济利益的，也不能再确认为企业的资产。

（2）资产应为企业拥有或者控制的资源。资产作为一项资源，应当由企业拥有或者控制，具体是指企业享有某项资源的所有权，或者虽然不享有某项资源的所有权，但该资源能被企业所控制。

企业享有资产的所有权，通常表明企业能够排他性地从资产中获取经济利益。通常在判断资产是否存在时，所有权是考虑的首要因素。在有些情况下，资产虽然不为企业所拥有，即企业并不享有其所有权，但企业控制了这些资产，同样表明企业能够从资产中获取经济利益，符合会计上对资产的定义。如果企业既不拥有也不控制资产所能带来的经济利益，就不能将其作为企业的资产予以确认。

（3）资产是由企业过去的交易或事项形成的。资产应当由企业过去的交易或者事项所形成，过去的交易或者事项包括购买、生产、建造行为或者其他交易或者事项。只有过去的交易或者事项才能产生资产，企业预期在未来发生的交易或者事项不形成资产。例如，企业有购买某项存货的意愿或计划，但是购买行为尚未发生，就不符合资产的定义，不能因此而确认存货资产。

3. 资产的确认条件

将一项资源确认为资产，需要符合资产的定义，还应同时满足以下两个条件：

（1）与该资源有关的经济利益很可能流入企业。从资产的定义可以看到，能带来经济利益是资产的一个本质特征，但在现实生活中，由于经济环境瞬息万变，与资源有关的经济利益能否流入企业或者能够流入多少实际上带有不确定性。因此，资产的确认还应与经济利益流入的不确定性程度的判断结合起来。如果根据编制财务报表时所取得的证据，判断与资源有关的经济利益很可能流入企业，那么就应当将其作为资产予以确认；反之，不能确认为资产。

（2）该资源的成本或者价值能够可靠地计量。可计量性是所有会计要素确认的重要前提，资产的确认也是如此。只有当有关资源的成本或者价值能够可靠地计量时，资产才能予以确认。在实务中，企业取得的许多资产都需要付出成本。例如，企业购买或者生产的存货、企业购置的厂房或者设备等，对于这些资产，只有实际发生的成本或者生产成本能够可靠计量，才能视为符合了资产确认的可计量条件。在某些情况下，企业取得的资产没有发生实际成本或者发生的实际成本很小，例如，企业持有的某些衍生金融工具形成的资产，对于这些资产，尽管它们没有实际成本或者发生的实际成本很小，但是如果其公允价值能够可靠计量的话，也被认为符合了资产可计量性的确认条件。

【练一练】下列各项中，不符合资产会计要素定义的是（　　　）。

A. 原材料　　　　　　　　　B. 委托加工物资

C. 盘亏的固定资产　　　　　D. 尚待加工的半成品

【解析】"盘亏的固定资产"预期不会给企业带来经济利益，不属于企业的资产。正确答案为 C。

（二）负债

1. 负债的定义

负债，是指企业过去的交易或者事项形成的，预期会导致经济利益流出企业的现时义务。

2. 负债的特征

根据负债的定义，负债具有以下几个方面的特征：

（1）负债是企业承担的现时义务。负债必须是企业承担的现时义务，这里的现时义务是指企业在现行条件下已承担的义务。未来发生的交易或者事项形成的义务，不属于现时义务，不应当确认为负债。

这里所指的义务可以是法定义务，也可以是推定义务。其中，法定义务是指具有约束力的合同或者法律、法规规定的义务，通常在法律意义上需要强制执行。例如，企业购买原材料形成应付账款、企业向银行贷入款项形成借款、企业按照税法规定应当缴纳的税款等，均属于企业承担的法定义务，需要依法予以偿还。推定义务是指根据企业多年来的习惯做法、公开的承诺或者公开宣布的经营政策而导致企业将承担的责任，这些责任也使有关各方形成了企业将履行义务、承担责任的合理预期。例如，某企业多年来制定一项销售政策，对于售出商品提供一定期限内的售后保修服务，预期将为售出商品提供的保修服务就属于推定义务，应当将其确认为一项负债。

（2）负债预期会导致经济利益流出企业。预期会导致经济利益流出企业也是负债的一个本质特征，只有在履行义务时会导致经济利益流出企业的，才符合负债的定义。在履行现时义务清偿负债时，导致经济利益流出企业的形式多种多样，例如，用现金偿还或以实物资产形式偿还；以提供劳务形式偿还；部分转移资产、部分提供劳务形式偿还；将负债转为资本等。

（3）负债是由企业过去的交易或者事项形成的。负债应当由企业过去的交易或者事项所形成。换句话说，只有过去的交易或者事项才形成负债，企业将在未来发生的承诺、签订的合同等交易或者事项，不形成负债。

3. 负债的确认条件

将一项现时义务确认为负债，需要符合负债的定义，还需要同时满足以下两个条件：

（1）与该义务有关的经济利益很可能流出企业。从负债的定义可以看到，预期会导致经济利益流出企业是负债的一个本质特征。在实务中，履行义务所需流出的经济利益带有不确定性，尤其是与推定义务相关的经济利益通常需要依赖于大量的估计。因此，负债的确认应当与经济利益流出的不确定性程度的判断结合起来，如果有确凿证据表明，与现时义务有关的经济利益很可能流出企业，就应当将其作为负债予以确认；反之，如果企业承担了现时义务，但是导致企业经济利益流出的可能性很小，就不符合负债的确认条件，不应将其作为负债予以确认。

（2）未来流出的经济利益的金额能够可靠地计量。负债的确认在考虑经济利益流出企业的同时，对于未来流出的经济利益的金额应当能够可靠计量。对于与法定义务有关的经济利益流出金额，通常可以根据合同或者法律规定的金额予以确定，考虑到经济利益流出的金额通常在未来期间，有时未来期间较长，有关金额的计量需要考虑货币时间价值等因素的影响。对于与推定义务有关的经济利益流出金额，企业应当根据履行相关义务所需支出的最佳估计数进行估计，并综合考虑有关货币时间价值、风险等因素的影响。

（三）所有者权益

1. 所有者权益的定义

所有者权益，是指企业资产扣除负债后，由所有者享有的剩余权益。公司的所有者权益又称为股东权益。所有者权益是所有者对企业资产的剩余索取权，它是企业的资产扣除债权人权益后应由所有者享有的部分，既可反映所有者投入资本的保值增值情况，又体现了保护债权人权益的理念。

2. 所有者权益的来源构成

所有者权益的来源包括所有者投入的资本、直接计入所有者权益的利得和损失、留存收益等，通常由股本（或实收资本）、资本公积（含股本溢价或资本溢价、其他资本公积）、盈余公积和未分配利润等构成。

所有者投入的资本是指所有者所有投入企业的资本部分，它既包括构成企业注册资本或者股本的金额，也包括投入资本超过注册资本或股本部分的金额，即资本溢价或股本溢价，这部分投入资本作为资本公积（资本溢价）反映。

直接计入所有者权益的利得和损失，是指不应计入当期损益、会导致所有者权益发生增减变动的、与所有者投入资本或者向所有者分配利润无关的利得或者损失。其中，利得是指由企业非日常活动所形成的、会导致所有者权益增加的、与所有者投入资本无关的经济利益的流入。损失是指由企业非日常活动所发生的、会导致所有者权益减少的、与向所有者分配利润无关的经济利益的流出。直接计入所有者权益的利得和损失主要包括可供出售金融资产的公允价值变动额、现金流量套期中套期工具公允价值变动额（有效套期部分）等。

留存收益是企业历年实现的净利润留存于企业的部分，主要包括盈余公积和未分配利润。

3. 所有者权益的确认条件

所有者权益体现的是所有者在企业中的剩余权益，因此，所有者权益的确认主要依赖于其他会计要素，尤其是资产和负债的确认；所有者权益金额的确定也主要取决于资产和负债的计量。例如，企业接受投资者投入的资产，在该资产符合资产确认条件时，就相应地符合了所有者权益的确认条件；当该资产的价值能够可靠计量时，所有者权益的金额也就可以确定。

（四）收入

1. 收入的定义

收入，是指企业在日常活动中形成的、会导致所有者权益增加的、与所有者投入资本无关的经济利益的总流入。

2. 收入的特征

根据收入的定义，收入具有以下几方面的特征：

（1）收入是企业在日常活动中形成的。日常活动是指企业为完成其经营目标所从事的经常性活动以及与之相关的活动。例如，工业企业制造并销售产品即属于企业的日常活动。明确界定日常活动是为了将收入与利得相区分，因为企业非日常活动所形成的经济利益的流入不能确认为收入，而应当计入利得。

（2）收入是与所有者投入资本无关的经济利益的总流入。收入应当会导致经济利益的流入，从而导致资产的增加。例如，企业销售商品，应当收到现金或者有权在未来收到现金，才表明该交易符合收入的定义。但是在实务中，经济利益的流入有时是所有者投入资本的增加所导致的，所有者投入资本的增加不应当确认为收入，而应当将其直接确认为所有者权益。

（3）收入会导致所有者权益的增加。与收入相关的经济利益的流入应当会导致所有者权益的增加，不会导致所有者权益增加的经济利益的流入不符合收入的定义，不应确认为收入。例如，企业向银行借入款项，尽管也导致了企业经济利益的流入，但该流入并不导致所有者权益的增加，反而使企业承担了一项现时义务。企业对于因借入款项所导致的经济利益的增加，不应将其确认为收入，应当确认为一项负债。

3. 收入的确认条件

企业收入的来源渠道多种多样，不同收入来源的特征有所不同，其收入确认条件也往往存在差别，如销售商品、提供劳务、让渡资产使用权等。一般而言，收入只有在经济利益很可能流入从而导致企业资产增加或者负债减少，且经济利益的流入额能够可靠计量时才能予以确认。收入的确认至少应当符合以下条件：一是与收入相关的经济利益应当很可能流入企业；二是经济利益流入企业的结果会导致资产的增加或者负债的减少；三是经济利益的流入额能够可靠计量。

（五）费用

1. 费用的定义

费用，是指企业在日常活动中发生的、会导致所有者权益减少的、与向所有者分配利润无关的经济利益的总流出。

2. 费用的特征

根据费用的定义，费用具有以下几方面的特征：

（1）费用是企业在日常活动中形成的。费用必须是企业在其日常活动中所形成的，这些日常活动的界定与收入定义中涉及的日常活动的界定相一致。日常活动所产生的费用通常包括销售成本（营业成本）、职工薪酬、折旧费、无形资产摊销等。将费用界定为日常活动所形成的，目的是将其与损失相区分，企业非日常活动所形成的经济利益的流出不能确认为费用，而应当计入损失。

（2）费用是与向所有者分配利润无关的经济利益的总流出。费用的发生应当会导致经济利益的流出，从而导致资产的减少或者负债的增加，其表现形式包括现金或者现金等价物的流出，存货、固定资产和无形资产等的流出或者消耗等。企业向所有者分配利润也会导致经济利益的流出，而该经济利益的流出属于所有者权益的抵减项目，不应确认为费用，应当将其排除在费用的定义之外。

（3）费用会导致所有者权益的减少。与费用相关的经济利益的流出应当会导致所有者权益的减少，不会导致所有者权益减少的经济利益的流出不符合费用的定义，不应确认为费用。

3. 费用的确认条件

费用的确认除了应当符合定义外，还应当满足严格的条件，即费用只有在经济利益很可能流出从而导致企业资产减少或者负债增加，且经济利益的流出额能够可靠计量时才能予以确认。因此，费用的确认至少应当符合以下条件：一是与费用相关的经济利益应当很可能流出企业；二是经济利益流出企业的结果会导致资产的减少或者负债的增加；三是经济利益的流出额能够可靠计量。

（六）利润

1. 利润的定义

利润，是指企业在一定会计期间的经营成果。通常情况下，如果企业实现了利润，表明企业的所有者权益将增加；反之，如果企业发生亏损（即利润为负数)，表明企业的所有者权益将减少。因此，利润往往是评价企业管理层业绩的一项重要指标，也是投资者等财务报告使用者进行决策时的重要参考。

2. 利润的来源构成

利润包括收入减去费用后的净额、直接计入当期利润的利得和损失等。其中收入减去费用后的净额反映的是企业日常活动的业绩。直接计入当期利润的利得和损失，是指应当计入当期损益、最终会引起所有者权益发生增减变动的、与所有者投入资本或者向所有者分配利润无关的利得或者损失。企业应当严格区分收入和利得、费用和损失，以更加全面地反映企业的经营业绩。

3. 利润的确认条件

利润反映的是收入减去费用、利得减去损失后净额的概念。因此，利润的确认主要依赖于收入和费用以及利得和损失的确认，其金额的确定也主要取决于收入、费用、利得和损失金额的计量。

二、会计要素的计量属性

会计的计量反映的是会计要素金额的确定基础，主要包括历史成本、重置成本、可变现净值、现值和公允价值等。

（一）历史成本

历史成本又称实际成本，是指取得或制造某项财产物资时所实际支付的现金或者其他等价物。在历史成本计量下，资产按照其购置时支付的现金或现金等价物的金额，或者按照购置资产时所付出的对价的公允价值计量。负债按照其因承担现时义务而实际收到的款项或者资产的金额，或者承担现时义务的合同金额，或者按照日常活动中为偿还负债预期需要支付的现金或者现金等价物的金额计量。

（二）重置成本

重置成本又称现行成本，是指按照当前市场条件，重新取得同样一项资产所需支付的现金或现金等价物金额。在重置成本下，资产按照现在购买相同或者相似资产所需支付的现金或者现金等价物的金额计量。负债按照现在偿付该项债务所需支付的现金或者现金等价物的金额计量。

（三）可变现净值

可变现净值，是指在生产经营过程中，以预计售价减去进一步加工成本和销售所必需的预计税金、费用后的净值。在可变现净值计量下，资产按照其正常对外销售的所能收到现金或者现金等价物的金额扣减该资产至完工时估计将要发生的成本、估计的销售费用以及相关税金后的金额计量。

（四）现值

现值，是指对未来现金流量以恰当的折现率进行折现后的价值，是考虑货币时间价值因素等的一种计量属性。在现值计量下，资产按照预计从其持续使用和最终处置中所产生的未来现金流入量的折现金额计量。负债按照预计期限内需要偿还的未来净现金流出量的折现金额计量。

（五）公允价值

公允价值，是指市场参与者在计量日发生的有序交易中，出售一项资产所能收到或者转移一项负债所需支付的价格，即脱手价格。企业以公允价值计量相关资产或负债，应当考虑该资产或负债的特征以及该资产或负债是以单项还是以组合的方式进行计量。企业应当假定市场参与者在计量日出售资产或者转移负债的交易，是在当前市场条件下的有序交易。企业应当假定出售资产或者转移负债的有序交易在该资产或负债的主要市场进行；不存在主要市场的，应当假定该交易在该资产或负债的最有利市场进行。企业以公允价值计量相关资产或负债，应当采用市场参与者在对该资产或负债定价时为实现其经济利益最大化所使用的假设，包括有关风险的假设。企业应当根据交易性质和相关资产或负债的特征等，判断初始确认时的公允价值是否与其交易价值相等。企业以公允价值计量相关资产或负债，应当使用在当前情况下适用并且有足够可利用数据和其他信息支持的估值技术。企业应当根据估值技术中所使用的输入值确定公允价值计量结果所属的层次。

第三节 财务会计法规

会计法规是组织会计工作，处理会计事务应遵循的有关法律、制度、规章的总称。会计工作是一项重要的经济管理工作。为了规范会计工作，维护社会主义市场经济秩序，使我国会计真正成为"国际商业语言"，加强会计工作的法制建设，建立和健全会计法规体系，有着十分重要的意义。《中华人民共和国会计法》（以下简称《会计法》）的第二次修订，标志着我国会计工作法制化进入了一个重要的历史阶段，正在对会计与社会经济的发展产生重要的作用。

我国会计法规建设目前基本上形成了以《会计法》为中心，国家统一的会计制度为基础的相对比较完善的法规体系，该体系包括三个层次，即会计法、行政法规和会计制度。

《会计法》是我国会计工作的根本大法，是从事会计工作，制定其他各种会计法规的依据。它规定了会计工作的基本目的、会计管理权限、会计责任主体、会计核算和会计监督的基本要求、会计人员和会计机构的职责权限，并对会计法律责任作了详细规定。行政法规是指国务院规定的有关会计工作的法规条例等，主要有《总会计师条例》、《会计专业职务试行条例》等。会计制度是由会计法明确赋予财政部制定的有关会计工作的规章，如企业会计准则体系等。

一、会计法

《会计法》于1985年1月21日第六届全国人民代表大会常务委员会第九次会议通过，1985年5月1日起施行。1993年12月29日，第八届全国人民代表大会常务委员会第五次会议通过了《关于修改〈中华人民共和国会计法〉的决定》，自公布之日起施行。1999年10月31日，第九届全国人民代表大会常务委员会第十二次会议再次对《会计法》进行了修订，自2000年7月1日起施行。修订后的《会计法》共52条，分为总则，会计核算，公司、企业会计核算的特别规定，会计监督，会计机构和会计人员，法律责任，附则七章。

二、企业财务会计报告条例

《企业财务会计报告条例》，自2001年1月1日起施行。为了规范企业财务会计报告，保证财务会计报告的真实、完整，根据《会计法》，制定本条例。企业（包括公司，下同）编制和对外提供财务会计报告，应当遵守本条例。本条例所称财务会计报告，是指企业对外提供的反映企业某一特定日期财务状况和某一会计期间经营成果、现金流量的文件。

三、企业会计准则

《企业会计准则》由财政部制定，于 2006 年 2 月 15 日发布，自 2007 年 1 月 1 日起施行，本准则对加强和规范企业会计行为，提高企业经营管理水平和会计规范处理，促进企业可持续发展起到指导作用。2014 年，财政部相继对《企业会计准则——基本准则》、《企业会计准则第 2 号——长期股权投资》、《企业会计准则第 9 号——职工薪酬》、《企业会计准则第 30 号——财务报表列报》、《企业会计准则第 33 号——合并财务报表》和《企业会计准则第 37 号——金融工具列报》进行了修订，并发布了《企业会计准则第 39 号——公允价值计量》、《企业会计准则第 40 号——合营安排》和《企业会计准则第 41 号——在其他主体中权益的披露》三项具体准则。

我国企业会计准则体系包括基本准则与具体准则和应用指南。基本准则为主导，对企业财务会计的一般要求和主要方面做出原则性的规定，为制定具体准则和会计制度提供依据。

1. 基本准则

《企业会计准则——基本准则》（以下简称《准则》）于 2006 年 2 月 15 日以财政部令第 33 号公布，根据 2014 年 7 月 23 日中华人民共和国财政部令第 76 号《财政部关于修改〈企业会计准则——基本准则〉的决定》修改。该《准则》分总则、会计信息质量要求、资产、负债、所有者权益、收入、费用、利润、会计计量、财务会计报告、附则共 11 章 50 条，自 2007 年 1 月 1 日起施行。

2. 具体准则

具体准则是在基本准则的指导下，处理会计具体业务标准的规范。其具体内容可分为一般业务准则、特殊行业和特殊业务准则、财务报告准则三大类，一般业务准则是规范普遍适用的一般经济业务的确认、计量要求，如存货、固定资产、无形资产、职工薪酬、所得税等。特殊行业和特殊业务准则是对特殊行业的特定业务的会计问题做出的处理规范，如生物资产、金融资产转移、套期保值、原保险合同、合并会计报表等。财务会计报告准则主要规范各类企业通用的报告类准则，如财务报表列报、现金流量表、合并财务报表、中期财务报告、分部报告等。目前已颁布了 41 项具体准则。

具体准则包括以下内容：

企业会计准则第 1 号——存货

企业会计准则第 2 号——长期股权投资

企业会计准则第 3 号——投资性房地产

企业会计准则第 4 号——固定资产

企业会计准则第 5 号——生物资产

企业会计准则第 6 号——无形资产

企业会计准则第 7 号——非货币性资产交换

企业会计准则第 8 号——资产减值

企业会计准则第 9 号——职工薪酬

企业会计准则第 10 号——企业年金基金

企业会计准则第 11 号——股份支付

企业会计准则第 12 号——债务重组

企业会计准则第 13 号——或有事项

企业会计准则第 14 号——收入

企业会计准则第 15 号——建造合同

企业会计准则第 16 号——政府补助

企业会计准则第 17 号——借款费用

企业会计准则第 18 号——所得税

企业会计准则第 19 号——外币折算

企业会计准则第 20 号——企业合并

企业会计准则第 21 号——租赁

企业会计准则第 22 号——金融工具确认和计量

企业会计准则第 23 号——金融资产转移

企业会计准则第 24 号——套期保值

企业会计准则第 25 号——原保险合同

企业会计准则第 26 号——再保险合同

企业会计准则第 27 号——石油天然气开采

企业会计准则第 28 号——会计政策、会计估计变更和差错更正

企业会计准则第 29 号——资产负债表日后事项

企业会计准则第 30 号——财务报表列报

企业会计准则第 31 号——现金流量表

企业会计准则第 32 号——中期财务报告

企业会计准则第 33 号——合并财务报表

企业会计准则第 34 号——每股收益

企业会计准则第 35 号——分部报告

企业会计准则第 36 号——关联方披露

企业会计准则第 37 号——金融工具列报

企业会计准则第 38 号——首次执行企业会计准则

企业会计准则第 39 号——公允价值计量

企业会计准则第 40 号——合营安排

企业会计准则第 41 号——在其他主体中权益的披露

3. 应用指南

应用指南是补充，处于企业会计准则体系的第三个层次，是根据基本准则和具体准则制定的、指导会计实务的操作性指南。

企业会计准则应用指南主要解决在运用具体准则处理经济业务时所涉及的会计科目、账务处理、会计报表及其格式。

企业会计准则应用指南由两部分组成：第一部分为会计准则解释，第二部分为会计科目和主要账务处理。

企业会计准则解释主要对具体准则中的重点、难点和关键点做出解释性规定。会计科目和主要账务处理涵盖了各类企业的各种交易或事项，是以会计准则中确认、计量原则及其解释为依据所作的规定。会计科目和主要账务处理规定了会计的确认、计量、记录和报告中记录的规定。

第四节 会计机构及从业人员

一、会计机构

会计机构，指的是单位内部所设置的、专门办理会计事项的机构，会计机构和会计人员是会计工作的主要承担者。

我国会计机构主要包括主管会计工作的机构、业务主管部门的会计机构和单位的会计机构。

二、会计从业人员

1. 会计从业资格

会计从业资格是指进入会计职业、从事会计工作的一种法定资质，是进入会计职业的"门槛"。在国家机关、社会团体、公司、企业、事业单位和其他组织从事下列会计工作的人员（包括香港特别行政区、澳门特别行政区、台湾地区人员，以及外籍人员在中国大陆境内从事会计工作的人员），必须取得会计从业资格，持有会计从业资格证书。

2. 会计专业技术资格

会计专业技术资格是指担任会计专业职务的任职资格，分为初级资格、中级资格和高级资格。

从 2003 年开始，确定高级会计师资格实行考试与评审相结合的评价办法，凡申请参加高级会计师资格评审的人员，须经考试合格后，方可参加评审。

会计专业职务是区别会计人员业务技能的技术等级，会计专业职务分为高级会计师、会计师、助理会计师、会计员。高级会计师为高级职务，会计师为中级职务，助理会计师与会计员为初级职务。

初级、中级会计资格的取得实行全国统一考试制度；高级会计师资格实行考试与评审相结合制度。

三、会计工作岗位

会计工作岗位，是指一个单位会计机构内部根据业务分工而设置的职能岗位。会计工作岗位可以一人一岗、一人多岗或者一岗多人。但出纳人员不得兼管稽核、会计档案保管和收入、费用、债权债务账目的登记工作。在会计机构内部设置会计工作岗位，有利于明确分工和确定岗位职责，建立岗位责任制；有利于会计人员钻研业务，提高工作效率和质量；有利于会计工作的程序化和规范化，加强会计基础工作；还有利于强化会计管理职能。会计工作岗位设置在提高会计工作作用的同时，也是配备数量适当的会计人员的客观依据之一。

有从业资格证书才可上岗，并且要求：具有中级以上会计技术职称和五年以上会计工作经验，熟练掌握《事业单位会计制度》、《高等学校财务管理制度》和税法知识，有一定的组织协调能力和表达能力，遵守会计职业道德，认真执行国家方针政策、财经纪律，坚持原则。

【本章主要参考法规索引】

《企业会计准则——基本准则》（2006 年 2 月 15 日财政部发布　自2007 年 1 月 1 日起施行）

【本章习题】

一、单项选择题

1. 下列项目中，不属于财务报告目标的是（　　）。

A. 向财务报告使用者提供与企业财务状况有关的会计信息

B. 向财务报告使用者提供与企业现金流量有关的会计信息

C. 反映企业管理层受托责任履行情况

D. 满足企业内部管理需要

2. 下列关于会计分期这一基本假设的说法中，正确的是（　　）。

A. 企业持续、正常的生产经营活动的前提

B. 为分期结算账目奠定了理论基础

C. 界定了提供会计信息的空间范围

D. 为会计核算提供了必要的手段

3. 下列情况中不违背会计可比性原则的是（　　）。

A. 投资性房地产后续计量由公允价值模式转为成本模式

B. 权益性可供出售金融资产减值转回计入资产减值损失

C. 固定资产达到预定可使用状态之后，利息费用继续资本化

D. 期末发现以前减记存货价值的影响因素消失，将原已计提的存货跌价准备转回

4. 下列各项中不属于甲公司资产的是（　　）。

A. 报废的固定资产　　　　　　　B. 融资租入的设备

C. 从乙公司处购买的产品，货款已付发票已收，由于仓库周转产品仍存放在乙公司处

D. 委托代销商品

5. 下列各项表述中不属于负债特征的是（　　）。

A. 负债是企业承担的现时义务

B. 负债预期会导致经济利益流出企业

C. 未来流出的经济利益的金额能够可靠地计量

D. 负债是由企业过去的交易或事项形成的

6. 下列不属于所有者权益类科目的是（　　）。

A. 其他综合收益　　　B. 盈余公积　　　C. 资本公积　　　D. 递延收益

7. 下列各项中，不属于企业收入的是（　　）。

A. 让渡资产使用权所取得的收入　　　B. 提供劳务所取得的收入

C. 出售无形资产取得的净收益　　　　D. 出租机器设备取得的收入

8. 下列计价方法中，不符合历史成本计量基础的是（　　）。

A. 发出存货采用先进先出法计价

B. 可供出售金融资产期末采用公允价值计量

C. 固定资产计提折旧

D. 发出存货采用移动加权平均法计价

二、多项选择题

1. 下列说法中, 正确的有 ( )。

A. 会计基础划分为权责发生制和收付实现制

B. 会计信息质量要求是对财务报告所提供的会计信息质量的基本要求, 是会计信息质量有用性的基本特征

C. 企业提供的会计信息应当反映与企业财务状况、经营成果和现金流量有关的所有重要交易或者事项

D. 持续经营是指在可以预见的将来, 企业将会按照当前的规模和状态继续经营下去, 不会停业, 也不会大规模削减业务

2. 下列会计处理中, 符合会计信息质量要求中实质重于形式的有 ( )。

A. 企业对售后回购业务在会计核算上一般不确认收入

B. 融资租入固定资产视同自有资产进行核算

C. 期末对应收账款计提坏账准备

D. 期末存货采用成本与可变现净值孰低计量

3. 下列各项中, 能同时引起资产和负债发生变化的有 ( )。

A. 从银行借款购买自用的设备

B. 在债务重组中, 用金融资产偿还应付账款

C. 处置投资性房地产

D. 支付应付职工薪酬

4. 下列关于会计要素的表述中, 正确的有 ( )。

A. 费用只有在经济利益很可能流出企业, 从而导致企业资产减少或者负债增加, 且经济利益的流出金额能够可靠计量时才能予以确认

B. 资产的特征之一是预期能给企业带来经济利益

C. 利润是指企业在一定会计期间的经营成果, 包括收入减去费用后的净额, 直接计入当期利润的利得和损失等

D. 所有导致所有者权益增加的经济利益的流入都应该确认为收入

5. 下列各项中, 属于直接计入所有者权益的利得的有 ( )。

A. 出租无形资产取得的收益

B. 投资者的出资额大于其在被投资单位注册资本中所占份额的金额

C. 可供出售金融资产期末公允价值上升计入其他综合收益

D. 重新计量设定受益计划净负债或净资产所产生的变动

6. 下列说法中正确的有 ( )。

A. 营业收入和营业外收入都属于收入

B. 收入是企业日常活动中所形成的

C. 收入不包括计入利润表的非日常活动形成的经济利益的流入

D. 收入会导致所有者权益的增加

7. 下列各项中，影响营业利润的有（　　　）。

A. 营业外收入　　　　　　　　B. 其他综合收益

C. 投资收益　　　　　　　　　D. 管理费用

8. 下列关于会计计量属性的表述中，正确的有（　　　）。

A. 历史成本反映的是资产过去的价值

B. 重置成本是取得相同或相似资产的现行成本

C. 可变现净值是指在生产经营过程中，以预计售价减去进一步加工成本和销售所必需的预计税金、费用后的净值

D. 公允价值是指市场参与者在计量日发生的有序交易中，出售一项资产所能收到或者转移一项负债所支付的价格

三、判断题

1. 权责发生制是以收到或支付现金作为确认收入和费用的依据。（　　　）

2. 区分收入和利得、费用和损失，区分流动资产和非流动资产、流动负债和非流动负债以及适度引入公允价值体现的是会计的可靠性。（　　　）

3. 在实务中，需要在及时性和可靠性之间做相应权衡，以最好地满足投资者等财务报告使用者的经济决策需要为判断标准。（　　　）

4. 资产按照其购置时支付的现金，或者现金等价物的金额，或者按照购置资产时所付出的对价的公允价值计量，则其采用的会计计量属性是公允价值。（　　　）

5. 发放股票股利会导致发放企业的所有者权益减少。（　　　）

6. 因向所有者分配利润而导致经济利益的流出应当属于费用。（　　　）

7. 利润包括两个来源：收入减去费用后的净额以及直接计入当期损益的利得和损失。（　　　）

8. 现值是取得某项资产在当前需要支付的现金或现金等价物。（　　　）

第二章
货币资金

货币资金是指企业生产经营过程中处于货币形态的资产，包括库存现金、银行存款和其他货币资金。

【学习目标】

通过本章的学习，要求了解货币资金、支付结算、其他货币资金的概念、种类；了解货币资金管理的要求及现金的使用范围；理解货币资金及支付结算的意义；掌握货币资金收支的账务处理；熟练掌握各种支付结算方式的有关规定、适应范围及收付款双方进行账务处理的依据。

【关键词】

货币资金	Currency funds
库存现金	Cash
银行存款	Bank deposit
其他货币资金	Other monetary funds
本票	Promissory note
汇票	Postal order
应收票据	Note receivable
信用卡	Credit card

【思维导图】

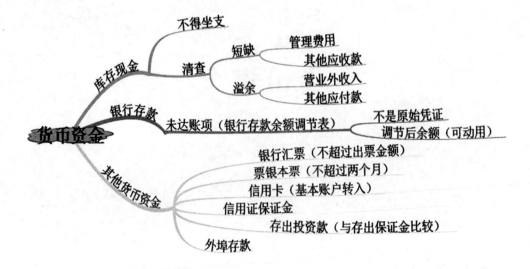

第一节　库存现金

　　库存现金是指通常存放于企业财会部门、由出纳人员经管的货币。库存现金是企业流动性最强的资产，企业应当严格遵守国家有关现金管理制度，正确进行现金收支的核算，监督现金使用的合法性与合理性。

一、现金管理制度

　　根据国务院发布的《现金管理暂行条例》的规定，现金管理制度主要包括以下内容：

（一）现金的使用范围

　　企业可用现金支付的款项有：职工工资、津贴；个人劳务报酬；根据国家规定颁发给个人的科学技术、文化艺术、体育等各种奖金；各种劳保、福利费用以及国家规定的对个人的其他支出；向个人收购农副产品和其他物资的款项；出差人员必须随身携带的差旅费；结算起点以下的零星支出；中国人民银行确定需要支付现金的其他支出。

　　除上述情况可以用现金支付外，其他款项的支付应通过银行转账结算。

（二）现金的限额

现金的限额是指为了保证企业日常零星开支的需要，允许单位留存现金的最高数额。这一限额由开户银行根据单位的实际需要核定，一般按照单位 3~5 天的日常零星开支的需要确定，边远地区和交通不便地区开户单位的库存现金限额，可按多于 5 天但不超过 15 天的日常零星开支的需要确定。核定后的现金限额，开户单位必须严格遵守，超过部分应于当日终了前存入银行。需要增加或减少现金限额的单位，应向开户银行提出申请，由开户银行核定。

（三）现金收支的规定

开户单位现金收支应当依照下列规定办理：

其一，开户单位现金收入应当于当日送存开户银行，当日送存确有困难的，由开户银行确定送存时间。

其二，开户单位支付现金，可以从本单位库存现金限额中支付或从开户银行提取，不得从本单位的现金收入中直接支付（即坐支）。因特殊情况需要坐支现金的，应当事先报经开户银行审查批准，由开户银行核定坐支范围和限额。坐支单位应当定期向开户银行报送坐支金额和使用情况。

其三，开户单位从开户银行提取现金时，应当写明用途，由本单位财会部门负责人签字盖章，经开户银行审核后，予以支付。

其四，因采购地点不确定，交通不便，生产或市场急需，抢险救灾以及其他特殊情况必须使用现金的，开户单位应向开户银行提出申请，由本单位财会部门负责人签字盖章，经开户银行审核后，予以支付现金。

二、现金的账务处理

为了反映和监督企业库存现金的收入、支出和结存情况，企业应当设置"库存现金"科目，借方登记企业库存现金的增加，贷方登记企业库存现金的减少，期末借方余额反映期末企业实际持有的库存现金的金额。企业内部各部门周转使用的备用金，可以单独设置"备用金"科目进行核算。

现金日记账由出纳人员根据收付款凭证，按照业务发生顺序逐笔登记。每日终了，应当在现金日记账上计算出当日的现金收入合计额、现金支出合计额和结余额，并将现金日记账的余额与实际库存现金额相核对，保证账款相符。月度终了，现金日记账的余额应当与现金总账的余额核对，做到账账相符。

三、现金的清查

为了保证现金的安全完整，企业应当按规定对库存现金进行定期和不定期的清查，一般采用实地盘点法，对于清查的结果应当编制现金盘点报告单。如果有挪用现金、白条顶库的情况，应及时予以纠正；对于超限额留存的现金应及时送存银行。如果账款不符，发现有待查明原因的现金短缺或溢余，应先通过"待处理财产损溢"科目核算。按管理权限经批准后，分别按以下情况处理：

情况一，如为现金短缺，属于应由责任人赔偿或保险公司赔偿的部分，记入其他应收款；属于无法查明原因的，记入管理费用。

情况二，如为现金溢余，属于应支付给有关人员或单位的，记入其他应付款；属于无法查明原因的，记入营业外收入。

【练一练】（2012 年单选）企业现金清查中，经检查仍无法查明原因的现金短款，经批准后应计入（　　）。

A. 管理费用　　　B. 财务费用　　　C. 冲减营业外收入　　　D. 营业外支出

【解析】无法查明原因的现金短款经批准后要记入"管理费用"；无法查明原因的现金溢余，经批准后记入"营业外收入"。所以答案选 A。

第二节　银行存款

一、银行存款的管理

银行存款是指企业存放在银行或其他金融机构的货币资金，包括人民币存款和外币存款。银行存款管理的具体要求如下：

（一）严格执行银行账户管理办法的规定

实行独立核算的企业，必须在银行开设账户，以办理银行存款的存入、付出和转账业务。企业在银行开户，必须送存单位及有关人员的印鉴，签发各种结算凭证时，盖有留存银行印鉴的印章方为有效。企业只能在银行开设一个基本存款账户。企业在银行开立的存款账户，只办理本企业经营业务范围内的资金收付业务，不得出租和转让给其他单位或个人使用。银行存款账户必须有足够的资金保证支付，不准签发空头和远期的付款凭证。

（二）贯彻内部控制制度，实行钱账分管的原则

银行存款与现金一样，应由出纳人员管理，并负责办理收付款业务；票据及各种付款凭证应指定专人负责保管，并由专人负责审批；审批和具体签发付款凭证的工作应分别由两个或两个以上的人员办理，不能由一人兼管。

（三）银行存款收付业务必须使用银行统一规定的结算凭证

企业向银行存入款项时，要填制"送款单"或"进账单"，将现金或转账支

票送存银行，或由银行按支付结算办法的规定划转存入企业存款账户，企业根据"送款单"、"进账单"回单联或银行收账通知单入账。企业从银行提取现金或支付款项时，应签发支票、其他结算凭证或银行根据支付结算办法的规定，主动将款项从企业存款户中划出，企业根据银行盖章的付款通知单入账。企业填写的各项收付款结算凭证，必须如实填明款项来源或用途，不得弄虚作假以套取银行信用。

（四）定期与银行核对账目

企业收入的一切款项，除国家另有规定外，都必须及时送存银行；一切支出，除规定可用库存现金支付外，都应按照支付结算办法的有关规定，通过银行办理转账结算。因此，企业要定期与银行核对账目，发现不符的账项要及时与银行联系，查明原因，进行账项调整。

二、银行结算方式

银行结算是指通过银行账户的资金转移所实现收付的行为，即银行接受客户委托代收代付，从付款单位存款账户划出款项，转入收款单位存款账户，以此完成经济之间债权债务的清算或资金的调拨。

银行结算是商品交换的媒介，是社会经济活动中清算资金的中介。

国内银行结算方式主要有银行汇票、商业汇票、银行本票、支票、汇兑、委托收款、托收承付、信用卡、信用证等。

（一）银行汇票

银行汇票是出票银行签发的，由其在见票时按照实际结算金额无条件支付给收款人或者持票人的票据。单位和个人各种款项结算，均可使用银行汇票。

1. 银行汇票结算的注意事项

（1）银行汇票一律记名，允许背书转让（填明"现金"字样的除外）。背书转让是指在票据上所作的以转让票据权利为目的的书面行为。

（2）银行汇票的付款期限为一个月，逾期的汇票兑付银行不予受理。

（3）汇票申请人办理银行汇票，应向签发银行填写"银行汇票委托书"，填明收款人名称、汇票金额、申请人名称、申请日期等事项并签章，签发银行受理并收妥款项后，签发银行汇票交给汇款人。

（4）汇票申请人持银行汇票向填明的收款人办理结算时，应将银行汇票和解讫通知一并交给收款人。

（5）收款人受理申请人交付的银行汇票时，应在出票金额内，根据实际需要的款项办理结算，并将实际结算金额和多余金额填入银行汇票和解讫通知的有关栏内。

（6）持票人向开户银行提示付款时，应在汇票背面"持票人向银行提示付款签章"处签章，并将银行汇票和解讫通知、进账单送交开户银行。银行审查无误后办理转账。

2.银行汇票结算方式的一般程序

银行汇票结算的一般程序如图 2-1 所示。

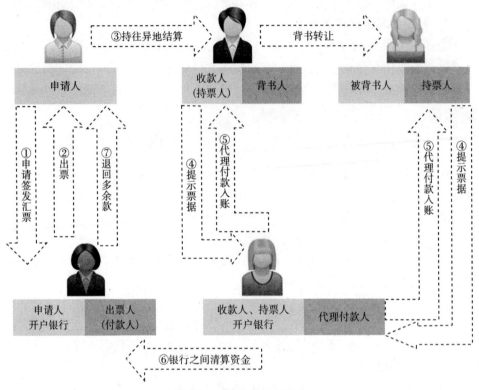

图 2-1　银行汇票流转程序

(二) 商业汇票

商业汇票是出票人签发的，委托付款人在指定日期无条件支付确定的金额给收款人或者持票人的票据。

商业汇票根据承兑人的不同，分为商业承兑汇票和银行承兑汇票。商业承兑汇票是指由收款人签发，经付款人承兑，或由付款人签发并承兑的票据；银行承兑汇票是指收款人或承兑申请人签发，并由承兑申请人向开户银行申请，经银行审查同意承兑的票据。

商业汇票作为一种商业信用，具有信誉度高和结算灵活的特点。在银行开立存款账户的法人以及其他组织，相互之间具有真实的交易关系或债权债务关系，均可使用商业汇票。

1. 商业汇票结算的注意事项

（1）付款人承兑商业汇票，应当在汇票正面记载"承兑"字样和承兑日期并签章。

（2）付款人承兑商业汇票，不得附有条件。

（3）商业汇票一律记名，允许背书转让。

（4）银行承兑汇票的承兑银行，应按票面金额向出票人收取万分之五的手续费。

（5）商业汇票的付款期限，最长不超过 6 个月。

（6）商业汇票的提示付款期限，自汇票到期日起 10 日。

（7）符合条件的商业汇票的持票人可持未到期商业汇票连同贴现凭证向银行申请贴现。

2. 商业承兑汇票结算的一般程序

付款人依照购销合同签发商业承兑汇票并"承兑"后，将商业承兑汇票交给收款人；收款人收到经承兑的商业汇票，审核无误后发运商品。汇票即将到期，收款人提前将汇票和委托收款凭证送交开户银行办理收款手续。付款人在汇票到期日前，应将票款足额交存银行，以备到期支付。付款人开户银行收到收款人开户银行转来的有关凭证后，于汇票到期日，将票款从付款人账户内划转到收款人开户银行，并向付款人发出付款通知。汇票到期时，如果付款人的存款不足支付票款，其开户银行应填制付款人未付票款通知书，连同商业承兑汇票退给收款人或被背书人，由其自行处理，银行不负责付款。收款人开户银行收到票款后，将委托收款凭证收账通知联加盖"转讫"章交收款人，通知款已收妥。商业承兑汇票的一般程序如图 2-2 所示。

3. 银行承兑汇票结算的一般程序

付款人持银行承兑汇票向其开户银行申请承兑。银行审查同意后，由付款人与其开户银行签订承兑协议，并将银行承兑汇票交给承兑申请人转交收款人。收款人收到银行承兑汇票经审查无误后，按合同发运商品。承兑申请人应于银行承兑汇票到期前将票款足额交存银行，以备支付；承兑申请人于汇票到期日未能足额交足票款时，承兑银行除凭票向收款人、被背书人或贴现银行无条件履行支付外，应根据承兑协议规定，对承兑申请人进行扣款处理，并对尚未扣回的承兑金额每天按万分之五计收罚金。收款人在汇票即将到期时，应将银行承兑汇票和委托收款凭证送交开户银行办理收款手续。承兑银行在汇票到期日凭票将款项划转收款人，并向付款人发出通知。银行承兑汇票结算的一般程序如图 2-3 所示。

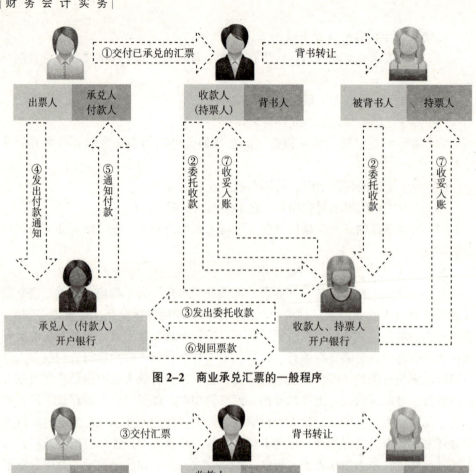

图 2-2　商业承兑汇票的一般程序

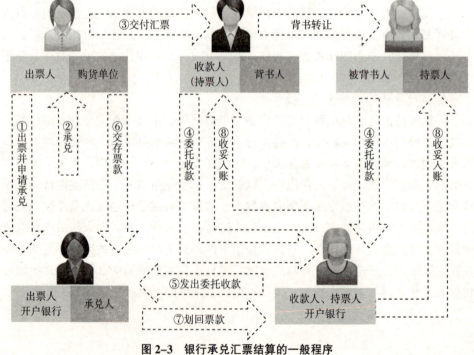

图 2-3　银行承兑汇票结算的一般程序

（三）银行本票

银行本票是银行签发的，承诺在见票时无条件支付确定金额给收款人或持票人的票据。银行本票作为流通和支付手段，具有信誉度高、支付能力强，并有代替现金使用功能的特点。单位和个人在同一票据交换区域需要支付各种款项，均可使用银行本票。银行本票可以用于转账，注明"现金"字样的银行本票可以用于支取现金。

银行本票根据签发金额是否固定，可分为定额银行本票和不定额银行本票两种。定额银行本票面额为 1000 元、5000 元、10000 元和 50000 元。

1. 银行本票结算的注意事项

（1）银行本票一律记名，允许背书转让。

（2）银行本票的提示付款期限自出票日起最长不超过 2 个月。

（3）申请人办理银行本票，应向银行填写"银行本票申请书"，填明收款人名称、申请人名称、支付金额、申请日期等事项并签章，申请人或收款人为单位的，银行不得为其签发现金银行本票。

（4）持票人超过提示付款期限不获付款的，在票据权利时效期内向出票银行作出说明，并提供单位证明，可持银行本票向出票银行请求付款。

（5）申请人因银行本票超过提示付款期限或其他原因要求退款时，应将银行本票提交到出票银行并出具单位证明。

（6）银行本票丧失，失票人可以凭人民法院出具的其享有票据权利的证明，向出票银行请求付款或退款。

2. 银行本票结算的一般程序

付款人申请办理银行本票，应填写"银行本票申请书"，并向银行交存款项；银行受理并收妥款项后，向付款人签发银行本票；付款人持银行本票向银行本票上填明的收款人办理结算；收款人对银行本票审核无误后，填制进账单与银行本票一起交开户银行，银行审查无误后办理转账。银行本票结算的一般程序如图 2-4 所示。

（四）支票

支票是出票人签发的，委托办理支票存款业务的银行在见票时无条件支付确定的金额给收款人或者持票人的票据。支票按其支付方式不同，可分为现金支票、转账支票和普通支票三种。支票上印有"现金"字样的为现金支票，现金支票只能用于支取现金；支票上印有"转账"字样的为转账支票，转账支票只能用于转账；支票上未印有"现金"或"转账"字样的为普通支票，普通支票可以用于支取现金，也可以用于转账；在普通支票左上角画两条平行线的，为画线支票，画线支票只能用于转账，不得支取现金。

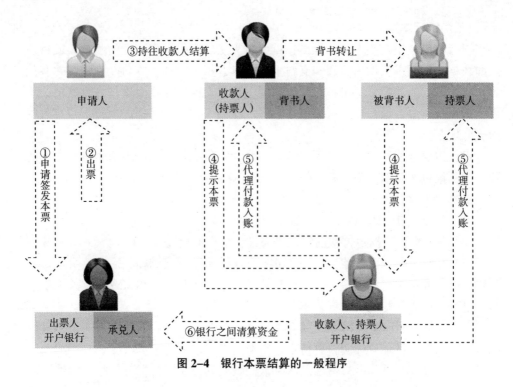

图 2-4　银行本票结算的一般程序

　　支票作为流通手段和支付手段，具有清算及时、使用方便、收付双方都有法律保障和结算灵活的特点。单位和个人在同一票据交换区域各种款项的结算均可使用支票。

　　1. 支票结算的注意事项

　　（1）支票一律记名，可以背书转让。

　　（2）支票提示付款期限自出票日起 10 天，但中国人民银行另有规定的除外。

　　（3）支票的金额、收款人名称，可以由支票人授权补记。未补记前不得背书转让和提示付款。

　　（4）签发支票应使用钢笔或碳素笔填写，中国人民银行另有规定的除外。

　　（5）签发支票的金额不得超过付款时在付款人处实有的存款余额，禁止发行空头支票。

　　（6）不得签发与其预留银行签章不符的支票；使用支付密码的，不得签发支付密码错误的支票。

　　（7）签发空头支票、签章与预留银行签章不符的支票、支付密码错误的支票，银行应予以退票，并按票面金额处以 5% 但不低于 1000 元的罚款；持票人有权要求出票人赔偿支票金额 2% 的赔偿金。

（8）存款人领购支票，必须填写"票据和结算凭证领用单"并签章，签章应与预留银行的签章相符。存款账户结清时，必须将全部剩余空白支票交回银行注销。

2. 支票结算的一般程序

支票结算的一般程序如图2-5所示。

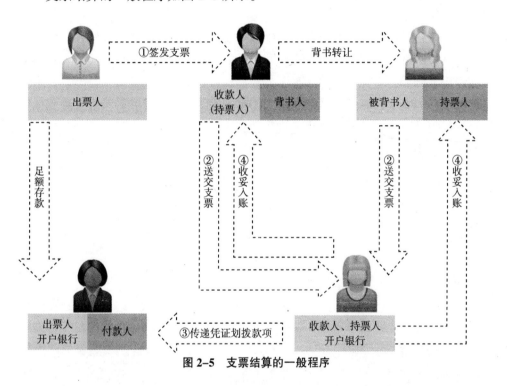

图2-5 支票结算的一般程序

（五）汇兑

汇兑是指汇款人委托银行将其款项支付给收款人的结算方式。汇兑结算方式具有适用范围大，服务面广，手续简便，划款迅速，灵活易用的特点。单位和个人各种款项的结算，均可使用汇兑结算方式。汇兑分为信汇、电汇两种，由汇款人选择使用。

1. 汇兑结算方式的注意事项

（1）汇款人委托银行办理汇兑时，应填写信汇或电汇凭证，详细填明汇入地点、汇入银行名称、收款人姓名或收款单位名称，汇款用途等项内容。

（2）汇入银行对开立存款账户的收款人，应将汇给其的款项直接转入收款人账户，并向其发出收账通知。

（3）未在银行开立存款账户的收款人，凭信汇、电汇的取款通知或"留行待取"的，向汇入银行支取款项，必须交验本人的身份证件，在信汇、电汇凭证上注明证件名称、号码及发证机关，并在"收款人签盖章"处签章；信汇凭签章支取的，收款人的签章必须与预留信汇凭证上的签章相符。

支取现金的，信汇、电汇凭证上必须有按规定填明的"现金"字样才能办理。未填明"现金"字样，需要支取现金的，由汇入银行按国家现金管理规定审查支付。

转账支付的，应由原收款人向银行填制支款凭证，并由本人交验其身份证办理支付款项。该账户的款项只能转入单位或个体工商户的存款账户，严禁转入储蓄和信用卡账户。

2. 汇兑结算方式的一般程序

汇兑结算方式的一般程序如图 2-6 所示。

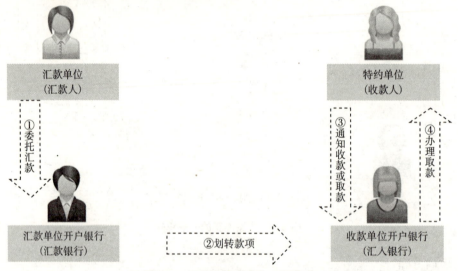

图 2-6　汇兑结算方式的一般程序

（六）托收承付

托收承付是根据购销合同由收款人发货后委托银行向异地付款人收取款项，由付款人向银行承认付款的一种结算方式。

使用托收承付结算方式的收款单位和付款单位必须是经营管理水平较高，并经开户银行审查同意的企业。

办理托收承付的款项，必须是商品交易以及因商品交易而产生的劳务供应的款项。代销、寄销、赊销商品的款项不得办理托收承付结算。

托收承付结算款项的划款办法，分邮寄和电报两种，由收款人选用。

1. 托收承付结算方式的注意事项

（1）收付双方使用托收承付结算必须签有合法的购销合同，并在合同上定明使用托收承付结算方式。

（2）收款人办理托收，必须具有商品确已发运的证件。

（3）托收承付结算每笔的金额起点为 10000 元，新华书店系统每笔的金额起点为 1000 元。

（4）托收承付结算方式分为托收和承付两个阶段。

托收。销货单位按合同发运商品，办妥发货手续后，根据发货票、代垫运杂费单据等填制"托收承付结算凭证"，连同发货票、运单一并送交开户银行办理托收。开户银行接到托收凭证及其附件后，应认真进行审查。对审查无误、同意办理的，应将托收凭证的回单联盖章后退回销货单位。

承付。购货单位收到银行转来的托收承付结算凭证及所附单证后，应在规定的承付期内审查核对，安排资金。承付货款分为验单付款和验货付款两种，由收付双方商量选用，并在合同中明确规定。

验单付款承付期为 3 天，从付款人开户银行发出承付通知的次日算起。付款单位在承付期内未向银行表示拒绝付款的，银行即视作承付，并在承付期满的次日将款项付给收款单位。验货付款的承付期为 10 天，从运输部门向付款人发出提货通知的次日算起。付款单位在收到提货通知后，应向银行交验提货通知。付款单位在银行发出承付通知书后的 10 天内，如未收到提货通知，应在 10 天内将情况通知银行，如不通知，银行即视作已经验货，承认付款，并于期满次日予以划款。

不论是验单付款还是验货付款，付款单位都可以在付款期内提前向银行表示承付。付款单位在承付期满日款项不足支付的，其不足部分即为逾期未付款项，根据逾期天数，按每天万分之五计算逾期未付赔偿金。

付款单位在验单或验货时，发现所到货物的品种、规格、数量、价格与合同规定不符，或货物已到，经查验货物与合同规定或发货清单不符的款项，在承付期内，可向银行提出全部或部分拒绝付款。付款单位提出拒绝付款时，必须填写"拒绝付款理由书"并签章，注明拒绝付款理由，送交开户银行。开户银行必须认真审查拒绝付款理由书，查验合同。银行同意部分或全部拒绝付款的，应在拒绝付款理由书上签注意见，连同拒付证明和拒付商品清单邮寄收款人开户银行转交收款人。

2. 托收承付结算方式的一般程序

托收承付结算方式的一般程序如图 2-7 所示。

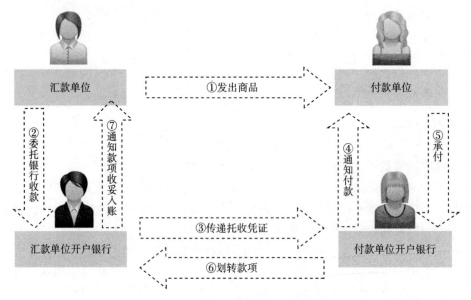

图 2-7　托收承付结算方式的一般程序

（七）委托收款

委托收款是由收款人向其开户银行提供收款依据，委托银行向付款人收取款项的一种结算方式。单位和个人凭已承兑商业汇票、债券、存单等付款人债务证明办理款项结算，均可以使用委托收款结算方式。同城、异地均可以使用。委托收款结算款项的划款方式，分邮寄和电报两种，由收款人选用，不受金额起点的限制。

1. 委托收款结算方式的注意事项

（1）委托收款结算方式分为"委托"和"付款"两个阶段。

委托。收款人办理委托收款应向银行提交委托收款凭证和有关的债务证明，收款人开户银行审查同意后，将"委托收款凭证"的回单退给收款单位，表示已办妥委托收款手续。

付款。付款人开户银行接到寄来的委托收款凭证及债务证明，审查无误后，应及时通知付款人。付款人接到通知后，应在规定付款期限内付款，付款期为3天，从付款人开户银行发出付款通知的次日算起。付款人未在接到通知日的次日起3日内通知银行付款的，视同付款人同意付款，并于付款人接到通知日的次日起第4日上午开始营业时，将款项划给收款人。

（2）付款人在付款期满而存款账户不足支付的，应将其债务证明连同未付款项通知书邮至收款人开户银行，转交收款人。

（3）付款人审查有关债务证明后，对收款人委托收取的款项需要拒绝付款的，应在付款期内出具拒绝付款理由书，持有债务证明的，应将其送交开户银行。银行将拒绝付款理由书、债务证明和有关凭证一并寄给被委托银行，转交收款人。

2. 委托收款结算方式的一般程序

委托收款结算方式的一般程序如图 2-8 所示。

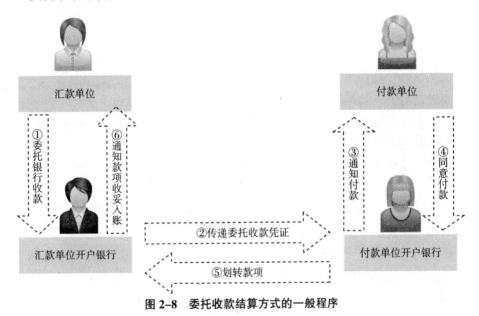

图 2-8　委托收款结算方式的一般程序

（八）信用卡

信用卡是商业银行向个人和单位发行的，凭以向特约单位购物、消费和向银行存取现金，且具有消费信用的特制载体卡片。信用卡按使用对象分为单位卡和个人卡；按信誉等级分为金卡和普通卡。适用于同城和异地的特约单位购物、消费。

1. 信用卡结算的注意事项

（1）单位申领信用卡，应按规定填制申请表，连同有关资料一并送交发卡银行。符合条件并按一定要求交存一定金额的备用金后，银行为申请人开立信用卡存款户，并发给信用卡。

（2）单位卡账户的资金一律从其基本存款账户转账存入，不得交存现金，不得将销货收入的款项存入其账户。

（3）信用卡仅限于合法持卡人本人使用，持卡人本人不得出租或转借信用卡。

（4）持卡人可持信用卡在特约单位购物、消费。单位卡不得用于 10 万元以上的商品交易、劳务供应款项的结算。

（5）持卡人凭卡购物、消费时，需将信用卡和本人身份证一并交特约单位。

（6）特约单位审查信用卡无误的，在签购单上压（刷）卡，填写实际结算金额、用途、持卡人身份证件号码、特约单位名称和编号。

（7）特约单位不得通过压卡、签单和退货方式支付持卡人现金。

（8）特约单位在每日营业终了，应将当日受理的信用卡签购单汇总，计算手续费和净计金额，并填写汇（总）计单和进账单，连同签购单一并送交收单银行办理进账。

（9）持卡人要求退货的，特约单位应使用退货单办理压（刷）卡，并将退货单金额从当日签单累计金额中抵减，退货单随签购单一并送交收单银行。

（10）单位卡一律不得支取现金。信用卡透支额依据其分类的不同而不同：金卡最高不得超过 10000 元，普通卡最高不超过 5000 元。透支期限最长为 60 天。

2. 信用卡结算的一般程序

信用卡结算的一般程序如图 2-9 所示。

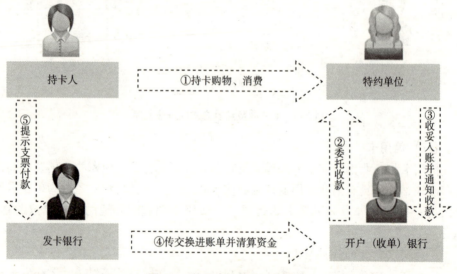

图 2-9　信用卡结算的一般程序

（九）信用证

信用证是指开证行依照申请人（付款人）的申请，向受益人（收款人）开出在一定期限内凭符合信用证条款的单据支付的付款承诺。信用证结算方式是国际结算的一种主要方式。经中国人民银行批准经营结算业务的商业银行总行以及经商业银行总行批准开办信用证结算业务的分支机构，也可以办理国内企业之间商品交易的信用证结算业务。信用证结算的一般程序如图 2-10 所示。

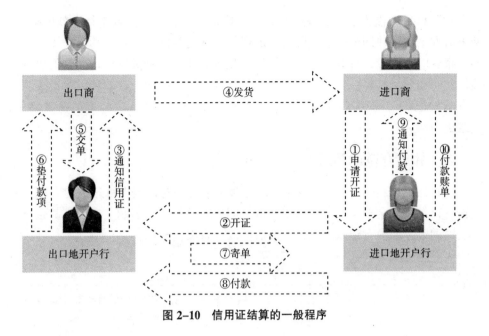

图 2-10　信用证结算的一般程序

各种结算方式比较如表 2-1 所示。

表 2-1　各种结算方式一览表

种类	适用范围	同城异地	期限	分类	金额起点
支票	单位和个人	同城、异地	10 天	现金、转账	
银行本票	单位和个人	同城	2 个月	定额、不定额	1 千元，5 千元，1 万元，5 万元
银行汇票	单位、个人商品交易	异地	1 个月		
商业汇票	单位交易	同城、异地	<6 个月	银兑、商兑	
汇兑	单位和个人	异地			
委托收款	单位和个人	同城、异地	3 天	邮寄、电报	
托收承付	商品交易	异地	验单 3 天、验货 10 天	验单、验货	1 万元、书店 1 千元
信用卡	单位和个人			单位、个人	
信用证	国际				

三、银行存款的账务处理

银行存款是企业存放在银行或其他金融机构的货币资金。企业应当根据业务需要，按照规定在其所在地银行开设账户，运用所开设的账户，进行存款、取款以及各种收支转账业务的结算。银行存款的收付应严格执行银行结算制度的规定。

为了反映和监督企业银行存款的收入、支出和结存情况，企业应当设置"银行存款"科目，借方登记企业银行存款的增加，贷方登记企业银行存款的减少，期末借方余额反映期末企业实际持有的银行存款的金额。

企业应当设置银行存款总账和银行存款日记账，分别进行银行存款的总分类核算和明细分类核算。企业可按开户银行和其他金融机构、存款种类等设置"银行存款日记账"，根据收付款凭证，按照业务的发生顺序逐笔登记。每日终了，应结出余额。

四、银行存款的核对

"银行存款日记账"应定期与"银行对账单"核对，至少每月核对一次。企业银行存款账面余额与银行对账单余额之间如有差额，应编制"银行存款余额调节表"调节，如没有记账错误，调节后的双方余额应相等。

知识点
银行存款余额调节表只是为了核对账目，并不能作为调整银行存款账面余额的记账依据；通过银行存款余额调节表，调节后的存款余额表示企业可以动用的银行存款数。

【例2-1】甲公司2015年12月31日银行存款日记账的余额为540000元，银行转来对账单的余额为830000元。经逐笔核对，发现以下未达账项：

（1）企业送存转账支票600000元，并已登记银行存款增加，但银行尚未记账。

（2）企业开出转账支票450000元，但持票单位尚未到银行办理转账，银行尚未记账。

（3）企业委托银行代收某公司购货款480000元银行已收妥并登记入账，但企业尚未收到收款通知，尚未记账。

（4）银行代企业支付电话费40000元，银行已登记企业银行存款减少，但企业未收到银行付款通知，尚未记账。

编制银行存款余额调节表，如表2-2所示：

表2-2　银行存款余额调节表

单位：元

项 目	金 额	项 目	金 额
企业银行存款日记账余额	540000	银行对账单余额	830000
加：银行已收、企业未收款	480000	加：企业已收、银行未收款	600000
减：银行已付、企业未付款	40000	减：企业已付、银行未付款	450000
调节后的存款余额	980000	调节后的存款余额	980000

在【例2-1】中，反映了企业银行存款账面余额与银行对账单余额之间不一致的原因，即存在未达账项。所谓未达账项，是由于结算凭证在企业与银行之间或收付款银行之间传递需要时间，造成企业与银行之间入账的时间差，一方收到凭证并已入账，另一方未收到凭证因而未能入账，由此形成了账款。发生未达账项的具体情况有四种：一是企业已收款入账，银行尚未收款入账；二是企业已付款入账，银行尚未付款入账；三是银行已收款入账，企业尚未收款入账；四是银行已付款入账，企业尚未付款入账。

【练一练】（2009年）甲公司2008年12月发生与银行存款有关的业务如下：

（1）①12月28日，甲公司收到A公司开出的480万元转账支票，交存银行。该笔款项系A公司违约支付的赔款，甲公司将其计入当期损益。

②12月29日，甲公司开出转账支票支付B公司咨询费360万元，并于当日交给B公司。

（2）12月31日，甲公司银行存款日记账余额为432万元，银行转来对账单余额为664万元。经逐笔核对，发现以下未达账项：

①甲公司已将12月28日收到的A公司赔款登记入账，但银行尚未记账。

②B公司尚未将12月29日收到的支票送存银行。

③甲公司委托银行代收C公司购货款384万元，银行已于12月30日收妥并登记入账，但甲公司尚未收到收款通知。

④12月甲公司发生借款利息32万元，银行已减少其存款，但甲公司尚未收到银行的付款通知。

要求：

（1）编制甲公司上述业务（1）的会计分录。

（2）根据上述资料编制甲公司银行存款余额调节表。

（答案中的金额单位用万元表示）

【解析】

（1）①借：银行存款　　　　　480

　　　　　贷：营业外收入　　　　　　　480

　　　②借：管理费用　　　　　360

　　　　　贷：银行存款　　　　　　　　360

（2）银行存款余额调节表。

表 2–3　银行存款余额调节表

2008 年 12 月 31 日　　　　　　　　　　　单位：万元

项　目	金　额	项　目	金　额
企业银行存款日记账余额	432	银行对账单余额	664
加：银行已收，企业未收款	384	加：企业已收，银行未收款	480
减：银行已付，企业未付款	32	减：企业已付，银行未付款	360
调节后的存款余额	784	调节后的存款余额	784

第三节　其他货币资金

一、其他货币资金的内容

其他货币资金是指企业除现金、银行存款以外的其他各种货币资金，主要包括银行汇票存款、银行本票存款、信用卡存款、信用证保证金存款、存出投资款和外埠存款等。

（一）银行汇票存款

银行汇票是指由出票银行签发的，由其在见票时按照实际结算金额无条件支付给收款人或者持票人的票据。银行汇票的出票银行为银行汇票的付款人。单位和个人各种款项的结算，均可使用银行汇票。银行汇票可以用于转账，填明"现金"字样的银行汇票也可以用于支取现金。

（二）银行本票存款

银行本票是指银行签发的，承诺自己在见票时无条件支付确定的金额给收款人或持票人的票据。单位和个人在同一票据交换区域需要支付的各种款项，均可使用银行本票。银行本票可以用于转账，注明"现金"字样的银行本票可以用于支取现金。

（三）信用卡存款

信用卡存款是指企业为取得信用卡而存入银行信用卡专户的款项。信用卡是银行卡的一种。

（四）信用证保证金存款

信用证保证金存款是指采用信用证结算方式的企业为开具信用证而存入银行信用证保证金专户的款项。企业向银行申请开立信用证，应按规定向银行提交开证申请书、信用证申请人承诺书和购销合同。

（五）存出投资款

存出投资款是指企业为购买股票、债券、基金等根据有关规定存入在证券公司指定银行开立的投资款专户的款项。

（六）外埠存款

外埠存款是指企业为了到外地进行临时或零星采购，而汇往采购地银行开立采购专户的款项。

> **知识点**
>
> 企业将款项汇往外地时，应填写汇款委托书，委托开户银行办理汇款。汇入地银行以汇款单位名义开立临时采购账户，该账户的存款不计利息，只付不收、付完清户，除了采购人员可从中提取少量现金外，一律采用转账结算。

二、其他货币资金的账务处理

为了反映和监督其他货币资金的收支和结存情况，企业应当设置"其他货币资金"科目，借方登记其他货币资金的增加，贷方登记其他货币资金的减少，期末余额在借方，反映企业实际持有的其他货币资金的金额。"其他货币资金"科目应当按照其他货币资金的种类设置明细科目进行核算。

（一）银行汇票存款

汇款单位（即申请人）使用银行汇票，应向出票银行填写"银行汇票申请书"，填明收款人名称、汇票金额、申请人名称、申请日期等事项并签章，签章是其预留银行的签章。出票银行受理银行汇票申请书，收妥款项后签发银行汇票，并用压数机压印出票金额，将银行汇票和解讫通知一并交给申请人。申请人应将银行汇票和解讫通知一并交付给汇票上记明的收款人。收款人受理申请人交付的银行汇票时，应在出票金额以内，根据实际需要的款项办理结算，并将实际结算的金额和多余金额准确、清晰地填入银行汇票和解讫通知的有关栏内，到银行办理款项入账手续。收款人可以将银行汇票背书转让给被背书人。银行汇票的背书转让以不超过出票金额的实际结算金额为准。未填写实际结算金额或实际结算金额超过出票金额的银行汇票，不得背书转让。银行汇票的提示付款期限为自出票日起一个月，持票人超过付款期限提示付款的，银行将不予受理。持票人向银行提示付款时，必须同时提交银行汇票和解讫通知，缺少任何一联，银行不予受理。银行汇票丧失，失票人可以凭人民法院出具的其享有票据权利的证明，向出票银行请求付款或退款。

企业填写"银行汇票申请书"、将款项交存银行时，借记"其他货币资金——银行汇票"科目，贷记"银行存款"科目；企业持银行汇票购货、收到有关发票账单时，借记"材料采购"或"原材料"、"库存商品"、"应交税费——应交增值税（进项税额）"等科目，贷记"其他货币资金——银行汇票"科目；采购完毕收回剩余款项时，借记"银行存款"科目，贷记"其他货币资金——银行汇票"科目。

销货企业收到银行汇票、填制进账单到开户银行办理款项入账手续时，根据进账单及销货发票等，借记"银行存款"科目，贷记"主营业务收入"、"应交税费——应交增值税（销项税额）"等科目。

【例 2-2】甲公司为增值税一般纳税人，向银行申请办理银行汇票用以购买原材料，将款项 250000 元交存银行转作银行汇票存款。根据银行盖章退回的申请书存根联，甲公司应编制如下会计分录：

借：其他货币资金——银行汇票　　　　　250000
　　贷：银行存款　　　　　　　　　　　　　　　　250000

甲公司购入原材料一批已验收入库，取得的增值税专用发票上的价款为 200000 元，增值税税额为 34000 元，已用银行汇票办理结算，多余款项 16000 元退回开户银行，公司已收到开户银行转来的银行汇票第四联（多余款收账通知）。

甲公司应编制如下会计分录：

（1）用银行汇票结算材料价款和增值税款时：

借：原材料　　　　　　　　　　　　　　200000
　　应交税费——应交增值税（进项税额）　34000
　　贷：其他货币资金——银行汇票　　　　　　　　234000

（2）收到退回的银行汇票多余款项时：

借：银行存款　　　　　　　　　　　　　16000
　　贷：其他货币资金——银行汇票　　　　　　　　16000

【例 2-3】甲企业为增值税一般纳税人，向银行申请办理银行汇票用以购买原材料，将款项 250000 元交存银行转作银行汇票存款，根据盖章退回的申请书存根联，企业编制如下分录：

借：其他货币资金——银行汇票　　　　　250000
　　贷：银行存款　　　　　　　　　　　　　　　　250000

（二）银行本票存款

银行本票分为不定额本票和定额本票两种。定额本票面额为 1000 元、5000

元、10000 元和 50000 元。银行本票的提示付款期限自出票日起最长不得超过两个月。在有效付款期内，银行见票付款。持票人超过付款期限提示付款的，银行不予受理。

申请人使用银行本票，应向银行填写"银行本票申请书"。申请人或收款人为单位的，不得申请签发现金银行本票。出票银行受理银行本票申请书，收妥款项后签发银行本票，在本票上签章后交给申请人。申请人应将银行本票交付给本票上记明的收款人。收款人可以将银行本票背书转让给被背书人。

申请人因银行本票超过提示付款期限或其他原因要求退款时，应将银行本票提交到出票银行并出具单位证明。根据银行盖章退回的进账单第一联，借记"银行存款"科目，贷记"其他货币资金——银行本票"科目。出票银行对于在本行开立存款账户的申请人，只能将款项转入原申请人账户；对于现金银行本票和未到本行开立存款账户的申请人，才能退付现金。

银行本票丧失，失票人可以凭人民法院出具的其享有票据权利的证明，向出票银行请求付款或退款。

企业填写"银行本票申请书"、将款项交存银行时，借记"其他货币资金——银行本票"科目，贷记"银行存款"科目；企业持银行本票购货、收到有关发票账单时，借记"材料采购"或"原材料"、"库存商品"、"应交税费——应交增值税（进项税额）"等科目，贷记"其他货币资金——银行本票"科目。

销货企业收到银行本票、填制进账单到开户银行办理款项入账手续时，根据进账单及销货发票等，借记"银行存款"科目，贷记"主营业务收入"、"应交税费——应交增值税（销项税额）"等科目。

【例 2-4】甲公司为取得银行本票，向银行填交"银行本票申请书"，并将 10000 元银行存款转作银行本票存款。公司取得银行本票后，应根据银行盖章退回的银行本票申请书存根联填制银行付款凭证。甲公司应编制如下会计分录：

借：其他货币资金——银行本票　　　　　10000

　　贷：银行存款　　　　　　　　　　　　　　　　10000

甲公司用银行本票购买办公用品 10000 元。根据发票账单等有关凭证，编制如下会计分录：

借：管理费用　　　　　　　　　　　　10000

　　贷：其他货币资金——银行本票　　　　　　　　10000

（三）信用卡存款

凡在中国境内金融机构开立基本存款账户的单位可申领单位卡。单位卡可申领若干张，持卡人资格由申领单位法定代表人或其委托的代理人书面指定和注销。单位卡账户的资金一律从其基本存款账户转账存入，不得交存现金，不得将销货收入的款项存入其账户。持卡人可持信用卡在特约单位购物、消费，但单位卡不得用于 10 万元以上的商品交易、劳务供应款项的结算，不得支取现金。特约单位在每日营业终了，应将当日受理的信用卡签购单汇总，计算手续费和净额，并填写汇（总）计单和进账单，连同签购单一并送交收单银行办理进账。

企业应填制"信用卡申请表"，连同支票和有关资料一并送存发卡银行，根据银行盖章退回的进账单第一联，借记"其他货币资金——信用卡"科目，贷记"银行存款"科目；企业用信用卡购物或支付有关费用，收到开户银行转来的信用卡存款的付款凭证及所附发票账单，借记"管理费用"等科目，贷记"其他货币资金——信用卡"科目；企业信用卡在使用过程中，需要向其账户续存资金的，应借记"其他货币资金——信用卡"科目，贷记"银行存款"科目；企业的持卡人如不需要继续使用信用卡时，应持信用卡主动到发卡银行办理销户，销卡时，信用卡余额转入企业基本存款户，不得提取现金，借记"银行存款"科目，贷记"其他货币资金——信用卡"科目。

【例 2-5】甲公司于 2015 年 3 月 5 日向银行申领信用卡，向银行交存 50000 元。2015 年 4 月 10 日，该公司用信用卡向新华书店支付购书款 3000 元。甲公司应编制如下会计分录：

借：其他货币资金——信用卡　　　　　　50000
　　贷：银行存款　　　　　　　　　　　　　　50000
借：管理费用　　　　　　　　　　　　　3000
　　贷：其他货币资金——信用卡　　　　　　　　3000

（四）信用证保证金存款

企业填写"信用证申请书"，将信用证保证金交存银行时，应根据银行盖章退回的"信用证申请书"回单，借记"其他货币资金——信用证保证金"科目，贷记"银行存款"科目。企业接到开证行通知，根据供货单位信用证结算凭证及所附发票账单，借记"材料采购"或"原材料"、"库存商品"、"应交税费——应交增值税（进项税额）"等科目，贷记"其他货币资金——信用证保证金"科目；将未用完的信用证保证金存款余额转回开户银行时，借记"银行存款"科目，贷记"其他货币资金——信用证保证金"科目。

【例 2-6】甲公司向银行申请开具信用证 2000000 元，用于支付境外采购材料价款，公司已向银行缴纳保证金，并收到银行盖章退回的进账单第一联。甲公司应编制如下会计分录：

借：其他货币资金——信用证保证金　2000000
　　贷：银行存款　　　　　　　　　　　　　2000000

甲公司收到银行转来的境外销货单位信用证结算凭证以及所附发票账单、海关进口增值税专用缴款书等有关凭证，材料价款 1500000 元，增值税税额为 255000 元。甲公司应编制如下会计分录：

借：原材料　　　　　　　　　　　　　　　　1500000

　　应交税费——应交增值税（进项税额）　　255000

　　贷：其他货币资金——信用证保证金　　　　　　　1755000

甲公司收到银行收款通知，对该境外销货单位开出的信用证余款245000 元已经转回银行账户。甲公司应编制如下会计分录：

借：银行存款　　　　　　　　　　　　　　　245000

　　贷：其他货币资金——信用证保证金　　　　　　　245000

（五）存出投资款

企业向证券公司划出资金时，应按实际划出的金额，借记"其他货币资金——存出投资款"科目，贷记"银行存款"科目；购买股票、债券等时，借记"交易性金融资产"等科目，贷记"其他货币资金——存出投资款"科目。

（六）外埠存款

企业将款项汇往外地时，应填写汇款委托书，委托开户银行办理汇款。汇入地银行以汇款单位名义开立临时采购账户，该账户的存款不计利息、只付不收、付完清户，除了采购人员可从中提取少量现金外，一律采用转账结算。企业将款项汇往外地开立采购专用账户时，根据汇出款项凭证，编制付款凭证，进行账务处理，借记"其他货币资金——外埠存款"科目，贷记"银行存款"科目；收到采购人员转来供应单位发票账单等报销凭证时，借记"材料采购"或"原材料"、"库存商品"、"应交税费——应交增值税（进项税额）"等科目，贷记"其他货币资金——外埠存款"科目；采购完毕收回剩余款项时，根据银行的收账通知，借记"银行存款"科目，贷记"其他货币资金——外埠存款"科目。

【例 2-7】甲公司派采购员到异地采购原材料，2015 年 8 月 10 日委托开户银行汇款 100000 元到采购地设立采购专户。根据收到的银行汇款凭证回单联，甲公司应编制如下会计分录：

借：其他货币资金——外埠存款　　　　　　100000

　　贷：银行存款　　　　　　　　　　　　　　　　100000

2015 年 8 月 20 日，采购员交来从采购专户付款购入材料的有关凭证，增值税专用发票上注明的原材料价款为 80000 元，增值税税额为 13600 元，甲公司应编制如下会计分录：

借：原材料　　　　　　　　　　　　　　　　80000

　　应交税费——应交增值税（进项税额）　　13600

　　贷：其他货币资金——外埠存款　　　　　　　　　93600

2015 年 8 月 30 日，收到开户银行的收款通知，该采购专户中的结余款项已经转回。根据收账通知，甲公司应编制如下会计分录：

借：银行存款　　　　　　　　　　　　　　6400

　　贷：其他货币资金——外埠存款　　　　　　6400

【练一练】（2014 年多选）下列各项中，应通过其他货币资金核算的是（　　）。

A. 信用卡存款　　　　　　　B. 存出投资款

C. 银行汇票存款　　　　　　D. 外埠存款

【解析】其他货币资金主要包括银行汇票存款、银行本票存款、信用卡存款、信用证保证金存款、存出投资款和外埠存款等。答案为 ABCD。

【练一练】（2013 年单选）下列各项中不会引起其他货币资金发生变动的是（　　）。

A. 企业销售商品收到商业汇票

B. 企业用银行本票购买办公用品

C. 企业将款项汇往外地开立采购专业账户

D. 企业为购买基金将资金存入在证券公司指定银行开立账户

【解析】选项 A，应该记入"应收票据"；选项 B，银行本票属于其他货币资金，用银行本票购买办公用品会导致其他货币资金的减少；选项 C，将款项汇往外地开立采购专业账户会引起其他货币资金的增加；选项 D，同样会引起其他货币资金的增加。答案为 A。

【主要分录总结】

序号	事项		分录
1	库存现金盘点	盘盈 审批前	借：库存现金 　　贷：待处理财产损溢
		盘盈 审批后	借：待处理财产损溢 　　贷：其他应付款——应支付 　　　　营业外收入——无法查明原因
		盘亏 审批前	借：待处理财产损溢 　　贷：库存现金
		盘亏 审批后	借：其他应收款——责任人赔偿 　　管理费用——无法查明原因 　　贷：待处理财产损溢

续表

序号	事项		分录
2	其他货币资金	获取	借：其他货币资金 　贷：银行存款
		采购（购买）	借：材料采购 　应交税费——应交增值税（进项税额） 　贷：其他货币资金
		余额退回	借：银行存款 　贷：其他货币资金

【练一练】（2012年单选题）下列各项中，关于银行存款业务的表述中正确的是（　　）。

A. 企业单位信用卡存款账户可以存取现金

B. 企业信用证保证金存款余额不可以转存其开户行结算户存款

C. 企业银行汇票存款的收款人不得将其收到的银行汇票背书转让

D. 企业外埠存款除采购人员可从中提取少量现金外，一律采用转账结算

【解析】本题考核是其他货币资金的内容。选项A，企业单位信用卡存款账户不可以交存现金；选项B，企业信用证保证金存款余额可以转存其开户行结算户存款；选项C，企业银行汇票存款的收款人可以将其收到的银行汇票背书转让，带现金字样的银行汇票不可以背书转让。故答案选D。

【本章主要参考法规索引】

1. 企业会计准则——基本准则（2014年7月23日财政部修订发布，自2014年7月23日起施行）

2. 企业会计准则第22号——金融工具确认和计量（2006年2月15日财政部颁布，自2007年1月1日起在上市公司范围内施行）

3. 企业会计准则——应用指南（2006年10月30日财政部发布，自2007年1月1日起在上市公司范围内施行）

4. 中华人民共和国现金管理暂行条例（1988年9月8日中华人民共和国国务院令第12号发布，根据2011年1月8日《国务院关于废止和修改部分行政法规的决定》修订）

【本章习题】

一、单项选择题

1. （　　）是指企业为购买股票、债券、基金等根据有关规定存入在证券公

司指定银行开立的投资款专户的款项。

    A. 银行汇票存款   B. 银行本票存款

    C. 其他货币资金   D. 存出投资款

2. 企业在现金清查中，经检查仍无法查明原因的现金短款，经批准后应计入（　　）。

    A. 财务费用   B. 管理费用

    C. 营业费用   D. 营业外支出

3. 企业在进行现金清查时，查出现金溢余，并将溢余数记入"待处理财产损溢"科目。后经进一步核查，无法查明原因，经批准后，对该现金溢余正确的会计处理方法是（　　）。

    A. 将其从"待处理财产损溢"科目转入"管理费用"科目

    B. 将其从"待处理财产损溢"科目转入"营业外收入"科目

    C. 将其从"待处理财产损溢"科目转入"其他应付款"科目

    D. 将其从"待处理财产损溢"科目转入"其他应收款"科目

4. 企业在现金清查中，经检查仍无法查明原因的现金溢余，经批准后应（　　）。

    A. 计入以前年度损益调整   B. 冲减管理费用

    C. 计入其他应付款   D. 计入营业外收入

5. 下列各项中，关于银行存款业务的表述正确的是（　　）。

    A. 企业单位信用卡存款账户可以存取现金

    B. 企业信用保证金存款余额可以转存其开户行结算存款

    C. 企业银行汇票存款的收款人不得将其收到的银行汇票背书转让

    D. 企业外埠存款采购人员可从外埠存款账户提取现金，不采用转账结算

6. 甲公司 2015 年 12 月 31 日的银行存款日记账的余额为 300 万元，银行对账单的余额为 303 万元，经逐笔核对，发现如下未达账项：银行代扣水电费 3 万元，甲公司尚未接到通知；银行已经收到甲公司销售货物的货款 8 万元，甲公司尚未接到通知；甲公司已经向丙公司开出现金支票 6 万元，但丙公司尚未到银行兑换；甲公司送存转账支票 8 万元，并已登记银行存款增加，但银行尚未记账，则经调整后，甲公司银行存款日记账的余额为（　　）万元。

    A. 304   B. 303   C. 305   D. 302

7. 企业将款项汇往异地银行开立采购专户，编制该业务的会计分录时应当（　　）。

    A. 借记"应收账款"科目，贷记"银行存款"科目

    B. 借记"其他货币资金"科目，贷记"银行存款"科目

C. 借记"其他应收款"科目，贷记"银行存款"科目

D. 借记"材料采购"科目，贷记"其他货币资金"科目

8. 企业在现金清查中，经检查仍无法查明原因的现金短款，经批准后应计入（　　）。

A. 管理费用　　　　　　　　　B. 财务费用

C. 冲减营业外收入　　　　　　D. 营业外支出

9. 在下列各项中，使得企业银行存款日记账余额会大于银行对账单余额的是（　　）。

A. 企业开出支票，对方未到银行兑现

B. 银行误将其他公司的存款记入本企业银行存款账户

C. 银行代扣水电费，企业尚未接到通知

D. 银行收到委托收款结算方式下结算款项，企业尚未收到通知

10. 下列各项中不会引起其他货币资金发生变动的是（　　）。

A. 企业销售商品收到商业汇票

B. 企业用银行本票购买办公用品

C. 企业将款项汇往外地开立采购专业账户

D. 企业为购买基金将资金存入在证券公司指定银行开立账户

11. 下列关于货币资金的管理规定，说法不正确的是（　　）。

A. 开户单位现金收入应于当日送存开户银行

B. 不准谎报用途套取现金

C. 不准用银行账户代替其他单位和个人存入或支取现金

D. 向个人收购农副产品和其他物资的价款支付的金额大于1000元的需要通过银行存款支付

12. 根据《现金管理暂行条例》规定，下列经济业务中，一般不应用现金支付的是（　　）。

A. 支付物资采购货款1200元　　　B. 支付零星办公用品购置费850元

C. 支付职工差旅费2000元　　　　D. 支付职工奖金800元

13. 下列各项中不会引起其他货币资金发生变动的是（　　）。

A. 企业销售商品收到商业汇票

B. 企业用银行本票购买办公用品

C. 企业将款项汇往外地开立采购专业账户

D. 企业为购买基金将资金存入在证券公司指定银行开立账户

14. 甲公司2015年12月31日，库存现金账户余额为100万元，银行存款账户余额为200万元，银行承兑汇票余额为50万元，商业承兑汇票余额为30万

元，信用证保证金存款余额为 15 万元，则 2013 年 12 月 31 日资产负债表中"货币资金"项目的金额为（   ）万元。

A. 395 　　　　　 B. 315 　　　　　 C. 380 　　　　　 D. 300

15. 企业收到银行收款通知，对该境外销货单位开出的信用证余款 100000 元已经转回银行账户。企业编制的会计分录是（   ）。

A. 借：银行存款　　　　　　　　　　100000
　　　贷：预付账款　　　　　　　　　　　　100000
B. 借：银行存款　　　　　　　　　　100000
　　　贷：应收账款　　　　　　　　　　　　100000
C. 借：银行存款　　　　　　　　　　100000
　　　贷：其他应付款　　　　　　　　　　　100000
D. 借：银行存款　　　　　　　　　　100000
　　　贷：其他货币资金——信用证保证金　　100000

二、多项选择题

1. 库存现金的使用范围包括（   ）。

A. 职工工资、奖金、津贴和补贴

B. 出差人员必须随身携带 10000 元差旅费

C. 2000 元的零星支出

D. 向个人收购农副产品和其他物资支付的 5000 元价款

2. 企业可用现金支付的款项包括（   ）。

A. 个人劳务报酬

B. 出差人员必须随身携带的差旅费

C. 结算起点以上的支出

D. 按规定颁发给个人的科学技术奖金

3. 下列资产的清查中，通过"管理费用"科目核算的有（   ）。

A. 属于现金短缺中无法查明原因的部分

B. 存货盘盈报经批准后的部分

C. 存货盘亏属于一般经营损失的部分

D. 固定资产盘亏报经批准转销的部分

4. 编制银行存款余额调节表时，下列未达账项中，会导致企业银行存款日记账的账面余额大于银行对账单余额的有（   ）。

A. 企业开出支票，银行尚未支付

B. 企业收到支票尚未送存银行，银行尚未入账

C. 银行代收款项，企业尚未接到收款通知

D. 银行代付款项，企业尚未接到付款通知

5. 下列未达账项中，会导致企业银行存款日记账的账面余额大于银行对账单余额的有（　　）。

A. 企业送存支票，银行尚未入账

B. 企业开出支票，银行尚未支付

C. 银行代付的电话费，企业尚未接到付款通知

D. 银行代收货款，企业尚未接到收款通知

6. 下列各项中，应确认为企业其他货币资金的有（　　）。

A. 企业持有的 3 个月内到期的商业汇票

B. 企业为购买股票向证券公司划出的资金

C. 企业汇往外地建立临时采购专户的资金

D. 企业向银行申请银行本票时拨付的资金

7. 下列各项关于货币资金的说法中，正确的有（　　）。

A. 月度终了，现金日记账的余额应当与现金总账的余额核对，做到账账相符

B. 银行存款余额调节表核对账目，作为调整银行存款账面余额的记账依据

C. 无法查明原因的现金短缺，转入"管理费用"科目

D. 其他货币资金主要包括银行汇票存款、银行本票存款、银行承兑汇票、存出投资款和外埠存款等

三、判断题

1. 无法查明原因的现金溢余计入当期营业利润。（　　）

2. 对于银行已经入账而企业尚未入账的未达账项，企业应当根据"银行存款余额调节表"编制自制凭证予以入账。（　　）

3. 边远地区和交通不便地区开户单位的库存现金限额，可按多于 5 天，但不得超过 10 天日常零星开支的需要确定。（　　）

第三章
应收及预付款项

应收及预付款项是指企业在日常生产经营过程中发生的各项债权，包括应收款项和预付款项。应收款项包括应收票据、应收账款和其他应收款等；预付款项则是指企业按照合同规定预付的款项，如预付账款等。

【学习目标】

通过本章的学习，要求了解应收及预付款项的内容；理解应收及预付款项的确认及初始计量；掌握应收及预付款项基本业务的核算及一般企业应收款项减值损失的计量及账务处理方法。

【关键词】

应收账款	Accounts receivable
应收票据	Notes receivable
商业汇票	Commercial draft
商业承兑汇票	Commercial acceptances
银行承兑汇票	Bank acceptances
贴现	Discount
预付账款	Prepayments
其他应收款	Other receivables
应收账款减值	Impairment of receivables

【思维导图】

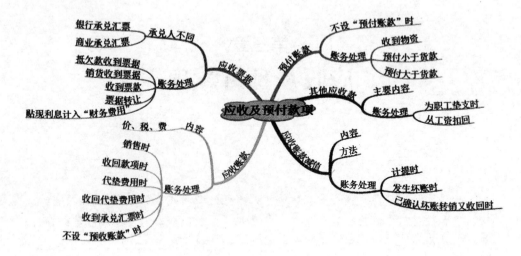

第一节　应收票据

一、应收票据概述

应收票据是指企业因销售商品、提供劳务等而收到的商业汇票。商业汇票是一种由出票人签发的，委托付款人在指定日期无条件支付确定金额给收款人或者持票人的票据。

商业汇票的付款期限，最长不得超过六个月。定日付款的汇票付款期限自出票日起计算，并在汇票上记载具体到期日；出票后定期付款的汇票付款期限自出票日起按月计算，并在汇票上记载；见票后定期付款的汇票付款期限自承兑或拒绝承兑日起按月计算，并在汇票上记载。商业汇票的提示付款期限，自汇票到期日起 10 日。符合条件的商业汇票的持票人，可以持未到期的商业汇票连同贴现凭证向银行申请贴现。

根据承兑人不同，商业汇票分为商业承兑汇票和银行承兑汇票。商业承兑汇票是指由付款人签发并承兑，或由收款人签发交由付款人承兑的汇票。商业承兑汇票的付款人收到开户银行的付款通知，应在当日通知银行付款。付款人在接到通知日的次日起三日内（遇法定休假日顺延）未通知银行付款的，视同付款人承诺付款，银行将于付款人接到通知日的次日起第四日（遇法定休假日顺延）上午开始营业时，将票款划给持票人。付款人提前收到由其承兑的商业汇票，应通知银行于汇票到期日付款。银行在办理划款时，付款人存款账户不足支付的，银行应填制付款人未付票款通知书，连同商业承兑汇票邮寄持票人开户银行转交持票人。

银行承兑汇票是指由在承兑银行开立存款账户的存款人（这里也是出票人）签发，由承兑银行承兑的票据。企业申请使用银行承兑汇票时，应向其承兑银行按票面金额的万分之五交纳手续费。银行承兑汇票的出票人应于汇票到期前将票款足额交存其开户银行，承兑银行应在汇票到期日或到期日后的见票当日支付票款。银行承兑汇票的出票人于汇票到期前未能足额交存票款时，承兑银行除凭票向持票人无条件付款外，对出票人尚未支付的汇票金额按照每天万分之五计收利息。

> **知识点**　商业汇票的付款期限，最长不得超过六个月（关键点）。根据承兑人的不同，商业汇票分为商业承兑汇票和银行承兑汇票，不管承兑人是企业还是银行，均需要通过"应收票据"科目进行核算。

【相关链接】 针对企业将款项交存银行取得银行汇票和银行本票，通过"其他货币资金"科目核算。

二、应收票据的账务处理

为了反映和监督应收票据取得、票款收回等经济业务，企业应当设置"应收票据"科目，借方登记取得的应收票据的面值，贷方登记到期收回票款或到期前向银行贴现的应收票据的票面余额，期末余额在借方，反映企业持有的商业汇票的票面金额。本科目可按照开出、承兑商业汇票的单位进行明细核算，并设置"应收票据备查簿"，逐笔登记商业汇票的种类、号数和出票日、票面金额、交易合同号和付款人、承兑人、背书人的姓名或单位名称、到期日、背书转让日、贴现日、贴现率和贴现净额以及收款日和收回金额、退票情况等资料。商业汇票到期结清票款或退票后，在备查簿中应予注销。

（一）取得应收票据和收回到期票款

应收票据取得的原因不同，其会计处理亦有所区别。因债务人抵偿前欠货款而取得的应收票据，借记"应收票据"科目，贷记"应收账款"科目；因企业销售商品、提供劳务等而收到开出、承兑的商业汇票，借记"应收票据"科目，贷记"主营业务收入"、"应交税费——应交增值税（销项税额)"等科目。商业汇票到期收回款项时，应按实际收到的金额，借记"银行存款"科目，贷记"应收票据"科目。

【例3-1】甲公司2016年3月1日向乙公司销售一批产品，货款为2000000元，尚未收到，已办妥托收手续，适用增值税税率为17%。则甲公司应编制如下会计分录：

  借：应收账款   2340000
   贷：主营业务收入   2000000
    应交税费——应交增值税（销项税额)   340000

2016年3月15日，甲公司收到乙公司寄来一张3个月期的商业承兑汇票，面值为2340000元，抵付产品货款。甲公司应编制如下会计分录：

  借：应收票据   2340000
   贷：应收账款   2340000

在本例中，乙公司用商业承兑汇票抵偿前欠的货款2340000元，应借记"应收票据"科目，贷记"应收账款"科目。

2016年6月15日，甲公司上述应收票据到期收回票面金额2340000元存入银行。甲公司应作如下会计处理：

  借：银行存款   2340000
   贷：应收票据   2340000

知识点

  企业核算应收票据时，应收票据均以面值入账。

（二）应收票据的转让

在实务中，企业可以将自己持有的商业汇票背书转让。背书是指在票据背面或者粘单上记载有关事项并签章的票据行为。背书转让的背书人应当承担票据责任。企业将持有的商业汇票背书转让以取得所需物资时，按应计入取得物资成本的金额，借记"材料采购"或"原材料"、"库存商品"等科目，按专用发票上注明的可抵扣的增值税额，借记"应交税费——应交增值税（进项税额)"科目，按商业汇票的票面金额，贷记"应收票据"科目，如有差额，借记或贷记"银行存款"等科目。

【例3-2】承【例3-1】假定甲公司于4月15日将上述应收票据背书转让，以取得生产经营所需的A种材料，该材料金额为2000000元，适用增值税税率为17%。甲公司应作如下会计处理：

借：原材料　　　　　　　　　　　　　　2000000

　　应交税费——应交增值税（进项税额）　　340000

　　贷：应收票据　　　　　　　　　　　　　　　2340000

（三）商业汇票向银行贴现（应收票据贴现时的账务处理）

对于票据贴现，企业通常应按实际收到的金额，借记"银行存款"科目，按贴现息部分，借记"财务费用"科目，按应收票据的票面金额，贷记"应收票据"科目。

【练一练】（2012年单选）应收票据终止确认时，对应的会计科目可能有（　　）。

A. 资本公积　　　　B. 原材料　　　　C. 应交税费　　　　D. 材料采购

【解析】应收票据终止确认时，不会减少资本公积。答案选A。

第二节　应收账款

一、应收账款的内容

应收账款是指企业因销售商品、提供劳务等经营活动，应向购货单位或接受劳务单位收取的款项，主要包括企业销售商品或提供劳务等应向有关债务人收取的价款及代购货单位垫付的包装费、运杂费等。

> **知识点**
>
> 应收账款的入账价值包括因销售商品或提供劳务从购货方或接受劳务方应收的合同或协议价款、增值税销项税额，以及代购货单位垫付的包装费、运杂费等。代购货单位垫付的包装费、运杂费、增值税的销项税额属于应收账款的范围，但不属于企业的收入。

【练一练】（2011年多选）下列各项中，应列入资产负债表"应收账款"项目的有（　　）。

A. 预付职工差旅费　　　　　　　　B. 代购货单位垫付的运杂费

C. 销售产品应收取的款项　　　　　D. 对外提供劳务应收取的款

【解析】预付职工差旅费计入其他应收款。正确答案为BCD。

【练一练】（2013年单选）某企业采用托收承付结算方式销售一批商品，增值税专用发票注明的价款为1000万元，增值税税额为170万元，销售商品为客户代垫运输费5万元，全部款项已办妥托收手续。该企业应确认的应收账款为（　）万元。

  A. 1000   B. 1005   C. 1170   D. 1175

  【解析】企业应确认的应收账款的金额＝1000＋170＋5＝1175（万元）。正确答案为D。

二、应收账款的账务处理

  为了反映和监督应收账款的增减变动及其结存情况，企业应设置"应收账款"科目，不单独设置"预收账款"科目的企业，预收的账款也在"应收账款"科目核算。"应收账款"科目的借方登记应收账款的增加，贷方登记应收账款的收回及确认的坏账损失，期末余额一般在借方，反映企业尚未收回的应收账款；如果期末余额在贷方，一般则反映企业预收的账款。

  【例3-3】甲公司采用托收承付结算方式向乙公司销售商品一批，货款200000元，增值税额34000元，以银行存款代垫运杂费6000元，已办理托收手续。甲公司应作如下会计处理：

    借：应收账款   240000
      贷：主营业务收入   200000
        应交税费——应交增值税（销项税额） 34000
        银行存款   6000

  需要说明的是，企业代购货单位垫付包装费、运杂费也应计入应收账款，通过"应收账款"科目核算。

  甲公司实际收到款项时，应作如下会计处理：

    借：银行存款   240000
      贷：应收账款   240000

  企业应收账款改用应收票据结算，在收到承兑的商业汇票时，借记"应收票据"科目，贷记"应收账款"科目。

  【例3-4】甲公司收到丙公司交来商业汇票一张，面值10000元，用以偿还其前欠货款。甲公司应作如下会计处理：

    借：应收票据   10000
      贷：应收账款   10000

企业销售一批商品 100 万元（不考虑增值税），之后对方偿还 120 万元，则说明应收账款存在贷方余额 20 万元，相当于销售企业还欠对方 20 万元的货物，形成了企业的一项负债（报表列示：预收款项）。企业预收一批货款 100 万元，之后发给对方 150 万元的货物，则说明预收账款存在借方余额 50 万元，相当于应收购买企业 50 万元的货款，形成了企业的一项资产（报表列示：应收账款）。

三、商业折扣与现金折扣的处理

商业折扣，是指企业为促进商品销售而在商品标价上给予的价格扣除。销售商品涉及商业折扣的，应当按照扣除商业折扣后的金额确定销售商品收入金额。现金折扣指债权人为鼓励债务人在规定的期限内付款而向债务人提供的债务扣除。

现金折扣一般用符号"折扣率/付款期限"表示，例如，"2/10，1/20，n/30"表示：销货方允许客户最长的付款期限为 30 天，如果客户在 10 天内付款，销货方可按商品售价给予客户 2% 的折扣；如果客户在 20 天内付款，销货方可按商品售价给予客户 1% 的折扣；如果客户在 21 天至 30 天内付款，将不能享受现金折扣。

企业销售商品涉及现金折扣的，应当按照扣除现金折扣前的金额确定销售商品收入金额。现金折扣在实际发生时计入当期财务费用。在计算现金折扣时，还应注意销售方是按不包含增值税的价款提供现金折扣，还是按包含增值税的价款提供现金折扣，两种情况下销售方计入财务费用的金额不同。存在现金折扣，销售企业计算增值税销项税额不应当按照扣除现金折扣后的金额计算。购买企业享有现金折扣计入财务费用的贷方，不管是销售企业提供现金折扣，还是购买企业享受现金折扣均计入财务费用。

【例 3-5】甲公司为增值税一般纳税人，适用的增值税税率为 17%。2015 年 3 月 1 日，向乙公司销售某商品 1000 件，每件标价 1800 元（售价中不含增值税），成本每件为 1500 元，甲公司给予乙公司 10% 的商业折扣，已开出增值税专用发票，商品已交付给乙公司。为了及早收回货款，甲公司在合同中规定的现金折扣条件为：2/10，1/20，n/30。

要求：

（1）编制甲公司销售商品时的会计分录（假定现金折扣按售价计算，不考虑增值税，"应交税费"科目要求写出明细科目及专栏）。

（2）根据"假定乙公司在3月8日按合同规定付款，甲公司收到款项并存入银行"，编制甲公司收到款项时的会计分录。

（3）编制乙公司购买商品的会计分录。

（4）根据"假定乙公司在3月8日按合同规定付款"，编制乙公司支付款项时的会计分录。

甲公司应编制如下会计分录：

（1）甲公司确认收入。

借：应收账款　　　　　　　　　　　　　2106000

　　贷：主营业务收入　　　　　　　　　　　　　　　1800000

　　　　应交税费——应交增值税（销项税额）　　　　　306000

借：主营业务成本　　　　　　　　　　　1500000

　　贷：库存商品　　　　　　　　　　　　　　　　　1500000

（2）乙公司在3月8日付款，享受2%的折扣，折扣数额为1800000×2%＝36000（元）。

借：银行存款　　　　　　　　　　　　　2070000

　　财务费用　　　　　　　　　　　　　　36000

　　贷：应收账款　　　　　　　　　　　　　　　　　2106000

注：需要注意题目中已经说明现金折扣按售价计算，即按不含增值税的数额计算折扣。

（3）乙公司购买商品。

借：库存商品　　　　　　　　　　　　　1800000

　　应交税费——应交增值税（进项税额）　306000

　　贷：应付账款　　　　　　　　　　　　　　　　　2106000

（4）乙公司在3月8日付款，享受2%的折扣，折扣数额为1800000×2%＝36000（元）。

借：应付账款　　　　　　　　　　　　　2106000

　　贷：银行存款　　　　　　　　　　　　　　　　　2070000

　　　　财务费用　　　　　　　　　　　　　　　　　　36000

【练一练】（2014年单选）甲、乙公司均为增值税一般纳税人，适用的增值税税率为17%。2013年3月2日，甲公司向乙公司赊销商品一批，商品标价总额为200万元（不含增值税）。由于成批销售，乙公司可以享受10%的商业折扣，销售合同规定的现金折扣条件为 2/10，1/20，n/30。假定计算现金折扣时不考虑增值税。乙公司于 3 月 9 日付清货款，甲公司收到的款项为（　　）万元。

  A. 230　　　　　　B. 210.6　　　　　　C. 214　　　　　　D. 207

  【解析】甲公司 3 月 9 日收到的款项 = $200 \times (1 - 10\%) \times (1 + 17\%) - 200 \times (1 - 10\%) \times 2\% = 207$（万元），选项 D 正确。

  【练一练】（2012 年单选）在下列各项中，在确认销售收入时不影响应收账款入账的金额是（　　）。

  A. 销售价款   B. 增值税销项税额

  C. 现金折扣   D. 销售产品代垫的运杂费

  【解析】我国会计核算采用总价法，应收账款的入账金额包含销售价款、增值税销项税额、销售产品代垫的运杂费等。现金折扣，在发生时计入财务费用科目，不影响应收账款的入账金额。选项 C 正确。

  【练一练】（2013 年多选）在下列各项中，构成应收账款入账价值的有（　　）。

  A. 赊销商品的价款   B. 代购货方垫付的保险费

  C. 代购货方垫付的运杂费 D. 销售货物发生的商业折扣

  【解析】赊销商品的价款、代购货方垫付的保险费、代购货方垫付的运杂费构成应收账款的入账价值。而销售货物发生的商业折扣直接扣除，不构成应收账款的入账价值。选项 ABC 正确。

第三节　预付账款

  预付账款是指企业按照合同规定预付的款项。

  为了反映和监督预付账款的增减变动及其结存情况，企业应当设置"预付账款"科目。"预付账款"科目的借方登记预付的款项及补付的款项，贷方登记收到所购物资时根据有关发票账单记入"原材料"等科目的金额及收回多付款项的金额，期末余额在借方，反映企业实际预付的款项；期末余额在贷方，则反映企业应付或应补付的款项。

知识点

  企业应该设置"预付账款"科目，预付款项情况不多的企业，可以不设置"预付账款"科目，而直接通过"应付账款"科目核算。关键用途是填资产负债表。

企业根据购货合同的规定向供应单位预付款项时，借记"预付账款"科目，贷记"银行存款"科目。企业收到所购物资，按应计入购入物资成本的金额，借记"材料采购"或"原材料"、"库存商品"、"应交税费——应交增值税（进项税额）"等科目，贷记"预付账款"科目；当预付货款小于采购货物所需支付的款项时，应将不足部分补付，借记"预付账款"科目，贷记"银行存款"科目；当预付货款大于采购货物所需支付的款项时，对收回的多余款项应借记"银行存款"科目，贷记"预付账款"科目。

知识点

企业购买一批商品100万元未付款，之后偿还120万元，则说明应付账款存在借方余额20万元，相当于销售企业还欠对方20万元的货物，形成了企业的一项资产（报表列示：预付款项）。企业购买一批货物预付100万元，之后对方发给150万元的货物，则说明预付账款存在贷方余额50万元，相当于应付销售企业50万元的货款，形成了企业的一项负债（报表列示：应付账款）。

【例3-6】 甲公司向乙公司采购材料5000千克，每千克单价10元，所需支付的价款总计50000元。按照合同规定向乙公司预付价款的50%，验收货物后补付其余款项。甲公司应编制如下会计分录。

（1）预付50%的货款时：

借：预付账款——乙公司　　　　　　25000

　　贷：银行存款　　　　　　　　　　　　　　25000

（2）收到乙公司发来的5000吨材料，验收无误，增值税专用发票记载的价款为50000元，增值税额为8500元。甲公司以银行存款补付所欠款项33500元。

借：原材料　　　　　　　　　　　　50000

　　应交税费——应交增值税（进项税额）8500

　　贷：预付账款——乙公司　　　　　　　　58500

借：预付账款——乙公司　　　　　　33500

　　贷：银行存款　　　　　　　　　　　　　　33500

知识点

预付账款属于资产类账户，期末余额一般在借方，如果预付账款出现了贷方余额，实际相当于企业的应付账款（负债）。

第四节 其他应收款

一、其他应收款的内容

其他应收款是指企业除应收票据、应收账款、预付账款等以外的其他各种应收及暂付款项。其主要包括以下内容：应收的各种赔款、罚款，如因企业财产等遭受意外损失而应向有关保险公司收取的赔款等；应收的出租包装物租金；应向职工收取的各种垫付款项，如为职工垫付的水电费、应由职工负担的医药费、房租费等；存出保证金，如为租入包装物支付的押金；其他各种应收、暂付款项。

二、其他应收款的账务处理

为了反映和监督其他应收账款的增减变动及其结存情况，企业应当设置"其他应收款"科目进行核算。"其他应收款"科目的借方登记其他应收款的增加，贷方登记其他应收款的收回，期末余额一般在借方，反映企业尚未收回的其他应收款项。

【例3-7】甲公司在采购过程中发生材料毁损，按保险合同规定，应由××保险公司赔偿损失30000元，赔款尚未收到。假定甲公司对原材料采用计划成本进行日常核算，甲公司应编制如下会计分录：

借：其他应收款——××保险公司 30000
　　贷：材料采购 30000

【例3-8】承【例3-7】甲公司如数收到上述××保险公司的赔款，甲公司应编制如下会计分录：

借：银行存款 30000
　　贷：其他应收款——保险公司 30000

【例3-9】甲公司以银行存款替副总经理垫付应由其个人负担的医疗费5000元，拟从其工资中扣回。甲公司应编制如下会计分录：

（1）垫支时。

借：其他应收款 5000
　　贷：银行存款 5000

（2）扣款时。

借：应付职工薪酬 5000

　　贷：其他应收款　　　　　　　　　　　　　5000

【例 3-10】 甲公司向丁公司租入包装物一批，以银行存款向丁公司支付押金10000 元。甲公司应编制如下会计分录：

　　借：其他应收款——丁公司　　　　　　　　10000

　　　　贷：银行存款　　　　　　　　　　　　　10000

【例 3-11】 承【例 3-10】甲公司按期如数向丁公司退回所租包装物，并收到丁公司退还的押金10000 元，已存入银行。甲公司应编制如下会计分录：

　　借：银行存款　　　　　　　　　　　　　　10000

　　　　贷：其他应收款——丁公司　　　　　　　10000

> **知识点**
>
> 企业各部门使用的备用金通常也在"其他应收款"科目下核算。预付职工的差旅费也是通过"其他应收款"科目进行核算。

【相关链接】 企业出口产品按规定退税的，按应收的出口退税额，借记"其他应收款"科目，贷记"应交税费——应交增值税（出口退税）"科目。

【练一练】（2013 年多选）下列业务应当在其他应收款中进行核算的有（　　　）。

A. 应收的出租包装物租金　　　　　　B. 租入包装物支付的押金

C. 应收的赔款　　　　　　　　　　　D. 企业代购货单位垫付包装费、运杂费

【解析】 选项 D 应当在"应收账款"科目中核算。正确答案 ABC。

第五节　应收款项减值

一、应收账款减值损失的确认

　　企业的各项应收款项，可能会因购货人拒付、破产、死亡等原因而无法收回。这类无法收回的应收款项就是坏账。企业因坏账而遭受的损失为坏账损失或减值损失。企业应当在资产负债表日对应收款项的账面价值进行检查，有客观证据表明应收款项发生减值的，应当将该应收款项的账面价值减记至预计未来现金流量现值，减记的金额确认为减值损失，同时计提坏账准备。确定应收款项减值有两种方法，即直接转销法和备抵法，我国企业会计准则规定确定应收款项的减值只能采用备抵法，不得采用直接转销法。

知识点

应收款项包括应收账款、其他应收款、应收票据、应收利息、应收股利等。

（一）直接转销法

采用直接转销法时，日常核算中应收款项可能发生的坏账损失不予考虑，只有在实际发生坏账时，才作为坏账损失计入当期损益，同时直接冲销应收款项，即借记"资产减值损失"科目，贷记"应收账款"等科目。

【例3-12】某企业2011年发生的一笔20000元的应收账款，长期无法收回，于2014年末确认为坏账。该企业在2014年末应编制如下会计分录：

借：资产减值损失——坏账损失　　　20000

　　贷：应收账款　　　　　　　　　　　　　　20000

这种方法的优点是账务处理简单，其缺点是不符合权责发生制原则，也与资产定义相冲突。在这种方法下，只有坏账实际发生时，才将其确认为当期费用，导致资产不实、各期损益不实；另外，在资产负债表上，应收账款是按账面余额而不是按账面价值反映，这在一定程度上歪曲了期末的财务状况。所以，企业会计准则不允许采用直接转销法。

（二）备抵法

备抵法是采用一定的方法按期估计坏账损失，计入当期损益，同时建立坏账准备，待坏账实际发生时，冲销已提的坏账准备和相应的应收款项。采用这种方法，在报表上列示应收款项的净额，使报表使用者能了解企业应收款项的可收回金额。

在备抵法下，企业应当根据实际情况合理估计当期坏账损失金额。由于企业发生坏账损失带有很大的不确定性，所以只能以过去的经验为基础，参照当前的信用政策、市场环境和行业惯例，准确地估计每期应收款项未来现金流量现值，从而确定当期减值损失金额，计入当期损益。企业在预计未来现金流量现值时，应当在合理预计未来现金流量的同时，合理选用折现利率。短期应收款项的预计未来现金流量与其现值相差很小的，在确认相关减值损失时，可不对其预计未来现金流量进行折现。

【练一练】（2010年多选）下列各项中，应计提坏账准备的有（　　）。

A. 应收账款　　　B. 应收票据　　　C. 预付账款　　　D. 其他应收款

【解析】应收账款、应收票据、预付账款和其他应收款都应计提坏账准备。正确答案为ABCD。

二、坏账准备的账务处理

企业应当设置"坏账准备"科目，核算应收款项的坏账准备计提、转销等情况。企业当期计提的坏账准备应当计入资产减值损失。"坏账准备"科目的贷方登记当期计提的坏账准备金额，借方登记实际发生的坏账损失金额和冲减的坏账准备金额，期末余额一般在贷方，反映企业已计提但尚未转销的坏账准备。

坏账准备可按以下公式计算：

当期应计提的坏账准备＝当期按应收款项计算应提坏账准备金额－（或＋）"坏账准备"科目的贷方（或借方）余额

> **知识点**
> 坏账准备科目属于应收账款的抵减科目，贷方登记增加，借方登记减少。

上述公式中当期按应收款项计算应提坏账准备金额，题目中会直接给出经过减值测试的结果；该项金额为坏账准备应有的期末余额，而不是应计提的金额；"坏账准备"科目的贷方（或借方）余额为计提坏账准备前的余额。

当期应计提的金额＝应有的期末余额－（或＋）计提坏账准备前的余额

企业计提坏账准备时，按应减记的金额，借记"资产减值损失——计提的坏账准备"科目，贷记"坏账准备"科目；冲减多计提的坏账准备时，借记"坏账准备"科目，贷记"资产减值损失——计提的坏账准备"科目。

【例 3-13】 2013 年 12 月 31 日，甲公司对应收丙公司的账款进行减值测试。应收账款余额合计为 1000000 元，公司按应收账款的 10%计提坏账准备，假设企业 2013 年 1 月 1 日坏账准备余额为 0 元，甲公司根据丙公司的资信情况确定应计提 100000 元坏账准备。甲公司应编制如下会计分录：

2013 年 12 月 31 日计提坏账准备时：

坏账准备	
（2013 年初）	0
	100000 （倒挤）
（2013 年末）	100000 （应计）

借：资产减值损失——计提的坏账准备　　　100000

　　贷：坏账准备　　　　　　　　　　　　　　　100000

企业确实无法收回的应收款项按管理权限报经批准后作为坏账转销时，应当冲减已计提的坏账准备。已确认并转销的应收款项以后又收回的，应当按照实际收到的金额增加坏账准备的账面余额。企业发生坏账损失时，借记"坏账准备"科目，贷记"应收账款"、"其他应收款"等科目。

【例3-14】甲公司2014年对丙公司的应收账款实际发生坏账损失30000元。甲公司应编制如下会计分录：

2014年确认坏账损失时：

坏账准备

	（2014年初） 100000
（2014年） 30000	

借：坏账准备　　　　　　　　　　　30000
　　贷：应收账款　　　　　　　　　　　　　30000

【例3-15】承【例3-13】和【例3-14】，假定甲公司2014年12月31日应收丙公司的账款余额为1200000元，仍按应收账款的10%计提坏账准备，甲公司应计提120000元坏账准备。根据甲公司坏账核算方法，其"坏账准备"科目应保持的贷方余额为120000元。计提坏账准备前，"坏账准备"科目的实际余额为贷方70000（100000-30000）元，因此本年末应计提的坏账准备金额为50000（120000-70000）元。甲公司应编制如下会计分录：

坏账准备

	（2014年初） 100000
（2014年） 30000	
	50000（倒挤）
	（2014年末） 120000（应计）

借：资产减值损失——计提的坏账准备　　　50000
　　贷：坏账准备　　　　　　　　　　　　　　50000

已确认并转销的应收款项以后又收回的，应当按照实际收到的金额增加坏账准备的账面余额。已确认并转销的应收款项以后又收回时，借记"应收账款"、"其他应收款"等科目，贷记"坏账准备"科目；同时，借记"银行存款"科目，贷记"应收账款"、"其他应收款"等科目。

【例3-16】甲公司2015年4月20日收回2014年已作坏账转销的应收账款30000元，已存入银行。甲公司应编制如下会计分录：

坏账准备	
（2015 年初）	120000
（2015 年）	30000

借：应收账款　　　　　　　　　　　30000
　　贷：坏账准备　　　　　　　　　　　　　　30000
借：银行存款　　　　　　　　　　　30000
　　贷：应收账款　　　　　　　　　　　　　　30000
或：
借：银行存款　　　　　　　　　　　30000
　　贷：坏账准备　　　　　　　　　　　　　　30000

【例 3-17】承【例 3-14】、【例 3-15】和【例 3-16】假定甲公司 2015 年 12 月 31 日应收丙公司的账款余额为 1100000 元，仍按应收账款的 10% 计提坏账准备，甲公司应计提 110000 元坏账准备。根据甲公司坏账核算方法，其"坏账准备"科目应保持的贷方余额为 110000 元。计提坏账准备前，"坏账准备"科目的实际余额为贷方 150000（120000+30000）元，因此本年末应冲销坏账准备金额为 40000（150000-110000）元。甲公司应编制如下会计分录：

	坏账准备	
	（2015 年初）	120000
	（2015 年）	30000
40000（倒挤）	（2015 年末）	110000（应计）

借：坏账准备　　　　　　　　　　　　　　40000
　　贷：资产减值损失——计提的坏账准备　　　　　40000

【练一练】（2010 年单选）企业已计提坏账准备的应收账款确实无法收回，按管理权限报经批准作为坏账转销时，应编制的会计分录是（　　）。

A. 借记"资产减值损失"科目，贷记"坏账准备"科目

B. 借记"管理费用"科目，贷记"应收账款"科目

C. 借记"坏账准备"科目，贷记"应收账款"科目

D. 借记"坏账准备"科目，贷记"资产减值损失"科目

【解析】对于企业已计提坏账准备的应收账款确实无法收回，进行转销时，所做的分录：借：坏账准备，贷：应收账款，所以答案应该选 C。

【练一练】（2014 年多选）下列各项中，减少应收账款账面价值的有（　　）。

A. 计提坏账准备

B. 收回已转销的应收账款

C. 收回应收账款

D. 转销无法收回的采用备抵法核算的应收账款

【解析】转销无法收回的采用备抵法核算的应收账款的分录：借：坏账准备，贷：应收账款，不减少应收账款账面价值。正确答案为 ABC。

【主要分录总结】

序号	事项			分录
1	应收票据	取得应收票据和收回到期票款	因债务人抵偿前欠货款而取得的应收票据	借：应收票据 贷：应收账款
			因企业销售商品、提供劳务等而收到、开出承兑的商业汇票	借：应收票据 贷：主营业务收入 应交税费——应交增值税（销项税额）
			商业汇票到期收回款项时，应按实际收到的金额	借：银行存款 贷：应收票据
		应收票据的转让		借：材料采购、原材料、库存商品 应交税费——应交增值税（进项税额） 贷：应收票据 银行存款
		商业汇票向银行贴现		借：银行存款（收到的金额） 财务费用（贴现利息） 贷：应收票据（票面价值）
2	应收账款	销售时		借：应收账款 贷：主营业务收入 应交税费——应交增值税（销项税额）
		收回应收账款时		借：银行存款 贷：应收账款
		企业代购货单位垫付包装费、运杂费时		借：应收账款 贷：银行存款
		收回代垫费用时		借：银行存款 贷：应收账款
		在收到承兑的商业汇票时		借：应收票据 贷：应收账款
3	预付账款	采用预付款方式购入物资，企业收到所购物资，按应计入购入物资成本的金额		借：材料采购、原材料、库存商品 应交税费——应交增值税（进项税额） 贷：预付账款
		当预付货款小于采购货物所需支付的款项时		借：预付账款（不足部分） 贷：银行存款（不足部分）
		当预付货款大于采购货物所需支付的款项时		借：银行存款（收回的多余款项） 贷：预付账款（收回的多余款项）

续表

序号	事项		分录
4	坏账准备	计提	借：资产减值损失 　贷：坏账准备
		冲销	借：坏账准备 　贷：资产减值损失
		确认坏账	借：坏账准备 　贷：应收账款
		收回坏账	借：银行存款 　贷：坏账准备

【本章主要参考法规索引】

1. 企业会计准则——基本准则（2014 年 7 月 23 日财政部修订发布，自 2014 年 7 月 23 日起施行）

2. 企业会计准则——应用指南（2006 年 10 月 30 日财政部发布，自 2007 年 1 月 1 日起在上市公司范围内施行）

3. 企业会计准则第 22 号——金融工具确认和计量（2006 年 2 月 15 日财政部颁布，自 2007 年 1 月 1 日起在上市公司范围内施行）

【本章习题】

一、单项选择题

1. 某公司赊销商品一批，按价目表的价格计算，货款金额 1000 万元，给买方的商业折扣为 5%，规定的付款条件为：2/10，n/30。适用的增值税税率为 17%。代垫运杂费 1 万元（假设不作为计税基础）。则该公司按总价法核算时，应收账款账户的入账金额为（　　）万元。

A. 1112.5　　　　B. 1089.27　　　　C. 1090.27　　　　D. 1111.5

2. 某工业企业销售产品每件 120 元，若客户购买 100 件（含 100 件）以上，每件可得到 20 元的商业折扣。某客户 2010 年 12 月 10 日购买该企业产品 100件，按规定现金折扣条件为：2/10，1/20，n/30。适用的增值税税率为 17%。该企业于 12 月 29 日收到该笔款项时，应给予客户的现金折扣为（　　）元。假定计算现金折扣时考虑增值税。

A. 0　　　　　　B. 100　　　　　　C. 117　　　　　　D. 1100

3. 预付货款不多的企业，可以将预付的货款直接记入（　　）的借方，而不单独设置"预付账款"账户。

A."应收账款"账户　　　　　　　　B."其他应收款"账户

C."应付账款"账户　　　　　　　　D."预收账款"账户

4. 长江公司 2012 年 2 月 10 日销售商品应收大海公司的一笔应收账款1000万元，2012 年 12 月 31 日，该笔应收账款的未来现金流量现值为 900 万元。在此之前已计提坏账准备 60 万元，2012 年 12 月 31 日，该笔应收账款应计提的坏账准备为（　）万元。

A. 100　　　　　B. 40　　　　　C. 900　　　　　D. 0

5. 某企业销售商品一批，增值税专用发票上注明的价款为 60 万元，适用的增值税税率为17%，为购买方代垫运杂费 2 万元，款项尚未收回。该企业确认的应收账款为（　）万元。

A. 60　　　　　B. 62　　　　　C. 70.2　　　　　D. 72.2

6. 某企业在 2012 年 10 月 8 日销售商品 100 件，增值税专用发票上注明的价款为 10000 元，增值税额为 1700 元。企业为了及早收回货款而在合同中规定的现金折扣条件：2/10，1/20，n/30。假定计算现金折扣时不考虑增值税。如买方 2012 年 10 月 14 日付清货款，该企业实际收款金额应为（　）元。

A. 11466　　　　　B. 11500　　　　　C. 11583　　　　　D. 11600

7. 预付款项情况不多的企业，可以不设置"预付账款"科目，预付货款时，借记的会计科目是（　）。

A. 应收账款　　　B. 预收账款　　　C. 其他应收款　　　D. 应付账款

8. 企业已计提坏账准备的应收账款确实无法收回，按管理权限报经批准作为坏账转销时，应编制的会计分录是（　）。

A. 借记"资产减值损失"科目，贷记"坏账准备"科目

B. 借记"管理费用"科目，贷记"应收账款"科目

C. 借记"坏账准备"科目，贷记"应收账款"科目

D. 借记"坏账准备"科目，贷记"资产减值损失"科目

9. 某企业"坏账准备"科目的年初余额为 4000 元，"应收账款"和"其他应收款"科目的年初余额分别为 30000 元和 10000 元。当年，不能收回的应收账款 2000 元确认为坏账损失。"应收账款"和"其他应收款"科目的年末余额分别为 50000 元和 20000 元，假定该企业年末确定的坏账提取比例为 10%。该企业年末应提取的坏账准备为（　）元。

A. 1000　　　　　B. 3000　　　　　C. 5000　　　　　D. 7000

二、多项选择题

1. 按照准则规定，可以作为应收账款入账金额的项目有（　）。

A. 商品销售收入价款　　　　　B. 增值税销项税额

C. 商业折扣　　　　　　　　　D. 代垫运杂费

2. 下列项目中应通过"其他应收款"核算的有（　）。

A. 预付给企业各内部单位的备用金　B. 应收的各种罚款

C. 应收、暂付上级单位的款项　　　D. 应向职工收取的各种垫付款项

3. 下列各项中，会引起期末应收账款账面价值发生变化的有（　　）。

A. 收回应收账款　　　　　　　　B. 收回已转销的坏账

C. 计提应收账款坏账准备　　　　D. 冲销多提的坏账准备

4. 下列会计处理中，应记入"坏账准备"科目贷方的有（　　）。

A. 首次按"应收账款"账户期末余额计算坏账准备

B. 收回过去已确认并转销的坏账

C. 期末"坏账准备"账户余额为贷方，且大于计提前坏账准备余额

D. 冲销多计提的坏账准备

5. 按现行准则规定，通过"应收票据"及"应付票据"核算的票据包括（　　）。

A. 银行承兑汇票　　　　　　　　B. 信用证存款

C. 银行本票存款　　　　　　　　D. 商业承兑汇票

6. 根据承兑人不同，商业汇票分为（　　）。

A. 商业承兑汇票　　　　　　　　B. 银行承兑汇票

C. 银行本票　　　　　　　　　　D. 银行汇票

7. 应收票据终止确认时，对应的会计科目可能有（　　）。

A. 资本公积　　　B. 原材料　　　C. 应交税费　　　D. 材料采购

8. 下列事项中，通过"其他应收款"科目核算的有（　　）。

A. 应收的各种赔款、罚款　　　　B. 应收的出租包装物租金

C. 存出保证金　　　　　　　　　D. 企业代购货单位垫付包装费、运杂费

9. 下列各项中，应计提坏账准备的有（　　）。

A. 应收账款　　　B. 应收票据　　　C. 预付账款　　　D. 其他应收款

10. 下列各项中，会引起应收账款账面价值发生变化的有（　　）。

A. 计提坏账准备　　　　　　　　B. 收回应收账款

C. 转销坏账准备　　　　　　　　D. 收回已转销的坏账

11. 长江公司 2012 年 2 月 10 日销售商品应收大海公司的一笔应收账款 1 200 万元，2012 年 6 月 30 日计提坏账准备 150 万元，2012 年 12 月 31 日，该笔应收账款的未来现金流量现值为 850 万元。2012 年 12 月 31 日，该笔应收账款应计提的坏账准备为（　　）万元。

A. 300　　　　　B. 200　　　　　C. 350　　　　　D. 250

12. 下列各项业务中，应记入"坏账准备"科目贷方的有（　　）。

A. 冲回多提的坏账准备　　　　　B. 当期确认的坏账损失

C. 当期应补提的坏账准备　　　　D. 已转销的坏账当期又收回

三、判断题

1. 采用备抵法核算坏账的情况下，发生坏账时所作的冲销应收账款的会计分录，会使资产及负债同时减少相同数额。（　　）

2. 在备抵法下，已确认并已转销的坏账损失，以后又收回的，仍然应通过"应收账款"账户核算，并贷记"资产减值损失"账户。（　　）

3. 已确认为坏账的应收账款，意味着企业放弃了其追索权。（　　）

四、计算分析题

1. A公司2012年有关资料如下：

（1）2012年12月1日应收B公司账款期初余额为125万元，其坏账准备贷方余额5万元。

（2）12月5日，向B公司销售产品110件，单价1万元，增值税税率17%，单位销售成本0.8万元，未收款。

（3）12月25日，因产品质量原因，B公司要求退回本月5日购买的10件商品，A公司同意B公司退货，并办理退货手续和开具红字增值税专用发票，A公司收到B公司退回的商品。

（4）12月26日应收B公司账款发生坏账损失2万元。

（5）12月28日收回前期已确认应收B公司账款的坏账1万元，存入银行。

（6）2015年12月31日，A公司对应收B公司账款进行减值测试，确定的计提坏账准备的比例为5%。

要求：

根据上述资料，编制（2）~（6）业务的会计分录（答案中的金额单位用万元表示）。

2. 2015年1月1日，甲企业应收账款余额为3000万元，坏账准备余额为150万元。2015年度，甲企业发生了如下相关业务：

（1）销售商品一批，增值税专用发票上注明的价款为5000万元，增值税税额为850万元，货款尚未收到。

（2）因某客户破产，该客户所欠货款10万元不能收回，确认为坏账损失。

（3）收回上年度已转销为坏账损失的应收账款8万元并存入银行。

（4）收到某客户以前所欠的货款4000万元并存入银行。

（5）2015年12月31日，甲企业对应收账款进行减值测试，确定按5%计提坏账准备。

要求：

（1）编制2015年度确认坏账损失的会计分录。

（2）编制收到上年度已转销为坏账损失的应收账款的会计分录。

（3）计算 2015 年年末"坏账准备"科目余额。

（4）编制 2015 年年末计提坏账准备的会计分录。

（答案中的金额单位用万元表示）

第四章

存 货

存货是指企业在日常活动中持有以备出售的产成品或商品、处在生产过程中的在产品、在生产过程或提供劳务过程中耗用的材料或物料等，包括各类材料、在产品、半成品、产成品、商品以及包装物、低值易耗品、委托代销商品等。

【学习目标】

通过本章的学习，要求了解存货的分类；理解存货的概念和确认的条件；掌握存货的初始计量、期末计量、发出存货的计价方法和各种存货的收发或领用、摊销的账务处理；熟练掌握按实际成本和按计划成本计价，原材料收、发的核算。

【关键词】

存货	Inventory
原材料	Raw materials
实际成本	Actual cost
计划成本	Cost of the project
库存商品	Merchandise inventory
委托加工物资	Commission processing materials
周转材料	Overturning materials
低值易耗品	Low value consumales
包装物	Wrappage

【思维导图】

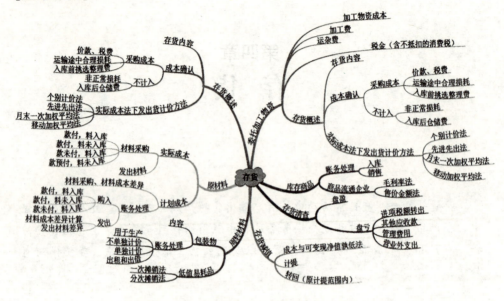

第一节 存货概述

一、存货的内容

1. 原材料

原材料是指企业在生产过程中经加工改变其形态或性质并构成产品主要实体的各种原料及主要材料、辅助材料、燃料、修理用备件（备品备件）、包装材料、外购半成品（外购件）等。

2. 在产品

在产品是指企业正在制造尚未完工的生产物，包括正在各个生产工序加工的产品和已加工完毕但尚未检验或已检验但尚未办理入库手续的产品。

3. 半成品

半成品是指经过一定生产过程并已检验合格交付半成品仓库保管，但尚未制造完工成为产成品，仍需进一步加工的中间产品。

4. 产成品

产成品是指工业企业已经完成全部生产过程并已验收入库，可以按照合同规定的条件送交订货单位，或者可以作为商品对外销售的产品。企业接受来料加工制造的代制品和为外单位加工修理的代修品，制造和修理完成验收入库后，应视同企业的产成品。

5. 商品

商品是指商品流通企业外购或委托加工完成验收入库用于销售的各种商品。

6. 包装物

包装物是指为了包装本企业的商品而储备的各种包装容器，如桶、箱、瓶、坛、袋等。其主要作用是盛装、装潢产品或商品。

7. 低值易耗品

低值易耗品是指不能作为固定资产核算的各种用具物品，如工具、管理用具、玻璃器皿、劳动保护用品，以及在经营过程中周转使用的容器等。其特点是单位价值较低，或使用期限相对于固定资产较短，在使用过程中保持其原有实物形态基本不变。包装物和低值易耗品构成了周转材料。周转材料是指企业能够多次使用，不符合固定资产定义，逐渐转移其价值但仍保持原有形态，不确认为固定资产的材料。

8. 委托代销商品

委托代销商品是指企业委托其他单位代销的商品。

【相关链接】存货区别于固定资产等非流动资产的最基本的特征是，企业持有存货的最终目的是出售，包括可供直接出售的产成品、商品等以及需经过进一步加工后出售的原材料等。持有固定资产的主要目的是为了生产经营使用。资产负债表"存货"项目列示金额＝相应的账面余额－存货跌价准备。

企业接受外来原材料加工制造的代制品和为外单位加工修理的代修品，制造和修理完成验收入库后，为其投入的材料、人工等成本应视同企业的产成品。房地产开发企业持有的以备出售的商品房和写字楼属于存货，记入"开发产品"科目核算。

知识点

判断存货是否属于企业，应以企业是否拥有该存货的所有权，而不是以存货的存放地点进行判断。根据经济合同，已经售出而尚未运出本企业的产品或库存商品，由于所有权属于其他企业所以不属于本企业的存货。为建造固定资产等工程而储备的各种材料，虽然同属于材料，但是由于用于建造固定资产等工程不符合存货的定义，因此不能作为企业的存货进行核算。购入即记入"工程物资"科目核算，作为一项非流动资产列示于资产负债表。

二、存货成本的确定

存货应当按照成本进行初始计量。存货成本包括采购成本、加工成本和其他成本。

（一）存货的采购成本

存货的采购成本，包括购买价款、相关税费、运输费、装卸费、保险费以及其他可归属于存货采购成本的费用。

其中，存货的购买价款是指企业购入的材料或商品的发票账单上列明的价款，但不包括按规定可以抵扣的增值税额。

存货的相关税费是指企业购买存货发生的进口税费、消费税、资源税和不能抵扣的增值税进项税额以及相应的教育费附加等应计入存货采购成本的税费。

其他可归属于存货采购成本的费用是指采购成本中除上述各项以外的可归属于存货采购的费用，如在存货采购过程中发生的仓储费、包装费、运输途中的合理损耗、入库前的挑选整理费用等。运输途中的合理损耗，是指商品在运输过程中，因商品性质、自然条件及技术设备等因素，所发生的自然的或不可避免的损耗。例如，汽车在运输煤炭、化肥等的过程中自然散落以及易挥发产品在运输过程中的自然挥发。

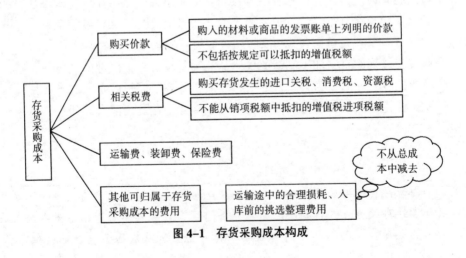

图 4-1　存货采购成本构成

知识点

运输途中的合理损耗仅仅是增加存货的单位成本，不对其进行单独核算。非正常消耗的直接材料、直接人工和制造费用，应在发生时计入当期损益（营业外支出等），不应计入存货成本。

仓储费用，指企业在存货采购入库后发生的储存费用，应在发生时计入当期损益（管理费用）。但是，在生产过程中为达到下一个生产阶段所必需的仓储费用应计入存货成本。如果某种酒类产品生产企业为使生产的酒达到规定的产品质量标准，而必须发生的仓储费用，应计入酒的成本，而不应计入当期损益。

根据营改增的规定，自 2013 年 8 月 1 日起在全国范围内执行营改增政策，运输费用的进项税额按照货物运输业增值税专用发票注明的增值税税额抵扣（11%）；自 2013 年 8 月 1 日之后开具按 7% 扣除率计算进项税额的运输费用结算单据仅仅限于铁路运输费用结算单据一类。2014 年 1 月 1 日起铁路运输也执行营改增政策。

商品流通企业在采购商品过程中发生的运输费、装卸费、保险费以及其他可归属于存货采购成本的费用等进货费用，应当计入存货采购成本，也可以先行归集，期末根据所购商品的销售情况进行分摊。对于已售商品的进货费用，计入当期损益；对于未售商品的进货费用，计入期末存货成本。企业采购商品的进货费用金额较小的，可以在发生时直接计入当期损益。

知识点

针对增值税的处理

（1）增值税一般纳税人购入材料支付的增值税进项税额记入"应交税费——应交增值税（进项税额）"科目借方。

（2）增值税小规模纳税人购入材料支付的增值税进项税额记入存货采购成本。

（二）存货的加工成本

存货的加工成本是指在存货的加工过程中发生的追加费用，包括直接人工以及按照一定方法分配的制造费用。

直接人工是指企业在生产产品和提供劳务过程中发生的直接从事产品生产和劳务提供人员的职工薪酬。

制造费用是指企业为生产产品和提供劳务而发生的各项间接费用。

（三）存货的其他成本

存货的其他成本是指除采购成本、加工成本以外的，使存货达到目前场所和状态所发生的其他支出。企业设计产品发生的设计费用通常应计入当期损益，但是为特定客户设计产品所发生的、可直接确定的设计费用应计入存货的成本。

存货的来源不同，其成本的构成内容也不同。原材料、商品、低值易耗品等通过购买而取得的存货成本由采购成本构成；产成品、在产品、半成品等自制或需委托外单位加工完成的存货的成本由采购成本、加工成本以及使存货达到目前场所和状态所发生的其他支出构成。

1. 实务中的原则

实务中具体按以下原则确定：

（1）购入的存货。其成本包括买价、运杂费（包括运输费、装卸费、保险费、包装费、仓储费等）、运输途中的合理损耗、入库前的挑选整理费用（包括挑选整理中发生的工、费支出和挑选整理过程中所发生的数量损耗，并扣除回收的下脚废料价值）以及按规定应计入成本的税费和其他费用。

（2）自制的存货，包括自制原材料、自制包装物、自制低值易耗品、自制半成品及库存商品等，其成本包括直接材料、直接人工和制造费用等的各项实际支出。

（3）委托外单位加工完成的存货，包括加工后的原材料、包装物、低值易耗品、半成品、产成品等，其成本包括实际耗用的原材料或者半成品、加工费、装卸费、保险费、委托加工的往返运输费等费用以及按规定应计入成本的税费。

2. 不应计入存货成本的费用

但是，下列费用不应计入存货成本，而应在其发生时计入当期损益：

（1）非正常消耗的直接材料、直接人工和制造费用，应在发生时计入当期损益，不应计入存货成本。如由于自然灾害而发生的直接材料、直接人工和制造费用，由于这些费用的发生无助于使该存货达到目前场所和状态，不应计入存货成本，而应确认为当期损益。

（2）仓储费用，指企业在存货采购入库后发生的储存费用，应在发生时计入当期损益。但是，在生产过程中为达到下一个生产阶段所必需的仓储费用应计入存货成本。如某种酒类产品生产企业为使生产的酒达到规定的产品质量标准，而必须发生的仓储费用，应计入酒的成本，而不应计入当期损益。

（3）不能归属于使存货达到目前场所和状态的其他支出，应在发生时计入当期损益，不得计入存货成本。

【知识点总结】

计入存货成本的总结如表 4-1 所示。

表 4-1 计入存货成本表

项 目	一般纳税人	小规模纳税人
1. 增值税进项税额	×	√
2. 进口关税	√	√
3. 运输费	进项税部分可抵扣，其他计入成本	√
4. 企业设计产品发生的设计费（通常应计入当期损益，即销售费用）	×	×
5. 为特定客户设计产品发生的可直接确定的设计费用计入相关的产品成本	√	√
6. 委托加工物资的材料成本	√	√
7. 委托加工支付的加工费	√	√
8. 委托加工支付的加工费的增值税	×	√
9. 委托加工物资代收代缴的消费税，收回后连续生产应税消费品	×	×
10. 委托加工物资代收代缴的消费税，收回后直接出售或连续生产不需交消费税的产品	√	√
11. 非正常消耗的直接材料、直接人工和制造费用	×	×
12. 企业在存货入库后发生的储存费用	×	×
13. 在生产过程中为达到下一个生产阶段所必需的储存费用	√	√

【练一练】（2011 年单选）下列税金中，不应计入存货成本的是（　　）。

A. 一般纳税企业进口原材料支付的关税

B. 一般纳税企业购进原材料支付的增值税

C. 小规模纳税企业购进原材料支付的增值税

D. 一般纳税企业进口应税消费品支付的消费税

【解析】一般纳税企业购进原材料支付的增值税计入应交税费——应交增值税（进项税额）的借方，不计入存货成本。故答案为 B。

【练一练】（2014 年多选）关于存货成本，表述正确的有（　　）。

A. 商品流通企业采购商品的进货费用金额较小的，可以不计入存货成本

B. 委托加工物资发生的加工费用应计入委托加工物资成本

C. 商品流通企业发生的进货费用先进行归集的，期末未售商品分摊的进货费用计入期末存货成本

D. 企业为特定客户设计的产品直接发生的设计费用应计入产品成本

【解析】商品流通企业在采购商品过程中发生的运输费、装卸费、保险费以及其他可归属于存货采购成本的费用等进货费用的处理方式：

（1）发生的金额较小的进货费用（运输费、装卸费、保险费）直接计入当期损益（如销售费用）。

（2）发生的金额较大（或并未提及较小）的进货费用：①直接计入存货成本（简单易操作）；②可以先进行归集（在"进货费用"科目下归集），期末应将归集的进货费用按照所购商品的存销比例进行分摊。对于已销商品的进货费用计入主营业务成本，对于未售商品的进货费用，计入期末存货成本。故答案为ABCD。

三、发出存货的计价方法

实务中，企业发出的存货可以按实际成本核算，也可以按计划成本核算。如采用计划成本核算，会计期末应调整为实际成本。

企业应当根据各类存货的实物流转方式、企业管理的要求、存货的性质等实际情况，合理地确定发出存货成本的计算方法，以及当期发出存货的实际成本。对于性质和用途相同的存货，应当采用相同的成本计算方法确定发出存货的成本。在实际成本核算方式下，企业可以采用的发出存货成本的计价方法包括个别计价法、先进先出法、月末一次加权平均法和移动加权平均法等。

> **知识点**
>
> **掌握平衡公式**
>
> 期初存货成本＋本期购货成本＝期末存货成本＋本期发出（或销售）成本；针对个别计价法、先进先出法、月末一次加权平均法等，是在实际成本法下适用，计划成本法下不适用。

（一）个别计价法

个别计价法亦称个别认定法、具体辨认法、分批实际法，采用这一方法是假设存货具体项目的实物流转与成本流转相一致，按照各种存货逐一辨认各批发出存货和期末存货所属的购进批别或生产批别，分别按其购入或生产时所确定的单位成本计算各批发出存货和期末存货成本的方法。在这种方法下，是把每一种存货的实际成本作为计算发出存货成本和期末存货成本的基础。

个别计价法的成本计算准确，符合实际情况，但在存货收发频繁情况下，其发出成本分辨的工作量较大。因此，这种方法适用于一般不能替代使用的存货、为特定项目专门购入或制造的存货以及提供的劳务，如珠宝、名画等贵重物品。

【例4-1】甲公司2015年5月D商品的收入、发出及购进单位成本如表4-2所示。

表4-2 D商品购销明细账

单位：元

日期		摘要	收入			发出			结存		
月	日		数量	单价	金额	数量	单价	金额	数量	单价	金额
5	1	期初余额							150	10	1500
	5	购入	100	12	1200				250		
	11	销售				200			50		
	16	购入	200	14	2800				250		
	20	销售				100			150		
	23	购入	100	15	1500				250		
	27	销售				100			150		
	31	本期合计	400	—	5500	400	—		150		

假设经过具体辨认，本期发出存货的单位成本如下：5月11日发出的200件存货中，100件系期初结存存货，单位成本为10元，另外100件为5月5日购入存货，单位成本为12元；5月20日发出的100件存货系5月16日购入，单位成本为14元；5月27日发出的100件存货中，50件为期初结存，单位成本为10元，50件为5月23日购入，单位成本为15元。按照个别认定法，甲公司5月D商品收入、发出与结存情况如表4-3所示。

表4-3 D商品购销明细账（个别认定法）

单位：元

日期		摘要	收入			发出			结存		
月	日		数量	单价	金额	数量	单价	金额	数量	单价	金额
5	1	期初余额							150	10	1500
	5	购入	100	12	1200				150	10	1500
									100	12	1200
	11	发出				100	10	1000			
						100	12	1200	50	10	500
	16	购入	200	14	2800				50	10	500
									200	14	2800
	20	发出				100	14	1400	50	10	500
									100	14	1400
	23	购入	100	15	1500				50	10	500
									100	14	1400
									100	15	1500
	27	发出				50	10	500	100	14	1400
						50	15	750	50	15	750
	31	本期合计	400	—	5500	400	—	4850	100	14	1400
									50	15	750

从表4-3中可知，甲公司本期发出存货成本及期末结存存货成本如下：

本期发出存货成本 $=100\times10+100\times12+100\times14+50\times10+50\times15=4850$（元）

期末结存存货成本 = 期初结存存货成本 + 本期购入存货成本 − 本期发出存货成本 $=150\times10+100\times12+200\times14+100\times15-4850=2150$（元）

（二）先进先出法

先进先出法是指以先购入的存货应先发出（销售或耗用）这样一种存货实物流动假设为前提，对发出存货进行计价的一种方法。采用这种方法，先购入的存货成本在后购入存货成本之前转出，据此确定发出存货和期末存货的成本。具体方法：收入存货时，逐笔登记收入存货的数量、单价和金额；发出存货时，按照先进先出的原则逐笔登记存货的发出成本和结存金额。

先进先出法可以随时结转存货发出成本，但较烦琐。如果存货收发业务较多，且存货单价不稳定时，其工作量较大。在物价持续上升时，期末存货成本接近于市价，而发出成本偏低，会高估企业当期利润和库存存货价值；反之，会低估企业存货价值和当期利润。

【例4-2】承【例4-1】，假设甲公司D商品本期收入、发出和结存情况如表4-3所示。从表4-3可以看出存货成本的计价顺序，如5月11日发出的200件存货，按先进先出法的流转顺序，应先发出期初库存存货1500（150×10）元，然后再发出5月5日购入的50件，即600（50×12）元，其他依次类推。从表4-4中看出，使用先进先出法得出的发出存货成本和期末存货成本分别为4800元和2200元。

表4-4　D商品购销明细账（先进先出法）

单位：元

日期		摘要	收入			发出			结存		
月	日		数量	单价	金额	数量	单价	金额	数量	单价	金额
5	1	期初余额							150	10	1500
	5	购入	100	12	1200				150 100	10 12	1500 1200
	11	发出				150 50	10 12	1500 600	50	12	600
	16	购入	200	14	2800				50 200	12 14	600 2800
	20	发出				50 50	12 14	600 700	150	14	2100
	23	购入	100	15	1500				150 100	14 15	2100 1500
	27	发出				100	14	1400	50 100	14 15	700 1500
	31	本期合计	400	—	5500	400	—	4800	50 100	14 15	700 1500

甲公司日常账面记录显示，D 商品期初结存存货为 1500（150×10）元，本期购入存货三批，按先后顺序分别为 100×12、200×14、100×15。假设经过盘点，发现期末库存 150 件，则本期发出存货为 400 件，发出存货成本：发出存货成本 = 150×10+50×12+50×12+50×14+100×14 = 4800（元）；期末存货成本：期末存货成本 = 50×14+100×15 = 2200（元）。

【练一练】(2008 年单选) 某企业采用先进先出法计算发出甲材料的成本，2007 年 2 月 1 日，结存甲材料 200 公斤，每公斤实际成本 100 元；2 月 10 日购入甲材料 300 公斤，每公斤实际成本 110 元；2 月 15 日发出甲材料 400 公斤。2 月末，库存甲材料的实际成本为（　　）元。

A. 10000　　　　B. 10500　　　　C. 10600　　　　D. 11000

【解析】库存甲材料的实际成本 = 100×110 = 11000（元）。故答案为 D。

（三）月末一次加权平均法

月末一次加权平均法是指以本月全部进货数量加上月初存货数量作为权数，去除本月全部进货成本加上月初存货成本，计算出存货的加权平均单位成本，以此为基础计算本月发出存货的成本和期末存货的成本的一种方法。计算公式如下：

存货单位成本 = [月初库存货的实际成本 + Σ（本月各批进货的实际单位成本×本月各批进货的数量）] /（月初库存存货数量 + 本月各批进货数量之和）

本月发出存货成本 = 本月发出存货的数量×存货单位成本

本月月末库存存货成本 = 月末库存存货的数量×存货单位成本

或：

本月月末库存存货成本 = 月初库存货的实际成本 + 本月收入存货的实际成本 − 本月发出存货的实际成本

采用加权平均法只在月末一次计算加权平均单价，比较简单，有利于简化成本计算工作，但由于平时无法从账上提供发出和结存存货的单价及金额，因此不利于存货成本的日常管理与控制。

【例 4-3】承【例 4-1】，假设甲公司采用月末一次加权平均法，根据表 1-2，则 5 月份 D 商品的平均单位成本：

5 月份 D 商品的平均单位成本

=（期初存货结存金额 + 本期购入存货金额）/（期初存货结存数量 + 本期购入存货数量）

=（150×10+100×12+200×14+100×15）/（150+100+200+100）≈ 12.727

5 月份 D 商品的发出成本与期末结存成本如下：

5 月份 D 商品的发出成本 = 400×12.727 = 5090.8（元）

5 月份 D 商品的期末结存成本 = [150×10+（100×12+200×14+100×15）] −

$5090.8 = 7000 - 5090.8 = 1909.2$（元）

【练一练】（2011 年单选）某企业采用月末一次加权平均法计算发出材料成本。2010 年 3 月 1 日结存甲材料 200 件，单位成本 40 元；3 月 15 日购入甲材料 400 件，单位成本 35 元；3 月 20 日购入甲材料 400 件，单位成本 38 元；当月共发出甲材料 500 件。3 月发出甲材料的成本为（　　）元。

A. 18500　　　　　B. 18600　　　　　C. 19000　　　　　D. 20000

【解析】 月末一次加权平均单价 = $(200 \times 40 + 400 \times 35 + 400 \times 38) / (200 + 400 + 400) = 37.2$（元/件）；3 月 20 日发出甲材料的成本 = $37.2 \times 500 = 18600$（元）。故答案为 B。

【练一练】（2012 年多选）下列各项中，企业可以采用的发出存货的计价方法有（　　）。

A. 先进先出法　　　　　　　B. 移动加权平均法

C. 个别计价法　　　　　　　D. 成本与可变现净值孰低法

【解析】 选项 D，不是发出存货的计价方法，而是存货期末成本计量的方法。故答案为 ABC。

（四）移动加权平均法

移动加权平均法是指以每次进货的成本加上原有库存存货的成本的合计额，除以每次进货数量加上原有库存存货的数量的合计数，据以计算加权平均单位成本，作为在下次进货前计算各次发出存货成本依据的一种方法。计算公式如下：

存货单位成本 =（原有库存存货的实际成本 + 本次进货的实际成本）/（原有库存存货数量 + 本次进货数量）

本次发出存货的成本 = 本次发出存货数量 × 本次发货前存货的单位成本

本月月末库存存货成本 = 月末库存存货的数量 × 本月月末存货单位成本

采用移动平均法能够使企业管理者及时了解存货的结存情况，计算出来的平均单位成本以及发出和结存的存货成本比较客观。但由于每次收货都要计算一次平均单价，计算工作量较大，对收发货较频繁的企业不适用。

【例 4-4】 承 **【例 4-1】**，假设甲公司采用移动加权平均法核算存货，则 5 月 D 商品本期收入、发出和结存情况如表 4-4 所示；从表 4-4 中看出，存货的平均成本从期初的 10 元变为期中的 10.8 元、13.36 元，再变成期末的 14.016元。

各平均成本计算如下：

5 月 5 日购入存货后的平均单位成本 = $(150 \times 10 + 100 \times 12) / (150 + 100) = 10.8$（元）

5 月 16 日购入存货后的平均单位成本 = $(50 \times 10.8 + 200 \times 14)/(50 + 200) = 13.36$（元）

5 月 23 日购入存货后的平均单位成本 = (150 × 13.36 + 100 × 15) / (150 + 100) = 14.016(元)

如表 4-5 所示，采用移动加权平均成本法得出的本期发出存货成本和期末结存存货成本分别为 4897.36 元和 2102.4 元。

表4-5 D商品购销明细账（移动加权平均法）

单位：元

日期		摘要	收入			发出			结存		
月	日		数量	单价	金额	数量	单价	金额	数量	单价	金额
5	1	期初余额							150	10	1500
	5	购入	100	12	1200				150	10.8	1500
	11	发出				200	10.8	2160	50	10.8	540
	16	购入	200	14	2800				250	13.36	3340
	20	发出				100	13.36	1336	150	13.36	2004
	23	购入	100	15	1500				250	14.016	3504
	27	发出				100	14.016	1401.6	150	14.016	2102.4
	31	本期合计	400	—	5500	400	—	4897.6	150	14.016	2102.4

【练一练】A 公司月初结存甲材料 10 吨，每吨单价 10 元，本月购入甲材料情况如下：3 日购入 5 吨，单价 15 元；17 日购入 13 吨，单价 18 元；28 日领用 22 吨。A 公司采用移动加权平均法计算发出存货成本，则 A 公司期末结存甲材料成本为（ ）元。

A. 87.66　　　　B. 88.98　　　　C. 90.12　　　　D. 120.56

【解析】17 日购入甲材料后的加权平均单价 = (10 × 10 + 5 × 15 + 13 × 18) ÷ (10 + 5 + 13) = 14.61（元/吨）；

月末结存甲材料 = 10 + 5 + 13 − 22 = 6（吨）

A 公司期末结存甲材料成本 = 6 × 14.61 = 87.66（元），故答案为 A。

在企业各生产单位及有关部门领用的材料种类多、业务频繁时，为了简化核算，可以在月末根据"领料单"或"限额领料单"中对有关领料的单位、部门等加以归类，编制"发料凭证汇总表"，据以编制记账凭证、登记入账。发出材料。

第二节　原材料

原材料是指企业在生产过程中经过加工改变其形态或性质并构成产品主要实体的各种原料、主要材料和外购半成品，以及不构成产品实体但有助于产品形成的辅助材料。原材料具体包括原料及主要材料、辅助材料、外购半成品（外购件）、修理用备件（备品备件）、包装材料、燃料等。

原材料的日常收发及结存，可以采用实际成本核算，也可以采用计划成本核算。

一、采用实际成本核算

（一）原材料核算应设置的会计科目

材料按实际成本计价核算时，材料的收发及结存，无论总分类核算还是明细分类核算，均按照实际成本计价。使用的会计科目有"原材料"、"在途物资"等，"原材料"科目的借方、贷方及余额均以实际成本计价，不存在成本差异的计算与结转问题。但采用实际成本核算，日常反映不出材料成本是节约还是超支，从而不能反映和考核物资采购业务的经营成果。因此这种方法通常适用于材料收发业务较少的企业。在实务工作中，对于材料收发业务较多并且计划成本资料较为健全、准确的企业，一般可以采用计划成本进行材料收发的核算。

"原材料"科目用于核算库存各种材料的收发与结存情况。在原材料按实际成本核算时，本科目的借方登记入库材料的实际成本，贷方登记发出材料的实际成本，期末余额在借方，反映企业库存材料的实际成本。

"在途物资"科目用于核算企业采用实际成本（进价）进行材料、商品等物资的日常核算、价款已付尚未验收入库的各种物资（即在途物资）的采购成本，本科目应当按照供应单位和物资品种进行明细核算。"在途物资"科目的借方登记企业购入的在途物资的实际成本，贷方登记验收入库的在途物资的实际成本，期末余额在借方，反映企业在途物资的采购成本。

"应付账款"科目用于核算企业因购买材料、商品和接受劳务等经营活动应支付的款项。"应付账款"科目的贷方登记企业因购入材料、商品和接受劳务等尚未支付的款项，借方登记支付的应付账款，期末余额一般在贷方，反映企业尚未支付的应付账款。

在实际成本法下"原材料"和"在途物资"均按实际成本核算。

(二) 原材料的账务处理

1. 购入材料

由于支付方式不同，原材料入库的时间与付款的时间可能一致，也可能不一致，在会计处理上也有所不同。

（1）货款已经支付或开出、承兑商业汇票，同时材料已验收入库。

【例4-5】甲公司购入C材料一批，增值税专用发票上记载的货款为500000元，增值税额85000元，另对方代垫包装费1000元，全部款项已用转账支票付讫，材料已验收入库。甲公司应编制如下分录：

借：原材料——C材料   501000
　　应交税费——应交增值税（进项税额）   85000
　　银行存款   586000

本例属于发票账单与材料同时到达的采购业务，企业材料已验收入库，因此应通过"原材料"科目核算，对于增值税专用发票上注明的可抵扣的进项税额，应借记"应交税费——应交增值税（进项税额）"科目。

【例4-6】甲公司持银行汇票1874000元购入D材料一批，增值税专用发票上记载的货款为1600000元，增值税额272000元，对方代垫包装费2000元，材料已验收入库。甲公司应编制如下分录：

借：原材料——D材料   1602000
　　应交税费——应交增值税（进项税额）   272000
　　贷：其他货币资金——银行汇票   1874000

【例4-7】甲公司采用托收承付结算方式购入E材料一批，货款40000元，增值税6800元，对方代垫包装费5000元，款项在承付期内以银行存款支付，材料已验收入库。甲公司应编制如下分录：

借：原材料——E材料   45000
　　应交税费——应交增值税（进项税额）   6800
　　贷：银行存款   51800

（2）货款已经支付或已开出、承兑商业汇票，材料尚未到达或尚未验收入库。

【例4-8】甲公司采用汇兑结算方式购入F材料一批，发票及账单已收到，增值税专用发票上记载的货款为20000元，增值税额3400元。支付保险费1000元，材料尚未到达。甲公司应编制如下分录：

借：在途物资——F材料   21000

> 应交税费——应交增值税（进项税额）　　　　3400
> 　贷：银行存款　　　　　　　　　　　　　　　　　　24400

本例属于已经付款或已开出、承兑商业汇票，但材料尚未到达或尚未验收入库的采购业务，应通过"在途物资"科目核算；待材料到达、入库后，再根据收料单，由"在途物资"科目转入"原材料"科目核算。

【例4-9】 承【例4-8】，上述购入的F材料已收到，并验收入库。甲公司应编制如下分录：

> 借：原材料　　　　　　　　　　　　　　　　21000
> 　贷：在途物资——F材料　　　　　　　　　　　　21000

（3）货款尚未支付，材料已经验收入库。

【例4-10】 甲公司采用托收承付结算方式购入G材料一批，增值税专用发票上记载的货款为50000元，增值税额8500元，对方代垫包装费1000元，银行转来的结算凭证已到，款项尚未支付，材料已验收入库。甲公司应编制如下分录：

> 借：原材料——G材料　　　　　　　　　　　51000
> 　应交税费——应交增值税（进项税额）　　　8500
> 　贷：应付账款　　　　　　　　　　　　　　　　　59500

【例4-11】 甲公司采用委托收款结算方式购入H材料一批，材料已验收入库，月末发票账单尚未收到，也无法确定其实际成本，暂估价值为30000元。甲公司应编制如下分录：

> 借：原材料——H材料　　　　　　　　　　　30000
> 　贷：应付账款——暂估应付账款　　　　　　　　　30000

下月初作相反的会计分录予以冲回：

> 借：应付账款——暂估应付账款　　　　　　　30000
> 　贷：原材料——H材料　　　　　　　　　　　　　30000

在这种情况下，发票账单未到也无法确定实际成本，期末应按照暂估价值先入账，但是，下期初作相反的会计分录予以冲回，收到发票账单后再按照实际金额记账。即对于材料已到达并已验收入库，但发票账单等结算凭证未到，货款尚未支付的采购业务，应于期末，按材料的暂估价值，借记"原材料"科目，贷记"应付账款——暂估应付账款"科目。下期初作相反的会计分录予以冲回，以便下月付款或开出、承兑商业汇票后，按正常程序，借记"原材料"、"应交税费——应交增值税（进项税额）"科目，贷记"银行存款"或"应付票据"等科目。

【例4-12】 承【例4-11】，上述购入的H材料于次月收到发票账单，增值税专用发票上记载的货款为31000元，增值税额5270元，对方代垫保险费2000

元，已用银行存款付讫。甲公司应编制如下会计分录：

借：原材料——H材料　　　　　　　　　33000
　　应交税费——应交增值税（进项税额）　5270
　　　贷：银行存款　　　　　　　　　　　　　　　38270

（4）货款已经预付，材料尚未验收入库。

【例4-13】 根据与某钢厂的购销合同规定，甲公司为购买J材料向该钢厂预付100000元货款的80%，计80000元，已通过汇兑方式汇出。甲公司应编制如下会计分录：

借：预付账款　　　　　　　　　　　　80000
　　贷：银行存款　　　　　　　　　　　　　　　80000

【例4-14】 承【例4-13】，甲公司收到该钢厂发运来的J材料，已验收入库。有关发票账单记载，该批货物的货款100000元，增值税额17000元，对方代垫包装费3000元，所欠款项以银行存款付讫。甲公司应编制如下会计分录：

（1）材料入库时。

借：原材料——J材料　　　　　　　　　103000
　　应交税费——应交增值税（进项税额）　17000
　　　贷：预付账款　　　　　　　　　　　　　　　120000

（2）补付货款时。

借：预付账款　　　　　　　　　　　　40000
　　贷：银行存款　　　　　　　　　　　　　　　40000

2. 发出材料

【例4-15】 丁公司2015年3月1日结存B材料3000公斤，每公斤实际成本为10元；3月5日和3月20日分别购入该材料9000公斤和6000公斤，每公斤实际成本分别为11元和12元；3月10日和3月25日分别发出该材料10500公斤和6000公斤。按先进先出法核算时，发出和结存材料的成本如表4-6所示。

表4-6　B材料购销明细账（先进先出法）

单位：元

| 日期 | | 摘要 | 收入 | | | 发出 | | | 结存 | | |
月	日		数量	单价	金额	数量	单价	金额	数量	单价	金额
5	1	期初余额							3000	10	3000
	5	购入	9000	11	99000				3000 9000	10 11	3000 99000
	11	发出				3000 7500	10 11	30000 82500	1500	11	16500

日期		摘要	收入			发出			结存		
月	日		数量	单价	金额	数量	单价	金额	数量	单价	金额
	16	购入	6000	12	72000				1500	11	16500
									6000	12	72000
	20	发出				1500	11	16500			
						4500	12	54000	1500	12	18000
	31	本期合计	15000	—	171000	16500	—	183000	1500	12	18000

【例4-16】承【例4-15】采用月末一次加权平均法计算B材料的成本如下：

B材料平均单位成本 = (3000 + 171000) / (3000 + 15000) = 11.17（元）

本月发出存货的成本 = 16500 × 11.17 = 184305（元）

月末库存B材料的成本 = 月初库存B材料的成本 + 本月收入B材料的成本 − 本月发出B材料的成本 = 30000 + 171000 − 184305 = 16695（元）

【例4-17】承【例4-15】，采用移动加权平均法计算B材料的成本如下：

第一批收货后的平均单位成本 = (30000 + 99000) / (3000 + 9000) = 10.75（元）

第一批发货的存货成本 = 10500 × 10.75 = 112875（元）

当时结存的存货成本 = 1500 × 10.75 = 16125（元）

第二批收货后的平均单位成本 = (16125 + 72000) / (1500 + 6000) = 11.75（元）

第二批发货的存货成本 = 6000 × 11.75 = 70500（元）

当时结存的存货成本 = 1500 × 11.75 = 17625（元）

B材料月末结存1500公斤，月末库存存货成本为17625元；本月发出存货成本合计为183375（112875 + 70500）元。

发出材料实际成本的确定，可以由企业从个别计价法、先进先出法、月末一次加权平均法、移动加权平均法等方法中选择。计价方法一经确定，不得随意变更。如需变更，应在附注中予以说明。

【例4-18】甲公司根据"发料凭证汇总表"的记录，1月基本生产车间领用K材料500000元，辅助生产车间领用K材料40000元，车间管理部门领用K材料5000元，企业行政管理部门领用K材料4000元，计549000元。甲公司应编制如下会计分录：

借：生产成本——基本生产成本　　　　　500000

　　　　　　——辅助生产成本　　　　　40000

　　制造费用　　　　　　　　　　　　　5000

　　管理费用　　　　　　　　　　　　　4000

　　贷：原材料——K材料　　　　　　　　　　　　549000

二、采用计划成本核算

(一) 原材料核算应设置的会计科目

材料采用计划成本核算时，材料的收发及结存，无论是总分类核算还是明细分类核算，均按照计划成本计价。使用的会计科目有"原材料"、"材料采购"、"材料成本差异"等。材料实际成本与计划成本的差异，通过"材料成本差异"科目核算。月末，计算本月发出材料应负担的成本差异并进行分摊，根据领用材料的用途计入相关资产的成本或者当期损益，从而将发出材料的计划成本调整为实际成本。

"原材料"科目用于核算库存各种材料的收发与结存情况。在材料采用计划成本核算时，本科目的借方登记入库材料的计划成本，贷方登记发出材料的计划成本，期末余额在借方，反映企业库存材料的计划成本。

"材料采购"科目借方登记采购材料的实际成本，贷方登记入库材料的计划成本。借方大于贷方表示超支，从本科目贷方转入"材料成本差异"科目的借方；贷方大于借方表示节约，从本科目借方转入"材料成本差异"科目的贷方；期末为借方余额，反映企业在途材料的采购成本。

"材料成本差异"科目反映企业已入库各种材料的实际成本与计划成本的差异，借方登记超支差异及发出材料应负担的节约差异，贷方登记节约差异及发出材料应负担的超支差异。期末如为借方余额，反映企业库存材料的实际成本大于计划成本的差异（即超支差异）；如为贷方余额，反映企业库存材料实际成本小于计划成本的差异（即节约差异）。

知识点

> 计算材料成本差异率中（计划成本）仅仅是验收入库部分的材料（不包括在途材料的计划成本和暂估入库材料的计划成本）。
>
> 结存材料的计划成本＝期初计划成本＋本期入库计划成本－发出材料计划成本。

(二) 原材料的账务处理

1. 购入材料

（1）货款已经支付，同时材料验收入库。

【例4-19】甲公司购入M1材料一批，专用发票上记载的货款为3000000元，增值税额510000元，发票账单已收到，计划成本为3200000元，已验收入库，全部款项以银行存款支付。甲公司应编制如下会计分录：

借：材料采购——M1 材料   3000000

  应交税费——应交增值税（进项税额） 510000

   贷：银行存款   3510000

  在计划成本法下，购入的材料无论是否验收入库，都要先通过"材料采购"科目进行核算，以反映企业所购材料的实际成本，从而与"原材料"科目相比较，计算确定材料差异成本。

（2）货款已经支付，材料尚未验收入库。

【例 4-20】 甲公司采用汇兑结算方式购入 M2 材料一批，专用发票上记载的货款为 200000 元，增值税额 34000 元，发票账单已收到，计划成本 180000元，材料尚未入库。甲公司应编制如下会计分录：

借：材料采购——M2 材料   200000

  应交税费——应交增值税（进项税额） 34000

   贷：银行存款   234000

（3）货款尚未支付，材料已经验收入库。

【例 4-21】 甲公司采用商业承兑汇票支付方式购入 M3 材料一批，专用发票上记载的货款为 500000 元，增值税额 85000 元，发票账单已收到，计划成本 520000 元，材料已验收入库。甲公司应编制如下会计分录：

借：材料采购——M3 材料   500000

  应交税费——应交增值税（进项税额） 85000

   贷：应付票据   585000

【例 4-22】 甲公司购入 M4 材料一批，材料已验收入库，发票账单未到，月末按照计划成本 600000 元估价入账。甲公司应编制如下会计分录：

借：原材料——M4 材料   600000

   贷：应付账款——暂估应付账款   600000

下月初做相反的会计分录予以冲回：

借：应付账款——暂估应付账款   600000

   贷：原材料——M4 材料   600000

  在这种情况下，对于尚未收到发票账单的收料凭证，月末应按计划成本暂估入账，借记"原材料"等科目，贷记"应付账款——暂估应付账款"科目，下期初做相反分录予以冲回，借记"应付账款——暂估应付账款"科目，贷记"原材料"科目。

  企业购入验收入库的材料，按计划成本，借记"原材料"科目，贷记"材料采购"科目，按实际成本大于计划成本的差异，借记"材料成本差异"科目，贷记"材料采购"科目；实际成本小于计划成本的差异，借记"材料采购"科目，贷记"材料成本差异"科目。

【例4-23】承【例4-19】和【例4-21】，月末，甲公司汇总本月已付款或已开出并承兑商业汇票的入库材料的计划成本3720000元（即3200000＋520000）。甲公司应编制以下会计分录：

借：原材料——M1材料　　　　　　　　3200000
　　　　　——M3材料　　　　　　　　520000
　　贷：材料采购——M1材料　　　　　　　　　　3200000
　　　　　　——M3材料　　　　　　　　　　　520000

上述入库材料的实际成本为3500000元（即3000000＋500000），入库材料的成本差异为节约220000元（即3500000－3720000）。

借：材料采购——M1材料　　　　　　　　200000
　　　　　——M3材料　　　　　　　　20000
　　贷：材料成本差异——M1材料　　　　　　　　　200000
　　　　　　——M3材料　　　　　　　　　　20000

或：

借：原材料——M1材料　　　　　　　　3200000
　　　　　——M3材料　　　　　　　　520000
　　贷：材料采购——M1材料　　　　　　　　　　3000000
　　　　　　——M3材料　　　　　　　　　　500000
　　材料成本差异——M1材料　　　　　　　　200000
　　　　　　——M3材料　　　　　　　　　20000

2. 发出材料

月末，企业根据领料单等编制"发料凭证汇总表"结转发出材料的计划成本，应当根据所发出材料的用途，按计划成本分别记入"生产成本"、"制造费用"、"销售费用"、"管理费用"等科目，同时结转材料成本差异。

【例4-24】甲公司根据"发料凭证汇总表"的记录，某月M1材料的消耗（计划成本）为：基本生产车间领用2000000元，辅助生产车间领用600000元，车间管理部门领用250000元，企业行政管理部门领用50000元。甲公司应编制如下会计分录：

借：生产成本——基本生产成本　　　　　　　　2000000
　　　　　——辅助生产成本　　　　　　　　600000
　　制造费用　　　　　　　　250000
　　管理费用　　　　　　　　50000
　　贷：原材料——M1材料　　　　　　　　　　2900000

根据《企业会计准则第 1 号——存货》的规定，企业日常采用计划成本核算的，发出的材料成本应由计划成本调整为实际成本，通过"材料成本差异"科目进行结转，按照所发出材料的用途，分别记入"生产成本"、"制造费用"、"销售费用"、"管理费用"等科目。发出材料应负担的成本差异应当按期（月）分摊，不得在季末或年末一次计算。

本期材料成本差异率 =（期初结存材料的成本差异 + 本期验收入库材料的成本差异）/（期初结存材料的计划成本 + 本期验收入库材料的计划成本）× 100%

发出材料应负担的成本差异 = 发出材料的计划成本 × 本期材料成本差异率

如果企业的材料成本差异率各期之间是比较均衡的，也可以采用期初材料成本差异率分摊本期的材料成本差异。年度终了，应对材料成本差异率进行核实调整。

期初材料成本差异率 = 期初结存材料的成本差异/期初结存材料的计划成本 × 100%

发出材料应负担的成本差异 = 发出材料的计划成本 × 本期材料成本差异率

【例 4-25】承【例 4-19】和【例 4-24】，甲公司某月月初结存 M1 材料的计划成本为 1000000 元，成本差异为超支 30740 元；当月入库 M1 材料的计划成本 3200000 元，成本差异为节约 200000 元。则：

材料成本差异率 =（30740 - 200000）/（1000000 + 3200000）× 100% = -4.03%

甲公司结转发出材料的成本差异的分录：

借：材料成本差异——M1 材料   116870

    贷：生产成本——基本生产成本   80600

           ——辅助生产成本   24180

        制造费用   10075

        管理费用   2015

本例中，基本生产成本应分摊的材料成本差异节约额为 80600（2000000 × 4.03%）元，辅助生产成本应分摊的材料成本差异节约额为 24180（600000 × 4.03%）元，制造费用应分摊的材料成本差异节约额为 10075（250000 × 4.03%）元，管理费用应分摊的材料成本差异节约额为 2015（50000 × 4.03%）元。

【练一练】（2010 年单选）某企业材料采用计划成本核算。月初结存材料计划成本为 130 万元，材料成本差异节约为 20 万元。当月购入材料一批，实际成本 110 万元，计划成本 120 万元，领用材料的计划成本为 100 万元。该企业当月领用材料的实际成本为（ ）万元。

A. 88   B. 96   C. 100   D. 112

【解析】材料成本差异率 =（-20 - 10）/（130 + 120）× 100% = -12%，当月领用

材料的实际成本＝100×（1－12%）＝88（万元）。故答案为 A。

【练一练】（2012 年单选）某企业材料采用计划成本核算。月初结存材料计划成本为 200 万元，材料成本差异为节约 20 万元，当月购入材料一批，实际成本为 135 万元，计划成本为 150 万元，领用材料的计划成本为 180 万元。当月结存材料的实际成本为（　　）万元。

　　A. 153　　　　　B. 162　　　　　C. 170　　　　　D. 187

【解析】 材料成本差异率＝（－20－15）/（200＋150）＝－10%，当月结存材料的实际成本＝（200＋150－180）×（1－10%）＝153（万元）。故答案为 A。

【练一练】（2013 年单选）某企业采用计划成本进行材料的日常核算。月初结存材料的计划成本为 80 万元，成本差异为超支 20 万元。当月购入材料一批，实际成本为 110 万元，计划成本为 120 万元。当月领用材料的计划成本为100 万元，当月领用材料应负担的材料成本差异为（　　）万元。

　　A. 超支 5　　　　B. 节约 5　　　　C. 超支 15　　　　D. 节约 15

【解析】 材料成本差异率＝[20＋（110－120）]/（80＋120）＝5%；（当月领用材料应负担的材料成本差异＝领用材料的计划成本）100×（材料成本差异率）5%＝5（万元）。故答案为 A。

第三节　包装物

一、包装物的内容

包装物是指为了包装本企业商品而储备的各种包装容器，如桶、箱、瓶、坛、袋等。其核算内容包括以下内容：生产过程中用于包装产品作为产品组成部分的包装物；随同商品出售而不单独计价的包装物；随同商品出售而单独计价的包装物；出租或出借给购买单位使用的包装物。

二、包装物的账务处理

为了反映和监督包装物的增减变动及其价值损耗、结存等情况，企业应当设置"周转材料——包装物"科目进行核算，借方登记包装物的增加，贷方登记包装物的减少，期末余额在借方，通常反映企业期末结存包装物的金额。

对于生产领用包装物，应根据领用包装物的实际成本或计划成本，借记"生产成本"科目，贷记"周转材料——包装物"、"材料成本差异"等科目。随同商品出售而不单独计价的包装物,应于包装物发出时,按其实际成本计入销售费用。随同商品出售且单独计价的包装物,一方面应反映其销售收入,计入其他业务收入;另一方面应反映其实际销售成本,计入其他业务成本。包装物应当根据使用次数分次进行摊销,有关分次摊销法的举例参见【例4–30】。

(一)生产领用包装物

生产领用包装物,应按照领用包装物的实际成本,借记"生产成本"科目,按照领用包装物的计划成本,贷记"周转材料——包装物"科目,按照其差额,借记或贷记"材料成本差异"科目。

【例4–26】甲公司对包装物采用计划成本核算,某月生产产品领用包装物的计划成本为100000元,材料成本差异率为–3%。甲公司应编制如下会计分录:

借:生产成本　　　　　　　　　　　　97000
　　材料成本差异　　　　　　　　　　 3000
　　　贷:周转材料——包装物　　　　　　　　　　　100000

(二)随同商品出售包装物

随同商品出售而不单独计价的包装物,应按其实际成本计入销售费用,借记"销售费用"科目,按其计划成本,贷记"周转材料——包装物"科目,按其差额,借记或贷记"材料成本差异"科目。

【例4–27】甲公司某月销售商品领用不单独计价包装物的计划成本为50000元,材料成本差异率为–3%。甲公司应编制如下会计分录:

借:销售费用　　　　　　　　　　　　48500
　　材料成本差异　　　　　　　　　　 1500
　　　贷:周转材料——包装物　　　　　　　　　　　 50000

【例4–28】甲公司某月销售商品领用单独计价包装物的计划成本为80000元,销售收入为100000元,增值税额为17000元,款项已存入银行。该包装物的材料成本差异率为3%。甲公司应编制如下会计分录:

(1)出售单独计价包装物。

借:银行存款　　　　　　　　　　　　117000
　　　贷:其他业务收入　　　　　　　　　　　　　100000
　　　　　应交税费——应交增值税(销项税额)　　 17000

(2)结转所售单独计价包装物的成本。

借:其他业务成本　　　　　　　　　　82400
　　　贷:周转材料——包装物　　　　　　　　　　　 80000
　　　　　材料成本差异　　　　　　　　　　　　　　 2400

第四节 低值易耗品

一、低值易耗品的内容

作为存货核算和管理的低值易耗品，一般划分为一般工具、专用工具、替换设备、管理用具、劳动保护用品和其他用具等。

二、低值易耗品的账务处理

为了反映和监督低值易耗品的增减变动及其结存情况，企业应当设置"周转材料——低值易耗品"科目，借方登记低值易耗品的增加，贷方登记低值易耗品的减少，期末余额在借方，通常反映企业期末结存低值易耗品的金额。

低值易耗品等企业的周转材料符合存货定义和条件的，按照使用次数分次计入成本费用。金额较小的，可在领用时一次计入成本费用，以简化核算，但为加强实物管理，应当在备查簿上进行登记。

采用一次转销法摊销低值易耗品，在领用低值易耗品时，将其价值一次、全部计入有关资产成本或者当期损益，主要适用于价值较低或极易损坏的低值易耗品的摊销。

【例4-29】甲公司某基本生产车间领用一般工具一批，实际成本为3000元，全部计入当期制造费用。甲公司应编制如下会计分录：

借：制造费用 3000
  贷：周转材料——低值易耗品 3000

采用分次摊销法摊销低值易耗品，低值易耗品在领用时摊销其账面价值的单次平均摊销额。分次摊销法适用于可供多次反复使用的低值易耗品。在采用分次摊销法的情况下，需要单独设置"周转材料——低值易耗品——在用"、"周转材料——低值易耗品——在库"和"周转材料——低值易耗品——摊销"明细科目。

【例4-30】甲公司的基本生产车间领用专用工具一批，实际成本为100000元，不符合固定资产定义，采用分次摊销法进行摊销，该专用工具的估计使用次数为两次。甲公司应编制如下会计分录：

（1）领用专用工具时。

借：周转材料——低值易耗品——在用 100000
  贷：周转材料——低值易耗品——在库 100000

（2）第一次领用时摊销其价值的一半。

借：制造费用　　　　　　　　　　　　　50000
　　贷：周转材料——低值易耗品——摊销　　　　　　50000

（3）第二次领用时摊销其价值的一半。

借：制造费用　　　　　　　　　　　　　50000
　　贷：周转材料——低值易耗品——摊销　　　　　　50000

同时：

借：周转材料——低值易耗品——摊销　　100000
　　贷：甩转材料——低值易耗品——在用　　　　　　100000

知识点

最终周转材料的余额为零。

【练一练】（2012年单选）下列各项中，关于周转材料会计处理表述正确的有（　　）。

A. 多次使用的包装物应根据使用次数分次进行摊销

B. 低值易耗品金额较小的可在领用时一次计入成本费用

C. 随同商品销售出借的包装物的摊销额应计入管理费用

D. 随同商品出售单独计价的包装物取得的收入应计入其他业务收入

【解析】随同商品销售出借的包装物的摊销额应计入销售费用。故答案为ABD。

【练一练】（2013年单选）下列各项中，不应计入销售费用的是（　　）。

A. 已售商品预计保修费用

B. 为推广新产品而发生的广告费

C. 随同商品出售且单独计价的包装物成本

D. 随同商品出售而不单独计价的包装物成本

【解析】选项ABD均计入销售费用，选项C应该计入其他业务成本。

【练一练】（2013年单选）企业对随同商品出售而不单独计价的包装物进行会计处理时，该包装物的实际成本应结转到（　　）。

A. "制造费用"科目　　　　　　　　B. "销售费用"科目

C. "管理费用"科目　　　　　　　　D. "其他业务成本"科目

【解析】随同商品出售而不单独计价的包装物属于企业在销售过程中的促销费用，所以计入销售费用。故答案为B。

第五节 委托加工物资

一、委托加工物资的内容和成本

委托加工物资是指企业委托外单位加工的各种材料、商品等物资。

企业委托外单位加工物资的成本包括加工中实际耗用物资的成本、支付的加工费用及应负担的运杂费、支付的税费等。

二、委托加工物资的账务处理

为了反映和监督委托加工物资增减变动及其结存情况，企业应当设置"委托加工物资"科目，借方登记委托加工物资的实际成本，贷方登记加工完成验收入库的物资的实际成本和剩余物资的实际成本，期末余额在借方，反映企业尚未完工的委托加工物资的实际成本和发出加工物资的运杂费等。委托加工物资也可以采用计划成本或售价进行核算，其方法与库存商品相似。

（一）发出物资

【例4-31】甲公司委托某量具厂加工一批量具，发出材料一批，计划成本70000元，材料成本差异率4%，以银行存款支付运杂费2200元。甲公司应编制如下会计分录：

（1）发出材料时。

借：委托加工物资　　　　　　　　72800
　　贷：原材料　　　　　　　　　　　　　70000
　　　　材料成本差异　　　　　　　　　　2800

（2）支付运杂费时。

借：委托加工物资　　　　　　　　2200
　　贷：银行存款　　　　　　　　　　　　2200

需要说明的是，企业发给外单位加工物资时，如果采用计划成本或售价核算的，还应同时结转材料成本差异或商品进销差价，贷记或借记"材料成本差异"科目，或借记"商品进销差价"科目。

（二）支付加工费、运杂费等

【例4-32】承【例4-31】，甲公司以银行支付上述量具的加工费用20000元。甲公司应编制如下会计分录：

```
借：委托加工物资                              20000
    贷：银行存款                                      20000
```

（三）加工完成验收入库

【例4-33】 承【例4-31】和【例4-32】，甲公司收回由某量具厂代加工的量具，以银行支付运杂费2500元。该量具已验收入库，其计划成本为110000元。甲公司应编制如下会计分录：

（1）支付运杂费时。

```
借：委托加工物资                              2500
    贷：银行存款                                      2500
```

（2）量具入库时。

```
借：周转材料——低值易耗品                      110000
    贷：委托加工物资                                  97500
        材料成本差异                                  12500
```

在【例4-33】中，加工完成的委托加工物资的实际成本为97500 [（72800+2200）+20000+2500] 元，计划成本为110000元，成本差异为-12500（97500-110000）元。

【例4-34】 甲公司委托丁公司加工商品一批（属于应税消费品）100000件，有关经济业务如下：

（1）1月20日，发出材料一批，计划成本为6000000元，材料成本差异率为-3%。应作如下会计处理：

1）发出委托加工材料时。

```
借：委托加工物资                              6000000
    贷：原材料                                        6000000
```

2）结转发出材料应分摊的材料成本差异时。

```
借：材料成本差异                              180000
    贷：委托加工物资                                  180000
```

（2）2月20日，支付商品加工费120000元，支付应当交纳的消费税660000元，该商品收回后用于连续生产，消费税可抵扣，甲公司和丁公司均为一般纳税人，适用增值税税率为17%。甲公司应编制如下会计分录：

```
借：委托加工物资                              120000
    应交税费——应交消费税                        660000
            ——应交增值税（进项税额）            20400
    贷：银行存款                                      800400
```

（3）3月4日，用银行存款支付往返运杂费10000元。

借：委托加工物资　　　　　　　　　　　　10000
　　贷：银行存款　　　　　　　　　　　　　　　10000

（4）3月5日，上述商品100000件（每件计划成本为65元）加工完毕，公司已办理验收入库手续。

借：库存商品　　　　　　　　　　6500000
　　贷：委托加工物资　　　　　　　　　5950000
　　　　材料成本差异　　　　　　　　　550000

本例中，加工完成的委托加工物资的实际成本为5950000〔（6000000－180000）＋120000＋10000〕元，计划成本为6500000（1000000×65）元，成本差异为－550000（5950000－6500000）元（节约额）。

需要注意的是，需要交纳消费税的委托加工物资，由受托方代收代交的消费税，收回后用于直接销售的，记入"委托加工物资"科目；收回后用于继续加工的，记入"应交税费——应交消费税"科目。

表4-7　委托加工物资的成本构成表

项　目		是否计入委托加工物资成本
1. 发出材料的实际成本		√
2. 支付给受托方的加工费		√
3. 支付的保险费和运杂费		√
4. 支付的加工费的增值税进项税额	小规模纳税人	√
	一般纳税人	×
5. 支付的受托方代收代缴的消费税	收回后直接销售	√
	收回后继续加工为应税消费品	×

第六节　库存商品

一、库存商品的内容

库存商品是指企业已完成全部生产过程并已验收入库、合乎标准规格和技术条件，可以按照合同规定的条件送交订货单位，或可以作为商品对外销售的产品以及外购或委托加工完成验收入库用于销售的各种商品。

库存商品具体包括库存产成品、外购商品、存放在门市部准备出售的商品、发出展览的商品、寄存在外的商品、接受来料加工制造的代制品和为外单位加工修理的代修品等。已完成销售手续，但购买单位在月末未提取的产品，不应作为企业的库存商品，而应作为代管商品处理，单独设置代管商品备查簿进行登记。

库存商品可以采用实际成本核算，也可以采用计划成本核算，其方法与原材料相似。采用计划成本核算时，库存商品实际成本与计划成本的差异，可单独设置"产品成本差异"科目核算。

为了反映和监督库存商品的增减变动及其结存情况，企业应当设置"库存商品"科目，借方登记验收入库的库存商品成本，贷方登记发出的库存商品成本，期末余额在借方，反映各种库存商品的实际成本或计划成本。

二、库存商品的账务处理

(一) 验收入库商品

对于库存商品采用实际成本核算的企业，当库存商品生产完成并验收入库时，应按实际成本，借记"库存商品"科目，贷记"生产成本——基本生产成本"科目。

【例 4-35】 甲公司"商品入库汇总表"记载，某月已验收入库 X 产品1000台，实际单位成本 5000 元，计 5000000 元；Y 产品 2000 台，实际单位成本1000元，计 2000000 元。甲公司应作如下会计处理：

借：库存商品——X 产品　　　　　　　　　　　5000000
　　　　　　——Y 产品　　　　　　　　　　　2000000
　　贷：生产成本——基本生产成本（X 产品）　　　　　5000000
　　　　　　　　　——基本生产成本（Y 产品）　　　　　2000000

> **知识点**
>
> 针对商品流通企业通常属于外购的商品，如果属于一般纳税人，则分录如下：
>
> 借：库存商品
> 　　应交税费——应交增值税（进项税额）
> 　　贷：银行存款

(二) 发出商品

企业销售商品、确认收入时，应结转其销售成本，借记"主营业务成本"等科目，贷记"库存商品"科目。

【例 4-36】 甲公司在月末汇总发出的商品中，当月已实现销售的 X 产品有 500 台，Y 产品有 1500 台。该月 X 产品实际单位成本 5000 元，Y 产品实际单位成本 1000 元。在结转其销售成本时，甲公司应编制如下会计分录：

借：主营业务成本　　　　　　　　　4000000

贷：库存商品——X 产品　　　　　　　　　　2500000

——Y 产品　　　　　　　　　　1500000

商品流通企业购入的商品可以采用进价或售价核算。采用售价核算的，商品售价和进价的差额，可通过"商品进销差价"科目核算。月末，应分摊已销商品的进销差价，将已销商品的销售成本调整为实际成本，借记"商品进销差价"科目，贷记"主营业务成本"科目。

商品流通企业的库存商品还可以采用毛利率法和售价金额核算法进行日常核算。

1. 毛利率法

毛利率法是指根据本期销售净额乘以上期实际（或本期计划）毛利率匡算本期销售毛利，并据以计算发出存货和期末存货成本的一种方法。

计算公式如下：

毛利率 = 销售毛利/销售净额 × 100%

销售净额 = 商品销售收入 − 销售退回与折让

销售毛利 = 销售净额 × 毛利率

销售成本 = 销售净额 − 销售毛利

期末存货成本 = 期初存货成本 + 本期购货成本 − 本期销售成本

这一方法是商品流通企业，尤其是商业批发企业常用的计算本期商品销售成本和期末库存商品成本的方法。商品流通企业由于经营商品的品种繁多，如果分品种计算商品成本，工作量将大大增加，一般来讲，商品流通企业同类商品的毛利率大致相同，采用这种存货计价方法既能减轻工作量，也能满足对存货管理的需要。

知识点　　该方法适用于商业批发企业，因为同类商品的毛利率大致相同，采用这种存货计价方法既能减轻工作量，也能满足对存货管理的需要，通过毛利率的核算确定本期发出存货的成本和结存存货的成本。

【例 4-37】某商场 2015 年 4 月 1 日针织品存货 1800 万元，本月购进 3000 万元，本月销售收入 3400 万元，上季度该类商品毛利率为 25%。本月已销商品和月末库存商品的成本计算如下：

销售毛利 = 3400 × 25% = 850（万元）

　　本月销售成本＝3400－850＝2550（万元）

　　库存商品成本＝1800＋3000－2550＝22500（万元）

　　【练一练】（2011年单选）某商场采用毛利率法计算期末存货成本。甲类商品2010年4月1日期初成本为3500万元，当月购货成本为500万元，当月销售收入为4500万元。甲类商品第一季度实际毛利率为25%。2010年4月30日，甲类商品结存成本为（　　）万元。

　　A. 500　　　　　　　B. 1125　　　　　　C. 625　　　　　　D. 3375

　　【答案】 C

　　【解析】 本月销售成本＝4500×（1－25%）＝3375（万元）；结存存货成本＝3500＋500－3375＝625（万元）。

　　2. 售价金额核算法

　　售价金额核算法是指平时商品的购入、加工收回、销售均按售价记账、售价与进价的差额通过"商品进销差价"科目核算，期末计算进销差价率和本期已销商品应分摊的进销差价，并据以调整本期销售成本的一种方法。计算公式如下：

　　商品进销差价率＝（期初库存商品进销差价＋本期购入商品进销差价）/（期初库存商品售价＋本期购入商品售价）×100%

　　本期销售商品应分摊的商品进销差价＝本期商品销售收入×商品进销差价率

　　本期销售商品的成本＝本期商品销售收入－本期销售商品应分摊的商品进销差价

　　期末结存商品的成本＝期初库存商品的进价成本＋本期购进商品的进价成本－本期销售商品的成本

　　如果企业的商品进销差价率各期之间是比较均衡的，也可以采用上期商品进销差价率计算分摊本期的商品进销差价。年度终了，应对商品进销差价进行核实调整。

　　对于从事商业零售业务的企业（如百货公司、超市等），由于经营商品种类、品种、规格等繁多，而且要求按商品零售价格标价，采用其他成本计算结转方法均较困难，因此广泛采用这一方法。

　　知识点

　　期末结存的售价＝期初商品售价＋本期商品售价－本期发出售价

　　期末结存成本＝期初库存商品的进价成本＋本期购进商品的进价成本－本期销售商品的成本

【例 4-38】某商场 2015 年 7 月期初库存商品的进价成本为 100 万元，售价总额为 110 万元，本月购进该商品的进价成本为 75 万元，售价总额为 90 万元，本月销售收入为 120 万元。有关计算如下：

商品进销差价率 =（10 + 15）/（110 + 90）× 100% = 12.5%

已销商品应分摊的商品进销差价 = 120 × 12.5% = 15（万元）

本期销售商品的实际成本 = 120 - 15 = 105（万元）

期末结存商品的实际成本 = 100 + 75 - 105 = 70（万元）

【练一练】（2013 年单选）某商场库存商品采用售价金额核算法进行核算。2012 年 5 月初，库存商品的进价成本为 34 万元，售价总额为 45 万元。当月购进商品的进价成本为 126 万元，售价总额为 155 万元。当月销售收入为 130 万元。月末结存商品的实际成本为（　　）万元。

A. 30　　　　　　B. 56　　　　　　C. 104　　　　　　D. 130

【解析】商品进销差价率 =（11 + 29）/（45 + 155）× 100% = 20%；本月销售商品的成本 = 130 - 130 × 20% = 104（万元）；月末结存商品的实际成本 = 34 + 126 - 104 = 56（万元）。故答案为 B。

【练一练】（2014 年单选）某企业采用售价金额法核算库存商品成本，本月月初库存商品成本为 18 万元，售价总额为 22 万元，本月购进商品成本为 16 万元，售价总额为 28 万元，本月销售商品收入为 15 万元，该企业本月结转销售商品成本总额为（　　）万元。

A. 10.2　　　　　B. 23.8　　　　　C. 26.2　　　　　D. 19

【解析】商品进销差价率 =［（22 - 18）+（28 - 16）］/（22 + 28）× 100% = 32%；本月销售商品应分摊的商品进销差价 = 15 × 32% = 4.8（万元）；本月销售商品应结转的销售成本 = 15 - 4.8 = 10.2（万元）。故答案为 A。

第七节　存货清查

存货清查是指通过对存货的实地盘点，确定存货的实有数量，并与账面结存数核对，从而确定存货实存数与账面结存数是否相符的一种专门方法。

由于存货种类繁多、收发频繁，在日常收发过程中可能发生计量错误、计算错误、自然损耗，还可能发生损坏变质以及贪污、盗窃等情况，造成账实不符，形成存货的盘盈盘亏。对于存货的盘盈盘亏，应填写存货盘点报告（如实存账存对比表），及时查明原因，按照规定程序报批处理。

为了反映和监督企业在财产清查中查明的各种存货的盘盈、盘亏和毁损情况，企业应当设置"待处理财产损溢"科目，借方登记存货的盘亏、毁损金额及盘盈的转销金额，贷方登记存货的盘盈金额及盘亏的转销金额。企业清查的各种存货损溢，应在期末结账前处理完毕，期末处理后，"待处理财产损溢"科目应无余额。

一、存货盘盈的账务处理

企业发生存货盘盈时，借记"原材料"、"库存商品"等科目，贷记"待处理财产损溢"科目；在按管理权限报经批准后，借记"待处理财产损溢"科目，贷记"管理费用"科目。

【相关链接】如为现金溢余，属于应支付给有关人员或单位的，计入其他应付款；属于无法查明原因的，计入营业外收入（影响当期损益，但不影响营业利润）。

【例4-39】甲公司在财产清查中盘盈P材料1000千克，实际单位成本60元，经查属于材料收发计量方面的错误。甲公司应编制如下会计分录：

（1）批准处理前。

借：原材料　　　　　　　　　　　60000

　　贷：待处理财产损溢　　　　　　　　　　　60000

（2）批准处理后。

借：待处理财产损溢　　　　　　　60000

　　贷：管理费用　　　　　　　　　　　　　60000

【练一练】（2014年判断）企业发生存货盘盈时记入"营业外收入"科目（　　）。

【解析】企业发生存货盘盈，在按照管理权限报经批准后，应该冲减管理费用。故答案为"×"。

二、存货盘亏及毁损的核算

企业发生存货盘亏及损毁时，借记"待处理财产损溢"科目，贷记"原材料"、"库存商品"等科目。在按管理权限报经批准后应做如下会计处理：对于入库的残料价值，记入"原材料"等科目；对于应由保险公司和过失人赔款的，记入"其他应收款"科目；扣除残料价值和应由保险公司、过失人赔款后的净损失，属于一般经营损失的部分，记入"管理费用"科目，属于非常损失的部分，记入"营业外支出"科目。

【相关链接】如为现金短缺，属于应由责任人赔偿或保险公司赔偿的部分，计入其他应收款；属于无法查明的部分，计入管理费用（影响营业利润）。

【例 4-40】 甲公司在财产清查中发现盘亏 K 材料 500 公斤，实际单位成本 200 元，经查属于一般经营损失。甲公司应编制如下会计分录：

（1）批准处理前。

借：待处理财产损溢　　　　　　　　　　　100000

　　贷：原材料　　　　　　　　　　　　　　　　　100000

（2）批准处理后。

借：管理费用　　　　　　　　　　　　　　100000

　　贷：待处理财产损溢　　　　　　　　　　　　　100000

【例 4-41】 甲公司在财产清查中发现毁损 L 材料 300 公斤，实际单位成本 100 元，经查属于材料保管员的过失造成的，按规定由其个人赔偿 20000 元，残料已办理入库手续，价值 2000 元。甲公司应编制如下会计分录：

（1）批准处理前。

借：待处理财产损溢　　　　　　　　　　　30000

　　贷：原材料　　　　　　　　　　　　　　　　　30000

（2）批准处理后。

1）由过失人赔款部分。

借：其他应收款　　　　　　　　　　　　　20000

　　贷：待处理财产损溢　　　　　　　　　　　　　20000

2）残料入库。

借：原材料　　　　　　　　　　　　　　　2000

　　贷：待处理财产损溢　　　　　　　　　　　　　2000

3）材料毁损净损失。

借：管理费用　　　　　　　　　　　　　　8000

　　贷：待处理财产损溢　　　　　　　　　　　　　8000

【例 4-42】 甲公司因台风造成一批库存材料毁损，实际成本 70000 元，根据保险责任范围及保险合同规定，应由保险公司赔偿 50000 元。甲公司应编制如下会计分录：

（1）批准处理前。

借：待处理财产损溢　　　　　　　　　　　70000

　　贷：原材料　　　　　　　　　　　　　　　　　70000

（2）批准处理后。

借：其他应收款　　　　　　　　　　　　　50000

　　营业外支出——非常损失　　　　　　　　20000

  贷：待处理财产损溢   70000

知识点

  关于材料毁损时增值税进项税的不同处理

  （1）如果该材料毁损属于自然灾害（如因暴雨、地震、洪水等）造成的增值税的进项税额不做转出处理。

  （2）如果该材料的毁损是由管理不善（如火灾、被盗）造成的，增值税进项税额做转出处理。

【练一练】（2014 单选）某增值税一般纳税企业因暴雨（关键点）毁损库存原材料一批，其成本为 200 万元，经确认应转出的增值税税额为 34 万元；收回残料价值 8 万元，收到保险公司赔偿款 112 万元。假定不考虑其他因素，经批准企业确认该材料毁损净损失的会计分录是（   ）。

  A. 借：营业外支出   114

    贷：待处理财产损溢   114

  B. 借：管理费用   114

    贷：待处理财产损溢   114

  C. 借：营业外支出   80

    贷：待处理财产损溢   80

  D. 借：管理费用   80

    贷：待处理财产损溢   80

【解析】 该材料毁损的净损失 = 200 - 8 - 112 = 80（万元）；因自然灾害造成的材料毁损的增值税进项税额不做转出处理。故答案为 C。

第八节 存货减值

  存货的初始计量虽然以成本入账，但存货进入企业后可能发生毁损、陈旧或价格下跌等情况，因此，在会计期末，存货的价值并不一定按成本记录，而是应按成本与可变现净值孰低计量。

一、存货跌价准备的计提和转回

  资产负债表日，存货应当按照成本与可变现净值孰低计量。其中，成本是指期末存货的实际成本，如企业在存货成本的日常核算中采用计划成本法、售价金额核算法等简化核算方法，则成本为经调整后的实际成本。可变现净值是指在日常活动中，存货的估计售价减去至完工时估计将要发生的成本、估计的销售费用以及相关税费后的金额。可变现净值的特征表现为存货的预计未来净现金流量，而不是存货的售价或合同价。

存货成本高于其可变现净值的，应当计提存货跌价准备，计入当期损益。以前减记存货价值的影响因素已经消失的，减记的金额应当予以恢复，并在原已计提的存货跌价准备金额内转回，转回的金额计入当期损益。

掌握以下公式，理解可变现净值：

（1）用于销售的存货的可变现净值＝存货的估计价格－估计的销售费用及税金。

（2）进一步加工产品的原材料的可变现净值＝产成品的估计售价－估计的销售费用及税金－至完工进一步的加工成本。

存货跌价准备

在原计提范围内转回存货跌价准备	计提存货跌价准备
	余额：已计提未专销的存货跌价准备

【例4-43】 某企业2015年3月31日，乙存货（商品）的实际成本为100万元，估计销售费用和相关税费为2万元，估计该存货售价110万元。则该项存货的可变现净值＝110-2＝108（万元）。

【例4-44】 某企业2015年3月31日，乙存货（材料）的实际成本为100万元，加工该存货至完工产成品估计还将发生成本为20万元，估计销售费用和相关税费为2万元，估计用该存货生产的产成品售价110万元。则该项存货的可变现净值＝（110-2）-20＝88（万元）。

【练一练】（2014年多选）在下列各项中，计算存货可变现净值应涉及的项目有（　　）。

A. 估计的存货售价　　　　　B. 估计的销售费用

C. 至完工时估计发生的成本　　D. 估计的相关税费

【解析】 可变现净值是指在日常活动中，存货估计售价减去至完工时估计将要发生的成本、估计的销售费用以及估计的相关税费后的金额。选项ABCD均正确。

（1）存货成本高于其可变现净值的，应当计提存货跌价准备，计入当期损益（资产减值损失）。

（2）以前减记存货价值的影响因素已经消失的，减记的金额应当予以恢复，并在原已计提的存货跌价准备金额内转回，转回的金额计入当期损益（资产减值损失）。

二、存货跌价准备的会计处理

为了反映和监督存货跌价准备的计提、转回和转销情况，企业应当设置"存货跌价准备"科目，贷方登记计提的存货跌价准备金额；借方登记实际发生的存货跌价损失金额和转回的存货跌价准备金额，期末余额一般在贷方，反映企业已计提但尚未转销的存货跌价准备。

当存货成本高于其可变现净值时，企业应当按照存货可变现净值低于成本的差额，借记"资产减值损失——计提的存货跌价准备"科目，贷记"存货跌价准备"科目。

转回已计提的存货跌价准备金额时，按恢复增加的金额，借记"存货跌价准备"科目，贷记"资产减值损失——计提的存货跌价准备"科目。

企业结转存货销售成本时，对于已计提存货跌价准备的，借记"存货跌价准备"科目，贷记"主营业务成本"、"其他业务成本"等科目。

【例4-45】2014年12月31日，甲公司Q材料的账面金额为100000元，由于市场价格下跌，预计可变现净值为80000元，由此应计提的存货跌价准备为20000元。甲公司应编制如下会计分录：

借：资产减值损失——计提的存货跌价准备　　　　20000
　　贷：存货跌价准备　　　　　　　　　　　　　　　　20000

假设2015年6月30日，Q材料的账面金额为100000元，由于市场价格有所上升，使得×材料的预计可变现净值为95000元，应转回存货跌价准备为-15000［(100000-95000)-20000］元。甲公司应编制如下会计分录：

借：存货跌价准备　　　　　　　　　　　　　15000
　　贷：资产减值损失——计提的存货跌价准备　　　　15000

【练一练】（2012年单选）某企业原材料采用实际成本核算。2015年6月29日该企业对存货进行全面清查。发现短缺原材料一批，账面成本12000元。已计提存货跌价准备2000元，经确认，应由保险公司赔款4000元，由过失人员赔款3000元，假定不考虑其他因素，该项存货清查业务应确认的净损失为（　　）元。

A. 3000　　　　　B. 5000　　　　　C. 6000　　　　　D. 8000

【解析】存货净损失是存货的账面价值与扣除保险公司和相关人员赔款的净额=(12000-2000)-4000-3000=3000（元）。故答案为A。

借：待处理财产损溢　　　　　　　　　　　　10000

```
        存货跌价准备                          2000
          贷：原材料                                      12000
    借：其他应收款——保险公司和过失人           7000
        管理费用                             3000
          贷：待处理财产损溢                              10000
```

【主要分录总结】

序号	事项			分录
1 原材料	实际成 本法	外购	单料同到	借：原材料 应交税费——应交增值税（进项税额） 贷：银行存款/应付账款/应付票据等
			单到料未到	【单到】 借：在途物资 应交税费——应交增值税（进项税额） 贷：银行存款/应付账款/应付票据等 【料到】 借：原材料 贷：在途物资
			料到单未到	【料到】 平时不入账，到期末暂估入账 借：原材料 贷：应付账款 下月初红字冲回 【单到】 借：原材料 应交税费——应交增值税（进项税额） 贷：银行存款/应付账款/应付票据等
		发出	按照个别计价、先进先出、月末一次加权平均、移动加权平均计价	借：生产成本/制造费用/管理费用等 贷：原材料
	计划成 本法	外购	单料同到	借：材料采购 应交税费——应交增值税（进项税额） 贷：银行存款/应付账款/应付票据等 借：原材料 材料成本差异（超支差） 贷：材料采购 材料成本差异（节约差）
			单到料未到	【单到】 借：材料采购 应交税费——应交增值税（进项税额） 贷：银行存款/应付账款/应付票据等 【料到】 借：原材料 材料成本差异（超支差） 贷：材料采购 材料成本差异（节约差）

序号	事项			分录
1	原材料	计划成本法	外购 料到单未到	【料到】 平时不入账，到期末暂估入账（按计划成本） 借：原材料 　　贷：应付账款 下月初红字冲回 【单到】 做单料同到的分录
			发出 计算材料成本差异率，并计算发出材料应负担的材料成本差异	借：生产成本/制造费用/管理费用等 　　贷：原材料 同时结转材料成本差异 借：生产成本/制造费用/管理费用等 　　贷：材料成本差异（超支差） 或： 借：材料成本差异（节约差） 　　贷：生产成本/制造费用/管理费用等
2	周转材料	包装物	生产领用	借：生产成本 　　材料成本差异 　　贷：周转材料——包装物
			随同商品出售	【不单独计价的包装物，应按其实际成本计入销售费用】 借：销售费用 　　贷：周转材料——包装物（计划成本） 　　　　材料成本差异（可能在借方） 【单独计价】 借：银行存款等 　　贷：其他业务收入 　　　　应交税费——应交增值税（销项税额） 借：其他业务成本 　　贷：周转材料——包装物 　　　　材料成本差异（可能在借方）
			出租或出借	【收取租金】 借：银行存款 　　贷：其他业务收入 【按照使用次数（一次或多次）的分摊】 借：其他业务成本 　　贷：周转材料——包装物 【出借（一次或多次）】 借：销售费用 　　贷：周转材料——包装物 多次摊销（见低值易耗品） 【没收押金】 借：其他应付款 　　贷：应交税费——应交增值税（销项税额） 　　　　其他业务收入（按其差额） 【没收押金逾期未退】 借：其他应付款 　　贷：应交税费——应交增值税（销项税额） 　　　　营业外收入——逾期包装物押金没收收入

序号	事项		分录
2	周转材料	低值易耗品 领用专用工具	借：周转材料——低值易耗品——在用（全额） 　贷：周转材料——低值易耗品——在库
		第一次领用时摊销其价值的一半	借：制造费用（半额） 　贷：周转材料——低值易耗品——摊销
		第二次领用时摊销其价值的一半	借：制造费用（半额） 　贷：周转材料——低值易耗品——摊销 【同时】 借：周转材料——低值易耗品——摊销（全额） 　贷：周转材料——低值易耗品——在用
3	委托加工物资	发出材料	借：委托加工物资 　贷：原材料
		支付加工费、保险费、运杂费	借：委托加工物资 　贷：银行存款等
		支付加工费的增值税进项税	【小规模纳税人】 借：委托加工物资 　贷：银行存款等 【一般纳税人】 借：应交税费——应交增值税（进项税额） 　贷：银行存款等
		支付的受托方代收代缴的消费税	【收回后直接销售】 借：委托加工物资 　贷：银行存款等 【收回后继续加工应税消费品】 借：应交税费——应交消费税 　贷：银行存款等
4	存货清查	盘盈 审批前	借：原材料 　贷：待处理财产损溢
		盘盈 审批后	借：待处理财产损溢 　贷：管理费用
		盘亏 审批前	借：待处理财产损溢 　贷：原材料 　　应交税费——应交增值税（进项税额转出）
		盘亏 审批后	借：原材料（残料） 　其他应收款 　管理费用 　营业外支出 　贷：待处理财产损溢
5	存货减值		【计提】 借：资产减值损失 　贷：存货跌价准备 【冲销】 借：存货跌价准备 　贷：资产减值损失

【本章主要参考法规索引】

1. 企业会计准则——基本准则（2014年7月23日财政部修订发布，自2014年7月23日起施行）

2. 企业会计准则——应用指南（2006年10月30日财政部发布，自2007年1月1日起在上市公司范围内施行）

3. 企业会计准则第22号——金融工具确认和计量（2006年2月15日财政部发布，自2007年1月1日起在上市公司范围内施行）

【本章习题】

一、单项选择题

1. 下列表述中，不正确的是（　　）。

A. 存货包括企业日常活动中持有以备出售的产成品或商品、处在生产经营过程中的在产品等

B. 与外购材料相关的增值税进项税额一律计入"应交税费——应交增值税（进项税额）"

C. 由于企业持有存货的目的不同，确定存货可变现净值的计算方法也不相同

D. 存货跌价准备转回的条件是以前减记存货价值的影响因素消失，而不是在当期造成存货可变现净值高于其成本的其他影响因素

2. 下列表述中，大海公司需要在其资产负债表的"存货"项目列示的是（　　）。

A. 因不满足收入的确认条件由"库存商品"转入"发出商品"的存货

B. 大海公司为构建厂房购入的物资

C. 大海公司以经营租赁方式租入的一台机器设备

D. 大海公司盘亏的存货

3. 甲公司为商品流通企业（增值税一般纳税人），适用的增值税税率为17%。2016年采购一批A商品，购买价款为300万元，取得的增值税专用发票上注明的增值税税额为51万元，另支付采购费用10万元。A商品的入账价值为（　　）万元。

A. 300　　　　B. 310　　　　C. 351　　　　D. 361

4. 兴达公司为增值税一般纳税人，适用的增值税税率为17%。2015年11月20日，从外地购入原材料100吨，收到增值税专用发票上注明的售价为每吨1200元，购买价款共为120000元，增值税税额为20400元，运输途中另发生运输费5000元，取得货物运输行业增值税专用发票，注明增值税进项税额为550

元，装卸费 1000 元，保险费为 1000 元。运输途中发生 2% 的损耗，经查明是合理损耗，则该原材料的入账价值为（ ）元。

    A. 126650   B. 127000   C. 147400   D. 125800

5. 甲公司和乙公司均为增值税一般纳税人，适用的增值税税率均为 17%。甲公司委托乙公司加工一批属于应税消费品的原材料（非金银首饰），甲公司发出原材料的实际成本为 300 万元。完工收回时支付加工费 60 万元，另行支付增值税税额 10.2 万元，支付乙公司代收代缴的消费税税额为 22.5 万元。甲公司收回材料后继续用于生产应税消费品。则甲公司该批委托加工材料的入账价值是（ ）万元。

    A. 382.5   B. 392.7   C. 360   D. 370.2

6. 大海公司为增值税一般纳税人，适用的增值税税率为 17%。2015 年 12 月 1 日，大海公司为建造厂房领用外购原材料一批，该批原材料账面成本为 500 万元，公允价值为 550 万元，则大海公司应计入在建工程的金额为（ ）万元。

    A. 500   B. 550   C. 585   D. 643.5

7. 某企业为增值税一般纳税人，下列项目中，应计入存货成本的是（ ）。

    A. 非正常消耗的直接材料

    B. 企业提供劳务取得的存货，所发生的从事劳务提供人员的直接人工费用

    C. 不是为达到下一个生产阶段所必需的仓储费用

    D. 不能归属于使存货达到目前场所和状态的其他支出

8. 期末存货采用成本与（ ）孰低计量。

    A. 重置成本   B. 历史成本   C. 可变现净值   D. 公允价值

9. 2015 年 12 月 20 日，信达公司与希望公司签订了一份不可撤销的销售合同，双方约定，2016 年 3 月 1 日，信达公司应按每台 62 万元的价格（假设当时市场价格为每台 65 万元）向希望公司提供甲产品 6 台。2015 年 12 月 31 日，信达公司还没有生产该批甲产品，但持有的 A 材料专用于生产该批甲产品，预计持有的 A 材料能够生产 6 台甲产品，A 材料的成本为 144 万元，市场销售价格总额为 152 万元。将 A 材料加工成甲产品尚需发生加工成本共计 230 万元，不考虑销售甲产品与 A 材料有关的相关销售税费。2014 年 12 月 31 日，信达公司持有的该批 A 材料的可变现净值为（ ）万元。

    A. 144   B. 152   C. 372   D. 142

10. 在下列有关存货的相关表述中，不正确的是（ ）。

    A. 存货可变现净值的确凿证据，是指对确定存货的可变现净值有直接影响的客观证明，如产品或商品的市场销售价格、与企业产品或商品相同或类似商品的市场销售价格、销售方提供的有关资料和生产成本资料等

B. 直接出售的存货与需要经过进一步加工出售的存货，两者可变现净值的确定是不同的

C. 已计提存货跌价准备的存货未全部对外出售的，应按出售比例结转相应的存货跌价准备

D. 企业将已经计提存货跌价准备的存货用于在建工程，无须结转相应的存货跌价准备

二、多项选择题

1. 下列应列示在企业资产负债表"存货"项目中的有（　　）。

A. 领用的用于生产产品的原材料　　B. 尚未制造完成的在产品

C. 尚未提货的已售产品　　D. 已发出但尚未销售的委托代销商品

2. 下列属于企业存货确认条件的有（　　）。

A. 与该存货有关的经济利益很可能流入企业

B. 该存货的成本能够可靠计量

C. 存货未来期间能够带来的经济利益是可以预计的

D. 存货必须存放在企业内部

3. 黄河公司库存 W 产成品的月初数量为 500 台，月初账面余额为 4000 万元；W 在产品的月初数量为 200 台，月初账面余额为 300 万元。当月为生产 W 产品耗用原材料、发生直接人工和制造费用共计 7700 万元，其中包含因台风灾害而发生的停工损失 150 万元。当月，黄河公司完成生产并入库 W 产成品1000 台，销售 W 产品 1200 台。当月月末黄河公司库存 W 产成品数量为 300 台，无在产品。黄河公司采用一次加权平均法按月计算发出 W 产成品的成本。根据上述资料，黄河公司下列会计处理中正确的有（　　）。

A. 因台风灾害而发生的停工损失应作为管理费用计入当期损益

B. 因台风灾害而发生的停工损失应作为非正常损失计入营业外支出

C. 黄河公司 W 产成品当月月末的账面余额为 2370 万元

D. 黄河公司 W 产成品当月月末的账面余额为 2400 万元

4. 下列会计处理中，正确的有（　　）。

A. 由于管理不善造成的存货净损失计入管理费用

B. 以存货抵偿债务结转的相关存货跌价准备冲减资产减值损失

C. 超定额的废品损失计入营业外支出

D. 向客户预付货款未取得商品时，应作为预付账款进行会计处理

5. 下列关于存货的可变现净值的表述中，正确的有（　　）。

A. 为执行销售合同或者劳务合同而持有的存货，通常应以产成品或商品的合同价格作为其可变现净值的计量基础

B. 如果企业持有存货的数量多于销售合同订购的数量，超出部分的存货可变现净值，应以产成品或商品的合同价格作为计量基础

C. 没有销售合同约定的存货，但不包括用于出售的材料，其可变现净值应以产成品或商品的一般销售价格（即市场销售价格）作为计量基础

D. 直接用于出售的材料，可变现净值为产成品的市场售价减去至完工时将要发生的成本再减去销售产成品所要发生的销售费用及相关税费后的金额

6. 2015 年 12 月 31 日，腾达公司库存甲材料的账面价值（成本）为 800 万元，当前市场售价为 780 万元，销售该批材料将发生的相关费用为 20 万元，甲材料是专门用于生产 A 产品的，将甲材料加工成 A 产品，尚需发生加工费用 300 万元，当前市场上相同类似的 A 产品售价为 1120 万元，销售 A 产品预计将发生相关费用 50 万元。则 2014 年 12 月 31 日腾达公司的下列会计处理正确的有（   ）。

A. 计提存货跌价准备 30 万元

B. 计提存货跌价准备 40 万元

C. 甲材料期末以 800 万元在资产负债表中列示

D. 甲材料期末以 770 万元在资产负债表中列示

7. 下列会计处理中，不正确的有（   ）。

A. 施工企业"工程结算"大于"工程施工"的差额应当作为存货列示

B. 因遭受意外灾害发生的损失和尚待查明原因的途中损耗，应当计入存货成本

C. 委托加工物资收回后用于连续生产应税消费品，支付给受托加工单位代收代缴的消费税税额计入加工存货成本

D. 房地产开发企业购入用于建造商品房的土地使用权作为存货核算

8. 下列关于存货跌价准备的说法中，正确的有（   ）。

A. 资产负债表日，企业可以按单个项目对存货计提减值准备

B. 对于数量繁多、单价较低的存货，可以按照存货类别计提存货跌价准备

C. 存货具有相同或类似最终用途或目的，并在同一地区生产和销售，意味着存货所处的经济环境、法律环境、市场环境等相同，具有相同的风险和报酬，因此可以对其合并计提存货跌价准备

D. 资产负债表日，存货的可变现净值高于成本，企业应当计提存货跌价准备

9. 下列各项中表明存货可变现净值为零的有（   ）。

A. 已霉烂变质的存货

B. 无使用价值但有转让价值的存货

C. 生产中已不再需要，并且已无使用价值和转让价值的存货

D. 已过期且无转让价值的存货

10. 企业确定存货的可变现净值时, 应考虑的因素是 ( )。

A. 取得的确凿证据　　　　　　B. 持有存货的目的

C. 资产负债表日后事项的影响　　D. 存货账面价值

三、判断题

1. 委托代销商品由于其存货实体已经流出企业, 所以不属于企业的存货。( )

2. 资产负债表日, 存货应当按照成本计量。( )

3. 商品流通企业在采购商品过程中发生的进货费用, 不论金额大小, 都计入存货成本。( )

4. 需要交纳消费税的委托加工物资, 收回后用于对外投资, 应将受托方代收代缴的消费税记入 "应交税费——应交消费税" 科目的借方。( )

5. 企业自行生产的存货的初始成本包括投入的原材料或半成品、直接人工和按照一定方法分配的制造费用。( )

6. 投资者投入存货的成本, 合同或协议约定价值不公允的, 要按照投资合同或协议约定的价值确定。( )

7. 盘盈的存货应按其公允价值作为入账价值, 并通过 "待处理财产损溢" 科目进行会计处理, 按管理权限报经批准后冲减当期管理费用。( )

8. 存货的 "可变现净值" 是指存货对外销售可收回的经济利益的净流入。( )

9. 以前期间导致减记存货价值的影响因素在本期已经消失的, 应在原已计提的存货跌价准备金额内恢复减记的金额。( )

10. 如果企业持有的同一项存货数量多于销售合同或劳务合同订购的数量, 应区分有合同部分和无合同部分分别确定其可变现净值, 并与其相对应的成本进行比较, 分别确定存货跌价准备的计提或转回的金额。( )

四、计算分析题

1. 腾达公司为增值税一般纳税人, 适用的增值税税率为 17%。存货期末按成本与可变现净值孰低计量, 同时按单个存货项目计提存货跌价准备。腾达公司每半年报送一次报表, 2015 年有关业务资料如下:

(1) 4 月 30 日从外地购入甲材料 500 千克, 收到的增值税专用发票上注明的价款为 300000 元, 增值税税额为 51000 元, 另发生运杂费及装卸费 1840 元。上述款项已用银行存款支付, 材料尚未入库。

(2) 5 月 10 日, 所购甲材料到达公司, 验收入库的实际数量为 490 千克, 短缺 10 千克, 经审查系定额内合理损耗。

（3）由于该公司调整产品结构，导致上述甲材料一直积压在库。甲材料6月30日和12月31日的可变现净值分别为147500元和149500元，可变现净值的变动是由同一因素引起的。

要求：

（1）编制甲材料采购入库以及6月30日和12月31日该材料存货跌价准备的会计分录。

（2）如果2016年1月1日，腾达公司将该批甲材料以200000元（不含增值税）的价格对外出售（假定出售材料不是该公司的主营业务，出售所得款项已经存入银行），请编制出售时的会计分录。

2.甲股份有限公司（以下简称甲公司）是一家生产电子产品的上市公司，为增值税一般纳税人，适用的增值税税率为17%。2015年12月31日，甲公司期末与存货有关的资料如下：

存货品种	数量（台）	单位成本（万元）	账面价值（万元）	备注
A产品	150	15	2250	
B产品	800	5.5	4400	
C配件	300	3.75	1125	专门用于生产B产品

（1）2015年7月5日，甲公司与乙公司签订销售合同：由甲公司于2016年2月10日向乙公司销售A产品100台，合同约定每台售价为18万元（不含增值税）。2015年12月31日，A产品的市场售价为每台15万元，预计销售税费为每台0.5万元。

（2）2015年12月31日，B产品的市场销售价格为每台5.5万元，预计销售税费为每台0.15万元。

（3）2015年12月31日，C配件的市场售价为每台3.5万元。现有C配件可用于生产300台B产品，预计加工成B产品每台还需投入成本1.75万元。

2015年1月1日，A产品的存货跌价准备余额为100万元；B产品的存货跌价准备余额为140万元，2015年销售B产品结转存货跌价准备100万元；C配件的存货跌价准备余额为0。

甲公司按单项存货、按年计提存货跌价准备。

要求： 计算甲公司2015年12月31日应计提或转回的存货跌价准备金额，并编制相关的会计分录。

第五章
金融资产

金融资产，是与实物资产的相应单位或个人所拥有的以价值形态存在的资产。是一种索取实物资产的无形的权利，是一切可以在有组织的金融市场上进行交易、具有现实价格和未来估价的金融工具的总称。金融资产的最大特征是能够在市场交易中为其所有者提供即期或远期的货币收入流量。

【学习目标】

通过本章学习，要求了解金融工具的相关概念，熟悉金融资产的内容，掌握交易性金融资产、持有至到期投资、可供出售金融资产的核算。

【关键词】

金融资产	Financial assets
交易性金融资产	Transactional financial assets
持有至到期投资	Maturity holding investments
可供出售金融资产	Available for sale financial assets
公允价值变动损益	The profit and losses on the changes in fair value
资产减值损失	Asset impairment loss

【思维导图】

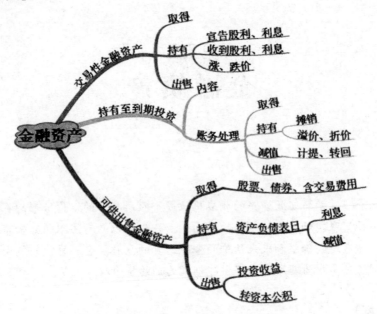

第一节　金融资产的分类

　　尽管金融市场的存在并不是金融资产创造与交易的必要条件，但大多数国家经济中金融资产还是在相应的金融市场上交易的。

　　金融资产包括一切提供到金融市场上的金融工具。但不论是实物资产还是金融资产，只有当它们是持有者的投资对象时方能称作资产。如孤立地考察中央银行所发行的现金和企业所发行的股票、债券，就不能说它们是金融资产，因为对发行它们的中央银行和企业来说，现金和股票、债券是一种负债。因此，不能将现金、存款、凭证、股票、债券等简单地称为金融资产，而应称为金融工具。

　　金融工具对其持有者来说才是金融资产。例如，持有商业票据者，就表明他有索取与该商品价值相等的货币的权利；持有股票者，表示有索取与投入资本份额相应的红利的权利；持有债券者，表示有一定额度的债款索取权。金融工具分为所有权凭证和债权凭证。股票是所有权凭证，票据、债券、存款凭证均属债权凭证。但在习惯上，这些金融工具有时也称为金融资产。

广义金融资产是指除了实物资产和无形资产之外的资产。狭义的金融资产是指《企业会计准则第 22 号——金融工具确认和计量》中所规范的金融资产。即①以公允价值计量且其变动计入当期损益的金融资产；②持有至到期投资；③贷款和应收款项；④可供出售的金融资产。上述分类一经确定，不得随意变更。

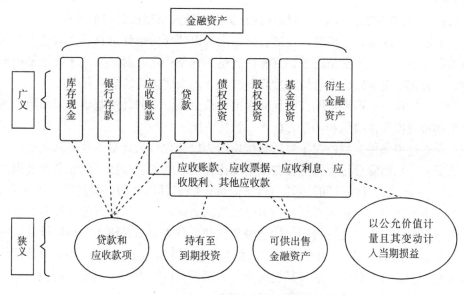

图 5-1　金融资产分类示意图

一、以公允价值计量且其变动计入当期损益的金融资产

以公允价值计量且其变动计入当期损益的金融资产，可以进一步分为交易性金融资产和直接指定为以公允价值计量且其变动计入当期损益的金融资产。

（一）交易性金融资产

满足以下条件之一的金融资产应当划分为交易性金融资产。

其一，取得该金融资产的目的主要是为了近期内出售。例如，企业以赚取差价为目的从二级市场购入的股票、债券和基金等。

其二，属于进行集中管理的可辨认金融工具组合的一部分，且有客观证据表明企业近期采用短期获利方式对该组合进行管理。在这种情况下，即使组合中有某个组成项目持有的期限稍长也不受影响。

其三，属于衍生工具。例如，远期合同、期货合同、互换和期权，以及具有远期合同、期货合同、互换和期权中一种或一种以上特征的工具，其公允价值变动大于零时，应将其相关变动金额确认为交易性金融资产。但是，被指定为有效套期工具的衍生工具、属于财务担保合同的衍生工具、与在活跃市场中没有报价且其公允价值不能可靠计量的权益工具投资挂钩并须通过交付该权益工具结算的衍生工具除外。其中，财务担保合同，是指当特定债务人到期不能按照最初或修改后的债务工具条款偿付时，要求签发人向蒙受损失的合同持有人赔付特定金额的合同。

（二）直接指定为以公允价值计量且其变动计入当期损益的金融资产

企业不能随意将某项金融资产直接指定为以公允价值计量且其变动计入当期损益的金融资产。通常情况下，只有在满足下列条件之一时，企业才能将某项金融资产直接指定为以公允价值计量且其变动计入当期损益的金融资产：

其一，该指定可以消除或明显减少由于该金融资产的计量基础不同而导致的相关利得或损失在确认和计量方面不一致的情况。

设立这项条件，目的在于通过直接指定为以公允价值计量，并将其变动计入当期损益，以消除会计上可能存在的不配比现象。例如，按照《企业会计准则第22 号——金融工具确认和计量》（以下简称金融工具确认和计量准则）的规定，有些金融资产可以被指定或划分为可供出售的金融资产，从而其公允价值变动计入所有者权益，但与之直接相关的金融负债却划分为以摊余成本进行后续计量的金融负债，从而导致"会计不配比"。但是，如果将以上金融资产和金融负债均直接指定为以公允价值计量且其变动计入当期损益的金融资产或金融负债，那么就能够消除这种会计不配比现象。

其二，企业的风险管理或投资策略的正式书面文件已载明，该金融资产组合等，以公允价值为基础进行管理、评价并向关键管理人员报告。

此项条件着重强调企业日常管理和评价业绩的方式，而不是关注金融工具组合中各组成部分的性质。例如，风险投资机构、证券投资基金或类似会计主体，其经营活动的主要目的是从投资工具的公允价值变动中获取回报，它们在风险管理或投资策略的正式书面文件中对此也有清楚的说明。

在活跃市场中没有报价、公允价值不能可靠计量的权益工具投资，不得指定为以公允价值计量且其变动计入当期损益的金融资产。

二、持有至到期投资

持有至到期投资，是指到期日固定、回收金额固定或可确定，且企业有明确意图和能力持有至到期的非衍生金融资产。例如，企业从二级市场上购入的固定利率国债、浮动利率公司债券等，符合持有至到期投资条件的，可以划分为持有至到期投资。

企业不能将下列非衍生金融资产划分为持有至到期投资：在初始确认时即被

指定为以公允价值计量且其变动计入当期损益的非衍生金融资产；在初始确认时被指定为可供出售的非衍生金融资产；符合贷款和应收款项定义的非衍生金融，资产。

企业将金融资产划分为持有至到期投资时，应当注意把握其以下特征：

(一) 到期日固定、回收金额固定或可确定

"到期日固定、回收金额固定或可确定"，是指相关合同明确了投资者在确定的期间内获得或应收取现金流量（例如，投资利息和本金等）的金额和时间。

因此，从投资者角度看，首先，如果不考虑其他条件，在将某项投资划分为持有至到期投资时可以不考虑可能存在的发行方重大支付风险。其次，由于要求到期日固定，从而权益工具投资不能划分为持有至到期投资。最后，如果符合其他条件，不能由于某债务工具投资是浮动利率投资而不将其划分为持有至到期投资。

(二) 有明确意图持有至到期

"有明确意图持有至到期"，是指企业在取得投资时意图就是明确的，除非遇到一些企业所不能控制、预期不会重复发生且难以合理预计的独立事件，否则将持有至到期。如果企业管理层决定将某项金融资产持有至到期，则在该金融资产未到期前，不能随意地改变其"最初意图"。

存在下列情况之一的，表明企业没有明确意图将金融资产投资持有至到期：

其一，持有该金融资产的期限不确定。

其二，发生市场利率变化、流动性需要变化、替代投资机会及其投资收益率变化、融资来源和条件变化、外汇风险变化等情况时，将出售该金融资产。但是，无法控制、预期不会重复发生且难以合理预计的独立事项引起的金融资产出售除外。

其三，该金融资产的发行方可以按照低于其摊余成本的金额清偿。

其四，其他的表明企业没有明确意图将该金融资产持有至到期的情况。

据此，对于发行方可以赎回的债务工具，如发行方行使赎回权，投资者仍可收回其几乎所有初始净投资（含支付的溢价和交易费用），那么投资者可以将此类投资划分为持有至到期。但是，对于投资者有权要求发行方赎回的债务工具投资，投资者不能将其划分为持有至到期投资。

(三) 有能力持有至到期

"有能力持有至到期"，是指企业有足够的财务资源，并不受外部因素影响将投资持有至到期。

存在下列情况之一的，表明企业没有能力将具有固定期限的金融资产投资持有至到期：

其一，没有可利用的财务资源持续地为该金融资产投资提供资金支持，以使该金融资产投资持有至到期。

其二，受法律、行政法规的限制，使企业难以将该金融资产投资持有至到期。

其三，其他表明企业没有能力将具有固定期限的金融资产投资持有至到期的情况。

企业应当于每个资产负债表日对持有至到期投资的意图和能力进行评价。发生变化的，应当将其重分类为可供出售的金融资产进行处理。

三、贷款和应收款项

贷款和应收款项，是指在活跃市场中没有报价、回收金额固定或可确定的非衍生金融资产。企业不应当将下列非衍生金融资产划分为贷款和应收款项：①准备立即出售或在近期出售的非衍生金融资产，这类非衍生金融资产应划分为交易性金融资产；②初始确认时被指定为以公允价值计量且其变动计入当期损益的非衍生金融资产；③初始确认时被指定为可供出售的非衍生金融资产；④因债务人信用恶化以外的原因，使持有方可能难以收回几乎所有初始投资的非衍生金融资产。

贷款和应收款项泛指一类金融资产，主要是指金融企业发放的贷款和其他债权，但又不限于金融企业发放的贷款和其他债权。非金融企业持有的现金和银行存款、销售商品或提供劳务形成的应收款项、持有的其他企业的债权（不包括在活跃市场上有报价的债务工具）等，只要符合贷款和应收款项的定义，可以划分为这一类。划分为贷款和应收款项类的金融资产与划分为持有至到期投资类的金融资产的主要差别在于，前者不是在活跃市场上有报价的金融资产，并且不像持有至到期投资那样在出售或重分类方面受到较多限制。如果某债务工具投资在活跃市场上没有报价，则企业不能将其划分为持有至到期投资。

一项资产，在未来可能的惠益是收到商品或劳务，而不是收到现金或其他个体的所有者权益，也不是金融工具，如预付款项。同样，一项负债，其未来可能的代价是转移商品或劳务，而不是转交现金或另一企业的所有者权益，也不是金融工具，如预收账款、递延收益及产品质量担保义务。例如，两家企业签订了一项购销合同，合同规定，购货方同意在 6 个月后接受一定数量的小麦或黄金，并在交货日支付 100000 美元，这一远期合约就不是金融工具；可能在将来需要企业支付现金，但尚未从合约中产生或有事项，也不是金融工具。

四、可供出售金融资产

可供出售金融资产，是指初始确认时即被指定为可供出售的非衍生金融资产，以及没有划分为持有至到期投资、贷款和应收款项、以公允价值计量且其变动计入当期损益的金融资产的金融资产。通常情况下，划分为此类的金融资产应当在活跃的市场上有报价。因此，企业从二级市场上购入的有报价的股票、债券、基金等，没有划分为以公允价值计量且其变动计入当期损益的金融资产或持有至到期投资等金融资产的，可以划分为可供出售金融资产。

需要注意以下两类限售股权的分类：

第一，企业在股权分置改革过程中持有对被投资单位有重大影响的股权，应当作为长期股权投资，视对被投资单位的影响程度分别采用成本法或权益法核算；企业在股权分置改革过程中持有对被投资单位不具有控制、共同控制或重大影响的股权，应当划分为可供出售金融资产。

第二，企业持有上市公司限售股权（不包括股权分置改革中持有的限售股权），对上市公司不具有控制、共同控制或重大影响的，应当按照金融工具确认和计量准则的规定，将该限售股权划分为可供出售金融资产或以公允价值计量且其变动计入当期损益的金融资产。

不同的金融资产计量如表 5-1 所示。

表 5-1　金融资产计量

投资工具	类别	初始计量	后续计量	公允价值变动
股票、债券、基金、衍生工具	交易性金融资产	公允价值	公允价值	当期损益（公允价值变动损益）
债券、贷款和应收款项	持有至到期投资、贷款应收款项	公允价值＋交易费用	摊余成本	—
债券、股票	可供出售金融资产	公允价值＋交易费用	公允价值	正常公允价值变动计入"资本公积——其他资本公积"科目；如果该项可供出售金融资产发生减值，则计入资产减值损失
股票投资	长期股权投资	公允价值＋交易费用	成本法或权益法	不确认

五、不同类金融资产之间的重分类

企业在金融资产初始确认时对其进行分类后，不得随意变更，具体应按如下规定处理：

（1）企业在初始确认时将某金融资产划分为以公允价值计量且其变动计入当期损益的金融资产后，不能重分类为其他类金融资产；其他类金融资产也不能重分类为以公允价值计量且其变动计入当期损益的金融资产。

（2）持有至到期投资、贷款和应收款项、可供出售金融资产等专类金融资产之间，也不得随意重分类。

（3）企业因持有意图或能力的改变，使某项投资不再适合划分为持有至到期投资，应当将其重分类为可供出售金融资产。

企业将持有至到期投资在到期前处置或重分类，通常表明其违背了将投资持有到期的最初意图。如果处置或重分类为其他类金融资产的金额相对于该类投资（即企业全部持有至到期投资）在出售或重分类前的总额较大，则企业在处置或承分类后应立即将其剩余的持有至到期投资（即全部持有至到期投资扣除已处置或重分类的部分）重分类为可供出售金融资产，且在本会计年度及以后两个完整的会计年度内不得再将该金融资产划分为持有至到期投资。

但是，遇到下列情况可以除外：

其一，出售日或重分类日距离该项投资到期日或赎回日较近（如到期前 3 个月内），且市场利率变化对该项投资的公允价值没有显著影响。

其二，根据合同约定的偿付方式，企业已收回几乎所有初始本金。

其三，出售或重分类是由于企业无法控制、预期不会重复发生且难以合理预计的独立事件所引起，此种情况主要包括以下内容：

（1）因被投资单位信用状况严重恶化，将持有至到期投资予以出售。

【例 5-1】2013 年 1 月，甲公司从美国市场以 21000000 美元的价格购入美国某金融公司新发行的 3 年期固定利率债券，票面利率 4.5%，债券面值为 20000000 美元，甲公司将其划分为持有至到期投资。

2014 年 9 月，受美国雷曼兄弟公司破产的影响，该金融公司所发行债券的二级市场价格严重下滑。为此，国际公认的评级公司将该金融公司的长期信用等级从 Baa2 下调至 Baa3，认为该金融公司的清偿能力较弱，风险相对越来越大，对经营环境和其他内外部条件变化较为敏感，容易受到冲击，具有较大的不确定性。

综合考虑上述因素，甲公司认为，尽管所持有的该金融公司债券剩余期限较短，但由于其未来表现存在相当大的不确定性，继续持有这些债券会有较大的信用风险，为此，甲公司于 2015 年 1 月将该金融公司债券按低于面值的价格出售。

【例 5-1】中，甲公司出售所持有的美国某金融公司债券主要是由其本身无法控制、预期不会重复发生且难以合理预计的独立事件所引起，因而不会影响到甲公司对其他持有至到期投资的分类。

（2）因相关税收法规取消了持有至到期投资的利息税前可抵扣政策，或显著减少了税前可抵扣金额，将持有至到期投资予以出售。

（3）因发生重大企业合并或重大处置，为保持现行利率风险头寸或维持现行信用风险政策，将持有至到期投资予以出售。

（4）因法律、行政法规对允许投资的范围或特定投资品种的投资限额作出重大调整，将持有至到期投资予以出售。

（5）因监管部门要求大幅度提高资产流动性，或大幅度提高持有至到期投资在计算资本充足率时的风险权重，将持有至到期投资予以出售。

知识点

购入的股票投资既可以作为"以公允价值计量且其变动计入当期损益的金融资产"，也可以作为"可供出售金融资产"或"长期股权投资"；但绝对不能作为"持有至到期投资核算"。

购入的债券可以作为"以公允价值计量且其变动计入当期损益的金融资产"、"可供出售金融资产"或"持有至到期投资"。但绝对不能作为"长期股权投资核算"。

第二节　交易性金融资产

一、交易性金融资产概述

交易性金融资产主要是指企业为了近期内出售而持有的金融资产，例如企业以赚取差价为目的从二级市场购入的股票、债券、基金等。

二、交易性金融资产的账务处理

（一）交易性金融资产核算应设置的会计科目

为了反映和监督交易性金融资产的取得、收取现金股利或利息、出售等情况，企业应当设置"交易性金融资产"、"公允价值变动损益"、"投资收益"等科目进行核算。

"交易性金融资产"科目核算企业为交易目的所持有的债券投资、股票投资、基金投资等交易性金融资产的公允价值。企业持有的直接指定为以公允价值计量且其变动计入当期损益的金融资产也在"交易性金融资产"科目核算。"交易性金融资产"科目的借方登记交易性金融资产的取得成本、资产负债表日其公允价值高于账面余额的差额等；贷方登记资产负债表日其公允价值低于账面余额的差额,以及企业出售交易性金融资产时结转的成本和公允价值变动。企业应当按照交易性金融资产的类别和品种,分别设置"成本"、"公允价值变动"等明细科目进行核算。

"公允价值变动损益"科目核算企业交易性金融资产等的公允价值变动而形成的应计入当期损益的利得或损失。"公允价值变动损益"科目的借方登记资产负债表日企业持有的交易性金融资产等的公允价值低于账面余额的差额;贷方登记资产负债表日企业持有的交易性金融资产等的公允价值高于账面余额的差额。

"投资收益"科目核算企业在持有交易性金融资产等的期间内取得的投资收益以及出售交易性金融资产等实现的投资收益或投资损失,借方登记企业出售交易性金融资产等发生的投资损失,贷方登记企业在持有交易性金融资产等的期间内取得的投资收益以及出售交易性金融资产等实现的投资收益。

(二) 交易性金融资产的取得

企业取得交易性金融资产时,应当按照该金融资产取得时的公允价值作为其初始入账金额:公允价值,是指市场参与者在计量日发生的有序交易中,出售一项资产所能收到或者转移一项负债所需支付的价格。金融资产的公允价值,应当以市场交易价格为基础加以确定。

企业取得交易性金融资产所支付价款中包含了已宣告但尚未发放的现金股利或已到付息期但尚未领取的债券利息,应当单独确认为应收项目,不构成交易性金融资产的初始入账金额。

企业取得交易性金融资产所发生的相关交易费用应当在发生时作为投资收益进行会计处理。交易费用是指可直接归属于购买、发行或处置金融工具新增的外部费用,包括支付给代理机构、咨询公司、券商等的手续费和佣金及其他必要支出。

企业取得交易性金融资产,应当按照该金融资产取得时的公允价值,借记"交易性金融资产——成本"科目,按照发生的交易费用,借记"投资收益"科目,按照已到付息期但尚未领取的利息或已宣告但尚未发放的现金股利,借记"应收利息"或"应收股利"科目,按照实际支付的金额,贷记"其他货币资金"等科目。

知识点

应收股利、应收利息和交易费用不构成交易性金融资产的初始入账金额。

【例5-2】2016年1月20日,甲公司从上海证券交易所购入A上市公司股票 1000000 股，并将其划分为交易性金融资产。该笔股票投资在购买日的公允价值为 10000000 元。另支付相关交易费用金额为 25000 元。甲公司应编制如下会计分录：

（1）2016 年 1 月 20 日，购买 A 上市公司股票时。

借：交易性金融资产——A 上市公司——成本　　10000000
　　贷：其他货币资金——存出投资款　　　　　　　　　10000000

（2）支付相关交易费用时。

借：投资收益　　　　　　　　　　　　　　25000
　　贷：其他货币资金——存出投资款　　　　　　　　　25000

在【例 5-2】中，取得交易性金融资产所发生的相关交易费用 25000 元，应当在发生时记入"投资收益"科目，而不记入"交易性金融资产——成本"科目。

（三）交易性金融资产的持有

1. 企业持有交易性金融资产期间

企业持有交易性金融资产期间对于被投资单位宣告发放的现金股利或企业在资产负债表日按分期付息、一次还本债券投资的票面利率计算的利息收入，应当确认为应收项目，并记入投资收益。

企业在持有交易性金融资产的期间，取得被投资单位宣告发放的现金股利，或在资产负债表日按分期付息、一次还本债券投资的票面利率计算的利息收入，借记"应收股利"或"应收利息"科目，贷记"投资收益"科目。

【例 5-3】2015 年 1 月 1 日，甲公司购入 B 公司发行的公司债券，该笔债券于 2014 年 7 月 1 日发行，面值为 25000000 元，票面利率为 4%。上年债券利息于 2015 年初支付。甲公司将其划分为交易性金融资产，支付价款为 26000000 元（其中包含已到付息期但尚未领取的债券利息 500000 元），另支付交易费用 300000 元。2015 年 1 月 8 日，甲公司收到该笔债券利息 500000 元。2016 年年初，甲公司收到债券利息 1000000 元。甲公司应编制如下会计分录：

（1）2015 年 1 月 1 日，购入 B 公司的公司债券时。

借：交易性金融资产——B 公司债券——成本　　25500000
　　应收利息　　　　　　　　　　　　　　　　　500000
　　投资收益　　　　　　　　　　　　　　　　　300000
　　贷：其他货币资金——存出投资款　　　　　　　　26300000

（2）2015 年 1 月 8 日，收到购买价款中包含的已到付息期，但尚未领取的债券利息时。

借：其他货币资金——存出投资款　　　　　　500000
　　贷：应收利息　　　　　　　　　　　　　　　　　500000

（3）2015 年 12 月 31 日，确认 B 公司的公司债券利息收入 1000000（25000000×4%）元时。

借：应收利息   1000000

  贷：投资收益   1000000

（4）2016 年初，收到持有 B 公司的公司债券利息时。

借：其他货币资金——存出投资款   1000000

  贷：应收利息   1000000

在【例 5-3】中，取得交易性金融资产所支付价款中包含的已到付息期，但尚未领取的债券利息 500000 元，应当记入"应收利息"科目，而不记入"交易性金融资产——成本"科目；取得交易性金融资产所支付价款 26000000 元扣除已到付息期但尚未领取的债券利息 500000 元后的余额 25500000 元，应当记入"交易性金融资产——成本"科目。

2. 资产负债表日

在资产负债表日，交易性金融资产应当按照公允价值计量，公允价值与账面余额之间的差额计入当期损益。

企业应当在资产负债表日按照交易性金融资产公允价值高于其账面余额的差额，借记"交易性金融资产——公允价值变动"科目，贷记"公允价值变动损益"科目；公允价值低于其账面余额的差额作相反的会计分录。

【例 5-4】承【例 5-3】假定 2015 年 6 月 30 日，甲公司购买的 B 公司债券的公允价值（市价）为 27800000 元；2015 年 12 月 31 日，甲公司购买的 B 公司债券的公允价值（市价）为 25600000 元。甲公司应编制如下会计分录：

（1）2015 年 6 月 30 日，确认 B 公司债券的公允价值变动损益时。

交易性金融资产

25500000（成本）	
2300000	
27800000（2015 年 6 月 30 日）	

借：交易性金融资产——B 公司债券——公允价值变动 2300000

  贷：公允价值变动损益——B 公司债券   2300000

（2）2015 年 12 月 31 日，确认 B 公司债券的公允价值变动损益时。

交易性金融资产

27800000（2015 年 6 月 30 日）	
	2200000
25600000（2015 年 12 月 31 日）	

借：公允价值变动损益——B 公司债券　　　　　　　　2200000

　　贷：交易性金融资产——B 公司债券——公允价值变动　　2200000

在【例 5-4】中，2015 年 6 月 30 日，B 公司债券的公允价值为 27800000
元，账面余额为 25500000 元，公允价值大于账面余额 2300000 元，应记入"公
允价值变动损益"科目的贷方；2015 年 12 月 31 日，B 公司债券的公允价值为
25600000 元，账面余额为 27800000 元，公允价值小于账面余额 2200000 元，应
记入"公允价值变动损益"科目的借方。

(四) 交易性金融资产的出售

企业出售交易性金融资产时，应当将该金融资产出售时的公允价值与其账面
余额之间的差额作为投资损益进行会计处理，同时，将原计入公允价值变动损益
的该金融资产的公允价值变动转出，由公允价值变动损益转为投资收益。

企业出售交易性金融资产，应当按照实际收到的金额，借记"其他货币资
金"等科目，按照该金融资产的账面余额，贷记"交易性金融资产——成本、公
允价值变动"科目，按照其差额，贷记或借记"投资收益"科目。同时，将原计
入该金融资产的公允价值变动转出，借记或贷记"公允价值变动损益"科目。贷
记或借记"投资收益"科目。

【例 5-5】承【例 5-4】假定 2016 年 1 月 15 日，甲公司出售了所持有的丙公
司的公司债券，售价为 25650000 元。甲公司应作如下会计处理：

借：银行存款　　　　　　　　　　　　　　　　25650000

　　贷：交易性金融资产——成本　　　　　　　　　　25500000

　　　　　　　　——公允价值变动 (2300000 - 2200000) 100000

　　　投资收益　　　　　　　　　　　　　　　　　　50000

同时：

借：公允价值变动损益　　　　　　　　　　　　　100000

　　贷：投资收益　　　　　　　　　　　　　　　　　　100000

在【例 5-5】中，企业出售交易性金融资产的售价 25650000 元与其账面余
额 25600000 元之间的差额 50000 元应当作为投资收益，记入"投资收益"科目。
企业出售交易性金融资产时，还应将原计入该金融资产的公允价值变动转出，即
出售交易性金融资产时，应按"公允价值变动"明细科目的贷方余额 100000 元，
借记"公允价值变动损益"科目，贷记"投资收益"科目。

债券投资作为交易性金融资产核算与股票投资的区别主要有两点：其一，购买的价款中包含的已到付息期但尚未领取的债券利息，记入"应收利息"科目核算，其二，持有期间新确认的利息，记入"应收利息"科目的借方，贷方登记"投资收益"科目。其他的核算与股票投资一致。

第三节 持有至到期投资

一、持有至到期投资的概述

持有至到期投资是指到期日固定、回收金额固定或可确定，且企业有明确意图和能力持有至到期的非衍生金融资产。通常情况下，包括企业持有的、在活跃市场上有公开报价的国债、企业债券、金融债券等。

"到期日固定、回收金额固定或可确定"是指相关合同明确了投资者在确定的期间内获得或应收取现金流量（例如，投资利息和本金等）的金额和时间。因此，权益工具投资不能划分为持有至到期投资。

"有明确意图持有至到期"是指投资者在取得投资时意图就是明确的。

"有能力持有至到期"是指企业有足够的财务资源，并不受外部因素影响将投资持有至到期。

只有债券投资才能作为"持有至到期投资"核算。

二、持有至到期投资的账务处理

（一）持有至到期投资核算应设置的会计科目

为了反映和监督持有至到期投资的取得、收取利息和出售等情况，企业应当设置"持有至到期投资"、"投资收益"等科目进行核算。

"持有至到期投资"科目核算企业持有至到期投资的摊余成本。"持有至到期投资"科目的借方登记持有至到期投资的取得成本、一次还本付息债券投资在资产负债表日按照票面利率计算确定的应收未收利息等；贷方登记企业出售持有至到期投资时结转的成本等。企业可以按照持有至到期投资的类别和品种，分别设置"成本"、"利息调整"、"应计利息"等明细科目进行核算。

（二）持有至到期投资的取得

企业取得持有至到期投资应当按照公允价值计量，取得持有至到期投资所发生的交易费用计入持有至到期投资的初始确认金额。

企业取得持有至到期投资支付的价款中包含已到付息期但尚未领取的债券利息，应当单独确认为应收项目，不构成持有至到期投资的初始确认金额。

企业取得的持有至到期投资，应当按照该投资的面值，借记"持有至到期投资——成本"科目，按照支付的价款中包含的已到付息期但尚未领取的利息，借记"应收利息"科目，按照实际支付的金额，贷记"银行存款"等科目，按照其差额，借记或贷记"持有至到期投资——利息调整"科目。

> **知识点**
>
> 实际支付的价款中包括的已到付息期但尚未领取的债券利息，应单独确认为应收项目（应收利息）。

【例5-6】2012年1月1日，甲公司支付价款2000000元（含交易费用）从上海证券交易所购入C公司同日发行的5年期公司债券12500份，债券票面价值总额为2500000元，票面年利率为4.72%，于2012年年末支付本年度债券利息（即每年利息为118000元），本金在债券到期时一次性偿还。甲公司将其划分为持有至到期投资。该债券投资的实际利率为10%，甲公司应编制如下会计分录：

借：持有至到期投资——C公司债券——成本　　　2500000
　　贷：其他货币资金——存出投资款　　　　　　　　　　2000000
　　　　持有至到期投资——公司债券——利息调整　　　　　500000

> **知识点**
>
> 针对初始确认需要关注以下问题：
>
> （1）初始确认的交易费用计入投资成本。
>
> （2）初始投资成本按照公允价值+相关交易费用之和（分录中体现为成本+利息调整）。
>
> （3）初始投资成本（成本+利息调整）为期初摊余成本。

（三）持有至到期投资的持有

企业在持有至到期投资的会计期间，所涉及的会计处理主要有两个方面：一是在资产负债表日确认债券利息收入,二是在资产负债表日核算发生的减值损失。

1. 持有至到期投资的债券利息收入

企业在持有至到期投资的会计期间,应当按照摊余成本对持有至到期投资进行计量。在资产负债表日,按照持有至到期投资摊余成本和实际利率计算确定的债券利息收入,应当作为投资收益进行会计处理。

摊余成本是指该金融资产的初始确认金额经下列调整后的结果:①扣除已偿还的本金;②扣除已发生的减值损失;③加上或减去采用实际利率法将该初始确认金额与到期日金额之间的差额进行摊销形成的累计摊销额(利息调整的摊销额)。

实际利率是指将金融资产在预期存续期间或适用的更短期间内的未来现金流量,折现为该金融资产当前账面价值所使用的利率。实际利率在相关金融资产预期存续期间或适用的更短期间内保持不变。

知识点

> 如果债券是按面值发行,实际利率等于票面利率
>
> 如果债券是按溢价发行,实际利率小于票面利率
>
> 如果债券是按折价发行,实际利率大于票面利率

需要说明的是,如果有客观证据表明该金融资产的实际利率计算的各期利息收入与名义利率计算的相差很小,也可以采用名义利率替代实际利率使用。

持有至到期投资为分期付息、一次还本债券投资的,企业应当在资产负债表日按照持有至到期投资的面值和票面利率计算确定的应收未收利息,借记"应收利息"科目,按照持有至到期投资的摊余成本和实际利率计算确定的利息收入,贷记"投资收益"科目,按照其差额,借记或贷记"持有至到期投资——利息调整"科目。

持有至到期投资为一次还本付息债券投资的,企业应当在资产负债表日按照持有至到期投资的面值和票面利率计算确定的应收未收利息,借记"持有至到期投资——应计利息"科目,按照持有至到期投资的摊余成本和实际利率计算确定的利息收入,贷记"投资收益"科目,按照其差额,借记或贷记"持有至到期投资——利息调整"科目。

【例 5-7】 承 **【例 5-6】** 根据约定,2012 年 12 月 31 日,甲公司按期收到 C 公司支付的第一年债券利息 118000 元,并按照摊余成本和实际利率确认的投资收益为 200000 元;2013 年 12 月 31 日,甲公司按期收到 C 公司支付的第二年债券利息 118000 元,并按照摊余成本和实际利率确认的投资收益为 208200 元。

2014 年 12 月 31 日，甲公司按期收到 C 公司支付的第三年债券利息118000元，并按照摊余成本和实际利率确认的投资收益为 217220 元；2015 年12 月 31日，甲公司按期收到 C 公司支付的第 4 年债券利息118000 元，并按照摊余成本和实际利率确认的投资收益为 227 142 元。甲公司应编制如下会计分录：

（1）2012 年 12 月 31 日，确认 C 公司债券实际利息收入、收到债券利息时。

借：应收利息——C 公司 118000
　持有至到期投资——C 公司债券——利息调整 82000
　贷：投资收益——C 公司债券 200000

同时：

借：其他货币资金——存出投资款 118000
　贷：应收利息——C 公司 118000

（2）2013 年 12 月 31 日，确认 C 公司债券实际利息收入。

借：应收利息——C 公司 118000
　持有至到期投资——C 公司债券——利息调整 90200
　贷：投资收益——C 公司债券 208200

收到债券利息时：

借：其他货币资金——存出投资款 118000
　贷：应收利息——C 公司 118000

（3）2014 年 12 月 31 日，确认 C 公司债券实际利息收入、收到债券利息时。

借：应收利息——C 公司 118000
　持有至到期投资——C 公司债券——利息调整 99220
　贷：投资收益——C 公司债券 217220
借：其他货币资金——存出投资款 118000
　贷：应收利息——C 公司 118000

（4）2015 年 12 月 31 日，确认 C 公司债券实际利息收入、收到债券利息时。

借：应收利息——C 公司 118000
　持有至到期投资——C 公司债券——利息调整 109142
　贷：投资收益——C 公司债券 227142
借：其他货币资金——存出投资款 118000
　贷：应收利息——C 公司 118000

在【例 5-7】中，根据约定，甲公司应向 C 公司收取的第一年债券利息为118000（2500000×4.72%）元，但甲公司按照摊余成本和实际利率计算确定的投资收益为 200000（2000000×10%）元，这两个金额并不相等，其差额为利息调整。以后年度情况类似。

2. 持有至到期投资的减值

(1) 持有至到期投资减值准备的计提和转回。资产负债表日，持有至到期投资的账面价值高于预计未来现金流量现值的，企业应当将该持有至到期投资的账面价值减记至预计未来现金流量现值，将减记的金额作为资产减值损失进行会计处理，计入当期损益，同时计提相应的资产减值准备。

已计提减值准备的持有至到期投资价值以后又得以恢复的，应当在原已计提的减值准备金额内予以转回。转回的金额计入当期损益。

> **知识点**
>
> 已计提减值准备得以恢复的，应当在原已计提的减值准备金额范围内，按照已恢复的金额。坏账准备、存货跌价准备、持有至到期投资减值准备、可供出售金融资产减值准备能转回。

(2) 持有至到期投资减值准备的账务处理。企业应当设置"持有至到期投资减值准备"科目，核算计提的持有至到期投资减值准备，贷方登记计提的持有至到期减值准备金额；借记登记实际发生的持有至到期投资减值损失金额和转回的持有至到期投资减值准备金额，期末余额一般在贷方，反映企业已计提但尚未转销的持有至到期投资减值准备。

在资产负债表日，当持有至到期投资的账面价值高于预计未来现金流量现值，企业应当按照持有至到期投资账面价值高于预计未来现金流量现值的差额，借记"资产减值损失——计提的持有至到期投资减值准备"科目，贷记"持有至到期投资减值准备"科目。

已计提减值准备的持有至到期投资价值以后又得以恢复的，应当在原已计提的减值准备金额范围内，按照已恢复的金额，借记"持有至到期投资减值准备"等科目，贷记"资产减值损失——计提的持有至到期投资减值准备"科目。

企业结转出售持有至到期投资的账面价值时，对于已计提持有至到期投资减值准备的，还应当同时借记"持有至到期投资减值准备"科目。

【例 5-8】承【例 5-6】2013 年 12 月 31 日，有客观证据表明 C 公司发生了严重财务困难，假定甲公司对债券投资确定的减值损失为 766000 元；2015 年 12 月 31 日，有客观证据表明 C 公司债券价值已恢复，且客观上与确认该损失后发生的事项有关的，假定甲公司确定的应恢复的金额为 700000 元。甲公司应编制如下会计分录：

(1) 2013 年 12 月 31 日，确认 C 公司债券投资的减值损失时。

借：资产减值损失——计提的持有至到期投资减值准备——C 公司债券

766000

　　　贷：持有至到期投资减值准备——C 公司债券　　　　　766000

（2）2015 年 12 月 31 日，确认 C 公司债券投资减值损失的转回时。

　　借：持有至到期投资减值准备——C 公司债券　　　　　700000

　　　贷：资产减值损失——计提的持有至到期投资减值准备——C 公司债券

700000

（四）持有至到期投资的出售

　　企业出售持有至到期投资时，应当将取得的价款与账面价值之间的差额作为投资损益进行会计处理。如果对持有至到期投资计提了减值准备，还应当同时结转减值准备。

　　企业出售持有至到期投资，应当按照实际收到的金额，借记"银行存款"等科目，按照该持有至到期投资的账面余额，贷记"持有至到期投资——成本、利息调整、应计利息"科目，按照其差额，贷记或借记"投资收益"科目。已计提减值准备的，还应同时结转减值准备。

　　【例 5-9】承【例 5-6】和【例 5-7】2016 年 1 月 5 日，甲公司将所持有的 12500 份 C 公司债券全部出售，取得价款 2400000 元。在该日，甲公司该债券投资的账面余额为 2380562 元，其中，成本明细科目为借方余额 2500000 元，利息调整明细科目为贷方余额 119438 元。假定该债券投资在持有期间未发生减值。甲公司应编制如下会计分录：

　　借：其他货币资金——存出投资款　　　　　　　　　　2400000

　　　　持有至到期投资——C 公司债券——利息调整　　　119438

　　　贷：持有至到期投资——C 公司债券——成本　　　　　　2500000

　　　　　投资收益——C 公司债券　　　　　　　　　　　　　19438

　　【练一练】2011 年 1 月 1 日，XYZ 公司支付价款 1000 元（含交易费用）从活跃市场上购入某公司 5 年期债券，面值 1250 元，票面年利率 4.72%，按年支付利息（即每年 59 元），本金最后一次支付。

　　XYZ 公司将购入的该公司债券划分为持有至到期投资，且不考虑所得税、减值损失等因素。为此，XYZ 公司在初始确认时先计算确定该债券的实际利率为 10%。

　　要求：做出相关会计处理。

　　【解析】

　　（1）初始取得。

　　2011 年 1 月 1 日，购入债券：

　　借：持有至到期投资——成本　　　　　　　　　　　　　1250

贷：其他货币资金——存出投资款   1000

      持有至到期投资——利息调整   250

初始投资成本（初始摊余成本）=1250-250=1000（元）。

（2）持有期间。

1）2011年12月31日确认实际利息收入、收到票面利息。

借：应收利息   59

            【面值1250×票面利率4.72%】

    持有至到期投资——利息调整   41（倒挤）

    贷：投资收益   100

          【期初摊余成本1000×实际利率10%】

借：其他货币资金——存出投资款   59

    贷：应收利息   59

2011年12月31日该持有至到期投资的摊余成本（账面价值）=1000+利息调增摊销额41=1041（元）。

某期末摊余成本=期初摊余成本+利息调整摊销额+应计利息-减值准备

利息调整摊销额=期初摊余成本×实际利率-面值×票面利率

某期末摊余成本=期初摊余成本+期初摊余成本×实际利率-面值×票面利率

摊余成本=1000元是根据实际利率10%计算的，如图5-2所示。

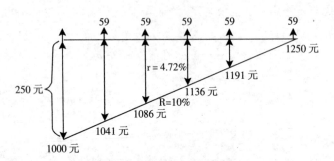

图5-2　摊余成本计算示意图

由于实际利率大于票面利率，所以发行价格比面值低，是为了补偿投资人的收益；让投资人的年收益达到年利率10%。

不管是溢价发行，还是折价发行，针对分期付息到期还本的债券的摊余成本均会回归于面值。

最终利息调整摊销完毕，摊销是在初始形成的相反方向。

2）2012年12月31日，确认实际利息收入、收到票面利息。

借：应收利息　　　　　　　　　　　　　　　59

　　　　　　　　　　【面值 1250×票面利率 4.72%】

　　　持有至到期投资——利息调整　　　　　45（倒挤）

　　贷：投资收益　　　　　　　　　　　　　　　　104

　　　　　　　　　　【期初摊余成本 1041×实际利率 10%】

借：其他货币资金——存出投资款　　　　　　59

　　贷：应收利息　　　　　　　　　　　　　　　　59

2012 年 12 月 31 日该持有至到期投资的摊余成本（账面价值）＝1041＋45＝1086（元），或 1041＋104－59＝1086（元）。

3）2013 年 12 月 31 日，确认实际利息收入、收到票面利息。

借：应收利息　　　　　　　　　　　　　　　59

　　　　　　　　　　【面值 1250×票面利率 4.72%】

　　　持有至到期投资——利息调整　　　　　50（倒挤）

　　贷：投资收益　　　　　　　　　　　　　　　　109

　　　　　　　　　　【期初摊余成本 1086×实际利率 10%】

借：其他货币资金——存出投资款　　　　　　59

　　贷：应收利息　　　　　　　　　　　　　　　　59

2013 年 12 月 31 日该持有至到期投资的摊余成本（账面价值）＝1086＋50＝1136（元）。

4）2014 年 12 月 31 日，确认实际利息、收到票面利息。

借：应收利息　　　　　　　　　　　　　　　59

　　　　　　　　　　【面值 1250×票面利率 4.72%】

　　　持有至到期投资——利息调整　　　　　55（倒挤）

　　贷：投资收益　　　　　　　　　　　　　　　　114

　　　　　　　　　　【期初摊余成本 1136×实际利率 10%】

借：其他货币资金——存出投资款　　　　　　59

　　贷：应收利息　　　　　　　　　　　　　　　　59

2014 年 12 月 31 日该持有至到期投资的摊余成本（账面价值）＝1136＋55＝1191（元）。

5）2015 年 12 月 31 日，确认实际利息、收到票面利息和本金。

借：应收利息　　　　　　　　　　　　　　　59

　　　持有至到期投资——利息调整　　　　　59（先倒挤）

　　　　　　　　　　（250－41－45－50－55＝59）

　　贷：投资收益　　　　　　　　　　　　　118（最后倒挤）

借：其他货币资金——存出投资款　　　　　　　　59

　　贷：应收利息　　　　　　　　　　　　　　　　　59

借：其他货币资金——存出投资款　　　　　　　1250

　　贷：持有至到期投资——成本　　　　　　　　　　1250

第四节　可供出售金融资产

一、可供出售金融资产的内容

可供出售金融资产是指初始确认时即被指定为可供出售的非衍生金融资产，以及没有划分为持有至到期投资、贷款和应收款项、以公允价值计量且其变动计入当期损益的金融资产的金融资产。通常情况下，包括企业从二级市场上购入的债券投资、股票投资、基金投资等，但这些金融资产没有被划分为交易性金融资产或持有至到期投资。

二、可供出售金融资产的账务处理

（一）可供出售金融资产核算应设置的会计科目

为了反映和监督可供出售金融资产的取得、收取现金股利或利息和出售等情况，企业应当设置"可供出售金融资产"、"其他综合收益"、"投资收益"等科目进行核算。

"可供出售金融资产"科目核算企业持有的可供出售金融资产的公允价值。"可供出售金融资产"科目的借方登记可供出售金融资产的取得成本、资产负债表日其公允价值高于账面余额的差额、可供出售金融资产转回的减值损失等；贷方登记资产负债表日其公允价值低于账面余额的差额、可供出售金融资产发生的减值损失、出售可供出售金融资产时结转的成本和公允价值变动。企业应当按照可供出售金融资产的类别和品种，分别设置"成本"、"利息调整"、"应计利息"、"公允价值变动"等明细科目进行核算。

"其他综合收益"科目核算企业可供出售金融资产公允价值变动而形成的应计入所有者权益的利得或损失等。"其他综合收益"科目的借方登记资产负债表日企业持有的可供出售金融资产的公允价值低于账面余额的差额等；贷方登记资产负债表日企业持有的可供出售金融资产的公允价值高于账面余额的差额等。

可供出售金融资产发生减值的，也可以单独设置"可供出售金融资产减值准备"科目。

"其他综合收益"科目在利润表和所有者权益变动表中均列示。

（二）可供出售金融资产的取得

企业取得的可供出售金融资产应当按照公允价值计量，取得可供出售金融资产所发生的交易费用应当计入可供出售金融资产的初始入账金额。

企业取得可供出售金融资产支付的价款中包含已宣告但尚未发放的现金股利或已到付息期但尚未领取的债券利息，应当单独确认为应收项目，不构成可供出售金融资产的初始入账金额。

（1）企业取得可供出售的金融资产，应当按照该金融资产取得时的公允价值交易费用之和，借记"可供出售金融资产——成本"科目，按照支付的价款中包含的已宣告但尚未发放的现金股利，借记"应收股利"科目，按照实际支付的金额，贷记"其他货币资金——存出投资款"等科目。

（2）企业取得的可供出售金融资产为债券投资的，应当按照该债券的面值，借记"可供出售金融资产——成本"科目，按照实际支付的金额，贷记"银行存款"等科目，按照其差额，借记或贷记"可供出售金融资产——利息调整"科目。

初始计量不管是作为持有至到期投资还是作为可供出售金融资产，初始入账金额相同，科目不同而已。

【例 5-10】2015 年 1 月 20 日，甲公司从上海证券交易所购入 A 上市公司股票 1000000 股，并将其划分为可供出售金融资产。该笔股票投资在购买日的公允价值为 10000000 元。另支付相关交易费用金额为 25000 元。甲公司应编制如下会计分录：

（1）2015 年 1 月 20 日，购买 A 上市公司股票时。

借：可供出售金融资产——A 上市公司——成本　10000000
　　贷：其他货币资金——存出投资款　　　　　　　　　10000000

（2）支付相关交易费用时。

借：可供出售金融资产——A 上市公司——成本　25000
　　贷：其他货币资金——存出投资款　　　　　　　　　25000

在【例 5-10】中，取得可供出售金融资产所发生的相关交易费用 25000 元应当计入可供出售金融资产的初始入账金额，而不是像交易性金融资产那样计入当期投资收益处理。

【例 5-11】 2015 年 1 月 1 日，甲公司购入 B 公司发行的公司债券，该笔债券于 2013 年 7 月 1 日发行，面值为 25000000 元，票面利率为 4%。上年债券利息于下年初支付。甲公司将其划分为可供出售金融资产，支付价款为 26000000 元（其中包含已到付息期但尚未领取的债券利息 500000 元），另支付交易费用 300000 元。2015 年 1 月 8 日，甲公司收到该笔债券利息 500000 元。2016 年初，甲公司又收到债券利息 1000000 元。甲公司应编制如下会计分录：

（1）2015 年 1 月 1 日，购入 B 公司的公司债券时。

借：可供出售金融资产——B 公司债券——成本　　　　25000000
　　　　　　　　　　——B 公司债券——利息调整　　　800000
　　应收利息——B 公司　　　　　　　　　　　　　　500000
　　贷：其他货币资金——存出投资款　　　　　　　　　　　26300000

（2）2015 年 1 月 8 日，收到购买价款中包含的已到付息期但尚未领取债券利息时。

借：其他货币资金——存出投资款　　　　　　　　　　500000
　　贷：应收利息——B 公司　　　　　　　　　　　　　　500000

（3）2015 年 12 月 31 日，对 B 公司的公司债券确认利息收入时。

借：应收利息——B 公司　　　　　　　　　　　　　1000000
　　贷：投资收益　　　　　　　　　　　　　　　　　　1000000

（4）2016 年初，收到持有 B 公司的公司债券利息时。

借：其他货币资金——存出投资款　　　　　　　　　1000000
　　贷：应收利息——B 公司　　　　　　　　　　　　　1000000

在【例 5-11】中，取得可供出售金融资产所支付价款中包含了已到付息期但尚未领取的债券利息 500000 元，应当记入"应收利息"科目，而不应记入"可供出售金融资产"科目；相关交易费用 300000 元，应当记入"可供出售金融资产"科目。

（三）可供出售金融资产的持有

企业在持有可供出售金融资产的会计期间，所涉及的会计处理主要有三个方面：一是在资产负债表日确认债券利息收入，二是在资产负债表日反映其公允价值变动，三是在资产负债表日核算可供出售金融资产发生的减值损失。

1. 持有可供出售金额资产期间

企业在持有可供出售金融资产的期间取得的现金股利或债券利息，应当作为投资收益进行会计处理。

（1）可供出售金融资产为分期付息、一次还本债券投资的，在资产负债表日，企业应当按照可供出售债券的面值和票面利率计算确定的应收未收利息，借记"应收利息"科目，按照可供出售债券的摊余成本和实际利率计算确定的利息收入，贷记"投资收益"科目，按照其差额，借记或贷记"可供出售金融资产——利息调整"科目。

有关可供出售债券的摊余成本和实际利率的相关内容可参见本章第三节的介绍。

（2）可供出售金融资产为一次还本付息债券投资的，在资产负债表日，企业应当按照可供出售债券的面值和票面利率计算确定的应收未收利息，借记"可供出售金融资产——应计利息"科目，按照可供出售债券的摊余成本和实际利率计算确定的利息收入，贷记"投资收益"科目，按照其差额，借记或贷记"可供出售金融资产——利息调整"科目。

有关可供出售金融资产（债券投资的情况下）在持有期间实现的利息收入和应收利息的核算，可参照【例5-7】进行理解。

2. 资产负债表日

在资产负债表日，可供出售金融资产应当按照公允价值计量，可供出售金融资产公允价值变动应当作为其他综合收益计入所有者权益，不构成当期利润。

资产负债表日，可供出售金融资产的公允价值高于其账面余额的差额，借记"可供出售金融资产——公允价值变动"科目，贷记"其他综合收益"科目；公允价值低于其账面余额的差额做相反的会计分录。

【例5-12】承【例5-11】，假定2015年6月30日，甲公司购买的B公司债券的公允价值（市价）为27800000元；2015年12月31日，甲公司购买的B公司债券的公允价值（市价）为25600000元。假定不考虑其他因素。甲公司应编制如下会计分录：

（1）2015年6月30日，确认B公司债券的公允价值变动时。

可供出售金融资产

2015年1月1日	25000000（成本）	
	800000（利息调整）	
	2000000（公允价值变动）	
2015年6月30日	27800000（市价）	

借：可供出售金融资产——公允价值变动　　　　　　2000000
　　贷：其他综合收益——可供出售金融资产公允价值变动　　2000000

（2）2015 年 12 月 31 日，确认 B 公司债券的公允价值变动时。

可供出售金融资产

2015 年 6 月 30 日	27800000（市价）	
		2200000（公允价值变动）
2015 年 12 月 31 日	25600000（市价）	

借：其他综合收益——可供出售金融资产公允价值变动　　　2200000

　　贷：可供出售金融资产——B 公司债券——公允价值变动　　2200000

在【例 5-12】中，2015 年 6 月 30 日，B 公司债券的公允价值为 27800000 元，账面余额为 25800000 元，公允价值大于账面余额 2000000 元，应记入"其他综合收益"科目的贷方；2015 年 12 月 31 日，B 公司债券的公允价值变为 25600000 元，账面余额为 27800000 元，公允价值小于账面余额 2200000 元，应记入"其他综合收益"科目的借方。另外，还需要说明的是，在【例 5-12】中仅用于例释对 B 公司债券在资产负债表日公允价值变动的核算问题，不涉及相关利息收入和应收利息的核算问题。

3. 资产负债表日

资产负债表日，确定可供出售金融资产发生减值的，应当将应减记的金额作为资产减值损失进行会计处理，同时直接冲减可供出售金融资产或计提相应的资产减值准备。对于已确认减值损失的可供出售金融资产，在随后会计期间内公允价值已上升且客观上与确认原减值损失事项有关的，应当在原已确认的减值损失范围内转回，同时调整资产减值损失或所有者权益。

（1）资产负债表日，确定可供出售金融资产发生减值的，应当按照应减记的金额，借记"资产减值损失"科目，按照应从所有者权益中转出原计入资本公积的累计损失金额，贷记"其他综合收益"科目，按照其差额，贷记"可供出售金融资产——减值准备"科目。

（2）对于已确认减值损失的可供出售金融资产，在随后会计期间内公允价值已上升且客观上与确认原减值损失事项有关的，应当在原已确认的减值损失范围内按已恢复的金额，借记"可供出售金融资产——减值准备"科目，贷记"资产减值损失"科目；但可供出售金融资产为股票等权益工具投资的，借记"可供出售金融资产——减值准备"科目，贷记"其他综合收益"科目。

（四）可供出售金融资产的出售

企业出售可供出售金融资产，应当将取得的价款与账面余额之间的差额作为投资损益进行会计处理，同时，将原计入该金融资产的公允价值变动转出，由其他综合收益转为投资收益。如果对可供出售金融资产计提了减值准备，还应当同时结转减值准备。

　　企业出售可供出售的金融资产，应当按照实际收到的金额，借记"其他货币资金——存出投资款"等科目，按该可供出售金融资产的账面余额，贷记"可供出售金融资产——成本、公允价值变动、利息调整、应计利息"科目，按照其差额，贷记或借记"投资收益"科目。同时，按照应从所有者权益中转出的公允价值累计变动额，借记或贷记"其他综合收益"科目，贷记或借记"投资收益"科目。

　　【练一练】甲公司 2014 年 7 月 1 日购入乙公司 2014 年 1 月 1 日发行的股票 200 股，每股市价 10 元，支付价款为 2000 元，另支付交易费用 150 元；2014 年 12 月 31 日，该股票市价为 12 元；2015 年 3 月，乙公司宣告发放现金股利，甲公司享有现金股利 500 元，2015 年 4 月，甲公司收到现金股利；2015 年 5 月 1 日，甲公司以每股 15 元的价格将该股票出售。

　　要求：分别作出作为交易性金融资产和可供出售金融资产核算的处理。

　　【解析】

	可供出售金融资产	交易性金融资产
初始	借：可供出售金融资产——成本　　2150 　　贷：其他货币资金　　2150	借：交易性金融资产——成本　　2000 　　　　投资收益　　150 　　贷：其他货币资金　　2150
2014 年 年底	借：可供出售金融资产——公允价值变动　　250 　　贷：其他综合收益　　250	借：交易性金融资产——公允价值变动　　400 　　贷：公允价值变动损益　　400
报表	2012 年对当期损益的影响为 0 2012 年对"投资收益"的影响为 0 2012 年资产负债表列示的账面价值为 2400	2012 年对当期损益的影响为 400 - 150 = 250（元） 2012 年对"投资收益"的影响为 150（元） 2012 年资产负债表列示的账面价值为 2400（元）
2015 年 3~4 月	借：应收股利　　500 　　贷：投资收益　　500 借：其他货币资金　　500 　　贷：应收股利　　500	借：应收股利　　500 　　贷：投资收益　　500 借：其他货币资金　　500 　　贷：应收股利　　500
2015 年 5 月	借：其他货币资金　　3000 　　贷：可供出售金融资产——成本　　2150 　　　　——公允价值变动　　250 　　　　投资收益　　600 借：其他综合收益　　250 　　贷：投资收益　　250	借：其他货币资金　　3000 　　贷：可供出售金融资产——成本　　2000 　　　　——公允价值变动　　400 　　　　投资收益　　600 借：公允价值变动损益　　400 　　贷：投资收益　　400
2015 年 报表	2013 年对当期损益的影响为 500 + 600 + 250 = 1350（元） 2013 年对投资收益的影响金额为 500 + 600 + 250 = 1350（元）	2013 年对当期损益的影响为 500 + 600 - 400 + 400 = 1100（元） 2013 年对投资收益的影响金额为 500 + 600 + 400 = 1500（元）

	可供出售金融资产	交易性金融资产
累计收益	投资收益科目的贷方合计 – 投资收益科目的借方合计 = 1350（元）或 1500 – 150 = 1350（元） 或：总的现金流入（其他货币资金借方）（3000 + 500）减去总的现金流出（其他货币资金贷方）（2150）= 1350（元）	

【练一练】2014 年 1 月 1 日，甲公司支付价款 1028.244 元购入某公司发行的 3 年期公司债券，该公司债券的票面总金额为 1000 元，票面年利率 4%，实际年利率为 3%，利息每年年末支付，本金到期支付。2014 年 12 月 31 日，该债券的市场价格为 1000.094 元。2015 年 12 月 31 日，该债券的公允价值为 1109.664 元。假定无交易费用和其他因素的影响。

要求：分别作出作为持有至到期投资和可供出售金融资产核算的处理。

【解析】

	持有至到期投资	可供出售金融资产
2014 年 1 月 1 日	借：持有至到期投资——成本 1000 ——利息调整 28.244 贷：其他货币资金 108.244	借：可供出售金融资产——成本 1000 ——利息调整 28.244 贷：其他货币资金 108.244
2014 年 12 月 31 日	借：应收利息 40 贷：投资收益 30.85 持有至到期投资——利息调整 9.15 借：其他货币资金 40 贷：应收利息 40	借：应收利息 40 贷：投资收益 30.85 可供出售金融资产——利息调整 9.15 借：其他货币资金 40 贷：应收利息 40
期末摊余成本	年末摊余成本 = 1028.244 – 9.15 = 1019.094（元）	年末摊余成本 = 1028.244 – 9.15 = 1019.094（元）
确认公允价值变动	无	借：其他综合收益 19 贷：可供出售金融资产——公允价值变动 19
期末账面价值	期末账面价值 = 期末摊余成本 1028.244 – 9.15 = 1019.094（元）	期末账面价值 = 期末公允价值 = 1000.094（元）
2015 年 12 月 31 日	借：应收利息 40 贷：投资收益 30.57 持有至到期投资——利息调整 9.43 借：其他货币资金 40 贷：应收利息 40	借：应收利息 40 贷：投资收益 30.57 可供出售金融资产——利息调整 9.43 借：其他货币资金 40 贷：应收利息 40
期末摊余成本	2015 年末摊余成本 = 1019.094 – 9.43 = 1009.664（元）	2015 年末摊余成本 = 1019.094 – 9.43 = 1009.664（元）
确认公允价值变动	无	借：可供出售金融资产——公允价值变动 119 贷：其他综合收益 119
期末账面价值	期末账面价值 = 期末摊余成本 = 1019.094 – 9.43 = 1009.664（元）	期末账面价值 = 期末公允价值 = 1109.664（元）

【主要分录总结】

序号	事项		分录
1	交易性金融资产	取得	借：交易性金融资产——成本 　　投资收益（交易费用） 　　应收利息（已到付息期尚未领取的债券利息） 　　应收股利（已宣告但尚未发放的现金股利） 　　贷：其他货币资金——存出投资款/银行存款
		资产负债表日	【公允价值上升】 借：交易性金融资产——公允价值变动 　　贷：公允价值变动损益 【公允价值下降】 借：公允价值变动损益 　　贷：交易性金融资产——公允价值变动
		持有期间股利/利息	借：应收利息（资产负债表日计算的应收利息） 　　应收股利（现金股利） 　　贷：投资收益 【收到时】 借：银行存款 　　贷：应收股利
		处置	借：其他货币资金——存出投资款/银行存款 　　贷：交易性金融资产——成本 　　　　　　　　　　——公允价值变动 贷或借：投资收益（差额） 借：公允价值变动损益（投资收益） 　　贷：投资收益（公允价值变动损益）
2	持有至到期投资	取得	借：持有至到期投资——成本（面值） 　　应收利息（已到付息期尚未领取） 　　持有至到期投资——利息调整（倒挤差额，也可能在贷方） 　　贷：银行存款（全部支付款项）
		持有期间利息	借：应收利息（分期付息债券按票面利率计算的利息）或持有至到期投资——应计利息（到期一次还本付息债券按票面利率计算的利息） 　　贷：投资收益（持有至到期投资摊余成本和实际利率计算确定的利息收入） 　　　　持有至到期投资——利息调整（差额，也可能在借方） 【收到利息（分期付息债券）】 借：银行存款 　　贷：应收利息
		减值	借：资产减值损失——计提的持有至到期投资减值准备（减值时） 　　贷：持有至到期投资减值准备
		处置	借：银行存款 　　贷：持有至到期投资——成本 　　　　　　　　　　——利息调整（尚未摊销的利息调整明细账户余额，也可能在借方） 　　　　投资收益（差额，也可能在借方）

续表

序号	事项		分录
3	可供出售金融资产	取得	【股票投资】 借：可供出售金融资产——成本（公允价值与交易费用之和） 　　应收股利（已宣告但尚未发放的现金股利） 　　贷：银行存款等 【债券投资】 借：可供出售金融资产——成本（面值） 　　应收股利（已到付息期但尚未领取的利息） 　　贷：银行存款等 　　　可供出售金融资产——利息调整（差额或借记）
		持有期间股利和利息	【现金股利】 借：应收股利 　　贷：投资收益 【债券利息】 借：应收利息（分期付息、一次还本） 　　可供出售金融资产——应计利息（一次还本付息） 　　　　　　　——利息调整（或贷记） 　　贷：投资收益（按其摊余成本和实际利率计算）
		资产负债表日	【价值上升】 借：可供出售金融资产——公允价值变动 　　贷：资本公积——其他资本公积 【价值下降】 借：资本公积——其他资本公积 　　贷：可供出售金融资产——公允价值变动
		减值	【计提时】 借：资产减值损失（按应减记的金额） 　　贷：资本公积——其他资本公积（按应从所有者权益中转出原计入资本公积的累计损失金额） 　　　可供出售金融资产——公允价值变动 【转回时】 股票投资： 借：可供出售金融资产——公允价值变动 　　贷：资本公积——其他资本公积（不能通过损益转回） 【债券投资】 借：可供出售金融资产——公允价值变动 　　贷：资产减值损失（应在原来计提减值准备的范围内转回）
		处置	借：银行存款 　　可供出售金融资产——公允价值变动（或贷记） 　　　　　　　——利息调整（或贷记） 　　贷：可供出售金融资产——成本 　　　　　　　——应计利息 　　　投资收益（金额倒挤或借记） 借：资本公积——其他资本公积（或贷记） 　　贷：投资收益（或借记）

【本章主要参考法规索引】

1. 企业会计准则——基本准则（2014 年 7 月 23 日财政部修订发布，自 2014 年 7 月 23 日起施行）

2. 企业会计准则——应用指南（2006 年 10 月 30 日财政部发布，自 2007 年 1 月 1 日起在上市公司范围内施行）

3. 企业会计准则第 22 号——金融工具确认和计量（2006 年 2 月 15 日财政部发布，自 2007 年 1 月 1 日起在上市公司范围内施行）

【本章习题】

一、单项选择题

1. 交易性金融资产与可供出售金融资产最根本的区别是（　　）。

A. 持有时间不同　　　　　　　　B. 投资对象不同

C. 资目的不同　　　　　　　　　D. 投资性质不同

2. 企业取得交易性金融资产的主要目的是（　　）。

A. 利用闲置资金短期获利　　　　B. 控制对方的经营政策

C. 向对方提供财务援助　　　　　D. 分散经营风险

3. 企业购入股票作为交易性金融资产，投资成本是指（　　）。

A. 股票的面值　　　　　　　　　B. 股票的公允价值

C. 实际支付的价款　　　　　　　D. 实际支付的交易费用

4. 企业以每股 3.6 元的价格购入 G 公司股票 20000 股作为交易性金融资产，并支付交易税费 300 元。股票的买价中包括了每股 0.20 元已宣告但尚未派发的现金股利。该股票的投资成本为（　　）。

A. 68000 元　　　　B. 68300 元　　　　C. 72000 元　　　　D. 72300 元

5. 企业购入股票支付的价款中如果包含已宣告但尚未领取的现金股利，应当（　　）。

A. 计入投资成本　　　　　　　　B. 作为其他应收款

C. 作为应收股利　　　　　　　　D. 计入投资收益

6. 企业在持有交易性金融资产期间获得的现金股利收益，应当（　　）。

A. 计入投资收益　　　　　　　　B. 冲减投资成本

C. 计入资本公积　　　　　　　　D. 冲减财务费用

7. 企业在持有交易性金融资产期间，公允价值的变动应当计入（　　）。

A. 投资收益　　　　　　　　　　B. 公允价值变动损益

C. 资本公积　　　　　　　　　　D. 营业外收入

8. 资产负债表日，交易性金融资产的价值应按（　　）。

　　A. 初始投资成本计量　　　　　　B. 可变现净值计量

　　C. 公允价值计量　　　　　　　　D. 成本与市价孰低计量

9. 资产负债表日，持有至到期投资的价值通常是指（　　）。

　　A. 投资的入账成本　　　　　　　B. 投资的公允价值

　　C. 投资的摊余成本　　　　　　　D. 投资的票面价值

10. 已经计提了减值准备的持有至到期投资，如果以后价值又得以恢复，应当（　　）。

　　A. 计入投资收益　　　　　　　　B. 恢复投资的账面价值

　　C. 增加资本公积　　　　　　　　D. 不作账务处理

11. 企业将准备持有至到期的债券重分类为可供出售金融资产，可供出售金融资产的入账金额应当是（　　）。

　　A. 债券的初始成本　　　　　　　B. 债券的摊余成本

　　C. 债券的公允价值　　　　　　　D. 债券的票面价值

12. 企业将持有至到期投资重分类为可供出售金融资产，投资的账面价值与公允价值的差额，应当计入（　　）。

　　A. 公允价值变动损益　　　　　　B. 投资收益

　　C. 营业外收入　　　　　　　　　D. 资本公积

13. 企业购入债券作为持有至到期投资，支付的价款中所包含的已到付息期但尚未领取的利息，应当作为（　　）。

　　A. 利息调整　　　B. 应收利息　　　C. 投资成本　　　D. 投资收益

14. 企业于 2015 年 1 月 1 日，以 53250 元（含债券利息）的价格购入面值 50000 元、2014 年 1 月 1 日发行、票面利率 6%、期限 4 年、每年 12 月 31 日付息的债券作为持有至到期投资。应记入"持有至到期投资——成本"科目的金额为（　　）元。

　　A. 50000　　　　　B. 50250　　　　　C. 53000　　　　　D. 53250

15. 2015 年 1 月 1 日，企业按 9700 元的价格购入当日发行的面值 10000 元、票面利率 5%、期限 5 年、每年年末付息一次的债券作为持有至到期投资。假定取得债券时的实际利率为 6%，2015 年 12 月 31 日，该企业确认的利息收益为（　　）元。

　　A. 485　　　　　B. 582　　　　　C. 500　　　　　D. 600

16. 企业按 69700 元的价格购入面值 70000 元、票面利率 5%、期限 3 年、到期一次还本付息的债券作为持有至到期投资。该投资到期时的账面价值为（　　）元。

A. 69700　　　　B. 70000　　　　C. 80200　　　　D. 80500

17. 已计提减值准备的可供出售金融资产，如果以后公允价值又回升，应恢复投资的账面价值，但应当以（　　）。

A. 投资的公允价值为限　　　　B. 投资的面值为限

C. 初始投资成本为限　　　　D. 已计提的减值准备为限

二、多项选择题

1. 根据企业会计准则对金融资产的分类，金融资产在初始确认时应当分为（　　）。

A. 以公允价值计量且其变动计入当期损益的金融资产

B. 交易性金融资产　　　　C. 持有至到期投资

D. 贷款和应收款项　　　　E. 可供出售金融资产

2. "交易性金融资产"科目，核算为交易目的而持有的（　　）。

A. 股票投资　　B. 债券投资　　C. 基金投资　　D. 衍生金融资产

E. 衍生金融负债

3. "交易性金融资产"科目下应设置的明细科目有（　　）。

A. 成本　　　　B. 公允价值变动　C. 利息调整　　D. 损益调整

E. 应计利息

4. 交易性金融资产从取得到处置，会涉及"投资收益"科目的情况有（　　）。

A. 取得投资时支付的相关税费　　B. 持有期间获得的现金股利

C. 持有期间获得的股票股利　　　D. 持有期间获得的债券利息

E. 持有期间发生的公允价值变动损益

5. "持有至到期投资"科目下应设置的明细科目有（　　）。

A. 成本　　　　　　　　　　　B. 公允价值变动

C. 利息调整　　　　　　　　　D. 损益调整

E. 应计利息

6. 企业以一批原材料换入债券作为持有至到期投资。假定原材料和债券的公允价值均不能可靠计量，影响该债券投资初始计量金额的因素有（　　）。

A. 原材料的账面余额　　　　　B. 原材料已计提的减值准备

C. 原材料应计的增值税　　　　D. 取得债券时支付的相关税费

E. 该债券已到付息期但尚未领取的利息

7. 持有至到期投资的取得成本高于面值，在持有期间按实际利率与确认的各期利息收入金额（　　）。

A. 相等　　　B. 不相等　　　C. 递增　　　　D. 递减

E. 先递减后递增

8. "可供出售金融资产"科目下应设置的明细科目有（　　）。

A. 成本
B. 公允价值变动

C. 利息调整
D. 损益调整

E. 应计利息

三、判断题

1. 根据企业会计准则的划分，衍生金融资产属于交易性金融资产，但不通过"交易性金融资产"科目核算。（　　）

2. 根据企业会计准则的划分，直接指定为以公允价值计量且其变动计入当期损益的金融资产不属于交易性金融资产，但通过"交易性金融资产"科目进行核算。（　　）

3. 企业在初始确认时将某金融资产划分为以公允价值计量且其变动计入当期损益的金融资产后，不能重分类为其他类金融资产；其他类金融资产也不能重分类为以公允价值计量且其变动计入当期损益的金融资产。（　　）

4. 企业取得交易性金融资产支付的手续费等相关费用，应计入当期损益；取得可供出售金融资产支付的手续费等相关费用，应当计入投资成本。（　　）

5. 资产负债表日，交易性金融资产和可供出售金融资产均应按公允价值计量，但公允价值的变动计入公允价值变动损益。（　　）

四、计算及账务处理题

1. 2015年3月25日，星海公司按每股3.50元的价格购入每股面值1元的A公司股票10000股作为交易性金融资产，并支付交易税费250元。股票购买价格中包含每股0.10元已宣告但尚未领取的现金股利，该现金股利于2015年4月10日发放。

要求：编制星海公司购入股票的下列会计分录。

（1）2015年3月25日，购入股票。

（2）2015年4月10日，收到现金股利。

2. 2015年4月5日，星海公司按248000元的价格购入面值为200000元、2015年1月1日发行、期限5年、票面利率5%、到期一次还本付息的甲公司债券作为交易性金融资产，并支付交易税费800元。

要求：编制星海公司购入债券的会计分录。

3. 2015年2月25日，星海公司以46800元的价格购入A公司债券作为交易性金融资产，并支付相关税费200元。该债券于2014年7月1日发行、面值45000元、期限5年、票面利率4%、每年7月1日付息一次，到期还本。2015年12月1日，星海公司将债券转让，收到转让价款46000元。

要求：编制星海公司有关该债券投资的下列会计分录。

（1）2015 年 2 月 25 日，购入债券。

（2）2015 年 7 月 5 日，收到债券利息。

（3）2015 年 12 月 1 日，转让债券。

4. 2015 年 1 月 20 日，星海公司按每股 3.80 元的价格购入每股面值 1 元的 B 公司股票 50000 股作为交易性金融资产，并支付交易税费 1200 元。2015 年 3 月 5 日，B 公司宣告分派每股 0.20 元的现金股利，并于 2015 年 4 月 10 日发放。2015 年 9 月 20 日，星海公司将该股票转让，取得转让收入 220000 元。

要求：编制星海公司有关该股票投资的下列会计分录。

（1）2015 年 1 月 20 日，购入股票。

（2）2015 年 3 月 5 日，B 公司宣告分派现金股利。

（3）2015 年 4 月 10 日，收到现金股利。

（4）2015 年 9 月 20 日，转让股票。

5. 星海公司于每年年末对交易性金融资产按公允价值计量。2015 年 12 月 31 日，该公司作为交易性金融资产持有的 C 公司股票账面余额为 680000 元。

要求：编制下列不同情况下，星海公司对交易性金融资产按公允价值计量的会计分录。

（1）假定 C 公司股票期末公允价值为 520000 元。

（2）假定 C 公司股票期末公允价值为 750000 元。

第六章
长期股权投资

长期股权投资，是指投资企业对被投资单位实施控制、重大影响的权益性投资，以及对其合营企业的权益性投资。除此之外，其他权益性投资不作为长期股权投资进行核算，而应当按照《企业会计准则第22号——金融工具确认和计量》的规定进行会计核算。

【学习目标】

通过本章学习，要求了解长期股权投资的核算范围，熟悉长期股权投资的初始计量，掌握长期股权投资的成本法、权益法以及长期股权投资处置和减值的核算。

【关键词】

长期股权投资	Long-term equity investments
成本法	Cost method
权益法	Equity method
其他综合收益	Other comprehensive income
股利	Dividend

【思维导图】

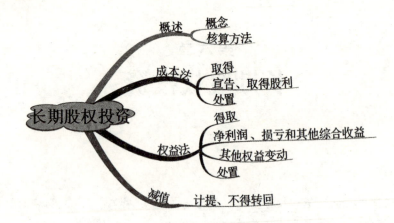

第一节　长期股权投资的范围

本章涉及的长期股权投资是指应当按照《企业会计准则第2号——长期股权投资》进行核算的权益性投资，主要包括以下三个方面：

第一，投资方能够对被投资单位实施控制的权益性投资，即对子公司投资。

控制，是指投资方拥有对被投资单位的权力，通过参与被投资单位的相关活动而享有可变回报，并且有能力运用对被投资单位的权力影响其回报金额。

第二，投资方与其他合营方一同对被投资单位实施共同控制，且对被投资单位净资产享有权利的权益性投资，即对合营企业投资。

共同控制，是指按照相关约定对某项安排所共有的控制，并且该安排的相关活动必须经过分享控制权的参与方一致同意后才能决策。相关活动，是指对某项安排的回报产生重大影响的活动。某项安排的相关活动应当根据具体情况进行判断，通常包括商品或劳务的销售和购买、金融资产的管理、资产的购买和处置、研究与开发活动以及融资活动等。

在判断是否存在共同控制时，应当首先判断所有参与方或参与方组合是否集体控制该安排，其次再判断该安排相关活动的决策是否必须经过这些集体控制该安排的参与方一致同意。如果存在两个或两个以上的参与方组合能够集体控制某项安排的，不构成共同控制。仅享有保护性权利的参与方不享有共同控制。

第三，投资方对被投资单位具有重大影响的权益性投资，即对联营企业投资。

重大影响，是指对一个企业的财务和经营政策有参与决策的权力，但并不能够控制或者与其他方一起共同控制这些政策的制定。在实务中，较为常见的重大影响体现为在被投资单位的董事会或类似权力机构中派有代表，通过在被投资单位财务和经营决策制定过程中的发言权实施重大影响。投资方直接或通过子公司间接持有被投资单位 20%以上，但低于 50%的表决权时，一般认为对被投资单位具有重大影响，除非有明确的证据表明在该种情况下不能参与被投资单位的生产经营决策，没有形成重大影响。在确定能否对被投资单位施加重大影响时，一方面要考虑投资方直接或间接持有被投资单位的表决权股份，另一方面要考虑投资方及其他方持有的当期可执行潜在表决权在假定转换为对被投资单位的股权后产生的影响，如被投资单位发行的当期可转换的认股权证、股份期权及可转换公司债券等的影响。

除上述以外其他的权益性投资，包括风险投资机构、共同基金，以及类似主体持有的、在初始确认时按照《企业会计准则第 22 号——金融工具确认和计量》的规定以公允价值计量且其变动计入当期损益的金融资产，投资性主体对不纳入合并财务报表的子公司的权益性投资，应当按照《企业会计准则第 22 号——金融工具确认和计量》的规定核算。

知识点

投资企业通常可以通过以下一种或几种情形来判断是否对被投资单位具有重大影响：

（1）在被投资单位的董事会或类似权力机构中派有代表。

（2）参与被投资单位财务和经营政策制定过程。

（3）与被投资单位之间发生重要交易。

（4）向被投资单位派出管理人员。

（5）向被投资单位提供关键技术资料，因被投资单位的生产经营需要依赖投资方的技术或技术资料，表明投资方对被投资单位具有重大影响。

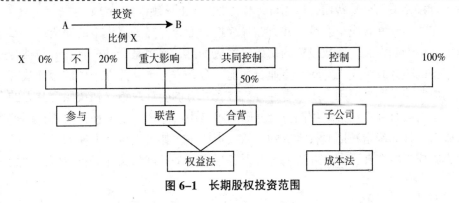

图 6-1　长期股权投资范围

第二节　长期股权投资的初始计量

企业合并形成的长期股权投资，应分别同一控制下控股合并与非同一控制下控股合并确定其初始投资成本。

一、企业合并形成的长期股权投资

（一）同一控制下企业合并形成的长期股权投资

合并方以支付现金、转让非现金资产或承担债务方式作为合并对价的，应当在合并日按照所取得的被合并方在最终控制方合并财务报表中的净资产的账面价值的份额作为长期股权投资的初始投资成本。被合并方在合并日的净资产账面价值为负数的，长期股权投资成本按零确定，同时在备查簿中予以登记。如果被合并方在被合并以前，是最终控制方通过非同一控制下的企业合并所控制的，则合并方长期股权投资的初始投资成本还应包含相关的商誉金额。长期股权投资的初始投资成本与支付的现金、转让的非现金资产及所承担债务账面价值之间的差额，应当调整资本公积（资本溢价或股本溢价）；资本公积（资本溢价或股本溢价）的余额不足冲减的，依次冲减盈余公积和未分配利润。合并方以发行权益性工具作为合并对价的，应按发行股份的面值总额作为股本，长期股权投资的初始投资成本与所发行股份面值总额之间的差额，应当调整资本公积（股本溢价）；资本公积（股本溢价）不足冲减的，依次冲减盈余公积和未分配利润。

合并方发生的审计、法律服务、评估咨询等中介费用以及其他相关管理费用，于发生时计入当期损益。与发行权益性工具作为合并对价直接相关的交易费用，应当冲减资本公积（资本溢价或股本溢价），资本公积（资本溢价或股本溢价）不足冲减的，依次冲减盈余公积和未分配利润。与发行债务性工具作为合并对价直接相关的交易费用，应当计入债务性工具的初始确认金额。

在按照合并日应享有被合并方在最终控制方合并财务报表中的净资产的账面价值的份额确定长期股权投资的初始投资成本时，前提是合并前合并方与被合并方采用的会计政策应当一致。企业合并前，合并方与被合并方采用的会计政策不同的应基于重要性原则，统一合并方与被合并方的会计政策。在按照合并方的会计政策对被合并方在最终控制方合并财务报表中的净资产的账面价值进行调整的基础上，计算确定长期股权投资的初始投资成本。如果被合并方编制合并财务报表，则应当以合并日被合并方的合并财务报表为基础确认长期股权投资的初始投资成本。

【例6-1】2013年6月30日，A公司向其母公司P发行10000000股普通股（每股面值为1元，每股公允价值为4.34元），取得母公司P拥有对S公司100%的股权，并于当日起能够对S公司实施控制。合并后，S公司仍维持其独立法人地位继续经营。2013年6月30日，P公司合并财务报表中的S公司净资产账面价值为40000000元。假定A公司和S公司都受P公司最终同一控制，在企业合并前采用的会计政策相同。不考虑相关税费等其他因素影响。

A公司在合并日应确认对S公司的长期股权投资，初始投资成本为应享有S公司在P公司合并财务报表中的净资产账面价值的份额，账务处理如下：

借：长期股权投资——S公司　　　　　　　　　40000000
　　贷：股本　　　　　　　　　　　　　　　　　　　　　　10000000
　　　　资本公积——股本溢价　　　　　　　　　　　　　　30000000

企业通过多次交易分步取得同一控制下被投资单位的股权，最终形成企业合并的，应当判断多次交易是否属于"一揽子交易"。多次交易的条款、条件以及经济影响符合以下一种或多种情况，通常表明应将多次交易事项作为"一揽子交易"进行会计处理：①这些交易是同时或者在考虑了彼此影响的情况下订立的；②这些交易整体才能达成一项完整的商业结果；③一项交易的发生取决于其他至少一项交易的发生；④一项交易单独考虑是不经济的，但是和其他交易一并考虑时是经济的。

属于"一揽子交易"的，合并方应当将各项交易作为一项取得控制权的交易进行会计处理。不属于"一揽子交易"的，取得控制权日，应按照以下步骤进行会计处理：

第一，确定同一控制下企业合并形成的长期股权投资的初始投资成本。在合并日，根据合并后应享有被合并方净资产在最终控制方合并财务报表中的账面价值的份额，确定长期股权投资的初始投资成本。

第二，长期股权投资初始投资成本与合并对价账面价值之间的差额的处理。合并日长期股权投资的初始投资成本，与达到合并前的长期股权投资账面价值加上合并日进一步取得股份新支付对价的账面价值之和的差额，调整资本公积（资本溢价或股本溢价），资本公积不足冲减的，冲减留存收益。

第三，合并日之前持有的股权投资，因采用权益法核算或金融工具确认和计量准则核算而确认的其他综合收益，暂不进行会计处理，直至处置该项投资时采用与被投资单位直接处置相关资产或负债相同的基础进行会计处理；因采用权益法核算而确认的被投资单位净资产中除净损益、其他综合收益和利润分配以外的所有者权益其他变动，暂不进行会计处理，直至处置该项投资时转入当期损益。

其中，处置后的剩余股权采用成本法或权益法核算的，其他综合收益和其他所有者权益应按比例结转，处置后的剩余股权改按金融工具确认和计量准则进行会计处理的，其他综合收益和其他所有者权益应全部结转。

【例 6-2】 2013 年 1 月 1 日，A 公司取得同一控制下的 B 公司 25% 的股份，实际支付款项 90000000 元，能够对 B 公司施加重大影响。相关手续于当日办理完毕。当日，B 公司可辨认净资产账面价值为 330000000 元（假定与公允价值相等）。2013 年及 2014 年，B 公司共实现净利润 15000000 元，无其他所有者权益变动。2015 年 1 月 1 日，A 公司以定向增发 30000000 股普通股（每股面值为 1 元，每股公允价值为 4.5 元）的方式取得同一控制下另一企业所持有的 B 公司 35% 的股权，相关手续于当日完成。进一步取得投资后，A 公司能够对 B 公司实施控制。当日，B 公司在最终控制方合并财务报表中的净资产的账面价值为 345000000 元。假定 A 公司和 B 公司采用的会计政策和会计期间相同，均按照 10% 的比例提取法定盈余公积。A 公司和 B 公司一直受同一最终控制方控制。

上述交易不属于"一揽子交易"。不考虑相关税费等其他因素影响。

【解析】

（1）确定合并日长期股权投资的初始投资成本。

合并日追加投资后 A 公司持有 B 公司股权比例为 60%（25% + 35%）。

合并日 A 公司享有 B 公司在最终控制方合并财务报表中净资产的账面价值份额为 207000000（345000000 × 60%）元。

（2）长期股权投资初始投资成本与合并对价账面价值之间的差额的处理。

原 25% 的股权投资采用权益法核算，在合并日的原账面价值为 93750000（90000000 + 15000000 × 25%）元。

追加投资（35%）所支付对价的账面价值为 30000000 元。

合并对价账面价值为 123750000（93750000 + 30000000）元。

长期股权投资初始投资成本与合并对价账面价值之间的差额为 83250000（207000000 - 123750000）元。

合并日，A 公司应进行的账务处理如下：

借：长期股权投资——B 公司　　　　　　　　　　207000000

　　贷：长期股权投资——B 公司——投资成本　　　　　　　　90000000

　　　　　　　　　　　　　　——损益调整　　　　　　　　　　3750000

　　股本　　　　　　　　　　　　　　　　　　　　　　30000000

　　资本公积——股本溢价　　　　　　　　　　　　　　　83250000

（二）非同一控制下企业合并形成的长期股权投资

在非同一控制下的控股合并中，购买方应当按照确定的企业合并成本作为长期股权投资的初始投资成本。企业合并成本包括购买方付出的资产、发生或承担的负债、发行的权益性工具或债务性工具的公允价值之和。购买方为企业合并发生的审计、法律服务、评估咨询等中介费用以及其他相关管理费用，应于发生时计入当期损益；购买方作为合并对价发行的权益性工具或债务性工具的交易费用，应当计入权益性工具或债务性工具的初始确认金额。

【例 6-3】2015 年 3 月 31 日，A 公司取得 B 公司 70%的股权，并于当日起能够对 B 公司实施控制。合并中，A 公司支付的有关资产在购买日的账面价值与公允价值如表 6-1 所示。合并中，A 公司为核实 B 公司的资产价值，聘请专业资产评估机构对 B 公司的资产进行评估，支付评估费用 1000000 元。假定合并前 A 公司与 B 公司不存在任何关联方关系。不考虑相关税费等其他因素影响。

表 6-1　A 公司支付的有关资产购买日的账面价值与公允价值

2015 年 3 月 31 日　　　　　　　　　　　　　　单位：元

项目	账面价值	公允价值
土地使用权（自用）	20000000（成本为 30000000，累计摊销 10000000）	32000000
专利技术	8000000（成本为 10000000，累计摊销 2000000）	10000000
银行存款	8000000	8000000
合计	36000000	50000000

【解析】

本例中因 A 公司与 B 公司在合并前不存在任何关联方关系，应作为非同一控制下的企业合并处理。A 公司对于合并形成的对 B 公司的长期股权投资，应按支付对价的公允价值确定其初始投资成本。A 公司应进行的账务处理如下：

借：长期股权投资——B 公司　　　　　　50000000

　　累计摊销　　　　　　　　　　　　12000000

　　管理费用　　　　　　　　　　　　 1000000

　　贷：无形资产　　　　　　　　　　　　　　40000000

　　　　银行存款　　　　　　　　　　　　　　 9000000

　　　　营业外收入　　　　　　　　　　　　　14000000

企业通过多次交易分步实现非同一控制下企业合并的，应当区分个别财务报表和合并财务报表进行会计处理。在编制个别财务报表时，应当按照原持有的股权投资的账面价值加上新增投资成本之和，作为改按成本法核算的初始投资成本。

购买日之前持有的股权采用权益法核算的，相关其他综合收益应当在处置该项投资时采用与被投资单位直接处置相关资产或负债相同的基础进行会计处理，因被投资方除净损益、其他综合收益和利润分配以外的其他所有者权益变动而确认的所有者权益，应当在处置该项投资时相应转入处置期间的当期损益。其中，处置后的剩余股权采用成本法或权益法核算的，其他综合收益和其他所有者权益应按比例结转，处置后的剩余股权改按金融工具确认和计量准则进行会计处理的，其他综合收益和其他所有者权益应全部结转。

购买日之前持有的股权投资，采用金融工具确认和计量准则进行会计处理的，应当将按照该准则确定的股权投资的公允价值加上新增投资成本之和，作为改按成本法核算的初始投资成本，原持有股权的公允价值与账面价值之间的差额以及原计入其他综合收益的累计公允价值变动应当全部转入改按成本法核算的当期投资收益。

【例 6-4】2013 年 1 月 1 日，A 公司以现金 45000000 元自非关联方处取得了 B 公司 20% 的股权，并能够对其施加重大影响。当日，B 公司可辨认净资产公允价值为 210000000 元。2015 年 7 月 1 日，A 公司另支付现金 120000000 元，自另一非关联方处取得 B 公司 40% 的股权，并取得对 B 公司的控制权。购买日，A 公司原持有的对 B 公司的 20% 股权的公允价值为 60000000 元，账面价值为 52500000 元，A 公司确认与 B 公司权益法核算相关的累计其他综合收益为 6000000 元，其他所有者权益变动为 1500000 元；B 公司可辨认净资产公允价值为 270000000 元。假设 A 公司购买 B 公司 20% 股权和后续购买 40% 的股权的交易不构成"一揽子交易"。以上交易的相关手续均于当日完成。不考虑相关税费等其他因素影响。

【解析】

购买日前，A 公司持有 B 公司的投资作为对联营企业的投资进行会计核算，购买日前 A 公司原持有股权的账面价值为 52500000（45000000 + 6000000 + 1500000）元。本次投资支付对价的公允价值为 120000000 元。

购买日对子公司按成本法核算的初始投资成本为 172500000（52500000 + 120000000）元。

购买日前 A 公司原持有股权相关的其他综合收益 6000000 元以及其他所有者权益变动 1500000 元在购买日均不进行会计处理。

【例 6-5】2013 年 1 月 1 日，A 公司以每股 6 元的价格购入某上市公司 B 公司的股票 2000000 股，并由此持有 B 公司 5% 的股权。A 公司与 B 公司不存在关联方关系。A 公司将对 B 公司的投资作为可供出售金融资产进行会计处理。2015 年 1 月 1 日，A 公司以现金 150000000 元为对价，向 B 公司大股东收购 B 公司 50% 的股权，相关手续于当日完成。假设 A 公司购买 B 公司 5% 的股权和后续购买 50% 的股权不构成"一揽子交易"，A 公司取得 B 公司控制权之日为 2015 年 1 月 1 日，B 公司当日股价为每股 6.5 元，B 公司可辨认净资产的公允价值为

240000000 元，不考虑相关税费等其他因素影响。

【解析】

购买日前，A 公司持有对 B 公司的股权投资作为可供出售金融资产进行会计处理，购买日前 A 公司原持有可供出售金融资产的账面价值为 13000000 （6.5 × 2000000）元。

本次追加投资支付对价的公允价值为 150000000 元。

购买日对子公司按成本法核算的初始投资成本为 163000000 （150000000 + 13000000）元。

购买日前 A 公司原持有可供出售金融资产相关的其他综合收益为 1000000 [（6.5－6）×2000000] 元，购买日该其他综合收益转入购买日所属当期投资收益。

借：长期股权投资——B 公司   163000000

    贷：可供出售金融资产——B 公司股票——成本   12000000

                ——公允价值变动   1000000

        银行存款   150000000

借：其他综合收益   1000000

    贷：投资收益   1000000

二、企业合并以外的其他方式取得的长期股权投资

（一）以支付现金取得的长期股权投资

以支付现金取得的长期股权投资，应当按照实际支付的购买价款作为初始投资成本，包括与取得长期股权投资直接相关的费用、税金及其他必要支出，但不包括应自被投资单位收取的已宣告但尚未发放的现金股利或利润。

【例 6-6】 甲公司于 2015 年 2 月 10 日自公开市场中买入乙公司 20%的股份，实际支付价款 80000000 元。在购买过程中支付手续费等相关费用 1000000 元。甲公司取得该部分股权后能够对乙公司施加重大影响。假定甲公司取得该项投资时，乙公司已宣告但尚未发放现金股利，甲公司按其持股比例计算确定可分得 300000 元。

甲公司应当按照实际支付的购买价款扣减应收未收的现金股利后的余额作为取得长期股权投资的成本，其账务处理如下：

借：长期股权投资——乙公司——投资成本   80700000

    应收股利——乙公司   300000

    贷：银行存款   81000000

（二）以发行权益性证券取得的长期股权投资

以发行权益性证券取得的长期股权投资，应当按照发行权益性证券的公允价

值作为初始投资成本，但不包括应被投资单位收取的已宣告但尚未发放的现金股利或利润。为发行权益性证券支付的手续费、佣金等与发行直接相关的费用，不构成长期股权投资的初始投资成本。这部分费用应自所发行证券的溢价发行收入中扣除，溢价收入不足冲减的，应依次冲减盈余公积和未分配利润。

【例6-7】 2015年3月，A公司通过增发30000000股（每股面值1元）本企业普通股为对价，从非关联方处取得对B公司20%的股权，所增发股份的公允价值为52000000元：为增发该部分普通股，A公司支付了2000000元的佣金和手续费。取得B公司股权后，A公司能够对B公司施加重大影响。不考虑相关税费等其他因素影响。

本例中，A公司应当以所发行股份的公允价值作为取得长期股权投资的成本。

```
借：长期股权投资——B公司——投资成本        52000000
    贷：股本                                        30000000
        资本公积——股本溢价                        22000000
借：资本公积——股本溢价                    2000000
    贷：银行存款                                    2000000
```

一般而言，投资者投入的长期股权投资应根据法律法规的要求进行评估作价，在公平交易当中，投资者投入的长期股权投资的公允价值，与所发行证券（工具）的公允价值不应存在重大差异。如有确凿证据表明，取得长期股权投资的公允价值比所发行证券（工具）的公允价值更加可靠的，以投资者投入的长期股权投资的公允价值为基础确定其初始投资成本。投资方通过发行债务性证券（债务性工具）取得长期股权投资的，比照通过发行权益性证券（权益性工具）处理。

（三）以债务重组、非货币性资产交换等方式取得的长期股权投资

以债务重组、非货币性资产交换等方式取得的长期股权投资，其初始投资成本应按照《企业会计准则第12号——债务重组》和《企业会计准则第7号——非货币性资产交换》的规定确定。

第三节　长期股权投资的后续计量

企业取得的长期股权投资，在确定其初始投资成本后，持续持有期间，视对被投资单位的影响程度等情况的不同，应分别采用成本法及权益法进行核算。对子公司的长期股权投资应当按成本法核算，对合营企业、联营企业的长期股权投资应当按权益法核算。

长期股权投资的核算方法有两种：一是成本法，二是权益法。

一、成本法

（一）成本法核算的范围

企业能够对被投资单位实施控制的长期股权投资，即企业对子公司的长期股权投资，应当采用成本法核算，投资企业为投资性主体且子公司不纳入其合并财务报表的除外。

对子公司的长期股权投资采用成本法核算，主要是为了避免在子公司实际发放现金股利或利润之前，母公司垫付资金发放现金股利或利润等情况，解决了原来权益法下投资收益不能足额收回导致超分配的问题。

（二）成本法核算的账务处理

1. 长期股权投资初始投资成本的确定

除企业合并形成的长期股权投资以外，以支付现金取得的长期股权投资，应当按照实际支付的购买价款作为初始投资成本。投资企业所发生的与取得长期股权投资直接相关的费用、税金及其他必要支出应计入长期股权投资的初始投资成本。

此外，投资企业取得长期股权投资，实际支付的价款或对价中包含的已宣告但尚未发放的现金股利或利润，作为应收项目处理，不构成长期股权投资的成本。

2. 长期股权投资的取得

投资企业取得长期股权投资时，应当按照初始投资成本计价。追加投资，投资企业应当调整长期股权投资的成本。

除企业合并形成的长期股权投资以外，以支付现金、非现金资产等方式取得的长期股权投资，应当按照上述规定确定的长期股权投资初始投资成本，借记"长期股权投资"科目，贷记"银行存款"等科目。如果实际支付的价款中包含有已宣告但尚未分派的现金股利或利润，借记"应收股利"科目，贷记"银行存款"科目。

 知识点

成本法核算下长期股权投资没有明细科目的核算。

【例 6-8】甲公司 2015 年 1 月 10 日从上海证券交易所购买长信股份有限公司发行的股票 500000 股准备长期持有，从而拥有长信股份有限公司 0.5% 的股份。每股买入价为 6 元，另外购买该股票时发生有关税费 50000 元，款项已支付。甲公司应编制如下会计分录：

（1）计算初始投资成本。

股票成交金额（500000×6）	3000000
加：相关税费	50000
	3050000

（2）编制购入股票的会计分录。

借：长期股权投资——长信股份有限公司　　3050000

　　贷：其他货币资金——存出投资款　　　　　　　3050000

3. 长期股权投资持有期间被投资单位宣告分派现金股利或利润

长期股权投资持有期间被投资单位宣告分派现金股利或利润时，对采用成本法核算的，投资企业按应享有的份额确认为当期投资收益，借记"应收股利"科目，贷记"投资收益"科目。

【例6-9】甲公司2015年5月5日在上海证券交易所购买利通股份有限公司的股票100000股作为长期投资，每股买入价为10元，每股价格中包含有0.2元的已宣告分派的现金股利，另支付相关税费7000元。甲公司应编制如下会计分录：

（1）计算初始投资成本。

股票成交金额（100000×10）	1000000
加：相关税费	7000
减：已宣告发放的现金股利（100000×0.2）	（20000）
	987000

（2）编制购入股票的会计分录。

借：长期股权投资——利通股份有限公司　　987000

　　应收股利——利通股份有限公司　　　　20000

　　贷：其他货币资金——存出投资款　　　　　　1007000

（3）假定甲公司2015年6月20日收到利通股份有限公司分来的购买该股票时已宣告分派的现金股利20000元。

借：其他货币资金——存出投资款　　20000

　　贷：应收股利——利通股份有限公司　　　20000

取得长期股权投资时，如果实际支付的价款中包含有已宣告但尚未发放的现金股利或利润，应借记"应收股利"科目，不记入"长期股权投资"科目。

【例6-10】承【例6-9】假设甲公司于2016年6月20日收到利通股份有限公司宣告分派2015年现金股利的通知，应分得现金股利5000元。甲公司应编制如下会计分录：

借：应收股利——利通股份有限公司　　5000

　　　　贷：投资收益　　　　　　　　　　　　　　　　　　　　　5000

　　属于长期股权投资持有期间被投资单位宣告分派现金股利或利润时，投资企业按应享有的份额确认为当期投资收益，借记"应收股利"科目，贷记"投资收益"科目。

　　【例 6-11】 甲公司在上海证券交易所将其作为长期投资持有的远海股份有限公司 15000 股股票，以每股 10 元的价格卖出，支付相关税费 1000 元，取得价款149000 元，款项已由银行收妥。该长期股权投资账面价值为 140000 元，假定没有计提减值准备。甲公司应编制如下会计分录：

　　（1）计算投资收益。

　　股票转让取得价款　　　　　　　　　　149000
　　减：投资账面余额　　　　　　　　　　（140000）
　　　　　　　　　　　　　　　　　　　　　　9000

　　（2）编制出售股票时的会计分录。

　　借：其他货币资金——存出投资款　　　149000
　　　　贷：长期股权投资——远海股份有限公司　　　140000
　　　　　　投资收益　　　　　　　　　　　　　　　　9000

二、权益法

（一）权益法核算的范围

　　企业对被投资单位具有共同控制或重大影响时，长期股权投资应当采用权益法核算。

　　（1）企业对被投资单位具有共同控制的长期股权投资，即企业对合营企业的长期股权投资。

　　（2）企业对被投资单位具有重大影响的长期股权投资，即企业对联营企业的长期股权投资。

　　投资企业对联营其企业的权益性投资，其中一部分通过风险投资机构、共同基金、信托公司或包括投连险基金在内的类似主体间接持有的，无论以上主体是否对这部分投资具有重大影响，投资企业都可以按照《企业会计准则第 22 号——金融工具确认和计量》的有关规定，对间接持有的该部分投资选择以公允价值计量且其变动计入当期损益，并对其余部分采用权益法核算。

　　为了反映和监督企业长期股权投资的取得、持有和处置等情况，企业应当设置"长期股权投资"、"投资收益"、"其他综合收益"等科目。

　　"长期股权投资"科目核算企业持有的长期股权投资，借方登记长期股权投资取得时的初始投资成本以及采用权益法核算时按被投资单位实现的净损益、其他综合收益和其他权益变动等计算的应分享的份额，贷方登记处置长期股权投资的账面余额或采用权益法核算时被投资单位宣告分派现金股利或利润时企业按持股比例计算应享有的份额，及按被投资单位发生的净亏损、其他综合收益和其他权益变动等计算的应分担的份额，期末借方余额，反映企业持有的长期股权投资的价值。

本科目应当按照被投资单位进行明细核算。长期股权投资核算采用权益法的，应当分别按"投资成本"、"损益调整"、"其他综合收益"、"其他权益变动"进行明细核算。

（二）权益法核算的账务处理

1. 长期股权投资的取得

投资企业取得长期股权投资采用权益法核算，长期股权投资的初始投资成本大于投资时应享有被投资单位可辨认净资产公允价值份额的，该部分差额是投资企业在取得投资过程中通过作价体现出的与所取得股权份额相对应的商誉价值，在这种情况下，不要求调整长期股权投资的初始投资成本，借记"长期股权投资——投资成本"科目，贷记"银行存款"等科目。

长期股权投资的初始投资成本小于投资时应享有被投资单位可辨认净资产公允价值份额的，该部分差额体现为双方在交易作价过程中转让方的让步，该部分经济利益流入应计入取得长期股权投资当期的营业外收入，同时调整增加长期股权投资的成本，借记"长期股权投资——投资成本"科目，贷记"银行存款"等科目，按照其差额，贷记"营业外收入"科目。

【例 6-12】甲公司 2015 年 1 月 20 日在上海证券交易所购买海星股份有限公司发行的股票 50000000 股准备长期持有，占海星股份有限公司股份的 30%。每股买入价为 6 元，另外，购买该股票时发生相关税费 500000 元，款项已由银行存款支付。2014 年 12 月 31 日，海星股份有限公司所有者权益的账面价值（与其公允价值不存在差异）1000000000 元。甲公司应编制如下会计分录：

（1）计算初始投资成本。

股票成交金额（50000000×6）　　　　　　　　　300000000
加：相关税费　　　　　　　　　　　　　　　　　　 500000
　　　　　　　　　　　　　　　　　　　　　　　 300500000

（2）编制购入股票的会计分录。

借：长期股权投资——海星股份有限公司——投资成本 300500000
　　贷：其他货币资金——存出投资款　　　　　　　　　　　　300500000

在【例 6-12】中，长期股权投资的初始投资成本 300500000 元大于投资时应享有被投资单位可辨认净资产公允价值份额 300000000（1000000000×30%）

元，其差额 500000 元不能调整长期股权投资的初始投资成本。但是，如果长期股权投资的初始投资成本小于投资时应享有被投资单位可辨认净资产公允价值份额，应借记"长期股权投资——投资成本"科目，贷记"银行存款"等科目，按照其差额，贷记"营业外收入"科目。

2. 持有长期股权投资期间被投资单位实现净利润或发生净亏损和其他综合收益

投资企业在持有长期股权投资期间，应按照被投资单位实现的净利润（以取得投资时被投资单位可辨认净资产的公允价值为基础计算）中应享有的份额，借记"长期股权投资——损益调整"科目，贷记"投资收益"科目。被投资单位发生净亏损做相反的会计分录，借记"投资收益"科目，贷记"长期股权投资——损益调整"科目，但以"长期股权投资"科目的账面价值减记至零为限。还需承担的投资损失，应将其他实质上构成对被投资单位净投资的"长期应收款"等的账面价值减记至零为限；除按照以上步骤已确认的损失外，按照投资合同或协议约定将承担的损失，确认为预计负债。除上述情况仍未确认的应分担被投资单位的损失，应在备查簿中登记。发生亏损的被投资单位以后实现净利润的，应按与上述相反的顺序进行处理。

上述以"长期股权投资"科目的账面价值减记至零为限所指"长期股权投资"科目是指"长期股权投资——对××单位投资"这个明细科目，该明细科目通常又由"投资成本"、"损益调整"、"其他综合收益"、"其他权益变动"4 个二级明细科目组成，账面价值减至零即意味着"对××单位投资"的这 4 个二级明细科目余额合计为零。上述所讲"其他实质上构成对被投资单位净投资的'长期应收款'等"通常是指投资企业对被投资单位的长期债权，该债权没有明确的清收计划，且在可预见的未来期间不准备收回的，实质上构成对被投资单位的净投资。但是，该类长期权益不包括投资企业与被投资单位之间因销售商品、提供劳务等日常活动所产生的长期债权。

发生亏损的被投资单位以后实现净利润的，投资企业计算应享有的份额，如有未确认投资损失的，应先弥补未确认的投资损失，弥补损失后仍有余额的，依次借记"长期应收款"科目和"长期股权投资——损益调整"科目，贷记"投资收益"科目。

投资企业在对权益法下的长期股权投资确认投资收益和其他综合收益时，还需要注意以下两个方面：

一是被投资单位采用的会计政策及会计期间与投资企业不一致的，应当按照投资企业的会计政策及会计期间对被投资单位的财务报表进行调整，并据以确认投资收益和其他综合收益等。

二是投资企业计算确认应享有或应分担被投资单位的净损益时，与联营企业、合营企业之间发生的未实现内部交易损益按照应享有的比例计算归属于投资企业的部分，应当予以抵消，在此基础上确认投资收益。投资企业与被投资单位发生的未实现内部交易损失，按照《企业会计准则第 8 号——资产减值》等的有关规定属于资产减值损失的，应当全额确认。

被投资单位以后宣告分派现金股利或利润时，投资企业计算应分得的部分，借记"应收股利"科目，贷记"长期股权投资——损益调整"科目。

知识点 以长期股权投资科目的账面价值减记至零为限。

【例 6-13】 承【例 6-12】2015 年海星股份有限公司实现净利润10000000元。甲公司按照持股比例确认投资收益3000000 元。2016 年 5 月 15 日，海星股份有限公司宣告分派现金股利，每 10 股派 0.3 元，甲公司可分派到 1500000 元。2016 年 6 月 15 日，甲公司收到海星股份有限公司分派的现金股利。

假定不考虑其他因素。甲公司应编制如下会计分录：

（1）确认从海星股份有限公司实现的投资收益时。

借：长期股权投资——海星股份有限公司——损益调整　3000000
　　贷：投资收益　　　　　　　　　　　　　　　　　　　3000000

（2）海星股份有限公司宣告分派现金股利时。

借：应收股利——海星股份有限公司　　　　　　　　　1500000
　　贷：长期股权投资——海星股份有限公司——损益调整　1500000

（3）收到海星股份有限公司发放的现金股利时。

借：其他货币资金——存出投资款　　　　　　　　　　1500000
　　贷：应收股利——海星股份有限公司　　　　　　　　1500000

收到被投资单位发放的股票股利，不进行账务处理，但应在备查簿中进行登记，在除权日注明增加的股数，以反映股份的变化情况。

投资企业在持有长期股权投资期间，应当按照应享有或应分担被投资单位实现其他综合收益的份额，借记"长期股权投资——其他综合收益"科目，贷记"其他综合收益"科目。这里所讲的"其他综合收益"，是指企业根据其他会计准则规定未在当期损益中确认的各项利得和损失。

【例 6-14】 承【例 6-12】2015 年海星股份有限公司可供出售金融资产的公允价值增加了 4000000 元。甲公司按照持股比例确认相应的其他综合收益1200000 元。甲公司应编制如下会计分录：

借：长期股权投资——海星股份有限公司——其他综合收益 1200000

　　贷：其他综合收益——海星股份有限公司　　　　　　 1200000

3. 持有长期股权投资期间被投资单位所有者权益的其他变动

投资企业对于被投资单位除净损益、其他综合收益和利润分配外所有者权益的其他变动，应当按照持股比例计算应享有的份额，借记或贷记"长期股权投资——其他权益变动"科目，贷记或借记"资本公积——其他资本公积"科目。

4. 长期股权投资的处置

投资企业处置长期股权投资时，按照实际取得的价款与长期股权投资账面价值的差额确认为投资损益，采用与被投资单位直接处置相关资产或负债相同的基础，按相应比例对原计入其他综合收益的部分进行会计处理，同时按照结转的长期股权投资的投资成本比例结转"资本公积——其他资本公积"科目中的相关金额。如果对长期股权投资计提了减值准备，还应当同时结转已计提的长期股权投资减值准备。

投资企业处置长期股权投资时，应按照实际收到的金额，借记"银行存款"等科目，按照原已计提的减值准备，借记"长期股权投资减值准备"科目，按照该长期股权投资的账面余额，贷记"长期股权投资"科目，按照尚未领取的现金股利或利润，贷记"应收股利"科目，按照其差额，贷记或借记"投资收益"科目。

同时，应当采用与被投资单位直接处置相关资产或负债相同的基础，对相关的其他综合收益进行会计处理。按照上述原则可以转入当期损益的其他综合收益，应按结转的长期股权投资的投资成本比例结转原记入"其他综合收益"科目的金额，借记或贷记"其他综合收益"科目，贷记或借记"投资收益"科目。

同时，还应按照结转的长期股权投资的投资成本比例结转原记入"资本公积——其他资本公积"科目的金额，借记或贷记"资本公积——其他资本公积"科目，贷记或借记"投资收益"科目。

【例 6-15】承【例 6-12】、【例 6-13】和【例 6-14】2016 年 7 月 20 日，甲公司在上海证券交易所出售所持海星股份有限公司的股票 50000000 股，每股出售价为 10 元，款项已收到。甲公司应编制如下会计分录：

借：其他货币资金——存出投资款　　　　　 500000000

　　贷：长期股权投资——海星股份有限公司——投资成本　　300500000

　　　　　　　　——海星股份有限公司——损益调整　　　　　 1500000

　　　　　　　　——海星股份有限公司——其他综合收益　　 1200000

　　　　投资收益　　　　　　　　　　　　　　　　　　 196800000

同时：

借：其他综合收益——海星股份有限公司　　　　　　1200000
　　贷：投资收益　　　　　　　　　　　　　　　　　　　　　1200000

三、长期股权投资减值

（一）长期股权投资减值金额的确定

投资企业应当关注长期股权投资的账面价值是否大于享有被投资单位所有者权益账面价值的份额等类似情况。出现类似情况时，投资企业应当按照《企业会计准则第8号——资产减值》对长期股权投资进行减值测试，其可收回金额低于账面价值的，应当将该长期股权投资的账面价值减记至可收回金额，减记的金额确认为减值损失，计入当期损益，同时计提相应的资产减值准备。

（二）长期股权投资减值的账务处理

投资企业计提长期股权投资减值准备，应当通过设置"长期股权投资减值准备"科目进行核算。

投资企业按照应减记的金额，借记"资产减值损失——计提的长期股权投资减值准备"科目，贷记"长期股权投资减值准备"科目。

长期股权投资减值损失一经确认，在以后会计期间不得转回。

【主要分录总结】

序号	事项		分录
1	成本法	投资时	借：长期股权投资 　　应收股利 　　贷：其他货币资金
		收到上述股利时	借：其他货币资金 　　贷：应收股利
		年末，被投资方发生盈亏	不做账
		宣告发放上年股利	借：应收股利 　　贷：投资收益
		收到上述股利时	借：其他货币资金 　　贷：应收股利
		被投资单位其他综合收益变动	不做账
		被投资方所有者权益其他变动	不做账
		处置	借：其他货币资金 　　投资收益（亏） 　　贷：长期股权投资 　　　　应收股利 　　　　投资收益（赚）
		减值	借：资产减值损失 　　贷：长期股权投资减值准备 长期股权投资减值损失一经确认，在以后会计期间不得转回

序号	事项		分录
2	**权益法**	**投资时** — 投资额＞所占份额（两者孰高计入成本）	借：长期股权投资——投资成本（投资额） 　　应收股利 　贷：其他货币资金
		投资时 — 投资额＜所占份额	借：长期股权投资——投资成本（所占份额） 　　应收股利 　贷：其他货币资金 　　　营业外收入
		收到上述股利时	借：其他货币资金 　贷：应收股利
		年末，被投资方发生盈亏 — 盈利	借：长期股权投资——损益调整 　贷：投资收益
		年末，被投资方发生盈亏 — 亏损（非超额亏损）	借：投资收益 　贷：长期股权投资——损益调整
		宣告发放上年股利	借：应收股利 　贷：长期股权投资——损益调整
		收到上述股利时	借：其他货币资金 　贷：应收股利
		被投资单位其他综合收益变动	借：长期股权投资——其他综合收益 　贷：其他综合收益（赚） 或： 借：其他综合收益（亏） 　贷：长期股权投资——其他综合收益
		被投资方所有者权益其他变动	借：长期股权投资——其他权益变动 　贷：资本公积——其他资本公积（赚） 或： 借：资本公积——其他资本公积（亏） 　贷：长期股权投资——其他权益变动
		处置	第一步，处置"长期股权投资"及相关账户 借：其他货币资金 　　投资收益（亏） 　贷：长期股权投资——投资成本 　　　　　　　　　——损益调整（可能在借方） 　　　　　　　　　——其他综合收益（可能在借方） 　　　　　　　　　——其他权益变动（可能在借方） 　　　应收股利 　　　投资收益（赚） 第二步，结转"资本公积——其他资本公积" 借：资本公积——其他资本公积（赚） 　贷：投资收益 （或反之） 第三步，结转"其他综合收益" 借：其他综合收益（赚） 　贷：投资收益 （或反之）
		减值	借：资产减值损失 　贷：长期股权投资减值准备 长期股权投资减值损失一经确认，在以后会计期间不得转回

【本章主要参考法规索引】

1. 企业会计准则——基本准则（2014 年 7 月 23 日财政部修订发布，自 2014 年 7 月 23 日起施行）

2. 企业会计准则——应用指南（2006 年 10 月 30 日财政部发布，自 2007 年 1 月 1 日起在上市公司范围内施行）

3. 企业会计准则第 2 号——长期股权投资（2014 年 3 月 13 日财政部修订发布，自 2014 年 7 月 1 日起在所执行企业会计准则的企业范围内施行，鼓励在境外上市的企业提前执行）

【本章习题】

一、单项选择题

1. 企业处置一项权益法核算的长期股权投资，长期股权投资各明细科目的金额：投资成本为 400 万元，损益调整借方为 200 万元，其他权益变动借方为 40 万元。处置该项投资收到的价款为 700 万元。处置该项投资的收益为（　　）万元（　　）。

A. 60　　　　　B. 40　　　　　C. 100　　　　　D80

2. 长期股权投资采用成本法核算时，在下列各种情况下，投资企业应相应调减"长期股权投资"账面价值的是（　　）。

A. 被投资企业当年实现净利润时

B. 被投资企业当年实现净亏损时

C. 被投资企业所有者权益的其他变动时

D. 投资企业对持有的长期股权投资计提减值时

3. 采用权益法核算长期股权投资时，对于被投资企业可供出售金融资产公允价值变动，期末因该事项投资企业应按所拥有的表决权资本的比例计算应享有的份额，将其计入（　　）。

A. 其他综合收益　　　　　　　　B. 投资收益

C. 其他业务收入　　　　　　　　D. 营业外收入

4. 2015 年 3 月 20 日，甲公司以银行存款 1000 万元及一项土地使用权取得其母公司控制的乙公司 80% 的股权，并于当日起能够对乙公司实施控制。合并日，该土地使用权的账面价值为 1660 万元，公允价值为 2000 万元；乙公司相对于最终控制方而言的净资产的账面价值为 3000 万元，公允价值为 3125 万元，支付法律审计等费用 100 万元，假定甲公司与乙公司的会计年度和采用的会计政策相同，不考虑其他因素，甲公司在下列会计处理中，正确的是（　　）。

A. 确认长期股权投资 2500 万元，不确认资本公积

B. 确认长期股权投资 2500 万元，确认资本公积 400 万元

C. 确认长期股权投资 2400 万元，确认资本公积 300 万元

D. 确认长期股权投资 2400 万元，冲减资本公积 260 万元

5. 甲公司以定向增发普通股的方式自乙公司原股东处取得乙公司 70% 的股权。在该项交易中，甲公司定向增发的股票数量为 500 万股，每股面值 1 元，每股公允价值为 3 元，为发行股票另支付发行方佣金及相关手续费共计 40 万元，同时还发生相关咨询费 20 万元。除发行上述股票外，甲公司还承担了乙公司原股东对第三方的债务 300 万元。取得该项股权投资时，乙公司可辨认净资产的公允价值为 2750 万元（与账面价值相同），购买股权时，乙公司股东大会已通过利润分配方案，甲公司可获得现金股利 70 万元。假定取得投资前甲公司与乙公司不存在任何关联方关系，不考虑其他因素，则甲公司该项股权投资的初始投资成本为（　　）万元。

A. 1730　　　　　B. 1750　　　　　C. 1790　　　　　D. 1800

6. 星海公司于 2015 年 1 月 1 日，购入乙公司 30% 的股份进行长期投资，采用权益法进行核算，购入时支付价款 79500 元，包含已宣告但尚未发放的现金股利 5000 元，另支付相关税费 500 元，购入时乙公司可辨认净资产公允价值为 300000 元，则购入时该项长期股权投资的初始投资成本为（　　）元。

A. 80000　　　　　B. 79500　　　　　C. 75000　　　　　D. 90000

7. 成本法核算的长期股权投资，被投资单位宣告分派现金股利时，投资单位按享有的份额应记入（　　）科目。

A. 长期股权投资　B. 投资收益　　　C. 资本公积　　　D. 营业外收入

8. 2015 年 1 月 1 日，A 公司取得 B 公司 30% 股权，对 B 公司具有重大影响，按权益法核算。取得长期股权投资时，B 公司除一项使用寿命不确定的无形资产和一批存货外，其他可辨认资产和负债的公允价值与账面价值均相同。B 公司该项使用寿命不确定的无形资产的账面价值为 80 万元，当日公允价值为 120 万元，该批存货的公允价值为 350 万元，成本为 200 万元，未计提存货跌价准备。2015 年 12 月 31 日，该项无形资产的可收回金额为 60 万元，B 公司确认了 20 万元减值损失。上述存货已对外销售 40%。2015 年 B 公司实现净利润 500 万元。不考虑其他因素，A 公司 2015 年因对 B 公司的投资应确认的投资收益是（　　）万元。

A. 150　　　　　B. 144　　　　　C. 120　　　　　D. 162

9. 甲公司持有乙公司 30% 的股权，能够对乙公司施加重大影响。2015 年度乙公司实现净利润 8000 万元，同年 6 月 20 日，甲公司将成本为 600 万元的商品

以 1000 万元的价格出售给乙公司，乙公司将其作为管理用固定资产并于当月投入使用，预计使用 10 年，净残值为零，采用年限平均法计提折旧。不考虑其他因素，甲公司在其 2015 年度的个别财务报表中应确认对乙公司投资的投资收益为（　　　）万元。

A. 2100　　　　　B. 2280　　　　　C. 2286　　　　　D. 2400

10. 2015 年 1 月 1 日 A 公司购入 B 公司 30% 的股份，能够对 B 公司的生产经营活动产生重大影响，B 公司当年实现的净利润为 3000 万元，因持有的可供出售金融资产公允价值的变动计入其他综合收益的金额为 600 万元，除净损益、其他综合收益以及利润分配以外的所有者权益其他变动为 200 万元。假定 A 公司和 B 公司采用的会计政策、会计期间相同，投资时 B 公司有关资产的公允价值与其账面价值相同，无其他内部交易。则 A 公司当年对该项长期股权投资的下列处理中，表述不正确的是（　　　）。

A. 应确认投资收益 900 万元

B. 应确认其他综合收益 180 万元

C. 应增加长期股权投资的账面价值为 1140 万元

D. 不应确认资本公积的金额

11. A 公司于 2014 年 1 月 1 日以 9000 万元取得 B 上市公司（以下简称 B 公司）25% 的股权，能够对 B 公司施加重大影响，采用权益法核算该项股权投资，当日，B 公司可辨认净资产的公允价值是 40000 万元。当年度确认对 B 公司的投资收益 800 万元。2015 年 1 月 1 日，A 公司又斥资 12000 万元自 C 公司取得 B 公司另外 30% 的股权。假定 A 公司在取得对 B 公司的长期股权投资以后，B 公司并未宣告发放现金股利或利润，也未发生其他计入所有者权益的交易事项。A 公司对该项长期股权投资未计提任何减值准备。A 公司与 C 公司不存在任何关联方关系。假定不考虑所得税的影响，则购买日 A 公司个别财务报表中对 B 公司长期股权投资的账面价值为（　　　）万元。

A. 22800　　　　　B. 19800　　　　　C. 21000　　　　　D. 19000

12. 2014 年 1 月 1 日，甲公司以银行存款 3500 万元购入丁公司 80% 股权（属于非同一控制下企业合并）并能够控制丁公司的财务和经营政策，购买日，丁公司可辨认净资产的公允价值为 4000 万元（与账面价值相等）。2015 年 1 月 3 日，甲公司将持有的丁公司股权的 1/2 对外出售，处置价款为 2000 万元，持有的剩余股权投资能够对丁公司施加重大影响。处置时，丁公司的可辨认净资产的公允价值为 4600 万元（与账面价值相等）。2014 年度，丁公司实现净利润 800 万元，分配现金股利 200 万元，无其他权益变动。2015 年度，丁公司实现净利润 700 万元，分配现金股利 150 万元，无其他权益变动。不考虑其他因素，甲公司下列处理中，不正确的是（　　）。

A. 甲公司 2013 年应确认的投资收益为 160 万元

B. 甲公司 2014 年处置部分股权以后剩余股权投资应采用权益法核算

C. 甲公司 2014 年应确认的投资收益为 530 万元

D. 甲公司 2014 年年末长期股权投资的账面价值为 1970 万元

13. 2015 年 1 月 1 日，A 公司以 1500 万元的对价取得 B 公司 60% 的股权，能够控制 B 公司生产经营决策，采用成本法核算。2015 年度 B 公司发生净亏损 200 万元，2015 年年末因 B 公司一项可供出售金融资产的公允价值上升而计入其他综合收益的金额为 50 万元。2015 年年末，由于经济环境的变化预计将对 B 公司的经营活动产生重大不利影响，A 公司于 2015 年年末对该项长期股权投资进行减值测试，估计其可收回金额为 1350 万元。不考虑其他因素，则 2015 年 12 月 31 日，该长期股权投资应计提的减值准备为（　　）万元。

A. 150　　　　　B. 75　　　　　C. 450　　　　　D. 0

14. A 公司持有 B 公司 40% 的股权，2015 年 11 月 30 日，A 公司出售所持有 B 公司股权中的 25%，剩余长期股权投资继续采用权益法核算，出售时 A 公司账面上对 B 公司长期股权投资的构成：投资成本为 3600 万元，损益调整为 960 万元，其他综合收益 600 万元（均可转损益），其他权益变动 200 万元。出售取得价款 1410 万元。A 公司出售该部分股权应确认的投资收益为（　　）万元。

A. 120　　　　　B. 170　　　　　C. 250　　　　　D. 270

15. A 公司、B 公司通过单独主体的形式共同达成了一项合营安排 C 公司，A 公司和 B 公司享有 C 公司中资产的权利并承担其负债的义务。据合营安排 C 公司的合同条款规定，A 公司享有 C 公司资产中厂房相关的所有权利，并承担向第三方偿还与厂房相关负债的义务；A 公司和 B 公司根据各自所占权益的比例（各 50%）对 C 公司的其他所有资产享有权利，并对其他所有负债承担义务。以下是 C 公司的简化资产负债表：

单位：万元

资产		负债和权益	
货币资金	100	负债——与厂房相关的第三方负债	1000
固定资产——厂房	1000	其他负债	1100
其他资产	1800	权益	800
资产总额	2900	负债和权益总额	2900

下列说法中正确的是（　　）。

A. 该合营安排是合营企业

B. 该合营安排是共同经营

C. A 公司应在财务报表中记录 C 公司固定资产——厂房 500 万元

D. A 公司应在财务报表中记录 C 公司与厂房相关的负债 500 万元

二、多项选择题

1. 下列各项中，关于企业资产减值表述正确的有（   ）。

A. 应收款项期末计价应按照账面价值与其未来现金流量的现值孰低计量

B. 存货期末计价应按照成本与可收回金额孰低计量

C. 固定资产期末计价应按照账面价值与可收回金额孰低计量

D. 长期股权投资减值损失一经确认，以后会计期间不得转回

2. 下列长期股权投资中，应该采用权益法核算的有（   ）。

A. 企业能够对被投资单位实施控制的长期股权投资

B. 企业对被投资单位具有共同控制的长期股权投资

C. 企业对联营企业的长期股权投资

D. 企业对被投资单位具有重大影响的长期股权投资

3. 在成本法下处置长期股权投资，可能涉及的会计科目有（   ）。

A. 长期股权投资减值准备   B. 资本公积

C. 投资收益   D. 应收股利

4. 在下列情况中能够采用权益法核算的有（   ）。

A. 企业对其合营企业的长期股权投资

B. 企业对其联营企业的长期股权投资

C. 企业对其子公司的长期股权投资

D. 企业对被投资单位具有重大影响的长期股权投资

5. 在下列关于长期股权投资会计处理的表述中，正确的有（   ）。

A. 对子公司长期股权投资应采用成本法核算

B. 处置长期股权投资时应结转其已计提的减值准备

C. 成本法下，按被投资方实现净利润应享有的份额确认投资收益

D. 成本法下，按被投资方宣告发放现金股利应享有的份额确认投资收益

6. 下列各项中，投资企业应该确认为投资收益的有（   ）。

A. 成本法核算的被投资企业宣告发放的现金股利

B. 企业处置交易性金融资产净损益

C. 交易性金融资产持有期间被投资单位宣告发放的现金股利

D. 权益法核算被投资单位实现净利润

7. 下列各项中，关于被投资单位宣告发放现金股利或分配利润时，正确的会计处理有（   ）。

A. 交易性金融资产持有期间，被投资单位宣告发放现金股利或利润时确认投资收益

B. 长期股权投资采用成本法核算时，被投资单位宣告发放现金股利或利润时确认投资收益

C. 长期股权投资采用权益法核算时，被投资单位宣告发放现金股利或利润时确认投资收益

D. 长期股权投资采用权益法核算时，被投资单位宣告发放现金股利或利润时冲减其账面价值

8. 下列属于长期股权投资核算内容的有（ ）。

A. 对子公司股权投资   B. 对合营企业股权投资

C. 对共同经营股权投资   D. 对联营企业股权投资

9. 下列各项涉及交易费用的会计处理表述中，正确的有（ ）。

A. 非同一控制下的企业合并，购买方为企业合并发生的审计、法律服务、评估咨询等中介费用以及其他相关管理费用，应当于发生时计入当期损益

B. 企业合并中作为对价发行的权益性工具或债务性工具的交易费用，应当计入权益性工具或债务性工具的初始确认金额

C. 购买交易性金融资产发生的手续费直接计入当期损益

D. 在非企业合并方式下，支付的直接相关手续费等应计入长期股权投资的初始投资成本，通过发行权益性证券方式取得长期股权投资时，其手续费、佣金等要从溢价发行收入中扣除，溢价发行收入不足冲减的，冲减盈余公积和未分配利润

10. 下列各项关于长期股权投资成本法核算的相关处理中，正确的有（ ）。

A. 成本法核算下，被投资单位宣告发放现金股利，投资方应当增加投资收益

B. 成本法核算下，被投资单位宣告发放股票股利，投资方应当增加长期股权投资的账面价值

C. 成本法核算下，被投资单位实现净利润，投资方应当增加长期股权投资的账面价值，同时增加投资收益

D. 成本法核算下，被投资单位发生其他权益变动，投资方不需要进行会计处理

11. 下列各项权益性投资中，后续计量采用权益法核算的有（ ）。

A. 投资单位与其他合营方一一同对被投资单位实施共同控制，且对被投资单位净资产享有权利的投资

B. 投资单位对被投资单位能够施加重大影响的长期股权投资

C. 投资单位持有的对子公司的投资

D. 投资单位对未通过单独主体达成的合营安排的投资

12. 甲公司将持有的乙公司20%有表决权的股份作为长期股权投资，并采用权益法核算。该投资系甲公司2014年购入，取得投资当日，乙公司各项可辨认资产、负债的公允价值与其账面价值均相同。2015年12月25日，甲公司以银行存款2000万元从乙公司购入一批产品，作为存货核算，至12月31日尚未出售。乙公司生产该批产品的实际成本为1600万元，未计提减值准备。2015年度乙公司实现的净利润为6000万元。甲公司在2015年度因存在全资子公司丙公司需要编制合并财务报表，假定不考虑其他因素，下列关于甲公司会计处理的表述中，正确的有（   ）。

A. 合并财务报表中抵销存货80万元

B. 个别财务报表中确认投资收益1120万元

C. 合并财务报表中抵销营业成本320万元

D. 合并财务报表中抵销营业收入2000万元

13. 甲企业持有乙企业40%的股权，能够对乙企业施加重大影响。2014年12月31日，该股权投资的账面价值为2000万元。乙企业2015年度发生亏损7500万元。假定取得投资时被投资单位可辨认净资产公允价值等于账面价值，双方采用的会计政策、会计期间相同。假定不考虑投资单位和被投资单位的内部交易，甲企业账上有应收乙企业长期应收款1500万元，且乙企业对该笔债务没有清偿计划。则下列说法中正确的有（   ）。

A. 甲企业2015年应确认投资收益-3000万元

B. 甲企业2015年年末长期股权投资的账面价值为2000万元

C. 甲企业2015年应冲减长期应收款1000万元

D. 甲企业2015年应确认投资收益-2000万元

14. 2014年1月1日，甲公司以银行存款600万元取得A公司5%的股份，甲公司将其作为可供出售金融资产核算。同日A公司可辨认净资产账面价值为13000万元（与公允价值相等）。2014年年末，该项股权投资的公允价值为650万元。2015年1月1日，甲公司以定向增发股票的方式购买同一集团内另一企业持有的A公司50%的股权。为取得该股权，甲公司增发2000万股普通股，每股面值为1元，每股公允价值为4元；支付承销商佣金50万元。取得该股权时，A公司相对于最终控制方而言的可辨认净资产账面价值为15000万元。进一步取得投资后，甲公司能够对A公司实施控制。假定甲公司和A公司采用的会计政策、会计期间相同，不考虑所得税等其他因素的影响，则甲公司下列处理中，正确的有（   ）。

A. 甲公司该项可供出售金融资产在2014年度应确认其他综合收益50万元

B. 合并日长期股权投资的初始投资成本为 8250 万元

C. 合并日新增长期股权投资的入账价值为 5950 万元

D. 甲公司进一步取得股权投资时应确认的资本公积 5550 万元

15. 根据《企业会计准则第 2 号——长期股权投资》规定，下列长期股权投资核算方法转换处理正确的有（　　）。

A. 由公允价值计量转换为权益法核算的，原持有的股权投资分类为可供出售金融资产的、原计入其他综合收益的累计公允价值变动应当转入投资收益

B. 非同一控制下企业合并形成长期股权投资自成本法转换为权益法核算的，应按转换时剩余部分股权的长期股权投资的公允价值作为权益法核算的入账价值

C. 由权益法核算转为公允价值计量的，在丧失共同控制或重大影响之日剩余股权的公允价值与账面价值之间的差额计入当期损益

D. 通过多次交易实现同一控制下的企业合并，因采用权益法核算或金融工具确认和计量准则核算而确认的其他综合收益暂不进行会计处理

三、判断题

1. 长期股权投资采用成本法核算，因被投资企业除净损益、其他综合收益及利润分配以外的所有者权益其他变动，投资企业应按其享有份额增加或减少资本公积。（　　）

2. 企业对长期股权投资计提的减值准备，在该长期股权投资价值回升期间应当转回，但转回的金额不应超过原计提的减值准备。（　　）

3. 处置长期股权投资时，不同时结转已计提的长期股权投资减值准备，待期末一并调整。（　　）

4. 长期股权投资采用权益法核算的，在持股比例不变的情况下，被投资单位发生的除净损益、其他综合收益及利润分配以外的所有者权益的其他变动，企业按照持股比例应享有的份额，借记或贷记"资本公积——资本溢价（股本溢价）"。（　　）

5. 企业取得长期股权投资，实际支付的价款中包含已宣告但尚未发放的现金股利或利润，应该计入长期股权投资的成本。（　　）

6. 长期股权投资的初始投资成本大于投资时应享有被投资单位可辨认净资产公允价值份额的，不调整长期股权投资的初始投资成本。（　　）

7. 同一控制下的企业合并，投资方投出资产的公允价值和其账面价值之间的差额应确认为当期损益。（　　）

8. 一次交换交易实现的非同一控制下的企业合并，合并成本为购买方在购买

日为取得对被购买方的控制权而付出的资产、发生或承担的负债以及发行的权益性证券的账面价值。（　　）

9. 以支付现金取得的长期股权投资，不构成企业合并的，应当按照实际支付的购买价款作为长期股权投资的初始投资成本，包括购买过程中支付的手续费等必要支出及被投资单位已宣告尚未发放的现金股利或利润。（　　）

10. 取得长期股权投资时，对于支付的对价中包含的应享有被投资单位已经宣告但尚未发放的现金股利或利润应构成取得长期股权投资的初始投资成本。（　　）

四、不定项选择题

甲上市公司发生下列长期股权投资业务（6笔业务）：

1. 2013 年 1 月 3 日，购入乙公司股票 1580 万股，占乙公司有表决权股份的 25%，对乙公司的财务和经营决策具有重大影响，甲公司采用权益法对长期股权投资进行核算，每股买入价 4.25 元。每股价格中包含已宣告但尚未发放的现金股利 0.25 元，另外支付相关税费 7 万元。款项均以银行存款支付。当日，乙公司所有者权益的账面价值（与其公允价值相等）为 25200 万元。

2. 2013 年 3 月 16 日，收到乙公司宣告分派的现金股利。

3. 2013 年度，乙公司实现净利润 3000 万元。

4. 2014 年 2 月 16 日，乙公司宣告分派 2013 年度股利，每股分派现金股利 0.20 元。

5. 2014 年 3 月 12 日，甲上市公司收到乙公司分派的 2013 年度的现金股利。

6. 2015 年 1 月 4 日，甲上市公司出售所持有的全部乙公司的股票，共取得价款 7200 万元（不考虑长期股权投资减值及其他因素）。

要求：根据上述资料，回答（1）～（5）题。

（1）下列关于甲公司对乙公司长期股权投资描述正确的有（　　）。

A. 该长期股权投资的投资成本是 6320 万元

B. 该长期股权投资的投资成本是 6327 万元

C. 该长期股权投资的投资成本是 6722 万元

D. 该长期股权投资的投资成本是 6715 万元

（2）根据资料2，下列说法正确的有（　　）。

A. 甲公司应确认为投资收益

B. 甲公司应冲减应收股利，同时增加银行存款

C. 甲公司应冲减长期股权投资的成本

D. 甲公司应计入长期股权投资——损益调整

（3）下列说法正确的有（　　）。

A. 资料 3，应计入长期股权投资——损益调整科目

B. 资料 3，应确认投资收益

C. 资料 4，应确认投资收益

D. 资料 4，应冲减长期股权投资的账面价值，计入长期股权投资——损益调整的贷方

（4）根据资料 5，会计处理正确的是（　　）。

A. 借：应收股利　　　　　　　　　　　316

　　　贷：长期股权投资——损益调整　　　　　　　316

B. 借：银行存款　　　　　　　　　　　316

　　　贷：应收股利　　　　　　　　　　　　　　316

C. 借：长期股权投资——损益调整　　　316

　　　贷：投资收益　　　　　　　　　　　　　　316

D. 借：银行存款　　　　　　　　　　　316

　　　贷：投资收益　　　　　　　　　　　　　　316

（5）根据资料 6，甲公司在出售长期股权投资时确认的投资损益是（　　）万元。

A. 449　　　　　　　　B. 439　　　　　　　　C. 349　　　　　　　　D. –449

第七章
固定资产

固定资产，是指同时具有下列特征的有形资产：

一是为生产商品、提供劳务、出租或经营管理而持有的；

二是使用寿命超过一个会计年度。

【学习目标】

通过本章的学习，要求了解固定资产的概念、特点和分类；理解固定资产确认的条件、固定资产折旧的意义、计提折旧的范围以及影响固定资产折旧的因素；掌握固定资产的初始计量和后续计量的账务处理方法，以及固定资产处置、固定资产减值的账务处理；熟练掌握固定资产的初始计量和后续计量的账务处理。

【关键词】

固定资产　　　　　　Fixed assets

在建工程　　　　　　Construction in progress

工程物资　　　　　　Construction materials

固定资产折旧　　　　Depreciation of fixed assets

可收回余额　　　　　Recoverable amount

【思维导图】

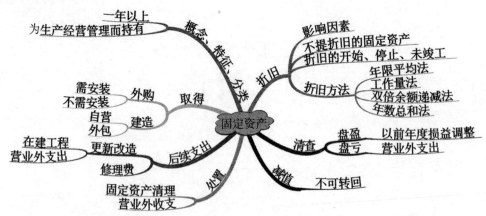

第一节　固定资产概述

一、固定资产的特征

从固定资产的定义可以看出，作为企业的固定资产应具备以下两个特征：

第一，企业持有固定资产的目的，是为了生产商品、提供劳务、出租或经营管理的需要，而不像商品一样为了对外出售。这一特征是固定资产区别于商品等流动资产的重要标志。

第二，企业使用固定资产的期限较长，使用寿命一般超过一个会计年度。这一特征表明企业固定资产的收益期超过一年，能在一年以上的时间里为企业创造经济利益。

二、固定资产的分类

企业的固定资产种类繁多、规格不一，为加强管理，便于组织会计核算，有必要对其进行科学、合理的分类。根据不同的管理需要、核算要求以及不同的分类标准，可以对固定资产进行不同的分类，主要有以下几种分类方法：

（一）按经济用途分类

按固定资产的经济用途分类，可分为生产经营用固定资产和非生产经营用固定资产。

生产经营用固定资产，是指直接服务于企业生产、经营过程的各种固定资产，如生产经营用的房屋、建筑物、机器、设备、器具和工具等。

非生产经营用固定资产，是指不直接服务于生产、经营过程的各种固定资产，如职工宿舍等使用的房屋、设备和其他固定资产等。

按照固定资产的经济用途分类，可以归类反映和监督企业生产经营用固定资产和非生产经营用固定资产之间，以及生产经营用各类固定资产之间的组成和变化情况，借以考核和分析企业固定资产的利用情况，促使企业合理地配备固定资产，充分发挥其效用。

(二) 综合分类

按固定资产的经济用途和使用情况等综合分类，可把企业的固定资产划分为七大类：生产经营用固定资产；非生产经营用固定资产；租出固定资产（指企业在经营租赁方式下出租给外单位使用的固定资产）；不需用固定资产；未使用固定资产；土地（指过去已经估价单独入账的土地。因征地而支付的补偿费，应计入与土地有关的房屋、建筑物的价值内，不单独作为土地价值入账。企业取得的土地使用权，应作为无形资产管理，不作为固定资产管理）；融资租入固定资产（指企业以融资租赁方式租入的固定资产，在租赁期内，应视同自有固定资产进行管理）。

由于企业的经营性质不同，经营规模各异，对固定资产的分类不可能完全一致。但实际工作中，企业大多采用综合分类的方法作为编制固定资产目录、进行固定资产核算的依据。

第二节　固定资产的账务处理

一、固定资产核算应设置的会计科目

为了反映和监督固定资产的取得、计提折旧和处置等情况，企业一般需要设置"固定资产"、"累计折旧"、"在建工程"、"工程物资"、"固定资产清理"等科目。

"固定资产"科目核算企业固定资产的原价，借方登记企业增加的固定资产原价，贷方登记企业减少的固定资产原价，期末借方余额，反映企业期末固定资产的账面原价。企业应当设置"固定资产登记簿"和"固定资产卡片"，按固定资产类别、使用部门和每项固定资产进行明细核算。

"累计折旧"科目属于"固定资产"的调整科目，核算企业固定资产的累计折旧，贷方登记企业计提的固定资产折旧，借方登记处置固定资产转出的累计折旧，期末贷方余额，反映企业固定资产的累计折旧额。

"在建工程"科目核算企业基建、更新改造等在建工程发生的支出，借方登记企业各项在建工程的实际支出，贷方登记完工工程转出的成本，期末借方余额反映企业尚未达到预定可使用状态的在建工程的成本。

"工程物资"科目核算企业为在建工程而准备的各种物资的实际成本。该科目借方登记企业购入工程物资的成本，贷方登记领用工程物资的成本，期末借方余额，反映企业为在建工程准备的各种物资的成本。

"固定资产清理"科目核算企业因出售、报废、毁损、对外投资、非货币性资产交换、债务重组等原因转出的固定资产价值以及在清理过程中发生的费用等，借方登记转出的固定资产价值、清理过程中应支付的相关税费及其他费用，贷方登记固定资产清理完成的处理，期末借方余额，反映企业尚未清理完毕的固定资产清理净损失。该科目应按被清理的固定资产项目设置明细账，进行明细核算。

此外，企业固定资产、在建工程、工程物资发生减值的，还应当设置"固定资产减值准备"、"在建工程减值准备"、"工程物资减值准备"等科目进行核算。

二、固定资产的取得

（一）外购固定资产

企业外购的固定资产，应按实际支付的购买价款、相关税费、使固定资产达到预定可使用状态前所发生的可归属于该项资产的运输费、装卸费、安装费和专业人员服务费等，作为固定资产的取得成本。

企业购入不需要安装的固定资产，应按实际支付的购买价款、相关税费以及使固定资产达到预定可使用状态前所发生的可归属于该项资产的运输费、装卸费和专业人员服务费等，作为固定资产成本，借记"固定资产"科目，贷记"银行存款"等科目。

若企业为增值税一般纳税人，则企业购进机器设备等固定资产的进项税额不纳入固定资产成本核算，可以在销项税额中抵扣，借记"应交税费——应交增值税（进项税额)"科目，贷记"银行存款"科目。

购入需要安装的固定资产，应在购入的固定资产取得成本的基础上加上安装调试成本等，作为购入固定资产的成本，先通过"在建工程"科目核算，待安装完毕达到预定可使用状态时，再由"在建工程"科目转入"固定资产"科目。

企业购入固定资产时，按实际支付的购买价款、运输费、装卸费和其他相关税费等，借记"在建工程"科目，贷记"银行存款"等科目；支付安装费用等时，借记"在建工程"科目，贷记"银行存款"等科目；安装完毕达到预定可使用状态时，按其实际成本，借记"固定资产"科目，贷记"在建工程"科目。

> **知识点**
>
> 　　计入固定资产的相关税费包括，车辆购置税；进口环节缴纳的关税、消费税计入资产成本；专业人员服务费计入固定资产成本，内部员工的培训费计入当期损益（管理费用等）不计入固定资产成本；小规模纳税人购入机器设备的进项税额计入固定资产成本核算；一般纳税人购入机器设备等固定资产的进项税额不纳入固定资产成本核算；购买设备过程中发生的业务招待费和差旅费计入当期"管理费用"，不计入固定资产成本。

　　企业以一笔款项购入多项没有单独标价的固定资产，应将各项资产单独确认为固定资产，并按各项固定资产公允价值的比例对总成本进行分配，分别确定各项固定资产的成本。

　　【例 7-1】 甲公司购入一台不需要安装即可投入使用的设备，取得的增值税专用发票上注明的设备价款为 30000 元，增值税额为 5100 元，另支付运输费 300 元，包装费 400 元，款项以银行存款支付。假设甲公司属于增值税一般纳税人，增值税进项税额可以在销项税额中抵扣，不纳入固定资产成本核算。甲公司应编制如下会计分录：

　　（1）计算固定资产的成本。

固定资产买价	30000
加：运输费	300
包装费	400
	30700

　　（2）编制购入固定资产的会计分录。

借：固定资产　　　　　　　　　　　　　　　30700
　　应交税费——应交增值税（进项税额）　　5100
　　　贷：银行存款　　　　　　　　　　　　　　　　　35800

　　【例 7-2】 甲公司用银行存款购入一台需要安装的设备，增值税专用发票上注明的设备买价为 100000 元，增值税额为 17000 元，支付安装费 2000 元，甲公司为增值税一般纳税人，增值税进项税额可以在销项税额中抵扣，不纳入固定资产成本核算。甲公司应编制如下会计分录：

(1) 购入进行安装时。

借：在建工程　　　　　　　　　　　　　　　　　　100000
　　应交税费——应交增值税（进项税额）　17000
　　　贷：银行存款　　　　　　　　　　　　　　　　　117000

(2) 支付安装费时。

借：在建工程　　　　　　　　　　　　　　　　　　2000
　　　贷：银行存款　　　　　　　　　　　　　　　　　2000

(3) 设备安装完毕交付使用时，确定的固定资产成本 = 100000 + 2000 = 102000(元)

借：固定资产　　　　　　　　　　　　　　　　　　102000
　　　贷：在建工程　　　　　　　　　　　　　　　　　102000

【例 7-3】甲公司向乙公司一次购进了三台不同型号且具有不同生产能力的设备 A、B、C，共支付款项 100000000 元，增值税额 17000000 元，包装费 750000 元，全部以银行存款转账支付；假定设备 A、B、C 均满足固定资产的定义及确认条件，公允价值分别为 45000000 元、38500000 元、16500000 元；不考虑其他相关税费。甲公司为增值税一般纳税人，增值税进项税额可以在销项税额中抵扣，不纳入固定资产成本核算。甲公司应编制如下会计分录：

(1) 确定应计入固定资产成本的金额，包括购买价款及包装费，即：

100000000 + 750000 = 100750000 （元）

(2) 确定设备 A、B、C 的价值分配比例。

A 设备应分配的固定资产价值比例：

45000000/(45000000 + 38500000 + 16500000) × 100% = 45%

B 设备应分配的固定资产价值比例：

38500000/(45000000 + 38500000 + 16500000) × 100% = 38.5%

C 设备应分配的固定资产价值比例：

16500000/(45000000 + 38500000 + 16500000) × 100% = 16.5%

(3) 确定 A、B、C 设备各自的成本。

A 设备的成本：100750000 × 45% = 45337500 （元）

B 设备的成本：100750000 × 38.5% = 38788750 （元）

C 设备的成本：100750000 × 16.5% = 16623750 （元）

(4) 甲公司应作如下会计处理。

借：固定资产——A 设备　　　　　　　　　　　45337500
　　　　　　　——B 设备　　　　　　　　　　　38788750
　　　　　　　——C 设备　　　　　　　　　　　16623750

应交税费——应交增值税（进项税额）　17000000

　　贷：银行存款　　　　　　　　　　　　　　　117750000

（二）建造固定资产

企业自行建造固定资产，应按建造该项资产达到预定可使用状态前所发生的必要支出，作为固定资产的成本。

自建固定资产应先通过"在建工程"科目核算，工程达到预定可使用状态时，再从"在建工程"科目转入"固定资产"科目。企业自建固定资产，主要有自营和出包两种方式，由于采用的建设方式不同，其会计处理也不同。

1. 自营工程

自营工程是指企业自行组织工程物资采购、自行组织施工人员施工的建筑工程和安装工程。购入工程物资时，借记"工程物资"科目，贷记"银行存款"等科目。领用工程物资时，借记"在建工程"科目，贷记"工程物资"科目。在建工程领用本企业原材料时，借记"在建工程"科目，贷记"原材料"等科目（如果是自建不动产，还需贷记"应交税费——应交增值税（进项税额转出）科目"）。在建工程领用本企业生产的商品时，借记"在建工程"科目，贷记"库存商品"、"应交税费——应交增值税（销项税额）"等科目。自营工程发生的其他费用（如分配工程人员工资等），借记"在建工程"科目，贷记"银行存款"、"应付职工薪酬"等科目。自营工程达到预定可使用状态时，按其成本，借记"固定资产"科目，贷记"在建工程"科目。

【例7-4】甲公司自建厂房一幢，购入为工程准备的各种物资500000元，支付的增值税额为85000元，全部用于工程建设。领用本企业生产的水泥一批，实际成本为80000元，税务部门确定的计税价格为100000元，增值税税率17%；工程人员应计工资100000元，支付的其他费用30000元。工程完工并达到预定可使用状态。该企业应作如下会计处理：

（1）购入工程物资时。

借：工程物资　　　　　　　585000

　　贷：银行存款　　　　　　　　585000

（2）工程领用工程物资时。

借：在建工程　　　　　　　585000

　　贷：工程物资　　　　　　　　585000

（3）工程领用本企业生产的水泥，确定应计入在建工程成本的金额：

$80000+100000\times17\%=97000$（元）

借：在建工程　　　　　　　　　　　97000

　　贷：库存商品　　　　　　　　　　　　80000

应交税费——应交增值税（销项税额）	17000

（4）分配工程人员工资时。

借：在建工程　　　　　　　　　　　100000

　　贷：应付职工薪酬　　　　　　　　　　　　100000

（5）支付工程发生的其他费用时。

借：在建工程　　　　　　　　　　　30000

　　贷：银行存款等　　　　　　　　　　　　　30000

（6）工程完工转入固定资产成本 = 585000 + 97000 + 100000 + 30000 = 812000（元）

借：固定资产　　　　　　　　　　　812000

　　贷：在建工程　　　　　　　　　　　　　　812000

2. 出包工程

出包工程是指企业通过招标等方式将工程项目发包给建造承包商，由建造承包商组织施工的建筑工程和安装工程。企业采用出包方式进行的固定资产工程，其工程的具体支出主要由建造承包商核算，在这种方式下，"在建工程"科目主要是企业与建造承包商办理工程价款的结算科目，企业支付给建造承包商的工程价款作为工程成本，通过"在建工程"科目核算。企业按合理估计的发包工程进度和合同规定向建造承包商结算的进度款，借记"在建工程"科目，贷记"银行存款"等科目；工程完成时按合同规定补付的工程款，借记"在建工程"科目，贷记"银行存款"等科目；工程达到预定可使用状态时，按其成本，借记"固定资产"科目，贷记"在建工程"科目。

【例7-5】某企业将一幢厂房的建造工程出包给丙公司承建，按合理估计的发包工程进度和合同规定向丙公司结算进度款600000元，工程完工后，收到丙公司有关工程结算单据，补付工程款400000元，工程完工并达到预定可使用状态。该企业应作如下会计处理：

（1）按合理估计的发包工程进度和合同规定向丙公司结算进度款时。

借：在建工程　　　　　　　　　　　600000

　　贷：银行存款　　　　　　　　　　　　　　600000

（2）补付工程款时。

借：在建工程　　　　　　　　　　　400000

　　贷：银行存款　　　　　　　　　　　　　　400000

（3）工程完工并达到预定可使用状态时。

借：固定资产　　　　　　　　　　　1000000

　　贷：在建工程　　　　　　　　　　　　　　1000000

（三）固定资产的折旧

1. 固定资产折旧概述

企业应当在固定资产的使用寿命内，按照确定的方法对应计折旧额进行系统分摊，根据固定资产的性质和使用情况，合理确定固定资产的使用寿命和预计净残值。固定资产的使用寿命、预计净残值一经确定，不得随意变更，但是，符合《企业会计准则第 4 号——固定资产》第十九条规定的除外。上述事项在报经股东大会或董事会、经理会议或类似机构批准后，作为计提折旧的依据，并按照法律、行政法规等的规定报送有关各方备案。

（1）影响折旧的因素。

影响折旧的因素主要有以下几个方面：①固定资产原价，是指固定资产的成本。②预计净残值，是指假定固定资产预计使用寿命已满并处于使用寿命终了时的预期状态，企业目前从该项资产处置中获得的扣除预计处置费用后的金额。③固定资产减值准备，是指固定资产已计提的固定资产减值准备累计金额。④固定资产的使用寿命，是指企业使用固定资产的预计期间，或者该固定资产所能生产产品或提供劳务的数量。企业确定固定资产使用寿命时，应当考虑下列因素：该项资产预计生产能力或实物产量；该项资产预计有形损耗，如设备使用中发生磨损、房屋建筑物受到自然侵蚀等；该项资产预计无形损耗，如因新技术的出现而使现有的资产技术水平相对陈旧、市场需求变化使产品过时等；法律或者类似规定对该项资产使用的限制。

总之，企业应当根据固定资产的性质和使用情况，合理确定固定资产的使用寿命和预计净残值。固定资产的使用寿命、预计净残值一经确定，不得随意变更，但是符合《企业会计准则第 4 号——固定资产》第十九条规定的除外。

（2）免提固定资产情况。

除以下情况外，企业应当对所有固定资产计提折旧：①已提足折旧仍继续使用的固定资产；②单独计价入账的土地。

（3）确定计提折旧范围注意事项。

在确定计提折旧的范围时，还应注意以下几点：①固定资产应当按月计提折旧，当月增加的固定资产，当月不计提折旧，从下月起计提折旧；当月减少的固定资产，当月仍计提折旧，从下月起不计提折旧。②固定资产提足折旧后，不论能否继续使用，均不再计提折旧；提前报废的固定资产，也不再补提折旧。所谓提足折旧，是指已经提足该项固定资产的应计折旧额。③已达到预定可使用状态但尚未办理竣工决算的固定资产，应当按照估计价值确定其成本，并计提折旧；待办理竣工决算后，再按实际成本调整原来的暂估价值，但不需要调整原已计提的折旧额。

> **知识点**
> 固定资产应当按月计提折旧,当月增加,当月不提,下月开提;当月减少,当月照提,下月停提。提足折旧和提前报废的固定资产,不再提折旧。

企业至少应当于每年年度终了,对固定资产的使用寿命、预计净残值和折旧方法进行复核。使用寿命预计数与原先估计数有差异的,应当调整固定资产使用寿命。预计净残值预计数与原先估计数有差异的,应当调整预计净残值。与固定资产有关的经济利益预期实现方式有重大改变的,应当改变固定资产折旧方法。固定资产使用寿命、预计净残值和折旧方法的改变应当作为会计估计变更。

> **知识点**
> 固定资产的使用寿命、预计净残值一经确定,不得随意变更。

2. 固定资产的折旧方法

企业应当根据与固定资产有关的经济利益的预期实现方式,合理选择固定资产折旧方法。可选用的折旧方法包括年限平均法、工作量法、双倍余额递减法和年数总和法等。

(1) 年限平均法。年限平均法的计算公式如下:

年折旧率 = (1 - 预计净残值率)/预计使用寿命 (年) × 100%

月折旧率 = 年折旧率/12

月折旧额 = 固定资产原价 × 月折旧率

> **知识点**
> 年限平均法每期折旧相等。

【例7-6】甲公司有一幢厂房,原价为5000000元,预计可使用20年,预计报废时的净残值率为2%。该厂的折旧率和折旧额的计算如下:

年折旧率 = (1 - 2%)/20 = 4.9%

月折旧率 = 4.9%/12 = 0.41%

月折旧额 = 5000000 × 0.41% = 20500 (元)

本例采用的是年限平均法计提固定资产折旧,其特点是将固定资产的应计折旧额均衡地分摊到固定资产预计使用寿命内,采用这种方法计算的每期折旧额是相等的。

(2) 工作量法。工作量法的基本计算公式如下:

单位工作量折旧额=固定资产原价×（1-预计净残值率）/预计总工作量

某项固定资产月折旧额=该项固定资产当月工作量×单位工作量折旧额

【例7-7】 某企业的一辆运货卡车的原价为600000元，预计总行驶里程为500000千米，预计报废时的净残值率为5%，本月行驶4000千米。该辆汽车的月折旧额计算如下：

单位里程折旧额=600000×（1-5%）/500000=1.14（元/千米）

本月折旧额=4000×1.14=4560（元）

本例采用工作量法计提固定资产折旧，工作量法是指根据实际工作量计算每期应提折旧额的一种方法。

（3）双倍余额递减法。双倍余额递减法的计算公式如下：

年折旧率=2/预计使用寿命（年）×100%

月折旧率=年折旧率/12

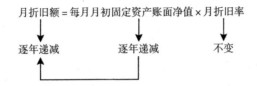

知识点

双倍余额递减法的要点：净残值在最后两年才加以考虑。

【例7-8】 某企业一项固定资产的原价为1000000元，预计使用年限为5年，按双倍余额递减法计提折旧，每年的折旧额计算如下：

年折旧率=2/5×100%=40%

第1年应提的折旧额=1000000×40%=400000（元）

第2年应提的折旧额=（1000000-400000）×40%=240000（元）

第3年应提的折旧额=（600000-240000）×40%=144000（元）

从第4年起改用年限平均法（直线法）计提折旧。

第4年、第5年的年折旧额=[（360000-144000）-4000]/2=10600（元）

每年各月折旧额根据年折旧额除以12来计算。

本例采用了双倍余额递减法计提固定资产折旧，双倍余额递减法是指在不考虑固定资产预计净残值的情况下，根据每期期初固定资产原价减去累计折旧后的金额和双倍的直线法折旧率计算固定资产折旧的一种方法。采用双倍余额递减法计提固定资产折旧，一般应在固定资产使用寿命到期前两年内，将固定资产账面净值扣除预计净残值后的净值平均摊销。

（4）年数总和法。年数总和法计算公式如下：

年折旧率 =（预计使用寿命 – 已使用年限）/ 预计使用寿命 ×（预计使用寿命 + 1）/2 × 100%

月折旧率 = 年折旧率/12

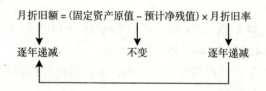

【例7-9】承【例7-8】，假如采用年数总和法，计算各年折旧额如表7-1所示。

表7-1 折旧计算表（年数总和法）

单位：万元

年份	尚可使用年限	原价–净残值	变动折旧率	年折旧额	累计折旧
1	5	996000	5/15	332000	332000
2	4	996000	4/15	265600	597600
3	3	996000	3/15	199200	796800
4	2	996000	2/15	132800	929600
5	1	996000	1/15	66400	996000

本例采用了年数总和法计提固定资产折旧，年数总和法又称年限合计法，是指固定资产的原价减去预计净残值后的余额，乘以一个逐年递减的分数计算每年的折旧额，这个分数的分子代表固定资产尚可使用寿命，分母代表预计使用寿命逐年数字总和。

双倍余额递减法与年数总和法对比如表7-2所示。

表7-2 双倍余额递减法与年数总和法对比表

事项	双倍余额递减法	年数总和法
年折旧率	2/预计使用寿命（年）× 100%	尚可使用年限/年数总和 × 100%
	每年相等（最后两年除外）	逐年递减
考虑残值的时间点	净残值在最后两年才加以考虑	净残值每年均考虑

3. 固定资产折旧的核算

固定资产应当按月计提折旧，计提的折旧应当记入"累计折旧"科目，并根据用途计入相关资产的成本或者当期损益。企业自行建造固定资产过程中使用的固定资产，其计提的折旧应计入在建工程成本；基本生产车间所使用的固定资产，其计提的折旧应计入制造费用；管理部门所使用的固定资产，其计提的折旧应计入管理费用；销售部门所使用的固定资产，其计提的折旧应计入销售费用；经营租出的固定资产，其应提的折旧额应计入其他业务成本。企业计提固定资产折旧时，借记"制造费用"、"销售费用"、"管理费用"等科目，贷记"累计折旧"科目。

【例7-10】 某企业采用年限平均法对固定资产计提折旧。2015年1月根据"固定资产折旧计算表"，确定的各车间及厂部管理部门应分配的折旧额为：一车间1500000元，二车间2400000元，三车间3000000元，厂管理部门600000元。该企业应作如下会计处理：

```
借：制造费用——一车间          1500000
          ——二车间          2400000
          ——三车间          3000000
    管理费用                  600000
    贷：累计折旧                        7500000
```

【例7-11】 乙公司2015年6月固定资产计提折旧情况如下：一车间厂房计提折旧3800000元，机器设备计提折旧4500000元；管理部门房屋建筑物计提折旧6500000元，运输工具计提折旧2400000元；销售部门房屋建筑物计提折旧3200000元，运输工具计提折旧2630000元。当月新购置机器设备一台，价值为5400000元，预计使用寿命为10年，该企业同类设备计提折旧采用年限平均法。

本例中，新购置的机器设备本月不计提折旧。在本月计提的折旧费用中，车间使用的固定资产计提的折旧费用计入制造费用，管理部门使用的固定资产计提的折旧费用计入管理费用，销售部门使用的固定资产计提的折旧费用计入销售费用。乙公司6月应作如下会计处理：

```
借：制造费用——一车间   (3800000+4500000) 8300000
    管理费用           (6500000+2400000) 8900000
    销售费用           (3200000+2630000) 5830000
    贷：累计折旧                         23030000
```

> **知识点**
>
> 已计提减值准备的固定资产，应当按照该项资产的账面价值（固定资产账面余额扣减累计折旧和减值准备后的金额）以及尚可使用寿命重新计算确定折旧率和折旧额。

（四）固定资产的后续支出

固定资产的后续支出是指固定资产在使用过程中发生的更新改造支出、修理费用等。企业的固定资产投入使用后，由于各个组成部分耐用程度不同或者使用的条件不同，因而往往发生固定资产的局部损坏。为了保持固定资产的正常运转和使用，充分发挥其使用效能，就必须对其进行必要的后续支出。

固定资产的更新改造等后续支出，满足固定资产确认条件的，应当计入固定资产成本，如有被替换的部分，应同时将被替换部分的账面价值从该固定资产原账面价值中扣除；不满足固定资产确认条件的固定资产修理费用等，应当在发生时计入当期损益。

在对固定资产发生可资本化的后续支出后，企业应将该固定资产的原价、已计提的累计折旧和减值准备转销，将固定资产的账面价值转入在建工程。固定资产发生的可资本化的后续支出，通过"在建工程"科目核算。在固定资产发生的后续支出完工并达到预定可使用状态时，从"在建工程"科目转入"固定资产"科目。

知识点

资本化期间停止计提折旧。

更新后的账面价值＝更新前的账面价值＋资本化支出

计提折旧的时间按照剩余使用寿命计提折旧。

企业生产车间（部门）和行政管理部门等发生的固定资产：修理费用等后续支出，借记"管理费用"等科目，贷记"银行存款"等科目；企业发生的与专设销售机构相关的固定资产修理费用等后续支出，借记"销售费用"科目，贷记"银行存款"等科目。

知识点

固定资产减值损失一经确认，在以后会计期间不得转回。

【例7-12】 2015年6月1日，甲公司对现有的一台管理用设备进行日常修理，修理过程中发生的材料费为100000元，应支付给维修人员的工资为20000元。

本例中，对机器设备的日常修理没有满足固定资产的确认条件，因此，应将该项固定资产后续支出在其发生时计入当期损益，属于生产车间（部门）和行政管理部门等发生的固定资产修理费用等后续支出，应记入"管理费用"等科目，甲公司应作如下会计处理：

借：管理费用　　　　　　　　　　　　　120000
　　贷：原材料　　　　　　　　　　　　　　　　100000
　　　　应付职工薪酬　　　　　　　　　　　　　　20000

【例7-13】2015年8月1日，乙公司对其现有的一台管理部门使用的设备进行修理，修理过程中发生支付维修人员工资为5000元。

本例中，乙公司对管理用设备的维修没有满足固定资产的确认条件，因此，应将该项固定资产后续支出在其发生时计入当期损益，由于属于生产车间（部门）和行政管理部门等发生的固定资产修理费用等后续支出，应记入"管理费用"科目。乙公司应作如下会计处理：

借：管理费用　　　　　　　　　　　　　5000
　　贷：应付职工薪酬　　　　　　　　　　　　　5000

（五）固定资产的处置

企业在生产经营过程中，可能将不适用或不需用的固定资产对外出售转让，或因磨损、技术进步等原因对固定资产进行报废，或因遭受自然灾害而对毁损的固定资产进行处理。对于上述事项在进行会计核算时，应按规定程序办理有关手续，结转固定资产的账面价值，计算有关的清理收入、清理费用及残料价值等。

固定资产处置包括固定资产的出售、报废、毁损、对外投资、非货币性资产交换、债务重组等。处置固定资产应通过"固定资产清理"科目核算。具体包括以下几个环节：

（1）固定资产转入清理。企业因出售、报废、毁损、对外投资、非货币性资产交换、债务重组等转出的固定资产，按该项固定资产的账面价值，借记"固定资产清理"科目，按已计提的累计折旧，借记"累计折旧"科目，按已计提的减值准备，借记"固定资产减值准备"科目，按其账面原价，贷记"固定资产"科目。

（2）发生的清理费用等。固定资产清理过程中应支付的相关税费及其他费用，借记"固定资产清理"科目，贷记"银行存款"、"应交税费——应交营业税"等科目。

（3）收回出售固定资产的价款、残料价值和变价收入等，借记"银行存款"、"原材料"等科目，贷记"固定资产清理"科目。

（4）保险赔偿等的处理：应由保险公司或过失人赔偿的损失，借记"其他应收款"等科目，贷记"固定资产清理"科目。

（5）清理净损益的处理。固定资产清理完成后，属于生产经营期间正常的处理损失，借记"营业外支出——处置非流动资产损失"科目，贷记"固定资产清理"科目；属于自然灾害等非正常原因造成的损失，借记"营业外支出——非常损失"科目，贷记"固定资产清理"科目。如为贷方余额，借记"固定资产清理"科目，贷记"营业外收入"科目。

"应交税费——应交营业税"仅限于企业销售不动产（房屋建筑物）时才会发生；如果是处置的机器设备等动产，则需要计算缴纳增值税（销项税额）。

【例7-14】 甲公司出售一座建筑物，原价为2000000元，已计提折旧1000000元，未计提减值准备，实际出售价格为1200000元，已通过银行收回价款。甲公司应作如下会计处理：

（1）将出售固定资产转入清理时。

借：固定资产清理　　　　　　　　　　1000000

　　累计折旧　　　　　　　　　　　　1000000

　　　贷：固定资产　　　　　　　　　　　　　　2000000

（2）收回出售固定资产的价款时。

借：银行存款　　　　　　　　　　　　1200000

　　　贷：固定资产清理　　　　　　　　　　　　1200000

（3）计算销售该固定资产应交纳的营业税，按规定适用的营业税税率为5%，应纳税为60000（1200000×5%）元。

借：固定资产清理　　　　　　　　　　60000

　　　贷：应交税费——应交营业税　　　　　　　　60000

（4）结转出售固定资产实现的利得时。

借：固定资产清理　　　　　　　　　　140000

　　　贷：营业外收入——非流动资产处置利得　　140000

【例7-15】 甲公司现有一台设备由于性能等原因决定提前报废，原价为500000元，已计提折旧450000元，未计提减值准备。报废时的残值变价收入为20000元。报废清理过程中发生清理费用3500元。有关收入、支出均通过银行办理结算。甲公司应作如下会计处理：

（1）将报废固定资产转入清理时。

借：固定资产清理　　　　　　　　　　50000

　　累计折旧　　　　　　　　　　　　450000

　　　贷：固定资产　　　　　　　　　　　　　　500000

（2）收回残料变价收入时。

借：银行存款　　　　　　　　　　　20000
　　贷：固定资产清理　　　　　　　　　　　　20000

（3）支付清理费用时。

借：固定资产清理　　　　　　　　　3500
　　贷：银行存款　　　　　　　　　　　　　　3500

（4）结转报废固定资产发生净损失时。

借：营业外支出——非流动资产处置损失 33500
　　贷：固定资产清理　　　　　　　　　　　　33500

【例7-16】甲公司因遭受水灾而毁损一座仓库，该仓库原价4000000元，已计提折旧1000000元，未计提减值准备。其残料估计价值50000元，残料已办理入库。发生的清理费用20000元，以现金支付。经保险公司核定应赔偿损失1500000元，尚未收到赔款。甲公司应作如下会计处理：

（1）将毁损的仓库转入清理时。

借：固定资产清理　　　　　　　　　3000000
　　累计折旧　　　　　　　　　　　1000000
　　　贷：固定资产　　　　　　　　　　　　　4000000

（2）残料入库时。

借：原材料　　　　　　　　　　　　50000
　　贷：固定资产清理　　　　　　　　　　　　50000

（3）支付清理费用时。

借：固定资产清理　　　　　　　　　20000
　　贷：库存现金　　　　　　　　　　　　　　20000

（4）确定应由保险公司理赔的损失时。

借：其他应收款　　　　　　　　　　1500000
　　贷：固定资产清理　　　　　　　　　　　　1500000

（5）结转毁损固定资产发生的损失时。

借：营业外支出——非常损失　　　　1470000
　　贷：固定资产清理　　　　　　　　　　　　1470000

（六）固定资产清查

企业应定期或者至少于每年年末对固定资产进行清查盘点，以保证固定资产核算的真实性，充分挖掘企业现有固定资产的潜力。在固定资产清查过程中，如果发现盘盈、盘亏的固定资产，应填制固定资产盘盈盘亏报告表。清查固定资产的损溢，应及时查明原因，并按照规定程序报批处理。

1. 固定资产盘盈

企业在财产清查中盘盈的固定资产，作为前期差错处理。企业在财产清查中盘盈的固定资产，在按管理权限报经批准处理前应先通过"以前年度损益调整"科目核算。盘盈的固定资产，应按重置成本确定其入账价值，借记"固定资产"科目，贷记"以前年度损益调整"科目。

【例7-17】 2015年1月5日，丁公司在财产清查中发现2010年12月购入的一台设备尚未入账，重置成本为30000元（假定与其计税基础不存在差异）。假定丁公司按净利润的10%提取法定盈余公积，不考虑相关税费及其他因素的影响。丁公司应编制如下会计分录：

（1）盘盈固定资产时。

借：固定资产 30000

　　贷：以前年度损益调整 30000

（2）结转为留存收益时。

借：以前年度损益调整 30000

　　贷：盈余公积——法定盈余公积 3000

　　　　利润分配——未分配利润 27000

根据《企业会计准则第28号——会计政策、会计估计变更和差错更正》的规定，本例中盘盈固定资产作为前期差错进行处理，应通过"以前年度损益调整"进行核算。

2. 固定资产盘亏

企业在财产清查中盘亏的固定资产，按盘亏固定资产的账面价值，借记"待处理财产损溢"科目；按已计提的累计折旧，借记"累计折旧"科目；按已计提的减值准备，借记"固定资产减值准备"科目；按固定资产的原价，贷记"固定资产"科目。按管理权限报经批准后处理时，按可收回的保险赔偿或过失人赔偿，借记"其他应收款"科目，按应计入营业外支出的金额，借记"营业外支出——盘亏损失"科目，贷记"待处理财产损溢"科目。

【例7-18】 乙公司进行财产清查时发现短缺一台笔记本电脑，原价为10000元，已计提折旧7000元。乙公司应作如下会计处理：

（1）盘亏固定资产时。

借：待处理财产损溢 3000

　　累计折旧 7000

　　贷：固定资产 10000

（2）报经批准转销时。

借：营业外支出——盘亏损失 3000

　　贷：待处理财产损溢　　　　　　　　　　　　　3000

（七）固定资产减值

　　固定资产在资产负债表日存在可能发生减值的迹象时，其可收回金额低于账面价值的，企业应当将该固定资产的账面价值减记至可收回金额，减记的金额确认为减值损失，计入当期损益，同时计提相应的资产减值准备，借记"资产减值损失——计提的固定资产减值准备"科目，贷记"固定资产减值准备"科目。固定资产减值损失一经确认，在以后会计期间不得转回。

> **知识点**
>
> 固定资产减值损失一经确认，在以后会计期间不得转回。

　　【例7-19】2015年12月31日，甲公司的某生产线存在可能发生减值的迹象。经计算，该机器的可收回金额合计为1230000元，账面价值为1400000元，以前年度未对该生产线计提过减值准备。

　　由于该生产线的可收回金额为1230000元，账面价值为1400000元，可收回金额低于账面价值，应按两者之间的差额170000（1400000－1230000）元计提固定资产减值准备。甲公司应作如下会计处理：

　　借：资产减值损失——计提的固定资产减值准备　170000

　　　　贷：固定资产减值准备　　　　　　　　　　　170000

【主要分录总结】

号	事项			分录
1	取得	外购	不需安装	借：固定资产 　　应交税费——应交增值税（进项税额） 　　（若进项税额允许抵扣） 　　贷：银行存款等
			需安装	借：在建工程 　　贷：银行存款等 借：固定资产 　　贷：在建工程

号	事项			分录
1	取得	建造	自营 用于机器设备安装	借：在建工程 　　贷：库存商品、原材料、应付职工薪酬、生产成本、银行存款 借：固定资产 　　贷：在建工程
			用于厂房建设	借：在建工程 　　贷：库存商品 　　　　应交税费——应交增值税（销项税额） 借：在建工程 　　贷：原材料 　　　　应交税费——应交增值税（进项税额转出） 借：在建工程 　　贷：应付职工薪酬、生产成本、银行存款、长期借款 借：固定资产 　　贷：在建工程
		出包		借：在建工程 　　贷：银行存款（预付工程款） 借：在建工程 　　贷：银行存款（补付工程款） 借：固定资产 　　贷：在建工程
2	计提折旧			借：制造费用/管理费用、其他业务成本（出租）、在建工程 　　贷：累计折旧
3	出租			借：银行存款 　　贷：其他业务收入（影响当期损益）
4	后续支出	资本化		（1）在原固定资产的基础上更新改造（不涉及原部件的替换） 第一步，将原固定资产的账面价值转入"在建工程" 借：在建工程 　　累计折旧 　　固定资产减值准备 　　贷：固定资产 第二步，新发生的支出 借：在建工程 　　贷：银行存款 第三步，更新改造完成转入固定资产 借：固定资产 　　贷：在建工程 （2）在原固定资产的基础上更新改造（涉及原部件的替换） 借：在建工程 　　累计折旧 　　贷：固定资产 【终止确认替换部分的账面价值】 借：营业外支出 　　银行存款 　　贷：在建工程

号	事项			分录
4	后续支出	资本化		【变价收入】 借：银行存款 　　贷：在建工程 　　　　营业外收入 【发生支出】 借：在建工程 　　贷：银行存款 【安装完毕】 借：固定资产 　　贷：在建工程 (3)企业以经营租赁方式租入的固定资产发生的改良支出，应予资本化，作为长期待摊费用，合理进行摊销 借：长期待摊费用（资本化） 　　贷：银行存款
		费用化		借：管理费用（车间和管理部门的固定资产修理费） 　　销售费用（销售部门的固定资产的修理费） 　　贷：银行存款等
5	清查	盘亏	批准前	借：待处理财产损溢（账面价值） 　　累计折旧 　　固定资产减值准备 　　贷：固定资产
			批准后	借：其他应收款（保险赔款或过失人赔偿） 　　营业外支出（不影响营业利润） 　　贷：待处理财产损溢
		盘盈		借：固定资产 　　贷：以前年度损益调整 借：以前年度损益调整 　　贷：盈余公积 　　　　利润分配——未分配利润
6	处置	转入清理		借：固定资产清理 　　累计折旧 　　固定资产减值准备 　　贷：固定资产
		发生清理费用		借：固定资产清理 　　贷：银行存款
		收回出售固定资产的价款		借：银行存款 　　贷：固定资产清理
		缴纳营业税		借：固定资产清理 　　贷：应交税费——应交营业税
		保险赔偿等		借：其他应收款 　　贷：固定资产清理
		清理净损益		借：固定资产清理 　　贷：营业外收入 或 借：营业外支出 　　贷：固定资产清理

【本章主要参考法规索引】

1. 企业会计准则——基本准则（2014 年 7 月 23 日财政部修订发布，自 2014 年 7 月 23 日起施行）

2. 企业会计准则——应用指南（2006 年 10 月 30 日财政部发布，自 2007 年 1 月 1 日起在上市公司范围内施行）

3. 企业会计准则第 4 号——固定资产（2006 年 2 月 15 日财政部发布，自 2007 年 1 月 1 日起在上市公司范围内施行）

【本章习题】

一、单项选择题

1. 下列各项资产中，不符合固定资产定义的是（　　）。

A. 企业以融资租赁方式租入的机器设备

B. 企业以经营租赁方式出租的机器设备

C. 企业为生产持有的机器设备

D. 企业以经营租赁方式出租的建筑物

2. 甲公司为增值税一般纳税人，适用的增值税税率为 17%，2015 年 1 月购入一台设备，取得的增值税专用发票上标明价款为 10000 元，增值税税额为 1700 元。取得货物运输行业增值税专用发票注明运输费为 1000 元，增值税进项税额为 110 元。另发生保险费 1500 元、装卸费 300 元。款项全部以银行存款支付，则甲公司购入该设备的入账价值为（　　）元。

A. 11800　　　　B. 12800　　　　C. 12970　　　　D. 12690

3. 企业自行建造固定资产过程中发生的损失，应计入当期营业外支出的是（　　）。

A. 完工后工程物资报废或毁损的净损失

B. 建设期间工程物资的盘亏净损失

C. 建设期间工程物资的毁损净损失

D. 在建工程进行负荷联合试车发生的费用

4. 英明公司为增值税一般纳税人，适用的增值税税率为 17%，2014 年 9 月 1 日，英明公司决定自行建造一栋办公楼，外购工程物资一批并全部领用，其价款为 50000 元（含增值税），款项已通过银行存款支付；办公楼建造时，领用本公司外购的原材料一批，价值（不含增值税）为 20000 元；领用本公司所生产的库存产品一批，成本为 48000 元，公允价值为 50000 元，应付建造工人的工资为 10000 元；办公楼于 2015 年 12 月完工。该办公楼达到预定可使用状态时的入账价值为（　　）元。

 A. 128000   B. 130000   C. 138500   D. 139900

 5. 甲公司属于核电站发电企业，2015 年 1 月 1 日正式建造完成并交付使用一座核电站核设施，成本为 300000 万元，预计使用寿命为 50 年。据国家法律和行政法规、国际公约等规定，企业应承担环境保护和生态恢复等义务。2015 年 1 月 1 日，预计 50 年后该核电站核设施在弃置时，将发生弃置费用 20000 万元，且金额较大。在考虑货币的时间价值和相关期间通货膨胀等因素后确定的折现率为 5%（50 年期折现率为 5% 的复利现值系数为 0.0872）。则该固定资产入账价值为（　　）万元。

 A. 320000   B. 280000   C. 301744   D. 429357.80

 6. 2013 年 6 月 30 日，英明公司购入一台不需要安装的生产设备，以银行存款支付价款 300 万元，并支付增值税税额 51 万元，购入后立即达到预定可使用状态。该设备的预计使用寿命为 8 年，预计净残值为 20 万元，采用年限平均法计提折旧。2014 年 12 月 31 日，因出现减值迹象，对该设备进行减值测试，预计该设备的公允价值为 200 万元，处置费用为 15 万元；如果继续使用，预计未来使用及处置产生现金流量的现值为 175 万元。假定原预计使用寿命、净残值以及选用的折旧方法不变。不考虑其他因素，英明公司 2014 年 12 月 31 日对该生产设备应当计提减值准备的金额为（　　）万元。

 A. 0   B. 47.5   C. 62.5   D. 72.5

 7. 2015 年 3 月 31 日，甲公司采用出包方式对某固定资产进行改良，该固定资产账面原价为 3600 万元，预计使用年限为 5 年，已使用 3 年，预计净残值为零，采用年限平均法计提折旧。甲公司改良过程中支付出包工程款 96 万元。2015 年 8 月 31 日，改良工程完工，固定资产达到预定可使用状态并投入使用，重新预计其尚可使用年限为 4 年，预计净残值为零，采用年限平均法计提折旧。2015 年度甲公司对该固定资产应计提的折旧额为（　　）万元。

 A. 128   B. 180   C. 308   D. 384

 8. 甲公司为增值税一般纳税人，适用的增值税税率为 17%。甲公司建造一栋办公楼于 2014 年 6 月 20 日达到预定可使用状态，但尚未办理竣工决算，暂估价值为 100 万元。2014 年 12 月 31 日办理完竣工决算手续，实际结算金额为 120 万元。该办公楼预计使用年限为 10 年，预计净残值为零，甲公司采用年限平均法计提折旧。不考虑其他因素，甲公司 2015 年应该计提的折旧金额为（　　）万元。

 A. 12.63   B. 12.11   C. 12.22   D. 5

 9. 浩然公司 2014 年年底出售一台设备，协议设备售价 60 万元，发生清理费用 3 万元，该设备为 2012 年 3 月购入，原价为 200 万元，至出售时已经计提折旧 50 万元，计提减值准备 25 万元，浩然公司 2014 年因出售该设备对利润总额的影响金额为（　　）万元。

  A. -57.8   B. -65   C. -68   D. 68

  10. 下列选项中，不属于企业将非流动资产划分为持有待售资产应满足的条件是（　　）。

  A. 企业已经就处置该非流动资产作出决议

  B. 企业已经与受让方签订了不可撤销的转让协议

  C. 该项转让将在六个月内完成

  D. 该项转让将在一年内完成

二、多选择选择

  1. 如果购买固定资产的价款超过正常信用条件延期支付，实质上具有融资性质的，下列说法中正确的有（　　）。

  A. 固定资产的成本以购买价款的现值为基础确定

  B. 实际支付的价款与购买价款的现值之间的差额，无论是否符合资本化条件，均应当在信用期间内计入当期损益

  C. 实际支付的价款与购买价款的现值之间的差额，无论是否符合资本化条件，均应当在信用期间内资本化

  D. 实际支付的价款与购买价款现值之间的差额，符合资本化条件的，应当在信用期间内资本化；不符合资本化条件的，在信用期间内计入当期损益

  2. 英明公司为增值税一般纳税人，适用的增值税税率为 17%。2015 年 2 月 28 日，英明公司购入一台需要安装的设备，以银行存款支付设备价款 600 万元，增值税进项税额 102 万元。3 月 10 日，设备开始安装，在安装过程中，英明公司发生安装人员工资 50 万元；领用原材料一批，该批原材料的成本为 30 万元，相应的增值税进项税额为 5.1 万元，市场价格（不含增值税）为 40 万元。设备于 2015 年 6 月 20 日完成安装，达到预定可使用状态。下列支出应当计入英明公司外购设备初始入账价值的有（　　）。

  A. 设备价款 600 万元   B. 安装人员工资 50 万元

  C. 材料成本 30 万元   D. 材料市价 40 万元

  3. 下列有关出包方式建造固定资产的表述中，正确的有（　　）。

  A. 出包方式建造的固定资产成本包括发生的建筑工程支出、安装工程支出，以及需分摊计入固定资产价值的待摊支出

  B. 待摊支出包括为建造工程发生的管理费、应负担的税金、符合资本化条件的借款费用、建设期间发生的工程物资盘亏、报废及毁损净损失以及负荷联合试车费等

C. 企业为建造固定资产通过出让方式取得土地使用权而支付的土地出让金，计入在建工程成本

D. 按规定预付的工程价款通过"预付账款"科目核算

4. 下列有关固定资产成本的确定，说法正确的有（　　）。

A. 投资者投入固定资产的成本，应当按照投资合同或协议约定的价值确定

B. 企业以融资租赁方式租入的固定资产发生的改良支出，符合资本化条件的应予以资本化

C. 核电站核设施企业预计的弃置费用现值应计入固定资产的成本

D. 融资租入的固定资产，承租人应当将租赁开始日租赁资产公允价值与最低租赁付款额现值两者中较低者作为租入资产入账价值的基础

5. 下列项目中，应计提折旧的有（　　）。

A. 以经营租赁方式出租的机器设备

B. 已达到预定可使用状态但尚未办理竣工决算的固定资产

C. 已提足折旧仍继续使用的固定资产

D. 融资租入的固定资产

6. 关于固定资产计提折旧应记入科目的说法中，正确的有（　　）。

A. 基本生产车间使用的固定资产，其计提的折旧计入制造费用

B. 管理部门使用的固定资产，其计提的折旧计入管理费用

C. 经营出租的固定资产，其计提的折旧计入管理费用

D. 未使用固定资产，其计提的折旧应计入管理费用

7. A 公司为增值税一般纳税人，适用的增值税税率为 17%。2014 年 12 月 31 日，对一项生产设备的某一主要部件进行更换，被更换部件的账面原值为 420 万元。出售取得变价收入 1 万元。该生产设备为 2011 年 12 月购入，原价为 1200 万元，采用年限平均法计提折旧，使用寿命为 10 年，预计净残值为零。2014 年年末计提减值准备 60 万元。2015 年 1 月购买工程物资，支付价款为 800 万元，增值税税额为 136 万元。符合固定资产确认条件，不考虑残值。关于 A 公司的会计处理，下列说法中正确的有（　　）。

A. 对该项固定资产进行更换前的账面价值为 780 万元

B. 被更换部件的账面价值为 294 万元

C. 对该项固定资产进行更换后的入账价值为 1074 万元

D. 被替换部件影响利润总额的全额为 –272 万元

8. 下列关于固定资产的有关核算，表述正确的有（　　）。

A. 生产车间的固定资产日常修理费用应当计入制造费用

B. 企业专设销售机构发生的固定资产日常修理费用计入销售费用

C. 建造厂房领用外购原材料时，原材料对应的增值税进项税额应计入在建工程成本

D. 盘盈固定资产，应通过"待处理财产损溢"科目核算

9. 下列为建造工程发生的费用中，属于待摊支出科目核算范围的有（　　）。

A. 可行性研究费

B. 应负担的税金

C. 建设期间发生的工程物资盘亏、报废及毁损净损失

D. 负荷联合试车费

10. 下列有关专项储备的表述中正确的有（　　）。

A. 高危行业按照国家规定提取的安全生产费，应当计入相关产品成本或当期费用

B. 使用提取的安全生产费用形成固定资产的，形成固定资产的同时按固定资产的成本全额计提折旧，该固定资产在以后期间不再分期计提折旧

C. 企业使用提取的安全生产费时，属于费用性支出的，支付时会减少所有者权益

D. 使用提取的安全生产费属于费用性支出的，直接冲减专项储备

三、判断题

1. 企业因固定资产盘亏造成的待处理非流动资产净损失属于企业的资产。（　　）

2. 以一笔款项购入多项没有单独标价的固定资产，应当按照各项固定资产的账面价值比例对总成本进行分配，分别确定各项固定资产的成本。（　　）

3. 对于融资租入固定资产，无法合理确定租赁期届满后承租人是否能够取得租赁资产所有权的，应当以租赁期与租赁资产使用寿命两者中较短者作为折旧期间。（　　）

4. 企业固定资产的预计报废清理费用，可作为弃置费用，按其现值计入固定资产成本，并确认为预计负债。（　　）

5. 企业采用年数总和法计算折旧额时，在固定资产使用初期不考虑净残值，只有在其折旧年限到期前两年内才考虑净残值的问题。（　　）

6. 更新改造固定资产时，发生的支出应当直接计入当期损益。（　　）

7. 在处置固定资产（不动产）时，发生的营业税，应通过"营业税金及附加"科目核算。（　　）

8. 企业购入不需要安装的生产设备，购买价款超过正常信用条件延期支付，实质上具有融资性质的，应当以合同约定的购买价款确定其成本。（　　）

9. 企业使用提取的安全生产费购建不需要安装的安全防护设备时，应借记"专

项储备"科目，贷记"银行存款"科目。（　　）

10. 确定融资租入固定资产的折旧期间时，应以租赁开始日租赁资产的使用寿命作为折旧期间。（　　）

四、计算分析题

1. 长江公司有关固定资产更新改造的资料如下：

（1）2012 年 12 月 30 日，该公司自行建造一条生产线，建造成本为 1536000 元；采用年限平均法计提折旧；预计净残值率为 4%，预计使用寿命为 5 年。

（2）2014 年 12 月 31 日，由于生产的产品适销对路，现有生产线的生产能力已难以满足公司生产发展的需要，但若新建生产线则建设周期过长。甲公司决定对现有生产线进行改扩建，以提高其生产能力。假定该生产线未发生减值。

（3）2015 年 1 月 1 日至 3 月 31 日，经过三个月的改扩建，完成了对这条生产线的改扩建工程，达到预定可使用状态，共发生支出 450800 元，全部以银行存款支付。

（4）该生产线改扩建工程达到预定可使用状态后，大大提高了生产能力，预计尚可使用寿命为 10 年。假定改扩建后的生产线的预计净残值率为改扩建后固定资产账面价值的 3%；折旧方法为年数总和法。

（5）不考虑其他相关税费等因素；公司按年度计提固定资产折旧。

要求：根据以上资料，逐笔编制 2013 年至 2015 年年末与固定资产相关的会计分录（答案中金额单位用元表示）。

2. 长江公司 2011~2015 年与固定资产有关的业务资料如下：

（1）2011 年 12 月 12 日，长江公司购进一台不需要安装的设备，取得的增值税专用发票上注明的设备价款为 456 万元，另支付运杂费 5 万元，款项以银行存款支付，假设没有发生其他相关税费。该设备于当日投入使用，预计使用年限为 6 年，预计净残值为 11 万元，采用年限平均法计提折旧。

（2）2012 年 6 月，对该设备进行简单维修，领用维修材料 9000 元，发生修理人员工资 1000 元。

（3）2013 年 12 月 31 日，因存在减值因素，长江公司对该设备进行减值测试，2013 年 12 月 31 日，该设备的公允价值减去处置费用的净额为 271 万元；预计该设备未来使用及处置产生的现金流量现值为 291 万元。假定计提减值准备后设备的预计净残值、使用年限和折旧方法不变。

（4）2015 年 6 月，因转产该设备停止使用，2015 年 11 月 30 日，长江公司以 90 万元将该设备出售给甲公司，处置时发生固定资产清理费用 10 万元，以银行存款支付。

假定不考虑其他相关税费，要求：①计算长江公司购入设备的入账价值；

②计算 2015 年上述设备应计提的折旧额；③编制 2015 年长江公司出售该设备的会计分录。

　　(答案中的金额单位用万元表示)

第八章
无形资产及其他资产

无形资产是指企业拥有或者控制的没有实物形态、可辨认的非货币性资产。无形资产具有广义和狭义之分，广义的无形资产包括货币资金、应收账款、金融资产、长期股权投资、专利权、商标权等，因为它们没有物质实体，而是表现为某种法定权利或技术。但是，会计上通常将无形资产作狭义的理解，即将专利权、商标权等称为无形资产。

【学习目标】

通过本章学习，要求理解无形资产和其他资产的概念、特征、内容及计价；了解上述资产与流动资产和其他有形资产的区别；掌握无形资产的取得、摊销、转让和期末计价的账务处理。

【关键词】

无形资产	Intangible Assets
研究费用	Research expenditure
开发支出	Development expenditure
专利权	Patent right
土地使用权	Land tenure
商标权	Trade mark privileges

【思维导图】

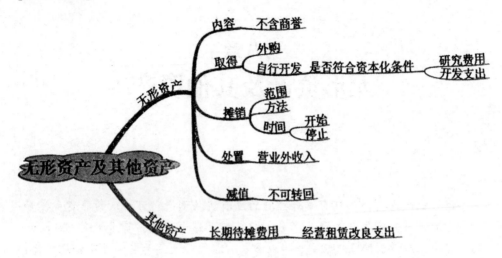

第一节　无形资产

一、无形资产的特征

无形资产具有三个主要特征：

（一）不具有实物形态

无形资产是不具有实物形态的非货币性资产，它不像固定资产、存货等有形资产具有实物形体。

> **知识点**
>
> 正因为无形资产不具有实物形态，所以无形资产不存在期末盘点和清查。

（二）具有可辨认性

资产满足下列条件之一的，符合无形资产定义中的可辨认性标准：一是能够从企业中分离或者划分出来，并能单独或者与相关合同、资产或负债一起，用于出售、转让、授予许可、租赁或者交换。二是源自合同性权利或其他法定权利，无论这些权利是否可以从企业或其他权利或义务中转移或者分离。

知识点
> 商誉是一项单独的非流动资产，它的存在无法与企业自身分离，不具有可辨认性，不属于无形资产。

（三）属于非货币性长期资产

无形资产属于非货币性资产且能够在多个会计期间为企业带来经济利益。无形资产的使用年限在一年以上，其价值将在各个受益期间逐渐摊销。

二、无形资产的内容

无形资产主要包括专利权、商标权、土地使用权、非专利技术、著作权、特许权等。

（一）专利权

专利权是指国家专利主管机关依法授予发明创造的专利申请人对其发明创造在法定期限内所享有的专有权利，包括发明专利权、实用新型专利权和外观设计专利权。它给予持有者独家使用或控制某项发明的特殊权利。《中华人民共和国专利法》明确规定，专利人拥有的专利权受到国家法律保护。专利权是允许其持有者独家使用或控制的特权，但它并不保证一定能给持有者带来经济效益，如有的专利可能会被另外更有经济价值的专利所淘汰等。因此，企业不应将其所拥有的一切专利权都予以资本化，作为无形资产管理和核算。一般而言，只有从外单位购入的专利或者自行开发并按法律程序申请取得的专利，才能作为无形资产管理和核算。这种专利可以降低成本、提高产品质量，或者将其转让出去获得转让收入。

企业从外单位购入的专利权，应按实际支付的价款作为专利权的成本。企业自行开发并按法律程序申请取得的专利权，应按照无形资产准则确定的金额作为成本。

（二）商标权

商标是用来辨认特定的商品或劳务的标记。商标权是指专门在某类指定的商品或产品上使用特定的名称或图案的权利。商标经过注册登记，就获得了法律上的保护。《中华人民共和国商标法》明确规定，经商标局核准注册的商标为注册商标，商标注册人享有商标专用权，受法律的保护。

企业自创的商标并将其注册登记，所花费用一般不大，是否将其资本化并不重要。能够给拥有者带来获利能力的商标，往往是通过多年的广告宣传和其他传播商标名称的手段，以及客户的信赖等树立起来的。广告费一般不作为商标权的成本，而是在发生时直接计入当期损益。

按照《中华人民共和国商标法》的规定，商标可以转让，但受让人应保证使用该注册商标的产品质量。如果企业购买他人的商标，一次性支出费用较大的，可以将其资本化，作为无形资产管理。这时，应根据购入商标的价款、支付的手续费及有关费用作为商标的成本。

（三）土地使用权

土地使用权是指国家准许某一企业或单位在一定期间内对国有土地享有开发、利用、经营的权利。根据《中华人民共和国土地管理法》的规定，我国土地实行的是社会主义公有制，即全民所有制和劳动群众集体所有制。任何单位和个人不得侵占、买卖或者以其他形式非法转让土地。土地使用权可以依法转让。企业取得土地使用权，应将取得时发生的支出资本化，作为土地使用权的成本，记入"无形资产"科目核算。

（四）非专利技术

非专利技术即专有技术，或技术秘密、技术诀窍，是指先进的、未公开的、未申请专利、可以带来经济效益的技术及诀窍。主要包括以下内容：一是工业专有技术，即在生产上已经采用，仅限于少数人知道，不享有专利权或发明权的生产、装配、修理、工艺或加工方法的技术知识；二是商业（贸易）专有技术，即具有保密性质的市场情报、原材料价格情报以及用户、竞争对象的情况和有关知识；三是管理专有技术，即生产组织的经营方式、管理方式、培训职工方法等保密知识。非专利技术并不是专利法的保护对象，专有技术所有人依靠自我保密的方式来维持其独占权，可以用于转让和投资。

企业的非专利技术，有些是自己开发研究的，有些是根据合同规定从外部购入的。如果是企业自己开发研究的，应将符合《企业会计准则第6号——无形资产》规定的开发支出资本化条件的，确认为无形资产。对于从外部购入的非专利技术，应将实际发生的支出予以资本化，作为无形资产入账。

（五）著作权

著作权又称版权，制作者对其创作的文学、科学和艺术作品依法享有的某种特殊权利。著作权包括两方面的权利，即精神权利（人身权利）和经济权利（财产权利）。前者指作品署名权、发表作品、确认作者身份、保护作品完整性、修改已经发表的作品等各项权利，包括发表权、署名权、修改权和保护作品完整权；后者指以出版、表演、广播、展览、录制唱片、摄制影片等方式使用作品以及因授权他人使用作品而获得经济利益的权利。

（六）特许权

特许权，又称经营特许权、专营权，指企业在某一地区经营或销售某种特定商品的权利或是一家企业接受另一家企业使用其商标、商号、技术秘密等的权利。前者一般是指政府机关授权、准许企业使用或在一定地区享有经营某种业务的特权，如水、电、邮电通信等专营权、烟草专卖权等；后者指企业间依照签订的合同，有期限或无期限使用另一家企业的某些权利，如连锁店分店使用总店的名称等。

三、无形资产的确认

无形资产同时满足以下条件时才能予以确认：

（一）与该资产有关的经济利益很可能流入企业

资产最基本的特征是产生的经济利益预期很可能流入企业，如果某一项目产生的经济利益预期不能流入企业，就不能确认为企业的资产。对无形资产确认而言，如果某一无形资产的经济利益预期不能流入企业，就不能确认为企业的无形资产；如果某一无形资产的经济利益预期很可能流入企业，并同时满足无形资产确认的其他条件，则企业应将其确认为无形资产。例如，企业外购一项专利权，从而拥有法定所以权，使企业的相关权利受到法律的保护，此时，表明企业能够控制该项无形资产所产生的经济利益。

在实务工作中，要确定无形资产产生的经济利益是否很可能流入企业，应当对无形资产在预计使用寿命内可能存在的各种经济因素作出合理估计，并且应当有明确证据支持。在进行这种判断时，需要考虑相关的因素。比如，企业是否有足够的人力资源、高素质的管理队伍、相关硬件设备等来配合无形资产为企业创造经济利益。最为重要的是应关注外界因素的影响，比如是否存在相关的新技术、新产品冲击与无形资产相关的技术或利用其生产的产品的市场等。

（二）该无形资产的成本能够可靠地计量

成本能够可靠地计量是资产确认的一项基本条件。对于无形资产而言，这个条件显得十分重要。比如，一些高科技领域的高科技人才，假定其与企业签订了服务合同，且合同规定其在一定期限内不能为其他企业提供服务。在这种情况下，虽然这些高科技人才的知识在规定的期限内预期能够为企业创造经济利益，但由于这些高科技人才的知识难以准确或合理辨认，加之为形成这些知识所发生的支出难以计量，从而不能作为企业的无形资产加以确认。

四、无形资产的账务处理

(一) 无形资产核算应设置的会计科目

为了反映和监督无形资产的取得、摊销和处置等情况，企业应当设置"无形资产"、"累计摊销"等科目进行核算。

"无形资产"科目核算企业持有的无形资产成本，借方登记取得无形资产的成本，贷方登记出售无形资产转出的无形资产账面余额，期末借方余额，反映企业无形资产的成本。本科目应按无形资产项目设置明细账，进行明细核算。

"累计摊销"科目属于"无形资产"的调整科目，核算企业对使用寿命有限的无形资产计提的累计摊销，贷方登记企业计提的无形资产摊销，借方登记处置无形资产转出的累计摊销，期末贷方余额，反映企业无形资产的累计摊销额。

此外，企业无形资产发生减值的，还应当设置"无形资产减值准备"科目进行核算。

(二) 无形资产的取得

无形资产应当按照成本进行初始计量。企业取得无形资产的主要方式有外购、自行研究开发等。取得的方式不同，其会计处理也有所差别。

1. 外购无形资产

外购无形资产的成本包括购买价款、相关税费以及直接归属于使该项资产达到预定用途所发生的其他支出。

【例 8-1】甲公司购入一项非专利技术，支付的买价和有关费用合计 900000 元，以银行存款支付。甲公司应编制如下会计分录：

借：无形资产——非专利技术品　　　　　900000

　　贷：银行存款　　　　　　　　　　　　　　　900000

2. 自行研究开发无形资产

企业内部研究开发项目所发生的支出应区分为研究阶段支出和开发阶段支出，企业自行开发无形资产发生资本化条件的借记"研发支出——费用化支出"科目，借记"研发支出——资本化支出"科目，贷记"原材料"、"应付职工薪酬"等科目。研究开发项目达到预定用途形成无形资产的，应当按照"研发支出——资本化支出"科目的余额，借记"无形资产"科目，贷记"研发支出——资本化支出"科目。期（月）末，应将"研发支出——费用化支出"科目归集的金额转入"管理费用"科目，借记"管理费用"科目，贷记"研发支出——费用化支出"科目。如果无法可靠区分研究阶段的支出和开发阶段的支出，应将其所发生的研发支出全部费用化，计入当期损益，记入"管理费用"科目。

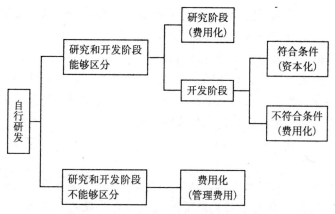

图 8-1 自行研发无形资产费用示意图

【例 8-2】甲公司自行研究、开发一项技术，截至 2014 年 12 月 31 日，发生研发支出合计 2000000 元，经测试该项研发活动完成了研究阶段，从 2015 年 1 月 1 日开始进入开发阶段 2015 年发生开发支出 300000 元，假定符合《企业会计准则第 6 号——无形资产》规定的开发支出资本化的条件。2015 年 6 月 30 日，该项研发活动结束，最终开发出一项非专利技术。甲公司应编制如下会计分录：

（1）2014 年发生的研发支出。

借：研发支出——费用化支出　　　　2000000

　　贷：银行存款等　　　　　　　　　　　　2000000

（2）2014 年 12 月 31 日，发生的研发支出全部属于研究阶段的支出。

借：管理费用　　　　　　　　　　　2000000

　　贷：研发支出——费用化支出　　　　　　2000000

（3）2015 年，发生开发支出并满足资本化确认条件。

借：研发支出——资本化支出　　　　300000

　　贷：银行存款等　　　　　　　　　　　　300000

（4）2015 年 6 月 30 日，该技术研发完成并形成无形资产。

借：无形资产　　　　　　　　　　　300000

　　贷：研发支出——资本化支出　　　　　　300000

（三）无形资产的摊销

企业应当于取得无形资产时分析判断其使用寿命。使用寿命有限的无形资产应进行摊销。使用寿命有限的无形资产，其残值应当视为零。对于使用寿命有限的无形资产应当自可供使用（即其达到预定用途）当月起开始摊销，处置当月不再摊销。

无形资产摊销方法包括直线法、生产总量法等。企业选择无形资产的摊销方法，应当反映与该项无形资产有关的经济利益的预期实现方式。无法可靠确定预期实现方式的，应当采用直线法摊销。

企业应当按月对无形资产进行摊销。无形资产的摊销额一般应当计入当期损益，企业自用的无形资产，其摊销金额计入管理费用；出租的无形资产，其摊销金额计入其他业务成本；某项无形资产包含的经济利益通过所生产的产品或其他资产实现的，其摊销金额应当计入相关资产成本。

【例 8-3】甲公司购买了一项特许权，成本为 4800000 元，合同规定受益年限为 10 年，甲公司每月应摊销 40000（4800000/10/12）元。每月摊销时，甲公司应编制如下会计分录：

借：管理费用　　　　　　　　　　　　40000

　　贷：累计摊销　　　　　　　　　　　　　　40000

【例 8-4】2015 年 1 月 1 日，甲公司将其自行开发完成的非专利技术出租给丁公司，该非专利技术成本为 3600000 元，双方约定的租赁期限为 10 年，甲公司每月应摊销 30000（3600000/10/12）元。每月摊销时，甲公司应编制如下会计分录：

借：其他业务成本　　　　　　　　　　30000

　　贷：累计摊销　　　　　　　　　　　　　　30000

（四）无形资产的处置

企业处置无形资产，应当将取得的价款扣除该无形资产账面价值以及出售相关税费后的差额计入营业外收入或营业外支出。

【例8-5】甲公司将其购买的一专利权转让给乙公司，该专利权的成本为600000元，已摊销220000元，应交税费25000元，实际取得的转让价款为500000元，款项已存入银行。甲公司应编制如下会计分录：

借：银行存款　　　　　　　　　　　500000
　　累计摊销　　　　　　　　　　　220000
　　贷：无形资产　　　　　　　　　　　　　600000
　　　　应交税费　　　　　　　　　　　　　25000
　　　　营业外收入——非流动资产处置利得　95000

（五）无形资产的减值

无形资产在资产负债表日存在可能发生减值的迹象时，其可收回金额低于账面价值的，企业应当将该无形资产的账面价值减记至可收回金额，减记的金额确认为减值损失，计入当期损益，同时计提相应的资产减值准备，按应减记的金额，借记"资产减值损失——计提的无形资产减值准备"科目，贷记"无形资产减值准备"科目。

> **知识点**
>
> 无形资产减值损失一经确认，在以后会计期间不得转回。

【例8-6】2015年12月31日，市场上某项技术生产的产品销售势头较好，已对甲公司产品的销售产生重大不利影响。甲公司外购的类似专利技术的账面价值为800000元，剩余摊销年限为4年，经减值测试，该专利技术的可收回金额为750000元。

由于该专利权在资产负债表日的账面价值为800000元，可收回金额为750000元，可收回金额低于其账面价值，应按其差额50000（800000－75000）元计提减值准备。甲公司应编制如下会计分录：

借：资产减值损失——计提的无形资产减值准备　50000
　　贷：无形资产减值准备　　　　　　　　　　　　　50000

第二节　其他资产

其他资产是指除货币资金、交易性金融资产、应收及预付款项、存货、长期股权投资、持有至到期投资、可供出售金融资产、固定资产、无形资产等以外的资产，如长期待摊费用等。

长期待摊费用是指企业已经发生但应由本期和以后各期负担的分摊期限在一年以上的各项费用，如以经营租赁方式租入的固定资产发生的改良支出等。企业应设置"长期待摊费用"科目对此类项目进行核算，企业发生的长期待摊费用，借记"长期待摊费用"科目，贷记"原材料"、"银行存款"等科目；摊销长期待摊费用，借记"管理费用"、"销售费用"等科目，贷记"长期待摊费用"科目；"长期待摊费用"科目期末借方余额，反映企业尚未摊销完毕的长期待摊费用。"长期待摊费用"科目可按费用项目进行明细核算。

【例 8-7】 2015 年 4 月 1 日，甲公司对以经营租赁方式新租入的办公楼进行装修，发生以下有关支出：领用生产用材料 500000 元，购进该批原材料时支付的增值税进项税额为 85000 元；辅助生产车间为该装修工程提供的劳务支出为 180000 元；有关人员工资等职工薪酬为 435000 元。2015 年 11 月 30 日，该办公楼装修完工，达到预定可使用状态并交付使用，按租赁期 10 年进行摊销。假定不考虑其他因素。甲公司应编制如下会计分录：

（1）装修领用原材料时。

借：长期待摊费用 585000
　　贷：原材料 500000
　　　　应交税费——应交增值税（进项税额转出） 85000

（2）辅助生产车间为装修工程提供劳务时。

借：长期待摊费用 180000
　　贷：生产成本——辅助生产成本 180000

（3）确认工程人员职工薪酬时。

借：长期待摊费用 435000
　　贷：应付职工薪酬 435000

（4）2015 年 12 月摊销装修支出时。

借：管理费用 10000
　　贷：长期待摊费用 10000

在本例中，甲公司发生的办公楼装修支出合计为 1200000（585000＋180000＋435000）元，2015 年 12 月应分摊的装修支出为 10000（1200000/10/12）元。

【主要分录总结】

序号	事项			分录
1	无形资产	取得	外购	借：无形资产 　　应交税费——应交增值税（进项税额） 　　贷：银行存款等
			自行研发 发生研发支出	借：研发支出——资本化支出 　　　　　　——费用化支出 　　贷：银行存款等
			自行研发 结转研发支出	借：无形资产 　　管理费用 　　贷：研发支出——资本化支出 　　　　　　——费用化支出
		摊销	使用寿命有限	借：管理费用（自用） 　　销售费用（销售部门使用） 　　制造费用（生产产品使用） 　　其他业务成本（经营出租） 　　研发支出等（为研发另一项无形资产而使用） 　　贷：累计摊销
			使用寿命不确定的无形资产不摊销	
		出租		[取得租金收入] 借：银行存款 　　贷：其他业务收入 [出租期间的摊销] 借：其他业务成本 　　贷：累计摊销
		减值		借：资产减值损失 　　贷：无形资产减值准备
		处置		借：银行存款（按实际收到的价款） 　　累计摊销（按已计提的累计摊销） 　　无形资产减值准备（按已计提的减值准备） 　　营业外支出——处置非流动资产损失（借差） 　　贷：无形资产（按无形资产账面余额） 　　　　营业外收入——处置非流动资产利得（贷差）
2	其他资产	领用材料		借：长期待摊费用 　　贷：原材料 　　　　应交税费——应交增值税（进项税额转出）
		辅助生产车间提供劳务		借：长期待摊费用 　　贷：生产成本——辅助生产成本
		确认工程人员工资		借：长期待摊费用 　　贷：应付职工薪酬
		摊销支出		借：管理费用 　　贷：长期待摊费用

【本章主要参考法规索引】

1. 企业会计准则——基本准则（2014年7月23日财政部修订发布，自2014年7月23日起施行)

2. 企业会计准则——应用指南（2006年10月30日财政部发布，自2007年1月1日起在上市公司范围内施行)

3. 企业会计准则第6号——无形资产（2006年2月15日财政部发布，自2007年1月1日起在上市公司范围内施行)

【本章习题】

一、单项选择题

1. 下列各项关于无形资产会计处理的表述中，正确的是（　　）。

A. 计算机软件依赖于实物载体，不应确认为无形资产

B. 计提的无形资产减值准备在该资产价值恢复时应予转回

C. 使用寿命不确定的无形资产账面价值均应按10年平均摊销

D. 无形资产属于非货币性资产

2. 2015年2月5日，甲公司以2000万元的价格从产权交易中心竞价获得一项专利权，另支付相关税费90万元。为推广由该专利权生产的产品，甲公司发生广告宣传费用25万元、展览费15万元，上述款项均用银行存款支付。该无形资产达到预定可使用状态后，发生员工培训费等相关费用60万元。则该项无形资产的入账价值为（　　）万元。

A. 2190　　　　　B. 2090　　　　　C. 2130　　　　　D. 2105

3. A公司为甲、乙两个股东共同投资设立的股份有限公司，经营一年后，甲、乙股东之外的另一个投资者丙意图加入A公司。经协商，甲、乙同意丙以一项非专利技术投入，三方确认该非专利技术的价值为200万元。该项非专利技术在丙公司的账面余额为280万元，市价为260万元，那么该项非专利技术在A公司的入账价值为（　　）万元。

A. 200　　　　　B. 280　　　　　C. 0　　　　　D. 260

4. 2015年1月1日，A公司从B公司购入一项管理用无形资产，双方协议采用分期付款方式支付价款，合同价款为600万元，自2015年12月31日起，每年年末付款200万元，3年付清。假定银行同期贷款年利率为6%。A公司另以现金支付相关税费15.4万元。该项无形资产购入当日即达到预定用途，预计使用寿命为10年，采用直线法摊销，无残值。假定不考虑其他因素，该项无形资产的有关事项影响A公司2015年度损益的金额为（　　）万元（已知3年期

利率为 6% 的年金现值系数为 2.6730，计算结果保留两位小数)。

　　A. -55　　　　　B. 0　　　　　C. -87.08　　　　D. -32.08

　　5. 下列有关无形资产研发支出的处理中，正确的是 (　　)。

　　A. 应于发生时计入管理费用

　　B. 应全部计入无形资产的成本

　　C. 开发阶段的支出，应计入无形资产的成本

　　D. 研究阶段的支出，应计入发生当期损益

　　6. 甲公司 2015 年 1 月 10 日开始自行研究开发无形资产，并于 2015 年 12 月 31 日完成开发项目，该项无形资产达到预定用途。在研究开发过程中，研究阶段发生职工薪酬 30 万元，计提专用设备折旧费用 40 万元；进入开发阶段后，相关支出符合资本化条件前发生的职工薪酬 30 万元，计提专用设备折旧费用 30 万元，符合资本化条件后发生职工薪酬 100 万元，计提专用设备折旧费用 200 万元。此外，在研究开发阶段中还有 100 万元的专用设备折旧费用无法区分研究阶段和开发阶段。假定不考虑其他因素，甲公司 2015 年对上述研发支出的会计处理中，正确的是 (　　)。

　　A. 确认管理费用 70 万元，确认无形资产 460 万元

　　B. 确认管理费用 170 万元，确认无形资产 360 万元

　　C. 确认管理费用 230 万元，确认无形资产 300 万元

　　D. 确认管理费用 100 万元，确认无形资产 430 万元

　　7. 2015 年 4 月 15 日，甲公司从乙公司购入一项非专利技术，成本为 200 万元，购买当日达到预定用途，甲公司将其作为无形资产核算。该项非专利技术的法律保护期限为 15 年，甲公司预计运用该项非专利技术生产的产品在未来 10 年内会为公司带来经济利益。就该项非专利技术，第三方承诺在 4 年内以甲公司取得日成本的 70% 购买该项非专利技术，根据目前甲公司管理层的持有计划，预计 4 年后转让给第三方。该项非专利技术经济利益的预期实现方式无法可靠确定，2015 年 12 月 31 日，该项非专利技术无减值迹象。假定不考虑其他因素，则 2015 年甲公司该项非专利技术的摊销额为 (　　) 万元。

　　A. 20　　　　　B. 15　　　　　C. 11.25　　　　D. 10

　　8. 英明公司于 2014 年 1 月 1 日购入一项无形资产，初始入账价值为 500 万元，其预计使用年限为 10 年，无残值，采用直线法计提摊销。2014 年 12 月 31 日，该无形资产出现减值迹象，预计可收回金额为 360 万元。计提减值准备之后，该无形资产原预计使用年限、净残值和摊销方法不变。则该无形资产在 2015 年应计提的摊销金额为 (　　) 万元。

　　A. 50　　　　　B. 36　　　　　C. 40　　　　　D. 30

9. 2014 年 7 月 2 日，甲公司将其拥有的商标权对外出售，取得价款 120 万元，应缴纳的相关税费为 6 万元。该商标权系 2011 年 1 月购入，成本为 150 万元，预计使用年限为 10 年，采用直线法摊销，无残值，未计提相关减值准备。不考虑其他因素，则该商标权的处置损益为（　　）万元。

A. 28.5　　　　　B. 16.5　　　　　C. 22.5　　　　　D. 120

10. 下列关于企业出售无形资产的会计处理中，正确的是（　　）。

A. 出售收到的价款应计入其他业务收入

B. 出售时，无形资产的账面价值应转入其他业务成本

C. 出售时，收到的价款与无形资产账面价值之间的差额应计入营业外收入或营业外支出

D. 出售时，只需要结转"无形资产"科目和"累计摊销"科目的账面余额，不需要结转"无形资产减值准备"科目的账面余额

二、多项选择题

1. 下列关于无形资产特征的说法中，正确的有（　　）。

A. 无形资产不具有实物形态　　　　B. 无形资产是可辨认的

C. 无形资产属于非货币性资产　　　D. 无形资产具有可控制性

2. 关于无形资产的确认，应同时满足下列哪些条件（　　）。

A. 与该项无形资产有关的经济利益很可能流入企业

B. 该项无形资产的成本能够可靠地计量

C. 该项无形资产存在活跃的交易市场

D. 该项无形资产是生产经营用的资产

3. 下列各项中，应计入外购无形资产成本的有（　　）。

A. 购买价款

B. 为引入新产品进行宣传发生的广告费

C. 使无形资产达到预定用途发生的专业服务费用

D. 无形资产达到预定用途以后发生的相关费用

4. 企业采用分期付款方式购买无形资产具有融资性质时，下列关于未确认融资费用摊销的说法中，正确的有（　　）。

A. 企业应当采用实际利率法将未确认融资费用在信用期间内进行摊销

B. 企业应当采用直线法将未确认融资费用在无形资产的使用寿命内进行摊销

C. 未确认融资费用的摊销均应计入当期财务费用

D. 未确认融资费用的摊销额满足资本化条件时，应当计入无形资产的成本

5. 下列属于开发活动的有（　　）。

A. 意在获取知识而进行的活动

B. 生产前或使用前的原型和模型的设计、建造和测试

C. 材料、设备、产品、工序、系统或服务替代品的研究

D. 不具有商业性生产经济规模的试生产设施的设计、建造和运营

6. 下列各项中，不属于内部开发无形资产成本的有（　　）。

A. 注册费

B. 可直接归属于无形资产开发活动的支出（符合资本化条件）

C. 无形资产达到预定用途前发生的可辨认的无效和初始运作损失

D. 为运行无形资产发生的培训支出

7. 下列关于无形资产使用寿命的说法中，正确的有（　　）。

A. 估计无形资产的使用寿命时应予以考虑该资产生产产品或提供服务的市场需求情况

B. 如果合同性权利或其他法定权利能够在到期时因续约等延续，且续约不需要付出重大成本时，续约期应包括在资产的估计使用寿命中

C. 企业应当在每个会计期间对使用寿命不确定的无形资产的使用寿命进行复核，如果有证据表明其使用寿命是有限的，应按照会计估计变更处理

D. 无形资产的使用寿命一经确定，不得变更

8. 下列有关无形资产的说法中，正确的有（　　）。

A. 无形资产当月增加，当月开始摊销；当月减少，当月停止摊销

B. 无形资产减值准备一经计提，以后期间不得转回

C. 使用寿命有限的无形资产，无须在会计期间进行减值测试

D. 无形资产均应当采用直线法摊销

9. 下列有关营业税的相关会计处理，说法正确的有（　　）。

A. 企业出售投资性房地产缴纳的营业税，应计入营业税金及附加

B. 企业出售固定资产（不动产）缴纳的营业税应记入"固定资产清理"科目核算，不影响固定资产处置损益

C. 企业出售无形资产（土地使用权）缴纳的营业税影响无形资产处置损益

D. 企业出租无形资产缴纳的营业税，影响利润表中营业利润的金额

10. 下列关于无形资产的处置和报废的处理，说法不正确的有（　　）。

A. 无形资产对外出租取得的收入计入营业外收入

B. 对外出租的无形资产计提的累计摊销计入管理费用

C. 处置无形资产时应当将取得的价款与该无形资产账面价值及应交税费的差额计入营业外收支

D. 无形资产预期不能为企业带来未来经济利益的，应当将该无形资产的账面价值予以转销，其账面价值转作当期损益（营业外支出）

三、判断题

1. 房地产开发企业取得的土地使用权用于建造对外出售房屋建筑物的，相关的土地使用权按照无形资产核算，不计入该房屋建筑物的成本中。（　　）

2. 只要与无形资产有关的经济利益很可能流入企业，就可以将其确认为无形资产。（　　）

3. 投资者投入无形资产的成本，一定按照投资合同或协议约定的价值确定。（　　）

4. 购买无形资产超过正常信用条件延期支付价款，实质上具有融资性质的，无形资产的成本应以购买价款的现值为基础确定。（　　）

5. 对于企业内部研究开发项目，研究阶段的有关支出，应当在发生时全部费用化，计入当期损益（管理费用）。（　　）

6. 为引入新产品进行宣传发生的广告费、管理费用及其他间接费用，不应计入无形资产的初始计量金额。（　　）

7. 企业内部研发无形资产研究阶段的支出全部费用化，计入当期损益（管理费用）。会计核算时，首先在"研发支出——费用化支出"中归集，期末列示在资产负债表"开发支出"项目中。（　　）

8. 使用寿命不确定的无形资产，应当在出现减值迹象时进行减值测试。（　　）

9. 企业出租无形资产（土地使用权）发生的相关营业税，应借记"营业外支出"科目，贷记"应交税费——应交营业税"科目。（　　）

10. 企业转让无形资产所有权取得的收益应计入其他业务收入。（　　）

四、计算分析题

1. 英明公司 2013~2016 年发生以下相关事项和交易：

（1）2013 年 3 月 1 日，采用分期付款方式从甲公司购买一项专利技术，购买合同注明该项专利技术总价款为 1400 万元，当日支付了 200 万元，剩余款项分 4 次支付，于 2014 年起每年 3 月 1 日支付 300 万元，假定英明公司的增量贷款年利率为 6%，相关手续已办理完毕。该专利技术的预计使用年限为 10 年，采用直线法进行摊销，无残值，其包含的经济利益与产品生产无关。

（2）2015 年 1 月 1 日，英明公司用一项可供出售金融资产与科贸公司的一项土地使用权进行资产交换，以实现资产优化配置。英明公司换出可供出售金融资产的账面价值为 2300 万元（成本为 2200 万元，公允价值变动为 100 万元），公允价值为 2400 万元。科贸公司换出的土地使用权的账面余额为 2300 万元，累计摊销为 80 万元，公允价值为 2400 万元。英明公司换入的土地使用权采用直线法并按照 50 年摊销，无残值。假定该非货币性资产交换具有商业实质。

（3）2016 年 1 月 1 日，英明公司管理层经协商，将从甲公司购买的专利技术转让给鼎盛公司，其转让价款为 1000 万元。

（4）已知期数为 4，利率为 6% 的年金现值系数为 3.4651。

要求（不考虑其他因素的影响）：

（1）计算英明公司 2013 年 3 月 1 日购入专利技术的入账价值，并编制 2013 年有关该专利技术和长期应付款的会计分录。

（2）计算 2014 年 12 月 31 日长期应付款的账面价值并编制相关的会计分录。

（3）分别编制英明公司换入土地使用权的分录与科贸公司换入可供出售金融资产的分录。

（4）编制英明公司处置专利技术的会计分录（不考虑与长期应付款有关的会计处理）。

（计算结果保留两位小数，答案中的金额单位用万元表示）

2. 甲公司 2011 年 1 月 10 日开始自行研究开发无形资产，2012 年 1 月 1 日达到预定用途。其中，研究阶段发生职工薪酬 60 万元、计提专用设备折旧 40 万元；进入开发阶段后，相关资产符合资本化条件前发生职工薪酬 50 万元、计提专用设备折旧 30 万元，符合资本化条件后发生职工薪酬 200 万元、计提专用设备折旧 100 万元。甲公司对该项无形资产采用直线法计提摊销，预计使用年限为 10 年，无残值。2014 年 12 月 31 日，由于市场条件发生了变化，需要对该项无形资产进行减值测试。减值测试的结果表明，该项无形资产的公允价值减去处置费用后的净额为 180 万元，预计未来现金流量的现值为 170 万元。计提减值后，该项无形资产的预计使用年限缩短为 8 年，摊销方法和预计净残值均未发生变化。

要求（不考虑其他因素的影响）：

（1）计算研发过程中应计入当期损益的金额和应予以资本化计入无形资产的金额，并做出相应的会计处理。

（2）计算甲公司 2012 年、2013 年和 2014 年每年应计提的摊销额，并确定该项无形资产在 2014 年年末是否发生了减值，如发生减值，做出相应的会计处理。

（3）计算甲公司该项无形资产 2015 年应计提的摊销额。

（答案中的金额单位用万元表示）

第九章
投资性房地产

投资性房地产是指为赚取租金或资本增值，或者两者兼有而持有的房地产。主要包括已出租的土地使用权、持有并准备增值后转让的土地使用权和已出租的建筑物。

【学习目标】

投资性房地产是指为赚取租金或资本增值，或两者兼有而持有的房地产。通过本章的学习要求了解投资性房地产的概念及范围；理解投资性房地产的确认及计量条件；掌握投资性房地产在成本模式和公允价值模式下计量的账务处理及投资性房地产转换及处置的账务处理。

【关键词】

投资性房地产	Investment properties
成本计量	Cost measurement
公允价值计量	Fair value
建筑物	Building
土地	Land

【思维导图】

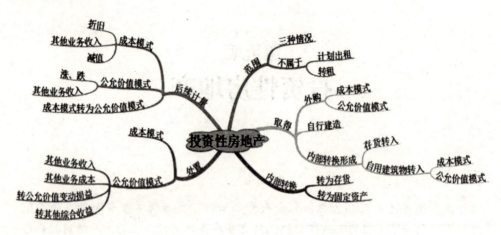

第一节　投资性房地产概述

投资性房地产应当能够单独计量和出售。投资性房地产的主要形式是出租建筑物、出租土地使用权，这实质上属于一种让渡资产使用权行为。房地产租金就是让渡资产使用权取得的使用费收入，是企业为完成其经营目标所从事的经营性活动以及与之相关的其他活动形成的经济利益总流入。

投资性房地产的另一种形式是持有并准备增值后转让的土地使用权，尽管其增值收益通常与市场供求、经济发展等因素相关，但目的是增值后转让以赚取增值收益，也是企业为完成其经营目标所从事的经营性活动以及与之相关的其他活动形成的经济利益总流入。但是，在我国实务中，持有并准备增值后转让土地使用权的情况较少见。

知识点

　　投资性房地产具有以下特征：投资性房地产是一种经营性活动（日常活动）；投资性房地产在用途、状态、目的等方面区别于作为生产经营场所的房地产和用于销售的房地产。

一、投资性房地产的范围

（一）已出租的土地使用权

已出租的土地使用权是指企业通过出让或转让方式取得并以经营租赁方式出租的土地使用权。企业计划用于出租但尚未出租的土地使用权不属于此类。对予以经营租赁方式租入土地使用权再转租给其他单位的，不能确认为投资性房地产。

【例 9-1】甲公司与乙公司签署了土地使用权经营租赁协议；甲公司以年租金 1000000 元租赁使用乙公司拥有的 10 万平方米土地使用权，预期 5 年。自租赁协议约定的租赁期开始日起，这项土地使用权属于乙公司的投资性房地产。

（二）持有并准备增值后转让的土地使用权

持有并准备增值后转让的土地使用权，是指企业取得的、准备增值后转让的土地使用权。这类土地使用权很可能给企业带来资本增值收益，符合投资性房地产的定义。按照我国有关规定认定的闲置土地，不属于持有并准备增值后转让的土地使用权，也就不属于投资性房地产。

【例 9-2】丙公司为实施企业环保战略，决定将其电镀车间搬迁至郊区，原在市区的电镀车间厂房占用的土地使用权停止自用。公司管理层决定继续持有这部分土地使用权，待其增值后转让以赚取增值收益，则区的这部分土地使用权属于丙公司的投资性房地产。

（三）已出租的建筑物

已出租的建筑物是指企业拥有产权的、以经营租赁方式出租的建筑物，包括自行建造或开发活动完成后用于出租的建筑物。已出租的建筑物是企业已经与其他方签订了租赁协议，约定以经营租赁方式出租的建筑物。一般应自租赁协议规定的租赁期开始日起，经营租出的建筑物才属于已出租的建筑物。

通常情况下，对企业持有以备经营出租的空置建筑物，如董事会或类似机构作出书面决议，明确表明将其用于经营出租且持有意图短期内不再发生变化的，即使尚未签订租赁协议，也应视为投资性房地产。这里的空置建筑物，是指企业新购入、自行建造或开发完成但尚未使用的建筑物，以及不再用于日常生产经营活动且经整理后达到可经营出租状态的建筑物。

【例 9-3】甲公司与乙公司签订了一项经营租赁合同，乙公司将其持有产权的一栋办公楼出租给甲公司，租期 10 年。1 年后，甲公司又将该办公楼转租给丙公司，以赚取租金差价，租期 5 年。

在本例中，对于甲公司而言，因其不拥有该栋楼的产权，因此不属于其投资性房地产。对于乙公司而言，则属于其投资性房地产。

二、不属于投资性房地产的范围

下列项目不属于投资性房地产：

（一）自用房地产

自用房地产是指为生产商品、提供劳务或者经营管理而持有的房地产。如企业生产经营用的厂房和办公楼属于固定资产；企业生产经营用的土地使用权属于无形资产。

（二）作为存货的房地产

作为存货的房地产，通常是指房地产开发企业在正常经营过程中销售的或为销售而正在开发的商品房和土地。这部分房地产属于房地产开发企业的存货，其生产、销售构成企业的主营业务活动，产生的现金流量也与企业的其他资产密切相关。因此，具有存货性质的房地产不属于投资性房地产。

在实务中，存在某项房地产部分自用或作为存货出售、部分用于赚取租金或资本增值的情形。如某项投资性房地产不同用途的部分能够单独计量和出售的，应当分别确认为固定资产（无形资产或存货）和投资性房地产。例如，甲房地产开发商建造了一栋商住两用楼盘，一层出租给一家大型超市，已签订经营租赁合同；其余楼层均为普通住宅正在公开销售中。这种情况下，如果一层商铺能够单独计量和出售，应当确认为甲企业的投资性房地产，其余楼层为甲房地产开发商的存货，即开发产品。

知识点

1. 企业计划用于出租但尚未出租的土地使用权，不属于投资性房地产。

2. 某项房地产，部分用于赚取租金或资本增值，部分用于生产商品、提供劳务或经营管理，能够单独计量和出售的、用于赚取租金或资本增值的部分，应当确认为投资性房地产；不能够单独计量和出售的、用于赚取租金或资本增值的部分，不确认为投资性房地产。

3. 已出租的土地使用权是指该土地使用权必须是通过转让或出让方式获得的，而不是通过承租方式获得再出租。

4. 通过承租方式获得再出租不属于投资性房地产；以融资租入方式租入的房屋建筑物，租入后再转租的属于投资性房地产。

5. 按照国家规定认定的闲置土地，不属于持有并准备增值后转让的土地使用权，不属于投资性房地产。

6. 房地产开发企业对外出租的商品房，属于投资性房地产。

第二节　投资性房地产的账务处理

一、投资性房地产核算应设置的会计科目

为了反映和监督投资性房地产的取得、后续计量、处置等情况，企业应当设置"投资性房地产"、"投资性房地产累计折旧"或"投资性房地产累计摊销"、"公允价值变动损益"、"其他业务收入"、"其他业务成本"等科目进行核算。投资性房地产作为企业主营业务的，应当设置"主营业务收入"和"主营业务成本"科目核算相关的损益。

"投资性房地产"科目核算企业采用成本模式计量的投资性房地产的成本或采用公允价值模式计量投资性房地产的公允价值。"投资性房地产"科目的借方登记企业投资性房地产的取得成本、资产负债表日其公允价值高于账面余额的差额等；贷方登记资产负债表日其公允价值低于账面余额的差额、处置投资性房地产时结转的成本和公允价值变动等。企业可以按照投资性房地产类别和项目进行明细核算。

采用公允价值模式计量的投资性房地产，还应当分别设置"成本"和"公允价值变动"明细科目进行核算。

采用成本模式计量的投资性房地产的累计折旧或累计摊销，可以单独设置"投资性房地产累计折旧"或"投资性房地产累计摊销"科目，比照"累计折旧"、"累计摊销"等科目进行账务处理。

采用成本模式计量的投资性房地产发生减值的，可以单独设置"投资性房地产减值准备"科目，比照"固定资产减值准备"、"无形资产减值准备"科目进行账务处理。

"其他业务收入"和"其他业务成本"科目分别核算企业投资性房地产取得租金收入、处置投资性房地产实现的收入和投资性房地产计提的折旧或进行摊销、处置投资性房地产结转的成本。

二、投资性房地产的取得

企业取得的投资性房地产应当按照其取得时的成本进行计量。以下分别对外购、自行建造和内部转换三种情况进行说明：

(一) 外购的投资性房地产

外购投资性房地产的成本，包括购买价款、相关税费和可直接归属于该资产的其他支出。外购取得投资性房地产时，按照取得时的实际成本进行初始计量，借记"投资性房地产"科目（后续计量采用成本模式下）或"投资性房地产——成本"科目（后续计量采用公允价值模式下），贷记"银行存款"等科目。

> **知识点**
>
> 对于企业外购的房地产，只有在购入房地产的同时开始对外出租（自租赁期开始日起，下同）或用于资本增值，才能称为外购的投资性房地产。

(二) 自行建造的投资性房地产

企业自行建造（或开发，下同）的房地产，只有在自行建造或开发活动完成（即达到预定可使用状态）的同时开始对外出租或用于资本增值，才能将自行建造的房地产确认为投资性房地产。

自行建造投资性房地产的成本，由建造该项房地产达到预定可使用状态前发生的必要支出构成。包括土地开发费、建筑成本、安装成本、应予资本化的借款费用、支付的其他费用和分摊的间接费用等。

企业自行建造房地产达到预定可使用状态后一段时间才对外出租或用于资本增值的，应当先将自行建造的房地产确认为固定资产（如果是房地产开发企业建造的商品房则属于存货），自租赁期开始日，从固定资产或存货（房地产开发企业）转换为投资性房地产。

> **知识点**
>
> 建造过程中发生的非正常损失（自然灾害）计入当期营业外支出。

建造完工达到预定可使用状态时，应当按照确定的成本，借记"投资性房地产"科目（后续计量采用成本模式下）或"投资性房地产——成本"科目（后续计量采用公允价值模式下），贷记"在建工程"等科目。

(三) 内部转换形成的投资性房地产

企业将作为存货的房地产转换为投资性房地产的，应当按照该项存货在转换日的账面余额或公允价值，借记"投资性房地产"科目（后续计量采用成本模式下）或"投资性房地产——成本"科目（后续计量采用公允价值模式），按照其账面余额，贷记"开发产品"科目，按照其差额，贷记"其他综合收益"科目

（贷方差额情况下）或借记"公允价值变动损益"科目（借方余额情况下）。已计提存货跌价准备的，还应当同时结转存货跌价准备。

企业将自用的建筑物等转换为投资性房地产的，应当按照其在转换日的原价、累计折旧等，分别转入"投资性房地产"、"投资性房地产累计折旧"、"投资性房地产减值准备"等科目；或者按其在转换日的公允价值，借记"投资性房地产——成本"科目，按照已计提的累计折旧等，借记"累计折旧"等科目，按其账面余额，贷记"固定资产"等科目，按其差额，贷记"其他综合收益"科目（贷方余额情况下）或借记"公允价值变动损益"科目（借方余额情况下）。已计提固定资产减值准备的，还应同时结转固定资产减值准备。

表 9-1　投资性房地产的初始计量确认时间点

项　目	确认时间点
1. 已出租的土地使用权	租赁期开始日
2. 已出租的建筑物	租赁期开始日
3. 持有并准备增值后转让的土地使用权	企业将土地使用权停止自用，准备增值后转让的日期

三、投资性房地产的后续计量

投资性房地产的后续计量有成本和公允价值两种模式，通常采用成本模式计量，满足特定条件时可以采用公允价值模式计量。但是，同一企业只能采用一种模式对所有投资性房地产进行后续计量，不得同时采用两种计量模式。

（一）采用成本模式进行后续计量的投资性房地产

采用成本模式进行后续计量的投资性房地产，应当按照固定资产或无形资产的有关规定，按期（月）对投资性房地产计提折旧或进行摊销，借记"其他业务成本"等科目，贷记"投资性房地产累计折旧"科目或"投资性房地产累计摊销"科目。取得的租金收入，借记"银行存款"等科目，贷记"其他业务收入"等科目。

投资性房地产存在减值迹象的，经减值测试后确定发生减值的，应当计提减值准备，借记"资产减值损失"科目，贷记"投资性房地产减值准备"科目。

知识点

已经计提减值准备的投资性房地产，其减值损失在以后的会计期间不得转回。

【例 9-4】甲公司的一栋办公楼出租给乙公司使用，已确认为投资性房地产，采用成本模式进行后续计量。假设这栋办公楼的成本为12000000元，按照年限平均法计提折旧，使用寿命为20年，预计净残值为零。按照经营租赁合同，乙公司每月支付甲公司租金60000元。当年12月，这栋办公楼出现减值迹象，经减值测试，其可收回金额为9000000元，此时办公楼的账面价值为10000000元，以前未计提减值准备。甲公司应编制如下会计分录：

（1）计提折旧。

每月计提的折旧 = 12000000/20/12 = 50000（元）

借：其他业务成本   50000

  贷：投资性房地产累计折旧   50000

（2）确认租金收入。

借：银行存款（或其他应收款）   60000

  贷：其他业务收入   60000

（3）计提减值准备。

借：资产减值损失——计提的投资性房地产减值准备 1000000

  贷：投资性房地产减值准备   1000000

（二）采用公允价值模式进行后续计量的投资性房地产

企业有确凿证据表明其投资性房地产的公允价值能够持续可靠取得的，可以对投资性房地产采用公允价值模式进行后续计量。

投资性房地产采用公允价值模式进行后续计量的，不计提折旧或进行摊销，企业应当以资产负债表日的公允价值为基础，调整其账面余额。

资产负债表日，投资性房地产的公允价值高于其账面余额的差额，借记"投资性房地产——公允价值变动"科目，贷记"公允价值变动损益"科目；公允价值低于其账面余额的差额做相反的会计分录。

取得的租金收入，借记"银行存款"等科目，贷记"其他业务收入"等科目。

知识点 只有存在确凿证据表明投资性房地产的公允价值能够持续可靠取得的情况下，企业才可以采用公允价值模式对投资性房地产进行后续计量。

【例9-5】甲公司为从事房地产经营开发的企业。2015年8月，甲公司与乙公司签订租赁协议，约定将甲公司开发的一栋精装修的写字楼于开发完成的同时开始租赁给乙公司使用，租赁期为10年。当年10月1日，该写字楼开发完成并开始起租，写字楼的造价和公允价值均为10000000元。2015年12月31日，该写字楼的公允价值为12000000元。假定甲公司对投资性房地产采用公允价值计

量模式。甲公司应编制如下会计分录：

（1）2015 年 10 月 1 日，甲公司开发完成写字楼并出租。

借：投资性房地产——成本　　　　　　　　10000000

　　贷：开发产品　　　　　　　　　　　　　　　　　10000000

（2）2015 年 12 月 31 日，按照公允价值调整账面余额，公允价值与账面余额之间的差额计入当期损益。

投资性房地产	
2015 年 10 月 1 日　　10000000（成本） 　　　　　　　　　　　2000000（公允价值变动）	
2015 年 12 月 31 日　　12000000（公允价）	

借：投资性房地产——公允价值变动　　　　2000000

　　贷：公允价值变动损益　　　　　　　　　　　　2000000

（三）投资性房地产后续计量模式的变更

为保证会计信息的可比性，企业对投资性房地产的计量模式一经确定，不得随意变更。只有在房地产市场比较成熟、能够满足采用公允价值模式条件的情况下，才允许企业对投资性房地产从成本模式计量变更为公允价值模式计量。成本模式转为公允价值模式的，应当作为会计政策变更处理，将计量模式变更时公允价值与账面价值的差额，调整期初留存收益。企业变更投资性房地产计量模式，符合《企业会计准则第 3 号——投资性房地产》规定的，应当按照计量模式变更日投资性房地产的公允价值，借记"投资性房地产——成本"科目，按照已计提的折旧或摊销，借记"投资性房地产累计折旧（摊销）"科目，原已计提减值准备的，借记"投资性房地产减值准备"科目，按照原账面余额，贷记"投资性房地产"科目，按照公允价值与其账面价值之间的差额，贷记或借记"利润分配——未分配利润"、"盈余公积"等科目。

已采用公允价值模式计量的投资性房地产，不得从公允价值模式转为成本模式。

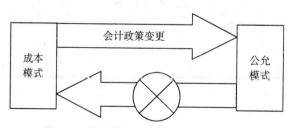

图 9-1　投资性房地产计量模式变更示意

在极少数情况下，采用公允价值对投资性房地产进行后续计量的企业，有证据表明，当企业首次取得某项投资性房地产（或某项现有房地产在完成建造或开发活动或改变用途后首次成为投资性房地产）时，该投资性房地产的公允价值不能持续可靠取得的，应当对该投资性房地产采用成本模式计量直至处置，并且假设无残值。但是，采用成本模式对投资性房地产进行后续计量的企业，即使有证据表明，企业首次取得某项投资性房地产时，该投资性房地产的公允价值能够持续可靠取得的，该企业仍应对该投资性房地产采用成本模式进行后续计量。

四、房地产的转换

（一）房地产的转换形式及转换日

房地产的转换是指房地产用途的变更。企业不得随意对自用或作为存货的房地产进行重新分类。企业有确凿证据表明房地产用途发生改变，满足下列条件之一的，才应当将投资性房地产转换为其他资产或者将其他资产转换为投资性房地产：

其一，投资性房地产开始自用，即将投资性房地产转为自用房地产。在此种情况下，转换日为房地产达到自用状态，企业开始将其用于生产商品、提供劳务或者经营管理的日期。

其二，作为存货的房地产，改为出租，通常指房地产开发企业将其持有的开发产品以经营租赁的方式出租，存货相应地转换为投资性房地产。在此种情况下，转换日为房地产的租赁期开始日。租赁期开始日，是指承租人有权行使其使用租赁资产权利的日期。

其三，自用建筑物停止自用，改为出租。即企业将原本用于生产商品、提供劳务或者经营管理的房地产改用于出租，固定资产相应地转换为投资性房地产。在此种情况下，转换日为租赁期开始日。

其四，自用土地使用权停止自用，改用于赚取租金或资本增值。即企业将原本用于生产商品、提供劳务或者经营管理的土地使用权改用于赚取租金或资本增值，该土地使用权相应地转换为投资性房地产。在此种情况下，转换日为自用土地使用权停止自用后，确定用于赚取租金或资本增值的日期。

其五，房地产企业将用于经营出租的房地产重新开发用于对外销售，从投资性房地产转为存货。在这种情况下，转换日为租赁期满，企业董事会或类似机构作出书面决议明确表明将其重新开发用于对外销售的日期。

以上所指确凿证据包括两个方面：一是企业董事会或类似机构应当就改变房地产用途形成正式的书面决议；二是房地产因用途改变而发生实际状态上的改变，如从自用状态改为出租状态。

（二）房地产转换的会计处理

1. 成本模式下的转换

（1）投资性房地产转换为自用房地产。企业将采用成本模式计量的投资性房地产转换为自用房地产时，应当按该项投资性房地产在转换日的账面余额、累计折旧、减值准备等，分别转入"固定资产"、"累计折旧"、"固定资产减值准备"等科目，按其账面余额，借记"固定资产"或"无形资产"科目，贷记"投资性房地产"科目，按已计提的折旧或摊销，借记"投资性房地产累计折旧（摊销）"科目，贷记"累计折旧"或"累计摊销"科目，原已计提减值准备的，借记"投资性房地产减值准备"科目，贷记"固定资产减值准备"或"无形资产减值准备"科目。

【例9-6】 2015年8月10日，为扩大生产经营，甲公司董事会作出书面决议，计划于2015年8月31日将某出租在外的厂房在租赁期满时将其收回，用于本公司生产产品。随后，甲公司做好了厂房重新用于生产的各项准备工作。2015年8月31日，甲公司将该出租的厂房收回，2015年9月1日开始用于本公司生产产品。该项房地产在转换前采用成本模式计量，截至2015年8月31日，账面价值为60000000元，其中，原价80000000元，累计已提折旧20000000元。假定不考虑其他因素。

本例属于成本模式下投资性房地产转换为自用房地产，甲公司应当将投资性房地产在转换日的账面余额80000000元转入"固定资产——厂房"；将投资性房地产在转换日的累计折旧20000000元转入"累计折旧——厂房"。

甲公司2015年9月1日应编制如下会计分录：

借：固定资产——厂房　　　　　　　　80000000
　　投资性房地产累计折旧　　　　　　20000000
　　贷：投资性房地产——厂房　　　　　　　　80000000
　　　　累计折旧——厂房　　　　　　　　　　20000000

（2）投资性房地产转换为存货。企业将采用成本模式计量的投资性房地产转换为存货时，应当按照该项房地产在转换日的账面价值，借记"开发产品"科目，按照已计提的折旧或摊销，借记"投资性房地产累计折旧（摊销）"科目，原已计提减值准备的，借记"投资性房地产减值准备"科目，按其账面余额，贷记"投资性房地产"科目。

（3）自用房地产转换为投资性房地产。企业将自用土地使用权或建筑物转换为采用成本模式计量的投资性房地产时，应当按该项建筑物或土地使用权在转换日的原价、累计折旧、减值准备等，分别转入"投资性房地产"、"投资性房地产累计折旧（摊销）"、"投资性房地产减值准备"科目，按其账面余额，借记"投资性房地产"科目,贷记"固定资产"或"无形资产"科目,按已计提的折旧或摊销,借记"累计折旧"或"累计摊销"科目,贷记"投资性房地产累计折旧(摊销)"科目,原已计提减值准备的,借记"固定资产减值准备"或"无形资产减值准备"科目,贷记"投资性房地产减值准备"科目。

【例9-7】 甲公司拥有一栋本公司总部办公使用的办公楼,公司董事会就将该栋办公楼用于出租形成了书面决议。2015年4月10日,甲公司与乙公司签订了经营租赁协议,将这栋办公楼整体出租给乙公司使用,租赁期开始日为2015年5月1日,租期为5年。2015年5月1日,这栋办公楼的账面余额为500000000元,已计提折旧5000000元。假设甲公司所在城市不存在活跃的房地产交易市场。

甲公司2015年5月1日应编制如下会计分录:

借:投资性房地产——办公楼 500000000

累计折旧 5000000

　贷:固定资产——办公楼 500000000

　投资性房地产累计折旧 5000000

(4)作为存货的房地产转换为投资性房地产。企业将作为存货的房地产转换为采用成本模式计量的投资性房地产时,应当按该项存货在转换日的账面价值,借记"投资性房地产"科目,原已计提跌价准备的,借记"存货跌价准备"科目,按其账面余额,贷记"开发产品"等科目。

【例9-8】 甲公司是从事房地产开发的企业,2015年4月10日,甲公司董事会就将其开发的一栋写字楼不再出售改用作出租形成了书面决议。甲公司遂与乙公司签订了租赁协议,将此写字楼整体出租给乙公司使用,租赁期开始日为2015年5月1日,租赁期为5年。2015年5月1日,该写字楼的账面余额为500000000元,未计提存货跌价准备,转换后采用成本模式进行后续计量。

甲公司2015年5月1日应编制如下会计分录:

借:投资性房地产——写字楼 500000000

　贷:开发产品 500000000

2. 公允价值模式下的转换

(1)投资性房地产转换为自用房地产。企业将采用公允价值模式计量的投资性房地产转换为自用房地产时,应当以其转换当日的公允价值作为自用房地产的账面价值,公允价值与原账面价值的差额计入当期损益。转换日,按该项投资性房地产的公允价值,借记"固定资产"或"无形资产"科目,按该项投资性房地产的成本,贷记"投资性房地产——成本"科目,按该项投资性房地产的累计公允价值变动,贷记或借记"投资性房地产——公允价值变动"科目,按其差额,贷记或借记"公允价值变动损益"科目。

【例9-9】2015年11月1日，租赁期满，甲公司将出租的写字楼收回，公司董事会就将该写字楼作为办公楼用于本公司的行政管理形成了书面决议。2015年11月1日，该写字楼正式开始自用，相应由投资性房地产转换为自用房地产，当日的公允价值为72000000元。该项房地产在转换前采用公允价值模式计量，原账面价值为70000000元，其中，成本为67000000元，公允价值变动为增值3000000元。甲公司应编制如下会计分录：

借：固定资产——写字楼　　　　　　　　　　　 72000000
　　贷：投资性房地产——写字楼——成本　　　　　　　　　　67000000
　　　　　　　　　　　——公允价值变动　　　　　　　　　　 3000000
　　　　公允价值变动损益——投资性房地产　　　　　　　　　 2000000

（2）投资性房地产转换为存货。企业将采用公允价值模式计量的投资性房地产转换为存货时，应当以其转换当日的公允价值作为存货的账面价值，公允价值与原账面价值的差额计入当期损益；转换日，按该项投资性房地产的公允价值，借记"开发产品"等科目，按该项投资性房地产的成本，贷记"投资性房地产——成本"科目；按该项投资性房地产的累计公允价值变动，贷记或借记"投资性房地产——公允价值变动"科目；按其差额，贷记或借记"公允价值变动损益"科目。

（3）自用房地产转换为投资性房地产。企业将自用土地使用权或建筑物转换为采用公允价值模式计量的投资性房地产时，应当按该项土地使用权或建筑物在转换日的公允价值，借记"投资性房地产——成本"科目，按已计提的累计摊销或累计折旧，借记"累计摊销"或"累计折旧"科目，原已计提减值准备的，借记"无形资产减值准备"、"固定资产减值准备"科目，按其账面余额，贷记"固定资产"或"无形资产"科目；同时，转换日的公允价值小于账面价值的，按其差额，借记"公允价值变动损益"科目，转换日的公允价值大于账面价值的，按其差额，贷记"其他综合收益"科目。待该项投资性房地产处置时，因转换计入其他综合收益的部分应转入当期损益。

【例9-10】2014年8月，甲公司打算搬迁至新建办公楼，由于原办公楼处于商业繁华地段，甲公司准备将其出租，以赚取租金收入，已经公司董事会批准形成书面协议。2014年12月底，甲公司完成了搬迁工作，原办公楼停止自用。2015年1月1日，甲公司与乙公司签订了租赁协议，将其原办公楼租赁给乙公司使用，约定租赁期开始日为2015年1月1日，租赁期为3年。

在该例中，甲公司应当于租赁期开始日（2015年1月1日），将自用房地产转换为投资性房地产。该办公楼所在地房地产交易活跃，公司能够从市场上取得同类或类似房地产的市场价格及其他相关信息，假设甲公司对出租的该办公楼采用公允价值模式计量。假设 2015 年 1 月 1 日，该办公楼的公允价值为 380000000 元，其原价为 550000000 元，已提折旧 150000000 元。甲公司 2015 年 1 月 1 日应编制如下会计分录：

借：投资性房地产——办公楼——成本　　　　　　380000000
　　公允价值变动损益——投资性房地产　　　　　　20000000
　　累计折旧　　　　　　　　　　　　　　　　　150000000
　　贷：固定资产——办公楼　　　　　　　　　　　　　　　　550000000

（4）作为存货的房地产转换为投资性房地产。企业将作为存货的房地产转换为采用公允价值模式计量的投资性房地产时，应当按该项房地产在转换日的公允价值，借记"投资性房地产——成本"科目，原已计提跌价准备的，借记"存货跌价准备"科目，按其账面余额，贷记"开发产品"等科目；同时，转换日的公允价值小于账面价值的，按其差额，借记"公允价值变动损益"科目，转换日的公允价值大于账面价值的，按其差额，贷记"其他综合收益"科目。待该项投资性房地产处置时，因转换计入其他综合收益的部分应转入当期损益。

【例 9-11】 2015 年 4 月 15 日，甲房地产开发公司（甲公司）董事会形成书面决议，将其开发的一栋写字楼用于出租。甲公司遂与乙公司签订了租赁协议，租赁期开始日为 2015 年 5 月 1 日，租赁期为 5 年。2015 年 5 月 1 日，该写字楼的账面余额为 400000000 元，公允价值为 430000000 元。

甲公司 2015 年 5 月 1 日应编制如下会计分录：

借：投资性房地产——写字楼——成本　　　　　430000000
　　贷：开发产品　　　　　　　　　　　　　　　　　　　400000000
　　　　其他综合收益——公允价值变动——投资性房地产　　30000000

五、投资性房地产的处置

（一）采用成本模式计量的投资性房地产的处置

企业出售、转让采用成本模式计量的投资性房地产，应当按照实际收到的金额，借记"银行存款"等科目，贷记"其他业务收入"科目；按照该项投资性房地产的账面价值，借记"其他业务成本"科目，按照该项投资性房地产的累计折旧或累计摊销，借记"投资性房地产累计折旧"或"投资性房地产累计摊销"科目，按照该项投资性房地产的账面余额，贷记"投资性房地产"科目；已计提减值准备的，还应同时结转减值准备，借记"投资性房地产减值准备"科目。

> **知识点**
>
> 处置投资性房地产与处置固定资产、无形资产不同，处置固定资产、无形资产属于非日常活动，计入营业外收支，处置投资性房地产属于企业的日常活动，通过其他业务收入、其他业务成本进行核算。

【例9-12】 甲公司将其出租的一栋写字楼确认为投资性房地产，采用成本模式计量。租赁期届满后，甲公司将该栋写字楼出售给乙公司，合同价款为150000000元，乙公司已用银行存款付清。出售时，该栋写字楼的成本为140000000元，已计提折旧10000000元。假定不考虑相关税费的影响。甲公司应编制如下会计分录：

（1）取得处置收入。

借：银行存款　　　　　　　　　　　　150000000

　　贷：其他业务收入　　　　　　　　　　　　　　　150000000

（2）结转处置成本。

借：其他业务成本　　　　　　　　　　130000000

　　投资性房地产累计折旧　　　　　　 10000000

　　贷：投资性房地产——写字楼　　　　　　　　　　140000000

（二）采用公允价值模式计量的投资性房地产的处置

企业处置采用公允价值模式计量的投资性房地产，应当按照实际收到的金额，借记"银行存款"等科目，贷记"其他业务收入"科目；按照该项投资性房地产的账面余额，借记"其他业务成本"科目，按照其成本，贷记"投资性房地产——成本"科目，按照其累计公允价值变动，贷记或借记"投资性房地产——公允价值变动"科目；同时，按照原计入该项投资性房地产的公允价值变动，借记或贷记"公允价值变动损益"科目，贷记或借记"其他业务成本"科目。如果存在原转换日计入其他综合收益的金额，也一并结转。按照该项投资性房地产在转换日计入其他综合收益的金额，借记"其他综合收益"科目，贷记"其他业务成本"科目。

【例9-13】 甲公司将其出租的一栋写字楼确认为投资性房地产，采用公允价值模式计量。租赁期届满后，甲公司将该栋写字楼出售给乙公司，合同价款为150000000元，乙公司已用银行存款付清。出售时，该栋写字楼的成本为120000000元，公允价值变动为借方余额10000000元。假定不考虑营业税等相关税费的影响，甲公司应编制如下会计分录：

（1）取得处置收入。

借：银行存款　　　　　　　　　　　　150000000

  贷：其他业务收入   150000000

（2）结转处置成本。

借：其他业务成本   130000000

  贷：投资性房地产——××写字楼——成本   120000000

      ——××写字楼——公允价值变动   10000000

（3）结转投资性房地产累计公允价值变动。

借：公允价值变动损益   10000000

  贷：其他业务成本   10000000

【主要分录总结】

序号	事项			分录
1	取得		外购	借：投资性房地产 贷：银行存款等
			自行建造	【建造完成】 借：投资性房地产 贷：在建工程

		内部转换形成	存货转换为投资性房地产	【成本模式】
				借：投资性房地产【账面价值】
				  存货跌价准备【已计提存货跌价准备】
				  贷：开发产品【账面余额】
				【公允价值模式】
				借：投资性房地产——成本【公允价值】
				  存货跌价准备【已计提存货跌价准备】
				  公允价值变动损益【借差】
				  贷：开发产品【账面余额】
				    资本公积——其他资本公积【贷差】

			自用建筑物等转换为投资性房地产	【成本模式】
				借：投资性房地产
				  累计折旧
				  固定资产减值准备
				  贷：固定资产
				    投资性房地产累计折旧
				    投资性房地产减值准备
				【公允价值模式】
				借：投资性房地产——成本（转换日的公允价值）
				  累计折旧
				  公允价值变动损益（借方余额情况下）
				  固定资产减值准备
				  贷：固定资产
				    资本公积——其他资本公积（贷方余额情况下）

序号	事项			分录
2	后续计量	成本模式	计提折旧或摊销	借：其他业务成本 　　贷：投资性房地产累计折旧（摊销）
			取得租金收入	借：银行存款 　　贷：其他业务收入
			计提减值准备	借：资产减值损失 　　贷：投资性房地产减值准备 减值准备一经计提，在持有期间不得转回
		公允价值模式	折旧或进行摊销	不对投资性房地产计提折旧或进行摊销
			资产负债表日	【公允价值高于其账面余额的差额】 借：投资性房地产——公允价值变动 　　贷：公允价值变动损益 【公允价值低于其账面余额的差额】 做相反的分录
			取得的租金收入	借：银行存款 　　贷：其他业务收入
		成本模式转为公允价值模式		借：投资性房地产——成本（变更日的公允价值） 　　投资性房地产累计折旧（摊销）（已计提的折旧或摊销） 　　投资性房地产减值准备 　　贷：投资性房地产（账面余额） 　　　　利润分配——未分配利润【（公允价值－账面价值）×90%，或借记】 　　　　盈余公积【（公允价值－账面价值）×10%，或借记】 （假定上述处理不考虑所得税的影响）
3	处置			【采用成本模式计量】 借：银行存款 　　贷：其他业务收入 借：其他业务成本 　　投资性房地产累计折旧（摊销） 　　投资性房地产减值准备 　　贷：投资性房地产 【采用公允价值模式计量】 借：银行存款 　　贷：其他业务收入 借：其他业务成本 　　投资性房地产——公允价值变动（跌价） 　　贷：投资性房地产——成本 　　　　投资性房地产——公允价值变动（涨价） 借：公允价值变动损益 　　贷：其他业务成本 或 借：其他业务成本 　　贷：公允价值变动损益 借：资本公积——其他资本公积 　　贷：其他业务成本
4	减值			借：资产减值损失 　　贷：投资性房地产减值准备

【本章主要参考法规索引】

1. 企业会计准则——基本准则（2014年7月23日财政部修订发布，自2014年7月23日起施行）

2. 企业会计准则——应用指南（2006年10月30日财政部发布，自2007年1月1日起在上市公司范围内施行）

3. 企业会计准则第3号——投资性房地产（2006年2月15日财政部发布，自2007年1月1日起在上市公司范围内施行）

【本章习题】

一、单项选择题

1. 下列各项中，不属于投资性房地产项目的是（   ）。

A. 已出租的土地使用权

B. 企业以经营租赁方式租入再对外转租的建筑物

C. 持有并准备增值后转让的土地使用权

D. 企业拥有产权并以经营租赁方式出租的建筑物

2. 2014年2月1日，甲公司从其他单位购入一块土地使用权，并在这块土地上建造两栋相同的厂房。2014年9月1日，甲公司预计厂房即将完工，与乙公司签订了经营租赁合同，约定将其中的一栋厂房于完工时租赁给乙公司使用。2014年9月15日，两栋厂房同时完工。该土地使用权的账面价值为1200万元，两栋厂房实际发生的建造成本均为300万元，能够单独计量。甲公司采用成本模式对投资性房地产进行后续计量。则甲公司2014年9月15日投资性房地产的入账价值为（   ）万元。

A. 900   B. 1500   C. 750   D. 1200

3. 甲公司2014年7月1日购入一幢办公楼，购买价款为5000万元，另发生相关税费100万元。购买当日即与丙公司签订租赁协议，将该幢办公楼出租给丙公司使用，租赁期为3年，每年租金为520万元，每年年末支付。甲公司因该项租赁业务发生谈判费20万元，另预计租赁期内每年将产生10万元的办公楼使用维护费用。则2014年7月1日，应确认的投资性房地产的初始入账价值为（   ）万元。

A. 5100   B. 5080   C. 5150   D. 5120

4. 投资性房地产进入改扩建或装修阶段后，应将其账面价值转入（   ）科目进行核算。

A. 在建工程   B. 投资性房地产——在建

C. 开发产品　　　　　　　　　D. 投资性房地产——成本

5. 下列关于投资性房地产核算的表述中，正确的是（　　）。

A. 采用成本模式计量的投资性房地产应计提折旧或摊销，但不需要确认减值损失

B. 采用成本模式计量的投资性房地产，符合条件时可转换为按公允价值模式计量

C. 采用公允价值模式计量的投资性房地产，公允价值的变动金额应计入其他综合收益

D. 采用公允价值模式计量的投资性房地产，符合条件时可转换为按成本模式计量

6. 下列关于公允价值模式计量的投资性房地产说法中正确的是（　　）。

A. 当月增加的土地使用权当月进行摊销

B. 公允价值模式下不计提减值

C. 资产负债表日，投资性房地产的公允价值高于账面价值的差额计入其他业务收入

D. 资产负债表日，投资性房地产的公允价值高于账面价值的差额计入资本公积——其他资本公积

7. 英明公司采用成本价值模式对投资性房地产进行后续计量，2014年9月20日将2013年12月31日达到预定可使用状态的自行建造的办公楼对外出租，该办公楼建造成本为5150万元，预计使用年限为25年，预计净残值为150万元。采用年限平均法计提折旧，不考虑其他因素，则2014年该办公楼应计提的折旧额为（　　）万元。

A. 0　　　　　　B. 150　　　　　　C. 200　　　　　　D. 100

8. 投资性房地产的后续计量模式由成本模式转换为公允价值模式，其公允价值与账面价值之间的差额计入（　　）。

A. 盈余公积和未分配利润　　　　　B. 公允价值变动损益

C. 其他综合收益　　　　　　　　　D. 营业外收入

9. 2014年12月8日，甲公司董事会决定自2015年1月1日起将位于城区的一幢已出租建筑物由成本模式改为公允价值模式计量。该建筑物系2014年1月20日投入使用并对外出租，入账时初始成本为1940万元，公允价值为2400万元；预计使用年限为20年，预计净残值为20万元，采用年限平均法计提折旧；年租金为180万元，按月收取；2015年1月1日该建筑物的公允价值为2500万元。不考虑所得税等因素，下列各项会计处理中，正确的是（　　）。

A. 减少"投资性房地产累计折旧"科目余额88万元

B. 增加"投资性房地产——成本"科目余额 2400 万元

C. 增加"投资性房地产"科目余额 2500 万元

D. 增加"盈余公积"科目余额 43.42 万元

10. 2015 年 2 月 2 日，甲公司董事会作出决议，将其持有的一项土地使用权停止自用，待其增值后转让以获取增值收益。该项土地使用权的成本为 1500 万元，预计使用年限为 10 年，预计净残值为 200 万元，采用直线法进行摊销。甲公司对其投资性房地产采用成本模式计量，该项土地使用权转换后其预计使用年限、预计净残值以及摊销方法不发生改变。土地使用权至 2015 年年末已使用了 6 年，则 2015 年年末甲公司该项投资性房地产的账面价值为（　　）万元。

A. 600　　　　B. 720　　　　C. 1500　　　　D. 130

二、多项选择题

1. 下列关于投资性房地产的特征中，说法正确的有（　　）。

A. 投资性房地产是一种投资性活动

B. 投资性房地产是一种经营性活动

C. 投资性房地产在用途、状态、目的等方面区别于作为生产经营场所的房地产和用于销售的房地产

D. 投资性房地产，是指为赚取租金或资本增值，或者两者兼有而持有的房地产

2. 下列各项中，不属于投资性房地产核算范围的有（　　）。

A. 闲置的土地

B. 房地产开发企业开发完成的对外销售的商品房

C. 已出租的办公楼

D. 企业自用的厂房

3. 下列各项中，不属于投资性房地产确认条件的是（　　）。

A. 投资性房地产，是指为赚取租金或资本增值，或者两者兼有而持有的房地产

B. 与该投资性房地产有关的经济利益很可能流入企业

C. 该投资性房地产的成本能够可靠地计量

D. 投资性房地产属于有形资产

4. 下列有关投资性房地产后续支出的表述中，正确的有（　　）。

A. 与投资性房地产有关的后续支出应区分资本化支出和费用化支出分别处理

B. 发生的资本化支出应通过"投资性房地产——在建"科目归集

C. 与投资性房地产有关的后续支出均应计入投资性房地产的成本

D. 投资性房地产的资本化支出可以提高其使用效能和经济利益流入量

5. 下列有关投资性房地产采用成本模式计量的说法中，正确的有（　　）。

A. 企业外购的建筑物对外出租，购入当月不计提折旧

B. 企业外购的土地使用权对外出租，购入当月需要计提摊销

C. 取得的租金收入应计入其他业务收入

D. 资产负债表日，应按公允价值确认公允价值变动金额并计入当期损益

6. 投资性房地产采用公允价值模式计量，应同时满足的条件包括（　　）。

A. 投资性房地产所在地有活跃的房地产交易市场

B. 投资性房地产所在地有专门的资产评估机构对投资性房地产的公允价值作出估计

C. 企业对所有投资性房地产均采用公允价值模式计量

D. 企业能够从活跃的房地产交易市场上取得同类或类似房地产的市场价格及其他相关信息，从而对投资性房地产的公允价值作出合理的估计

7. 下列关于投资性房地产后续计量模式变更的说法中正确的有（　　）。

A. 为保证会计信息的可比性，企业对投资性房地产的计量模式一经确定，不得随意变更

B. 只有在房地产市场比较成熟、能够满足采用公允价值模式条件的情况下，才允许企业对投资性房地产从成本模式计量变更为公允价值模式计量

C. 成本模式转为公允价值模式的，应当作为会计政策变更处理，并按计量模式变更时公允价值与账面价值的差额调整其他综合收益

D. 已采用公允价值模式计量的投资性房地产，不得从公允价值模式转为成本模式计量

8. 关于投资性房地产转换日的确定，下列说法中正确的有（　　）。

A. 作为存货的房地产改为出租，其转换日为租赁期开始日

B. 投资性房地产转为存货，转换日为董事会或类似机构作出书面决议明确表明将其重新开发用于对外销售的日期

C. 自用建筑物停止自用改为出租，其转换日为租赁期开始日

D. 自用土地使用权停止自用，改用于资本增值，其转换日为自用土地使用权停止自用后，确定用于资本增值的日期

9. 关于投资性房地产转换后的入账价值的确定，下列说法中正确的有（　　）。

A. 作为存货的房地产转换为采用成本模式计量的投资性房地产时，应按该项存货在转换日的账面价值，借记"投资性房地产"科目

B. 采用公允价值模式计量的投资性房地产转换为自用房地产时，应以其转换当日的公允价值作为自用房地产的入账价值

C. 采用公允价值模式计量的投资性房地产转换为自用房地产时，应当以其

转换当日的账面价值作为自用房地产的入账价值

    D. 自用房地产或存货转换为采用公允价值模式计量的投资性房地产时，投资性房地产按照转换当日房地产的账面价值作为入账价值

10. 处置采用公允价值模式计量的投资性房地产时，下列说法中正确的有（　　）。

    A. 应按累计公允价值变动金额，将公允价值变动损益转入其他业务成本

    B. 如涉及营业税，则营业税应记入"营业税金及附加"科目

    C. 实际收到的金额与该投资性房地产账面价值之间的差额，应计入营业外收支

    D. 若存在原转换日计入其他综合收益的金额，处置时应结转到其他业务成本

三、判断题

1. 投资性房地产实质上属于一种让渡资产使用权行为。（　　）

2. 企业以经营租赁方式租入再转租的土地使用权和计划用于出租但尚未出租的土地使用权不属于投资性房地产。（　　）

3. 自行建造投资性房地产，其成本由建造该项资产达到预定可使用状态之前发生的必要支出构成，包括土地开发费用、建筑成本、安装成本、应予以资本化的借款费用、支付的其他费用和分摊的间接费用等。（　　）

4. 对于企业外购的房地产，在购入房地产的同时未开始对外出租或用于资本增值的，也可以作为投资性房地产进行核算。（　　）

5. 投资性房地产改扩建或装修支出满足资本化条件的，应当将其资本化，计入投资性房地产的成本；不满足资本化条件的，应计入其他业务成本。

6. 投资性房地产后续计量模式包括成本和公允价值两种模式，同一企业可以同时采用两种计量模式对其投资性房地产进行后续计量。（　　）

7. 只有存在确凿证据表明投资性房地产的公允价值能够持续可靠取得的情况下，企业才可以采用公允价值模式对投资性房地产进行后续计量。（　　）

8. 采用公允价值模式计量的投资性房地产，资产负债表日确认的公允价值变动金额应当计入所有者权益（其他综合收益）。（　　）

9. 投资性房地产后续计量由成本模式转为公允价值模式，转换日公允价值与账面价值的差额，借方差额记入"公允价值变动损益"科目，贷方差额记入"其他综合收益"科目。（　　）

10. 处置投资性房地产时，应当按实际收到的金额，贷记"其他业务收入"科目；按该项投资性房地产的账面价值，借记"其他业务成本"科目，若为公允价值模式计量，还应同时结转持有期间确认的累计公允价值变动，若存在原转换日计入其他综合收益的金额，也一并结转。（　　）

四、计算分析题

1. 甲公司主要从事房地产开发经营业务，对投资性房地产采用成本模式进行后续计量，2015 年度发生的有关交易或事项如下：

（1）1 月 1 日，因商品房滞销，董事会决定将两栋商品房用于对外出租。1 月 20 日，甲公司与乙公司签订租赁合同并已将两栋商品房以经营租赁方式提供给乙公司使用。出租商品房的账面余额为 9000 万元，未计提存货跌价准备，公允价值为 10000 万元。该出租商品房预计使用年限为 50 年，预计净残值为零，采用年限平均法计提折旧。

（2）1 月 5 日，收回租赁期届满的一宗土地使用权，经批准用于建造办公楼。该土地使用权成本为 2750 万元，未计提减值准备，至办公楼开工之日已摊销 10 年，预计尚可使用 40 年，预计净残值为 0，采用直线法摊销。办公楼于 1 月 5 日开始建造，至年末尚未完工，共发生工程支出 3500 万元，假定全部已由银行存款支付。

（3）3 月 5 日，收回租赁期届满的商铺，并计划对其重新装修后继续用于出租。该商铺成本为 6500 万元，至重新装修之日，已计提累计折旧 2000 万元，账面价值为 4500 万元。装修工程于 8 月 1 日开始，于年末完工并达到预定可使用状态，共发生装修支出 1500 万元，其中包括材料支出 700 万元和职工薪酬 800 万元，职工薪酬尚未支付。装修后预计租金收入将大幅增加。

要求（假定不考虑相关税费及其他因素的影响）：

（1）计算上述出租商品房 2015 年度应计提的折旧金额。

（2）作出上述交易或事项的相关会计处理。

（答案中的金额单位用万元表示）

2. 2013 年 2 月 10 日，甲房地产开发公司（以下简称甲公司）与承租方丁公司签订办公楼租赁合同，将其开发的一栋用于出售的办公楼出租给丁公司使用，租赁期 2 年，租赁期开始日为 2013 年 3 月 1 日。2013 年 3 月 1 日，办公楼账面价值为 1100 万元，公允价值为 2400 万元。甲公司采用公允价值模式对投资性房地产进行后续计量。办公楼在 2013 年 12 月 31 日的公允价值为 2600 万元，2014 年 12 月 31 日的公允价值为 2640 万元。2015 年 3 月 1 日，甲公司收回租赁期届满的办公楼并对外出售，取得价款 2800 万元。

要求（假定不考虑相关税费等因素的影响）：

（1）编制甲公司将办公楼出租时的会计分录。

（2）编制办公楼出售前与公允价值变动损益相关的会计分录。

（3）编制办公楼出售时的会计分录。

第十章
流动负债

流动负债是指预计在一个正常营业周期中清偿，或者主要为交易目的而持有，或者自资产负债表日起一年内（含一年）到期应予以清偿，或者企业无权自主地将清偿推迟至资产负债表日后一年以上的负债。流动负债主要包括短期借款、应付票据、应付账款、预收账款、应付职工薪酬、应交税费、应付利息、应付股利、其他应付款等。

【学习目标】

通过本章的学习，应在熟悉流动负债的概念和内容的基础上，掌握流动负债的账务处理方法；掌握短期借款借入、计息和归还的账务处理；了解应付票据的种类和特点，掌握其计息、归还和退票的账务处理；了解应付账款的入账时间和入账价格，掌握总价法下的账务处理和预收账款账务处理方法；了解应付职工薪酬的内容、核算的原始凭证，掌握其账务处理方法；熟悉税金的种类，掌握各种税金的账务处理方法；了解其他流动负债的内容，熟悉其账务处理方法。

【关键词】

流动负债	Current liabilities
应交税费	Tax payable
短期借款	Short term loan
应付职工薪酬	Employee compensation
应付账款	Accounts payable
预收账款	Deposit received

【思维导图】

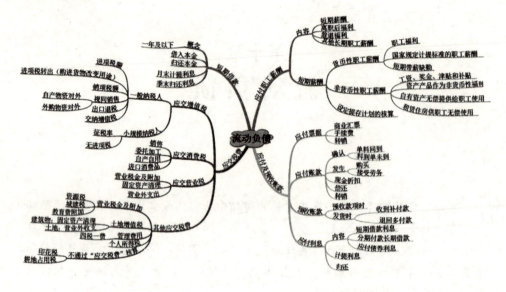

第一节　短期借款及应付利息

一、短期借款

短期借款是指企业向银行或其他金融机构等借入的期限在 1 年以下（含 1 年）的各种借款，通常是为了满足正常生产经营的需要。无论借入款项的来源如何，企业均需要向债权人按期偿还借款的本金及利息。在会计核算上，企业要及时如实地反映短期借款的借入、利息的发生和本金及利息的偿还情况。

企业应通过"短期借款"科目，核算短期借款的取得及偿还情况。该科目贷方登记取得借款的本金数额，借方登记偿还借款的本金数额，余额在贷方，表示尚未偿还的短期借款。本科目可按借款种类、贷款人和币种进行明细核算。

企业从银行或其他金融机构取得短期借款时，借记"银行存款"科目，贷记"短期借款"科目。

在实际工作中，银行一般于每季度末收取短期借款利息，为此，企业的短期借款利息一般采用月末预提的方式进行核算。短期借款利息属于筹资费用，应记入"财务费用"科目。企业应当在资产负债表日按照计算确定的短期借款利息费用，借记"财务费用"科目，贷记"应付利息"科目；实际支付利息时，根据已预提的利息，借记"应付利息"科目，根据应计利息，借记"财务费用"科目，根据应付利息总额，贷记"银行存款"科目。

【例10-1】甲股份有限公司于2015年1月1日向银行借入一笔生产经营用短期借款，共计120000元，期限为9个月，年利率为4%。根据与银行签署的借款协议，该项借款的本金到期后一次归还，利息按季支付。甲公司应编制如下会计分录：

（1）1月1日借入短期借款。

借：银行存款　　　　　　　　　　　　120000
　　贷：短期借款　　　　　　　　　　　　　　　120000

（2）1月末计提1月份应付利息。

借：财务费用　　　　　　　　　　　　　400
　　贷：应付利息　　　　　　　　　　　　　　　400

本月应计提的利息金额＝120000×4%÷12＝400（元）

2月末计提2月利息费用的处理与1月相同。

（3）3月末，支付第一季度银行借款利息。

借：财务费用　　　　　　　　　　　　　400
　　应付利息　　　　　　　　　　　　　800
　　贷：银行存款　　　　　　　　　　　　　　　1200

第二季度、第三季度的会计处理同上。

（4）10月1日偿还银行借款本金。

借：短期借款　　　　　　　　　　　　120000
　　贷：银行存款　　　　　　　　　　　　　　　120000

如果上述借款期限是8个月，则到期日为9月1日。8月末之前的会计处理与上述相同。9月1日偿还银行借款本金，同时支付7月和8月已提未付利息。

借：短期借款　　　　　　　　　　　　120000
　　应付利息　　　　　　　　　　　　　800
　　贷：银行存款　　　　　　　　　　　　　　　120800

如果企业的短期借款利息是按月支付的，或者利息是在借款到期时连同本金一起归还，但是数额不大的，可以不采用预提的方法，而在实际支付或收到银行的计息通知时，直接计入当期损益，借记"财务费用"科目，贷记"银行存款"或"库存现金"科目。

二、应付利息

应付利息是指企业按照合同约定应支付的利息，包括短期借款、分期付息到期还本的长期借款、企业债券等应支付的利息。

企业应通过"应付利息"科目，核算应付利息的发生、支付情况。该科目贷方登记按照合同约定计算的应付利息；借方登记实际支付的利息，期末贷方余额反映企业应付未付的利息。本科目一般应按照债权人设置明细科目进行明细核算。

企业采用合同约定的利率计算确定利息费用时，按应付合同利息金额，借记"在建工程"、"财务费用"、"研发支出"等科目，贷记"应付利息"科目；实际支付利息时，借记"应付利息"科目，贷记"银行存款"等科目。

【例 10-2】甲企业借入 5 年期到期还本、每年付息的长期借款 3000000元，合同约定年利率为 6%。甲企业应编制如下会计分录：

（1）每年计算确定利息费用。

借：财务费用   180000
　　贷：应付利息   180000

企业每年应支付的利息＝3000000×6%＝180000（元）

（2）每年实际支付利息。

借：应付利息   180000
　　贷：银行存款   180000

第二节　应付账款、应付票据及预收账款

一、应付账款

应付账款是指企业因购买材料、商品或接受劳务供应等经营活动应支付的款项。

应付账款，一般应在与所购买物资所有权相关的主要风险和报酬已经转移，或者所购买的劳务已经接受时确认。在实务工作中，为了使所购入物资的金额、品种、数量和质量等与合同规定的条款相符，避免因验收时发现所购物资存在数量或质量问题而对入账的物资或应付账款金额进行改动，在物资和发票账单同时到达的情况下，一般在所购物资验收入库后，再根据发票账单登记入账，确认应付账款。在所购物资已经验收入库，但是发票账单未能同时到达的情况下，企业

应付物资供应单位的债务已经成立，在会计期末，为了反映企业的负债情况，需要将所购物资和相关的应付账款暂估入账，待下月初做相反分录予以冲回。

企业应通过"应付账款"科目，核算应付账款的发生、偿还、转销等情况。该科目贷方登记企业购买材料、商品和接受劳务等而发生的应付账款，借方登记偿还的应付账款，或开出商业汇票抵付应付账款的款项，或已冲销的无法支付的应付账款，余额一般在贷方，表示企业尚未支付的应付账款余额。本科目一般应按照债权人设置明细科目进行明细核算。

（一）发生应付账款

企业购入材料、商品等或接受劳务所产生的应付账款，应按应付金额入账。购入材料、商品等验收入库，但货款尚未支付，根据有关凭证（发票账单、随货同行发票上记载的实际价款或暂估价值），借记"材料采购"、"在途物资"等科目，按可抵扣的增值税额，借记"应交税费——应交增值税（进项税额）"科目，按应付的价款，贷记"应付账款"科目。企业接受供应单位提供劳务而发生的应付未付款项，根据供应单位的发票账单，借记"生产成本"、"管理费用"等科目，贷记"应付账款"科目。

应付账款附有现金折扣的，应按照扣除现金折扣前的应付款总额入账。因在折扣期限内付款而获得的现金折扣，应在偿付应付账款时冲减财务费用。

> **知识点**
>
> 应付账款入账价值的影响因素包括购买价款、增值税进项税额、销货方代垫运杂费等。

【例10-3】甲企业为增值税一般纳税人。2015年3月1日，甲企业从A公司购入一批材料，货款100000元，增值税17000元，对方代垫运杂费1000元。材料已运到并验收入库（该企业材料按实际成本计价核算），款项尚未支付。甲企业的有关会计分录如下：

借：原材料　　　　　　　　　　　　　　　　101000
　　应交税费——应交增值税（进项税额）　　17000
　　　贷：应付账款——A公司　　　　　　　　　　　　118000

【例10-4】乙百货商场于2015年4月2日，从A公司购入一批家电产品并已验收入库。增值税专用发票上列明，该批家电的价款为100万元，增值税为17万元。按照购货协议的规定，乙百货商场如在15天内付清货款，将获得1%的现金折扣（假定计算现金折扣时需考虑增值税）。乙百货商场的有关会计分录如下：

借：库存商品   1000000

  应交税费——应交增值税（进项税额） 170000

   贷：应付账款——A公司   1170000

本例中，乙百货商场对A公司的应付账款附有现金折扣，应按照扣除现金折扣前的应付款总额1170000元记入"应付账款"科目。

【例10-5】根据供电部门通知，丙企业本月应支付电费48000元。其中生产车间电费32000元，企业行政管理部门电费16000元，款项尚未支付。丙企业的有关会计分录如下：

借：制造费用   32000

  管理费用   16000

   贷：应付账款——××电力公司 48000

（二）偿还应付账款

企业偿还应付账款或开出商业汇票抵付应付账款时，借记"应付账款"科目，贷记"银行存款"、"应付票据"等科目。

【例10-6】承【例10-3】3月31日，甲企业用银行存款支付上述应付账款。该企业的有关会计分录如下：

借：应付账款——A公司   118000

   贷：银行存款   118000

【例10-7】承【例10-4】，乙百货商场于2015年4月10日，按照扣除现金折扣后的金额，用银行存款付清了所欠A公司货款。乙百货商场的有关会计分录如下：

借：应付账款——A公司   1170000

   贷：银行存款   1158300

     财务费用   11700

本例中，乙百货商场在4月10日（即购货后的第8天）付清所欠A公司的货款，按照购货协议可以获得现金折扣。乙百货商场获得的现金折扣 = 1170000 × 1% = 11700（元），实际支付的货款 = 1170000 - 1170000 × 1% = 1158300（元）。

因此，乙百货商场应付账款总额1170000元，应借记"应付账款"科目；获得的现金折扣11700元，应冲减财务费用，贷记"财务费用"科目，实际支付的货款1158300元，应贷记"银行存款"科目。

（三）转销应付账款

企业转销确实无法支付的应付账款（比如因债权人撤销等原因而产生无法支付的应付账款），应按其账面余额计入营业外收入，借记"应付账款"科目，贷记"营业外收入"科目。

【例 10-8】 2015 年 12 月 31 日，丁企业确定一笔应付账款 4000 元为无法支付的款项，应予转销。该企业的有关会计分录如下：

借：应付账款　　　　　　　　　　　　　　4000

　　贷：营业外收入——其他　　　　　　　　　　　　　4000

本例中，丁企业转销确实无法支付的应付账款 4000 元，应按其账面余额记入"营业外收入——其他"科目。

知识点

> 应付账款明细账的借方余额表示预付账款的性质（资产负债表中列示为资产）；
>
> 预付账款明细账的贷方余额表示应付账款的性质（资产负债表中列示为负债）。

二、应付票据

应付票据是指企业购买材料、商品和接受劳务供应等而开出、承兑的商业汇票，包括商业承兑汇票和银行承兑汇票。企业应当设置"应付票据备查簿"，详细登记商业汇票的种类、号数和出票日期、到期日、票面余额、交易合同号和收款人姓名或单位名称以及付款日期和金额等资料。应付票据到期结清时，应当在备查簿内予以注销。

企业应通过"应付票据"科目，核算应付票据的发生、偿付等情况。该科目贷方登记开出、承兑汇票的面值及带息票据的预提利息，借方登记支付票据的金额，余额在贷方，表示企业尚未到期的商业汇票的票面金额。

发生应付票据通常而言，商业汇票的付款期限通常不超过 6 个月，因此在会计上应作为流动负债管理和核算。同时，由于应付票据的偿付时间较短，在会计实务中，一般均按照开出、承兑的应付票据的面值入账。

（一）不带息应付票据

1. 发生应付票据

企业因购买材料、商品和接受劳务供应等而开出、承兑的商业汇票，应当按其票面金额作为应付票据的入账金额，借记"材料采购"、"库存商品"、"应付账款"、"应交税费——应交增值税（进项税额）"等科目，贷记"应付票据"科目。

企业因开出银行承兑汇票而支付银行的承兑汇票手续费，应当计入当期财务费用，借记"财务费用"科目，贷记"银行存款"科目。

【例 10-9】 甲企业为增值税一般纳税人。该企业于 2015 年 2 月 6 日开出一张面值为58500元、期限5个月的不带息商业汇票，用于采购一批材料。增值税专用发票上注明的材料价款为50000元，增值税额为8500元。该企业的有关会计分录如下：

借：材料采购（或在途物资）　　　　50000
　　应交税费——应交增值税（进项税额）　8500
　　　贷：应付票据　　　　　　　　　　　　　　58500

企业因购买材料、商品和接受劳务供应等而开出、承兑商业汇票时，所支付的银行承兑汇票手续费应当计入财务费用。

【例10-10】承【例10-9】假设【例10-9】中的商业汇票为银行承兑汇票，甲企业已交纳承兑手续费29.25元。该企业的有关会计分录如下：

借：财务费用　　　　　　　　　　29.25
　　贷：银行存款　　　　　　　　　　　　　　29.25

2. 偿还应付票据

应付票据到期支付票款时，应按账面余额予以结转，借记"应付票据"科目，贷记"银行存款"科目。

【例10-11】承【例10-9】2015年7月6日，甲企业于2月6日开出的商业汇票到期。甲企业通知其开户银行以银行存款支付票款。该企业的有关会计分录如下：

借：应付票据　　　　　　　　　　58500
　　贷：银行存款　　　　　　　　　　　　　　58500

3. 转销应付票据

应付银行承兑汇票到期，如企业无力支付票款，应将应付票据的账面余额转作短期借款，借记"应付票据"科目，贷记"短期借款"科目。

【例10-12】承【例10-9】，假设上述商业汇票为银行承兑汇票，该汇票到期时甲企业无力支付票款。该企业的有关会计分录如下：

借：应付票据　　　　　　　　　　58500
　　贷：短期借款　　　　　　　　　　　　　　58500

（二）带息应付票据

开出、承兑的带息商业汇票，仍然按照票据的面值入账，与不带息应付票据的账务处理的不同之处：带息应付票据，应于期末计算应付利息时，记入财务费用（面值×票面利率×期限）。

借：财务费用
　　贷：应付票据

知识点　带息应付票据期末计提利息后，增加应付票据的账面价值；而短期借款期末计提利息，不增加短期借款的账面价值。

【练一练】2010年4月1日，乙企业开出带息商业汇票一张，面值20000元，该票据票面利率为2%（月利率），期限为6个月，用于购买急需生产A产品的甲材料，按月计提该票据利息，到期一次偿还本金和利息，5月31日，该应付票据的账面价值为（　　）元。

  A. 22400   B. 20400   C. 20000   D. 20800

【解析】5月31日，该应付票据的账面价值 $= 20000 + 20000 \times 2\% \times 2 = 20800$（元）。故答案为 D。

【练一练】2012年1月1日，乙企业向甲银行借入一笔生产经营用短期借款，共计100000元，期限为6个月，年利率为6%。根据与银行签署的协议，该项借款的本金到期后一次归还，利息分月预提，按季支付，2012年2月29日，该项短期借款的账面价值为（　　）元。

  A. 101000   B. 100500   C. 100000   D. 103000

【解析】2012年2月29日，该短期借款的账面价值为100000元；计提短期借款利息，不增加短期借款的账面价值，而是计入应付利息。故答案为C。

三、预收账款

  预收账款是指企业按照合同规定向购货单位预收的款项。与应付账款不同，预收账款所形成的负债不是以货币偿付，而是以货物偿付。有些购销合同规定，销货企业可向购货企业预先收取一部分货款，待向对方发货后再收取其余货款。企业在发货前收取的货款，表明了企业承担了会在未来导致经济利益流出企业的应履行的义务，就成为企业的一项负债。

  企业应通过"预收账款"科目，核算预收账款的取得、偿付等情况。该科目贷方登记发生的预收账款的数额和购货单位补付账款的数额，借方登记企业向购货方发货后冲销的预收账款数额和退回购货方多付账款的数额，余额一般在贷方，反映企业向购货单位预收款项但尚未向购货方发货的数额，如为借方余额，反映企业尚未转销的款项。企业应当按照购货单位设置明细科目进行明细核算。

  企业向购货单位预收款项时，借记"银行存款"科目，贷记"预收账款"科目；销售实现时，按实现的收入和应交的增值税销项税额，借记"预收账款"科目，按照实现的营业收入，贷记"主营业务收入"科目，按增值税专用发票上注明的增值税额，贷记"应交税费——应交增值税（销项税额）"等科目；企业收到购货单位补付的款项，借记"银行存款"科目，贷记"预收账款"科目；向购货单位退回其多付的款项时，借记"预收账款"科目，贷记"银行存款"科目。

【例 10-13】 D 公司为增值税一般纳税人。2015 年 6 月 3 日，D 公司与甲企业签订供货合同，向其出售一批设备，货款金额共计 100000 元，应交纳增值税 17000 元。根据购货合同规定，甲企业在购货合同签订一周内，应当向 D 公司预付货款 60000 元，剩余货款在交货后付清。2015 年 6 月 8 日，D 公司收到甲企业交来的预付款 60000 元，并存入银行，6 月 18 日 D 公司将货物发到甲企业并开出增值税发票，甲企业验收合格后付清了剩余货款。D 公司的有关会计处理如下：

（1）6 月 8 日收到甲企业交来的预付款 60000 元。

借：银行存款   60000

 贷：预收账款——甲企业   60000

（2）6 月 18 日 D 公司发货后收到甲企业剩余货款。

借：预收账款——甲企业   117000

 贷：主营业务收入   100000

  应交税费——应交增值税（销项税额） 17000

借：银行存款   57000

 贷：预收账款——甲企业   57000

甲企业补付的货款 = 117000 - 60000 = 57000（元）

本例中，假若 D 公司只能向甲企业供货 40000 元，则 D 公司应退回预收账款 13200 元，有关会计分录如下：

借：预收账款——甲企业   60000

 贷：主营业务收入   40000

  应交税费——应交增值税（销项税额） 6800

  银行存款   13200

此外，在预收账款核算中值得注意的是，企业预收账款情况不多的，也可不设"预收账款"科目，将预收的款项直接记入"应收账款"科目的贷方。

【例 10-14】 以【例 10-13】的资料为例，假设 D 公司不设置"预收账款"科目，通过"应收账款"科目核算有关业务。D 公司的有关会计处理如下：

（1）6 月 8 日收到甲企业交来预付款 60000 元。

借：银行存款   60000

 贷：应收账款——甲企业   60000

（2）6 月 18 日 D 公司发货后收到甲企业剩余货款。

借：应收账款——甲企业   117000

 贷：主营业务收入   100000

　　　　　应交税费——应交增值税（销项税额）　　　　17000
　　借：银行存款　　　　　　　　　　　　　57000
　　　　贷：应收账款——甲企业　　　　　　　　　57000

第三节　应付职工薪酬

一、应付职工薪酬核算的内容

　　职工薪酬，是指企业为获得职工提供的服务或解除劳动关系而给予的各种形式的报酬或补偿。职工薪酬包括短期薪酬、离职后福利、辞退福利和其他长期职工福利。企业提供给职工配偶、子女、受赡养人、已故员工遗属及其他受益人等的福利，也属于职工薪酬。

　　这里所称的"职工"，主要包括三类人员：一是与企业订立劳动合同的所有人员，含全职、兼职和临时职工；二是未与企业订立劳动合同，但由企业正式任命的企业管理层和管理层人员，如董事会成员、监事会成员等；三是在企业的计划和控制下，虽未与企业订立劳动合同或未由其正式任命，但向企业所提供服务与职工所提供服务类似的人员，也属于职工的范畴，包括通过企业与劳务中介公司签订用工合同而向企业提供服务的人员。

　　职工薪酬主要包括以下内容：

（一）短期薪酬

　　短期薪酬，是指企业在职工提供相关服务的年度报告期间结束后 12 个月内需要全部予以支付的职工薪酬，因解除与职工的劳动关系给予的补偿除外。短期薪酬具体包括以下内容：

　　1. 职工工资、奖金、津贴和补贴

　　是指按照构成工资总额的计时工资、计件工资、支付给职工的超额劳动报酬和增收节支的劳动报酬、为补偿职工特殊或额外的劳动消耗和因其他特殊原因支付给职工的津贴，以及为保证职工工资水平不受物价影响支付给职工的物价补贴等。其中，企业按照短期奖金计划向职工发放的奖金属于短期薪酬，按照长期奖金计划向职工发放的奖金属于其他长期职工福利。

　　2. 职工福利费

　　是指企业向职工提供的生活困难补助、丧葬补助费、抚恤费、职工异地安家费、防暑降温费等职工福利支出。

3. 医疗保险费、工伤保险费和生育保险费等社会保险费

是指企业按照国家规定的基准和比例计算，向社会保险经办机构缴纳的医疗保险费、工伤保险费和生育保险费。

4. 住房公积金

是指企业按照国家规定的基准和比例计算，向住房公积金管理机构缴存的住房公积金。

5. 工会经费和职工教育经费

是指企业为了改善职工文化生活、为职工学习先进技术和提高文化水平和业务素质，用于开展工会活动和职工教育及职业技能培训等相关支出。

6. 短期带薪缺勤

是指职工虽然缺勤，但企业仍向其支付报酬的安排，包括年休假、病假、婚假、产假、丧假、探亲假等长期带薪缺勤属于其他长期职工福利。

7. 短期利润分享计划

是指因职工提供服务而与职工达成的基于利润或其他经营成果提供薪酬的协议。长期利润分享计划属于其他长期职工福利。

8. 其他短期薪酬

是指除上述薪酬以外的其他为获得职工提供的服务而给予的短期薪酬。

（二）离职后福利

离职后福利，是指企业为职工提供的服务，而在职工退休或与企业解除劳动关系后，提供的各种形式的报酬和福利，短期薪酬和辞退福利除外。企业应当将离职后福利计划分类为设定提存计划和设定受益计划。离职后福利计划，是指企业与职工就离职后福利达成的协议，或者企业为向职工提供离职后福利制定的规章或办法等。其中，设定提存计划，是指向独立的基金缴存固定费用后，企业不再承担进一步支付义务的离职后福利计划；设定受益计划，是指除设定提存计划以外的离职后福利计划。

（三）辞退福利

辞退福利，是指企业在职工劳动合同到期之前解除与职工的劳动关系，或者为鼓励职工自愿接受裁减而给予职工的补偿。

（四）其他长期职工福利

其他长期职工福利，是指除短期薪酬、离职后福利、辞退福利之外所有的职工薪酬，包括长期带薪缺勤、长期残疾福利、长期利润分享计划等。

缴纳的补充养老保险，以商业保险形式提供给职工的各种保险待遇也属于企业提供的职工薪酬。

提供给高级管理人员使用的住房，免费为职工提供诸如医疗保健的服务或向职工提供企业支付了一定补贴的商品或服务等，比如以低于成本的价格向职工出售住房等，属于企业提供给职工的非货币性福利。

企业提供给职工的以权益形式结算的认股权、以现金形式结算但以权益工具公允价值为基础确定的现金股票增值权等。

职工薪酬包括提供给职工本人和其配偶、子女或其他被赡养人的福利，比如支付给因公伤亡职工的配偶、子女或其他被赡养人的抚恤金。

职工出差预借的差旅费不属于应付职工薪酬职工本人缴纳的保险不属于职工薪酬。

二、应付职工薪酬的科目设置

企业应当设置"应付职工薪酬"科目，核算应付职工薪酬的计提、结算、使用等情况。该科目的贷方登记已分配计入有关成本费用项目的职工薪酬的数额，借方登记实际发放职工薪酬的数额，包括扣还的款项等；该科目期末贷方余额，反映企业应付未付的职工薪酬。

"应付职工薪酬"科目应当按照"工资、奖金、津贴和补贴"、"职工福利费"、"非货币性福利"、"社会保险费"、"住房公积金"、"工会经费和职工教育经费"、"带薪缺勤"、"利润分享计划"、"设定提存计划"、"设定受益计划义务"、"辞退福利"等职工薪酬项目设置明细账进行明细核算。

三、短期薪酬的核算

企业应当在职工为其提供服务的会计期间，将实际发生的短期薪酬确认为负债，并计入当期损益，其他会计准则要求或允许计入资产成本的除外。

（一）货币性职工薪酬

1. 工资、奖金、津贴和补贴

对于职工工资、奖金、津贴和补贴等货币性职工薪酬，企业应当在职工为其提供服务的会计期间，将实际发生的职工工资、奖金、津贴和补贴等，根据职工提供服务的受益对象，将应确认的职工薪酬，借记"生产成本"、"制造费用"、"劳务成本"等科目，贷记"应付职工薪酬——工资、奖金、津贴和补贴"科目。

【例10-15】甲企业215年7月应付工资总额693000元，"工资费用分配汇总表"中列示的产品生产人员工资为480000元，车间管理人员工资为105000

元，企业行政管理人员工资为 90600 元，专设销售机构人员工资为 17400 元。甲企业应编制如下会计分录：

借：生产成本——基本生产成本   480000
  制造费用   105000
  管理费用   90600
  销售费用   17400
  贷：应付职工薪酬——职工工资、奖金、津贴和补贴 693000

在实务中，企业一般在每月发放工资前，根据"工资费用分配汇总表"中的"实发金额"栏的合计数，通过开户银行支付给职工或从开户银行提取现金，然后再向职工发放。

企业按照有关规定向职工支付工资、奖金、津贴、补贴等，借记"应付职工薪酬——工资、奖金、津贴和补贴"科目，贷记"银行存款"、"库存现金"等科目；企业从应付职工薪酬中扣还的各种款项（代垫的家属药费、个人所得税等），借记"应付职工薪酬"科目，贷记"银行存款"、"库存现金"、"其他应收款"、"应交税费——应交个人所得税"等科目。

【例 10-16】承【例 10-15】，甲企业根据"工资费用分配汇总表"结算本月应付职工工资总额 693000 元，其中企业代扣职工房租 32000 元、代垫职工家属医药费 8000 元，实发工资 653000 元。甲企业应编制如下会计分录：

（1）向银行提取现金。

借：库存现金   653000
  贷：银行存款   653000

（2）用现金发放工资。

借：应付职工薪酬——工资、奖金、津贴和补贴 653000
  贷：库存现金   653000

注：如果通过银行发放工资，该企业应编制如下会计分录：

借：应付职工薪酬——工资、奖金、津贴和补贴 653000
  贷：银行存款   653000

（3）代扣款项。

借：应付职工薪酬——工资、奖金、津贴和补贴 40000
  贷：其他应收款——职工房租   32000
       ——代垫医药费   8000

2. 职工福利费

对于职工福利费，企业应当在实际发生时根据实际发生额计入当期损益或相关资产成本，借记"生产成本"、"制造费用"、"管理费用"、"销售费用"等科目，贷记"应付职工薪酬——职工福利费"科目。

【例 10-17】 乙企业下设一所职工食堂，每月根据在岗职工数量及岗位分布情况、相关历史经验数据等计算需要补贴食堂的金额，从而确定企业每期因补贴职工食堂需要承担的福利费金额。2015 年 9 月，企业在岗职工共计 200 人，其中管理部门 30 人，生产车间 170 人，企业的历史经验数据表明，对于每个职工企业每月需补贴食堂 150 元。丙企业应编制如下会计分录：

借：生产成本	25500
管理费用	4500
贷：应付职工薪酬——职工福利费	30000

本例中，乙企业应当计提的职工福利费 $=150 \times 200 = 30000$（元）

【例 10-18】 承【例 10-17】2015 年 10 月，乙企业支付 30000 元补贴给食堂。乙企业应编制如下会计分录：

借：应付职工薪酬——职工福利费	30000
贷：银行存款	30000

3. 国家规定计提标准的职工薪酬

对于国家规定了计提基础和计提比例的医疗保险费、工伤保险费、生育保险费等社会保险费和住房公积金，以及按规定提取的工会经费和职工教育经费，企业应当在职工为其提供服务的会计期间，根据规定的计提基础和计提比例计算确定相应的职工薪酬金额，并确认相关负债，按照受益对象计入当期损益或相关资产成本，借记"生产成本"、"制造费用"、"管理费用"等科目，贷记"应付职工薪酬"科目。

【例 10-19】 承【例 10-15】2015 年 7 月，甲企业根据相关规定，分别按照职工工资总额的 2%和 1.5%的计提标准，确认应付工会经费和职工教育经费。甲企业应编制如下会计分录：

借：生产成本——基本生产成本	16800
制造费用	3675
管理费用	3171
销售费用	609
贷：应付职工薪酬——工会经费和职工教育经费——工会经费	13860
——工会经费和职工教育经费——职工教育经费	10395

本例中，应确认的应付职工薪酬 $=(480000 + 105000 + 90600 + 17400) \times (2\% + 1.5\%) = 24255$（元），其中，工会经费为 13860 元、职工教育经费为 10395 元。

本例中，应记入"生产成本"科目的金额 $=480000 \times (2\% + 1.5\%) = 16800$（元）

应记入"制造费用"科目的金额=105000×(2%+1.5%)=3675（元）

应记入"管理费用"科目的金额=90600×(2%+1.5%)=3171（元）

应记入"销售费用"科目的金额=17400×(2%+1.5%)=609（元）

【例10-20】2015年12月，丙企业根据国家规定的计提标准，计算应向社会保险经办机构缴纳职工基本医疗保险费共计97020元，其中，应计入基本生产车间生产成本的金额为67200元，应计入制造费用的金额为14700元，应计入管理费用的金额为15120元。丙企业应编制如下会计分录：

借：生产成本——基本生产成本　　　　　　　　　　　　67200

　　制造费用　　　　　　　　　　　　　　　　　　　　14700

　　管理费用　　　　　　　　　　　　　　　　　　　　15120

　　贷：应付职工薪酬——社会保险费——基本医疗保险　　　97020

4. 短期带薪缺勤

对于职工带薪缺勤，企业应当根据其性质及职工享有的权利，分为累积带薪缺勤和非累积带薪缺勤两类。企业应当对累积带薪缺勤和非累积带薪缺勤分别进行会计处理。如果带薪缺勤属于长期带薪缺勤的，企业应当作为其他长期职工福利处理。

（1）累积带薪缺勤，是指带薪权利可以结转下期的带薪缺勤，本期尚未用完的带薪缺勤权利可以在未来期间使用。企业应当在职工提供了服务从而增加了其未来享有的带薪缺勤权利时，确认与累积带薪缺勤相关的职工薪酬，并以累积未行使权利而增加的预期支付金额计量。确认累积带薪缺勤时，借记"管理费用"等科目，贷记"应付职工薪酬——带薪缺勤——短期带薪缺勤——累积带薪缺勤"科目。

【例10-21】丁企业共有2000名职工，从2014年1月1日起，该企业实行累积带薪缺勤制度。该制度规定，每个职工每年可享受5个工作日带薪年休假，未使用的年休假只能向后结转一个公历年度，超过1年未使用的权利作废，在职工离开企业时也无权获得现金支付；职工休年假时，首先使用当年可享受的权利，再从上年结转的带薪年休假中扣除。

2014年12月31日，丁企业预计2015年有1900名职工将享受不超过5天的带薪年休假，剩余100名职工每人将平均享受6天半年休假，假定这100名职工全部为总部各部门经理，该企业平均每名职工每个工作日工资为300元。不考虑其他相关因素。2014年12月31日，丁企业应编制如下会计分录：

借：管理费用　　　　　　　　　　　　　　　　　　　　45000

　　贷：应付职工薪酬——带薪缺勤——短期带薪缺勤——累积带薪缺勤

　　　　　　　　　　　　　　　　　　　　　　　　　　45000

丁企业在 2014 年 12 月 31 应当预计由于职工累积未使用的带薪年休假权利而导致的预期支付的金额，即相当于 150 天（100×1.5 天）的年休假工资金额 45000（150×300）元。

（2）非累积带薪缺勤，是指带薪权利不能结转下期的带薪缺勤，本期尚未用完的带薪缺勤权利将予以取消，并且职工离开企业时也无权获得现金支付。我国企业职工休婚假、产假、丧假、探亲假、病假期间的工资通常属于非累积带薪缺勤。

由于职工提供服务本身不能增加其能够享受的福利金额，企业在职工未缺勤时不应当计提相关费用和负债。为此，企业应当在职工实际发生缺勤的会计期间确认与非累积带薪缺勤相关的职工薪酬。

企业确认职工享有的与非累积带薪缺勤权利相关的薪酬，视同职工出勤确认的当期损益或相关资产成本。通常情况下，与非累积带薪缺勤相关的职工薪酬已经包括在企业每期向职工发放的工资等薪酬中，因此，不必额外作相应的账务处理。

（二）非货币性职工薪酬

企业以其自产产品作为非货币性福利发放给职工的，应当根据受益对象，按照该产品的公允价值计入相关资产成本或当期损益，同时确认应付职工薪酬，借记"管理费用"、"生产成本"、"制造费用"等科目，贷记"应付职工薪酬——非货币性福利"科目。将企业拥有的房屋等资产无偿提供给职工使用的，应当根据受益对象，将该住房每期应计提的折旧计入相关资产成本或当期损益，同时确认应付职工薪酬，借记"管理费用"、"生产成本"、"制造费用"等科目，贷记"应付职工薪酬——非货币性福利"科目，并且同时借记"应付职工薪酬——非货币性福利"科目，贷记"累计折旧"科目。租赁住房等资产供职工无偿使用的，应当根据受益对象，将每期应付的租金计入相关资产成本或当期损益，并确认应付职工薪酬，借记"管理费用"、"生产成本"、"制造费用"等科目，贷记"应付职工薪酬——非货币性福利"科目。难以认定受益对象的非货币性福利，直接计入当期损益和应付职工薪酬。

> **知识点**
>
> 难以认定受益对象的非货币性福利，直接计入当期损益和应付职工薪酬。

【例 10-22】甲公司为家电生产企业，共有职工 200 名，其中 170 名为直接参加生产的职工，30 名为总部管理人员。2014 年 12 月，甲公司以其生产的每台成本为 900 元的电暖器作为春节福利发放给公司每名职工。该型号的电暖器市场售价为每台 1000 元，甲公司适用的增值税税率为 17%。甲公司应编制如下会计分录：

借：生产成本　　　　　　　　　　　　　198900
　　管理费用　　　　　　　　　　　　　 35100
　　　贷：应付职工薪酬——非货币性福利　　　　　　　　234000

本例中，应确认的应付职工薪酬 = 200 × 1000 + 200 × 1000 × 17% = 234000（元）。其中，应记入"生产成本"科目的金额 = 170 × 1000 + 170 × 1000 × 17% = 198900（元）；应记入"管理费用"科目的金额 = 30 × 1000 + 30 × 1000 × 17% = 35100（元）。

【例 10-23】 甲公司为总部各部门经理级别以上职工提供汽车免费使用，同时为副总裁以上高级管理人员每人租赁一套住房。甲公司总部共有部门经理以上职工 20 名，每人提供一辆桑塔纳汽车免费使用，假定每辆桑塔纳汽车每月计提折旧 1000 元；该公司共有副总裁以上高级管理人员 5 名，公司为其每人租赁一套面积为 200 平方米的公寓，月租金为每套 8000 元。甲公司应编制如下会计分录：

（1）确认提供汽车的非货币性福利。

借：管理费用　　　　　　　　　　　　　20000
　　　贷：应付职工薪酬——非货币性福利　　　　　　　　20000
借：应付职工薪酬——非货币性福利　　　 20000
　　　贷：累计折旧　　　　　　　　　　　　　　　　　　20000

企业提供汽车供职工使用的非货币性福利 = 20 × 1000 = 20000（元）。

（2）确认为职工租赁住房的非货币性福利。

借：管理费用　　　　　　　　　　　　　40000
　　　贷：应付职工薪酬——非货币性福利　　　　　　　　40000

企业租赁住房供职工使用的非货币性福利 = 5 × 8000 = 40000（元）。

企业以自产产品作为职工薪酬发放给职工时，应确认主营业务收入，借记"应付职工薪酬——非货币性福利"科目，贷记"主营业务收入"科目，同时结转相关成本，涉及增值税销项税额的，还应进行相应的处理。企业支付租赁住房等资产供职工无偿使用所发生的租金，借记"应付职工薪酬——非货币性福利"科目，贷记"银行存款"等科目。

【例 10-24】 承【例 10-22】和【例 10-23】，甲公司向职工发放电暖器作为福利，应确认主营业务收入，同时要根据相关税法规定，计算增值税销项税额。甲公司应编制如下会计分录：

借：应付职工薪酬——非货币性福利 234000
    贷：主营业务收入 200000
        应交税费——应交增值税（销项税额） 34000
借：主营业务成本 180000
    贷：库存商品——电暖器 180000

甲公司应确认的主营业务收入=200×1000=200000（元）
甲公司应确认的增值税销项税额=200×1000×1790=34000（元）
甲公司应结转的销售成本=200×900=180000（元）
甲公司每月支付副总裁以上高级管理人员住房租金时，应编制如下会计分录：

借：应付职工薪酬——非货币性福利 40000
    贷：银行存款 40000

四、设定提存计划的核算

对于设定提存计划，企业应当根据在资产负债表日为换取职工在会计期间提供的服务而应向单独主体缴存的提存金，确认为应付职工薪酬负债，并计入当期损益或相关资产成本，借记"生产成本"、"制造费用"、"管理费用"、"销售费用"等科目，贷记"应付职工薪酬——设定提存计划"科目。

【例10-25】承【例10-15】甲企业根据所在地政府规定，按照职工工资总额的12%计提基本养老保险费，缴存当地社会保险经办机构。2014年7月，甲企业缴存的基本养老保险费，应计入生产成本的金额为57600元，应计入制造费用的金额为12600元，应计入管理费用的金额为10872元，应计入销售费用的金额为2088元。甲企业应编制如下会计分录：

借：生产成本——基本生产成本 57600
    制造费用 12600
    管理费用 10872
    销售费用 2088
    贷：应付职工薪酬——设定提存计划——基本养老保险费 83160

第四节 应交税费

企业根据税法规定应交纳的各种税费包括增值税、消费税、营业税、城市维护建设税、资源税、所得税、土地增值税、房产税、车船使用税、土地使用税、教育费附加、矿产资源补偿费、印花税、耕地占用税等。

企业应通过"应交税费"科目，总括反映各种税费的应交、交纳等情况。该科目贷方登记应交纳的各种税费等，借方登记实际交纳的税费；期末余额一般在贷方，反映企业尚未交纳的税费，期末余额如在借方，反映企业多交或尚未抵扣的税费。本科目按应交的税费项目设置明细科目进行明细核算。企业代扣代交的个人所得税等，也通过"应交税费"科目核算。

> **知识点**
>
> 企业交纳的印花税、耕地占用税、契税、车辆购置税不需要预计应交数的税金，不通过"应交税费"科目核算。

一、应交增值税

（一）增值税概述

增值税是以商品（含应税劳务）在流转过程中产生的增值额作为计税依据而征收的一种流转税。按照我国增值税暂行条例的规定，增值税的纳税人是在我国境内销售货物、进口货物或提供加工、修理修配劳务的企业单位和个人。按照纳税人的经营规模及会计核算的健全程度，增值税纳税人分为一般纳税人和小规模纳税人。一般纳税人应纳增值税税额，根据当期销项税额减去当期进项税额计算确定；小规模纳税人应纳增值税税额，按照销售额和规定的征收率计算确定。

各国实行的增值税在计算增值额时一般都实行税款抵扣制度，即在计算企业应纳税款时，要扣除商品在以前生产环节已负担的税款，以避免重复征税。依据实行增值税的各个国家允许抵扣已纳税款的扣除项目范围的大小，增值税分为生产型增值税、收入型增值税和消费型增值税三种类型。它们之间的主要区别在于对购入固定资产的处理上。生产型增值税在计算增值额时，对购入的固定资产及其折旧均不予扣除。收入型增值税对于购置用于生产、经营用的固定资产，允许将已提折旧的价值额予以扣除。消费型增值税允许将用于生产、经营的固定资产价值中已含的税款，在购置当期全部一次扣除。2008 年，我国修订了《中华人民共和国增值税暂行条例》，实现了生产型增值税向消费型增值税的转型。修订后的《中华人民共和国增值税暂行条例》自 2009 年 1 月 1 日起在全国范围内实施。自 2012 年起，我国部分地区实施了营业税改征增值税试点方案，交通运输业和部分现代服务业营业税改征增值税，增值税的征收范围将进一步扩大。

在税收征管上，从世界各国来看，一般都实行凭购物发票进行抵扣。按照《中华人民共和国增值税暂行条例》规定，企业购入货物或接受应税劳务支付的增值税（即进项税额），可从销售货物或提供劳务按规定收取的增值税（即销项税额）中抵扣。准予从销项税额中抵扣的进项税额通常包括：从销售方取得的增值税专用发票上注明的增值税税额；从海关取得的完税凭证上注明的增值税税额。

（二）一般纳税人的账务处理

为了核算企业应交增值税的发生、抵扣、交纳、退税及转出等情况，增值税一般纳税人应在"应交税费"科目下设置"应交增值税"明细科目，并在"应交增值税"明细账内设置"进项税额"、"已交税金"、"销项税额"、"出口退税"、"进项税额转出"等专栏。

1. 采购商品和接受应税劳务

企业从国内采购商品或接受应税劳务等，根据增值税专用发票上记载的应计入采购成本或应计入加工、修理修配等物资成本的金额，借记"固定资产"、"材料采购"、"在途物资"、"原材料"、"库存商品"或"生产成本"、"制造费用"、"委托加工物资"、"管理费用"等科目，根据增值税专用发票上注明的可抵扣的增值税税额，借记"应交税费——应交增值税（进项税额）"科目，按照应付或实际支付的总额，贷记"应付账款"、"应付票据"、"银行存款"等科目。购入货物发生的退货，作相反的会计分录。

按照增值税暂行条例，购进或者销售货物以及在生产经营过程中支付运输费用的，按照运输费用结算单据上注明的运输费用金额和规定的扣除率计算进项税额。

按照增值税暂行条例，企业购入免征增值税货物，一般不能抵扣增值税销项税额。但是对于购入的免税农产品，可以按照买价和规定的扣除率计算进项税额，并准予从企业的销项税额中抵扣。

企业购入免税农产品，按照买价和规定的扣除率计算进项税额，借记"应交税费——应交增值税（进项税额）"科目，按买价扣除按规定计算的进项税额后的差额，借记"材料采购"、"原材料"、"商品采购"、"库存商品"等科目，按照应付或实际支付的价款，贷记"应付账款"、"银行存款"等科目。

【例10-26】 甲企业为增值税一般纳税人，适用的增值税税率为17%，原材料按计划成本核算，销售商品价格为不含增值税的公允价格。2015年8月发生经济交易或事项以及相关的会计分录如下：

（1）5日购入原材料一批，增值税专用发票上注明货款120000元，增值税税额20400元，货物尚未到达，货款和进项税额已用银行存款支付。用银行存款支付运输公司的运输费用5000元，运输费用的进项税额扣除率为7%。

　　借：材料采购　　　　　　　　　　　　　　　　124650
　　　　应交税费——应交增值税（进项税额）　　　　20750

　　　　贷：银行存款　　　　　　　　　　　　　　　　145400

　　本例中，进项税额 = 20400 + 5000 × 7% = 20750（元）

　　材料成本 = 120000 + 5000 × (1 − 7%) = 124650（元）

　　（2）15 日，购入不需要安装设备一台，价款及运输保险等费用合计180000元，增值税专用发票上注明的增值税税额 30600 元，款项尚未支付。

　　　　借：固定资产　　　　　　　　　　　　　　　　180000
　　　　　　应交税费——应交增值税（进项税额）　　　30600
　　　　　　贷：应付账款　　　　　　　　　　　　　　　　210600

　　根据增值税暂行条例，企业购进固定资产所支付的增值税税额30600元，允许在购置当期全部一次性扣除。

　　（3）20 日，购入免税农产品一批，价款 200000 元，规定的扣除率为13%，货物尚未到达，货款已用银行存款支付。

　　　　借：材料采购　　　　　　　　　　　　　　　　174000
　　　　　　应交税费——应交增值税（进项税额）　　　26000
　　　　　　贷：银行存款　　　　　　　　　　　　　　　　200000

　　进项税额 = 购买价款 × 扣除率 = 200000 × 13% = 26000（元）

　　（4）25 日，生产车间委托外单位修理机器设备，增值税专用发票上注明修理费用 20000 元，增值税税额 3400 元，款项已用银行存款支付。

　　　　借：制造费用　　　　　　　　　　　　　　　　20000
　　　　　　应交税费——应交增值税（进项税额）　　　3400
　　　　　　贷：银行存款　　　　　　　　　　　　　　　　23400

　　2. 进项税额转出

　　企业购进的货物发生非常损失，以及将购进货物改变用途（如用于非应税项目、集体福利或个人消费等），其进项税额应通过"应交税费——应交增值税（进项税额转出）"科目转入有关科目，借记"待处理财产损溢"、"在建工程"、"应付职工薪酬"等科目，贷记"应交税费——应交增值税（进项税额转出）"科目；属于转作待处理财产损失的进项税额，应与遭受非常损失的购进货物、在产品或库存商品的成本一并处理。购进货物改变用途通常是指购进的货物在没有经过任何加工的情况下，对内改变用途的行为，如企业在建工程项目领用原材料等。

知识点　　购买材料的毁损如果是由于自然灾害造成的购买材料时的增值税进项税额不用转出。

【例 10-27】 承【例 10-26】甲企业 2015 年 8 月发生进项税额转出事项及相关会计分录如下：

（1）10 日，库存材料因意外火灾毁损一批，有关增值税专用发票注明的成本为 20000 元，增值税税额为 3400 元。

借：待处理财产损溢——待处理流动资产损溢　　　23400
　　贷：原材料　　　　　　　　　　　　　　　　　　　20000
　　　　应交税费——应交增值税（进项税额转出）　　　3400

（2）18 日，企业所属的职工宿舍维修领用原材料 6000 元，购入原材料时支付的增值税为 1020 元。

借：应付职工薪酬——非货币性福利　　　　　　　7020
　　贷：原材料　　　　　　　　　　　　　　　　　　　6000
　　　　应交税费——应交增值税（进项税额转出）　　　1020

3. 销售物资或者提供应税劳务

企业销售货物或者提供应税劳务，按照营业收入和应收取的增值税税额，借记"应收账款"、"应收票据"、"银行存款"等科目，按专用发票上注明的增值税额，贷记"应交税费——应交增值税（销项税额）"科目，按照实现的营业收入贷记"主营业务收入"、"其他业务收入"等科目。发生的销售退回，做相反的会计分录。

【例 10-28】 承【例 10-26】甲企业 2015 年 8 月发生经济交易或事项以另相关会计分录如下：

（1）15 日，销售产品一批，价款为 500000 元，按规定应收取增值税税额 85000 元，提货单和增值税专用发票已交给买方，款项尚未收到。

借：应收账款　　　　　　　　　　　　　585000
　　贷：主营业务收入　　　　　　　　　　　　500000
　　　　应交税费——应交增值税（销项税额）　　85000

（2）28 日，为外单位代加工电脑桌 500 个，每个收取加工费 80 元，加工完成，款项已收到并存入银行。

借：银行存款　　　　　　　　　　　　　460800
　　贷：主营业务收入　　　　　　　　　　　　40000
　　　　应交税费——应交增值税　　　　　　　6800

4. 视同销售行为

企业的有些交易和事项从会计角度看不属于销售行为，不能确认为销售收入，但是按照税法规定，应视同时外销售处理，计算应交增值税。视同销售需要交纳增值税的事项，如企业将自产或委托加工的货物用于非应税项目、集体福利或个人消费，将自产、委托加工或购买的货物作为投资、分配给股东或投资者、无偿赠送他人等。在这些情况下，企业应当借记"在建工程"、"长期股权投资"、"营业外支出"等科目，贷记"应交税费——应交增值税（销项税额）"科目等。针对企业将自产或委托加工的货物用于增值税非应税项目（比如厂房建造）、集体福利或个人消费，需要计算增值税（销项税额）；但是用于非应税项目时，贷方会计上不确认收入，而用于集体福利和个人消费在贷方需要在会计上确认收入。

知识点

目前税法中将以下八种行为归入视同销售行为：①将货物交付他人代销；②销售代销货物；③非同一县（市），将货物从一个机构移送他机构用于销售；④将自产或委托加工的货物用于非应税项目；⑤将自产、委托加工或购买货物作为投资，提供给其他单位或个体经营者；⑥将自产、委托加工或购买的货物分配给股东或投资者；⑦将自产或委托加工的货物用于集体福利或个人消费；⑧将自产、委托加工或购买的货物无偿赠送他人。

【**例10-29**】承【例10-26】2015年8月15日，甲企业将自己生产的产品用于自行建造职工俱乐部。该批产品的成本为150000元，计税价格为260000元。甲企业应编制如下会计分录：

借：在建工程　　　　　　　　　　　194200
　　贷：库存商品　　　　　　　　　　　　　150000
　　　　应交税费——应交增值税（销项税额）　　44200

企业在建工程领用自己生产的产品的销项税额＝260000×17%＝44200（元）

5. 出口退税

企业出口产品按规定退税的；按应收的出口退税额，借记"其他应收款"科目，贷记"应交税费——应交增值税（出口退税）"科目。

6. 交纳增值税

企业交纳的增值税，借记"应交税费——应交增值税（已交税金）"科目，贷记"银行存款"科目。"应交税费——应交增值税"科目的贷方余额，表示企业应交纳的增值税。

【**例10-30**】承【例10-26】至【例10-29】2015年8月，甲企业发生销项税额合计136000元，进项税额转出合计4420元，进项税额合计80750元。甲企业当月应交增值税计算如下：

应交增值税＝136000＋4420－80750＝59670（元）

用银行存款交纳增值税，甲企业应编制如下会计分录：

借：应交税费——应交增值税（已交税金）　　　　59670

　　贷：银行存款　　　　　　　　　　　　　　　　　59670

需要说明的是，企业购入材料不能取得增值税专用发票的，发生的增值税应计入材料采购成本，借记"材料采购"、"在途物资"等科目，贷记"银行存款"等科目。

（三）小规模纳税人的账务处理

小规模纳税企业应当按照不含税销售额和规定的增值税征收率计算交纳增值税，销售货物或提供应税劳务时只能开具普通发票，不能开具增值税专用发票。小规模纳税企业不享有进项税额的抵扣权，其购进货物或接受应税劳务支付的增值税直接计入有关货物或劳务的成本。因此，小规模纳税企业只需在"应交税费"科目下设置"应交增值税"明细科目，不需要在"应交增值税"明细科目中设置专栏，"应交税费——应交增值税"科目贷方登记应交纳的增值税，借方登记已交纳的增值税；期末贷方余额为尚未交纳的增值税，借方余额为多交纳的增值税。

小规模纳税企业购进货物和接受应税劳务时支付的增值税，直接计入有关货物和劳务的成本，借记"材料采购"、"在途物资"等科目，贷记"银行存款"等科目。

【例10-31】 甲企业为增值税小规模纳税人，适用增值税税率为3%，原材料按实际成本核算。该企业发生经济交易如下：购入原材料一批，取得的专用发票中注明货款30000元，增值税5100元，款项以银行存款支付，材料验收入库。销售产品一批，所开出的普通发票中注明的货款（含税）为51500元，款项已存入银行。用银行存款交纳增值税1500元。甲企业应编制如下会计分录：

（1）购入原材料。

借：原材料　　　　　　　　　　　　　　35100

　　贷：银行存款　　　　　　　　　　　　　　35100

（2）销售产品。

借：银行存款　　　　　　　　　　　　　51500

　　贷：主营业务收入　　　　　　　　　　　　50000

　　　　应交税费——应交增值税　　　　　　　1500

不含税销售额＝含税销售额÷（1＋征收率）＝51500÷（1＋3%）＝50000（元）

应纳增值税＝不含税销售额×征收率＝50000×3%＝1500（元）

（3）交纳增值税。

借：应交税费——应交增值税　　　　　　　1500

　　贷：银行存款　　　　　　　　　　　　　　1500

二、应交消费税

（一）消费税概述

消费税是指在我国境内生产、委托加工和进口应税消费品的单位和个人，按其流转额交纳的一种税。消费税有从价定率和从量定额两种征收方法。采取从价定率方法征收的消费税，以不含增值税的销售额为税基，按照税法规定的税率计算。企业的销售收入包含增值税的，应将其换算为不含增值税的销售额。采取从量定额计征的消费税，根据按税法确定的企业应税消费品的数量和单位应税消费品应缴纳的消费税计算确定。

> **知识点**
>
> 消费税属于在单一环节征税，增值税是需要各个流转环节征税；
>
> 消费税属于价内税，增值税属于价外税；所以销售应税消费品交纳的消费税计入"营业税金及附加"影响利润；而交纳的增值税不影响利润。

（二）应交消费税的账务处理

企业应在"应交税费"科目下设置"应交消费税"明细科目，核算应交消费税的发生、交纳情况。该科目贷方登记应交纳的消费税，借方登记已交纳的消费税；期末贷方余额反映企业尚未交纳的消费税，借方余额反映企业多交纳的消费税。

1. 销售应税消费品

企业销售应税消费品应交的消费税，应借记"营业税金及附加"科目，贷记"应交税费——应交消费税"科目。

【例 10-32】甲企业销售所生产的化妆品，价款 1000000 元（不含增值税），适用的消费税税率为 30%，不考虑其他相关税费。甲企业应编制如下会计分录：

借：营业税金及附加　　　　　　　　　　　　300000

　　贷：应交税费——应交消费税　　　　　　　　　　300000

应纳消费税额 = 1000000 × 30% = 300000（元）

2. 自产自用应税消费品

企业将生产的应税消费品用于在建工程等非生产机构时，按规定应交纳的消费税，借记"在建工程"等科目，贷记"应交税费——应交消费税"科目。

【例 10-33】乙企业在建工程领用自产柴油成本为 50000 元，应纳消费税为 6000 元。不考虑其他相关税费。乙企业应编制如下会计分录：

借：在建工程　　　　　　　　　　　　　　　56000

$\qquad$ 贷：库存商品 $\qquad$ 50000

$\qquad\qquad$ 应交税费——应交消费税 $\qquad$ 6000

【例10-34】丙企业下设的职工食堂享受企业提供的补贴，本月领用自产产品一批，该产品的账面价值为20000元，市场价格为30000元（不含增值税），适用的消费税税率为10%。不考虑其他相关税费。丙企业应编制如下会计分录：

$\qquad$ 借：应付职工薪酬——职工福利 $\qquad$ 30000

$\qquad\qquad$ 营业税金及附加 $\qquad$ 3000

$\qquad$ 贷：主营业务收入 $\qquad$ 30000

$\qquad\qquad$ 应交税费——应交消费税 $\qquad$ 3000

$\qquad$ 借：主营业务成本 $\qquad$ 20000

$\qquad$ 贷：库存商品 $\qquad$ 20000

3. 委托加工应税消费品

企业如有应交消费税的委托加工物资，一般应由受托方代收代缴税款。委托加工物资收回后，直接用于销售的，应将受托方代收代缴的消费税计入委托加工物资的成本，借记"委托加工物资"等科目，贷记"应付账款"、"银行存款"等科目；委托加工物资收回后用于连续生产的，按规定准予抵扣的，应按已由受托方代收代缴的消费税，借记"应交税费——应交消费税"科目，贷记"应付账款"、"银行存款"等科目。

【例10-35】甲企业委托乙企业代为加工一批应交消费税的材料（非金银首饰）。甲企业的材料成本为2000000元，加工费为400000元，由乙企业代收代缴的消费税为160000元（不考虑增值税）。材料已经加工完成，并由甲企业收回验收入库，加工费尚未支付。甲企业采用实际成本法进行原材料的核算。甲企业应编制如下会计分录：

（1）如果委托加工物资收回继续用于生产应税消费品。

$\qquad$ 借：委托加工物资 $\qquad$ 2000000

$\qquad$ 贷：原材料 $\qquad$ 2000000

$\qquad$ 借：委托加工物资 $\qquad$ 400000

$\qquad\qquad$ 应交税费——应交消费税 $\qquad$ 160000

$\qquad$ 贷：应付账款 $\qquad$ 560000

$\qquad$ 借：原材料 $\qquad$ 2400000

$\qquad$ 贷：委托加工物资 $\qquad$ 2400000

（2）如果委托加工物资收回直接对外销售。

$\qquad$ 借：委托加工物资 $\qquad$ 2000000

$\qquad$ 贷：原材料 $\qquad$ 2000000

借：委托加工物资　　　　　　　　　　560000
　　贷：应付账款　　　　　　　　　　　　　　560000
借：原材料　　　　　　　　　　　　　2560000
　　贷：委托加工物资　　　　　　　　　　　　2560000

4.进口应税消费品

企业进口应税物资在进口环节应交的消费税，计入该项物资的成本，借记"材料采购"、"固定资产"等科目，贷记"银行存款"科目。

知识点

　　针对进口货物在进口环节交纳的增值税，如果是属于一般纳税人，则是可以抵扣进项税，不将其计入存货成本，进口环节缴纳的关税，应计入存货成本。

【例10-36】甲企业从国外进口一批需要交纳消费税的商品，商品价值为1000000元，进口环节需要交纳的消费税为200000元（不考虑增值税），采购的商品已经验收入库，货款尚未支付，税款已经用银行存款支付。甲企业应编制如下会计分录：

借：库存商品　　　　　　　　　　　　1200000
　　贷：应付账款　　　　　　　　　　　　　　1000000
　　　　银行存款　　　　　　　　　　　　　　200000

三、应交营业税

（一）营业税概述

营业税是对在我国境内提供应税劳务、转让无形资产或销售不动产的单位和个人征收的税种。其中，应税劳务是指属于交通运输业、建筑业、金融保险业、邮电通信业、文化体育业、娱乐业、服务业税目征收范围的劳务，不包括加工、修理修配等劳务；转让无形资产，是指转让无形资产的所有权或使用权的行为；销售不动产，是指有偿转让不动产的所有权，转让不动产的有限产权或永久使用权，以及单位将不动产无偿赠予他人等视同销售不动产的行为。营业税以营业额作为计税依据。营业额是指纳税人提供应税劳务、转让无形资产和销售不动产而向对方收取的全部价款和价外费用，税率3%~20%。

需要说明的是，目前交通运输业、邮政业和部分现代服务业（如研发和技术服务、信息技术服务、文化创意服务、物流辅助服务、有形资产租赁服务、鉴证咨询服务、广播影视服务）已纳入营业税改征增值税（以下简称营改增）试点。

应税劳务部分不包括加工、修理修配（增值税的项目）。

销售机器设备类的动产计算交纳增值税，不交纳营业税，计算交纳增值税计入应交税费——应交增值税（销项税额）。

出租机器设备计算缴纳增值税。

转让土地使用权和出租土地使用权计算缴纳营业税。

出售或出租专利权、非专利技术、商标权和著作权计算缴纳增值税。

（二）应交营业税的账务处理

企业应在"应交税费"科目下设置"应交营业税"明细科目，核算应交营业税的发生、交纳情况。该科目贷方登记应交纳的营业税，借方登记已交纳的营业税，期末贷方余额反映尚未交纳的营业税。

企业按照营业额及其适用的税率，计算应交的营业税，借记"营业税金及附加"科目，贷记"应交税费——应交营业税"科目；企业处置原作为固定资产管理的不动产应交的营业税，借记"固定资产清理"等科目，贷记"应交税费——应交营业税"科目；实际交纳营业税时，借记"应交税费——应交营业税"科目，贷记"银行存款"科目。

【例 10-37】 2015 年 10 月 31 日，甲企业收到出租仓库收入 600000 元，款项存入银行，适用的营业税税率为 5%。甲公司应编制如下会计分录：

（1）确认应交营业税。

借：营业税金及附加   30000

  贷：应交税费——应交营业税   30000

本例中，应交营业税 = 600000 × 5% = 30000（元）。

（2）交纳营业税。

借：应交税费——应交营业税   30000

  贷：银行存款   30000

【例 10-38】 2015 年 8 月，乙企业出售一栋原作为固定资产的办公楼，取得收入 4500000 元存入银行。该办公楼的账面原价为 6250000 元，已提折旧 4000000 元，未计提减值准备。在办公楼清理过程中，用银行存款支付清理费 25000 元，办公楼已清理完毕。办公楼适用的营业税税率为 5%。乙企业应编制如下会计分录：

（1）将固定资产转入清理。

借：固定资产清理   2250000

  累计折旧   4000000

　　　　贷：固定资产　　　　　　　　　　　　　　　　　　6250000
　（2）收到出售价款。
　　借：银行存款　　　　　　　　　　　　4500000
　　　　贷：固定资产清理　　　　　　　　　　　　　　　4500000
　（3）支付清理费用。
　　借：固定资产清理　　　　　　　　　　　25000
　　　　贷：银行存款　　　　　　　　　　　　　　　　　　25000
　（4）计算应交营业税。
　　借：固定资产清理　　　　　　　　　　　225000
　　　　贷：应交税费——应交营业税　　　　　　　　　　225000
　应交税费＝4500000×5%＝225000（元）
　（5）结转销售固定资产的净收益。
　　借：固定资产清理　　　　　　　　　　2000000
　　　　贷：营业外收入　　　　　　　　　　　　　　　　2000000

四、其他应交税费

　　其他应交税费是指除上述应交税费以外的其他各种应上缴国家的税费，包括应交资源税、应交城市维护建设税、应交土地增值税、应交所得税、应交房产税、应交土地使用税、应交车船税、应交教育费附加、应交矿产资源补偿费、应交个人所得税等。企业应当在"应交税费"科目下设置相应的明细科目进行核算，贷方登记应交纳的有关税费，借方登记已交纳的有关税费，期末贷方余额反映尚未交纳的有关税费。

（一）应交资源税

　　资源税是对在我国境内开采矿产品或者生产盐的单位和个人征收的税。资源税按照应税产品的课税数量和规定的单位税额计算。开采或生产应税产品对外销售的，以销售数量为课税数量；开采或生产应税产品自用的，以自用数量为课税数量。对外销售应税产品应交纳的资源税应记入"营业税金及附加"科目，借记"营业税金及附加"科目，贷记"应交税费——应交资源税"科目；自产自用应税产品应交纳的资源税应记入"生产成本"、"制造费用"等科目，借记"生产成本"、"制造费用"等科目，贷记"应交税费——应交资源税"科目。

　　【例10-39】甲企业本期对外销售资源税应税矿产品3600吨、将自产资源税应税矿产品800吨用于其产品生产，税法规定每吨矿产品应交资源税5元。甲企业应编制如下会计分录：
　（1）计算对外销售应税矿产品应交资源税。

借：营业税金及附加　　　　　　　　　　　　　18000
　　　贷：应交税费——应交资源税　　　　　　　　　　　18000

企业对外销售应税产品而应交的资源税＝3600×5＝18000（元）

（2）计算自用应税矿产品应交资源税。

借：生产成本　　　　　　　　　　　　　　　　4000
　　　贷：应交税费——应交资源税　　　　　　　　　　　4000

企业自产自用应税矿产品应交纳的资源税＝800×5＝4000（元）

（3）交纳资源税。

借：应交税费——应交资源税　　　　　　　　　22000
　　　贷：银行存款　　　　　　　　　　　　　　　　　　22000

（二）应交城市维护建设税

城市维护建设税是以增值税、消费税、营业税为计税依据征收的一种税。其纳税人为交纳增值税、消费税、营业税的单位和个人，以纳税人实际缴纳的增值税、消费税、营业税税额为计税依据，并分别与三项税金同时缴纳。税率因纳税人所在地不同从1%~7%不等。公式如下：

应纳税额＝（应交增值税＋应交消费税＋应交营业税）×适用税率

企业按规定计算出应交纳的城市维护建设税，借记“营业税金及附加”等科目，贷记“应交税费——应交城市维护建设税”科目。交纳城市维护建设税，借记“应交税费——应交城市维护建设税”科目，贷记“银行存款”科目。

【例10-40】甲企业本期实际应交增值税360000元、消费税240000元、营业税150000元，适用的城市维护建设税税率为7%。甲企业应编制如下会计分录：

（1）计算应交城市维护建设税。

借：营业税金及附加　　　　　　　　　　　　　52500
　　　贷：应交税费——应交城市维护建设税　　　　　　　52500

应交的城市维护建设税：（360000＋240000＋150000）×7%＝52500（元）

（2）用银行存款上交城市维护建设税。

借：应交税费——应交城市维护建设税　　　　　52500
　　　贷：银行存款　　　　　　　　　　　　　　　　　　52500

（三）应交教育费附加

教育费附加是为了发展教育事业而向企业征收的附加费用，企业按应交流转税的一定比例计算交纳。企业按规定计算出应交纳的教育费附加，借记“营业税金及附加”等科目，贷记“应交税费——应交教育费附加”科目。

【例10-41】甲企业按税法规定计算，2015年度第四季度应交纳教育费附加300000元。款项已经用银行存款支付。甲企业应编制如下会计分录：

（1）计算应交纳的教育费附加。

借：营业税金及附加　　　　　　　　　　　　300000
　　贷：应交税费——应交教育费附加　　　　　　　　　　300000

（2）交纳教育费附加。

借：应交税费——应交教育费附加　　　　　　300000
　　贷：银行存款　　　　　　　　　　　　　　　　　　300000

（四）应交土地增值税

土地增值税是对转让国有土地使用权、地上的建筑物及其附着物（以下简称转让房地产）并取得增值性收入的单位和个人所征收的一种税。

土地增值税按照转让房地产所取得的增值额和规定的税率计算征收。转让房地产的增值额是转让收入减去税法规定扣除项目金额后的余额，其中，转让收入包括货币收入、实物收入和其他收入；扣除项目主要包括取得土地使用权所支付的金额、房地产开发成本及费用、与转让房地产有关的税金、旧房及建筑物的评估价格、财政部确定的其他扣除项目等。土地增值税采用四级超率累进税率，其中最低税率为30%，最高税率为60%。

根据企业对房地产核算方法不同，企业应交土地增值税的账务处理也有所区别：企业转让的土地使用权连同地上建筑物及其附着物一并在"固定资产"科目核算的，转让时应交的土地增值税，借记"固定资产清理"科目，贷记"应交税费——应交土地增值税"科目；土地使用权在"无形资产"科目核算的，按实际收到的金额，借记"银行存款"、"累计摊销"、"无形资产减值准备"科目，按应交的土地增值税，贷记"应交税费——应交土地增值税"科目，同时冲销土地使用权的账面价值，贷记"无形资产"科目，按其差额，借记"营业外支出"科目或贷记"营业外收入"科目；房地产开发经营企业销售房地产应交纳的土地增值税，借记"营业税金及附加"科目，贷记"应交税费——应交土地增值税"科目。

交纳土地增值税，借记"应交税费——应交土地增值税"科目，贷记"银行存款"科目。

【例10-42】甲企业对外转让一栋厂房，根据税法规定计算的应交土地增值税为25000元。甲企业应编制如下会计分录：

（1）计算应交土地增值税。

借：固定资产清理　　　　　　　　　　　　　25000
　　贷：应交税费——应交土地增值税　　　　　　　　　25000

（2）用银行存款交纳土地增值税。

借：应交税费——应交土地增值税　　　　　　25000
　　贷：银行存款　　　　　　　　　　　　　　　　　　25000

（五）应交房产税、城镇土地使用税、车船税和矿产资源补偿费

房产税是国家对在城市、县城、建制镇和工矿区征收的由产权所有人缴纳的一种税。房产税依照房产原值一次减除 10%~30% 后的余额计算交纳。没有房产原值作为依据的，由房产所在地税务机关参考同类房产核定；房产出租的，以房产租金收入为房产税的计税依据。

城镇土地使用税是以城市、县城、建制镇、工矿区范围内使用土地的单位和个人为纳税人，以其实际占用的土地面积和规定税额计算征收。

车船税由拥有并且使用车船的单位和个人按照适用税额计算交纳。

矿产资源补偿费是对在我国领域和管辖海域开采矿产资源而征收的费用。矿产资源补偿费按照矿产品销售收入的一定比例计征，由采矿人交纳。

企业应交的房产税、城镇土地使用税、车船税、矿产资源补偿费，记入"管理费用"科目，借记"管理费用"科目，贷记"应交税费——应交房产税（或应交城镇土地使用税、应交车船税、应交矿产资源补偿费）"科目。

【例 10-43】 某企业按税法规定本期应交纳房产税 160000 元、车船税 38000 元、城镇土地使用税 45000 元。该企业应编制如下会计分录：

（1）计算应交纳上述税金。

```
借：管理费用                              243000
    贷：应交税费——应交房产税                      160000
            ——应交城镇土地使用税                    45000
            ——应交车船税                          38000
```

（2）用银行存款交纳上述税金。

```
借：应交税费——应交房产税                  160000
          ——应交城镇土地使用税                45000
          ——应交车船税                       38000
    贷：银行存款                                    243000
```

（六）应交个人所得税

企业职工按规定应交纳的个人所得税通常由单位代扣代缴。企业按规定计算的代扣代缴的职工个人所得税，借记"应付职工薪酬"科目，贷记"应交税费——应交个人所得税"科目；企业交纳个人所得税时，借记"应交税费——应交个人所得税"科目，贷记"银行存款"等科目。

【例 10-44】 某企业结算本月应付职工工资总额 300000 元，按税法规定应代扣代缴的职工个人所得税共计 3000 元，实发工资 297000 元。该企业应编制如下会计分录：

（1）代扣个人所得税。

借：应付职工薪酬——工资　　　　　　　3000

　　贷：应交税费——应交个人所得税　　　　　　　　3000

（2）交纳个人所得税。

借：应交税费——应交个人所得税　　　　3000

　　贷：银行存款　　　　　　　　　　　　　　　　　3000

第五节　应付股利及其他应付款

一、应付股利

应付股利是指企业根据股东大会或类似机构审议批准的利润分配方案确定分配给投资者的现金股利或利润。企业通过"应付股利"科目，核算企业确定或宣告支付但尚未实际支付的现金股利或利润。该科目贷方登记应支付的现金股利或利润；借方登记实际支付的现金股利或利润，期末贷方余额反映企业应付未付的现金股利或利润。本科目应按照投资者设置明细科目进行明细核算。

企业根据股东大会或类似机构审议批准的利润分配方案，确认应付给投资者的现金股利或利润时，借记"利润分配——应付现金股利或利润"科目，贷记"应付股利"科目；向投资者实际支付现金股利或利润时，借记"应付股利"科目，贷记"银行存款"等科目。

【例 10-45】A 有限责任公司有甲、乙两个股东，分别占注册资本的30%和70%。2014 年度该公司实现净利润 6000000 元，经过股东会批准，决定2015 年分配股利 4000000 元。股利已用银行存款支付。A 有限责任公司应编制如下会计分录：

（1）确认应付投资者利润。

借：利润分配——应付股利　　　　　　　4000000

　　贷：应付股利——甲股东　　　　　　　　　　　　1200000

　　　　　　　　——乙股东　　　　　　　　　　　　2800000

（2）支付投资者利润。

借：应付股利——甲股东　　　　　　　　200000

　　　　　　——乙股东　　　　　　　　2800000

　　贷：银行存款　　　　　　　　　　　　　　　　　4000000

甲股东应分配的股利 = 4000000 × 30% = 1200000（元）

乙股东应分配的股利 = 4000000 × 70% = 2800000（元）

此外，需要说明的是，企业董事会或类似机构通过的利润分配方案中拟分配的现金股利或利润，不需要进行账务处理，但应在附注中披露。企业分配的股票股利不通过"应付股利"科目核算。

二、其他应付款

其他应付款是指企业除应付票据、应付账款、预收账款、应付职工薪酬、应交税费、应付股利等经营活动以外的其他各项应付、暂收的款项，如应付经营租赁固定资产租金、租入包装物租金、存入保证金等。企业应通过"其他应付款"科目，核算其他应付款的增减变动及其结存情况，该科目贷方登记发生的各种应付、暂收款项，借方登记偿还或转销的各种应付、暂收款项；该科目期末贷方余额，反映企业应付未付的其他应付款项。本科目按照其他应付款的项目和对方单位（或个人）设置明细科进行明细核算。

企业发生其他各种应付、暂收款项时，借记"管理费用"等科目，贷记"其他应付款"科目；支付或退回其他各种应付、暂收款项时，借记"其他应付款"科目，贷记"银行存款"等科目。

【例10-46】甲公司从2015年1月1日起，以经营租赁方式租入管理用办公设备一批，每月租金8000元，按季支付。3月31日，甲公司以银行存款支付应付租金24000元。甲公司应编制如下会计分录：

（1）1月31日计提应付经营租入固定资产租金。

借：管理费用　　　　　　　　　　　　　　　　　8000

　　贷：其他应付款　　　　　　　　　　　　　　　　　8000

2月底计提应付经营租入固定资产租金的会计处理，同上。

（2）3月31日支付租金。

借：其他应付款　　　　　　　　　　　　　　　　16000

　　管理费用　　　　　　　　　　　　　　　　　8000

　　贷：银行存款　　　　　　　　　　　　　　　　　24000

【主要分录总结】

序号	事项		分录
1	短期借款	借入	借：银行存款 　　贷：短期借款
		按月计提利息	借：财务费用 　　贷：应付利息
		季末支付银行存款利息	借：财务费用 　　应付利息 　　贷：银行存款
		到期偿还短期借款本金	借：短期借款 　　贷：银行存款
2	应付票据	开出应付票据	借：材料采购/库存商品 　　应交税费——应交增值税（进项税额） 　　贷：应付票据
		银行承兑汇票手续费	借：财务费用 　　贷：银行存款
		转销无力支付的银行承兑汇票票款	借：应付票据 　　贷：银行存款
		转销无力支付的商业承兑汇票票款	借：应付票据 　　贷：应付账款
		应付票据到期支付票款	借：应付票据 　　贷：短期借款
3	应付账款	发生应付账款	借：材料采购/库存商品/在途物资/生产成本/管理费用/制造费用 　　应交税费——应交增值税（进项税额） 　　贷：应付账款
		偿还应付账款	借：应付账款 　　贷：银行存款/应付票据
		因在折扣期内付款获得的现金折扣偿付应付账款时冲减财务费用	借：应付账款 　　财务费用 　　贷：银行存款
		转销确实无法支付的应付账款	借：应付账款 　　贷：营业外收入——其他
4	预收账款	收到预收账款	借：银行存款 　　贷：预收账款
		收到剩余货款	借：预收账款 　　贷：主营业务收入 　　　　应交税费——应交增值税（销项税额） 借：银行存款 　　贷：预收账款
		收到预付款项	借：银行存款 　　贷：应收账款

序号	事项		分录
4	预收账款	收到剩余货款	借：应收账款 　　贷：主营业务收入 　　　　应交税费——应交增值税（销项税额） 借：银行存款 　　贷：应收账款
		预收账款不多的企业，将预收款项记入"应收账款"贷方	
5	应付职工薪酬	确认职工薪酬　货币性职工薪酬	借：生产成本——基本生产车间成本（产品生产人员工资） 制造费用（车间管理人员工资） 劳务成本（生产部门人员工资） 管理费用（管理人员工资） 销售费用（销售人员工资） 在建工程（在建工程人员工资） 研发支出（研发人员工资） 利润分配——提取的职工奖励及福利基金（外商投资企业提取的职工奖励及福利金） 　　贷：应付职工薪酬——工资/职工福利
		确认职工薪酬　非货币性职工薪酬	【自产产品作为非货币性福利发放给职工】 借：管理费用/生产成本/制造费用 　　贷：应付职工薪酬——非货币性福利 【将企业拥有的房屋等资产无偿提供给职工使用】 借：管理费用/生产成本/制造费用 　　贷：应付职工薪酬——非货币性福利 借：应付职工薪酬——非货币性福利 　　贷：累计折旧 【租赁住房等资产供职工无偿使用】 借：管理费用/生产成本/制造费用 　　贷：应付职工薪酬——非货币性福利
		发放职工薪酬　支付职工工资、奖金、津贴和补贴	【向银行提取现金】 借：库存现金 　　贷：银行存款 【发放】 借：应付职工薪酬——工资 　　贷：库存现金 【代扣代缴】 借：应付职工薪酬——工资 　　贷：其他应收款
		发放职工薪酬　支付职工福利费	借：应付职工薪酬——职工福利 　　贷：库存现金
		发放职工薪酬　支付工会经费、职工教育经费和缴纳社会保险费、住房公积金等	借：应付职工薪酬——工会经费/职工教育经费/社会保险费/住房公积金 　　贷：银行存款

序号	事项			分录
5	应付职工薪酬	发放职工薪酬	发放非货币性福利	【企业自产产品作为福利发放给员工】 借：应付职工薪酬——非货币性福利 　　贷：主营业务收入 　　　　应交税费——应交增值税（销项税额） 借：主营业务成本 　　贷：库存商品 【企业支付租赁住房等资产供职工无偿使用所发生的租金】 借：应付职工薪酬——非货币性薪酬 　　贷：银行存款
6	应交税费	应交增值税	采购物资和接受应税劳务	借：材料采购/在途物资/原材料/生产成本/制造费用/管理费用/委托加工物资 　　应交税费——应交增值税（进项税额） 　　贷：银行存款/应付账款/应付票据
			进项税额转出	借：待处理财产损益——待处理流动资产损益/在建工程/应付职工薪酬 　　贷：应交税费——应交增值税（进项税额转出） 　　　　库存商品/原材料
			销售物资或者提供应税劳务	借：银行存款/应收账款/应收票据 　　贷：主营业务收入 　　　　应交税费——应交增值税（销项税额）
			视同销售行为	借：在建工程/长期股权投资/营业外支出 　　贷：库存商品 　　　　应交税费——应交增值税（销项税额）
			出口退税	借：其他应收款 　　贷：应交税费——应交增值税（销项税额）
			交纳增值税	借：应交税费——应交增值税（已交税金） 　　贷：银行存款
			小规模纳税人购进货物	借：原材料/材料采购/在途物资 　　贷：银行存款
			小规模纳税人销售货物	借：银行存款 　　贷：主营业务收入 　　　　应交税费——应交增值税
		应交消费税	销售应税消费品	借：营业税金及附加 　　贷：应交税费——应交消费税
			自产自用应税消费品	借：在建工程/固定资产/应付职工薪酬/营业外支出 　　贷：库存商品 　　　　应交税费——应交增值税（销项税额） 　　　　　　　——应交消费税

序号	事项		分录
6	应交税费	应交消费税	委托加工应税消费品	【收回的委托加工物资用于继续生产应税消费品】 借：委托加工物资 　　贷：原材料 借：委托加工物资 　　贷：应交税费——应交消费税 借：原材料 　　贷：委托加工物资 【收回的委托加工物资直接用于对外销售】 借：委托加工物资 　　贷：原材料 借：委托加工物资 　　贷：应付账款 借：原材料 　　贷：委托加工物资 【对应收取的收托加工代收代交消费税的会计处理】 借：应收账款/银行存款 　　贷：应交税费——应交消费税
			进口应税消费品	借：材料采购/固定资产/库存商品 　　贷：应付账款/银行存款
		应交营业税	计算	借：营业税金及附加 　　贷：应交税费——应交营业税
			销售不动产时	借：固定资产清理 　　贷：应交税费——应交营业税
			交纳营业税	借：应交税费——应交营业税 　　贷：银行存款
		应交资源税	对外销售应税产品应交纳的资源税	借：营业税金及附加 　　贷：应交税费——应交资源税
			自产自用应税产品交纳资源税	借：生产成本/制造费用 　　贷：应交税费——应交资源税
			交纳资源税	借：应交税费——应交资源税 　　贷：银行存款
		应交城市维护建设税	计算	借：营业税金及附加 　　贷：应交税费——应交城市维护建设税
			交纳	借：应交税费——应交城市维护建设税 　　贷：银行存款
		应交教育费附加	计算	借：营业税金及附加 　　贷：应交税费——教育费附加
			交纳	借：应交税费——教育费附加 　　贷：银行存款

续表

序号	事项			分录
6	应交税费	应交土地增值税	企业转让的土地权连同地上建筑物及其附着物一并在固定资产科目核算	借：固定资产清理 　贷：应交税费——应交土地增值税
			土地使用权在无形资产科目核算的	借：银行存款 　贷：应交税费——应交土地增值税
			交纳	借：应交税费——应交土地增值税 　贷：银行存款
		应交房产税、土地使用税、车船使用税和矿产资源补偿税	计提	借：管理费用 　贷：应交税费——房产税 　　　　　　——车船使用税 　　　　　　——矿产资源补偿税
			交纳	借：应交税费——房产税 　　　　　　——车船使用税 　　　　　　——矿产资源补偿税 　贷：银行存款
		应交个人所得税	计算代扣代交的职工个人所得税	借：应付职工薪酬——工资 　贷：应交税费——应交个人所得税
			交纳	借：应交税费——应交个人所得税 　贷：银行存款
7	应付股利	确认应付股利或利润时		借：利润分配——应付现金股利或利润 　贷：应付股利
		支付		借：应付股利 　贷：银行存款
8	其他应付款	计提应付租入包装物租金		借：管理费用 　贷：其他应付款
		支付		借：其他应付款 　贷：银行存款

【本章主要参考法规索引】

1. 企业会计准则——基本准则（2014 年 7 月 23 日财政部修订发布，自 2014 年 7 月 23 日起施行）

2. 企业会计准则——应用指南（2006 年 10 月 30 日财政部发布，自 2007 年 1 月 1 日起施行）

3. 企业会计准则第 9 号——职工薪酬（2014 年 1 月 27 日财政部发布，自 2014 年 7 月 1 日起在所有执行企业会计准则的企业范围内施行，鼓励在境外上市的企业提前执行）

4. 营业税改征增值税试点方案（2011 年 11 月 16 日财政部、国家税务总局

发布)

5. 营业税改征增值税试点有关企业会计处理规定 (财政部 2012 年 7 月 5 日
发布)

【本章习题】

一、单项选择题

1. 企业计提在建工程人员的职工薪酬, 编制该业务的会计分录时应当 (　　)。

A. 借记 "管理费用" 科目, 贷记 "应付职工薪酬" 科目

B. 借记 "固定资产" 科目, 贷记 "应付职工薪酬" 科目

C. 借记 "在建工程" 科目, 贷记 "应付职工薪酬" 科目

D. 借记 "研发支出" 科目, 贷记 "应付职工薪酬" 科目

2. 甲公司为一般纳税人, 适用的增值税税率为 17%。年末将 20 台本企业自
产的空调作为福利发给本企业职工, 该空调的生产成本为每台 1000 元, 市场售
价为 2000 元/台 (不含增值税)。则甲公司实际发放时应计入应付职工薪酬借方
的金额为 (　　) 元。

A. 40000　　　　B. 23400　　　　C. 43400　　　　D. 46800

3. 下列各项中, 应列入资产负债表 "其他应付款" 项目的是 (　　)。

A. 应付租入包装物租金　　　　B. 应付融资租入固定资产租金

C. 结转到期无力支付的应付票据　　D. 应付由企业负担的职工社会保险费

4. 下列各项中, 导致负债总额变化的是 (　　)。

A. 从银行借款直接偿还应付账款　　B. 赊购商品

C. 开出银行汇票　　　　　　D. 用盈余公积转增资本

5. 下列关于应付票据处理的说法中不正确的是 (　　)。

A. 企业到期无力支付的商业承兑汇票, 应按账面余额转入 "短期借款"

B. 企业支付的银行承兑汇票手续费, 记入当期 "财务费用"

C. 企业到期无力支付的银行承兑汇票, 应按账面余额转入 "短期借款"

D. 企业开出商业汇票, 应当按其票面金额作为应付票据的入账金额

6. 某企业为增值税一般纳税人, 2010 年应交各种税金: 增值税 350 万元,
消费税 150 万元, 城市维护建设税 35 万元, 车辆购置税 10 万元, 耕地占用税 5
万元, 所得税 150 万元。该企业当期 "应交税费" 科目余额为 (　　) 万元。

A. 535　　　　B. 545　　　　C. 550　　　　D. 685

7. 某公司购进的原材料因管理不善而毁损, 毁损的材料成本为 1000 元, 下
列会计处理中, 正确的是 (　　)。

A. 借：待处置财产损溢   1170

  贷：原材料   1000

    应交税费——应交增值税（进项税额转出） 170

B. 借：原材料   1170

  贷：应交税费——应交增值税（进项税额转出） 170

    待处置财产损溢   1000

C. 借：银行存款   1170

  贷：原材料   1000

    应交税费——应交增值税（销项税额）   170

D. 借：应收账款   1170

  贷：原材料   1000

    应交税费——应交增值税（销项税额）   170

8. 下列各项中，进项税不需要做转出处理的是（ ）。

A. 购进货物用于集体福利或者个人消费

B. 购进货物由于管理不善发生非常损失

C. 购进货物用于厂房建造等非应税项目

D. 购进货物用于分配给股东

9. 假设企业每月末计提利息，企业每季度末收到银行寄来的短期借款利息付款通知单时，应贷记（ ）科目。

A. 库存现金   B. 银行存款   C. 财务费用   D. 应付利息

10. 甲企业为增值税一般纳税人，本月发生进项税额 1700 万元，销项税额 5100 万元，进项税额转出 51 万元，同时月末以银行存款缴纳增值税 1000 万元，那么，本月尚未缴纳的增值税为（ ）万元。

A. 4349   B. 3451   C. 2349   D. 2451

11. 企业应付银行承兑汇票到期无力支付时，正确的会计处理是将该应付票据（ ）。

A. 转作短期借款   B. 转作应付账款

C. 转作其他应付款   D. 仅做备查登记

12. 预收货款业务不多的企业，可以不设置"预收账款"科目，其所发生的预收货款，可以通过（ ）核算。

A. "应收账款"科目借方   B. "应付账款"科目借方

C. "应收账款"科目贷方   D. "应付账款"科目贷方

13. 甲企业结算本月管理部门人员的应付职工工资共 500000 元，代扣该部门职工个人所得税 30000 元，实发工资 470000 元，下列该企业会计处理中，不正确的是（　　）。

    A. 借：管理费用   500000

        贷：应付职工薪酬   500000

    B. 借：应付职工薪酬   30000

        贷：应交税费——应交个人所得税   30000

    C. 借：其他应收款   30000

        贷：应交税费——应交个人所得税   30000

    D. 借：应付职工薪酬   470000

        贷：银行存款   470000

14. 企业为高管租赁公寓免费使用，租赁费按月以银行存款支付。应编制的会计分录是（　　）。

    A. 借记"管理费用"科目，贷记"银行存款"科目

    B. 借记"管理费用"科目，贷记"应付职工薪酬"科目

    C. 借记"管理费用"科目，贷记"应付职工薪酬"科目；同时借记"应付职工薪酬"科目，贷记"银行存款"科目

    D. 借记"资本公积"科目，贷记"银行存款"科目；同时借记"应付职工薪酬"科目，贷记"资本公积"科目

15. 某公司 2011 年 1 月 1 日向银行借入资金 60 万元，期限为 6 个月，年利率为 6%，到期还本，按月计提利息，按季付息。该企业 1 月 31 日应计提的利息为（　　）万元。

    A. 0.3   B. 0.6   C. 0.9   D. 3.6

16. 下列各项中，对企业在生产经营期间的资产负债表日，按合同利率计算的短期借款利息费用的会计处理正确的是（　　）。

    A. 借记"财务费用"科目，贷记"短期借款"科目

    B. 借记"财务费用"科目，贷记"其他应付款"科目

    C. 借记"财务费用"科目，贷记"应付利息"科目

    D. 借记"短期借款"科目，贷记"应付利息"科目

17. 甲企业为增值税小规模纳税人，适用的增值税征收率为 3%，原材料按实际成本核算。该企业发生经济业务如下：购入原材料一批，取得专用发票中注明货款是 30000 元，增值税 5100 元，款项以银行存款支付，材料验收入库。下列处理正确的是（　　）。

    A. 借：原材料   35100

        贷：银行存款   35100

    B. 借：原材料   30000

    应交税费——应交增值税   5100

     贷：银行存款   35100

  C. 借：原材料   30000

    应交税费——应交增值税（进项税额） 5100

     贷：银行存款   35100

  D. 借：原材料   30000

    应交税费——应交增值税   900

     贷：银行存款   30900

18. 在下列各项中，从甲公司的角度来看，能够形成"本企业与债务人之间的财务关系"的业务是（   ）。

  A. 甲公司购买乙公司发行的债券 B. 甲公司归还了所欠丙公司的货款

  C. 甲公司从丁公司赊购产品 D. 甲公司向戊公司支付利息

19. 2013 年 1 月 1 日，甲公司采用分期付款方式购入大型设备一套，当日投入使用。合同约定的价款为 2700 万元，分 3 年等额支付；该分期支付购买价款的现值为 2430 万元。假定不考虑其他因素，甲公司该设备的入账价值为（   ）万元。

  A. 810   B. 2430   C. 900   D. 2700

20. 某企业为营业税改征增值税试点一般纳税人，适用的增值税税率为11%。2014 年 5 月，对外运输服务取得价款合计 50000 元，款项存入银行。支付非试点联运企业运费 5500 元，并取得交通运输业专用发票。不考虑其他因素。则营业税改增值税抵减的增值税金额为（   ）元。

  A. 500   B. 675   C. 605   D. 545

21. 某企业为增值税一般纳税人，于 2011 年 9 月 2 日从甲公司购入 1 批产品并已验收入库。增值税专用发票上注明该批产品的价款为 150 万元，增值税税额为 25.5 万元，合同中规定的现金折扣条件为 2/10、1/20、N/30，假定计算现金折扣时不考虑增值税。该企业在 2011 年 6 月 11 日付清货款，企业购买产品时该应付账款的入账价值为（   ）万元。

  A. 147   B. 150   C. 172.5   D.175.5

22. 企业发生赊购商品业务，下列各项中不影响应付账款入账金额的是（   ）。

  A. 商品价款   B. 增值税进项税额

  C. 现金折扣   D. 销货方代垫运杂费

23. 某企业适用的城市维护建设税税率为7%，2013 年 8 月，该企业应缴纳增值税200000 元、土地增值税30000 元、营业税100000 元、消费税50000 元、资源税 20000 元，8 月该企业应记入"应交税费——应交城市维护建设税"科目的金额为（　　）元。

A. 16100　　　　　B. 24500　　　　　C. 26600　　　　　D. 28000

24. 某增值税一般纳税企业因管理不善毁损库存材料一批，该批原材料实际成本为 10000 元，收回残料价值为 500 元，保险公司和责任人赔偿 6000 元。该批毁损原材料造成的非常损失净额是（　　）元。

A. 3500　　　　　B. 5200　　　　　C. 4000　　　　　D. 9500

25. 2014 年 9 月 1 日，某企业向银行借入一笔期限 2 个月、到期一次还本付息的生产经营周转借款 200000 元，年利率 6%。借款利息不采用预提方式，于实际支付时确认。11 月 1 日，企业以银行存款偿还借款本息的会计处理正确的是（　　）。

A. 借：短期借款　　　　　　　　　　200000
　　应付利息　　　　　　　　　　　2000
　　　贷：银行存款　　　　　　　　　　　　　202000

B. 借：短期借款　　　　　　　　　　200000
　　应付利息　　　　　　　　　　　1000
　　财务费用　　　　　　　　　　　1000
　　　贷：银行存款　　　　　　　　　　　　　202000

C. 借：短期借款　　　　　　　　　　200000
　　财务费用　　　　　　　　　　　2000
　　　贷：银行存款　　　　　　　　　　　　　202000

D. 借：短期借款　　　　　　　　　　202000
　　　贷：银行存款　　　　　　　　　　　　　202000

26. 企业计提短期借款利息时贷方应记入的会计科目是（　　）。

A. 财务费用　　　B. 短期借款　　　C. 应收利息　　　D. 应付利息

二、多项选择题

1. 下列各项中，关于消费税的会计处理表述正确的有（　　）。

A. 企业销售应税消费品应交纳的消费税计入营业税金及附加

B. 在建办公楼领用应税消费品应交的消费税计入在建工程

C. 进口环节应交的消费税计入应交税费——应交消费税

D. 委托加工环节受托方代扣代缴的消费税计入委托加工物资的成本

2. A 企业与 B 企业签订购销合同销售一批产品，B 企业预付货款 120000 元，一个月后，A 企业将产品发往 B 企业，开出的增值税专用发票上注明价款 200000 元，增值税 34000 元，该批货物成本 144000 元。当日 B 企业以银行存款支付剩余货款。根据资料下列说法不正确的有（　　　）。

    A. 收到 B 企业预付货款时应确认为预收账款

    B. A 企业应在发出商品时确认收入 200000 元

    C. 收到 B 企业预付货款时应确认收入 120000 元

    D. A 企业在发出商品时确认收入 8000 元

3. 企业发生的下列各项利息支出，可以记入"财务费用"科目的有（　　　）。

    A. 筹建期间的长期借款利息　　　　B. 短期借款的利息

    C. 带息应付票据的利息　　　　　　D. 应付债券的利息

4. 下列各项中，属于视同销售行为的有（　　　）。

    A. 将自产的产品用于建造办公楼　　B. 将自产的产品分配给股东

    C. 将外购的材料用于建造厂房　　　D. 将自产的产品用于集体福利

5. 下列各项中，应计入其他应付款的有（　　　）。

    A. 存入保证金　　　　　　　　　　B. 应付销货方代垫的运杂费

    C. 应付租入包装物租金　　　　　　D. 到期无力支付的商业承兑汇票

6. 下列关于应付账款说法正确的有（　　　）。

    A. 企业预付账款业务不多时，可以不设置"预付账款"科目，直接通过"应付账款"科目核算企业的预付账款

    B. 在所购货物已经验收入库，但发票账单尚未到达，待月末暂估入账时应该贷记"应付账款"科目

    C. 企业在购入资产时形成的应付账款账面价值应该是已经扣除了商业折扣和现金折扣后的金额

    D. 确实无法支付的应付账款，直接转入"营业外收入"科目

7. 关于应付股利，下列说法正确的有（　　　）。

    A. 是指企业根据股东大会或类似机构审议批准的利润分配方案确定分配给投资者的现金股利或利润

    B. 是指企业董事会或类似机构通过的利润分配方案中拟分配的现金股利或利润

    C. 企业董事会或类似机构通过的利润分配方案中拟分配的现金股利或利润，需要进行账务处理

    D. 企业董事会或类似机构通过的利润分配方案中拟分配的现金股利或利润，需要在附注中进行披露

8. 2013 年 4 月 1 日，甲公司因急需流动资金，从银行取得 5 个月期限的借款 200000 元，年利率为 6%，按月计提利息，8 月 31 日到期偿还本息。假定不考虑其他因素，根据上述资料，下列会计处理不正确的有（　　　）。

A. 取得短期借款

借：银行存款　　　　　　　　　　　　　　200000

　　贷：短期借款　　　　　　　　　　　　　　　　　　200000

B. 每月计提利息

借：财务费用　　　　　　　　　　　　　　1000

　　贷：短期借款——应计利息　　　　　　　　　　　　1000

C. 到期还本付息

借：短期借款　　　　　　　　　　　　　　200000

　　应付利息　　　　　　　　　　　　　　4000

　　财务费用　　　　　　　　　　　　　　1000

　　贷：银行存款　　　　　　　　　　　　　　　　　　205000

D. 到期还本付息

借：短期借款——本金　　　　　　　　　　200000

　　　　　　　——应计利息　　　　　　　　5000

　　贷：银行存款　　　　　　　　　　　　　　　　　　205000

9. 下列各项中，应该通过"应交税费"科目核算的有（　　）。

A. 企业代扣代交的个人所得税　　　B. 企业交纳的印花税

C. 企业缴纳的耕地占用税　　　　　D. 企业缴纳的增值税

10. 2 月 1 日某企业购入原材料 1 批，开出一张面值为 117000 元，期限为 3 个月的不带息的商业承兑汇票。5 月 1 日该企业无力支付票款时，下列会计处理不正确的有（　　）。

A. 借：应付票据　　　　　　　　　　　　　117000

　　　贷：短期借款　　　　　　　　　　　　　　　　　117000

B. 借：应付票据　　　　　　　　　　　　　117000

　　　贷：其他应付款　　　　　　　　　　　　　　　　117000

C. 借：应付票据　　　　　　　　　　　　　117000

　　　贷：应付账款　　　　　　　　　　　　　　　　　117000

D. 借：应付票据　　　　　　　　　　　　　117000

　　　贷：预付账款　　　　　　　　　　　　　　　　　117000

11. 下列各项中，增值税一般纳税人需要转出进项税额的有（　　）。

A. 自制产成品用于职工福利

B. 自制产成品用于对外投资

C. 外购的生产用原材料因管理不善造成的被盗

D. 外购的生产用原材料改用于自建厂房

12. 下列各项中，生产部门人员的职工薪酬可能涉及的科目有（　　）。

A. 生产成本　　　B. 制造费用　　　C. 管理费用　　　D. 劳务成本

13. 下列经济业务对于一般纳税企业而言要计算增值税销项税额的有（　　）。

A. 将自产产品用于集体福利设施建设

B. 将自产产品对外捐赠

C. 原材料发生自然灾害损失

D. 以自产产品对外投资

14. 下列税金中，应计入存货成本的有（　　）。

A. 由受托方代收代缴的委托加工直接用于对外销售的商品负担的消费税

B. 由受托方代收代缴的委托加工继续用于生产应纳消费税的商品负担的消费税

C. 进口原材料交纳的进口关税

D. 小规模纳税人购买原材料交纳的增值税

15. 企业缴纳的下列税费，不通过"应交税费"科目核算的有（　　）。

A. 印花税　　　B. 耕地占用税　　　C. 土地使用税　　　D. 土地增值税

三、判断题

1. 增值税小规模纳税人购进货物支付的增值税直接计入有关货物的成本。（　　）

2. 企业按规定计算的代扣代缴的职工个人所得税，借记"管理费用"等科目，贷记"其他应付款"科目。（　　）

3. 预收账款不多的企业，可以不设置"预收账款"科目。企业预收客户货款时，直接将其记入"应收账款"科目的借方。（　　）

4. 企业的出口产品按照规定退税的，按照应收的退税额计入企业的"营业外收入"科目中。（　　）

5. 暂收个人的款项和经营租入固定资产的未付租金应通过"其他应付款"科目核算。（　　）

6. 企业购入货物验收入库后，若货款尚未支付，发票账单尚未收到，应在月末按照估计的金额确认一笔负债，反映在资产负债表有关负债项目中。（　　）

7. 企业进口应税物资在进口环节应交的消费税，应记入"应交税费——应交消费税"科目中。（　　）

8. 经股东大会批准，企业对外宣告分配现金股利时，应确认一项负债。（　　）

9. 企业购进的货物发生非常损失，以及将购进货物改变用途的（如用于非应税项目、集体福利或个人消费等），其进项税额应通过"应交税费——应交增值税（进项税额转出）"科目核算。（　　）

10. 企业转销无法支付的应付账款，借记"应付账款"科目，贷记"资本公积"科目。（　　）

11. 到期还本付息的短期借款，如果利息金额不大，可以不预提，而在实际支付时直接计入当期损益。（　　）

12. 企业销售不动产应缴纳的营业税，应记入利润表"营业税金及附加"科目中核算。（　　）

13. 企业支付给职工的非货币性福利，也属于企业提供的职工薪酬。（　　）

14. 企业实际缴纳当月的增值税，应通过"应交税费——应交增值税(已交税金)"科目核算。（　　）

15. 采取从量定额计征的消费税，以不含税增值税的销售额为税基，按照税法规定的税率计算。（　　）

16. 企业董事会或类似机构通过的利润分配方案中拟分配的现金股利或利润，应确认为应付股利。（　　）

17. 企业出口产品按规定退税的，按应收的出口退税，借记"其他应收款"科目，贷"应交税费——应交增值税（出口退税)"科目。（　　）

18. 企业代扣代缴的个人所得税及应交纳的印花税，应通过"应交税费"科目进行核算。（　　）

四、不定项选择题

1. 甲上市公司为增值税一般纳税人，适用的增值税税率为17%。2014年3月发生与职工薪酬有关的交易或事项如下：

（1）对行政管理部门使用的设备进行日常维修，应付企业内部维修人员工资1.2万元。

（2）对以经营租赁方式租入的生产线进行改良，应付企业内部改良工程人员工资3万元。

（3）为公司总部下属25位部门经理每人配备汽车一辆免费使用，假定每辆汽车每月折旧0.08万元。

（4）将50台自产的V形厨房清洁器作为福利分配给本公司行政管理人员。该厨房清洁器每台生产成本为1.2万元，市场售价为1.5万元（不含增值税）。

（5）月末，分配职工薪酬150万元，其中直接生产产品人员工资105万元，车间管理人员薪酬15万元，企业行政管理人员薪酬20万元，专设销售机构人员薪酬10万元。

（6）以银行存款缴纳职工医疗保险费5万元。

（7）按规定计算代扣代交职工个人所得税0.8万元。

（8）以现金支付职工李某生活困难补助0.1万元。

（9）从应付张经理的工资中，扣回上月代垫的应由其本人负担的医疗费 0.8 万元。

要求： 根据上述资料，回答下列问题（金额单位用万元表示）。

1）根据上述资料，下列表述正确的是（　　）。

A. 资料（1），维修人员工资应计入管理费用

B. 资料（2），改良工程人员工资应计入制造费用

C. 资料（2），改良工程人员工资应计入长期待摊费用

D. 资料（3），汽车折旧应计入管理费用

2）根据上述资料（4），下列处理不正确的有（　　）。

A. 应将此福利计入管理费用　　　B. 此业务应视同销售但不确认收入

C. 此业务应视同销售且确认收入　　D. 此业务无须确认销项税额

3）资料（5），应计入管理费用科目的金额为（　　）万元。

A. 45　　　　　　B. 35　　　　　　C. 20　　　　　　D. 15

4）根据上述资料（6）~（9），下列会计处理不正确的是（　　）。

A. 资料（6）

借：应付职工薪酬　　　　　　　　　　　　　　5

　　贷：银行存款　　　　　　　　　　　　　　　　　　5

B. 资料（7）

借：管理费用　　　　　　　　　　　　　　　　0.8

　　贷：应交税费——应交个人所得税　　　　　　　　　0.8

C. 资料（8）

借：应付职工薪酬　　　　　　　　　　　　　　0.1

　　贷：库存现金　　　　　　　　　　　　　　　　　　0.1

D. 资料（9）

借：管理费用　　　　　　　　　　　　　　　　0.8

　　贷：其他应收款　　　　　　　　　　　　　　　　　0.8

5）根据上述资料，甲公司 2014 年 3 月末应付职工薪酬贷方余额为（　　）万元。

A. 147.5　　　　B. 226.2　　　　　C. 246.95　　　　D. 246.75

2. 甲公司为增值税一般纳税人，适用的增值税税率为 17%，原材料采用实际成本法进行日常核算。2010 年 6 月，该企业发生如下涉及增值税的经济业务或事项：

（1）购入无须安装的生产经营用设备一台，增值税专用发票上注明的价款为 40 万元，增值税额为 6.8 万元（增值税允许抵扣）。货款尚未支付。

（2）建造办公楼领用生产用库存原材料 5 万元，应由该批原材料负担的增值税额为 0.85 万元。

（3）销售商品一批，增值税专用发票上注明的价款为 100 万元，增值税额为 17 万元，提货单和增值税专用发票已交购货方，并收到购货方开出并承兑的商业承兑汇票。该批商品的实际成本是 80 万元。

（4）由于管理不善被盗原材料一批，价值 2 万元，应由该批原材料负担的增值税额为 0.34 万元，尚未经批准处理。

（5）用银行存款 15 万元缴纳当期应交增值税。

要求：根据上述资料，回答下列问题（答案中的金额单位用万元表示）。

1）根据资料（1）、资料（2），下列表述正确的是（　　）。

A. 资料（1）购入设备的入账价值是 40 万元

B. 资料（1）购入设备的入账价值是 46.8 万元

C. 资料（2）领用原材料用于建造办公楼，会计上确认收入

D. 资料（2）领用原材料，应确认销项税额

2）根据资料（3）、资料（5），下列表述正确的是（　　）。

A. 资料（3）确认收入 100 万元

B. 资料（3）确认收入 117 万元

C. 资料（3）通过"应付票据"核算

D. 资料（5）通过"应交税费——应交增值税（已交税金）"核算

3）根据资料（4），存货盘亏的会计处理中，正确的是（　　）。

A. 借：管理费用　　　　　　　　　　　　2.34
　　　贷：原材料　　　　　　　　　　　　　　　　　2
　　　　　应交税费——应交增值税（进项税额转出）　0.34

B. 借：待处理财产损溢　　　　　　　　　2.34
　　　贷：原材料　　　　　　　　　　　　　　　　　2
　　　　　应交税费——应交增值税（进项税额转出）　0.34

C. 借：其他应收款　　　　　　　　　　　2.34
　　　贷：原材料　　　　　　　　　　　　　　　　　2
　　　　　应交税费——应交增值税（进项税额转出）　0.34

D. 借：营业外支出　　　　　　　　　　　2.34
　　　贷：原材料　　　　　　　　　　　　　　　　　2
　　　　　应交税费——应交增值税（进项税额转出）　0.34

3. 甲公司 2013 年 11 月发生的有关职工薪酬业务如下：

（1）按照工资总额的标准分配工资费用，其中生产工人工资为 100 万元，车

间管理人员工资为 20 万元，总部管理人员工资为 30 万元，专设销售部门人员为工资 10 万元，在建工程人员工资为 5 万元，内部开发人员工资为 35 万元（符合资本化条件）。

（2）按照所在地政府规定，按照工资总额的 10%、12%、2%和10.5%计提医疗保险费、养老保险费、失业保险费和住房公积金。

（3）根据 2012 年实际发放的职工福利情况，公司预计 2013 年应承担职工福利费义务金额为工资总额的 5%。

（4）按照工资总额的 2%和 2.5%计提工会经费和职工教育经费。

要求：根据上述资料，回答下列问题。

1) 下列表述正确的是 （　　）。

A. 车间管理人员工资计入管理费用

B. 总部管理人员工资计入管理费用

C. 专设销售部门人员工资计入销售费用

D. 在建工程人员工资计入生产成本

2) 下列说法错误的有 （　　）。

A. 内部开发人员的工资应计入生产成本

B. 内部开发人员工资应计入制造费用

C. 计提的医疗保险费、养老保险金等应计入管理费用

D. 计提的工会经费和职工教育经费应计入管理费用

3) 应计入生产成本的应付职工薪酬金额为 （　　） 万元。

A. 172.8　　　　B. 120　　　　C. 100　　　　D. 144

4) 应计入管理费用的应付职工薪酬金额为 （　　） 万元。

A. 43.2　　　　B. 72　　　　C. 30　　　　D. 50

第十一章
非流动负债

非流动负债又称为长期负债，是指偿还期在一年或者超过一年的一个营业周期以上的债务。非流动负债的主要项目有长期借款和应付债券。非流动负债主要是企业为筹集长期投资项目所需资金而发生的，比如企业为购买大型设备而向银行借入的中长期贷款等。

【学习目标】

通过本章的学习，应在理解非流动负债的含义、特点的基础上，掌握长期负债利息费用资本化的方法，掌握长期借款、应付债券和长期应付款的账务处理方法。

【关键词】

非流动负债	Untransferable liablities
长期借款	Long-term borrowings
应付债券	Bonds payable
长期应付款	Long-term payables
债务重组	Debt restructurings
债务转为资本	Conversion of debt into capital
以资产清偿债务	Transfer of assets in settlement of a debt

【思维导图】

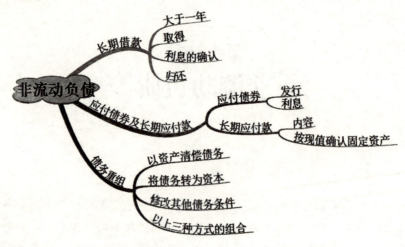

第一节 长期借款

一、长期借款概述

长期借款是指企业向银行或其他金融机构借入的期限在 1 年以上（不含 1 年）的各项借款。就长期借款的用途来讲，企业一般用于固定资产的购建、改扩建工程、大修理工程、对外投资以及为了保持长期经营能力等方面的需要。与短期借款相比，长期借款除数额大、偿还期限较长外，其借款费用需要根据权责发生制的要求，按期预提计入所构建资产的成本或直接计入当期财务费用。由于长期借款的期限较长，至少是在 1 年以上，因此，在资产负债表非流动负债项目中列示。

由于长期借款的使用关系到企业的生产经营规模和效益，因此，必须加强管理与核算。企业除了要遵守有关的贷款规定、编制借款计划并要有不同形式的担保外，还应监督借款的使用、按期支付长期借款的利息以及按规定的期限归还借款本金等。因此，长期借款会计处理的基本要求是反映和监督长期借款的借入、借款利息的结算和借款本息的归还情况，促使企业遵守信贷纪律、提高信用等级，同时也要确保长期借款发挥效益。

　　筹建期间企业发生的借款利息支出，符合资本化条件的计入资产成本不计入管理费用，不符合资本化条件的计入管理费用。

　　分期付息到期还本的长期借款，企业计提利息不增加长期借款账面价值；企业计提的一次还本付息的长期借款利息增加长期借款的账面价值。

二、长期借款的核算

　　企业应通过"长期借款"科目，核算长期借款的借入、归还等情况。该科目的贷方登记长期借款本息的增加额，借方登记本息的减少额，贷方余额表示企业尚未偿还的长期借款。本科目可按照贷款单位和贷款种类设置明细账，分别对"本金"、"利息调整"等进行明细核算。

（一）长期借款的取得与使用

　　企业借入长期借款，应按实际收到的金额，借记"银行存款"科目，贷记"长期借款——本金"科目；如存在差额，还应借记"长期借款——利息调整"科目。

　　【例11-1】 甲企业为增值税一般纳税人，与2012年11月30日从银行借入资金3000000元，借款期限3年，借款年利率为6.9%，到期一次还本付息，不计复利，所借款项存入银行。甲企业用该借款于当日购买不需要安装的设备一台，价款2400000元，增值税税额408000元，另支付保险等费用32000元，设备已于当日投入使用。甲企业应编制如下会计分录：

　　（1）取得借款。

借：银行存款　　　　　　　　　　　　　　　　　3000000
　　贷：长期借款——本金　　　　　　　　　　　　　　　　3000000

　　（2）支付设备款及保险费。

借：固定资产　　　　　　　　　　　　　　　　　2432000
　　应交税费——应交增值税（进项税额）　　　　408000
　　贷：银行存款　　　　　　　　　　　　　　　　　　　2840000

（二）长期借款利息的确认

　　长期借款利息费用应当在资产负债表日按照实际利率法计算确定，实际利率与合同利率差异较小的，也可以采用合同利率计算确定利息费用。长期借款按合同利率计算确定的应付未付利息，如果属于分期付息的，记入"应付利息"科目，如果属于到期一次还本付息的，记入"长期借款——应计利息"科目。

　　长期借款计算确定的利息费用，应当按以下原则计入有关成本、费用：属于筹建期间的，计入管理费用；属于生产经营期间的，如果长期借款用于购建固定资产等符合资本化条件的资产，在资产尚未达到预定可使用状态前，所发生的利息支出数应当资本化，计入在建工程等相关资产成本；资产达到预定可使用状态后发生的利息支出，以及按规定不予资本化的利息支出，计入财务费用。账务处理方法为借记"在建工程"、"制造费用"、"财务费用"、"研发支出"等科目，贷记"应付利息"或"长期借款——应计利息"科目。

【练一练】有关长期借款利息表述正确的是（　　　）。

A. 筹建期间非资本化部分计入财务费用

B. 筹建期间资本化部分计入相关资产成本

C. 经营期间非资本化部分计入财务费用

D. 经营期间资本化部分计入相关资产成本

【解析】A 选项应该计入管理费用，故选 A。

【例 11-2】承【例 11-1】甲企业于 2012 年 12 月 31 日计提长期借款利息。甲企业应编制如下会计分录：

借：财务费用　　　　　　　　　　　　　　　　　7250

　　贷：长期借款——应计利息　　　　　　　　　　　　　　　17250

2012 年 12 月 31 日，计提的长期借款利息＝3000000×6.9%÷12＝17250（元）。

2013 年 1 月至 2015 年 10 月，每月末预提利息分录同上。

（三）长期借款归还

企业归还长期借款的本金时，应按归还的金额，借记"长期借款——本金"科目，贷记"银行存款"科目；按归还的利息，借记"应付利息"或"长期借款——应计利息"科目，贷记"银行存款"科目。

【例 11-3】承【例 11-1】和【例 11-2】，甲企业于 2015 年 11 月 30 日，偿还该笔银行借款本息。甲企业应编制如下会计分录：

借：财务费用　　　　　　　　　　　　　　17250

　　长期借款——本金　　　　　　　　　　3000000

　　　　　　——应计利息　　　　　　　　603750

　　贷：银行存款　　　　　　　　　　　　　　　　3621000

应计利息＝3000000×6.9%÷12×35＝603750（元）

第二节　应付债券及长期应付款

一、应付债券

（一）应付债券概述

应付债券是指企业为筹集（长期）资金而发行的债券。通过发行债券取得的资金，构成了企业一项非流动负债，企业会在未来某一特定日期按债券所记载的利率、期限等约定还本付息。

企业债券发行价格的高低一般取决于债券票面金额、债券票面利率、发行当时的市场利率以及债券期限的长短等因素。债券发行有面值发行、溢价发行和折价发行三种情况。企业债券按其面值价格发行，称为面值发行；以低于债券面值价格发行，称为折价发行；以高于债券面值价格发行，则称为溢价发行。债券溢价或折价不是债券发行企业的收益或损失，而是发行债券企业在债券存续期内对利息费用的一种调整。

（二）应付债券的账务处理

企业应通过设置"应付债券"科目，核算应付债券发行、计提利息、还本付息等情况。该科目贷方登记应付债券的本金和利息；借方登记归还的债券本金和利息；期末贷方余额表示企业尚未偿还的长期债券。本科目可按"面值"、"利息调整"、"应计利息"等设置明细科目进行明细核算。

企业应当设置"企业债券备查簿"，详细登记每一企业债券的票面金额、债券票面利率、还本付息期限与方式、发行总额、发行日期和编号、委托代售单位、转换股份等资料。企业债券到期结清时，应当在备查簿内逐笔注销。

应付债券有面值发行、溢价发行和折价发行三种会计处理方法，下面只介绍债券按面值发行的会计处理。

1. 发行债券

企业按面值发行债券时，应按实际收到的金额，借记"银行存款"等科目，按债券票面金额，贷记"应付债券——面值"科目；存在差额的，还应借记或贷记"应付债券——利息调整"科目。

【例11-4】B企业于2012年7月1日发行三年期、到期时一次还本付息、年利率为8%（不计复利）、发行面值总额为30000000元的债券，假定年利率等于实际利率。该债券按面值发行。B企业应编制如下会计分录：

借：银行存款　　　　　　　　　　　30000000
　　贷：应付债券——面值　　　　　　　　　　　　30000000

2. 债券利息的确认

发行长期债券的企业，应按期计提利息。对于按面值发行的债券，在每期采用票面利率计算计提利息时，应当按照与长期借款相一致的原则记入有关成本费用，借记"在建工程"、"制造费用"、"财务费用"、"研发支出"等科目。其中，对于分期付息、到期一次还本的债券，其按票面利率计算确定的应付未付利息通过"应付利息"科目核算，对于一次还本付息的债券，其按票面利率计算确定的应付未付利息通过"应付债券——应计利息"科目核算。应付债券按实际利率（实际利率与票面利率差异较小时也可按票面利率）计算确定的利息费用，应按照与长期借款相一致的原则计入有关成本、费用。

> **知识点**
>
> 分期付息债券，计提利息不增加应付债券的账面余额，而到期一次还本付息的债券，计提利息增加应付债券的账面余额。

【例 11-5】承【例 11-4】B 企业发行债券所筹资金于当日用于建造固定资产，至 2012 年 12 月 31 日工程尚未完工，计提本年长期债券利息。企业按照《企业会计准则第 17 号——借款费用》的规定计算，将该期债券产生的实际利息费用应全部资本化，作为在建工程成本。B 企业应编制如下会计分录：

借：在建工程　　　　　　　　　　　1200000
　　贷：应付债券——应计利息　　　　　　　　　1200000

本例中，至 2012 年 12 月 31 日，企业债券发行在外的时间为 6 个月，该年应计的债券利息为 30000000×8%÷12×6=1200000（元）。由于该长期债券为到期时一次还本付息，因此利息 1200000 元应记入"应付债券——应计利息"科目。

3. 债券还本付息

长期债券到期，企业支付债券本息时，借记"应付债券——面值"和"应付债券——应计利息"、"应付利息"等科目，贷记"银行存款"等科目。

【例 11-6】承【例 11-4】和【例 11-5】，2015 年 7 月 1 日，B 企业偿还债券本金和利息。B 企业应编制如下会计分录：

借：应付债券——面值　　　　　　　30000000
　　　　　——应计利息　　　　　　　7200000
　　贷：银行存款　　　　　　　　　　　　　　　37200000

本例中，2012 年 7 月 1 日至 2015 年 7 月 1 日，B 企业长期债券的应计利息=

$30000000 \times 8\% \times 3 = 7200000$ （元）。

二、长期应付款

长期应付款是指企业除长期借款和应付债券以外的其他各种长期应付款项，包括应付融资租入固定资产的租赁费、以分期付款方式购入固定资产发生的应付款项等。长期应付款除具有长期负债的一般特点外，还具有款项主要形成固定资产并分期付款的特点。

企业应设置"长期应付款"科目，核算企业融资租入固定资产和以分期付款方式购入固定资产时应付的款项及偿还情况。该科目贷方反映应付的长期应付款项；借方反映偿还的长期应付款项；期末贷方余额，反映企业应付未付的长期应付款项。本科目可按长期应付款的种类和债权人设置明细科目进行明细核算。

（一）应付融资租赁款

应付融资租赁款是指企业融资租入固定资产而形成的非流动负债。

企业融资租入的固定资产，在租赁有效期限内，其所有权仍归出租方，但承租方获得了租赁资产的实质控制权，享有了资产在有效使用期限内带来的各种经济利益，同时，作为取得这项权利的代价，需要支付大致相等于该项资产的公允价值的金额，这些款项在支付前，构成了应付融资租赁款。

融资租入固定资产时，在租赁期开始日，按应计入固定资产成本的金额（租赁开始日租赁资产公允价值与最低租赁付款额现值两者中较低者，加上初始直接费用），借记"在建工程"或"固定资产"科目，按最低租赁付款额，贷记"长期应付款"科目，按发生的初始直接费用，贷记"银行存款"等科目，按其差额，借记"未确认融资费用"科目。

在融资租赁下，承租人向出租人支付的租金中，包含了本金和利息两部分。承租人支付租金时，一方面应减少长期应付款，另一方面应将未确认的融资费用，在租赁期内各个期间按一定的方法确认为当期融资费用。企业应当采用实际利率法计算确认当期的融资费用。

> **知识点**
>
> 未确认融资费用应当在租赁期内各个期间进行分摊。企业应当采用实际利率法计算、确认当期的融资费用。

（二）具有融资性质的延期付款

企业购买资产有可能延期支付有关价款。如果延期支付的购买价款超过正常信用条件，实质上具有融资性质的，所购资产的成本应当以延期支付购买价款的现值为基础确定。实际支付的价款与购买价款现值之间的差额，应当在信用期间内采用实际利率法进行摊销，计入相关资产成本或当期损益。具体来说，企业购入资产超过正常信用条件延期付款实质上具有融资性质时，应按购买价款的现值，借记"固定资产"、"在建工程"等科目，按应支付的价款总额，贷记"长期应付款"科目，按其差额，借记"未确认融资费用"科目。

企业在信用期间内采用实际利率法摊销未确认融资费用，应按摊销额，借记"在建工程"、"财务费用"等科目，贷记"未确认融资费用"科目。

> **知识点**
>
> 　　未确认融资费用分摊时的实际利率的选择：①租赁内含利率（首先）；②合同利率；③同期贷款利率；④以租赁资产公允价值入账的应重新计算折现率。

第三节　债务重组

一、债务重组方式

债务重组，是指在债务人发生财务困难的情况下，债权人按照其与债务人达成的协议或者法院的裁定作出让步的事项。下面主要讲述持续经营条件下债权人作出让步的债务重组的会计处理。

债务人发生财务困难、债权人作出让步是会计准则中债务重组的基本特征。债务人发生财务困难，是指因债务人出现资金周转困难、经营陷入困境或者其他方面的原因，导致其无法或者没有能力按原定条件偿还债务。债权人作出让步，是指债权人同意发生财务困难的债务人现在或者将来以低于重组债务账面价值的金额或者价值偿还债务。债权人作出让步的情形主要包括债权人减免债务人部分债务本金或者利息、降低债务人应付债务的利率等。

债务重组的方式主要有以下几种：

1. 以资产清偿债务

以资产清偿债务，是指债务人转让其资产给债权人以清偿债务的债务重组方式。债务人用于清偿债务的资产主要有现金、存货、金融资产、固定资产、无形资产等。此处的现金包括库存现金、银行存款和其他货币资金。

2. 将债务转为资本

将债务转为资本，是指债务人将债务转为资本，同时债权人将债权转为股权的债务重组方式。其结果是，债务人因此而增加股本（或实收资本），债权人因此而增加长期股权投资等。债务人根据转换协议，将应付可转换公司债券转为资本的，属于正常情况下的债务转为资本，不能作为第十一章所指的债务重组。

3. 修改其他债务条件

修改其他债务条件，是指修改不包括上述两种方式在内的其他债务条件进行债务重组的方式，如减少债务本金、降低利率、减少或免去债务利息、延长偿还期限等。

4. 以上三种方式的组合

以上三种方式的组合，是指采用以上三种方式共同清偿债务的债务重组方式。例如，以转让资产清偿某项债务的一部分，另一部分债务通过修改其他债务条件进行债务重组。

此外，需要注意的是，在债务重组中涉及的金融负债和金融资产只有在满足《企业会计准则第22号——金融工具的确认和计量》规定的金融负债和金融资产终止确认条件时，才能终止确认。

二、债务重组的会计处理

（一）以资产清偿债务

1. 以现金清偿债务

以现金清偿债务的，债务人应当在满足金融负债终止确认条件时，终止确认重组债务，并将重组债务的账面价值与实际支付现金之间的差额确认为债务重组利得，计入营业外收入。重组债务的账面价值，一般为债务的面值或本金，如应付账款；如有利息的，还应加上应计未付利息，如长期借款等。

债权人应当在满足金融资产终止确认条件时，终止确认重组债权，并将重组债权的账面余额与收到的现金之间的差额确认为债务重组损失，计入营业外支出。债权人已对债权计提减值准备的，应当先将该差额冲减减值准备，冲减后尚有余额的，计入营业外支出，冲减后减值准备仍有余额的，应予转回并抵减当期资产减值损失。

【例11-7】乙公司于2014年2月15日销售一批材料给甲公司，开具的增值税专用发票上的价款为300000元，增值税税额为51000元。按合同规定，甲公司应于2014年5月15日前偿付价款。由于甲公司发生财务困难，无法按合同规定的期限偿还债务，经双方协商于2015年7月1日进行债务重组。债务重组协议规定，乙公司同意减免甲公司50000元债务，余额用现金立即清偿。

乙公司于 2015 年 7 月 8 日收到甲公司通过银行转账偿还的剩余款项。乙公司已为该项应收账款计提了 30000 元坏账准备。

（1）甲公司的账务处理。

计算债务重组利得

应付账款账面余额	351000
减：支付的现金	<u>301000</u>
债务重组利得	50000

会计分录如下：

借：应付账款——乙公司   351000

    贷：银行存款   301000

        营业外收入——债务重组利得   50000

（2）乙公司账务处理。

计算债务重组损失

应收账款账面余额	351000
减：收到的现金	<u>301000</u>
差额	50000
减：已计提坏账准备	<u>30000</u>
债务重组损失	20000

会计分录为：

借：银行存款   301000

    坏账准备   30000

    营业外支出——债务重组损失   20000

    贷：应收账款——甲公司   351000

2. 以非现金资产清偿债务

（1）债务人与债权人的处理。

1）债务人的会计处理。以非现金资产清偿债务的，债务人应当在满足金融负债终止确认条件时，终止确认重组债务，并将重组债务的账面价值与转让的非现金资产的公允价值之间的差额确认为债务重组利得，计入营业外收入。转让的非现金资产的公允价值与其账面价值的差额为资产转让损益，计入当期损益。非现金资产的账面价值，一般为非现金资产的账面原价扣除累计折旧或累计摊销，以及资产减值准备后的金额。

债务人在转让非现金资产过程中发生的一些税费，如资产评估费、运杂费等，直接计入资产转让损益。

2）债权人的会计处理。债务人以非现金资产清偿债务，债权人应当在满足金融资产终止确认条件时，终止确认重组债权，并将重组债权的账面余额与受让的非现金资产的公允价值之间的差额，计入当期损益。债权人已对债权计提减值准备的，应当先将该差额冲减减值准备，冲减后尚有余额的计入营业外支出，冲减后减值准备仍有余额的，应予转回并抵减当期资产减值损失。

（2）以非现金资产清偿债务的具体会计处理。企业以非现金资产清偿债务的，非现金资产类别不同，其会计处理也略有不同。

1）以库存材料、商品产品抵偿债务。债务人以库存材料、商品产品抵偿债务，应视同销售进行会计处理。企业可将该项业务分为两部分：一是将库存材料、商品产品出售给债权人，取得货款。出售库存材料、商品产品业务与企业正常的销售业务处理相同，其发生的损益计入当期损益。二是以取得的货币清偿债务。但在这项业务中并没有实际的现金流入和流出。

【例11-8】 甲公司向乙公司购买了一批货物，价款450000元（包括应收取的增值税税额），按照购销合同约定，甲公司应于2014年11月5日前支付该价款，但至2014年11月30日甲公司尚未支付。由于甲公司财务发生困难，短期内不能偿还债务，经双方协商，乙公司同意甲公司以其生产的产品偿还债务。

该产品的公允价值为360000元，实际成本为315000元，适用的增值税税率为17%。乙公司于2014年12月5日收到甲公司抵债的产品，并作为商品入库；乙公司对该项应收账款计提了10000元坏账准备。

（1）甲公司的账务处理。

计算债务重组利得：450000 – (360000 + 360000 × 17%) = 28800（元）

借：应付账款——乙公司 450000
　　贷：主营业务收入 360000
　　　　应交税费——应交增值税（销项税额） 61200
　　　　营业外收入——债务重组利得 28800

同时，

借：主营业务成本 315000
　　贷：库存商品 315000

本例中，销售产品取得的利润体现在主营业务利润中，债务重组利得作为营业外收入处理。

（2）乙公司的账务处理。

本例中，重组债权的账面价值与受让的产成品公允价值和未支付的增值税进项税额的差额18800元（450000 – 10000 – 360000 – 360000 × 17%），应作为债务重组损失。

借：库存商品 360000

应交税费——应交增值税（进项税额）	61200	
坏账准备	10000	
营业外支出——债务重组损失	18800	
贷：应收账款——甲公司		450000

2) 以固定资产清偿债务。债务人以固定资产清偿债务，应将固定资产的公允价值与该项固定资产账面价值和清理费用的差额作为转让固定资产的损益处理。将固定资产公允价值与重组债务的账面价值的差额，作为债务重组利得。债权人收到的固定资产按公允价值计量。

【例 11-9】 2015 年 4 月 5 日，乙公司销售一批材料给甲公司，价款 1100000元（包括应收取的增值税税额），按购销合同约定，甲公司应于 2015 年 7 月 5 日前支付价款，但至 2015 年 9 月 30 日甲公司尚未支付。由于甲公司发生财务困难，短期内无法偿还债务。经过协商，乙公司同意甲公司用其一台机器设备抵偿债务。该项设备的账面原价为 1200000 元，累计折旧为 330000 元，公允价值为850000 元。抵债设备已于 2015 年 10 月 10 日运抵乙公司，乙公司将其用于本企业产品的生产。

（1）甲公司的账务处理。

计算债务重组利得：$1100000 - (850000 + 850000 \times 17\%) = 105500$（元）

计算固定资产清理损益：$850000 - (1200000 - 330000) = -20000$（元）

首先，将固定资产净值转入固定资产清理。

借：固定资产清理——××设备	870000	
累计折旧	330000	
贷：固定资产——××设备		1200000

其次，结转债务重组利得。

借：应付账款——乙公司	1100000	
贷：固定资产清理——××设备		850000
应交税费——应交增值税（销项税额）		144500
营业外收入——债务重组利得		105500

最后，结转转让固定资产损失。

借：营业外支出——处置非流动资产损失	20000	
贷：固定资产清理——××设备		20000

（2）乙公司的账务处理。

计算债务重组损失：$1100000 - (850000 + 850000 \times 17\%) = 105500$（元）

借：固定资产——××设备	850000	
应交税费——应交增值税（进项税额）	144500	

　　营业外支出——债务重组损失　　　　　　　　　　105500

　　　贷：应收账款——甲公司　　　　　　　　　　　　　　　1100000

　　3）以股票、债券等金融资产抵偿债务。债务人以股票、债券等金融资产抵偿债务，应按相关金融资产的公允价值与其账面价值的差额，作为转让金融资产的利得或损失处理；相关金融资产的公允价值与重组债务的账面价值的差额，作为债务重组利得。债权人收到的相关金融资产按公允价值计量。

　　【例11-10】乙公司于2015年7月1日销售给甲公司一批产品，价款500000元（包括应收取的增值税税额），按购销合同约定，甲公司应于2015年10月1日前支付价款。至2015年10月20日，甲公司尚未支付。由于甲公司发生财务困难，短期内无法偿还债务。经过协商，乙公司同意甲公司以其所持有作为可供出售金融资产核算的某公司股票抵偿债务。该股票账面价值440000元，公允价值变动计入其他综合收益的金额为0，债务重组日的公允价值为450000元。乙公司为该项应收账款提取了坏账准备25000元。用于抵债的股票已于2015年10月25日办理了相关转让手续；乙公司将取得的股票作为可供出售金融资产核算。假定不考虑相关税费和其他因素。

　　（1）甲公司的账务处理。

　　计算债务重组利得：500000－450000＝50000（元）

　　转让股票收益：450000－440000＝10000（元）

　　借：应付账款——乙公司　　　　　　　　　　　　500000

　　　贷：可供出售金融资产——××股票——成本　　　　　　440000

　　　　营业外收入——债务重组利得　　　　　　　　　　　50000

　　　　投资收益　　　　　　　　　　　　　　　　　　　10000

　　（2）乙公司的账务处理。

　　计算债务重组损失：500000－450000－25000＝25000（元）

　　借：可供出售金融资产——××股票——成本　　　　450000

　　　坏账准备　　　　　　　　　　　　　　　　　　25000

　　　营业外支出——债务重组损失　　　　　　　　　25000

　　　贷：应收账款——甲公司　　　　　　　　　　　　　　　500000

（二）将债务转为资本

将债务转为资本，应分为以下情况处理：

其一，债务人为股份有限公司时，应当在满足金融负债终止确认条件时，终止确认重组债务，并将债权人放弃债权而享有股份的面值总额确认为股本；股份的公允价值总额与股本之间的差额确认为股本溢价计入资本公积。重组债务账面价值超过股份的公允价值总额的差额，作为债务重组利得计入当期营业外收入。

其二，债务人为其他企业时，应当在满足金融负债终止确认条件时，终止确认重组债务，并将债权人放弃债权而享有的股权份额确认为实收资本；股权的公允价值与实收资本之间的差额确认为资本溢价计入资本公积。重组债务账面价值超过股权的公允价值的差额，作为债务重组利得计入当期营业外收入。

其三，债权人应当在满足金融资产终止确认条件时，终止确认重组债权，并将因放弃债权而享有股份的公允价值确认为对债务人的投资，重组债权的账面余额与股份的公允价值之间的差额确认为债务重组损失，计入当期营业外支出。债权人已对债权计提减值准备的，应当先将该差额冲减减值准备，减值准备不足以冲减的部分，作为债务重组损失计入当期营业外支出。发生的相关税费，分别按照长期股权投资或者金融工具确认计量的规定进行处理。

【例 11-11】2015 年 2 月 10 日，乙公司销售一批材料给甲公司，价款 200000 元（包括应收取的增值税税额），合同约定 6 个月后结清款项。6 个月后，由于甲公司发生财务困难，无法支付该价款，与乙公司协商进行债务重组。经双方协议，乙公司同意甲公司将该债务转为甲公司的股份。乙公司对该项应收账款计提了坏账准备 10000 元。转股后甲公司注册资本为 5000000 元，抵债股权占甲公司注册资本的 2%。债务重组日，抵债股权的公允价值为 152000 元。2015 年 11 月 1 日，相关手续办理完毕（假定不考虑其他相关税费）。

（1）甲公司的账务处理。

应计入资本公积的金额：152000 - 5000000 × 2% = 52000 （元）

计算债务重组利得：200000 - 152000 = 48000 （元）

借：应付账款——乙公司   200000

    贷：实收资本——乙公司   100000

        资本公积——资本溢价   52000

        营业外收入——债务重组利得   48000

（2）乙公司的账务处理。

计算债务重组损失：200000 - 152000 - 10000 = 38000（元）

借：长期股权投资——甲公司   152000

    坏账准备   10000

    营业外支出——债务重组损失   38000

    贷：应收账款——甲公司   200000

（三）修改其他债务条件

企业采用修改其他债务条件进行债务重组的，应当区分是否涉及或有应付（或应收）金额进行会计处理。或有应付（或应收）金额，是指需要根据未来某种事项出现而发生的应付（或应收）金额，而且该未来事项的出现具有不确定性。

1. 不涉及或有应付（或应收）金额的债务重组

以修改其他债务条件进行债务重组的，如果修改后的债务条款中不涉及或有应付金额，则债务人应当将重组债务的账面价值大于重组后债务的入账价值的差额作为债务重组利得，计入营业外收入。

以修改其他债务条件进行债务重组的，如果修改后的债务条款中不涉及或有应收金额，债权人应当将修改其他债务条件后的债权的公允价值作为重组后债权的账面价值，重组债权的账面余额与重组后债权的账面价值之间的差额作为债务重组损失，计入营业外支出。如债权人已对该债权计提减值准备的，应当先将该差额冲减减值准备，减值准备不足以冲减的部分作为债务重组损失计入营业外支出。

【例 11-12】 乙银行 2013 年 12 月 31 日应收甲公司贷款的账面余额为 10700000 元，其中，700000 元为累计应收的利息，贷款年利率 7%。由于甲公司连年亏损，资金周转困难，不能偿付应于 2013 年 12 月 31 日到期的贷款。经双方协商，于 2014 年 1 月 1 日进行债务重组。乙银行同意将贷款本金减至 8000000 元，免去债务人所欠的全部利息；将利率从 7% 降低到 5%（等于实际利率），并将债务到期日延长至 2015 年 12 月 31 日，利息按年支付。该项债务重组协议从协议签订日起开始实施。乙银行为该项贷款计提了 500000 元贷款减值准备。

（1）甲公司的账务处理。

2014 年 1 月 1 日，计算债务重组利得：10700000 - 8000000 = 2700000 （元）

借：长期借款——乙银行 10700000
　　贷：长期借款——债务重组——乙银行 8000000
　　　　营业外收入——债务重组利得 2700000

2014 年 12 月 31 日，计提和支付利息时。

借：财务费用 400000
　　贷：应付利息——乙银行 400000

借：应付利息——乙银行 400000
　　贷：银行存款 400000

2015 年 12 月 31 日，偿还本金及最后一年利息。

借：财务费用 400000
　　贷：应付利息——乙银行 400000

借：长期借款——债务重组——乙银行 8000000
　　应付利息——乙银行 400000
　　贷：银行存款 8400000

（2）乙银行的账务处理。

2014 年 1 月 1 日，计算债务重组损失：10700000 - 8000000 - 500000 = 2200000（元）。

　　借：长期贷款——债务重组——甲公司——本金　　8000000

　　　　贷款减值准备　　　　　　　　　　　　　　500000

　　　　营业外支出——债务重组损失　　　　　　　2200000

　　　　　贷：长期贷款——甲公司——本金、利息调整、应计利息 10700000

2014 年 12 月 31 日，收到利息时。

　　借：吸收存款——甲公司　　　　　　　　　　　400000

　　　　　贷：利息收入　　　　　　　　　　　　　　　　400000

2015 年 12 月 31 日，收到本金及最后一年利息时。

　　借：吸收存款——甲公司　　　　　　　　　　　8400000

　　　　　贷：长期贷款——债务重组——甲公司——本金　　8000000

　　　　　　　利息收入　　　　　　　　　　　　　　　400000

　　2. 涉及或有应付（或应收）金额的债务重组

　　以修改其他债务条件进行债务重组的，修改后的债务条款如涉及或有应付金额，且该或有应付金额符合《企业会计准则第 13 号——或有事项》中有关预计负债确认条件的，债务人应当将该或有应付金额确认为预计负债。比如，债务重组协议规定，债务人在债务重组后一定期间内，其业绩改善到一定程度或者符合一定要求（如扭亏为盈、摆脱财务困境等），应向债权人额外支付一定款项，当债务人承担的或有应付金额符合预计负债确认条件时，应当将该或有应付金额确认为预计负债。重组债务的账面价值与重组后债务的入账价值和预计负债金额之和的差额作为债务重组利得，计入营业外收入。或有应付金额在随后的会计期间没有发生的，企业应当冲销已确认的预计负债，同时确认营业外收入。

　　以修改其他债务条件进行债务重组的，修改后的债务条款中涉及或有应收金额的，债权人不应当确认或有应收金额，不得将其计入重组后债权的账面价值。

　　根据谨慎性要求，或有应收金额属于或有资产，或有资产不予确认。只有在或有应收金额实际发生时，才计入当期损益。

（四）以上三种方式的组合方式

　　用以上三种方式的组合方式进行债务重组，主要有以下几种情况：

　　其一，债务人以现金、非现金资产两种方式的组合清偿某项债务的，应将重组债务的账面价值与支付的现金、转让的非现金资产的公允价值之间的差额作为债务重组利得。非现金资产的公允价值与其账面价值的差额作为资产转让损益。

　　债权人应将重组债权的账面余额与收到的现金、受让的非现金资产的公允价值，以及已提坏账准备之间的差额作为债务重组损失。

其二，债务人以现金、将债务转为资本两种方式的组合清偿某项债务的，应将重组债务的账面价值与支付的现金、债权人因放弃债权而享有的股权的公允价值之间的差额作为债务重组利得。股权的公允价值与股本（或实收资本）的差额作为资本公积。

债权人应将重组债权的账面余额与收到的现金、因放弃债权而享有股权的公允价值，以及已提坏账准备之间的差额作为债务重组损失。

其三，债务人以非现金资产、将债务转为资本两种方式的组合清偿某项债务的，应将重组债务的账面价值与转让的非现金资产的公允价值、债权人因放弃债权而享有的股权的公允价值之间的差额作为债务重组利得。非现金资产的公允价值与账面价值的差额作为资产转让损益；股权的公允价值与股本（或实收资本）的差额作为资本公积。

债权人应将重组债权的账面余额与受让的非现金资产的公允价值、因放弃债权而享有的股权的公允价值，以及已提坏账准备的差额作为债务重组损失。

其四，债务人以现金、非现金资产、将债务转为资本三种方式的组合清偿某项债务的，应将重组债务的账面价值与支付的现金、转让的非现金资产的公允价值、债权人因放弃债权而享有股权的公允价值的差额作为债务重组利得。非现金资产的公允价值与账面价值的差额作为资产转让损益；股权的公允价值与股本（或实收资本）的差额作为资本公积。

债权人应将重组债权的账面余额与收到的现金、受让的非现金资产的公允价值、因放弃债权而享有的股权的公允价值，以及已提坏账准备的差额作为债务重组损失。

其五，以资产、将债务转为资本等方式清偿某项债务的一部分，并对该项债务的另一部分以修改其他债务条件进行债务重组。在这种方式下，债务人应先以支付的现金、转让的非现金资产的公允价值、债权人因放弃债权而享有的股权的公允价值冲减重组债务的账面价值，余额与将来应付金额进行比较，据此计算债务重组利得。非现金资产的公允价值与其账面价值的差额作为资产转让损益；股权的公允价值与股本（或实收资本）的差额作为资本公积。

债权人应先以收到的现金、受让的非现金资产的公允价值、因放弃债权而享有的股权的公允价值冲减重组债权的账面价值，余额与将来应收金额进行比较，据此计算债务重组损失。

【例 11-13】2014 年 1 月 10 日，乙公司销售一批产品给甲公司，价款 1300000 元（包括应收取的增值税税额）。至 2014 年 12 月 31 日，乙公司对该应收账款计提的坏账准备为 18000 元。由于甲公司发生财务困难，无法偿还债务，与乙公司协商进行债务重组。2015 年 1 月 1 日，甲公司与乙公司达成债务重组协议如下：①甲公司以材料一批偿还部分债务。该批材料的账面价值为 280000 元（未提取跌价准备），公允价值为 300000 元，适用的增值税税率为 17%。假定材料同日送抵乙公司，甲公司开出增值税专用发票，乙公司将该批材料作为原材料验收入库。②将 250000 元的债务转为甲公司的股份，其中 50000 元为股份面值。假定股份转让手续同日办理完毕，乙公司将其作为长期股权投资核算。③乙公司同意减免甲公司所负全部债务扣除实物抵债和股权抵债后剩余债务的 40%，其余债务的偿还期延长至 2015 年 6 月 30 日。

（1）甲公司账务处理。

债务重组后债务的公允价值 = $[1300000 - 300000 \times (1 + 17\%) - 250000] \times (1 - 40\%) = 699000 \times 60\% = 419400$（元）

债务重组利得 = $1300000 - 351000 - 250000 - 419400 = 279600$（元）

```
借：应付账款——乙公司                    1300000
    贷：其他业务收入——销售××材料                 300000
        应交税费——应交增值税（销项税额）           51000
        股本                                     50000
        资本公积——股本溢价                      200000
        应付账款——债务重组——乙公司             419400
        营业外收入——债务重组利得                279600
借：其他业务成本——销售××材料          280000
    贷：原材料——×××材料                        280000
```

（2）乙公司的账务处理。

债务重组损失 = $1300000 - 351000 - 250000 - 419400 - 18000 = 261600$（元）

```
借：原材料——××材料                    300000
    应交税费——应交增值税（进项税额）       51000
    长期股权投资——甲公司                250000
    应收账款——债务重组——甲公司         419400
    坏账准备                             18000
    营业外支出——债务重组损失            261600
    贷：应收账款——甲公司                       1300000
```

【主要分录总结】

序号	事项		分录
1	长期借款	借入长期借款	借：银行存款 　　贷：长期借款 　　　　差额计入"长期借款——利息调整"（借或贷） 　　　　利息属于筹建期间，计入"管理费用" 　　　　属于生产经营期间，计入"财务费用" 长期借款用于构建固定资产其尚未达到可使用状态前计入在建工程成本 固定资产达到可使用状态，计入财务费用 【应该付的利息】 借：应付利息 　　贷：银行存款
		归还长期借款	借：长期借款 　　贷：银行存款
		以低于应付债务账面价值的现金清偿债务	借：长期借款（账面余额） 　　贷：银行存款（实际支付的价款） 　　　　资本公积——接受现金捐赠（债务账面余额大于实际支付价款的差额）
		以短期投资清偿债务	借：长期借款（账面余额） 　　短期投资跌价准备（已计提的跌价准备） 　　营业外支出——债务重组损失（短期投资的账面价值与应支付的相关税费之和大于应付债务账面价值的差额） 　　贷：短期投资（账面余额） 　　　　银行存款（支付的相关费用） 　　　　应交税金（应交的相关税金） 　　　　资本公积——其他资本公积（短期投资的账面价值与应支付的相关税费之和小于应付债务账面价值的差额）
		以存货清偿债务	借：长期借款（账面余额） 　　存货跌价准备（已计提的跌价准备） 　　营业外支出——债务重组损失（存货的账面价值与应支付的相关税费之和大于应付债务账面价值的差额） 　　贷：库存商品（账面余额） 　　　　原材料（账面余额） 　　　　应交税金——应交增值税（销项税额） 　　　　银行存款（支付的相关费用） 　　　　应交税金（应交的其他相关税金） 　　　　资本公积——其他资本公积（存货的账面价值与应支付的相关税费之和小于应付债务账面价值的差额）

续表

序号	事项		分录
1	长期借款	以固定资产清偿债务	借：固定资产清理（账面价值） 　　累计折旧（已提折旧） 　　固定资产减值准备（已计提的减值准备） 　　贷：固定资产（原价） 发生清理费用 借：固定资产清理 　　贷：银行存款 借：长期借款（账面余额） 　　营业外支出——债务重组损失 　　贷：固定资产清理（"固定资产清理"科目的余额） 　　　　资本公积——其他资本公积
		以长期投资清偿债务	借：长期借款（账面余额） 　　长期投资减值准备（已计提的减值准备） 　　营业外支出——债务重组损失（长期投资的账面价值与应支付的相关税费之和大于应付债务账面价值的差额） 　　贷：长期股权投资（投资的账面余额） 　　　　长期债权投资（投资的账面余额） 　　　　银行存款（支付的相关费用） 　　　　应交税金（应交的相关税金） 　　　　资本公积——其他资本公积（长期投资的账面价值与应支付的相关税费之和小于应付债务账面价值的差额）
		以无形资产清偿债务	借：长期借款（账面余额） 　　短期投资跌价准备（已计提的跌价准备） 　　营业外支出——债务重组损失（无形资产的账面价值与应支付的相关税费之和大于应付债务账面价值的差额） 　　贷：无形资产（账面余额） 　　　　银行存款（支付的相关费用） 　　　　应交税金（应交的相关税金） 　　　　资本公积——其他资本公积（无形资产的账面价值与应支付的相关税费之和小于应付债务账面价值的差额）
		以部分非现金资产和部分现金资产抵偿债务	借：长期借款（现金支付的部分） 　　贷：银行存款 　　　　以非现金资产抵偿债务的部分，按上述原则进行会计处理
		以债务转为资本	借：长期借款（账面余额） 　　贷：实收资本（或股本）（债权人放弃债权而享有的股权的份额） 　　　　资本公积——资本（或股本）溢价
		发生的利息、汇兑损失等借款费用	借：长期待摊费用 　　财务费用 　　在建工程 　　贷：长期借款

续表

序号	事项		分录
2	应付债券	发行债券	借：银行存款 　　贷：应付债券——面值 差额计入"应付债券——利息调整"（借方或贷方）
		发生债券利息	借：在建工程 　　贷：应付债券——应计利息
		支付利息	借：应付利息 　　贷：银行存款
		计提利息	借：财务费用 　　贷：应付利息
		债券还本付息	借：应付债券——面值 　　应计利息 　　贷：银行存款
	长期应付款	融资租入固定资产	借：在建工程/固定资产（租赁资产公允价与最低租赁付款额现值两者中 　　较低者，加上初始直接费用） 　　贷：长期应付款（最低租赁付款额） 　　　　银行存款（相关直接费用） 为确认融资费用（差额，可在贷方也可在借方） 支付　借：长期应付款 　　　　贷：银行存款
		具有融资性质的延期付款购买资产	借：固定资产/在建工程（购买价款的现值） 　　贷：长期应付款/其他应付款（实际应支付价款总额） 为确认融资费用（差额，可在贷方也可在借方）

【本章主要参考法规索引】

1.《企业会计准则第 12 号——债务重组》（2006 年 2 月 15 日财政部发布自 2007 年 1 月 1 日起施行）

2.《企业会计准则——应用指南（2006）》（2006 年 10 月 30 日财政部发布自 2007 年 1 月 1 日起施行）

【本章习题】

一、单项选择题

1. 下列属于长期负债的项目是（　　）。

A."应付债券"　　B."应付票据"　　C."应付利润"　　D."应付账款"

2. 下列项目中，不属于借款费用的是（　　）。

A. 借款手续费　　　　　　　　B. 借款佣金

C. 发行公司债券的佣金　　　　D. 发行公司股票的佣金

3. 长期借款利息的计算和支付，应通过以下科目核算（　　）。

A. "应付利息"   B. "其他应付款"

C. "长期应付款"   D. "长期借款"

4. 如果固定资产的构建活动发生非正常中断，并且中断时间连续超过以下项目规定时间，应当暂停借款费用的资本化，将其确认为当期费用，直至资产的构建活动重新开始（　　）。

A. 1 个月   B. 3 个月   C. 6 个月   D. 1 年

5. 当所购置或建造的固定资产处于以下情况时，应当停止其借款费用的资本化，以后发生的借款费用计入当期损益（　　）。

A. 交付使用   B. 达到预定可使用状态

C. 竣工决算   D. 交付使用并办理竣工决算手续后

6. 根据《企业会计准则第 17 号——借款费用》的规定，下列有关借款费用停止资本化观点的表述中，正确的是（　　）。

A. 固定资产交付使用时停止资本化

B. 固定资产办理竣工决算手续时停止资本化

C. 固定资产达到预定可使用状态时停止资本化

D. 固定资产建造过程中发生中断时停止资本化

7. 以下情况中，导致固定资产购置或建造过程超过 3 个月可以继续资本化的是（　　）。

A. 发生劳动纠纷   B. 施工技术要求

C. 发生安全事故   D. 资金周转困难

8. 就发行债券的企业而言，所获债券溢价收入实质是（　　）。

A. 为以后少付利息而付出的代价   B. 为以后多付利息而得到的补偿

C. 为以后少得利息而得到的补偿   D. 为以后多得利息而付出的代价

9. 某企业发行债券所筹资金专门用于建造固定资产，至 2011 年 12 月 31 日工程尚未完工。计提本年应付债券利息时应记入以下科目（　　）。

A. "固定资产"   B. "在建工程"   C. "管理费用"   D. "财务费用"

10. 实际利率法以各期期初债券账面价值乘以以下项目，得出每期的实际利息（　　）。

A. 票面利率   B. 贴现利率   C. 市场利率   D. 折价利率

11. 若公司债券溢价发行，溢价按实际利率法摊销，随着溢价的摊销，各期计入财务费用的金额（　　）。

A. 会逐期减少   B. 会逐期增加   C. 每期相等   D. 不确定

12. 债券若折价发行，则债券发行时的市场利率（　　）债券的票面利率。

A. 低于   B. 高于   C. 等于   D. 等于或低于

13. 每期计提利息时，借记"财务费用"或"在建工程"账户，贷记"应付利息"账户，那么企业发行公司债券所采用的是以下方式（　　）。

A. 到期一次还本付息　　　　　　B. 分期等额还本、分期付息

C. 一次还本、分期付息　　　　　D. 到期还本、按约定期付息

14. 以非现金资产清偿债务的，债权人应当对受让的非现金资产按（　　）入账。

A. 资产的账面价值　　　　　　　B. 债务的账面价值

C. 资产的账面净值　　　　　　　D. 资产的公允价值

15. 在债务重组中，将债务转为资本的，债务人应当将债权人放弃债权而享有股份的面值总额确认为股本，股份的公允价值与股本之间的金额确认为（　　）。

A. 营业外收入　　　B. 资本公积　　　C. 营业外支出　　　D. 未分配利润

二、多项选择题

1. 在企业的下列筹资方式中，属于非流动负债的包括（　　）。

A. 发行3年期公司债券　　　　　B. 发行9个月的公司债券

C. 向银行借入2年期的借款　　　D. 融资租入固定资产的租赁费

E. 发行普通股票

2. "长期借款"科目的借方反映的内容有（　　）。

A. 借入的长期借款本金　　　　　B. 应计的长期借款利息

C. 偿还的长期借款本金　　　　　D. 偿还的长期借款利息

E. 偿还的应付债券利息

3. 企业发行长期债券，应在"应付债券"总账账户下设置以下明细账户进行核算（　　）。

A. "面值"　　　B. "债券溢价"　　　C. "债券折价"　　　D. "应计利息"

E. "利息调整"

4. 借款费用包括（　　）。

A. 因借款而发生的利息　　　　　B. 债券溢价的摊销

C. 短期应付票据利息　　　　　　D. 因外币借款而发生的汇兑差额

E. 因发行债券而发生的利息

5. 借款费用开始资本化需要同时满足下列条件（　　）。

A. 资产支出已经发生

B. 借款费用已经发生

C. 为使资产达到预定可使用或者可销售状态所必要的构建或者生产活动已经开始

D. 未发生非正常停工

E. 未发生因资金周转困难而停工

6. 以下属于非正常停工原因的有（　　）。

A. 与施工方发生质量纠纷而停工

B. 发生与工程建设有关的劳动纠纷而停工

C. 资金周转困难而停工

D. 因可预见的不可抗力因素而停工

E. 因不可预见的不可抗力因素而停工

7. 以下应停止借款费用资本化的情况有（　　）。

A. 已经分别完工但是不可独立使用的固定资产

B. 所购置或建造的固定资产与设计或合同要求相符合或基本符合

C. 继续发生在固定资产上的支出金额很少或几乎不再发生

D. 试生产结果表明资产能够正常运行或生产出合格产品

E. 固定资产的实体建造工作已经全部完成或实质上已经完成

8. 债务重组的主要方式包括（　　）。

A. 以资产清偿债务　　　　　　　B. 将债务转为资本

C. 修改其他债务条件　　　　　　D. 以上三种方式的组合

E. 销售退回

9. 在将债务转为资本的债务重组方式中，债务人在进行会计处理中可能涉及的会计科目包括（　　）。

A. 资本公积　　　　　　　　　　B. 营业外收入

C. 股本　　　　　　　　　　　　D. 营业外支出

E. 盈余公积

三、判断题

1. 长期借款用于购建固定资产时，在固定资产尚未达到预定可使用状态前所发生应当资本化的利息支出应当资本化，计入所购建的固定资产价值。（　　）

2. 无论是按面值发行，还是溢价发行或折价发行，均按债券面值记入"应付债券"科目的"面值"明细科目，实际收到的款项与面值的差额，记入"利息调整"明细科目。（　　）

3. 债券溢价、折价是发行债券企业在债券存续期内对利息费用的调整。（　　）

4. 用实际利率法摊销应付债券的折价时，各期折价的摊销额呈逐期递减趋势。（　　）

5. 对于可转换公司债券的负债成分，在转换为股份前的会计处理与一般公司债券没有区别。（　　）

6. 长期借款利息费用应当在资产负债表日按照实际利率法计算确定，实际利

率与合同利率差异较小的，也可以采用合同利率计算确定利息费用。（　　）

7. 未确认融资费用应当在租赁期内各个期间进行摊销，企业应当采用直线法计算确认当期的融资费用。（　　）

8. 只有发生在固定资产上的借款费用才可以资本化。（　　）

9. 符合资本化条件的资产，是指需要经过相当长时间的构建或者生产活动才能达到预定可使用状态的固定资产、投资性房地产和存货等资产。（　　）

10. 企业发生的借款费用，可直接归属于符合资本化条件的资产的构建或者生产的，应当予以资本化，计入相关资产成本；其他借款费用，应当在发生时根据其发生额确认为费用，计入当期损益。（　　）

11. 在资本化期间内，每一会计期间的利息资本化金额，不应当超过当期相关借款实际发生的利息金额。（　　）

12. 一般借款费用发生的辅助费用，应当在发生时根据其发生额确认费用，计入当期损益。（　　）

13. 长期应付款具有分期付款的性质。（　　）

14. 债务人发生财务困难，是债务重组的前提条件。（　　）

15. 债务人重组债务的账面价值与偿债资产公允价值之间的差额，应确认为资本公积。（　　）

16. 以非现金资产清偿债务的，债务人可以将债务重组利得和转让资产损益一起作营业外支出核算。（　　）

四、不定项选择题

甲上市公司发行公司债券为建造专用生产线筹集资金，该企业为一般纳税企业，适用的增值税税率为17%。有关资料如下：

（1）2009年12月31日，委托证券公司以8000万元的价格发行3年期分期付息公司债券，该债券面值为8000万元，票面年利率为4.5%，等于实际年利率，每年付息一次，到期后按面值偿还，不考虑发行债券支付的发行费用。

（2）生产线建造工程采用自营方式，于2010年1月1日开始动工，当日购入需要安装的机器设备，取得增值税专用发票，价款为7000万元，增值税额为1190万元，款项已用银行存款支付；2010年12月31日所建造生产线达到预定可使用状态，并支付安装费用100万元。

（3）假定各年度利息的实际支付日期均为下年度的1月10日，2013年1月10日支付2012年度利息，一并偿付面值。

要求： 根据上述资料，回答下列问题（答案中的金额单位用万元表示）。

1）关于资料（1）、资料（2），下列说法正确的是（　　）。

A. 2009年12月31日应确认的应付债券为8000万元

B. 2010 年 1 月 1 日购入的增值税额应计入在建工程

C. 安装费用应计入当期损益

D. 2010 年 12 月 31 日应确认的债券利息是 360 万元

2) 该生产线的入账价值为 （　　） 万元。

A. 7100　　　　　　B. 7360　　　　　C. 7460　　　　　　D. 8190

3) 支付利息以及最后还本的分录，正确的是 （　　）。

A. 2011 年 1 月 10 日支付利息

借：应付利息　　　　　　　　　　　　　　　360

　　贷：银行存款　　　　　　　　　　　　　　　　　360

B. 2011 年 1 月 10 日支付利息

借：应付债券——应计利息　　　　　　　　360

　　贷：银行存款　　　　　　　　　　　　　　　　　360

C. 2013 年 1 月 10 日付息还本

借：应付债券——面值　　　　　　　　　　8000

　　长期借款——应计利息　　　　　　　　720

　　应付利息　　　　　　　　　　　　　　360

　　贷：银行存款　　　　　　　　　　　　　　　　3080

D. 2013 年 1 月 10 日付息还本

借：应付债券——面值　　　　　　　　　　8000

　　应付利息　　　　　　　　　　　　　　360

　　贷：银行存款　　　　　　　　　　　　　　　　8360

第十二章
所有者权益

所有者权益是指企业资产扣除负债后由所有者享有的剩余权益。公司所有者权益又称为股东权益。所有者权益具有以下特征：①除非发生减资、清算或分派现金股利，企业不需要偿还所有者权益；②企业清算时，只有在清偿所有的负债后，所有者权益才返还给所有者；③所有者凭借所有者权益能够参与企业利润的分配。

【学习目标】

通过本章的学习，要求了解所有者权益的内容；理解所有者权益各组成部分的含义及特点，所有者权益与债权人权益的异同；熟练掌握实收资本（或股本）、资本公积、盈余公积和未分配利润的账务处理方法。

【关键词】

注册资本	Registered capital
实收资本	Paid-in capital
资本公积	Capital surplus
留存收益	Retained earnings
盈余公积	Surplus reserve
未分配利润	Undistriuted profit

【思维导图】

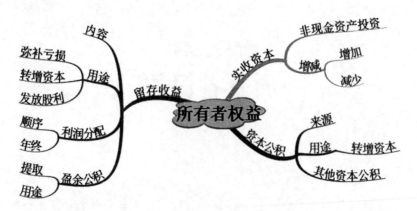

第一节　实收资本

一、实收资本概述

实收资本是指企业按照章程规定或合同协议约定，接受投资者投入企业的资本。实收资本的构成比例或股东的股份比例，是确定所有者在企业所有者权益中份额的基础，也是企业进行利润或股利分配的主要依据。

我国《公司法》规定，股东可以用货币出资，也可以用实物、知识产权、土地使用权等可以用货币估价并可以依法转让的非货币财产作价出资；但是，法律、行政法规规定不得作为出资的财产除外。企业应当对作为出资的非货币资产评估作价，核实财产，不得高估或者低估作价。法律、行政法规对评估作价有规定的，从其规定。全体股东的货币出资金额不得低于有限责任公司注册资本的30%。不论以何种方式出资，投资者如在投资过程中违反投资合约或协议约定，不按规定如期缴足出资额，企业可以依法追究投资者的违约责任。

企业收到所有者投入企业的资本后，应根据有关原始凭证（如投资清单、银行通知单等），分别不同的出资方式进行会计处理。

知识点　　股份有限公司以外的企业使用"实收资本"科目；股份有限公司使用"股本"科目。

二、实收资本与注册资本的区别

注册资本是法律上规定的强制性要求，而实收资本则是企业在实际业务中遵循法律规定的结果，二者不是同一个概念，但在现行制度下，它们在金额上又是相等的。

企业要进行经营，必须要有一定的"本钱"。我国《民法通则》中明确规定，设立企业，法人必须要有必要的财产。我国《企业法人登记管理条例》也明确规定，企业申请开业，必须具备符合国家规定并与其生产经营和服务规模相适应的资金数额。我国《公司法》也将股东出资达到法定资本最低限额作为公司成立的必备条件。《公司法》对各类公司注册资本的最低限额有明确规定。有限责任公司的注册资本最低限额为：以生产经营为主的公司人民币 50 万元；以商品批发为主的公司人民币 50 万元；以商业零售为主的公司人民币 30 万元；科技开发、咨询、服务性公司人民币 10 万元。特定行业的有限责任公司注册资本最低限额需高于前款所定限额的，由法律、行政法规另行规定。股份有限公司注册资本的最低限额为人民币 500 万元。股份有限公司注册资本最低限额需高于上述所定限额的，由法律、法规另行规定。

实收资本是指投资人按照企业章程或合同、协议的约定，实际投入企业中的各种资产的价值。所有者向企业投入的资本，在一般情况下无须偿还，可以长期周转使用。我国实行的是注册资本制度，要求企业的实收资本与其注册资本相一致。我国企业法人登记管理条例规定，除国家另有规定外，企业的注册资金应当与实有资金相一致。企业实有资本比原注册资金数额增减超过 20% 时，应持资金使用证明或者验资证明，向原登记主管机关申请变更登记。如擅自改变注册资金或抽逃资金等，要受到工商行政管理部门的处罚。

此外，还有一点应注意，就是企业可以采用不同的方式筹集资本，既可以一次筹集，也可以分次筹集。分次筹集时，所有者最后一次投入企业的资本必须在营业执照签发之日起 6 个月以内缴足。因此，在某一特定的期间内，企业实收资本可能小于其注册资本的数额。

三、实收资本的账务处理

（一）接受现金资产投资

1. 股份有限公司以外的企业接受现金资产投资

【例 12-1】甲、乙、丙共同投资设立 A 有限责任公司，注册资本为 2000000 元，甲、乙、丙持股比例分别为 60%、25% 和 15%。按照章程规定，甲、乙、丙投入资本分别为 1200000 元、500000 元和 300000 元。A 公司已如期收到各投资者一次缴足的款项。A 有限责任公司在进行会计处理时，应编制会计分录如下：

借：银行存款　　　　　　　　　　　　2000000

　　贷：实收资本——甲　　　　　　　　　　　　1200000

　　　　　　——乙　　　　　　　　　　　　500000

　　　　　　——丙　　　　　　　　　　　　300000

实收资本的构成比例即投资者的出资比例或股东的股份比例，是确定所有者在企业所有者权益中所占的份额和参与企业财务经营决策的基础，也是企业进行利润分配或股利分配的依据，同时还是企业清算时确定所有者对净资产的要求权的依据。

2. 股份有限公司接受现金资产投资

股份有限公司发行股票时，既可以按面值发行股票，也可以溢价发行（我国目前不准许折价发行）。股份有限公司在核定的股本总额及核定的股份总额的范围内发行股票时，应在实际收到现金资产时进行会计处理。

知识点

股份有限公司发行股票发生的手续费、佣金等交易费用，应从溢价中抵扣，即冲减资本公积（股本溢价）；无溢价发行股票或溢价金额不足冲减的，应将不足冲减的部分冲减盈余公积和未分配利润。

【例 12-2】B 股份有限公司发行普通股 10000000 股，每股面值 1 元，每股发行价格 5 元。假定股票发行成功，股款 5000000 元已全部收到，不考虑发行过程中的税费等因素。

根据上述资料，B 股份有限公司应作如下账务处理：应记入“资本公积”科目的金额=50000000－10000000=40000000（元）

编制会计分录如下：

借：银行存款　　　　　　　　　　　　50000000

　　贷：股本　　　　　　　　　　　　　　　　10000000

　　　　资本公积——股本溢价　　　　　　　　40000000

本例中，B 公司发行股票实际收到的款项为 50000000 元，应借记“银行存款”科目；实际发行的股票面值为 10000000 元，应贷记“股本”科目，按其差额，贷记“资本公积——股本溢价”科目。

（二）接受非现金资产投资

我国《公司法》规定，股东可以用货币出资，也可以用实物、知识产权、土地使用权等可以用货币估价并可以依法转让的非货币财产作价出资；但是，法律、行政法规规定不得作为出资的财产除外。对作为出资的非货币财产应当评估作价，核实财产，不得高估或者低估作价。法律、行政法规对评估作价有规定的，从其规定。全体股东的货币出资金额不得低于有限责任公司注册资本的30%。不论以何种方式出资，投资者如在投资过程中违反投资合约，不按规定如期缴足出资额，企业可以依法追究投资者的违约责任。

企业接受非现金资产投资时，应按投资合同或协议约定价值确定非现金资产价值（但投资合同或协议约定价值不公允的除外）和在注册资本中应享有的份额。

知识点
如果投资合同或协议约定的价值不公允则按照公允价值入账。

1. 接受投入固定资产

企业接受投资者作价投入的房屋、建筑物、机器设备等固定资产，应按投资合同或协议约定价值确定固定资产价值（但投资合同或协议约定价值不公允的除外）和在注册资本中应享有的份额。

【例 12-3】 甲有限责任公司于设立时收到乙公司作为资本投入的不需要安装的机器设备一台，合同约定该机器设备的价值为 2000000 元，增值税进项税额为 340000 元（假设不允许抵扣）合同约定的固定资产价值与公允价值相符，不考虑其他因素，甲有限责任公司进行会计处理时，应编制会计分录如下：

借：固定资产　　　　　　　　　　　　　　2340000
　　贷：实收资本——乙公司　　　　　　　　　　　2340000

本例中，该项固定资产合同约定的价值与公允价值相符，并且甲公司接受的固定资产投资产生的相关增值税进项税额不允许抵扣，因此，固定资产应按合同约定价值与增值税进项税额的合计金额 2340000 元入账。甲公司接受乙公司投入的固定资产按合同约定全额作为实收资本，因此，可按 2340000 元的金额贷记"实收资本"科目。

2. 接受投入材料物资

企业接受投资者作价投入的材料物资，应按投资合同或协议约定价值确定材料物资价值（但投资合同或协议约定价值不公允的除外）和在注册资本中应享有的份额。

【例 12-4】 乙有限公司于设立时收到 B 公司作为资本投入的原材料一批，该批原材料投资合同或协议约定价值（不含可抵扣的增值税进项税额部分）为 100000 元，增值税进项税额为 17000 元。B 公司已开具了增值税专用发票。假设合同约定的价值与公允价值相符，该进项税额允许抵扣，不考虑其他因素，乙有限公司在进行会计处理时，应编制会计分类如下：

借：原材料   100000

  应交税费——应交增值税   17000

  贷：实收资本——B公司   117000

本例中，原材料的合同约定价值与公允价值相符，因此，可按照100000元的金额借记"原材料"科目；同时，该进项税额允许抵扣，因此，增值税专用发票上注明的增值税税额17000元，应借记"应交税费——应交增值税（进项税额）"科目。乙公司接受B公司投入德尔原材料按合同约定金额作为实收资本，因此可按117000元的金额贷记"实收资本"科目。

3. 接受投入无形资产

企业收到以无形资产方式投入的资本，应按投资合同或协议约定价值确定无形资产价值（但投资合同或协议约定价值不公允的除外）和在注册资本中应享有的份额。

【例12-5】丙有限责任公司于设立时收到A公司作为资本投入的非专利技术一项，该非专利技术投资合同约定价值为60000元，同时收到B公司作为资本投入的土地使用权一项，投资合同约定价值为80000元。假设丙公司接受该非专利技术和土地使用权符合国家注册资本管理的有关规定，可按合同约定作实收资本入账，合同约定的价值与公允价值相符，不考虑其他因素。丙有限责任公司在进行会计处理时，应编制会计分录如下：

借：无形资产——非专利技术   60000

    ——土地使用权   80000

  贷：实收资本——A公司   60000

      ——B公司   80000

本例中，非专利技术与土地使用权的合同约定价值与公允价值相符，因此，可分别按照60000元和80000元的金额借记"无形资产"科目。A、B公司投入的非专利技术和土地使用权按合同约定全额作为实收资本，因此可分别按60000元和80000元的金额贷记"实收资本"科目。

（三）实收资本（或股本）的增减变动

一般情况下，企业的实收资本应相对固定不变，但在某些特定情况下，实收资本也可能发生增减变化。我国企业法人登记管理条例中规定，除国家另有规定外，企业的注册资金应当与实收资本相一致，当实收资本比原注册资金增加或减少的幅度超过20%时，应持资金信用证明或者验资证明，向原登记主管机关申请变更登记。如擅自改变注册资本或抽逃资金，要受到工商行政管理部门的处罚。

1. 实收资本（或股本）的增加

一般企业增加资本主要有三个途径：接受投资者追加投资、资本公积转增资本和盈余公积转增资本。

需要注意的是，由于资本公积和盈余公积均属于所有者权益，用其转增资本时，如果是独资企业比较简单，直接结转即可。如果是股份公司或有限责任公司应该按照原投资者各出资比例相应增加各投资者的出资额。

【例12-6】甲、乙、丙三人共同投资设立 A 有限责任公司，原注册资本为4000000 元，甲、乙、丙分别出资 500000 元、2000000 元和 1500000 元。为扩大经营规模，经批准，A 公司注册资本扩大为 5000000 元，甲、乙、丙按照原出资比例分别追加投资 125000 元、500000 元和 375000 元。A 公司如期收到甲、乙、丙追加的现金投资。A 公司应编制如下会计分录：

借：银行存款　　　　　　　　　　　　1000000
　　贷：实收资本——甲　　　　　　　　　　125000
　　　　　　　　——乙　　　　　　　　　　500000
　　　　　　　　——丙　　　　　　　　　　375000

本例中，甲、乙、丙按原出资比例追加实收资本，因此，A 公司应分别按照125000 元、500000 元和 375000 元的金额贷记"实收资本"科目中甲、乙、丙明细分类账。

【例12-7】承【例12-6】因扩大经营规模需要，经批准，A 公司按原出资比例将资本公积 1000000 元转增资本。A 公司应编制如下会计分录：

借：资本公积　　　　　　　　　　　　1000000
　　贷：实收资本——甲　　　　　　　　　　125000
　　　　　　　　——乙　　　　　　　　　　500000
　　　　　　　　——丙　　　　　　　　　　375000

本例中，资本公积 1000000 元按原出资比例转增实收资本，因此，A 公司应分别按照 125000 元、500000 元和 375000 元的金额贷记"实收资本"科目中甲、乙、丙明细分类账。

【例12-8】承【例12-6】，因扩大经营规模需要，经批准，A 公司按原出资比例将盈余公积 1000000 元转增资本。A 公司应编制如下会计分录：

借：盈余公积　　　　　　　　　　　　1000000
　　贷：实收资本——甲　　　　　　　　　　125000
　　　　　　　　——乙　　　　　　　　　　500000
　　　　　　　　——丙　　　　　　　　　　375000

本例中，盈余公积 1000000 元按原出资比例转增实收资本，因此，A 公司应分别按照125000元、500000元和375000元的金额贷记"实收资本"科目中甲、乙、丙明细分类账。

2. 实收资本（或股本）的减少

（1）有限责任公司减少实收资本（需要按法定程序报经批准）。

借：实收资本
　　贷：银行存款

（2）股份有限公司（上市公司）采用回购本公司股票方式减资。

1）如果回购股票支付的价款大于面值总额的（即库存股大于股本）。

回购时：

借：库存股（按照实际支付的回购价款）
　　贷：银行存款

> **知识点**
>
> 库存股是所有者权益类的会计科目。

注销时：

借：股本（按股票面值×注销股数）
　　资本公积——股本溢价（借方差额）
　　贷：库存股（按注销库存股的账面余额）

> **知识点**
>
> 资本公积（股本溢价）不足冲减的，冲减留存收益，应依次借记"盈余公积"、"利润分配——未分配利润"科目。

2）如果回购股票支付的价款小于面值总额的（即库存股小于股本）。

回购时：

借：库存股（按照实际支付的回购价款）
　　贷：银行存款

注销时：

借：股本（按股票面值×注销股数）
　　贷：库存股（按注销库存股的账面余额）
　　　　资本公积——股本溢价（贷方差额）

【例12-9】A公司2001年12月31日的股本为100000000股，面值为1元，资本公积（股本溢价）30000000元，盈余公积40000000元。经股东大会批准，

A公司以现金回购本公司股票20000000股并注销。假定A公司按每股2元回购股票，不考虑其他因素，A公司的会计处理如下：

（1）回购本公司股票时。

借：库存股　　　　　　　　　　　　　　　　40000000

　　贷：银行存款　　　　　　　　　　　　　　　　40000000

库存股成本＝20000000×2＝40000000（元）

（2）注销本公司股票时。

借：股本　　　　　　　　　　　　　　　　　20000000

　　资本公积——股本溢价　　　　　　　　　　20000000

　　贷：库存股　　　　　　　　　　　　　　　　　40000000

应冲减的资本公积：20000000×2－20000000×1＝20000000（元）

【例12-10】承【例12-9】，假定A公司按每股3元回购股票，其他条件不变，A公司的会计处理如下：

（1）回购本公司股票时。

借：库存股　　　　　　　　　　　　　　　　60000000

　　贷：银行存款　　　　　　　　　　　　　　　　60000000

库存股成本＝20000000×3＝60000000（元）

（2）注销本公司股票时。

借：股本　　　　　　　　　　　　　　　　　20000000

　　资本公积——股本溢价　　　　　　　　　　30000000

　　盈余公积　　　　　　　　　　　　　　　　10000000

　　贷：库存股　　　　　　　　　　　　　　　　　60000000

应冲减的资本公积＝20000000×3－20000000×1＝40000000（元）由于应冲减的资本公积大于公司现有的资本公积，所有只能冲减资本公积30000000元，剩余的10000000元应冲减盈余公积。

【例12-11】承【例12-9】假定A公司按每股0.9元回购股票，其他条件不变，A公司的会计处理如下：

（1）回购本公司股票。

借：库存股　　　　　　　　　　　　　　　　18000000

　　贷：银行存款　　　　　　　　　　　　　　　　18000000

库存股成本＝20000000×0.9＝18000000（元）

（2）注销本公司股票时。

借：股本　　　　　　　　　　　　　　　　　20000000

　　贷：库存股　　　　　　　　　　　　　　　　　18000000

　　　　资本公积——股本溢价　　　　　　　　　　　　　　　2000000

　　应增加的资本公积＝20000000×1－20000000×0.9＝2000000（元）由于折价回购，股本与库存股成本的差额2000000元应作为增加资本公积处理。

第二节　资本公积

一、资本公积概述

（一）资本公积的来源

　　资本公积是企业收到投资者的超出其在企业注册资本（或股本）中所占份额的部分，以其他资本公积等。资本公积包括资本溢价（或股本溢价）和其他资本公积等。

　　形成资本溢价（或股本溢价）的原因有溢价发行股票、投资者超额缴入资本等。

　　其他资本公积是指除净损益、其他综合收益和利润分配以外所有者权益的其他变动。如企业的长期股权投资采用权益法核算时，因被投资单位除净损益、其他综合收益和利润分配以外所有者权益的其他变动，投资企业按应享有份额而增加或减少的资本公积。

　　企业根据国家有关规定实行股权激励的，如果在等待期内取消了授予的权益工具，企业应在进行权益工具加速行权处理时，将剩余等待期内应确认的金额立即计入当期损益，并同时确认资本公积。企业集团（由母公司和其全部子公司构成）内发生的股份支付交易，如结算企业是接受服务企业的投资者，应当按照授予日权益工具的公允价值或应承担负债的公允价值确认为对接受服务企业的长期股权投资，同时确认资本公积（其他资本公积）或负债。

　　资本公积的核算包括资本溢价（或股本溢价）的核算、其他资本公积的核算和资本公积转增资本的核算等内容。

（二）资本公积与实收资本（或股本）、留存收益的区别

　　1. 资本公积与实收资本（或股本）的区别

　　（1）从来源和性质看。实收资本（或股本）是指投资者按照企业章程或合同、协议的约定，实际投入企业并依法进行注册的资本，它体现了企业所有者对企业的基本产权关系。资本公积是投资者的出资额超出其在注册资本中所占份额的部分，以及直接计入所有者权益的利得和损失，它不直接表明所有者对企业的

基本产权关系。

（2）从用途看。实收资本（或股本）的构成比例是确定所有者参与企业财务经营决策的基础，也是企业进行利润分配或股利分配的依据，同时还是企业清算时确定所有者对净资产的要求权的依据。资本公积的用途主要是用来转增资本（或股本）。资本公积不体现各所有者的占有比例，也不能作为所有者参与企业财务经营决策或进行利润分配（或股利分配）的依据。

2. 资本公积与留存收益的区别

资本公积的来源不是企业实现的利润，而主要来自资本溢价（或股本溢价）等。留存收益是企业从历年实现的利润中提取或形成的留存于企业的内部积累，来源于企业生产经营活动实现的利润。

二、资本公积的账务处理

（一）资本溢价（或股本溢价）

1. 资本溢价

除股份有限公司外的其他类型的企业，在企业创立时，投资者认缴的出资额与注册资本一致，一般不会产生资本溢价。但在企业重组或有新的投资者加入时，常常会出现资本溢价。因为在企业进行正常生产经营后，其资本利润率通常要高于企业初创阶段，另外，企业有内部积累，新投资者加入企业后，对这些积累也要分享，所以新加入的投资者往往要付出大于原投资者的出资额，才能取得与原投资者相同的出资比例。投资者多缴的部分就形成了资本溢价。

【例12-12】A有限责任公司由两位投资者投资200000元设立，每人各出资100000元。一年后，为扩大经营规模，经批准，A有限责任公司注册资本增加到300000元，并引入第三位投资者加入。按照投资协议，新投资者需缴入现金110000元，同时享有该公司1/3的股份。A有限责任公司已收到该现金投资。假定不考虑其他因素。A有限责任公司应编制如下会计分录：

借：银行存款 110000
　贷：实收资本 100000
　　　资本公积——资本溢价 10000

本例中，A有限责任公司收到第三位投资者的现金投资110000元中，100000元属于第三位投资者在注册资本中所享有的份额，应记入"实收资本"科目，10000元属于资本溢价，应记入"资本公积——资本溢价"科目。

2. 股本溢价

股份有限公司是以发行股票的方式筹集股本的，股票既可按面值发行，也可按溢价发行，我国目前不准折价发行。与其他类型的企业不同，股份有限公司在成立时可能会溢价发行股票，因而在成立之初，就可能会产生股本溢价，股本溢价的数额等于股份有限公司发行股票时实际收到的款额超过股票面值总额的部分。

在按面值发行股票的情况下，企业发行股票取得的收入，应全部作为股本处理；在溢价发行股票的情况下，企业发行股票取得的收入，等于股票面值部分作为股本处理，超出股票面值的溢价收入应作为股本溢价处理。

发行股票相关的手续费、佣金等交易费用，如果是溢价发行股票的，应从溢价中抵扣，冲减资本公积（股本溢价）；无溢价发行股票或溢价金额不足以抵扣的，应将不足抵扣的部分冲减盈余公积和未分配利润。

【例 12-13】B 股份有限公司首次公开发行了普通股 50000000 股，每股面值 1 元，每股发行价格为 4 元。B 股份有限公司与证券公司约定，按发行收入的 3% 收取佣金，从发行收入中扣除。假定收到的股款已存入银行。B 股份有限公司应编制如下会计分录：

公司收到证券公司转来的发行收入 = 50000000 × 4 × (1 − 3%) = 194000000 (元)

应记入"资本公积"科目的金额 = 溢价收入 − 发行佣金 = 50000000 × (4 − 1) − 50000000 × 4 × 3% = 144000000 (元)

借：银行存款　　　　　　　　　　　　　194000000

　　贷：股本　　　　　　　　　　　　　　　　50000000

　　　　资本公积——股本溢价　　　　　　　　144000000

（二）其他资本公积

本书以因被投资单位除净损益、其他综合收益和利润分配以外的所有者权益的其他变动为例，介绍相关的其他资本公积的核算。

企业对被投资单位的长期股权投资采用权益法核算的，在持股比例不变的情况下，对因被投资单位除净损益、其他综合收益和利润分配以外的所有者权益的其他变动，应按持股比例计算其应享有或应分担被投资单位所有者权益的增减数额。在处置长期股权投资时，应转销与该笔投资相关的其他资本公积。

【例 12-14】C 有限责任公司于 2015 年 1 月 1 日向 F 公司投资 8000000 元，拥有该公司 20% 的股份，并对该公司有重大影响，因而对 F 公司长期股权投资采用权益法核算。2015 年 12 月 31 日，F 公司除净损益、其他综合收益和利润分配之外的所有者权益增加了 1000000 元。假定除此以外，F 公司的所有者权益没有变化，C 有限责任公司的持股比例没有变化，F 公司资产的账面价值与公允价值一致。不考虑其他因素，C 有限责任公司应编制如下会计分录：

借：长期股权投资——F 公司　　　　　　200000

　　贷：资本公积——其他资本公积　　　　　　200000

C 有限责任公司对 F 公司投资增加的资本公积 = 1000000 × 20% = 200000（元）

本例中，C 有限责任公司对 F 公司的长期股权投资采用权益法核算，持股比例未发生变化，F 公司发生了除净损益、其他综合收益和利润分配之外的所有者权益的其他变动，C 有限责任公司应按其持股比例计算应享有的 F 公司权益的数额 200000 元作为增加其他资本公积处理。

（三）资本公积转增资本

经股东大会或类似机构决议，用资本公积转增资本时，应冲减资本公积，同时按照转增资本前的实收资本（或股本）的结构或比例，将转增的金额记入"实收资本"（或"股本"）科目下各所有者的明细分类账。

第三节　留存收益

一、留存收益概述

留存收益是指企业从历年实现的利润中提取或形成的留存于企业的内部积累，包括盈余公积和未分配利润两类。

盈余公积是指企业按照有关规定从净利润中提取的积累资金。公司制企业的盈余公积包括法定盈余公积和任意盈余公积。法定盈余公积是指企业按照规定的比例从净利润中提取的盈余公积。任意盈余公积是指企业按照股东会或股东大会决议提取的盈余公积。

企业提取的盈余公积经批准可用于弥补亏损、转增资本或发放现金股利或利润等。

未分配利润是指企业实现的净利润经过弥补亏损、提取盈余公积和向投资者分配利润后留存在企业的、历年结存的利润。相对于所有者权益的其他部分来说，企业对于未分配利润的使用有较大的自主权。

二、留存收益的账务处理

（一）利润分配

利润分配是指企业根据国家有关规定和企业章程、投资者协议等，对企业当年可供分配的利润所进行的分配。

可供分配的利润 = 当年实现的净利润（或净亏损）+ 年初未分配利润（或"−"年初未弥补亏损）+ 其他转入

利润分配的顺序依次是：①提取法定盈余公积；②提取任意盈余公积；③向投资者分配利润。

企业应通过"利润分配"科目，核算企业利润的分配（或亏损的弥补）和历年分配（或弥补）后的未分配利润（或未弥补亏损）。该科目应分别设"提取法定盈余公积"、"提取任意盈余公积"、"应付现金股利或利润"、"盈余公积补亏"、"未分配利润"等进行明细核算。企业未分配利润通过"利润分配——未分配利润"明细科目进行核算。年度终了，企业应将全年实现的净利润或发生的净亏损，自"本年利润"科目转入"利润分配——未分配利润"科目，并将"利润分配"科目所属其他明细科目的余额，转入"未分配利润"明细科目。结转后，"利润分配——未分配利润"科目如为贷方余额，表示累积未分配的利润数额，如为借方余额，则表示累积未弥补的亏损数额。

【例 12-15】 D 股份有限公司年初未分配利润为 0 元，本年实现净利润 2000000 元，本年提取法定盈余公积 200000 元，宣告发放现金股利 800000 元，假定不考虑其他因素。D 股份有限公司应编制如下会计分录：

（1）结转实现净利润时。

借：本年利润	2000000
贷：利润分配——未分配利润	2000000

如企业当年发生亏损，则应借记"利润分配——未分配利润"科目，贷记"本年利润"科目。

（2）提取法定盈余公积、宣告发放现金股利时。

借：利润分配——提取法定盈余公积	200000
——应付现金股利	800000
贷：盈余公积	200000
应付股利	800000

（3）将"利润分配"科目所属其他明细科目的余额结转至"未分配利润"明细科目。

借：利润分配——未分配利润	1000000
贷：利润分配——提取法定盈余公积	200000
——应付现金股利	800000

结转后，如果"未分配利润"明细科目的余额在贷方，表示累积未分配的利润；如果余额在借方，则表示累积未弥补的亏损。本例中，"利润分配——未分配利润"明细科目的余额在贷方，此贷方余额 1000000 元（本年利润 2000000－提取法定盈余公积 200000－应付现金股利 800000）即为 D 股份有限公司本年年末的累积未分配利润。

（二）盈余公积

按照《公司法》有关规定，公司制企业应按照净利润·（减弥补以前年度亏损，下同）的 10% 提取法定盈余公积。按照《企业所得税法》规定，以前年度亏损（5年内）可用税前利润弥补，从第 6 年起只能用税后利润弥补。非公司制企业法定盈余公积的提取比例可超过净利润的 10%。法定盈余公积累计额已达注册资本的50% 时可以不再提取。值得注意的是，如果以前年度未分配利润有盈余（即年初未分配利润余额为正数），在计算提取法定盈余公积的基数时，不应包括企业年初未分配利润；如果以前年度有亏损（即年初未分配利润余额为负数），应先弥补以前年度亏损再提取盈余公积。

公司制企业可根据股东会或股东大会的决议提取任意盈余公积。非公司制企业经类似权力机构批准，也可提取任意盈余公积。法定盈余公积和任意盈余公积的区别在于其各自计提的依据不同，前者以国家的法律法规为依据；后者由企业的权力机构自行决定。

企业提取的盈余公积经批准可用于弥补亏损、转增资本、发放现金股利或利润等。

1. 提取盈余公积

企业按规定提取盈余公积时，应通过"利润分配"和"盈余公积"等科目核算。

【例 12-16】E 股份有限公司本年实现净利润为 5000000 元，年初未分配利润为 0 元。经股东大会批准，E 股份有限公司按当年净利润的 10% 提取法定盈余公积。假定不考虑其他因素。E 股份有限公司应编制如下会计分录：

借：利润分配——提取法定盈余公积　　　　　500000
　　贷：盈余公积——法定盈余公积　　　　　　　　　500000

本年提取法定盈余公积金额 $= 5000000 \times 10\% = 500000$（元）

2. 盈余公积补亏

【例 12-17】经股东大会批准，F 股份有限公司用以前年度提取的盈余公积弥补当年亏损，当年弥补亏损的数额为 600000 元。假定不考虑其他因素。F 股份有限公司应编制如下会计分录：

借：盈余公积　　　　　　　　　　　　　　　600000
　　贷：利润分配——盈余公积补亏　　　　　　　　　600000

3. 盈余公积转增资本

【例 12-18】因扩大经营规模需要，经股东大会批准，G 股份有限公司将盈余公积 400000 元转增股本。假定不考虑其他因素。G 股份有限公司应编制如下会计分录：

借：盈余公积　　　　　　　　　　　　　　　400000

　　贷：股本　　　　　　　　　　　　　　　　　　　400000

4. 用盈余公积发放现金股利或利润

【例 12-19】 H 股份有限公司 2014 年 12 月 31 日股本为 5000000 元 (每股面值 1 元)，可供投资者分配的利润为 5000000 元，盈余公积为 20000000 元。2015 年 3 月 20 日，股东大会批准了 2014 年度利润分配方案，按每 10 股 2 元发放现金股利。H 公司共需要分派 10000000 元现金股利，其中动用可供投资者分配的利润 5000000 元、盈余公积 5000000 元。假定不考虑其他因素。H 股份有限公司应编制如下会计分录：

(1) 发放现金股利时。

借：利润分配——应付现金股利　　　　　　　5000000

　　盈余公积　　　　　　　　　　　　　　　　5000000

　　　贷：应付股利　　　　　　　　　　　　　　　10000000

(2) 支付股利时。

借：应付股利　　　　　　　　　　　　　　　10000000

　　贷：银行存　　　　　　　　　　　　　　　　10000000

本例中，H 股份有限公司经股东大会批准，以未分配利润和盈余公积发放现金股利，其中，属于以未分配利润发放现金股利的部分 5000000 元应记入"利润分配——应付现金股利"科目，属于以盈余公积发放现金股利的部分 5000000 元应记入"盈余公积"科目。

【主要分录总结】

序号	事项		分录
1	实收资本	投资者以现金投入的资本	借：银行存款 　　贷：实收资本 公司发行的股票，在收到现金投入的资本 借：银行存款（实际收到的金额） 　　贷：股本（股票面值和核定的股份总额的乘积计算的金额） 　　　　资本公积——股本溢价
		投资者以非现金资产投入的资本	借：有关资产科目 　　贷：实收资本（股本） 　　　　资本公积
		按股东大会批准的利润分配方案分配股票股利	借：利润分配 　　贷：股本 经股东大会或类似机构决议，用资本公积转增资本 借：资本公积——股本溢价 　　贷：实收资本（股本）

序号	事项		分录
1	实收资本	按法定程序报经批准减少的注册资本	借：实收资本（股本） 　贷：银行存款 　　　库存现金
		公司采用收购本公司股票方式减资的，按注销股票的面值总额减少股本，已购回股票支付的价款超过面值总额的部分，依次减少资本公积和留存收益	借：股本（股票面值和注销股数计算的股票面值总额） 　　资本公积——股本溢价 　　盈余公积 　　利润分配——未分配利润 　贷：库存股（所注销库存股的账面余额） 　　　银行存款 　　　库存现金
		购回股票支付的价款低于面值总额	借：股本（股票面值） 　贷：库存股（所注销库存股的账面余额） 　　　资本公积（股本溢价）（差额）
2	资本公积	企业接受投资者投入的资本超出实收资本（股本）部分，形成的资本公积	借：银行存款等 　贷：实收资本（股本） 　　　资本公积（资本溢价或股本溢价）
		溢价发行股票，在收到现金资产时	借：库存现金 　　银行存款等（实际收到的金额） 　贷：股本（股票面值和核定的股份总额的乘积计算的金额） 　　　资本公积——股本溢价（溢价部分）
		与发行权益性证券直接相关的手续费、佣金等交易费用	借：资本公积——股本溢价 　贷：银行存款
		经股东大会或类似机构决议，用资本公积转增资本	借：资本公积——资本溢价或股本溢价 　贷：实收资本（股本）
3	盈余公积	提取盈余公积	借：利润分配——提取法定盈余公积 　　　　　　——提取任意盈余公积 　贷：盈余公积——法定盈余公积 　　　　　　——任意盈余公积
		用盈余公积补亏损	借：盈余公积 　贷：利润分配——其他转入
		用盈余公积转增资本	借：盈余公积 　贷：实收资本（股本）
		用盈余公积派送新股	借：盈余公积（派送金额） 　贷：股本（股票面值和派送的新股总数计算的金额） 　　　资本公积——股本溢价（派送金额与派送新股面值总额的差额）
		用盈余公积分派现金股利	借：盈余公积 　贷：应付股利

【本章主要参考法规索引】

1. 中华人民共和国公司法（2005 年 10 月 27 日中华人民共和国第十届全国人民代表大会常务委员会第十八次会议修订通过，自 2006 年 1 月 1 日起施行）

2. 中华人民共和国企业法人登记管理条例（1988 年 5 月 13 日国务院第四次常务会议通过，自 1988 年 7 月 1 日起施行）

3. 中华人民共和国公司登记管理条例（1994 年 6 月 24 日中华人民共和国国务院令第 156 号发布，根据 2005 年 12 月 18 日《国务院关于修改〈中华人民共和国公司登记管理条例〉的决定》修改，自 2006 年 1 月 1 日起施行）

4. 企业会计准则——基本准则（2014 年 7 月 23 日财政部修订发布，自 2014 年 7 月 23 日起施行）

5. 企业会计准则第 2 号——长期股权投资（2014 年 3 月 13 日财政部修订发布，自 2014 年 7 月 1 日起在所有执行企业会计准则的企业范围内施行，鼓励在境外上市的企业提前执行）

6. 企业会计准则解释第 3 号（2009 年 6 月 11 日财政部发布，自 2009 年 1 月 1 日起施行）

【本章习题】

一、单项选择题

1. 某股份有限公司按法定程序报经批准后采用收购本公司股票方式减资，回购股票支付价款低于股票面值总额的，所注销库存股账面余额与冲减股本的差额应计入（　　）。

A. 盈余公积　　　B. 营业外收入　　　C. 资本公积　　　D. 未分配利润

2. 下列各项，能影响所有者权益总额发生增减变动的是（　　）。

A. 支付已宣告的现金股利　　　　　B. 盈余公积补亏

C. 实际发放股票股利　　　　　　　D. 宣告派发现金股利

3. 某企业 2012 年 1 月 1 日所有者权益构成情况如下：实收资本 1000 万元，资本公积 600 万元，盈余公积 300 万元，未分配利润 200 万元。本年净利润为 1000 万元，按 10%计提法定盈余公积，按 5%计提任意盈余公积，宣告发放现金股利为 80 万元。资本公积转增资本 100 万元。下列有关所有者权益表述正确的是（　　）。

A. 2012 年 12 月 31 日可供分配利润为 1000 万元

B. 2012 年 12 月 31 日资本公积为 700 万元

C. 2012 年 12 月 31 日未分配利润为 970 万元

D. 2012 年 12 月 31 日留存收益总额为 970 万元

4. 下列各项中，不属于所有者权益的是（　　）。

A. 递延收益　　　B. 盈余公积　　　C. 未分配利润　　　D. 资本公积

5. 下列各项中，会导致留存收益总额发生增减变动的是（　　）。

A. 资本公积转增资本　　　　　　　B. 盈余公积补亏

C. 盈余公积转增资本　　　　　　　D. 以当年净利润弥补以前年度亏损

6. 2013 年 1 月 1 日某企业所有者权益情况如下：股本 100 万元，资本公积 34 万元，盈余公积 19 万元，未分配利润 64 万元。则该企业 2013 年 1 月 1 日留存收益为（　　）万元。

A. 64　　　　　　　B. 98　　　　　　　C. 83　　　　　　　D. 217

7. 下列项目中，能同时引起负债和所有者权益发生变动的是（　　）。

A. 出售无形资产取得的净收益　　　B. 接受投资者的投资

C. 实际发放现金股利　　　　　　　D. 股东大会向投资者宣告分配现金股利

8. 甲股份有限公司（简称甲公司）以每股 4 元的价格回购股票 1000 万股，股票每股面值 1 元，共支付回购款 4000 万元。回购前，公司的股本为 11000 万元，资本公积为 3000 万元（均为股票产生的溢价），盈余公积为 450 万元，未分配利润为 550 万元。回购股票后甲公司经股东大会决议，并报有关部门核准，将回购的本公司股票注销，注销股票后所有者权益总额为（　　）万元。

A. 15000　　　　　B. 14000　　　　　C. 11950　　　　　D. 11000

9. 甲企业 2012 年年初未分配利润为借方余额 10 万元，当年净利润为 30 万元，按 10% 的比例提取盈余公积，当年分配现金股利 5 万元。不考虑其他事项，该企业 2012 年年末未分配利润为（　　）万元。

A. 13　　　　　　　B. 12　　　　　　　C. 17　　　　　　　D. 18

10. A 上市公司发行普通股 2000 万股，每股面值 1 元，每股发行价格 4 元，支付发行手续费 20 万元，A 公司发行普通股计入资本公积——股本溢价的金额是（　　）万元。

A. 6000　　　　　　B. 4920　　　　　　C. 5980　　　　　　D. 7000

11. 甲公司收到投资者作为资本投入的固定资产，合同约定该固定资产的价值为 1500 万元，公允价值是 1528 万元。假定不考虑增值税、资本溢价因素，甲公司收到该投资时，应计入实收资本的金额是（　　）万元。

A. 0　　　　　　　　B. 28　　　　　　　C. 1500　　　　　　D. 1528

12. 下列各项中，不会引起实收资本增加的是（　　）。

A. 接受现金资产投资　　　　　　　B. 盈余公积转增资本

C. 资本公积转增资本　　　　　　　D. 对被投资单位追加现金投资

13. 下列关于盈余公积的表述，错误的是（　　）。

A. 盈余公积科目应当分别按"法定盈余公积"、"任意盈余公积"进行明细核算

B. 计提法定盈余公积时，计算基数不包括企业年初未分配利润

C. 企业提取的盈余公积经批准可用于弥补亏损、转增资本、发放现金股利

D. 年末"利润分配——盈余公积补亏"明细科目的余额应转入"利润分配——未分配利润"

14. 甲股份有限公司委托证券公司发行股票 1000 万股，每股面值 1 元，每股发行价格为 8 万元，向证券公司支付佣金 500 万元。该公司应记入"股本"科目的金额为（　　）万元。

A. 7500　　　　　B. 1000　　　　　C. 8000　　　　　D. 6500

15. 某企业盈余公积年初余额为 70 万元，本年利润总额为 600 万元，所得税费用为 150 万元，按净利润的 10% 提取法定盈余公积，并将盈余公积 10 万元转增资本。该企业盈余公积年末余额为（　　）万元。

A. 60　　　　　B. 105　　　　　C. 115　　　　　D. 130

16. 甲股份有限公司委托乙证券公司发行普通股，股票面值总额 4000 万元，发行总额 16000 万元，发行费按发行总额的 2% 计算（不考虑其他因素），股票发行净收入全部收到。甲股份有限公司该笔业务记入"资本公积"科目的金额为（　　）万元。

A. 4000　　　　　B. 11680　　　　　C. 11760　　　　　D. 12000

17. 企业增资扩股时，投资者实际缴纳的出资额大于其按约定比例计算的其在注册资本中所占的份额部分，应作为（　　）。

A. 资本溢价　　　B. 实收资本　　　C. 盈余公积　　　D. 营业外收入

18. 下列各项中，能够导致企业留存收益减少的是（　　）。

A. 宣告分配现金股利　　　　　　　B. 以资本公积转增资本

C. 提取盈余公积　　　　　　　　　D. 以盈余公积弥补亏损

19. 下列各项中，能够引起负债和所有者权益项目总额同时发生变动的是（　　）。

A. 用盈余公积弥补亏损

B. 董事会宣告将提取的法定盈余公积用于发放现金股利

C. 为建造固定资产按面值发行一次还本付息的三年期债券

D. 经股东大会批准宣告分配现金股利

20. 1 月 30 日，XM 公司股本 5000 万元（面值每股 1 元），资本公积（股本溢价）400 万元，盈余公积 1500 万元，甲公司回购 1000 万股股票注销，以每股

1.5元回购，不考虑其他因素，注销股本的正确分录是（   ）。

A. 借：股本   1000

        资本公积   400

        盈余公积   100

          贷：库存股   1500

B. 借：股本   1500

          贷：库存股   1500

C. 借：股本   1000

        资本公积   500

          贷：库存股   1500

D. 借：股本   1000

        盈余公积   400

        资本公积   100

          贷：库存股   1500

21. 股份有限公司采用收购本公司股票方式减资的，按注销股票的面值总额减少股本，购回股票支付的价款超过面值的部分，应依次冲减的会计科目是（   ）。

A. 盈余公积、资本公积、利润分配——未分配利润

B. 利润分配——未分配利润、资本公积、盈余公积

C. 利润分配——未分配利润、盈余公积、资本公积

D. 资本公积、盈余公积、利润分配——未分配利润

22. 某企业2012年年初未分配利润的贷方余额为400万元，本年度实现的净利润为200万元，分别按10%和5%提取法定盈余公积和任意盈余公积。假定不考虑其他因素，该企业2012年年末未分配利润的贷方余额应为（   ）万元。

A. 410   B. 510   C. 540   D. 570

23. 甲、乙公司均为增值税一般纳税人，使用的增值税税率为17%。甲公司接受乙公司投资转入的原材料一批，账面价值100000元，投资协议约定的价值120000元，假定投资协议约定的价值与公允价值相符，增值税进项税额由投资方支付，并开具了增值税专用发票，该项投资没有产生资本溢价。甲公司实收资本应增加（   ）元。

A. 100000   B. 117000   C. 120000   D. 140400

二、多项选择题

1. 企业吸收投资者出资时，下列会计科目的余额可能发生变化的有（   ）。

A. 盈余公积   B. 资本公积   C. 实收资本   D. 利润分配

2. 下列对未分配利润的各项表述中，正确的有（　　）。

A. 未分配利润是企业历年实现的净利润经过弥补亏损、提取盈余公积和向投资者分配利润后留存在企业的利润

B. 历年结存的未分配利润是指定用途的利润

C. "利润分配——未分配利润"科目如为贷方余额，表示累积未分配的利润数额；如为借方余额，则表示累积未弥补的亏损数额

D. 企业对于未分配利润的使用不会受到很大的限制

3. 下列各项中，能够引起企业留存收益总额发生变动的有（　　）。

A. 本年度实现的净利润　　　　　　B. 提取法定盈余公积

C. 向投资者宣告分配现金股利　　　D. 用资本公积转增资本

4. 下列各项中，应记入"资本公积"科目贷方的有（　　）。

A. 无法支付的应付账款

B. 以资本公积转增资本

C. 接受投资者以现金投资200万元，其中属于资本溢价的部分是80万元

D. 接受投资者投入一批材料，投资双方确认的价值超过该投资者在注册资本中所占的份额

5. 下列事项中，最终不会导致所有者权益变动的有（　　）。

A. 转销无须偿还的应付账款　　　　B. 用盈余公积弥补亏损

C. 股东大会宣告分配现金股利　　　D. 资本公积转增股本

6. 下列各项中，不会引起所有者权益总额发生变动的有（　　）。

A. 用盈余公积弥补亏损　　　　　　B. 用资本公积转增资本

C. 股东大会宣告分配现金股利　　　D. 为自建固定资产发行债券筹资

7. 下列各项中，不会引起留存收益总额发生变动的有（　　）。

A. 用盈余公积补亏　　　　　　　　B. 提取盈余公积

C. 回购本公司部分股份时　　　　　D. 股东大会发放股票股利

8. 下列项目中，可能会引起资本公积变动的有（　　）。

A. 处置权益法核算的长期股权投资　B. 资本公积转增资本

C. 投资者投入的资本　　　　　　　D. 注销库存股

9. 下列各项，能引起负债和所有者权益项目同时发生变动的有（　　）。

A. 用盈余公积向投资者分配现金股利

B. 董事会宣告发放股票股利

C. 用银行存款购买固定资产

D. 用净利润向投资者分配现金股利

10. A公司2012年12月31日的股本为20000万股，每股面值为1元，资本

公积——股本溢价 8000 万元，盈余公积 3000 万元。经股东大会批准，甲公司以银行存款回购本公司股票 3000 万股并注销，每股回购价为 4 元。下列各项中，会计处理正确的有（　　）。

  A. 回购库存股时所有者权益减少 12000 万元

  B. 注销库存股时资本公积减少 9000 万元

  C. 注销库存股时不影响所有者权益总额

  D. 注销库存股时股本减少 3000 万元

11. 企业吸收投资者投资时，下列会计科目的余额可能发生变化的有（　　）。

  A. 盈余公积　　　　B. 资本公积　　　　C. 实收资本　　　　D. 利润分配

12. 企业实收资本或股本增加的途径有（　　）。

  A. 接受固定资产捐赠　　　　　　B. 经批准用盈余公积转增

  C. 发放股票股利　　　　　　　　D. 经批准用资本公积转增

13. 甲公司为增值税一般纳税人，2012 年初，收到乙公司投入设备注明价款 120 万元，增值税 20.4 万元，合同约定设备的价款 120 万元（价值公允），甲公司收到乙公司投资后注册资金共 1000 万元，乙公司占 10% 的股权，以下会计处理正确的是（　　）。

  A. 实收资本入账金额为 100 万元　　B. 接受投资产生的溢价为 40.4 万元

  C. 实收资本增加为 20 万元　　　　　D. 准予抵扣的进项税额为 20.4 万元

14. 下列各项中，不通过"资本公积"科目核算的有（　　）。

  A. 接受固定资产捐赠　　　　　　B. 划转无法支付的应付账款

  C. 固定资产的盘盈　　　　　　　D. 股本溢价

15. 下列项目中，能引起盈余公积发生增减变动的有（　　）。

  A. 提取任意盈余公积　　　　　　B. 以盈余公积转增资本

  C. 用任意盈余公积弥补亏损　　　D. 用盈余公积派发新股

16. 下列各项中，仅引起所有者权益内部结构发生变动而不影响所有者权益总额的有（　　）。

  A. 用盈余公积弥补亏损　　　　　B. 用盈余公积转增资本

  C. 股东大会宣告分配现金股利　　D. 实际发放股票股利

17. 下列各项中，能够引起企业留存收益总额发生变动的有（　　）。

  A. 以盈余公积补亏　　　　　　　B. 提取任意盈余公积

  C. 向投资者宣告分配现金股利　　D. 用盈余公积转增资本

18. 下列各项中，不会引起留存收益总额发生增减变动的有（　　）。

  A. 资本公积转增资本　　　　　　B. 盈余公积转增资本

  C. 盈余公积弥补亏损　　　　　　D. 税后利润弥补亏损

19. 下列各项中，可以影响可供分配利润项目的因素有（　　）。

A. 年初未分配利润

B. 当年实现的净利润

C. 提取的盈余公积

D. 盈余公积补亏

20. 下列项目中，最终能引起资产和所有者权益同时减少的项目有（　　）。

A. 计提短期借款的利息

B. 计提行政管理部门固定资产折旧

C. 计提坏账准备

D. 管理用无形资产摊销

21. 股份有限公司采用回购本公司股票方式减资，在注销的时候，下列说法中不正确的有（　　）。

A. 应按股票面值和注销股数计算的股票面值总额减少股本

B. 应按股票面值和注销股数计算的股票面值总额减少库存股

C. 应按股票面值和注销股数计算的股票面值总额增加股本

D. 应按股票面值和注销股数计算的股票面值总额增加库存股

22. 某股份有限公司按法定程序报经批准后采用收购本公司股票方式减资，购回股票支付价款高于股票面值总额，所注销库存股账面余额与冲减股本的差额可能涉及的会计科目有（　　）。

A. 盈余公积

B. 利润分配——未分配利润

C. 营业外收入

D. 资本公积

23. 下列对未分配利润的各项表述中，正确的有（　　）。

A. 当年的净利润是企业未指定特定用途的利润

B. 未分配利润是企业历年实现的净利润经过弥补亏损、提取盈余公积和向投资者分配利润后留存在企业的利润

C. "利润分配——未分配利润"科目如为贷方余额，表示累积未分配的利润数额；如为借方余额，则表示累积未弥补的亏损数额

D. 企业对于未分配利润的使用有严格的限制

24. 企业实收资本或股本增加的途径有（　　）。

A. 股东大会宣告发放现金股利

B. 接受投资者现金资产投资

C. 经批准用盈余公积转增资本

D. 经批准用资本公积转增资本

三、判断题

1. 不管企业期初是否存在未弥补的亏损，当期计提法定盈余公积的基数都是当期实现的净利润。（　　）

2. 企业计提法定盈余公积的基数是当年实现的净利润和企业年初未分配利润之和。（　　）

3. 企业清算时应先返还所有者的所有者权益，再清偿企业的负债。（　　）

4. 收入能够导致企业所有者权益增加，但导致所有者权益增加的不一定都是

收入。（　　）

5. 留存收益包括资本公积和未分配利润。（　　）

6. 企业以盈余公积向投资者分配现金股利，不会引起留存收益总额的变动。（　　）

7. 实收资本的构成比例或股东的股份比例，是确定所有者在企业所有者权益中份额的基础，但不是企业进行利润或股利分配的依据。（　　）

8. 企业减少实收资本应按法定程序报经批准，股份有限公司采用收购本公司股票方式减资的，按股票面值和注销股数计算的股票面值总额冲减股本，按注销库存股的账面余额与所冲减股本差额冲减盈余公积。（　　）

9. 无论是以税前利润还是以税后利润弥补亏损，在会计上都无须做专门的会计分录，所不同的只是两者计算交纳所得税时的处理不同而已。（　　）

10. 企业发行股票支付的手续费，如果是溢价发行股票的，应从溢价中抵扣，冲减资本公积（股本溢价），无溢价或溢价金额不足以抵扣的，应将不足抵扣的部分冲减盈余公积和未分配利润。（　　）

11. 股份有限公司发行股票时，按照实际收到的款项，借记"银行存款"科目，贷记"股本"科目。（　　）

12. 企业股东大会或类似机构通过的利润分配方案中确定分配的现金股利或利润，应确认为应付股利。（　　）

13. 资本公积是企业从历年实现的利润中提取或形成的留存于企业的，来源于企业生产经营活动实现的利润。（　　）

14. 企业用盈余公积弥补亏损时，应借记"盈余公积"，贷记"利润分配——盈余公积补亏"。（　　）

15. 所有者权益是指企业资产扣除负债后由所有者享有的剩余权益，公司所有者权益又称股东权益。（　　）

16. 企业用盈余公积转增资本，留存收益总额不会发生变动。（　　）

17. 一般企业增加资本主要的途径包括接受投资者追加投资、资本公积转增资本，但是不包括盈余公积转增资本。（　　）

18. 股份有限公司发行股票发生的手续费和佣金等费用，先从发行股票的溢价收入中抵销，发行股票的溢价不足冲减或无溢价，计入财务费用。（　　）

19. 股份有限公司以收购本企业股票方式减资的，按注销股票的面值总额减少股本，购回股票支付的价款小于面值总额的部分，依次冲减"资本公积"、"盈余公积"和"利润分配——未分配利润"。（　　）

20. 企业接受投资者作价投入的材料物资，应按投资合同或协议约定价值确定材料物资价值（投资合同或协议约定价值不公允的除外）。（　　）

四、不定项选择题

1. A 股份有限公司（以下简称 A 公司）为一家从事药品生产的增值税一般纳税企业。2013 年 1 月 1 日，所有者权益总额为 50000 万元，其中股本 30000 万元，资本公积 5000 万元，盈余公积 6000 万元，未分配利润 9000 万元。2013 年度 A 公司发生如下经济业务：

（1）接受甲公司投入原材料一批，合同约定的价值为 3000 万元（与公允价值相等），增值税税额为 510 万元（由投资方支付税款，并提供或开具增值税专用发票）；同时 A 公司增加股本 2500 万元，相关法律手续已办妥。

（2）被投资企业乙公司可供出售金融资产的公允价值减少 500 万元，A 公司采用权益法按 40%持股比例确认应享有的份额。

（3）经股东大会决议，并报有关部门核准，增发普通股 3000 万股，每股面值 1 元，每股发行价格 5 元，按照发行股款的 2%向证券公司支付发行费。发行款已全部收到并存入银行。假定不考虑其他因素。

（4）因扩大经营规模需要，经股东大会批准，A 公司将盈余公积 2800万元转增股本。

（5）结转本年实现净利润 3000 万元。

（6）按税后利润的 10%提取法定盈余公积。

（7）向投资者宣告分配现金股利 500 万元。

（8）将"利润分配——提取法定盈余公积"、"利润分配——应付现金股利"明细科目余额结转至未分配利润。

要求： 根据上述资料，不考虑其他因素，回答下列问题。

（1）根据资料（1），下列关于 A 公司的处理正确的是（   ）。

A. 原材料的入账价值是 3000 万元

B. 原材料的入账价值是 3510 万元

C. 确认资本公积（股本溢价）1010 万元

D. 确认资本公积（股本溢价）500 万元

（2）根据资料（2），A 公司的下列会计处理正确的是（   ）。

A. 确认其他综合收益 200 万元

B. 确认其他综合收益-200 万元

C. 确认公允价值变动损益-200 万元

D. 确认公允价值变动损益 200 万元

（3）根据资料（3），A 公司应将发行费用记入到（   ）科目。

A. 资本公积——股本溢价

B. 财务费用

C. 股本

D. 资本公积——其他资本公积

（4）根据资料（4），下列说法正确的是（　　）。

A. "盈余公积"减少2800万元　　B. 留存收益减少2800万元

C. 盈余公积的用途仅限于转增资本　D. 经批准，盈余公积可用于弥补亏损

（5）下列说法正确的是（　　）。

A. 资料（5）的会计分录是借记本年利润，贷记利润分配——未分配利润，金额为3000万元

B. 资料（6）的会计分录是借记本年利润——提取盈余公积，贷记盈余公积——法定盈余公积300万元

C. 资料（7）的会计分录是借记本年利润——应付现金股利，贷记应付股利，金额为500万元

D. 资料（7）的会计分录是借记利润分配——应付现金股利，贷记应付股利，金额为500万元

2. 甲上市公司2010年至2013年发生与其股票有关的业务如下：

（1）2010年1月4日，经股东大会决议，并报有关部门核准，增发普通股40000万股，每股面值1元，每股发行价格5元，款项已全部收到并存入银行。假定不考虑相关税费。

（2）2010年6月20日，经股东大会决议，并报有关部门核准，以资本公积4000万元转增股本。

（3）2011年6月20日，经股东大会决议，并报有关部门核准，以银行存款回购本公司股票100万股，每股回购价格为3元。

（4）2011年6月26日，经股东大会决议，并报有关部门核准，将回购的本公司股票100万股注销。

（5）2012年3月5日，经股东大会决议，并报有关部门核准，增发普通股50000万股，每股面值1元，每股发行价格4元，按发行收入的3%收取手续费，款项已全部收到并存入银行。假定不考虑相关税费。

（6）2012年5月30日，经股东大会决议，并报有关部门核准，以盈余公积3500万元转增股本。

（7）2013年6月30日，经股东大会决议，并报有关部门核准，以银行存款回购本公司股票150万股，每股回购价格为0.8元。

（8）2013年7月20日，经股东大会决议，并报有关部门核准，将回购的本公司股票150万股注销。

要求：根据上述资料，不考虑其他因素，分析回答下列问题。

（1）关于业务（2）、（3），下列会计处理错误的是（　　）。

A. 资本公积转增资本：

借：资本公积   4000

  贷：股本   4000

B. 资本公积转增资本：

借：资本公积   4000

  贷：实收资本   4000

C. 回购股份：

借：库存股   300

  贷：银行存款   300

D. 回购股份：

借：股本   300

  贷：库存股   300

（2）2011年6月26日，注销股票的下列处理，正确的是（ ）。

A. 借：股本   300

   贷：库存股   300

B. 借：库存股   300

   贷：股本   300

C. 借：股本   100

    营业外支出   200

   贷：库存股   300

D. 借：股本   100

    资本公积   200

   贷：库存股   300

（3）2012年3月5日，关于甲公司增发普通股的处理，下列说法不正确的是（ ）。

A. 因发行股票使银行存款增加200000万元

B. 因发行股票使银行存款增加194000万元

C. 发行股票的手续费应计入财务费用

D. 发行股票的手续费应冲减股本的金额

（4）2012年5月30日，下列关于盈余公积转增资本的说法正确的是（ ）。

A. "盈余公积"科目增加3500万元

B. "盈余公积"科目减少3500万元

C. "股本"科目减少3500万元

D. "未分配利润"科目金额增加3500万元

（5）2013年，关于回购和注销股份的处理，下列分录中正确的是（ ）。

A. 借：库存股　　　　　　　　　　　　　　120
　　贷：银行存款　　　　　　　　　　　　　　　　120
B. 借：股本　　　　　　　　　　　　　　　120
　　贷：库存股　　　　　　　　　　　　　　　　　120
C. 借：股本　　　　　　　　　　　　　　　150
　　贷：库存股　　　　　　　　　　　　　　　　　120
　　　　营业外收入　　　　　　　　　　　　　　　30
D. 借：股本　　　　　　　　　　　　　　　150
　　贷：库存股　　　　　　　　　　　　　　　　　120
　　　　资本公积　　　　　　　　　　　　　　　　30

3. B公司2012年1月1日的所有者权益为2000万元（其中，股本为1500万元，资本公积为100万元，盈余公积为100万元，未分配利润为300万元）。B公司2012年实现净利润为200万元，按实现净利润的10%提取法定盈余公积。2013年B公司发生亏损50万元，用以前年度的未分配利润每股分派现金股利0.1元，每10股分派股票股利1股。

要求：根据上述资料，不考虑其他因素，分析回答下列第（1）~（3）小题。（答案中金额单位用万元表示）

（1）针对2012年的业务，下列各项中，会计处理正确的是（　　）。

A. 结转2012年实现净利润的会计分录：
借：本年利润　　　　　　　　　　　　　　200
　　贷：利润分配——未分配利润　　　　　　　　200
B. 2012年提取盈余公积：
借：利润分配——提取法定盈余公积　　　　　20
　　贷：盈余公积——法定盈余公积　　　　　　　20
C. 2012年12月31日未分配利润余额为500万元
D. 2012年12月31日所有者权益总额为2200万元

（2）对于2013年的业务，下列各项中，会计处理正确的是（　　）。

A. 结转2013年发生亏损的会计分录：
借：利润分配——未分配利润　　　　　　　　50
　　贷：本年利润　　　　　　　　　　　　　　　50
B. 2013年宣告分配现金股利的会计分录：
借：利润分配——应付现金股利　　　　　　　150
　　贷：应付股利　　　　　　　　　　　　　　　150
C. 2013年宣告分配股票股利时的会计分录：

借：利润分配——转作股本的股利　　　　　　　　　　　150
　　贷：股本　　　　　　　　　　　　　　　　　　　　　　　　150

D. 结转利润分配的会计分录：

借：利润分配——未分配利润　　　　　　　　　　　　300
　　贷：利润分配——应付现金股利　　　　　　　　　　　　150
　　　　　　——转作股本的股利　　　　　　　　　　　　　150

（3）2013 年 12 月 31 日，下列各项目金额正确的是（　　　）。

A. 股本为 1500 万元　　　　　　　　B. 盈余公积为 120 万元

C. 未分配利润为 130 万元　　　　　　D. 所有者权益总额为 2000 万元

第十三章
收 入

　　收入是指企业在日常活动中形成的、会导致所有者权益增加的、与所有者投入资本无关的经济利益的总流入。收入按企业从事日常活动的性质不同，分为销售商品收入、提供劳务收入和让渡资产使用权收入。收入按企业经营业务的主次不同，分为主营业务收入和其他业务收入。主营业务收入是指企业为完成其经营目标所从事的经常性活动所实现的收入。其他业务收入是指企业为完成其经营目标所从事的与经常性活动相关的活动实现的收入。

【学习目标】

　　通过本章的学习，要求了解收入的概念、种类；理解收入的确认和计量，特别是理解风险与报酬的转移是确认收入的关键；掌握商品销售收入、提供劳务收入和让渡资产使用权取得的收入的核算。

【关键词】

销售商品收入	Sales revenue
提供劳务收入	Service revenue
让渡资产所有权收入	Income transfer of asset ownership
折扣	Discount
销售总/净额	Gross/net sales
销售退回及折让	Sales return and allowance
完工百分比法	Percentage of completion method
经营收益	Income from operations

【思维导图】

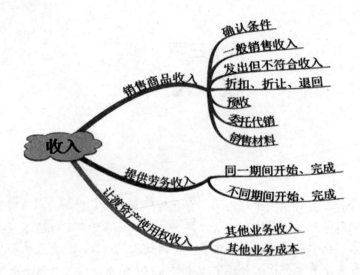

第一节 销售商品收入

销售商品收入的会计处理主要涉及一般销售商品业务、已经发出商品但不符合收入确认条件的销售业务、销售折让、销售退回、采用预收款方式销售商品、采用支付手续费方式委托代销商品等情况。

一、销售商品收入的确认

销售商品收入同时满足下列条件的，才能予以确认：

(一) 企业已将商品所有权上的主要风险和报酬转移给购货方

企业已将商品所有权上的主要风险和报酬转移给购货方，是指与商品所有权有关的主要风险和报酬同时转移。与商品所有权有关的风险，是指商品可能发生减值或损毁等形成的损失；与商品所有权有关的报酬，是指商品增值或通过使用商品等形成的经济利益。企业已将商品所有权上的主要风险和报酬转移给购货方，构成确认销售商品收入的重要条件。

判断企业是否已将商品所有权上的主要风险和报酬转移给购货方，应当关注交易的实质，并结合所有权凭证的转移进行判断。如果与商品所有权有关的任何损失均不需要销货方承担，与商品所有权有关的任何经济利益也不归销货方所有，就意味着商品所有权上的主要风险和报酬转移给了购货方。

（二）企业既没有保留通常与所有权相联系的继续管理权，也没有对已售出的商品实施有效控制

在通常情况下，企业售出商品后不再保留与商品所有权相联系的继续管理权，也不再对售出商品实施有效控制，商品所有权上的主要风险和报酬已经转移给购货方，通常应在发出商品时确认收入。如果企业在商品销售后保留了与商品所有权相联系的继续管理权，或能够继续对其实施有效控制，说明商品所有权上的主要风险和报酬没有转移，销售交易不能成立，不能确认收入，如售后租回。

（三）相关的经济利益很可能流入企业

在销售商品的交易中，与交易相关的经济利益主要表现为销售商品的价款。相关的经济利益很可能流入企业，是指销售商品价款收回的可能性大于不能收回的可能性，即销售商品价款收回的可能性超过50%（不包括50%）。企业在销售商品时，如估计销售价款不是很可能收回，即使收入确认的其他条件均已满足，也不应当确认收入。

企业在确定销售商品价款收回的可能性时，应当结合以前和买方交往的直接经验、政府有关政策、其他方面取得信息等因素进行分析。企业销售的商品符合合同或协议要求，已将发票账单交付买方，买方承诺付款，通常表明相关的经济利益很可能流入企业。如果企业判断销售商品收入满足确认条件而予以确认，同时确认了一笔应收债权，以后由于购货方资金周转困难无法收回该债权时，不应调整原会计处理，而应对该债权计提坏账准备、确认坏账损失。如果企业根据以前与买方交往的直接经验判断买方信誉较差，或销售时得知买方在另一项交易中发生了巨额亏损、资金周转十分困难，或在出口商品时不能肯定进口企业所在国政府是否允许将款项汇出等，就可能会出现与销售商品相关的经济利益不能流入企业的情况，不应确认收入。

（四）收入的金额能够可靠地计量

收入的金额能够可靠地计量，是指收入的金额能够合理地估计。收入金额能否合理地估计是确认收入的基本前提，如果收入的金额不能够合理估计，就无法

确认收入。企业在销售商品时，商品销售价格通常已经确定。但是，由于销售商品过程中某些不确定因素的影响，也有可能存在商品销售价格发生变动的情况。在这种情况下，新的商品销售价格未确定前通常不应确认销售商品收入。

（五）相关的已发生或将发生的成本能够可靠地计量

根据收入和费用配比原则，与同一项销售有关的收入和费用应在同一会计期间予以确认，即企业应在确认收入的同时或同一会计期间结转相关的成本。

相关的已发生或将发生的成本能够可靠地计量，是指与销售商品有关的已发生或将发生的成本能够合理地估计。

> **知识点**
>
> 销售商品相关的已发生或将发生的成本不能够合理地估计，此时企业不应确认收入，若已收到价款，应将已收到的价款确认为负债（预收账款）。

通常情况下，销售商品相关的已发生或将发生的成本能够合理地估计，如库存商品的成本、商品运输费用等。如果库存商品是本企业生产的，其生产成本能够可靠计量；如果是外购的，购买成本能够可靠计量。有时，销售商品相关的已发生或将发生的成本不能够合理地估计，此时企业不应确认收入，若已收到价款，应将已收到的价款确认为负债。

【练一练】（2014年判断）企业在商品售出后，即使仍然能够对售出商品实施有效控制，也应确认商品销售收入。（　　）

【解析】企业在售出商品后，仍能对商品实施有效控制，销售不能成立，不能确认销售收入。故答案为×。

二、一般销售商品业务收入的处理

在进行销售商品的会计处理时，首先要考虑销售商品收入是否符合收入确认条件。如果符合收入准则所规定的五项确认条件的，企业应确认收入并结转相关销售成本。

企业判断销售商品收入满足确认条件的，应当提供确凿的证据。通常情况下，销售商品采用托收承付方式的，在办妥托收手续时确认收入；交款提货销售商品的，在开出发票账单收到货款时确认收入。交款提货销售商品是指购买方已根据企业开出的发票账单支付货款并取得提货单的销售方式。在这种方式下，购货方支付货款取得提货单，企业尚未交付商品，销售方保留的是商品所有权上的次要风险和报酬，商品所有权上的主要风险和报酬已经转移给购货方，通常应在开出发票账单收到货款时确认收入。

企业销售商品满足收入确认条件时，应当按照已收或应收合同或协议价款的公允价值确定销售商品收入金额。通常情况下，购货方已收或应收的合同或协议价款即为其公允价值，应当以此确定销售商品收入的金额。企业销售商品所实现的收入以及结转的相关销售成本，通过"主营业务收入"、"主营业务成本"等科目核算。

【例13-1】甲公司采用托收承付结算方式销售一批商品，开出的增值税专用发票上注明售价为 600000 元，增值税税额为 102000 元；商品已经发出，并已向银行办妥托收手续；该批商品的成本为 420000 元，甲公司应编制如下会计分录：

（1）确认销售收入。

借：应收账款 702000
贷：主营业务收入 600000
应交税费——应交增值税（销项税额） 102000

（2）结转销售成本。

借：主营业务成本 420000
贷：库存商品 420000

【例13-2】甲公司向乙公司销售一批商品，开出的增值税专用发票上注明售价为 300000 元，增值税税额为 51000 元；甲公司已收到乙公司支付的货款 351000 元，并将提货单送交乙公司；该批商品成本为 240000 元。甲公司应编制如下会计分录：

（1）确认销售收入。

借：银行存款 351000
贷：主营业务收入 300000
应交税费——应交增值税（销项税额） 51000

（2）结转销售成本。

借：主营业务成本 240000
贷：库存商品 240000

【例13-3】甲公司向乙公司销售商品一批，开出的增值税专用票上注明售价为 400000 元，增值税额为 68000 元；甲公司收到乙公司开出的不带息银行承兑汇票一张，票面金额为 468000 元，期限为 2 个月；该批商品已经发出，甲公司以银行存款代垫运杂费 2000 元；该批商品成本为 320000 元。甲公司会计分录如下：

（1）确认销售收入。

借：应收票据 468000

应收账款	2000	
贷：主营业务收入		400000
应交税费——应交增值税（销项税额）		68000
银行存款		2000

（2）结转销售成本。

借：主营业务成本	320000	
贷：库存商品		320000

【练一练】（2010年单选）下列各项中，关于收入确认表述正确的是（　　）。

A. 采用预收货款方式销售商品，应在收到货款时确认收入

B. 采用分期收款方式销售商品，应在货款全部收回时确认收入

C. 采用交款提货方式销售商品，应在开出发票收到货款时确认收入

D. 采用支付手续费委托代销方式销售商品，应在发出商品时确认收入

【解析】选项B，采用分期收款方式销售商品的，在满足收入确认条件时，应当根据应收款项的公允价值（或现行售价）一次性确认收入。故答案为C。

【练一练】（2010年综合）甲公司为增值税一般纳税人，12月5日，向乙公司销售商品一批，开出的增值税专用发票上注明的价款为60万元，增值税税额为10.2万元，销售商品实际成本为45万元。提货单和增值税专用发票已交购货方，并收到购货方开出的商业承兑汇票。

要求：编制甲公司上述项业务的会计分录（答案中的金额单位用万元表示）。

【解析】

借：应收票据	70.2	
贷：主营业务收入		60
应交税费——应交增值税（销项税额）		10.2
借：主营业务成本	45	
贷：库存商品		45

三、已经发出但不符合销售商品收入确认条件的商品的处理

如果企业售出商品不符合销售商品收入确认的五项条件，不应确认收入。为了单独反映已经发出但尚未确认销售收入的商品成本，企业应增设"发出商品"科目。"发出商品"科目核算一般用于销售方式下，已经发出但尚未确认销售收入的商品成本。

"发出商品"科目的期末余额应并入资产负债表"存货"项目反映，库存商品也属于企业存货项目中的部分，所以针对借记"发出商品"科目，贷记"库存商品"科目，不影响企业存货项目余额在资产负债表中的反映。

这里应注意的一个问题是，尽管发出的商品不符合收入确认条件，但如果销售该商品的纳税义务已经发生，比如已经开出增值税专用发票，则应确认应交的增值税销项税额。借记"应收账款"等科目，贷记"应交税费——应交增值税（销项税额）"科目。如果纳税义务没有发生，则不需进行上述处理。

【例13-4】甲公司于2015年3月3日采用托收承付结算方式向乙公司销售一批商品，开出的增值税专用发票上注明售价为100000元，增值税税额为17000元；该批商品成本为60000元。甲公司在销售该批商品时已得知乙公司资金流转发生暂时困难，但为了减少存货积压，同时也为了维持与乙公司长期以来建立的商业关系，甲公司仍将商品发出，并办妥托收手续。假定甲公司销售该批商品的纳税义务已经发生。

本例中，由于乙公司现金流转存在暂时困难，甲公司很可能不能全部收回销售货款。根据销售商品收入的确认条件，甲公司在发出商品时不能确认收入。为此，甲公司应将已发出的商品成本通过"发出商品"科目反映。甲公司应编制如下会计分录：

（1）发出商品时。

借：发出商品 60000
　　贷：库存商品 60000

（2）因甲公司销售该批商品的纳税义务已经发生，应确认应交的增值税销项税额。

借：应收账款 17000
　　贷：应交税费——应交增值税（销项税额） 17000

（注：如果销售该批商品的纳税义务尚未发生，则不作这笔分录，待纳税义务发生时再作应交增值税的分录）假定2015年11月甲公司得知乙公司经营情况逐渐好转，乙公司承诺近期付款，在乙公司承诺付款时，甲公司应编制如下会计分录：

（1）确认销售收入。

借：应收账款 100000
　　贷：主营业务收入 100000

（2）结转销售成本。

借：主营业务成本   60000

     贷：发出商品   60000

假定甲公司于 2015 年 12 月 6 日收到乙公司支付的货款，应作如下会计分录：

借：银行存款   117000

     贷：应收账款   117000

四、商业折扣、现金折扣和销售折让的处理

企业销售商品收入的金额通常按照从购货方已收或应收的合同或协议价款确定。在确定销售商品收入的金额时，应注意区分现金折扣、商业折扣和销售折让及其不同的账务处理方法。总的来讲，确定销售商品收入的金额时，不应考虑预计可能发生的现金折扣、销售折让，即应按总价确认，但应是扣除商业折扣后的净额。现金折扣、商业折扣、销售折让的区别以及相关会计处理方法如下：

（一）商业折扣

商业折扣是指企业为促进商品销售而在商品标价上给予的价格扣除。例如，企业为鼓励客户多买商品可能规定，购买 10 件以上商品给予客户 10% 的折扣，或客户每买 10 件送 1 件。此外，企业为了尽快出售一些残次、陈旧、滞销的商品，也可能降价（即打折）销售。

商业折扣在销售时即已发生，并不构成最终成交价格的一部分。企业销售商品涉及商业折扣的，应当按照扣除商业折扣后的金额确定销售商品收入金额。

> **知识点**
>
> 商业折扣在销售成立时即已产生。企业销售商品涉及商业折扣的，应当按照扣除商业折扣后的金额确定销售商品收入金额。存在商业折扣，销售企业计算增值税销项税额应当按照扣除商业折扣后的金额计算。商业折扣不单独进行会计处理，仅仅是为了扩大销售而给予客户价格上的优惠。

（二）现金折扣

现金折扣是指债权人为鼓励债务人在规定的期限内付款而向债务人提供的债务扣除。现金折扣一般用符号"折扣率/付款期限"表示，例如，"2/10、1/20、N/30"表示：销货方允许客户最长的付款期限为 30 天，如果客户在 10 天内付款，销货方可按商品售价给予客户 2% 的折扣；如果客户在 20 日内付款，销货方可按商品售价给予客户 1% 的折扣；如果客户在 21 日至 30 日内付款，将不能享受现金折扣。

现金折扣发生在企业销售商品之后，企业销售商品后现金折扣是否发生以及

发生多少要视买方的付款情况而定，企业在确认销售商品收入时不能确定现金折扣金额。因此，企业销售商品涉及现金折扣的，应当按照扣除现金折扣前的金额确定销售商品收入金额。现金折扣实际上是企业为了尽快回笼资金而发生的理财费用，应在实际发生时计入当期财务费用。

在计算现金折扣时，还应注意销售方是按不包含增值税的价款提供现金折扣，还是按包含增值税的价款提供现金折扣，两种情况下购买方享有的现金折扣金额不同。例如，销售价格为 1000 元的商品，增值税税额为 170 元，购买方应享有的现金折扣为 1%。如果购销双方约定计算现金折扣时不考虑增值税，则购买方应享有的现金折扣金额为 10 元；如果购销双方约定计算现金折扣时一并考虑增值税，则购买方享有的现金折扣金额为 11.7 元。

> **知识点**
>
> 企业销售商品涉及现金折扣的，应当按照扣除现金折扣前的金额确定销售商品收入金额。现金折扣在实际发生时计入当期财务费用。
>
> 在计算现金折扣时，还应注意销售方是按不包含增值税的价款提供现金折扣，还是按包含增值税的价款提供现金折扣，两种情况下销售方计入财务费用的金额不同。
>
> 存在现金折扣，销售企业计算增值税销项税额不应当按照扣除现金折扣后的金额计算。
>
> 购买企业享有的现金折扣计入财务费用的贷方，不管是销售企业提供现金折扣，还是购买企业享受现金折扣均计入财务费用。

【例 13-5】甲公司为增值税一般纳税企业，2015 年 3 月 1 日销售 A 商品 10000 件，每件商品的标价为 20 元（不含增值税），每件商品的实际成本为 12 元，A 商品适用的增值税税率为 17%；由于是成批销售，甲公司给以购货方10%的商业折扣，并在销售合同中规定现金折扣条件为 2/10、1/20、N/30；A 商品于 3 月 1 日发出，购货方于 3 月 9 日付款。假定计算现金折扣时考虑增值税。

本例涉及商业折扣和现金折扣的问题，首先需要计算确定销售商品收入的金额。根据销售商品收入的金额确定的有关规定，销售商品收入的金额应是未扣除现金折扣但扣除商业折扣后的金额，现金折扣应在实际发生时计入当期财务费用。因此，甲公司应确认的销售商品收入金额为180000（$20 \times 10000 - 20 \times 10000 \times 10\%$）元，增值税销项税额为 30600（$180000 \times 17\%$）元。购货方于销售实现后的 10 日内付款，享有的现金折扣为 4212 [（$180000 + 30600$）$\times 2\%$] 元。甲公司应编制如下会计分录：

(1) 3月1日销售实现时。

借：应收账款　　　　　　　　　　　　　　210600
　　贷：主营业务收入　　　　　　　　　　　　　　　180000
　　　　应交税费——应交增值税（销项税额）　　　　30600
借：主营业务成本　　　　　（12×10000）120000
　　贷：库存商品　　　　　　　　　　　　　　　　　120000

(2) 3月9日收到货款时。

借：银行存款　　　　　　　　　　　　　　206388
　　财务费用　　　　　　　　　　　　　　　4212
　　贷：应收账款　　　　　　　　　　　　　　　　　210600

以上的4212元为考虑增值税时的现金折扣，若本例假设计算现金折扣时不考虑增值税，则甲公司给予购货方的现金折扣为180000×2%＝3600（元）本例中，若购货方于3月19日付款，则享有的现金折扣为2106（210600×1%）元。甲公司在收到货款时的会计分录：

借：银行存款　　　　　　　　　　　　　　208494
　　财务费用　　　　　　　　　　　　　　　2106
　　贷：应收账款　　　　　　　　　　　　　　　　　210600

若购货方于3月底才付款，则应按全额付款。甲公司在收到货款时的会计分录：

借：银行存款　　　　　　　　　　　　　　210600
　　贷：应收账款　　　　　　　　　　　　　　　　　210600

【练一练】（2013年判断）购买商品支付货款取得的现金折扣列入利润表"财务费用"项目（　　）。

【解析】针对现金折扣，购买企业享受该现金折扣计入财务费用贷方，销售方承担该现金折扣计入财务费用借方。故答案为√。

【练一练】（2010年单选）企业销售商品确认收入后，对于客户实际享受的现金折扣，应当（　　）。

A. 确认当期财务费用　　　　　B. 冲减当期主营业务收入
C. 确认当期管理费用　　　　　D. 确认当期主营业务成本

【解析】企业销售商品确认收入的时候，对于客户实际享受的现金折扣，应该确认为企业当期的财务费用。故答案为A。

【练一练】（2011年多选）下列关于现金折扣会计处理的表述中，正确的有（　　）。

A. 销售企业在确认销售收入时将现金折扣抵减收入

B. 销售企业在取得价款时将实际发生的现金折扣计入财务费用

C. 购买企业在购入商品时将现金折扣直接抵减应确认的应付账款

D. 购买企业在偿付应付账款时将实际发生的现金折扣冲减财务费用

【解析】选项 A，企业销售商品涉及现金折扣的应当按照扣除现金折扣前的金额确定销售商品收入金额；选项 B，销售企业在取得价款时将实际发生的现金折扣计入财务费用；选项 B 正确；选项 C，购买企业按照扣除现金折扣前的金额确认应付账款；选项 D，购买企业实际支付价款时将发生的现金折扣直接计入财务费用。故答案为 BD。

3. 销售折让

销售折让是指企业因售出商品的质量不合格等原因而在售价上给予的减让。企业将商品销售给买方后，如买方发现商品在质量、规格等方面不符合要求，可能要求卖方在价格上给予一定的减让。

销售折让如发生在确认销售收入之前，则应在确认销售收入时直接按扣除销售折让后的金额确认；已确认销售收入的售出商品发生销售折让，且不属于资产负债表日后事项的，应在发生时冲减当期销售商品收入，如按规定允许扣减增值税额的，还应冲减已确认的应交增值税销项税额。

> **知识点**
>
> 针对销售折让仅仅影响收入的确认金额或已经确认金额，不涉及营业成本的调整。

【例 13-6】甲公司销售一批商品给乙公司，开出的增值税专用发票上标明的售价为 100000 元，增值税税额为 17000 元。该批商品的成本为 70000 元。货到后乙公司发现商品质量不合格，要求在价格上给予 5% 的折让。乙公司提出的销售折让要求符合原合同的约定，甲公司同意并办妥了相关手续，开具了增值税专用发票（红字）。假定此前甲公司已确认该批商品的销售收入，销售款项尚未收到，发生的销售折让允许扣减当期增值税销项税额。甲公司会计处理如下：

（1）销售实现时。

借：应收账款	117000	
贷：主营业务收入		100000
应交税费——应交增值税（销项税额）		17000
借：主营业务成本	70000	
贷：库存商品		70000

（2）发生销售折让时。

借：主营业务收入　　　　　　　（100000×5%）5000

　　应交税费——应交增值税（销项税额）　　850

　　贷：应收账款　　　　　　　　　　　　　　5850

（3）实际收到款项时。

借：银行存款　　　　　　　　　111150

　　贷：应收账款　　　　　　　　　　　　111150

本例中，假定发生销售折让前，因该项销售在货款回收上存在不确定性，甲公司未确认该批商品的销售收入，纳税义务也未发生；发生销售折让后 2 个月，乙公司承诺近期付款。则甲公司应编制如下会计分录：

（1）发出商品时。

借：发出商品　　　　　　　　　　70000

　　贷：库存商品　　　　　　　　　　　　70000

（2）乙公司承诺付款，甲公司确认销售收入时。

借：应收账款　　　　　　　　　　111150

　　贷：主营业务收入　　　（100000-100000×5%）95000

　　　　应交税费——应交增值税（销项税额）　16150

借：主营业务成本　　　　　　　　70000

　　贷：发出商品　　　　　　　　　　　　70000

（3）实际收到款项时。

借：银行存款　　　　　　　　　　111150

　　贷：应收账款　　　　　　　　　　　　111150

【练一练】（2009 年综合）甲公司为增值税一般纳税人，增值税税率为17%，商品销售价格不含增值税，在确认销售收入时逐笔结转销售成本。假定不考虑其他相关税费。2008 年 6 月甲公司发生如下业务：

6 月 25 日，甲公司收到丙公司来函。来函提出，2008 年 5 月 10 日从甲公司所购 B 商品不符合合同规定的质量标准，要求甲公司在价格上给予 10% 的销售折让。该商品售价 600 万元，增值税税额为 102 万元，货款已结清。经甲公司认定，同意给予折让并以银行存款退还折让款，同时开具了增值税专用发票（红字）。

要求：编制甲公司上述业务的会计分录。（"应交税费"科目要求写出明细科目及专栏名称；答案中的金额单位用万元表示）

【解析】

借：主营业务收入　　　　　　　　60

　　应交税费——应交增值税（销项税额）　10.2

　　贷：银行存款　　　　　　　　　　　　70.2

五、销售退回的处理

企业销售商品除了可能发生销售折让外，还有可能发生销售退回。企业售出商品发生的销售退回，应当对不同情况分别进行会计处理：一是尚未确认销售商品收入的售出商品发生销售退回的，应当冲减"发出商品"，同时增加"库存商品"；二是已确认销售商品收入的售出商品发生销售退回的，除属于资产负债表日后事项外，一般应在发生时冲减当期销售商品收入，同时冲减当期销售商品成本，如按规定允许扣减增值税税额的，应同时冲减已确认的应交增值税销项税额。如该项销售退回已发生现金折扣的，应同时调整相关财务费用的金额。

知识点

> 企业销售折让的处理仅仅涉及收入的减少，不涉及成本和存货的变动；而销售退回的处理既涉及收入的减少，也涉及成本和存货的变动。

【例 13-7】甲公司 2015 年 9 月 5 日收到乙公司因质量问题而退回的商品 10 件，每件商品成本为 210 元。该批商品系甲公司 2015 年 6 月 2 日出售给乙公司，每件商品售价为 300 元，适用的增值税税率为 17%，货款尚未收到，甲公司尚未确认销售商品收入。因乙公司提出的退货要求符合销售合同约定，甲公司同意退货，并按规定向乙公司开具了增值税专用发票（红字）。验收退货入库时，甲公司应编制如下会计分录：

借：库存商品　　　　　　　　　　（210×10）2100

　　贷：发出商品　　　　　　　　　　　　　　　　2100

【例 13-8】甲公司 2015 年 3 月 20 日销售 A 商品一批，增值税专用发票上注明售价为 350000 元，增值税税额为 59500 元；该批商品成本为 182000元。A 商品于 2015 年 3 月 20 日发出，购货方于 3 月 27 日付款。甲公司对该项销售确认了销售收入。2015 年 9 月 15 日，该批商品质量出现严重问题，购货方将该批商品全部退回给甲公司，甲公司同意退货，于退货当日支付了退货款，并按规定向购货方开具了增值税专用发票（红字）。甲公司应编制如下会计分录：

（1）销售实现时。

借：应收账款　　　　　　　　　　409500

　　贷：主营业务收入　　　　　　　　　　　　　350000

　　　　应交税费——应交增值税（销项税额）　　59500

借：主营业务成本　　　　　　　　182000

　　贷：库存商品　　　　　　　　　　　　　　　182000

（2）收到货款时。

借：银行存款　　　　　　　　　　　　　409500

　　贷：应收账款　　　　　　　　　　　　　　　　409500

（3）销售退回时。

借：主营业务收入　　　　　　　　　　　350000

　　应交税费——应交增值税（销项税额）　59500

　　贷：银行存款　　　　　　　　　　　　　　　　409500

借：库存商品　　　　　　　　　　　　　182000

　　贷：主营业务成本　　　　　　　　　　　　　　182000

【例 13-9】甲公司在 2015 年 3 月 18 日向乙公司销售一批商品，开出的增值税专用发票上注明售价为 50000 元，增值税额为 8500 元。该批商品成本为 26000 元。为及早收回货款，甲公司和乙公司约定的现金折扣条件为 2/10、1/20、N/30。乙公司在 2015 年 3 月 27 日支付货款。2015 年 7 月 5 日，该批商品应质量问题被乙公司退回，甲公司当日支付有关退货款。假定计算现金折扣时不考虑增值税。甲公司应编制如下会计分录：

（1）2015 年 3 月 18 日销售实现时。

借：应收账款　　　　　　　　　　　　　58500

　　贷：主营业务收入　　　　　　　　　　　　　　50000

　　　　应交税费——应交增值税（销项税额）　　　8500

借：主营业务成本　　　　　　　　　　　26000

　　贷：库存商品　　　　　　　　　　　　　　　　26000

（2）2015 年 3 月 27 日收到货款时，发生现金折扣 1000（50000×2%）元，实际收款 57500（58500-1000）元。

借：银行存款　　　　　　　　　　　　　57500

　　财务费用　　　　　　　　　　　　　　1000

　　贷：应收账款　　　　　　　　　　　　　　　　58500

（3）2015 年 7 月 5 日发生销售退回时。

借：主营业务收入　　　　　　　　　　　50000

　　应交税费——应交增值税（销项税额）　8500

　　贷：银行存款　　　　　　　　　　　　　　　　57500

　　　　财务费用　　　　　　　　　　　　　　　　1000

借：库存商品　　　　　　　　　　　　　26000

　　贷：主营业务成本　　　　　　　　　　　　　　26000

六、采用预收款方式销售商品的处理

在预收款销售方式下，销售方直到收到最后一笔款项才将商品交付购货方，表明商品所有权上的主要风险和报酬只有在收到最后一笔款项时才转移给购货方，销售方通常应在发出商品时确认收入，在此之前预收的货款应确认为预收账款。

【例13-10】 甲公司与乙公司签订协议，采用预收款方式向乙公司销售一批商品。

该批商品实际成本为600000元。协议约定，该批商品销售价格为800000元，增值税额为136000元；乙公司应在协议签订时预付60%的货款（按销售价格计算），剩余货款于2个月后支付。甲公司的会计处理如下：

（1）收到60%货款时。

借：银行存款   480000
  贷：预收账款   480000

（2）收到剩余货款及增值税税款时。

借：预收账款   480000
  银行存款   456000
  贷：主营业务收入   800000
    应交税费——应交增值税（销项税额） 136000

借：主营业务成本   600000
  贷：库存商品   600000

七、采用支付手续费方式委托代销商品的处理

采用支付手续费代销方式下，委托方在发出商品时，商品所有权上的主要风险和报酬并未转移给受托方，委托方在发出商品时通常不应确认销售商品收入，而应在收到受托方开出的代销清单时确认销售商品收入，同时将应支付的代销手续费计入销售费用；受托方应在代销商品销售后，按合同或协议约定的方法计算确定代销手续费，确认劳务收入。

受托方可通过"受托代销商品"、"受托代销商品款"等科目，对受托代销商品进行核算。确认代销手续费收入时，借记"受托代销商品款"科目，贷记"其他业务收入"等科目。

【例13-11】 甲公司委托丙公司销售商品200件，商品已经发出，每件成本为60元。合同约定丙公司应按每件100元对外销售，甲公司按售价的10%向丙公司支付手续费。丙公司对外实际销售100件，开出的增值税专用发票上注明的

销售价格为10000元，增值税税额为1700元，款项已经收到。甲公司收到丙公司开具的代销清单时，向丙公司开具一张相同金额的增值税专用发票。假定：甲公司发出商品时纳税义务尚未发生；甲公司采用实际成本核算，丙公司采用进价核算代销商品。

　　甲公司应编制如下会计分录：

（1）发出商品时。

借：委托代销商品　　　　　　　　　　　　　　　12000
　　贷：库存商品　　　　　　　　　　　　　　　　　　12000

（2）收到代销清单时。

借：应收账款　　　　　　　　　　　　　　　　　11700
　　贷：主营业务收入　　　　　　　　　　　　　　　　10000
　　　　应交税费——应交增值税（销项税额）　　　　　1700

借：主营业务成本　　　　　　　　　　　　　　　6000
　　贷：委托代销商品　　　　　　　　　　　　　　　　6000

借：销售费用　　　　　　　　　　　　　　　　　1000
　　贷：应收账款　　　　　　　　　　　　　　　　　　1000

代销手续费金额＝10000×10%＝1000（元）

（3）收到丙公司支付的货款时。

借：银行存款　　　　　　　　　　　　　　　　　10700
　　贷：应收账款　　　　　　　　　　　　　　　　　　10700

丙公司的会计处理如下：

1）收到商品时。

借：受托代销商品　　　　　　　　　　　　　　　20000
　　贷：受托代销商品款　　　　　　　　　　　　　　　20000

2）对外销售时。

借：银行存款　　　　　　　　　　　　　　　　　11700
　　贷：受托代销商品　　　　　　　　　　　　　　　　10000
　　　　应交税费——应交增值税（销项税额）　　　　　1700

3）收到增值税专用发票时。

借：应交税费——应交增值税（进项税额）　　　　1700
　　贷：应付账款　　　　　　　　　　　　　　　　　　1700

4）支付货款并计算代销手续费时。

借：受托代销商品款　　　　　　　　　　　　　　10000
　　应付账款　　　　　　　　　　　　　　　　　1700

　　贷：银行存款　　　　　　　　　　　　　　　　　　10700
　　　　其他业务收入　　　　　　　　　　　　　　　　 1000

　　【练一练】甲公司委托丙公司销售商品200件，商品已经发出，每件成本为60元。合同约定丙公司应按每件100元对外销售，甲公司按不含增值税的销售价格的10%向丙公司支付手续费。

　　丙公司对外实际销售100件，开出的增值税专用发票上注明的销售价格为10000元，增值税税额为1700元，款项已经收到。

　　甲公司收到丙公司开具的代销清单时，向丙公司开具一张相同金额的增值税专用发票。假定甲公司发出商品时纳税义务尚未发生，不考虑其他因素。

　　要求：做出甲公司（委托方）和丙公司（受托方）的账务处理。

业务	甲公司（委托方）	丙公司（受托方）
1. 发出商品	借：委托代销商品（成本）12000元 　　贷：库存商品12000元 　　（不影响存货总额）	借：受托代销商品（售价）20000元 　　贷：受托代销商品款20000元 　　（不影响存货总额）
2. 对外销售（受托方）		借：银行存款11700 　　贷：受托代销商品10000元（应付账款性质） 　　　　应交税费——应交增值税（销项税）1700元 借：受托代销商品款10000元 　　贷：应付账款10000元 提示：受托代销商品和受托代销商品款余额10000元，期末相互抵消
3. 收到代销清单（委托方）	给受托方开具一张增值税专用发票： 借：应收账款11700元 　　贷：主营业务收入10000元 　　　　应交税费——应交增值税（销项税额）1700元 借：主营业务成本6000元 　　贷：委托代销商品6000元 提示：应收账款为11700元	收到发票： 借：应交税费——应交增值税（进项税额）1700元 　　贷：应付账款1700元 提示：应付账款合计为11700元
4. 确认手续费	借：销售费用1000元 　　贷：应收账款1000元	借：应付账款1000元 　　贷：其他业务收入1000元
5. 最终结算	借：银行存款10700元 　　贷：应收账款10700元	借：应付账款10700元 　　贷：银行存款10700元
6. 最终利润影响	确认主营业务收入10000元 确认主营业务成本6000元 确认销售费用1000元 实现营业利润3000元	确认其他业务收入1000元 实现营业利润1000元

【解析】根据上述资料，委托方和受托方的账务处理如下：

【练一练】（2013年多选）下列各项中，关于采用支付手续费方式委托代销商品会计处理表述正确的有（　　）。

A. 委托方通常在收到受托方开出的代销清单时确认销售商品收入

B. 委托方发出商品时应按约定的售价记入"委托代销商品"科目

C. 受托方应在代销商品销售后按照双方约定的手续费确认劳务收入

D. 受托方一般应按其与委托方约定的售价总额确认受托代销商品款

【解析】选项B，采用支付手续费方式委托代销商品时，委托方发出商品应按商品成本记入"委托代销商品"科目。故答案为ACD。

【练一练】（2012年判断）企业采用支付手续费方式委托代销商品，委托方应在发出商品时确认销售商品收入（　　）。

【解析】采用支付手续费方式的，应当在收到代销清单时确认收入。故答案为"×"。

八、销售材料等存货的处理

企业在日常活动中还可能发生对外销售不需用的原材料、随同商品对外销售单独计价的包装物等业务。企业销售原材料、包装物等存货也视同商品销售，其收入确认和计量原则比照商品销售。企业销售原材料、包装物等存货实现的收入作为其他业务收入处理，结转的相关成本作为其他业务成本处理。

企业销售原材料、包装物等存货实现的收入以及结转的相关成本，通过"其他业务收入"、"其他业务成本"科目核算。

"其他业务收入"科目核算企业除主营业务活动以外的其他经营活动实现的收入，包括销售材料、出租包装物和商品、出租固定资产、出租无形资产等实现的收入。该科目贷方登记企业实现的各项其他业务收入，借方登记期末结转入"本年利润"科目的其他业务收入，结转后该科目应无余额。

"其他业务成本"科目核算企业除主营业务活动以外的其他经营活动所发生的成本，包括销售材料的成本、出租固定资产的折旧额、出租无形资产的摊销额、出租包装物的成本或摊销额。该科目借方登记企业结转或发生的其他业务成本，贷方登记期末结转入"本年利润"科目的其他业务成本，结转后该科目应无余额。

知识点

企业销售原材料及包装物、出租包装物、出租固定资产、出租无形资产等实现的收入通过"其他业务收入"科目核算。

> 企业销售材料的成本、出租固定资产的折旧额、出租无形资产（转让无形资产使用权）的摊销额、出售单独计价包装物的成本，记入"其他业务成本"科目。

【例13-12】 甲公司销售一批原材料，开出的增值税专用发票上注明的售价为10000元，增值税税额为1700元，款项已由银行收妥。该批原材料的实际成本为9000元。甲公司会计处理如下：

（1）取得原材料销售收入。

借：银行存款　　　　　　　　　　　　　　　11700
　　贷：其他业务收入　　　　　　　　　　　　　　　　10000
　　　　应交税费——应交增值税（销项税额）　　　　　1700

（2）结转已销原材料的实际成本。

借：其他业务成本　　　　　　　　　　　　　9000
　　贷：原材料　　　　　　　　　　　　　　　　　　　9000

【练一练】（2013年单选）某企业为增值税一般纳税人，增值税税率为17%。本月销售一批材料，价值6084元。该批材料计划成本为4200元，材料成本差异率为2%，该企业销售材料应确认的损益为（　　）元。

A. 916　　　　B. 1084　　　　C. 1884　　　　D. 1968

【解析】 销售材料确认的其他业务收入 = 6084/(1+17%) = 5200（元）；确认的其他业务成本 = 4200×(1+2%) = 4284（元）；销售材料应确认的损益 = 5200 - 4284 = 916（元）。故答案为A。

第二节　提供劳务收入

企业提供劳务的种类很多，如旅游、运输、饮食、广告、咨询、代理、培训、产品安装等。有的劳务一次就能完成，且一般为现金交易，如饮食、理发、照相等；有的劳务需要花费一段较长的时间才能完成，如安装、旅游、培训、远洋运输等。企业提供劳务收入的确认原则因劳务完成时间的不同而不同。

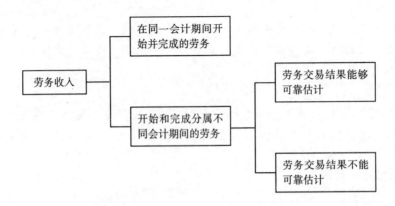

一、在同一会计期间内开始并完成的劳务

对于一次就能完成的劳务，或在同一会计期间内开始并完成的劳务，应在提供劳务交易完成时确认收入，确认的金额通常为从接受劳务方已收或应收的合同或协议价款，确认原则可参照销售商品收入的确认原则。

企业对外提供劳务，如属于企业的主营业务，所实现的收入应作为主营业务收入处理，结转的相关成本应作为主营业务成本处理；如属于主营业务以外的其他经营活动，所实现的收入应作为其他业务收入处理，结转的相关成本应作为其他业务成本处理。企业对外提供劳务发生的支出一般先通过"劳务成本"科目予以归集，待确认为费用时，再由"劳务成本"科目转入"主营业务成本"或"其他业务成本"科目。

对于一次就能完成的劳务，企业应在提供劳务完成时确认收入及相关成本。对于持续一段时间但在同一会计期间内开始并完成的劳务，企业应在为提供劳务发生相关支出时确认劳务成本，劳务完成时再确认劳务收入，并结转相关劳务成本。

【例13-13】甲公司于2015年3月10日接受一项设备安装任务，该安装任务可一次完成，合同总价款为9000元，实际发生安装成本5000元。假定安装业务属于甲公司的主营业务。在安装完成时，甲公司应编制如下会计分录：

借：应收账款（或银行存款）　　　　　9000
　　贷：主营业务收入　　　　　　　　　　　　9000
借：主营业务成本　　　　　　　　　　5000
　　贷：银行存款等　　　　　　　　　　　　　5000

若上述安装任务需花费一段时间（不超过本会计期间）才能完成，则应在为提供劳务发生有关支出时：

借：劳务成本

贷：银行存款等

（注：以上分录未写明金额，主要是由于实际发生成本 5000 元是个总计数，而每笔归集劳务成本的分录金额不同，下同）

待安装完成确认所提供劳务的收入并结转该项劳务总成本时：

借：应收账款（或银行存款）	90000	
贷：主营业务收入		90000
借：主营业务成本	5000	
贷：劳务成本		5000

二、劳务的开始和完成分属不同的会计期间

（一）提供劳务交易结果能够可靠估计

如劳务的开始和完成分属不同的会计期间，且企业在资产负债表日提供劳务交易的结果能够可靠估计的，应采用完工百分比法确认提供劳务收入。同时满足下列条件的，提供劳务交易的结果能够可靠估计：

1. 收入的金额能够可靠地计量

收入的金额能够可靠地计量，是指提供劳务收入的总额能够合理地估计。通常情况下，企业应当按照从接受劳务方已收或应收的合同或协议价款确定提供劳务收入总额。随着劳务的不断提供，可能会根据实际情况增加或减少已收或应收的合同或协议价款，此时，企业应及时调整提供劳务收入总额。

2. 相关的经济利益很可能流入企业

相关的经济利益很可能流入企业，是指提供劳务收入总额收回的可能性大于不能收回的可能性。企业在确定提供劳务收入总额能否收回时，应当结合接受劳务方的信誉、以前的经验以及双方就结算方式和期限达成的合同或协议条款等因素，综合进行判断。通常情况下，企业提供的劳务符合合同或协议要求，接受劳务方承诺付款，就表明提供劳务收入总额收回的可能性大于不能收回的可能性。

3. 交易的完工进度能够可靠地确定

企业可以根据提供劳务的特点，选用下列方法确定提供劳务交易的完工进度：

（1）已完工作的测量，这是一种比较专业的测量方法，由专业测量师对已经提供的劳务进行测量，并按一定方法计算确定提供劳务交易的完工程度。

（2）已经提供的劳务占应提供劳务总量的比例，这种方法主要以劳务量为标准确定提供劳务交易的完工程度。

（3）已经发生的成本占估计总成本的比例，这种方法主要以成本为标准确定提供劳务交易的完工程度。只有反映已提供劳务的成本才能包括在已经发生的成本中。

4. 交易中已发生和将发生的成本能够可靠地计量

交易中已发生和将发生的成本能够可靠地计量，是指交易中已经发生和将要发生的成本能够合理地估计。企业应当建立完善的内部成本核算制度和有效的内部财务预算及报告制度，准确地提供每期发生的成本，并对完成剩余劳务将要发生的成本作出科学、合理的估计。同时应随着劳务的不断提供或外部情况的不断变化，随时对将要发生的成本进行修订。

【练一练】（2012年单选）下列各项中，关于收入表述不正确的是（　　）。

A. 企业在商品销售后如能够继续对其实施有效控制，则不应确认收入

B. 企业采用交款提货方式销售商品，通常应在开出发票账单并收到货款时确认收入

C. 企业在资产负债表日提供劳务交易结果能够可靠估计的，应采用完工百分比法确认提供劳务收入

D. 企业销售商品相关的已发生或将发生的成本不能可靠计量，但已收到价款的，应按照已收到的价款确认收入

【解析】企业销售商品确认收入的一个条件就是要满足成本能够可靠计量，所以选项D错误。

完工百分比法是指按照提供劳务交易的完工进度确认收入与费用的方法。完工百分比法下，本期应确认的劳务收入及费用的计算公式如下：

本期应确认的收入＝劳务总收入×本期末止劳务的完工进度－以前期间已确认的收入

本期应确认的费用＝劳务总成本（已经发生的成本＋估计将要发生的成本）×本期末止劳务的完工进度－以前期间已确认的成本

上述公式中的劳务总收入通常按照从接受劳务方已收或应收的合同或协议价款确定，在劳务总收入和总成本能够可靠取得的情况下，关键是确定劳务的完工进度。企业应根据所提供劳务的特点，选择确定劳务完工进度的方法。

知识点

计算完工进度，常用已经发生的成本占估计总成本的方法，运用该方法时，要注意估计总成本是变化的，必须用资产负债表日已发生的成本/（资产负债表日已发生的成本＋尚需发生的成本）＝已发生的成本/预计总成本。

【例13-14】甲公司于2015年12月1日接受一项设备安装任务，安装期为3个月，合同总收入300000元，至年底已预收安装费220000元，实际发生安装费用140000元（假定均为安装人员薪酬），估计完成安装任务还需发生安装费用

60000 元。假定甲公司按实际发生的成本占估计总成本的比例确定劳务的完工进度。甲公司的会计处理如下：实际发生的成本占估计总成本的比例 = 140000/（140000 + 60000）= 70%

2015 年 12 月 31 日确认的劳务收入 = 300000 × 70% - 0 = 210000（元）

2015 年 12 月 31 日确认的费用 = （140000 + 60000）× 70% - 0 = 140000（元）

（1）实际发生劳务成本 140000 元。

借：劳务成本　　　　　　　　　　　　　　140000
　　贷：应付职工薪酬　　　　　　　　　　　　　　140000

（2）预收劳务款 220000 元。

借：银行存款　　　　　　　　　　　　　　220000
　　贷：预收账款　　　　　　　　　　　　　　　220000

（3）2015 年 12 月 31 日确认提供劳务收入并结转劳务成本。

借：预收账款　　　　　　　　　　　　　　210000
　　贷：主营业务收入　　　　　　　　　　　　　210000

借：主营业务成本　　　　　　　　　　　　140000
　　贷：劳务成本　　　　　　　　　　　　　　　140000

【例 13-15】甲公司于 2015 年 10 月 1 日为客户研制一项软件，合同规定的研制开发期为 5 个月，合同总收入为 400000 元，至 2015 年 12 月 31 日已发生成本 180000 元，预收账款 250000 元。预计开发完成该项软件的总成本为 250000 元。2015 年 12 月 31 日，经专业测量师测量，软件的完工进度为 70%。假定合同总收入很可能收回，研制开发软件属于甲公司的主营业务。甲公司应作如下会计处理：

（1）发生成本时。

借：劳务成本　　　　　　　　　　　　　　180000
　　贷：银行存款（应付职工薪酬等）　　　　　　180000

（2）预收账款时。

借：银行存款　　　　　　　　　　　　　　250000
　　贷：预收账款　　　　　　　　　　　　　　　250000

（3）2015 年 12 月 31 日确认该项劳务的本期收入和费用：若按专业测量师测量结果确定该劳务的完工进度，则：

2015 年应确认的收入：400000 × 70% - 0 = 280000（元）

2015 年应确认的费用：250000 × 70% - 0 = 175000（元）

借：预收账款　　　　　　　　　　　　　　280000
　　贷：主营业务收入　　　　　　　　　　　　　280000

借：主营业务成本   175000

  贷：劳务成本   175000

若按已提供的劳务占应提供劳务总量的比例确定该劳务的完工进度（假定研制开发期内劳务量均衡发生），则至 2015 年 12 月 31 日，该劳务的完工进度为 60%（该项软件研制开发已完成的工作时间为 3 个月，占完成此项劳务所需总工作时间 5 个月的 60%）。

2015 年应确认的收入：$400000 \times 60\% - 0 = 240000$（元）

2015 年应确认的费用：$250000 \times 60\% - 0 = 150000$（元）

借：预收账款   240000

  贷：主营业务收入   240000

借：主营业务成本   150000

  贷：劳务成本   150000

若按已发生成本占估计总成本的比例确定该劳务的完工进度，则至2015 年 12 月 31 日，该劳务的完工进度为 72%（180000/250000）。

2015 年应确认的收入为：$400000 \times 72\% - 0 = 288000$（元）

2015 年应确认的费用为：$250000 \times 72\% - 0 = 180000$（元）

借：预收账款   288000

  贷：主营业务收入   288000

借：主营业务成本   180000

  贷：劳务成本   180000

【例 13-16】 某咨询公司于 2013 年 7 月 1 日与客户签订一项咨询合同。合同规定，咨询期为两年，咨询费为 240000 元，客户分三次等额支付，第一次在项目开始时支付，第二次在项目中期支付，第三次在项目结束时支付。估计总成本为 160000 元（假定均为咨询人员薪酬），其中，2013 年发生成本 38000 元，2014 年发生成本 80000 元，2015 年发生成本 42000 元。假定成本估计十分准确，咨询费也很可能收回，该公司按照已提供的劳务占应提供劳务总量的比例（按时间比例）确定该项劳务的完工程度，该公司按年编制财务报表。公司应作如下会计处理：

（1）2013 年实际发生成本时。

借：劳务成本   38000

  贷：应付职工薪酬   38000

预收账款时：

借：银行存款   80000

  贷：预收账款   80000

2013 年 12 月 31 日按完工百分比法确认收入和费用：

劳务的完工进度＝6/24＝25%（2013 年 7 月 1 日至 2013 年 12 月 31 日，共6个月）

应确认的收入＝240000×25%−0＝60000（元）

应确认的费用＝160000×25%−0＝40000（元）

借：预收账款   60000

  贷：主营业务收入   60000

借：主营业务成本   40000

  贷：劳务成本   40000

（2）2014 年实际发生成本时。

借：劳务成本   80000

  贷：应付职工薪酬   80000

预收账款时：

借：银行存款   80000

  贷：预收账款   80000

2014 年 12 月 31 日按完工百分比法确认收入和费用：

劳务的完工进度＝18/24＝75%（2013 年 7 月 1 日至 2014 年 12 月 31 日，共18个月）

应确认的收入＝240000×75%−60000＝120000（元）

应确认的费用＝160000×75%−40000＝80000（元）

借：预收账款   120000

  贷：主营业务收入   120000

借：主营业务成本   80000

  贷：劳务成本   80000

（3）2015 年实际发生成本时。

借：劳务成本   42000

  贷：应付职工薪酬   42000

预收账款时：

借：银行存款   80000

  贷：预收账款   80000

2015 年 7 月 1 日完工时确认剩余收入和费用：

借：预收账款   60000

  贷：主营业务收入   60000

借：主营业务成本   40000

　　　　贷：劳务成本　　　　　　　　　　　　　　　　　　　　40000

　　【练一练】(2011年计算) 甲公司为增值税一般纳税人，适用的增值税税率为17%，商品销售价格不含增值税；确认销售收入时逐笔结转销售成本。2010年12月，甲公司发生如下经济业务：

　　12月10日，与丁公司签订为期6个月的劳务合同，合同总价款为400万元，待完工时收取。至12月31日，实际发生劳务成本50万元（均为职工薪酬），估计为完成该合同还将发生劳务成本150万元。假定该项劳务交易的结果能够可靠估计，甲公司按实际发生的成本占估计总成本的比例确定劳务的完工进度；该劳务不属于增值税应税劳务。

　　要求：根据上述资料，逐项编制甲公司相关经济业务的会计分录（答案中的金额单位用万元表示）。

　　【解析】

　　借：劳务成本　　　　　　　　　　　　　　　50
　　　　贷：应付职工薪酬　　　　　　　　　　　　　　　50

　　完工进度 = 50/(50 + 150) × 100% = 25%

　　本期确认的收入 = 400 × 25% − 0 = 100（万元）

　　本期确认的费用 = (50 + 150) × 25% − 0 = 50（万元）

　　借：应收账款　　　　　　　　　　　　　　　100
　　　　贷：主营业务收入　　　　　　　　100 [(400 × 25%) − 以前确认的收入 0]
　　借：主营业务成本　　　　　　　　　　50 [(200 × 25%) − 以前确认的成本 0]
　　　　贷：劳务成本　　　　　　　　　　　　　　　50

　　(二) 提供劳务交易结果不能可靠估计

　　如劳务的开始和完成分属不同的会计期间，且企业在资产负债表日提供劳务交易结果不能可靠估计的，即不能同时满足上述四个条件的，不能采用完工百分比法确认提供劳务收入。此时，企业应当正确预计已经发生的劳务成本能否得到补偿，分别按下列情况处理：

　　其一，已经发生的劳务成本预计全部能够得到补偿（全部）的，应按已收或预计能够收回的金额确认提供劳务收入，并结转已经发生的劳务成本（该种情况下收入大于等于成本）。

　　其二，已经发生的劳务成本预计部分能够得到补偿的，应按能够得到补偿的劳务成本金额确认提供劳务收入，并结转已经发生的劳务成本（该种情况下收入小于成本产生亏损）。

　　其三，已经发生的劳务成本预计全部不能得到补偿的应将已经发生的劳务成本计入当期损益（主营业务成本或其他业务成本），不确认提供劳务收入（该种情况下只结转成本产生亏损）。

当提供劳务交易的结果不能可靠估计时，劳务成本按实际发生的金额进行确认，劳务收入是以实际发生的劳务成本为限进行确认，这时劳务收入减去劳务成本总额的结果小于或等于零，即利润为零或发生亏损。

企业发生的劳务成本在"劳务成本"科目下进行归集，之后再结转到"主营业务成本"、"其他业务成本"科目里。借记"主营业务成本"、"其他业务成本"科目，贷记"劳务成本"科目。

【例 13-17】 甲公司于 2014 年 12 月 25 日接受乙公司委托，为其培训一批学员，培训期为 6 个月，2015 年 1 月 1 日开学。协议约定，乙公司应向甲公司支付的培训费总额为 60000 元，分三次等额支付，第一次在开学时预付，第二次在 2015 年 3 月 1 日支付，第三次在培训结束时支付。

2015 年 1 月 1 日，乙公司预付第一次培训费。至 2015 年 2 月 28 日，甲公司发生培训成本 30000 元（假定均为培训人员薪酬）。2015 年 3 月 1 日，甲公司得知乙公司经营发生困难，后两次培训费能否收回难以确定。甲公司的会计处理如下：

（1）2015 年 1 月 1 日收到乙公司预付的培训费。

借：银行存款　　　　　　　　　　　　　20000

　　贷：预收账款　　　　　　　　　　　　　　20000

（2）实际发生培训成本 30000 元。

借：劳务成本　　　　　　　　　　　　　30000

　　贷：应付职工薪酬　　　　　　　　　　　　　30000

（3）2015 年 2 月 28 日确认提供劳务收入并结转劳务成本。

借：预收账款　　　　　　　　　　　　　20000

　　贷：主营业务收入　　　　　　　　　　　　　20000

借：主营业务成本　　　　　　　　　　　30000

　　贷：劳务成本　　　　　　　　　　　　　　30000

本例中，甲公司已经发生的劳务成本 30000 元预计只能部分得到补偿，即只能按预收款项得到补偿，应按预收账款 20000 元确认劳务收入，并将已经发生的劳务成本 30000 元结转入当期损益。

【练一练】（2011 年判断）企业资产负债表日提供劳务交易结果不能可靠估计，且已发生的劳务成本预计全部不能得到补偿的，应按已发生的劳务成本金额

确认收入。（　　）

【解析】 已经发生的劳务成本预计全部不能得到补偿的，应当将已经发生的劳务成本计入当期损益，不确认提供劳务收入。故答案为×。

【练一练】（2013年判断）资产负债表日，提供劳务结果不能可靠估计，且已经发生的劳务成本预计部分能够得到补偿的，应按能够得到补偿部分的劳务成本金额确认劳务收入，并结转已经发生的劳务成本。（　　）

【解析】 已经发生的劳务成本预计只能部分得到补偿的，应当按照能够得到补偿的劳务成本金额确认收入，并结转已经发生的劳务成本。（该种情况下收入小于成本产生亏损）。故答案为√。

【练一练】（2014年判断）企业对外提供劳务，若提供劳务的交易结果不能可靠估计，且已经发生的劳务成本预计全部能得到补偿，应按已收或预计能够收回的金额确认为劳务收入，并结转已经发生的劳务成本。（　　）

【解析】 企业对外提供劳务，若提供劳务的交易结果不能可靠估计，且已经发生的劳务成本预计全部能得到补偿，应按已收或预计能够收回的金额确认提供劳务收入，并结转已经发生的劳务成本。故答案为√。

第三节　让渡资产使用权收入

如前所述，让渡资产使用权收入包括利息收入和使用费收入。使用费收入主要指让渡无形资产等资产使用权的使用费收入，出租固定资产取得的租金，进行债权投资收取的利息，进行股权投资取得的现金股利等，也构成让渡资产使用权收入。这里主要介绍让渡无形资产等资产使用权的使用费收入的核算。

一、让渡资产使用权收入的确认和计量

让渡资产使用权的使用费收入同时满足下列条件的，才能予以确认：

（一）相关的经济利益很可能流入企业

企业在确定让渡资产使用权的使用费收入金额是否很可能收回时，应当根据对方企业的信誉和生产经营情况、双方就结算方式和期限等达成的合同或协议条款等因素，综合进行判断。如果企业估计使用费收入金额收回的可能性不大，就不应确认收入。

（二）收入的金额能够可靠地计量

当让渡资产使用权的使用费收入金额能够可靠估计时，企业才能确认收入。

让渡资产使用权的使用费收入金额，应按照有关合同或协议约定的收费时间和方法计算确定。不同的使用费收入，收费时间和方法各不相同。有一次性收取一笔固定金额的，如一次收取 10 年的场地使用费；有在合同或协议规定的有效期内分期等额收取的，如合同或协议规定在使用期内每期收取一笔固定的金额；也有分期不等额收取的，如合同或协议规定按资产使用方每期销售额的百分比收取使用费等。

如果合同或协议规定一次性收取使用费，且不提供后续服务的，应当视同销售该项资产一次性确认收入；提供后续服务的，应在合同或协议规定的有效期内分期确认收入。如果合同或协议规定分期收取使用费的，应按合同或协议规定的收款时间、金额或规定的收费方法计算确定的金额分期确认收入。

销售商品收入确认的条件、提供劳务收入的确认条件与让渡资产使用权收入确认条件的比较如表 13-1 所示。

表 13-1　收入确认条件比较

项　　目	销售商品	提供劳务 （交易结果能够可靠估计）	让渡资产使用权
1. 商品所有权的风险报酬已经转移	√	×	×
2. 企业既没有保留与所有权相联系的管理权，也未对售出的商品实施控制	√	×	×
3. 经济利益很可能流入	√	√	√
4. 收入金额能够可靠计量	√	√	√
5. 相关成本能够可靠计量	√	√	×
6. 完工进度能够确定	×	√	×

二、让渡资产使用权收入的账务处理

企业让渡资产使用权的使用费收入，一般通过"其他业务收入"科目核算；所让渡资产计提的摊销额等，一般通过"其他业务成本"科目核算。

企业确认让渡资产使用权的使用费收入时，按确定的收入金额，借记"银行存款"、"应收账款"等科目，贷记"其他业务收入"科目。企业对所让渡资产计提摊销以及所发生的与让渡资产有关的支出等，借记"其他业务成本"科目，贷记"累计摊销"等科目。

【例 13-18】甲公司向乙公司转让某软件的使用权，一次性收取使用费 60000 元，不提供后续服务，款项已经收回。确认使用费收入时，甲公司应编制如下会计分录：

借：银行存款　　　　　　　　　　　　　　　60000

　　　　　贷：其他业务收入　　　　　　　　　　　　　　　　　60000

　　【例13-19】 甲公司于2015年1月1日向丙公司转让某专利权的使用权，协议约定转让期为5年，每年年末收取使用费200000元。2015年该专利权计提的摊销额为120000元，每月计提金额为10000元。假定不考虑其他因素，甲公司应编制如下会计分录：

　　（1）2015年年末确认使用费收入。

　　借：应收账款（或银行存款）　　　　　200000

　　　　贷：其他业务收入　　　　　　　　　　　　　　200000

　　（2）2015年每月计提专利权摊销额。

　　借：其他业务成本　　　　　　　　　　10000

　　　　贷：累计摊销　　　　　　　　　　　　　　　　10000

　　【例13-20】 甲公司向丁公司转让某商品的商标使用权，约定丁公司每年年末按年销售收入的10%支付使用费，使用期10年。第一年，丁公司实现销售收入1200000元；第二年，丁公司实现销售收入1800000元。假定甲公司均于每年年末收到使用费。确认使用费收入时，甲公司应编制如下会计分录：

　　（1）第一年年末确认使用费收入：应确认的使用费收入 = 1200000 × 10% = 120000（元）。

　　借：银行存款　　　　　　　　　　　　120000

　　　　贷：其他业务收入　　　　　　　　　　　　　　120000

　　（2）第二年年末确认使用费收入：应确认的使用费收入 = 1800000 × 10% = 180000（元）。

　　借：银行存款　　　　　　　　　　　　180000

　　　　贷：其他业务收入　　　　　　　　　　　　　　180000

【主要分录总结】

序号	事项			分录
1 销售商品收入	一般销售业务	确认		借：银行存款/应收账款/应收票据 　　贷：主营业务收入 　　　　应交税费——应交增值税（销项税额）
		结转		借：主营业务成本 　　贷：库存商品
	已经发出但不符合收入确认条件的商品	发出		借：发出商品 　　贷：库存商品
		纳税义务		借：应收账款 　　贷：应交税费——应交增值税（销项税额）
		确认收入		借：应收账款 　　贷：主营业务收入
		结转成本		借：主营业务成本 　　贷：发出商品
	现金折扣	赊销		借：应收账款（总价） 　　贷：主营业务收入 　　　　应交税费——应交增值税（销项税额）
		结转		借：主营业务成本 　　贷：库存商品
		收入货款		借：银行存款 　　贷：应收账款 　　　　财务费用
	销售折让 （已经确认销售收入）	销售实现时		借：应收账款 　　贷：主营业务收入 　　　　应交税费——应交增值税（销项税额） 借：主营业务成本 　　贷：库存商品
		发生销售折让		借：主营业务收入（折让金额） 　　贷：应收账款 　　　　应交税费——应交增值税（销项税额）
		实际收到款项		借：银行存款 　　贷：应收账款
	销售退回	没有确认收入的	发出商品	借：发出商品 　　贷：库存商品
			退回	借：库存商品 　　贷：发出商品
		已经确认收入的	冲减收入	借：主营业务收入 　　贷：应收账款等 　　　　应交税费——应交增值税（销项税额）
			冲减成本	借：库存商品 　　主营业务成本

序号	事项			分录
1	销售商品收入	预收款方式销售商品	预收货款	借：银行存款 贷：预收账款
			发出商品	借：预收账款 贷：主营业务收入 应交税费——应交增值税（销项税额） 【同时】 借：主营业务成本 贷：库存商品
		采用支付手续费方式委托代销商品	委托方	发出代销商品	借：委托代销商品 贷：库存商品
				确认收入	借：应收账款 贷：主营业务收入 应交税费——应交增值税（销项税额）
				结转成本	借：主营业务成本 贷：委托代销商品
				结算货物	借：银行存款 贷：应收账款
			受托方	收到商品	借：委托代销商品 贷：代销商品款
				对外销售	借：银行存款 贷：委托代销商品 应交税费——应交增值税（销项税额）
				收到增值税专用发票	借：应交税费——应交增值税（销项税额） 贷：应付账款
				计算货款计算代销手续费	借：代销商品款 贷：银行存款 应付账款（税款） 其他业务收入（手续费收入）
		销售材料等存货	取得原材料销售收入	借：银行存款 贷：其他业务收入 应交税费——应交增值税（销项税额）
			结转已销售材料的实际成本	借：其他业务成本 贷：原材料

序号	事项		分录
2	提供劳务收入	提供劳务收入的核算	在同一会计期间内开始并完成的劳务	【一次完成的劳务及确认收入及相关的成本】 借：应收账款/银行存款 　　贷：主营业务收入 借：主营业务成本 　　贷：银行存款
				【需花费一段时间但在同一会计期间发生的劳务（发生有关支出）】 借：劳务成本 　　贷：银行存款等 【完成确认劳务收入并结转成本】 借：应收账款/银行存款 　　贷：主营业务收入 借：主营业务成本 　　贷：劳务成本
		在不同的会计期间的劳务确认	发出劳务	借：劳务成本 　　贷：银行存款
			确认收入	借：应收账款等 　　贷：主营业务收入等
			结转成本	借：主营业务成本等 　　贷：劳务成本
		提供劳务收入不能可靠估计的会计处理	已经发生劳务成本预计全部能够得到补偿的，按已收或预计能够收回的金额确认劳务收入，并结转成本	借：劳务成本 　　贷：银行存款 借：应收账款 　　贷：主营业务收入 借：主营业务成本 　　贷：劳务成本
			已经发生劳务成本预计部分能够得到补偿的	借：预收账款 　　贷：主营业务收入 借：主营业务成本 　　贷：劳务成本
			发生劳务成本预计全部能够得到补偿的，应发生的劳务成本计入当期损益，不确认收入	借：劳务成本 　　贷：预收账款 借：主营业务成本 　　贷：劳务成本
3	让渡资产使用权收入	一次支付，没有后续服务		借：银行存款 　　贷：其他业务收入
		提供后续服务，确认使用费收入		借：应收账款/银行存款 　　贷：其他业务收入
		计提摊销		借．其他业务成本 　　贷：累计摊销

【本章主要参考法规索引】

1. 企业会计准则——基本准则（2014年7月23日财政部修订发布，自2014年7月23日起施行）

2. 企业会计准则——应用指南（2006年10月30日财政部发布，自2007年1月1日起在上市公司范围内施行）

3. 企业会计准则第14号——收入（2006年2月15日财政部发布，自2007年1月1日起在上市公司范围内施行）

4. 企业会计准则第18号——所得税（2006年2月15日财政部发布，自2007年1月1日起在上市公司范围内施行）

【本章习题】

一、单项选择题

1. 甲公司于2014年年初将其所拥有的一座桥梁收费权出售给A公司10年，10年后由甲公司收回收费权，一次性取得收入1000万元，款项已收存银行。售出的10年期间，桥梁的维护由甲公司负责，2014年甲公司发生桥梁的维护费用20万元。则甲公司2014年该项业务应确认的收入为（　　）万元。

A. 1000　　　　　　B. 20　　　　　　C. 0　　　　　　D. 100

2. 采用支付手续费方式委托代销商品时，委托方应将支付的手续费记入（　　）科目。

A. 管理费用　　　B. 财务费用　　　C. 销售费用　　　D. 其他业务成本

3. 某企业某月销售商品发生商业折扣60万元、现金折扣45万元、销售折让75万元。该企业上述业务计入当月财务费用的金额为（　　）万元。

A. 45　　　　　　B. 60　　　　　　C. 105　　　　　　D. 135

4. 下列各项中，关于收入确认表述正确的是（　　）。

A. 采用预收货款方式销售商品，应在收到货款时确认收入

B. 采用托收承付方式销售商品，应在货款全部收回时确认收入

C. 采用交款提货方式销售商品，应在开出发票收到货款时确认收入

D. 采用支付手续费委托代销方式销售商品，应在发出商品时确认收入

5. 某企业销售商品6000件，每件售价60元（不含增值税），增值税税率17%；企业为购货方提供的商业折扣为10%，提供的现金折扣条件为2/10、1/20、N/30，并代垫运杂费500元。该企业在这项交易中应确认的收入金额为（　　）元。

A. 320000　　　　B. 308200　　　　C. 324000　　　　D. 320200

6. 2013 年 3 月 5 日，XM 公司采用预收账款方式销售一批球衣，下面处理正确的是（   ）。

A. 发出商品时确认收入

B. 收到对方支付凭证时确认收入

C. 按照销售合同规定的日期确认收入

D. 收到第一笔货款的时候确认收入

7. 企业采用支付手续费方式委托代销商品，委托方确认商品销售收入的时间是（   ）。

A. 签订代销协议时　　　　　　　B. 发出商品时

C. 收到代销清单时　　　　　　　D. 收到代销款时

8. 以下事项不影响主营业务收入确认金额的是（   ）。

A. 销售商品发生的销售折让　　　B. 销售商品发生的现金折扣

C. 销售商品发生的销售退回　　　D. 销售商品数量

9. 下列有关销售商品收入的处理中，不正确的是（   ）。

A. 在采用收取手续费的委托代销方式下销售商品，发出商品时不确认收入

B. 售出的商品被退回时，直接冲减退回当期的收入、成本、税金等相关项目

C. 已经确认收入的售出商品发生销售折让时，直接将发生的销售折让作为折让当期的销售费用处理

D. 已经确认收入的售出商品发生销售折让时，将发生的销售折让冲减折让当期的收入和税金

10. 下列各项可采用完工百分比法确认收入的是（   ）。

A. 劳务的开始和完成分属不同的会计期间，且在资产负债表日劳务交易结果能够可靠估计的劳务

B. 在同一会计年度开始并完成的劳务

C. 委托代销商品

D. 预收款方式销售商品

11. 下列关于让渡企业资产使用权的说法中，不正确的是（   ）。

A. 如果合同或协议约定一次性收取使用费，且不提供后续服务的，应当视同销售该项资产，一次性确认收入

B. 让渡资产使用权收入同时满足"相关的经济利益很可能流入企业"和"收入的金额能够可靠地计量"时才能予以确认

C. 如果合同或协议约定一次性收取使用费，同时提供后续服务的，应在合同或协议约定的有效期内分期确认收入

D. 出售无形资产所有权取得的收益属于让渡资产使用权收入

12. 2012 年 3 月 20 日，甲公司销售一批商品，增值税专用发票上注明售价为 300000 元，增值税额为 51000 元。该批商品成本为 200000 元，货到后买方发现商品质量不合格，要求在价格上给予 6% 的折让。甲公司已经同意了对方折让的请求，并开具了增值税红字发票。2012 年 4 月 10 日甲公司实际收到了货款。针对该业务，甲公司的下列处理中不正确的是（　　）。

A. 销售实现时，确认销售收入 300000 元

B. 发生销售折让时，冲减主营业务收入 18000 元

C. 发生销售折让时，冲减主营业务成本 12000 元

D. 甲公司实际收到的款项为 329940 元

13. 某企业对于已经完成销售手续并确认收入的销售商品，若月末购货人未提走所购商品，下列说法正确的是（　　）。

A. 通过在途物资科目核算

B. 不作为该企业资产核算，需备查登记

C. 通过发出商品科目核算

D. 通过库存商品科目核算

14. 甲企业销售 A 产品每件 500 元，若客户购买 100 件（含 100 件）以上可得到 10% 的商业折扣。乙公司于 2010 年 11 月 5 日购买该企业产品 200 件，款项尚未支付。按规定现金折扣条件为 2/10、1/20、N/30。适用的增值税税率为 17%。甲企业于 11 月 23 日收到该笔款项，则应给予乙公司的现金折扣的金额为（　　）元（假定计算现金折扣时不考虑增值税）。

A. 900　　　　　　B. 1000　　　　　　C. 1170　　　　　　D. 2340

15. 2012 年 9 月 1 日，某公司与客户签订一项安装劳务合同，预计 2013 年 12 月 31 日完工；合同总金额为 2400 万元，预计总成本为 2000 万元。截至 2012 年 12 月 31 日。该公司实际发生成本 600 万元，预计将要发生成本 1400 万元。假定该合同的结果能够可靠地估计，采用已经发生的成本占估计总成本的比例确认收入。2012 年度对该项合同确认的收入为（　　）万元。

A. 720　　　　　　B. 640　　　　　　C. 350　　　　　　D. 600

二、多项选择题

1. 下列有关提供劳务收入确认的表述中，不正确的有（　　）。

A. 在提供劳务交易的结果不能可靠估计的情况下，按照已经发生的劳务成本金额结转成本，不确认收入

B. 在提供劳务交易的结果不能可靠估计的情况下，已经发生的劳务成本预计部分能够得到补偿的，应按能够得到部分补偿的劳务成本金额确认劳务收入

C. 劳务的开始和完成分属不同的会计年度，在劳务的结果能够可靠计量的情况下，应按完工百分比法确认收入

D. 对于一次就能完成的劳务，企业应在资产负债表日确认收入及相关成本

2. 下列关于企业发生销售折让的会计处理，表述不正确的有（　　）。

A. 发生在确认销售收入之前，按直接扣除折让后的金额确认收入

B. 发生在确认销售收入之前，计入当期销售费用，不影响收入的确认

C. 发生在确认销售收入之后，且不属于资产负债表日后事项的，计入发生时当期销售费用

D. 发生在确认销售收入之后，且不属于资产负债表日后事项的，冲减发生时当期的销售收入

3. 下列各项中，关于采用支付手续费方式委托代销商品会计处理表述正确的有（　　）。

A. 委托方通常在发出商品时确认销售商品收入

B. 委托方发出商品时应按约定的售价记入"委托代销商品"科目

C. 受托方应在代销商品销售后按照双方约定的手续费确认劳务收入

D. 受托方一般应按其与委托方约定的售价总额确认受托代销商品款

4. 甲公司于 2013 年 6 月 3 日向乙公司销售一批商品，开出的增值税专用发票上注明售价为 10 万元，增值税税额为 1.7 万元；该批商品成本为 8 万元。甲公司在销售该批商品时已得知乙公司资金流转发生暂时困难，但为了减少存货积压，同时为了维持与乙公司长期以来建立的商业关系，甲公司仍将商品发出。假定甲公司销售该批商品的纳税义务已经发生。不考虑其他因素，则下列说法中正确的是（　　）。

A. 甲公司应在发出商品当日确认主营业务收入 10 万元

B. 甲公司应在发出商品当日确认主营业务成本 8 万元

C. 甲公司在发出商品当日确认增值税销项税 1.7 万元

D. 甲公司应在发出商品时，借记"发出商品"8 万元

5. 下列各项中，不应计入商品销售收入的有（　　）。

A. 已经发生的销售折让　　　　　B. 应收取的增值税销项税额

C. 实际发生的商业折扣　　　　　D. 应收取的代垫运杂费

6. 下列各项关于现金折扣、商业折扣、销售折让的会计处理的表述中，不正确的有（　　）。

A. 现金折扣在实际发生时计入财务费用

B. 现金折扣在确认销售收入时计入财务费用

C. 已确认收入的售出商品发生销售折让的，通常应当在发生时冲减当期销

售商品收入

D. 商业折扣在确认销售收入时计入销售费用

7. 甲企业 2013 年 10 月售出产品一批，并确认了收入，2013 年 12 月由于质量问题被退回时，在做相关处理时不会涉及的科目有（ ）。

A. 库存商品 　　B. 营业外支出 　　C. 利润分配 　　　　D. 主营业务收入

8. 在完工百分比法中，确定完工比例的方法有（ ）。

A. 按专业测量师测量的结果确定

B. 按提供的劳务量占应提供劳务总量的比例确定

C. 按劳务各期耗时长短来确定

D. 按已发生成本占估计总成本的比例来确定

9. 按我国企业会计准则规定，下列项目中不应确认为收入的有（ ）。

A. 销售原材料收取的货款 　　　　B. 销售商品代垫的运杂费

C. 出售飞机票时代收的保险费 　　D. 销售商品收取的增值税

10. 让渡资产使用权的收入确认条件不包括（ ）。

A. 与交易相关的经济利益很可能流入企业

B. 收入的金额能够可靠地计量

C. 资产所有权上的风险已经转移

D. 没有继续保留资产的控制权

三、判断题

1. 企业购买商品附有商业折扣的，如果商业折扣实际发生了，则应按扣除商业折扣后的含税金额作为应付账款的入账价值。（ ）

2. 企业采用支付手续费方式委托代销商品，委托方确认商品销售收入的时间是发出商品时。（ ）

3. 预收款销售方式下，销售方直到收到最后一笔款项时才将商品交付给购货方，在此之前按照预收的货款确认相等金额的收入。（ ）

4. 企业发生的销售退回，均应在发生时冲减发生当期的销售商品收入，同时冲减当期销售商品成本以及税金。（ ）

5. 企业对外提供劳务，所实现的收入通过其他业务收入核算，结转的相关成本通过其他业务成本核算。（ ）

6. 企业对于在同一会计期间内能够一次完成的劳务，应分期采用完工百分比法确认收入和结转成本。（ ）

7. 企业的收入包括主营业务收入、其他业务收入和营业外收入。（ ）

8. 企业出售原材料取得的款项扣除其成本及相关费用后的净额，应当计入"营业外收入"或"营业外支出"。（ ）

9. 以销售商品、提供劳务为主营业务的企业，销售单独计价的包装物实现的收入通过"主营业务收入"科目进行核算。（　　）

10. 甲企业 2011 年 12 月向乙企业提供某专利的使用权。合同规定：使用期 10 年，一次性收取使用费 360000 元，不提供后续服务，款项已经收到。则甲企业当年应确认的使用费收入为 360000 元。（　　）

11. 发出的商品不符合收入确认条件，但如果销售该商品的纳税义务已经发生，企业应当确认应交的增值税销项税额，借记"应收账款"，贷记"应交税费——应交增值税（销项税额）"。（　　）

12. 企业销售商品确认收入后，对于客户实际享受的现金折扣应当确认为当期财务费用。（　　）

四、不定项选择题

1. 甲股份有限公司（以下简称甲公司）为增值税一般纳税人，其销售的产品为应纳增值税产品，适用的增值税税率为 17%，产品销售价款中均不含增值税额。甲公司适用的所得税税率为 25%，产品销售成本按经济业务逐项结转。2013 年度，甲公司发生如下经济业务事项：

（1）销售 A 产品一批，产品销售价款为 800000 元，产品销售成本为 350000 元。产品已经发出，并开具了增值税专用发票，同时向银行办妥了托收手续。

（2）收到乙公司因产品质量问题退回的 B 产品一批，并验收入库。甲公司用银行存款支付了退货款，并按规定向乙公司开具了红字增值税专用发票。该退货系甲公司 2011 年 12 月 20 日以提供现金折扣方式（折扣条件为 2/10、1/20、N/30，折扣仅限于销售价款部分）出售给乙公司的，产品销售价款为 40000 元，产品销售成本为 22000 元。销售货款于 12 月 29 日收到并存入银行（该项退货不属于资产负债表日后事项）。

（3）委托丙公司代销 C 产品一批，并将该批产品交付丙公司。代销合同规定甲公司按售价的 10% 向丙公司支付手续费，该批产品的销售价款为 120000 元，产品销售成本为 66000 元。

（4）甲公司收到了丙公司的代销清单。丙公司已将代销的 C 产品全部售出，款项尚未支付给甲公司。甲公司在收到代销清单时向丙公司开具了增值税专用发票，并按合同规定确认应向丙公司支付的代销手续费。

（5）用银行存款支付发生的管理费用 67800 元，计提坏账准备 4000 元。

（6）销售产品应交的城市维护建设税为 2100 元，应交的教育费附加为 900 元。

要求：根据上述资料，不考虑其他因素，回答下列问题。

1）根据上述业务，下列关于甲公司各事项的会计处理正确的是（　　）。

A. 销售 A 产品时不应当确认收入，在收到货款时确认商品销售收入

B. 收到乙公司因产品质量问题退回的 B 产品应当冲减财务费用 800 元

C. 委托丙公司代销 C 产品应当在交付丙公司产品时确认收入

D. 委托丙公司代销 C 产品应当在收到代销清单时确认收入

2) 下列关于甲公司 2013 年度利润表项目的填列金额，计算正确的是（　　）。

A. 营业收入 880000 元

B. 营业成本 394000 元

C. 营业利润 400000 元

D. 净利润 300000 元

2. 甲股份有限公司（以下简称甲公司）为增值税一般纳税人，适用的增值税税率为 17%，销售单价均为不含增值税价格，存货均未计提存货跌价准备。甲公司 2013 年 10 月发生如下业务：

（1）10 月 3 日，向乙企业赊销 A 产品 100 件，单价为 40000 元，单位销售成本为 20000 元。

（2）10 月 15 日，向丙企业销售材料一批，价款为 700000 元，该材料发出成本为 500000 元。上月已经预收账款 600000 元，当日丙企业支付剩余货款。

（3）10 月 18 日，丁企业要求退回本年 9 月 25 日购买的 40 件 B 产品。该产品销售单价为 40000 元，单位销售成本为 20000 元，其销售收入 1600000 元已确认入账，价款已于销售当日收取。经查明退货原因系发货错误，同意丁企业退货，并办理退货手续和开具红字增值税专用发票，并于当日退回了相关货款。

（4）10 月 20 日，收到外单位租用本公司办公用房下一年度租金 300000 元，款项已收存银行。

（5）10 月 31 日，计算本月应交纳的城市维护建设税 36890 元，其中销售产品应交纳 28560 元，销售材料应交纳 8330 元；教育费附加 15810 元，其中销售产品应交纳 12240 元，销售材料应交纳 3570 元。

要求：根据上述资料，不考虑其他因素，回答下列问题。

1) 根据上述资料，2013 年 10 月甲公司发生的费用是（　　）元。

A. 1752700　　B. 1658200　　C. 1725700　　D. 1777700

2) 根据上述资料(5)，甲公司应记入当期"营业税金及附加"科目的金额为（　　）元。

A. 77700　　B. 58200　　C. 40800　　D. 52700

3) 关于 10 月 20 日发生的经济业务，下列处理错误的是（　　）。

A. 若根据权责发生制，应于 10 月确认收入 300000 元

B. 若根据权责发生制，应于 10 月确认负债 300000 元

C. 若根据收付实现制，应于 10 月确认收入 300000 元

D. 若根据收付实现制，应于 10 月确认负债 300000 元

4) 关于 10 月 18 日发生的经济业务，下列处理正确的是 （　　）。

A. 销售退回应冲减销售当月的收入　B. 销售退回应计入 10 月份管理费用

C. 销售退回不应冲减应交税费　　　　D. 销售退回应相应转回营业成本

5) 关于资料 （1），下列表述正确的是 （　　）。

A. 赊销产品不能确认收入

B. 赊销产品在实际收到款项时确认收入

C. 赊销产品在发出商品时确认收入

D. 赊销产品，在签订购买合同时确认收入

第十四章
费　用

> 费用是指企业在日常活动中发生的、会导致所有者权益减少的、与向所有者分配利润无关的经济利益的总流出。广义费用泛指企业生产经营过程中的资产消耗或负债的承诺，包括企业各种费用和损失。狭义费用仅指与当期营业收入直接相配比的耗费。

【学习目标】

通过本章的学习，要求理解费用、生产成本和期间费用的概念、区别及联系；了解费用分类的意义；掌握生产成本和期间费用的核算。

【关键词】

生产成本	Cost of manufacture
劳务成本	Service costs
制造费用	Manufacturing overhead
主营业务成本	Main business costs
其他业务成本	Other operational costs
营业税金及附加	Business tax and surcharges
销售费用	Selling expense
管理费用	Adminisstrative expenses
财务费用	Finance expenses

【思维导图】

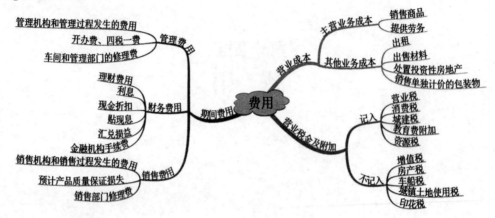

第一节　费用概述

费用包括企业日常活动所产生的经济利益的总流出，主要指企业为取得营业收入进行产品销售等营业活动所发生的企业货币资金的流出，具体包括成本费用和期间费用。企业为生产产品、提供劳务等发生的可归属于产品成本、劳务成本等的费用，应当在确认销售商品收入、提供劳务收入等时，将已销售商品、已提供劳务的成本等计入当期损益。成本费用包括主营业务成本、其他业务成本、营业税金及附加等。期间费用是指企业日常活动发生的不能计入特定核算对象的成本，而应计入发生当期损益的费用。期间费用发生时直接计入当期损益。期间费用包括销售费用、管理费用和财务费用。

费用具有以下特点：

1. 费用是企业在日常活动中形成的

费用必须是企业在其日常活动中所形成的，这些日常活动的界定与收入定义中涉及的日常活动的界定相一致。因日常活动所产生的费用通常包括销售成本（营业成本）、管理费用等。将费用界定为日常活动所形成的，目的是将其与损失相区分，企业非日常活动所形成的经济利益的流出不能确认为费用，而应计入损失。例如，工业企业制造并销售产品、商业企业购买并销售商品、咨询公司提供咨询服务、软件开发企业为客户开发软件、安装公司提供安装服务、租赁公司出租资产等活动中发生的经济利益的总流出构成费用。企业处置固定资产、无形资产等非流动资产，因违约支付罚款，对外捐赠，因自然灾害等非常原因造成财产毁损等，这些活动或事项形成的经济利益的总流出属于企业的损失，而不是费用。

2. 费用会导致企业所有者权益的减少

与费用相关的经济利益的流出会导致所有者权益的减少，不会导致所有者权益减少的经济利益的流出不符合费用的定义，不应确认为费用。

企业经营管理中的某些支出并不减少企业的所有者权益，也就不构成费用。例如，企业以银行存款偿还一项负债，只是一项资产和负债的等额减少，对所有者权益没有影响，因此不构成企业的费用。

3. 费用导致的经济利益总流出与向所有者分配利润无关

费用的发生应当会导致经济利益的流出，从而导致资产的减少或者负债的增加（最终也会导致资产的减少）。其表现形式包括现金或者现金等价物的流出，存货、固定资产和无形资产等的流出或者消耗等。企业向所有者分配利润也会导致经济利益的流出，而该经济利益的流出属于投资者投资的回报分配，是所有者权益的直接抵减项目，不应确认为费用，应当将其排除在费用的定义之外。

第二节　营业成本

营业成本是指企业为生产产品、提供劳务等发生的可归属于产品成本、劳务成本等的费用，应当在确认销售商品收入、提供劳务收入等时，将已销售商品、已提供劳务的成本等计入当期损益。营业成本包括主营业务成本和其他业务成本。

一、主营业务成本

主营业务成本是指企业销售商品、提供劳务等经常性活动所发生的成本。企业一般在确认销售商品、提供劳务等主营业务收入时或在月末将已销售商品、已提供劳务的成本转入主营业务成本。企业应当设置"主营业务成本"科目，按主营业务的种类进行明细核算，用于核算企业因销售商品、提供劳务或让渡资产使用权等日常活动而发生的实际成本，借记该科目，贷记"库存商品"、"劳务成本"等科目。期末，将主营业务成本的余额转入"本年利润"科目，借记"本年利润"，贷记该科目，结转后该科目无余额。

【例14-1】2015年1月20日，甲公司向乙公司销售一批产品，开出的增值税专用发票上注明价款为200000元，增值税税额为34000元；甲公司已收到乙公司支付的款项234000元，并将提货单送交乙公司；该批产品成本为190000

元。甲公司应编制如下会计分录：

（1）销售实现时。

借：银行存款　　　　　　　　　　　　　　　　　　234000

　　贷：主营业务收入　　　　　　　　　　　　　　　　　　200000

　　　　应交税费——应交增值税（销项税额）　　　　　　34000

借：主营业务成本　　　　　　　　　　　　　　　　190000

　　贷：库存商品　　　　　　　　　　　　　　　　　　　190000

（2）期末，将主营业务成本结转至本年利润时。

借：本年利润　　　　　　　　　　　　　　　　　　190000

　　贷：主营业务成本　　　　　　　　　　　　　　　　　190000

【例 14-2】 某公司 2015 年 3 月 10 日销售甲产品 100 件，单价 1000 元，单位成本 800 元，增值税专用发票上注明价款为 100000 元，增值税税额 17000 元，购货方尚未付款，销售成立。当月 25 日，因产品质量问题购货方退货。该公司应编制如下会计分录：

（1）销售产品时。

借：应收账款　　　　　　　　　　　　　　　　　　117000

　　贷：主营业务收入　　　　　　　　　　　　　　　　　100000

　　　　应交税费——应交增值税（销项税额）　　　　　　17000

借：主营业务成本　　　　　　　　　　　　　　　　80000

　　贷：库存商品——甲产品　　　　　　　　　　　　　　80000

（2）销售退回时。

借：主营业务收入　　　　　　　　　　　　　　　　100000

　　应交税费——应交增值税（销项税额）　　　　　　17000

　　贷：应收账款　　　　　　　　　　　　　　　　　　　117000

借：库存商品——甲产品　　　　　　　　　　　　　　80000

　　贷：主营业务成本　　　　　　　　　　　　　　　　　80000

【例 14-3】 某公司 2015 年 3 月末计算已销售的甲、乙、丙三种产品的实际成本，分别为 10000 元、20000 元和 25000 元。该公司月末结转已销售的甲、乙、丙产品成本时，应编制如下会计分录：

借：主营业务成本　　　　　　　　　　　　　　　　55000

　　贷：库存商品——甲产品　　　　　　　　　　　　　　10000

　　　　　　　　——乙产品　　　　　　　　　　　　　　20000

　　　　　　　　——丙产品　　　　　　　　　　　　　　25000

【例 14-4】 某安装公司于 2015 年 2 月 10 日接受一项设备安装任务，假定安装业务属于该公司的主营业务，该公司在安装完成时收到款项，不考虑相关税费。

（1）如果该任务可一次完成，合同总价款为 10000 元，实际发生安装成本 6000 元。应编制如下会计分录：

借：银行存款   10000

  贷：主营业务收入   10000

借：主营业务成本   6000

  贷：银行存款等   6000

（2）如果上述安装任务需花费一段时间（不超过会计当期）才能完成，则应在发生劳务相关支出时，先记入"劳务成本"科目，安装任务完成时再转入"主营业务成本"科目，假如第一次发生劳务支出 2000 元，应编制如下会计分录：

1）第一次发生劳务支出时。

借：劳务成本   2000

  贷：银行存款等   2000

2）发生余下劳务支出时。

借：劳务成本   4000

  贷：银行存款等   4000

3）待安装完成确认所提供劳务的收入并结转该项劳务总成本 6000 元时。

借：银行存款   10000

  贷：主营业务收入   10000

借：主营业务成本   6000

  贷：劳务成本   6000

4）期末，将主营业务成本结转至本年利润时。

借：本年利润   6000

  贷：主营业务成本   6000

【例 14-5】2015 年 6 月 2 日，甲公司向乙公司销售一批商品，开出的增值税专用发票上注明的价款为 30000 元，增值税税额为 5100 元，款项尚未收到；这批商品的成本为 20000 元。乙公司收到商品后，经过验收发现，该批商品存在一定的质量问题，外观存在一定的瑕疵，但基本上不影响使用，因此，6 月 20 日乙公司要求甲公司在价格上（含增值税税额）给予一定的折让，折让率 10%，甲公司表示同意。假定甲公司已经确认收入，与销售折让有关的增值税税额税务机关允许扣减。甲公司应编制如下会计分录：

（1）2015 年 6 月 2 日销售收入实现时。

借：应收账款   35100

  贷：主营业务收入   30000

  应交税费——应交增值税（销项税额）   5100

 借：主营业务成本   20000

  贷：库存商品   20000

（2）6月20日发生销售折让时。

 计算折让的收入金额：30000×10%＝3000（元）

 折让的增值税税额：3000×17%＝510（元）

 合计冲减应收账款金额：3000＋510＝3510（元）

 借：主营业务收入   3000

  应交税费——应交增值税（销项税额）   510

  贷：应收账款   3510

（3）2015年收到款项时。

 收到金额：35100－3510＝31590（元）

 借：银行存款   31590

  贷：应收账款   31590

【例14-6】甲公司为增值税一般纳税人，适用的增值税税率为17%，商品销售价格不含增值税；确认销售收入时逐笔结转销售成本。

2015年12月，甲公司发生如下经济业务：

（1）12月2日，向乙公司销售A产品，销售价款为6000000元，实际成本为5400000元。产品已发出，款项存入银行。销售前，该产品已计提跌价准备50000元。

（2）12月8日，收到丙公司退回的B产品并验收入库，当日支付退货款项并收到经税务机关出具的《开具红字增值税专用发票通知单》。该批产品系当年8月售出并已确认销售收入，销售价格为2000000元，实际成本为1200000元。

（3）12月10日，与丁公司签订为期6个月的劳务合同，合同总价款为4000000元，待完工时一次性收取。至12月31日，实际发生劳务成本500000元（均为职工薪酬），估计为完成该合同还将发生劳务成本1500000元。假定该项劳务交易的结果能够可靠估计，甲公司按实际发生的成本占估计总成本的比例确定劳务的完工进度；该劳务不属于增值税应税劳务。

（4）12月31日，将本公司生产的C产品作为福利发放给生产工人，市场销售价格为800000元，实际成本为500000元。

假定除上述资料外，不考虑其他相关因素。

根据上述资料，甲公司应当编制如下会计分录：

（1）A产品销售实现时。

 借：银行存款   7020000

贷：主营业务收入		6000000
应交税费——应交增值税（销项税额）		1020000
借：主营业务成本	5350000	
存货跌价准备	50000	
贷：库存商品		5400000

（2）B产品发生退货时。

借：主营业务收入	2000000	
应交税费——应交增值税（销项税额）	340000	
贷：银行存款		2340000
借：库存商品	1200000	
贷：主营业务成本		1200000

（3）按完工进度确认劳务收入实现时。

按实际发生的成本占估计总成本的比例确定劳务的完工进度，计算主营业务收入：

$$4000000 \times 500000 \div (500000 + 1500000) = 1000000 \text{（元）}$$

借：应收账款	1000000	
贷：主营业务收入		1000000
借：主营业务成本	500000	
贷：劳务成本		500000

（4）发放福利时。

借：应付职工薪酬	936000	
贷：主营业务收入		800000
应交税费——应交增值税（销项税额）		136000
借：主营业务成本	500000	
贷：库存商品		500000

【例14-7】甲公司为增值税一般纳税人，使用的增值税税率为17%，所得税税率为25%，年末一次确认全年所得税费用。12月5日，向乙公司销售商品一批，开出的增值税专用发票上注明的价款为600000元，增值税税额为102000元，销售商品实际成本为450000元。提货单和增值税专用发票已交购货方，并收到购货方开出的商业承兑汇票。甲公司应编制如下会计分录：

借：应收票据	702000	
贷：主营业务收入		600000
应交税费——应交增值税（销项税额）		102000
借：主营业务成本	450000	

419

  贷：库存商品   450000

二、其他业务成本

  其他业务成本是指企业确认的除主营业务活动以外的其他经营活动所发生的支出。其他业务成本包括销售材料的成本、出租固定资产的折旧额、出租无形资产的摊销额、出租包装物的成本或摊销额等。采用成本模式计量投资性房地产的，其投资性房地产计提的折旧额或摊销额，也构成其他业务成本。

  企业应当设置"其他业务成本"科目，核算企业确认的除主营业务活动以外的其他经营活动所发生的支出，包括销售材料的成本、出租固定资产的折旧额、出租无形资产的摊销额、出租包装物的成本或摊销额等。企业发生的其他业务成本，借记本科目，贷记"原材料"、"周转材料"、"累计折旧"、"累计摊销"、"应付职工薪酬"、"银行存款"等科目。本科目按其他业务成本的种类进行明细核算。期末，本科目余额转入"本年利润"科目，结转后本科目无余额。

> **知识点**
>
>   随同商品出售且单独计价的包装物成本，计入其他业务成本。
>
>   出租无形资产或固定资产使用权获得的收入记入"其他业务收入"科目，对应发生的摊销或折旧额记入"其他业务成本"科目。
>
>   采用成本模式进行后续计量的投资性房地产计提折旧或进行摊销时，借记"其他业务成本"科目或"主营业务成本"科目，贷记"投资性房地产累计折旧（摊销）"科目。
>
>   处置投资性房地产时，将账面价值转入其他业务成本。

  【例 14-8】 2015 年 5 月 2 日，某公司销售一批原材料，开具的增值税专用发票上注明的售价为 10000 元，增值税税额为 1700 元，款项已由银行收妥。该批原材料的实际成本为 7000 元。该公司应编制如下会计分录：

  （1）销售实现时。

  借：银行存款   11700

    贷：其他业务收入   10000

      应交税费——应交增值税（销项税额） 1700

  借：其他业务成本   7000

    贷：原材料   7000

  （2）期末，将其他业务成本结转至本年利润时。

  借：本年利润   7000

　　　　贷：其他业务成本　　　　　　　　　　　　　　　7000

　　【例14-9】 2015年1月1日，甲公司将自行开发完成的非专利技术出租给另一家公司，该非专利技术成本为240000元，双方约定的租赁期限为10年，甲公司每月应摊销2000（240000÷10÷12）元。甲公司应编制如下会计分录：

　　（1）每月摊销非专利技术成本时。

　　　借：其他业务成本　　　　　　　　　　2000

　　　　贷：累计摊销　　　　　　　　　　　　　　　2000

　　（2）期末，将其他业务成本结转至本年利润。

　　　借：本年利润　　　　　　　　　　　　2000

　　　　贷：其他业务成本　　　　　　　　　　　　　2000

　　【例14-10】 2015年11月22日，某公司销售商品领用单独计价的包装物成本40000元，增值税专用发票上注明价款为100000元，增值税税额为17000元，款项已存入银行。假设不考虑材料成本差异，该公司应编制如下会计分录：

　　（1）出售包装物时。

　　　借：银行存款　　　　　　　　　　　117000

　　　　贷：其他业务收入　　　　　　　　　　　　100000

　　　　　应交税费——应交增值税（销项税额）　　17000

　　（2）结转出售包装物成本时。

　　　借：其他业务成本　　　　　　　　　40000

　　　　贷：周转材料——包装物　　　　　　　　　40000

　　（3）期末，将其他业务成本结转至本年利润时。

　　　借：本年利润　　　　　　　　　　　40000

　　　　贷：其他业务成本　　　　　　　　　　　　40000

　　【例14-11】 2015年5月11日，甲公司出租一幢办公楼给乙公司使用，已确认为投资性房地产，采用成本模式进行后续计量。出租的办公楼成本为24000000元，按直线法计提折旧，使用寿命为40年，预计净残值为零。按照合同规定，乙公司按月支付甲公司租金。

　　　甲公司计提折旧时应编制如下会计分录：

　　　计算每月应计提的折旧额：24000000÷40÷12＝50000（元）

　　　借：其他业务成本　　　　　　　　　50000

　　　　贷：投资性房地产累计折旧　　　　　　　　50000

　　【练一练】（2014年多选）下列各项中，工业企业应确认为其他业务成本的有（　　　）。

　　A. 出租固定资产的折旧额

B. 销售原材料的成本

C. 成本模式计量的投资性房地产的折旧额

D. 出租包装物的摊销额

【解析】销售原材料结转的成本、出租固定资产的折旧额、以成本模式计量的投资性房地产的折旧额和出租包装物的摊销额均计入其他业务成本，选项ABCD均正确。

第三节 营业税金及附加

营业税金及附加是指企业经营活动应负担的相关税费，包括营业税、消费税、城市维护建设税、教育费附加和资源税等。

营业税是对提供应税劳务、转让无形资产或销售不动产所征收的一种税。其中，应税劳务是指交通运输、建筑安装、金融保险、邮电通信、旅游服务和文化娱乐业所提供的劳务；转让无形资产是指转让无形资产的所有权或使用权；销售不动产是指非房产单位有偿转让不动产的所有权和使用权，以及将不动产无偿赠予他人的行为。

消费税是对生产、委托加工及进口应税消费品（主要指烟、酒、化妆品、高档次及高能耗的消费品）征收的一种税。消费税的计税方法主要有从价定率、从量定额及从价定率和从量定额复合计税三种：从价定率是根据商品销售价格和规定的税率计算应交消费税；从量定额是根据商品销售数量和规定的单位税额计算应交的消费税；复合计税是两者的结合。

城市维护建设税（以下简称城建税）和教育费附加是对从事生产经营活动的单位和个人，以其实际缴纳的增值税、消费税、营业税为依据，按纳税人所在地适用的不同税率计算征收的一种税。

资源税是对在我国境内开采国家规定的矿产资源和生产用盐的单位或个人征收的一种税，按应税数量和规定的单位税额计算。如开采石油、煤炭、天然气企业需按开采的数量计算缴纳资源税。

房产税、车船税、城镇土地使用税、印花税在"管理费用"科目核算，但与投资性房地产相关的房产税、土地使用税在"营业税金及附加"科目核算。

企业应当设置"营业税金及附加"科目，核算企业经营活动发生的营业税、消费税、城市维护建设税、资源税和教育费附加等相关税费。按规定计算确定的与经营活动相关的税费，企业应借记本科目，贷记"应交税费"科目。期末，应将"营业税金及附加"科目余额转入"本年利润"科目，结转后本科目无余额。

【例 14-12】 某公司 2015 年 2 月 1 日取得应纳消费税的销售商品收入 3000000 元，该产品适用的消费税税率为 25%。该公司应编制如下会计分录：

（1）计算应交消费税额 750000 元 （3000000×25%）。

借：营业税金及附加　　　　　　　　　750000

　　贷：应交税费——应交消费税　　　　　　　　　750000

（2）交纳消费税时。

借：应交税费——应交消费税　　　　　750000

　　贷：银行存款　　　　　　　　　　　　　　　750000

【例 14-13】 某公司 2015 年 1 月 1 日对外提供运输业务，获得劳务收入 200000 元，营业税税率为 3%，款项已存入银行。该公司应编制如下会计分录：

（1）劳务收入实现时。

借：银行存款　　　　　　　　　　　　200000

　　贷：主营业务收入　　　　　　　　　　　　　200000

（2）计算应交营业税 200000×3%＝6000 （元）。

借：营业税金及附加　　　　　　　　　　6000

　　贷：应交税费——应交营业税　　　　　　　　　6000

（3）交纳营业税时。

借：应交税费——应交营业税　　　　　　6000

　　贷：银行存款　　　　　　　　　　　　　　　6000

【例 14-14】 2015 年 4 月，某公司当月实际应交增值税 350000 元，应交消费税 150000 元，应交营业税 100000 元，城建税税率为 7%，教育费附加为 3%元。该公司应编制与城建税、教育费附加有关的会计分录如下：

（1）计算应交城建税和教育费附加时。

计算城建税：（350000＋150000＋100000）×7%＝42000 （元）

教育费附加：（350000＋150000＋100000）×3%＝18000 （元）

借：营业税金及附加　　　　　　　　　60000

　　贷：应交税费——应交城建税　　　　　　　　　42000

　　　　　　　　——应交教育费附加　　　　　　　18000

（2）实际缴纳城建税和教育费附加时。

借：应交税费——应交城建税　　　　　42000

　　　　　　——应交教育费附加　　　　18000

　　贷：银行存款　　　　　　　　　　　　　　　60000

第四节　期间费用

一、期间费用概述

期间费用是指企业日常活动发生的不能计入特定核算对象的成本，而应计入发生当期损益的费用。

期间费用是企业日常活动中所发生的经济利益的流出。之所以不计入特定的成本核算对象，主要是因为期间费用是企业为组织和管理整个经营活动所发生的费用，与可以确定特定成本核算对象的材料采购、产成品生产等没有直接关系，因而期间费用不计入有关核算对象的成本，而是直接计入当期损益。

期间费用包括以下两种情况：一是企业发生的支出不产生经济利益，或者即使产生经济利益但不符合或者不再符合资产确认条件的，应当在发生时确认为费用，计入当期损益。二是企业发生的交易或者事项导致其承担了一项费用，而又不确认为一项资产的，应当在发生时确认为费用计入当期损益。

二、期间费用的账务处理

期间费用包括销售费用、管理费用和财务费用。

（一）销售费用

销售费用是指企业在销售商品和材料、提供劳务过程中发生的各项费用，包括保险费、包装费、展览费和广告费、商品维修费、预计产品质量保证损失、运输费、装卸费等以及为销售本企业商品而专设的销售机构（含销售网点、销售服务网点等）的职工薪酬、业务费、折旧费等经营费用。企业发生的与专设销售机构相关的固定资产修理费用等后续支出也属于销售费用。

销售费用是与企业销售商品活动有关的费用，但不包括销售商品本身的成本和劳务成本。销售商品的成本属于"主营业务成本"，提供劳务的成本属于"劳务成本"。

企业应通过"销售费用"科目，核算销售费用的发生和结转情况。该科目借方登记企业所发生的各项销售费用，贷方登记期末转入"本年利润"科目的销售费用，结转后该科目应无余额。该科目应按销售费用的费用项目进行明细核算。

【例14-15】某公司2015年3月1日为宣传新产品发生广告费80000元，用银行存款支付。该公司应编制如下会计分录：

借：销售费用——广告费   80000

  贷：银行存款   80000

【例 14-16】某公司销售部 2015 年 8 月共发生费用 220000 元，其中，销售人员薪酬 100000 元，销售部专用办公设备折旧费 50000 元，业务费 70000 元（用银行存款支付）。该公司应编制如下会计分录：

借：销售费用   220000

  贷：应付职工薪酬   100000

    累计折旧   50000

    银行存款   70000

【例 14-17】某公司 2015 年 1 月 12 日销售一批产品，销售过程中发生运输费 5000 元、装卸费 2000 元，均用银行存款支付。该公司应编制如下会计分录：

借：销售费用——运输费   5000

    ——装卸费   2000

  贷：银行存款   7000

【例 14-18】某公司 2015 年 3 月 1 日用银行存款支付所销产品保险费 5000 元。该公司应编制如下会计分录：

借：销售费用——保险费   5000

  贷：银行存款   5000

【例 14-19】某公司 2015 年 3 月 31 日计算出本月应付给为销售本企业商品而专设的销售机构的职工工资总额为 50000 元。该公司应编制如下会计分录：

借：销售费用   50000

  贷：应付职工薪酬   50000

【例 14-20】某公司 2015 年 3 月 31 日计算出当月专设销售机构使用房屋应计提的折旧 7800 元，该公司应编制如下会计分录：

借：销售费用——折旧费   7800

  贷：累计折旧   7800

【例 14-21】某公司 2015 年 5 月 31 日将本月发生的"销售费用"56000 元，结转至"本年利润"科目。该公司应编制如下会计分录：

借：本年利润   56000

  贷：销售费用   56000

（二）管理费用

管理费用是指企业为组织和管理生产经营发生的各种费用，包括企业在筹建期间内发生的开办费、董事会和行政管理部门在企业的经营管理中发生的以及应由企业统一负担的公司经费（包括行政管理部门职工工资及福利费、物料消耗、低值易耗品摊销、办公费和差旅费等）、行政管理部门负担的工会经费、董事会费（包括董事会成员津贴、会议费和差旅费等）、聘请中介机构费、咨询费（含顾问费）、诉讼费、业务招待费、房产税、车船税、城镇土地使用税、印花税、技术转让费、矿产资源补偿费、研究费用、排污费等。企业生产车间（部门）和行政管理部门发生的固定资产修理费用等后续支出，也作为管理费用核算。

企业应设置"管理费用"科目，核算管理费用的发生和结转情况。该科目借方登记企业发生的各项管理费用，贷方登记期末转入"本年利润"科目的管理费用，结转后该科目应无余额。该科目按管理费用的费用项目进行明细核算。商品流通企业管理费用不多的，可不设本科目，相关核算内容可并入"销售费用"科目核算。

【例 14-22】某公司 2015 年 4 月 5 日为拓展产品销售市场发生业务招待费 50000 元，用银行存款支付。该公司应编制如下会计分录：

借：管理费用——业务招待费　　　　　50000
　　贷：银行存款　　　　　　　　　　　　　　50000

【例 14-23】某公司 2015 年 7 月 22 日就一项产品的设计方案向有关专家进行咨询，以现金支付咨询费 30000 元。该公司支付咨询费的会计分录如下：

借：管理费用——咨询费　　　　　　　30000
　　贷：库存现金　　　　　　　　　　　　　　30000

【例 14-24】某公司行政部 2015 年 9 月共发生费用 224000 元，其中，行政人员薪酬 150000 元，行政部专用办公设备折旧费 45000 元，报销行政人员差旅费 21000 元（假定报销人员均未预借差旅费），其他办公、水电费 8000 元（均用银行存款支付）。该公司应编制如下会计分录：

借：管理费用　　　　　　　　　　　224000
　　贷：应付职工薪酬　　　　　　　　　　　150000
　　　　累计折旧　　　　　　　　　　　　　45000
　　　　库存现金　　　　　　　　　　　　　21000
　　　　银行存款　　　　　　　　　　　　　8000

【例 14-25】某公司 2015 年 12 月 31 日将"管理费用"科目余额 65000 元转入"本年利润"科目。该公司应编制如下会计分录：

借：本年利润　　　　　　　　　　　65000
　　贷：管理费用　　　　　　　　　　　　　65000

【例 14-26】2015 年 12 月 31 日，甲公司计提公司管理部门固定资产折旧 50000 元，摊销公司管理部门用无形资产成本 80000 元。甲公司应编制如下会计分录：

借：管理费用　　　　　　　　　　　　　　　130000

　　贷：累计折旧　　　　　　　　　　　　　　　　　　50000

　　　　累计摊销　　　　　　　　　　　　　　　　　　80000

（三）财务费用

财务费用是指企业为筹集生产经营所需资金等而发生的筹资费用，包括利息支出（减利息收入）、汇兑损益以及相关的手续费、企业发生的现金折扣等。

企业应通过"财务费用"科目，核算财务费用的发生和结转情况。该科目借方登记企业发生的各项财务费用，贷方登记期末转入"本年利润"科目的财务费用，结转后该科目应无余额。该科目应按财务费用的项目进行明细核算。

【例 14-27】 某公司 2015 年 4 月 30 日用银行存款支付本月应负担的短期借款利息 24000 元。该公司应编制如下会计分录：

借：财务费用——利息支出　　　　　　　　　24000

　　贷：银行存款　　　　　　　　　　　　　　　　　24000

【例 14-28】 某公司 2015 年 9 月 2 日用银行存款支付银行手续费 400元。该公司应编制如下会计分录：

借：财务费用——手续费　　　　　　　　　　400

　　贷：银行存款　　　　　　　　　　　　　　　　　400

【例 14-29】 2015 年 8 月 7 日，某公司在购买材料业务中，获得对方给予的现金折扣 4000 元。该公司应编制如下会计分录：

借：应付账款　　　　　　　　　　　　　　　4000

　　贷：财务费用　　　　　　　　　　　　　　　　　4000

【例 14-30】 某公司于 2015 年 1 月 1 日向银行借入生产经营用短期借款 360000 元，期限 6 个月，年利率 5%，该借款本金到期后一次归还，利息分月预提，按季支付。该公司应编制如下会计分录：

每月末，预提当月应计利息（360000×5%/12）=1500（元）

借：财务费用——利息支出　　　　　　　　　1500

　　贷：应付利息　　　　　　　　　　　　　　　　　1500

【例 14-31】 2015 年 12 月 31 日，某公司将"财务费用"科目余额89000 元结转到"本年利润"科目。该公司应编制如下会计分录：

借：本年利润　　　　　　　　　　　　　　　89000

　　贷：财务费用　　　　　　　　　　　　　　　　　89000

【练一练】（2014 年单选）下列各项中，应计入营业税金及附加的是（　　）。

A. 委托加工物资受托方代收代缴的消费税

B. 厂部车辆应缴车辆购置税

C. 销售应税矿产品应交的资源税

D. 签订合同交纳的印花税

【解析】 企业委托加工物资受托方代收代缴的消费税，如果收回后继续加工生产应税消费品，受托方代收代缴的消费税记入"应交税费——应交消费税"科目借方核算，如果收回后直接对外出售，则记入"委托加工物资"成本中，选项 A 错误；厂部车辆应交车辆购置税计入固定资产成本，选项 B 错误；印花税通过管理费用核算，选项 D 错误。故答案为 C。

【练一练】 (2014 年多选) 下列各项中，应列入利润表中"营业税金及附加"项目的有 (   )。

A. 教育费附加   B. 消费税

C. 城市维护建设税   D. 矿产资源补偿费

【解析】 矿产资源补偿费应当计入管理费用。故答案为 ABC。

【练一练】 (2014 年多选) 下列各项中，应计入相关资产成本的有 (   )。

A. 企业进口原材料交纳的进口关税

B. 企业签订加工承揽合同交纳的印花税

C. 企业商务用车交纳的车船税

D. 小规模纳税人购买商品支付的增值税

【解析】 印花税和车船税都要计入管理费用，不计入相关资产的成本。故答案选 AD。

【主要分录总结】

序号	事项		分录
1	营业成本	主营业务成本	销售实现时 — 借：银行存款　贷：主营业务收入　　应交税费——应交增值税（销项税额）　借：主营业务成本　贷：库存商品
			期末结转损益 — 借：本年利润　贷：主营业务成本
			销售产品时 — 借：应收账款　贷：主营业务收入　　应交税费——应交增值税（销项税额）　借：主营业务成本　贷：库存商品——甲产品
			销售退回时 — 借：主营业务收入　　应交税费——应缴增值税（销项税额）　贷：应收账款　借：库存商品——甲产品　贷：主营业务成本

续表

序号	事项			分录
1 营业 成本	主营业务 成本	设备安装		借：银行存款 　　贷：主营业务收入 借：主营业务成本 　　贷：银行存款等
		若安装业 务需花费 一段时间 才能完成	第一次发生劳 务支出	借：劳务成本 　　贷：银行存款等
			安装完成并结 转成本	借：银行存款 　　贷：主营业务收入 借：主营业务成本 　　贷：劳务成本
			期末结转本年 利润	借：本年利润 　　贷：主营业务成本
		销售收入实现时		借：应收账款 　　贷：主营业务收入 　　　　应交税费——应交增值税（销项税额） 借：主营业务成本 　　贷：库存商品
		发生销售折让时		借：主营业务收入 　　应缴税费——应缴增值税（销项税额） 　　贷：应收账款
		收到账款时		借：银行存款 　　贷：应收账款
	其他业务 成本	销售实现时		借：银行存款 　　贷：其他业务收入 　　　　应交税费——应交增值税（销项税额） 借：其他业务成本 　　贷：原材料
		期末结转到本年利润		借：本年利润 　　贷：其他业务成本
		将自行开 发完成的 专利技术 出租	每月摊销时	借：其他业务成本 　　贷：累计摊销
			期末结转到本 年利润	借：本年利润 　　贷：其他业务成本
			出售包装物时	借：银行存款 　　贷：其他业务收入 　　　　应交税费——应交增值税（销项税额）
			结转成本	借：其他业务成本 　　贷：周转材料——包装物
			期末结转本年 利润	借：本年利润 　　贷：其他业务成本
			计提折旧	借：其他业务成本 　　贷：投资性房地产累计折旧

序号	事项			分录
2	营业税金及附加	应缴纳消费税额		借：营业税金及附加 贷：应交税费——应交消费税
		缴纳消费税时		借：应缴税费——应交消费税 贷：银行存款
		收到款项时		借：银行存款 贷：主营业务收入
		计算应交营业税		借：营业税金及附加 贷：应交税费——应交营业税
		交纳营业税时		借：应交税费——应交营业税 贷：银行存款
		计算应交城建税和教育附加时		借：营业税金及附加 贷：应交税费——应交城建税 　　　　——应缴教育费及附加
		实际缴纳城建税和教育费及附加		借：应缴税费——应交城建税 　　　　——应交教育费及附加 贷：银行存款
3	期间费用	销售费用	支付广告费	借：销售费用——广告费 贷：银行存款
			销售部	借：销售费用（销售人员薪酬、销售部专用办公设备折旧费、业务费） 贷：应付职工薪酬 　　累计折旧 　　银行存款
			销售产品	借：销售费用——运输费 　　　　——装卸费 贷：银行存款
			支付保险费	借：销售费用——保险费 贷：银行存款
			支付销售机构的职工工资	借：销售费用——工资 贷：应付职工薪酬
			销售机构职工工资中提取福利	借：销售费用——职工福利 贷：应付职薪酬
			销售机构使用房屋提取折旧	借：销售费用——折旧费 贷：累计折旧
			结转销售费用到本年利润	借：本年利润 贷：销售费用

续表

序号	事项			分录
3	期间费用	管理费用	招待费	借：管理费用——业务招待费 　　贷：银行存款
			咨询费	借：管理费用——咨询费 　　贷：库存现金 借：管理费用 　　贷：应付职工薪酬 　　　　累计折旧 　　　　库存现金 　　　　银行存款
			结转本年利润	借：本年利润 　　贷：管理费用
		财务费用	支付短期借款利息	借：财务费用——利息支出 　　贷：银行存款
			支付的手续费	借：财务费用——手续费 　　贷：银行存款
			现金折扣提前付款	借：应付账款 　　贷：财务费用
			短期借款利息支出	借：财务费用——利息支出 　　贷：应付利息
			结转利润	借：本年利润 　　贷：财务费用

【本章主要参考法规索引】

1. 企业会计准则——基本准则（2014 年 7 月 23 日财政部修订发布，自2014年 7 月 23 日起施行）

2. 企业会计准则——应用指南（2006 年 10 月 30 日财政部发布，自2007 年1月 1 日起施行）

【本章习题】

一、单项选择题

1. 下列各项中，不应计入管理费用的是（　　）。

A. 发生的排污费　　　　　　　B. 发生的矿产资源补偿费

C. 管理部门固定资产报废净损失　　D. 发生的业务招待费

2. A 公司 6 月销售商品发生商业折扣 40 万元、现金折扣 30 万元、销售折让 50 万元；购买商品享受现金折扣 10 万元，支付银行承兑汇票手续费 2 万元；此外，支付财务人员薪酬 20 万元，计提财务部门设备的折旧额 5 万元，发生汇兑损失 1 万元。A 公司上述业务计入当月财务费用的金额为（　　）万元。

A. 23 　　　　 B. 33 　　　　 C. 22 　　　　 D. 28

3. 某企业 2014 年 11 月发生以下经济业务: 支付专设销售机构固定资产修理费 3 万元; 代垫销售商品运杂费 2 万元; 支付受托方代销商品手续费 10 万元; 结转随同商品出售单独计价包装物成本 5 万元; 预计本月已销商品质量保证损失 1 万元; 支付诉讼费 0.8 万元。该企业 11 月应计入销售费用的金额是 ( ) 万元。

A. 16 　　　　 B. 16.8 　　　　 C. 14 　　　　 D. 14.8

4. 企业本期确认的增值税 34000 元, 销售消费品确认的消费税 5000 元, 日常经营活动确认的营业税 4000 元, 确认印花税 500 元, 确认资源税 6000 元, 则应计入利润表中 "营业税金及附加" 项目的金额为 ( ) 元。

A. 49000 　　　　 B. 49500 　　　　 C. 15000 　　　　 D. 43000

5. A 工业企业 2013 年 5 月发生的经济业务: 生产车间管理人员工资 80 万元, 行政管理人员工资 60 万元, 计提车间用固定资产折旧 10 万元, 支付生产车间固定资产维修费 10 万元, 支付违约罚款 5 万元, 支付广告费用 20 万元, 预提短期借款利息 10 万元, 支付矿产资源补偿费 5 万元。则该企业当期的管理费用总额为 ( ) 万元。

A. 75 　　　　 B. 200 　　　　 C. 195 　　　　 D. 105

6. 2014 年 5 月, 甲公司销售商品实际应交增值税 38 万元、应交消费税 20 万元, 提供建筑安装劳务实际应交营业税 15 万元; 适用的城市维护建设税税率为 7%, 教育费附加税率为 3%, 假定不考虑其他因素, 甲公司当月应列入利润表 "营业税金及附加" 项目的金额为 ( ) 万元。

A. 7.3 　　　　 B. 38.5 　　　　 C. 42.3 　　　　 D. 80.3

7. 企业对随同商品出售而不单独计价的包装物进行会计处理时, 该包装物的实际成本应结转到的会计科目是 ( )。

A. 制造费用 　　 B. 管理费用 　　 C. 销售费用 　　 D. 其他业务成本

8. 某公司 2014 年支付广告费 300000 元, 固定资产处置费用 20000 元, 贷记银行存款 320000 元, 可以借记 ( )。

A. 制造费用 20000 元 　　　　　　 B. 销售费用 300000 元

C. 管理费用 320000 元 　　　　　　 D. 销售费用 320000 元

9. A 公司为高管租赁公寓免费使用, 按月以银行存款支付。应编制的会计分录是 ( )。

A. 借记 "管理费用" 科目, 贷记 "银行存款" 科目

B. 借记 "管理费用" 科目, 贷记 "应付职工薪酬" 科目

C. 借记 "管理费用" 科目, 贷记 "应付职工薪酬" 科目; 同时借记 "应付职工薪酬" 科目, 贷记 "银行存款" 科目

D. 借记"资本公积"科目, 贷记"银行存款"科目; 同时借记"应付职工薪酬"科目, 贷记"资本公积"科目

10. 下列项目中, 销售企业应当作为财务费用处理的是 ( )。

A. 购货方放弃的现金折扣　　　　　B. 购货方获得的销售折让

C. 购货方获得的现金折扣　　　　　D. 购货方获得的商业折扣

11. 企业为购买原材料所发生的银行承兑汇票手续费, 应当计入 ( )。

A. 管理费用　　　B. 财务费用　　　C. 销售费用　　　D. 其他业务成本

12. 企业计提短期借款的利息时, 借方计入的会计科目是 ( )。

A. 财务费用　　　B. 短期借款　　　C. 应收利息　　　D. 应付利息

13. 某工业企业为增值税一般纳税人, 2013 年应交的各种税金如下: 增值税 700 万元, 消费税 (全部为销售应税消费品发生) 300 万元, 城市维护建设税 60 万元, 教育及附加费 10 万元, 房产税 20 万元, 所得税费用 500 万元。上述各项税金应计入营业税金及附加的金额为 ( ) 万元。

A. 70　　　　　　B. 370　　　　　　C. 90　　　　　　D. 460

14. 下列日常经营活动涉及的税金中, 计入营业税金及附加科目的是 ( )。

A. 营业税、增值税　　　　　　　B. 城市维护建设税、教育费附加

C. 消费税、增值税　　　　　　　D. 印花税、消费税

15. 下列各项中, 应在发生时确认为"销售费用"的是 ( )。

A. 车间管理人员的薪酬　　　　　B. 对外出租的投资性房地产的折旧

C. 专设销售机构固定资产的折旧　D. 厂部管理人员的薪酬

16. 下列各项中, 应该通过销售费用科目核算的是 ( )。

A. 销售方发生的现金折扣　　　　B. 出售固定资产支付的清理费用

C. 销售商品过程中发生的保险费用　D. 业务招待费

17. 下列各项中, 不应计入销售费用的是 ( )。

A. 已售商品预计保修费用

B. 为推广新产品而发生的广告费用

C. 随同商品出售且单独计价的包装物成本

D. 随同商品出售而不单独计价的包装物成本

18. 企业对于已经发出且符合收入确认条件的商品 (未计提存货跌价准备), 其成本应借记的科目是 ( )。

A. 在途物资　　　B. 发出商品　　　C. 库存商品　　　D. 主营业务成本

19. 2014 年 1 月 1 日 A 公司经营租出管理用设备一台, 每月该设备折旧金额为 100 万元, 租期为两年, 租金在每季末收取。则 2014 年 1 月末针对计提的折旧金额应编制的会计分录为 ( ) (分录中的金额单位为万元)。

  A. 借：其他业务成本   100

    贷：预付账款   100

  B. 借：其他业务成本   100

    贷：银行存款   100

  C. 借：其他业务成本   100

    贷：累计折旧   100

  D. 借：管理费用   100

    贷：累计折旧   100

20. 某企业某月销售生产的商品确认销售成本 100 万元，销售原材料确认销售成本 10 万元，本月发生现金折扣 1.5 万元。不考虑其他因素，该企业该月计入其他业务成本的金额为（ ）万元。

  A. 100   B. 110   C. 10   D. 11.5

21. 某企业 2013 年 11 月发生以下经济业务：车间管理部门应分摊的固定资产折旧 30 万元；因收发差错造成的存货短缺净损失 10 万元；机器设备日常维修支出 40 万元；办公楼应摊销的土地使用权 300 万元。该企业 11 月应计入管理费用的金额是（ ）万元。

  A. 380   B. 350   C. 310   D. 50

22. 超支的业务招待费应计入（ ）。

  A. 其他业务成本 B. 营业外支出   C. 管理费用   D. 财务费用

23. 企业筹建期间发生的长期借款利息支出不能资本化的部分应该计入（ ）。

  A. 财务费用   B. 营业外收入   C. 管理费用   D. 在建工程

24. 某企业 2013 年 1 月 1 日按面值发行 3 年期面值为 250 万元的债券，票面利率 5%，截至 2014 年年底企业为此项应付债券所承担的财务费用是（ ）万元。

  A. 25   B. 20   C. 27   D. 30

25. 下列各项中，不通过财务费用核算的是（ ）。

  A. 企业发行股票支付的手续费   B. 企业支付的银行承兑汇票手续费

  C. 企业购买商品时取得的现金折扣 D. 企业销售商品时发生的现金折扣

二、多项选择题

1. 下列税费中，应计入管理费用的有（ ）。

  A. 资源税   B. 教育费附加

  C. 车船使用税   D. 矿产资源补偿费

2. 下列各项职工薪酬中，不能直接在"管理费用"中列支的有（ ）。

A. 生产人员的薪酬　　　　　　　　B. 行政人员的薪酬

C. 车间管理人员的薪酬　　　　　　D. 研发人员的薪酬

3. 下列各项中，不应计入管理费用有（　　）。

A. 专设销售机构的固定资产修理费　B. 计提的存货跌价准备

C. 工会经费　　　　　　　　　　　D. 车间生产人员的职工薪酬

4. 下列税金中，应记入"管理费用"项目的有（　　）。

A. 自产自用应交的资源税　　　　　B. 自用办公楼应交的房产税

C. 厂里的轿车每年要交的车船税　　D. 处置固定资产要交的营业税

5. 下列各项中，应通过营业税金及附加科目核算的有（　　）。

A. 提供加工劳务的增值税　　　　　B. 销售应税消费品应交的消费税

C. 提供安装劳务应交的营业税　　　D. 销售固定资产应交的营业税

6. 下列各项，可以记入利润表"营业税金及附加"项目的有（　　）。

A. 增值税　　　　　　　　　　　　B. 城市维护建设税

C. 教育费附加　　　　　　　　　　D. 矿产资源补偿费

7. 下列各项中，不应计入产品成本的有（　　）。

A. 基本生产车间管理人员的工资　　B. 专设售后服务网点的职工薪酬

C. 支付的矿产资源补偿费　　　　　D. 企业负担的生产职工养老保险费

8. 下列各项费用，应计入销售费用的有（　　）。

A. 费用化的利息支出　　　　　　　B. 业务招待费

C. 广告费　　　　　　　　　　　　D. 展览费

9. 下列各项中，应列入利润表中"营业成本"项目的有（　　）。

A. 销售材料的成本

B. 出租固定资产的折旧额

C. 无形资产处置净损失

D. 劳务公司提供劳务发生的劳务成本

10. 下列会计事项中，应在其他业务成本科目核算的有（　　）。

A. 销售原材料的成本

B. 经营租出固定资产收入

C. 采用成本模式计量的投资性房产计提的折旧

D. 与投资性房地产相关的营业税

11. 下列各项中，会影响管理费用的有（　　）。

A. 企业盘点现金，发生现金的盘亏

B. 存货盘点，发现存货盘亏，由管理不善造成的

C. 固定资产盘点，发现固定资产盘亏，盘亏的净损失

D. 现金盘点，发现现金盘点的净收益

12. 下列各项中，记应计入"管理费用"的有（　　）。

A. 总部办公楼折旧

B. 生产设备改良支出

C. 经营租出专用设备的修理费

D. 专设销售机构房屋的修理费

13. 下列各项中，记入"财务费用"科目借方的有（　　）。

A. 公司发行股票支付的手续费、佣金等发行费用

B. 资本化的长期借款利息支出

C. 销货企业实际发生的现金折扣

D. 支付银行承兑汇票的手续费

14. 下列各项中，应计入财务费用的有（　　）。

A. 支付银行承兑汇票的手续费

B. 期末计算带息商业汇票的利息

C. 外币应付账款汇兑损失

D. 公司发行股票支付的手续费、佣金等发行费用

15. 下列各项中，应计入财务费用的有（　　）。

A. 企业销售商品发生的现金折扣

B. 企业销售商品发生的商业折扣

C. 企业购买商品获得的现金折扣

D. 企业购买商品获得的商业折扣

16. 下列各项中，应计入财务费用的有（　　）。

A. 应付财务人员的工资

B. 生产经营用短期借款支付的利息

C. 汇兑业务支付的手续费

D. 发生的现金折扣

17. 下列各项中，不应在发生时确认为销售费用的有（　　）。

A. 车间管理人员的工资

B. 投资性房地产的折旧额

C. 专设销售机构固定资产的维修费

D. 预计产品质量保证损失

18. 下列各项中属于期间费用的是（　　）。

A. 管理部门的劳动保险费

B. 董事会会费

C. 季节性停工损失

D. 销售人员的工资

19. 企业的营业成本包括（　　）。

A. 主营业务成本

B. 其他业务成本

C. 营业外支出

D. 生产成本

20. 下列各项中，应计入其他业务成本的有（　　）。

A. 出借包装物成本的摊销

B. 出租包装物成本的摊销

C. 随同产品出售单独计价的包装物成本

D. 随同产品出售不单独计价的包装物成本

21. 下列各项中，关于管理费用会计处理表述正确的有（　　）。

A. 无法查明原因的现金短缺应计入管理费用

B. 转销确实无法支付的应付账款应冲减管理费用

C. 行政管理部门负担的工会经费应计入管理费用

D. 企业在筹建期间内发生的开办费应计入管理费用

22. 下列项目中，不计入财务费用处理的有（　　）。

A. 企业销售商品发生的商业折扣　　　B. 企业销售商品发生的销售折让

C. 企业购买商品获得的现金折扣　　　D. 企业购买商品放弃的现金折扣

23. 下列各项中，应计入财务费用的有（　　）。

A. 企业发行股票支付的手续费　　　B. 企业支付的银行承兑汇票手续费

C. 企业购买商品时取得的现金折扣　　D. 企业销售商品时发生的现金折扣

三、判断题

1. 工业企业利润表中"营业税金及附加"项目不包括增值税和土地增值税。（　　）

2. 企业出售固定资产应交的营业税，应列入利润表的"营业税金及附加"项目。（　　）

3. 某企业 2014 年年初有上年形成的亏损 25 万元，当年实现利润总额 15 万元，所得税税率为 25%。假设以前年度没有亏损，则企业 2014 年不需要交纳企业所得税。（　　）

4. "营业税金及附加"科目核算的内容不包括印花税、契税、增值税和城市维护建设税。（　　）

5. 收回出租包装物因不能使用而报废的残料价值，应通过"销售费用"科目核算。（　　）

6. 应当在确认销售商品收入、提供劳务收入等时，将已销售商品、已提供劳务的成本等计入当期损益。（　　）

7. 企业筹建期间的借款费用、资本化的借款利息支出、销售商品发生的商业折扣和支付的银行承兑汇票手续费都通过财务费用科目核算。（　　）

8. 企业向银行或其他金融机构借入的各种款项，所发生的利息均应记入"财务费用"。（　　）

9. 企业生产经营期间的长期借款利息支出应该全部计入财务费用中。（　　）

10. 费用是企业在非日常活动中发生的、会导致所有者权益减少的、与向所有者分配利润无关的经济利益的总流出。（　　）

11. 企业在确认商品销售收入后发生的销售折让（不考虑日后事项），应在实际发生时计入财务费用。（　　）

12. 随同商品出售而单独计价的包装物的实际成本应记入"其他业务成本"科目。（　　）

13. 营业税金及附加是指企业经营活动应负担的相关税费，包括营业税、消费税、城市维护建设税、增值税和资源税等。（　　）

14. 对外销售的应税产品应交纳的资源税记入"营业税金及附加"科目，自产自用应税产品应该交纳的资源税记入"生产成本"或"制造费用"等科目。（　　）

15. 随同产品出售不单独计价的包装物，应该在包装物发出时，结转成本并计入其他业务成本中。（　　）

16. 制造费用与管理费用不同，本期发生的管理费用直接影响本期损益，而本期发生的制造费用不一定影响本期的损益。（　　）

17. 企业生产经营期间计提的短期借款的利息费用均计入财务费用中。（　　）

18. 企业取得交易性金融资产时支付的相关税费计入财务费用。（　　）

19. 企业为客户提供的现金折扣应在实际发生时冲减当期收入。（　　）

四、不定项选择题

1. 甲公司为增值税一般纳税人，适用的增值税税率为 17%，原材料采用实际成本法进行日常核算。2010 年 6 月，该企业发生如下涉及增值税的经济业务或事项：

（1）购入无须安装的生产经营用设备一台，增值税专用发票上注明的价款为 40 万元，增值税额为 6.8 万元（增值税允许抵扣），货款尚未支付。

（2）建造办公楼领用生产用库存原材料 5 万元，应由该批原材料负担的增值税额为 0.85 万元。

（3）销售商品一批，增值税专用发票上注明的价款为 100 万元，增值税额为 17 万元，提货单和增值税专用发票已交购货方，并收到购货方开出并承兑的商业承兑汇票。该批商品的实际成本是 80 万元。

（4）由于管理不善被盗原材料一批，价值 2 万元，应由该批原材料负担的增值税额为 0.34 万元，尚未经批准处理。

（5）用银行存款 15 万元缴纳当期应交增值税。

要求：根据上述资料，回答下列问题。（答案中的金额单位用万元表示）

1）根据资料（1）、资料（2），下列表述正确的是（　　）。

A. 资料（1）购入设备的入账价值是 40 万元

B. 资料（1）购入设备的入账价值是 46.8 万元

C. 资料（2）领用原材料用于建造办公楼，会计上确认收入

D. 资料 (2) 领用原材料, 应确认销项税额

2) 根据资料 (3)、资料 (5), 下列表述正确的是 ( )。

A. 资料 (3) 确认收入 100 万元

B. 资料 (3) 确认收入 117 万元

C. 资料 (3) 通过 "应付票据" 核算

D. 资料 (5) 通过 "应交税费——应交增值税 (已交税金)" 核算

3) 根据资料 (4), 存货盘亏的会计处理中, 正确的是 ( )。

A. 借: 管理费用   2.34

       贷: 原材料   2

             应交税费——应交增值税 (进项税额转出)   0.34

B. 借: 待处理财产损溢   2.34

       贷: 原材料   2

             应交税费——应交增值税 (进项税额转出)   0.34

C. 借: 其他应收款   2.34

       贷: 原材料   2

             应交税费——应交增值税 (进项税额转出)   0.34

D. 借: 营业外支出   2.34

       贷: 原材料   2

             应交税费——应交增值税 (进项税额转出)   0.34

2. 某企业 2012 年 1 月发生的业务如下:

(1) 发生无形资产研究费用 10 万元;

(2) 发生专设销售部门人员工资 25 万元;

(3) 支付业务招待费 15 万元;

(4) 支付销售产品保险费 5 万元;

(5) 本月应交纳的城市维护建设税 0.5 万元;

(6) 计提投资性房地产折旧 40 万元;

(7) 支付本月未计提短期借款利息 0.1 万元。

假设不考虑其他事项。

要求: 根据上述资料, 回答下列问题:

1) 根据上述资料 (1)~(4), 下列说法不正确的是 ( )。

A. 发生无形资产研究费用最终应计入管理费用

B. 发生专设销售部门人员工资应计入销售费用

C. 支付的业务招待费应计入销售费用

D. 支付的销售产品保险费应计入管理费用

2) 根据上述资料 (5) ~ (7)，下列说法不正确的是 (　　)。

A. 城建税应计入管理费用

B. 投资性房地产累计折旧应计入管理费用

C. 该企业投资性房地产采用公允价值模式计量

D. 支付未计提短期借款利息，应通过应付利息核算

3) 根据上述资料，该企业 1 月发生的期间费用总额为 (　　) 万元。

A. 45.1　　　　　B. 55　　　　　C. 55.1　　　　　D. 55.6

3. 鑫鑫公司为增值税一般纳税人，适用的增值税税率为 17%。2013 年 10 月的交易或事项如下：

（1）对行政管理部门使用的设备进行日常维修，应付企业内部维修人员工资 6 万元。

（2）为公司总部下属 25 位部门经理每人配备汽车一辆免费使用，假定每辆汽车每月计提折旧 0.4 万元。

（3）月末，分配职工工资 850 万元，其中直接生产产品人员工资 625 万元，车间管理人员工资 75 万元，企业行政管理人员工资 100 万元，专设销售机构人员工资 50 万元。

（4）按规定计算代扣代交职工个人所得税 4 万元。

（5）以现金支付职工王某生活困难补助 5 万元。

（6）从应付李经理的工资中，扣回上月代垫的应由其本人负担的医疗费 4 万元。

要求（金额单位用万元表示）：根据上述资料，回答下列问题。

1) 根据上述资料，下列说法不正确的是 (　　)。

A. 资料（1）行政部门设备日常维修费应计入管理费用

B. 资料（2）车辆折旧费应计入制造费用

C. 资料（3）应确认管理费用 175 万元

D. 资料（3）应确认制造费用 75 万元

2) 根据上述资料 (4)~(5) 下列会计处理不正确的是 (　　)。

A. 资料（4）

借：应付职工薪酬——工资　　　　　　　　　　　　4

　　贷：应交税费——应交个人所得税　　　　　　　　　　　4

B. 资料（4）

借：营业税金及附加　　　　　　　　　　　　　　　4

　　贷：应交税费——应交个人所得税　　　　　　　　　　　4

C. 资料（5）

借：应付职工薪酬——职工补助   5

  贷：库存现金   5

D. 资料（5）

借：应付职工薪酬——职工补助   5

  贷：银行存款   5

3）关于资料（6），应该涉及的科目是（ ）。

A. 其他应付款   B. 其他应收款

C. 应付职工薪酬——工资   D. 应付职工薪酬——福利费

4. 甲股份有限公司（以下简称甲公司）为增值税一般纳税人，适用的增值税税率为17%，销售单价均为不含增值税价格，存货均未计提存货跌价准备。甲公司2013年10月发生如下业务：

（1）10月3日，向乙企业赊销A产品100件，单价为40000元，单位销售成本为20000元。

（2）10月15日，向丙企业销售材料一批，价款为700000元，该材料发出成本为500000元。上月已经预收账款600000元。当日丙企业支付剩余货款。

（3）10月18日，丁企业要求退回本年9月25日购买的40件B产品。该产品销售单价为40000元，单位销售成本为20000元，其销售收入1600000元已确认入账，价款已于销售当日收取。经查明退货原因系发货错误，同意丁企业退货，并办理退货手续和开具红字增值税专用发票，并于当日退回了相关货款。

（4）10月20日，收到外单位租用本公司办公用房下一年度租金300000元，款项已收存银行。

（5）10月31日，计算本月应交纳的城市维护建设税36890元，其中销售产品应交纳28560元，销售材料应交纳8330元；教育费附加15810元，其中销售产品应交纳12240元，销售材料应交纳3570元。

要求：根据上述资料，不考虑其他因素，回答下列问题。

1）根据上述资料，2013年10月甲公司发生的费用是（ ）元。

A. 1752700 B. 1658200 C. 1725700 D. 1777700

2）根据上述资料（5），甲公司应记入当期"营业税金及附加"科目的金额为（ ）元。

A. 77700 B. 58200 C. 40800 D. 52700

3）关于10月20日发生的经济业务，下列处理错误的是（ ）。

A. 若根据权责发生制，应于10月确认收入300000元

B. 若根据权责发生制，应于10月确认负债300000元

C. 若根据收付实现制，应于10月确认收入300000元

D. 若根据收付实现制, 应于 10 月确认负债 300000 元

4) 关于 10 月 18 日发生的经济业务, 下列处理正确的是 (　　)。

A. 销售退回应冲减销售当月的收入

B. 销售退回应计入 10 月管理费用

C. 销售退回不应冲减应交税费

D. 销售退回应相应转回营业成本

5) 关于资料 (1), 下列表述正确的是 (　　)。

A. 赊销产品不能确认收入

B. 赊销产品在实际收到款项时确认收入

C. 赊销产品在发出商品时确认收入

D. 赊销产品在签订购买合同时确认收入

第十五章

利　润

利润是指企业在一定会计期间的经营成果。利润包括收入减去费用后的净额、直接计入当期利润的利得和损失等。未计入当期利润的利得和损失扣除所得税影响后的净额计入其他综合收益项目。净利润与其他综合收益的合计金额为综合收益总额。利得是指由企业非日常活动所形成的、会导致所有者权益增加的、与所有者投入资本无关的经济利益的流入。损失是指由企业非日常活动所发生的、会导致所有者权益减少的、与向所有者分配利润无关的经济利益的流出。

【学习目标】

通过本章的学习，要求了解利润的构成及影响因素；理解所得税性质及计算方法；掌握利润形成、所得税、利润分配的核算。

【关键词】

营业利润	Operating profit
利润总额	Total profit
净利润	Net profit
营业外收入	Non-operating income
营业外支出	Non-operating expense
政府补助	Government subsidy
所得税费用	Income tax expense

【思维导图】

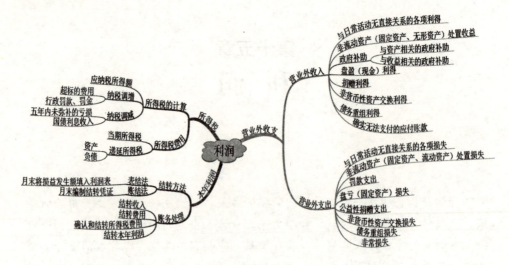

第一节　利润概述

一、利润的类别

(一) 营业利润

营业利润=营业收入－营业成本－营业税金及附加－销售费用－管理费用－财务费用－资产减值损失＋公允价值变动收益（－公允价值变动损失）＋投资收益（－投资损失）

其中：

营业收入是指企业经营业务所确认的收入总额，包括主营业务收入和其他业务收入。

营业成本是指企业经营业务所发生的实际成本总额，包括主营业务成本和其他业务成本。

资产减值损失是指企业计提各项资产减值准备所形成的损失。

公允价值变动收益（－损失）是指企业交易性金融资产等公允价值变动形成的应计入当期损益的利得（－损失）。

投资收益（－损失）是指企业以各种方式对外投资所取得的收益（－发生的

损失）。

（二）利润总额

利润总额=营业利润+营业外收入－营业外支出

营业外收入是指企业发生的与其日常活动无直接关系的各项利得。

营业外支出是指企业发生的与其日常活动无直接关系的各项损失。

（三）净利润

净利润=利润总额－所得税费用

其中，所得税费用是指企业确认的应从当期利润总额中扣除的所得税费用。

二、利润总额计算

（一）资产减值损失

资产减值损失是指企业根据资产减值等准则计提各项资产减值准备所形成的损失。它包括坏账准备、存货跌价准备、长期股权投资减值准备、持有至到期投资减值准备、固定资产减值准备、在建工程减值准备、工程物资减值准备、无形资产减值准备、商誉减值准备、可供出售金融资产减值准备和未担保余值减值准备等。

企业发生的资产减值损失，通过"资产减值损失"账户进行核算，该账户按照资产减值损失的具体项目进行明细核算。期末将"资产减值损失"账户余额转入"本年利润"账户，结转后无余额。

（二）公允价值变动收益（或损失）

公允价值变动收益是指企业在初始确认时划分为以公允价值计量且其变动计入当期损益的金融资产或金融负债（包括交易性金融资产或金融负债和直接指定为以公允价值计量且其变动计入当期损益的金融资产或金融负债），以及采用公允价值模式计量的投资性房地产、衍生工具、套期业务中公允价值变动形成的应计入当期损益的利得或损失。

（三）投资收益（或损失）

投资收益是指企业根据长期股权投资准则确认的投资收益或投资损失，以及企业持有交易性金融资产、持有至到期投资、可供出售金融资产期间取得的投资收益、企业处置交易性金融资产、交易性金融负债、持有至到期投资、可供出售金融资产实现的损益。

（四）营业外收入

营业外收入是指企业发生的与其日常活动无直接关系的各项利得，主要包括非流动资产处置利得、非货币性资产交换利得、债务重组利得、罚没利得、捐赠利得、盘盈利得、政府补助、确实无法支付而按规定程序经批准后转作营业外收入的应付款项。

企业发生营业外收入，应通过"营业外收入"账户进行核算，并按营业外收入的具体项目进行明细核算。发生营业外收入时，借记"库存现金"、"银行存款"、"待处理财产损溢"、"固定资产清理"、"应付账款"等账户，贷记"营业外收入"账户。期末，应将本账户的余额转入"本年利润"账户，结转后本账户应无余额。

（五）营业外支出

营业外支出是指企业发生的与其日常活动无直接关系的各项损失，包括非流动资产处置损失、非货币性资产交换损失、债务重组损失、罚款支出、捐赠支出、盘亏损失、非常损失等。

企业发生营业外支出，应通过"营业外支出"账户进行核算，并按营业外支出的具体项目进行明细核算。发生营业外支出时，借记"营业外支出"账户，贷记"待处理财产损溢"、"库存现金"、"银行存款"等账户。期末，应将本账户的余额转入"本年利润"账户，结转后本账户应无余额。

【例15-1】企业有一笔应付给供货企业的货款58500元，因其单位撤销而无法支付，经批准后转作营业外收入。根据有关原始凭证，编制如下会计分录：

借：应付账款　　　　　　　　　　　58500

　　贷：营业外收入　　　　　　　　　　　　　58500

【例15-2】企业发生如下经济业务：

（1）企业将已发生的原材料非常损失80000元转作营业外支出。根据有关原始凭证，编制如下会计分录：

借：营业外支出　　　　　　　　　　80000

　　贷：待处理财产损溢　　　　　　　　　　　80000

（2）用银行存款20000元捐赠给社会福利部门，根据有关原始凭证，编制如下会计分录：

借：营业外支出　　　　　　　　　　20000

　　贷：银行存款　　　　　　　　　　　　　　20000

（3）企业因污水处置不当，造成环境污染，被环保部门罚款5000元，罚款以银行存款支付。根据有关原始凭证，编制如下会计分录：

借：营业外支出　　　　　　　　　　5000

　　贷：银行存款　　　　　　　　　　　　　　5000

第二节 营业外收支

一、营业外收入

(一) 营业外收入核算的内容

营业外收入是指企业确认的与其日常活动无直接关系的各项利得。营业外收入并不是企业经营资金耗费所产生的，实际上是经济利益的净流入，不需要与有关的费用进行配比。营业外收入主要包括非流动资产处置利得、政府补助、盘盈利得、捐赠利得、非货币性资产交换利得、债务重组利得等。

其中，非流动资产处置利得包括固定资产处置利得和无形资产出售利得。固定资产处置利得，指企业出售固定资产所取得价款，或报废固定资产的材料价值和变价收入等，扣除被处置固定资产的账面价值、清理费用、与处置相关的税费后的净收益；无形资产出售利得，指企业出售无形资产所取得价款，扣除被出售无形资产的账面价值、与出售相关的税费后的净收益。

政府补助，指企业从政府无偿取得货币性资产或非货币性资产形成的利得，不包括政府作为所有者对企业的资本投入。

盘盈利得，指企业对现金等资产清查盘点时发生盘盈，报经批准后计入营业外收入的金额。

捐赠利得，指企业接受捐赠产生的利得。

> **知识点**
>
> 投资性房地产的处置价款计入主营业务收入或其他业务收入；账面价值计入主营业务成本或其他业务成本；不计入营业外收入或营业外支出。

(二) 营业外收入的账务处理

企业应通过"营业外收入"科目，核算营业外收入的取得及结转情况，该科目可按营业外收入项目进行明细核算。

1. 企业确认处置非流动资产利得

企业确认处置非流动资产利得时，借记"固定资产清理"、"银行存款"、"待处理财产损溢"、"无形资产"、"原材料"等科目，贷记"营业外收入"科目。

【例 15-3】某企业将固定资产报废清理的净收益 8000 元转作营业外收入，

应编制如下会计分录:

借: 固定资产清理   8000

      贷: 营业外收入——非流动资产处置利得   8000

2. 确认政府补助利得

政府补助是指企业从政府无偿取得货币性资产或非货币性资产, 但不包括政府作为企业所有者投入的资本。其中, "政府"包括各级人民政府以及政府组成部门 (如财政、卫生部门)、政府直属机构 (如税务、环保部门) 等。联合国、世界银行等国际类似组织, 也视同为政府。

(1) 政府补助的特征。

1) 政府补助是无偿的。政府向企业提供补助属于非互惠交易, 政府并不因此而享有企业的所有权, 企业未来也不需要以提供服务、转让资产等方式偿还。无偿性是政府补助的基本特征。"政府"兼具多个角色, 既是市场的宏观调控和管理者, 也可以是企业的所有者, 或者是市场经济活动的参与者 (如商品采购方)。政府补助的无偿性, 将其与政府资本性投入、政府采购等政府与企业之间双向、互惠的正常商业行为区分开来。

2) 政府补助通常附有条件。政府补助通常附有一定的条件, 主要包括政策条件和使用条件: ①政策条件。政府补助是政府为了鼓励或扶持某个行业、区域或领域的发展而给予企业的一种财政支持, 具有很强的政策性。因此, 政府补助的政策条件 (即申报条件) 是不可缺少的。企业只有符合相关政府补助政策的规定, 才有资格申报政府补助。符合政策规定的, 不一定都能够取得政府补助; 不符合政策规定、不具备申报政府补助资格的, 不能取得政府补助。例如, 政府向企业提供的产业技术研究与开发资金补助, 其政策条件为企业申报的产品或技术必须是符合国家产业政策的新产品、新技术。②使用条件。企业已获批准取得政府补助的, 应当按照政府相关文件等规定的用途使用政府补助。否则, 政府有权按规定责令其改正、终止资金拨付, 甚至收回已拨付的资金。例如, 企业从政府无偿取得的农业产业化资金, 必须用于相关政策文件中规定的农业产业化项目。

3) 政府补助不包括政府的资本性投入。政府以企业所有者身份向企业投入资本, 享有企业相应的所有权, 企业有义务向投资者分配利润, 政府与企业之间是投资者与被投资者的关系, 属于互惠交易。这与其他单位或个人对企业的投资在性质上是一致的。财政拨入的投资补助等专项拨款中, 相关政策明确规定作为"资本公积"处理的部分, 也属于资本性投入的性质。政府的资本性投入无论采用何种形式, 均不属于政府补助的范畴。

例如, 按照规定, 科技型中小企业技术创新基金对少数起点高、具有较广创新的内涵、较高创新水平并有后续创新潜力、预计投产后具有较大市场需求、有望形成新兴产业的项目，可以采用资本金投入方式，这里的"资本金投入"就不属于政府补助的范畴。

此外，政府代第三方支付给企业的款项，对于收款企业而言不属于政府补助，因为这项收入不是企业无偿取得的。例如，政府代农民交付供货企业的农机具购买资金，属于供货企业的产品销售收入，不属于政府补助。

（2）政府补助的主要形式

政府补助通常为货币性资产形式，最常见的就是通过银行转账的方式；但由于历史原因也存在无偿划拨非货币性资产的情况，随着市场经济的逐步完善，这种情况已经趋于消失。

1）财政拨款。财政拨款是政府为了支持企业而无偿拨付的款项。为了体现财政拨款的政策引导作用，这类拨款通常具有严格的政策条件，只有符合申报条件的企业才能申请拨款；同时附有明确的使用条件，政府在批准拨款时就规定了资金的具体用途。

财政拨款既可以是事前支付，也可以是事后支付。前者是指符合申报条件的企业，经申请取得拨款之后，将拨款用于规定用途或其他用途。比如，符合申请科技型中小企业技术创新基金的企业，取得拨付资金后，用于购买设备等规定用途。后者是指符合申报条件的企业，从事相关活动、发生相关费用之后，再向政府部门申请拨款。例如，为支持中小企业参与国际竞争，政府给予中小企业的国际市场开拓资金可以采用事后支付的方式，企业完成开拓市场活动（如举办或参加境外展览会等）后，根据政府批复的支持金额获得资助资金。

2）财政贴息。财政贴息是指政府为支持特定领域或区域发展，根据国家宏观经济形势和政策目标，对承贷企业的银行贷款利息给予的补贴。财政贴息的补贴对象通常是符合申报条件的某类项目。例如，农业产业化项目、中小企业技术创新项目等。贴息项目通常是综合性项目，包括设备购置、人员培训、研发费用、人员开支、购买服务等；也可以是单项的，比如仅限于固定资产贷款项目。

目前，财政贴息主要有两种方式：一是财政将贴息资金直接支付给受益企业。例如，政府为支持中小企业专业化发展，对中小企业以银行贷款为主投资的项目提供的贷款贴息；二是财政将贴息资金直接拨付贷款银行，由贷款银行以低于市场利率的政策性优惠利率向企业提供贷款。例如，某些扶贫资金，由农行系统发放贴息贷款，财政部与农业银行总行结算贴息资金，承贷企业按照实际发生的利率计算和确认利息费用。

3）税收返还。税收返还是政府向企业返还的税款，属于以税收优惠形式给予的一种政府补助。税收返主要还包括先征后返的所得税和先征后退、即征即退的流转税，其中，流转税包括增值税、消费税和营业税等。实务中，还存在税收奖励的情况，若采用先据实征收、再以现金返还的方式，在本质上也属于税收返还。

除了税收返还之外，税收优惠还包括直接减征、免征、增加计税抵扣额、抵免部分税额等形式。这类税收优惠体现了政策导向，但政府并未直接向企业无偿提供资产，因此不作为企业会计准则规范的政府补助处理。

（3）与资产相关的政府补助。与资产相关的政府补助，是指企业取得的、用于购建或以其他方式形成长期资产的政府补助。

这类补助一般以银行转账的方式拨付，如政府拨付的用于企业购买无形资产的财政拨款、政府对企业用于建造固定资产的相关贷款给予的财政贴息等，应当在实际收到款项时按照到账的实际金额确认和计量。在很少的情况下，这类补助也可能表现为政府向企业无偿划拨长期非货币性资产，应当在实际取得资产并办妥相关受让手续时按照其公允价值确认和计量，公允价值不能可靠取得的，按照名义金额（即1元人民币）计量。

根据配比原则，企业取得与资产相关的政府补助，不能全额确认为当期收益，应当随着相关资产的使用逐渐计入以后各期的收益。也就是说，与资产相关的政府补助应当确认为递延收益，然后自相关资产可供使用时起，在该项资产使用寿命内平均分配，计入当期营业外收入。这里需要说明两点：①递延收益分配的起点是"相关资产可供使用时"，对于应计提折旧或摊销的长期资产，即为资产开始折旧或摊销的时点。②递延收益分配的终点是"资产使用寿命结束或资产被处置时（孰早）"。相关资产在使用寿命结束前被处置（出售、转让、报废等），尚未分配的递延收益余额应当一次性转入资产处置当期的收益，不再予以递延。

【例15-4】2015年1月1日，政府拨付A企业500万元财政拨款（同日到账），要求用于购买大型科研设备1台；并规定若有结余，留归企业自行支配。2015年2月1日，A企业购入大型设备（假设不需安装），实际成本为480万元，使用寿命为10年。2015年2月1日，A企业出售了这台设备。A企业的会计处理如下：

（1）2015年1月1日实际收到财政拨款，确认政府补助。

借：银行存款　　　　　　　　　　　　　　　5000000

　　贷：递延收益　　　　　　　　　　　　　　　　　　5000000

（2）2015年2月1日购入设备。

借：固定资产　　　　　　　　　　　　　　　4800000

　　贷：银行存款　　　　　　　　　　　　　　　　　　4800000

（3）在该项固定资产的使用期间，每个月计提折旧和分配递延收益。

借：研发支出　　　　　　　　　　　　　　　40000

　　贷：累计折旧　　　　　　　　　　　　　　　　　　　　　40000

　借：递延收益　　　　　　　　(5000000/10/12) 41667

　　贷：营业外收入　　　　　　　　　　　　　　　　　　　　41667

（4）2015 年 2 月 1 日出售该设备。

　借：固定资产清理　　　　　　　　　　　960000

　　累计折旧　　　　　　　　　　　　　　3840000

　　贷：固定资产　　　　　　　　　　　　　　　　　　　4800000

　借：递延收益　　　　　　　　　　　　　1000000

　　贷：营业外收入　　　　　　　　　　　　　　　　　　1000000

　　【例 15-5】2014 年 1 月 1 日，B 企业为建造一项环保工程向银行贷款500 万元，期限 2 年，年利率为 6%。当年 12 月 31 日，B 企业向当地政府提出财政贴息申请。经审核，当地政府批准按照实际贷款额 500 万元给予 B 企业年利率 3%的财政贴息，共计 30 万元，分两次支付。2015 年 1 月 15 日，第一笔财政贴息资金 12 万元到账。2015 年 7 月 1 日，工程完工，第二笔财政贴息资金 18 万元到账，该工程预计使用寿命 10 年。B 企业的会计处理如下：

　　（1）2015 年 1 月 15 日实际收到财政贴息，确认政府补助。

　借：银行存款　　　　　　　　　　　　　120000

　　贷：递延收益　　　　　　　　　　　　　　　　　　　120000

　　（2）2015 年 7 月 1 日实际收到财政贴息，确认政府补助。

　借：银行存款　　　　　　　　　　　　　180000

　　贷：递延收益　　　　　　　　　　　　　　　　　　　180000

　　（3）2015 年 7 月 1 日工程完工，开始分配递延收益，自 2015 年 7 月 1 日起，每个资产负债表日。

　借：递延收益　　　　　　　　　　　　　2500

　　贷：营业外收入　　　　　　　　　　　　　　　　　　　2500

　　（4）与收益相关的政府补助。与收益相关的政府补助，是指除与资产相关的政府补助之外的政府补助。

　　这类补助通常以银行转账的方式拨付，应当在实际收到款项时按照到账的实际金额确认和计量。比如，按照有关规定对企业先征后返的增值税，企业应当在实际收到返还的增值税税款时将其确认为收益，而不应当在确认应付增值税时确认应收税收返还款。只有存在确凿证据表明该项补助是按照固定的定额标准拨付的，才可以在这项补助成为应收款时予以确认并按照应收的金额计量。例如，按储量和补助定额计算和拨付给企业的储备粮存储费用补贴，可以按照实际储备量和补贴定额计算应收政府补助款。

与收益相关的政府补助应当在其补偿的相关费用或损失发生的期间计入当期损益，即用于补偿企业以后期间的相关费用或损失的，在取得时先确认为递延收益，然后在确认相关费用的期间计入当期营业外收入；用于补偿企业已发生的相关费用或损失的，取得时直接计入当期营业外收入。

有些情况下，企业可能不容易分清与收益有关的政府补助是用于补偿已发生费用，还是用于补偿以后将发生的费用。根据重要性原则，企业通常可以将与收益相关的政府补助直接计入当期营业外收入，对于金额较大的补助，可以分期计入营业外收入。

【例15-6】甲企业生产一种先进的模具产品，按照国家相关规定，该企业的这种产品适用增值税先征后返政策，即先按规定征收增值税，然后按实际缴纳增值税税额返还70%。2015年1月，该企业实际缴纳增值税税额120万元。2015年2月，该企业实际收到返还的增值税税额84万元。甲企业实际收到返还的增值税税额的会计分录如下：

借：银行存款　　　　　　　　　　840000

　　贷：营业外收入　　　　　　　　　　　840000

【例15-7】乙企业为一家储备粮企业，2015年实际粮食储备量1亿斤。根据国家有关规定，财政部门按照企业的实际储备量给予每斤0.039元的粮食保管费补贴，于每个季度初支付。乙企业的会计处理如下：

（1）2015年1月，乙企业收到财政拨付的补贴款时。

借：银行存款　　　　　　　　　　3900000

　　贷：递延收益　　　　　　　　　　　3900000

（2）2015年1月，将补偿1月保管费的补贴计入当期收益。

借：递延收益　　　　　　　　　　1300000

　　贷：营业外收入　　　　　　　　　　　1300000

（2015年2月和3月的会计分录同上）

【例15-8】按照相关规定，粮食储备企业需要根据有关主管部门每季度下达的轮换计划出售陈粮，同时购入新粮。为弥补粮食储备企业发生的轮换费用，财政部门按照轮换计划中规定的轮换量支付给企业0.02元/斤的轮换费补贴。假设按照轮换计划，丙企业需要在2015年第一季度轮换储备粮1.2亿斤，款项尚未收到。丙企业的会计处理如下：

（1）2015年1月按照轮换量1.2亿斤和国家规定的补贴定额0.02元/斤，计算和确认其他应收款240万元。

借：其他应收款　　　　　　　　　2400000

　　贷：递延收益　　　　　　　　　　　2400000

（2）2015年1月，将补偿1月保管费的补贴计入当期收益。

借：递延收益　　　　　　　　　　　　　800000

　　贷：营业外收入　　　　　　　　　　　　　　800000

（2015年2月和3月的会计分录同上）

【例15-9】2015年3月，丁粮食企业为购买储备粮从国家农业发展银行贷款2000万元，同期银行贷款利率为6%。自2007年4月开始，财政部门于每季度初，按照丁企业的实际贷款额和贷款利率拨付丁企业贷款利息，丁企业收到财政部门拨付的利息后再支付给银行。丁企业的会计处理如下：

（1）2015年4月，实际收到财政贴息30万元时。

借：银行存款　　　　　　　　　　　　　300000

　　贷：递延收益　　　　　　　　　　　　　　　300000

（2）将补偿2015年4月利息费用的补贴计入当期收益。

借：递延收益　　　　　　　　　　　　　100000

　　贷：营业外收入　　　　　　　　　　　　　　100000

（2015年5月和6月的会计分录同上）

（5）与资产和收益均相关的政府补助。政府补助的对象常常是综合性项目，可能既包括设备等长期资产的购置，也包括人工费、购买服务费、管理费等费用化支出的补偿，这种政府补助与资产和收益均相关。

以研发补贴为例，大部分研发补贴的对象是符合政策规定的特定研发项目，企业取得补贴后可以用于购置该研发项目所需的设备，或者购买试剂、支付劳务费等。例如，集成电路产业研究与开发专项资金的补贴内容包括：①人工费，含集成电路人才培养、引进和奖励费；②专用仪器及设备费；③专门用于研发活动的咨询和等效服务费用；④因研发活动而直接发生的如材料、供应品等日常费用；⑤因研发活动而直接发生的间接支出；⑥为管理研发资金而发生的必要费用。

企业取得这类政府补助时，需要将其分解为与资产相关的部分和与收益相关的部分，分别进行会计处理。在实务中，政府常常只补贴整个项目开支的一部分，企业可能确实难以区分某项政府补助中哪些与资产相关、哪些与收益相关，或者对其进行划分不符合重要性原则或成本效益原则。这种情况下，企业可以将整项政府补助归类为与收益相关的政府补助，视不同情况计入当期损益，或者在项目期内分期确认为当期收益。

【例15-10】A公司2012年12月申请某国家级研发补贴。申报书中的有关内容如下：本公司于2012年1月启动数字印刷技术开发项目，预计总投资360万元、为期3年，已投入资金120万元。项目还需新增投资240万元（其中，购置固定资产80万元、场地租赁费40万元、人员费100万元、市场营销20万元），计划自筹资金120万元、申请财政拨款120万元。

2013年1月1日，主管部门批准了A公司的申报，签订的补贴协议规定：批准A公司补贴申请，共补贴款项120万元，分两次拨付。合同签订日拨付60万元，结项验收时支付60万元（如果不能通过验收，则不支付第二笔款项）。A公司的会计处理如下：

（1）2013年1月1日，实际收到拨款60万元。

借：银行存款　　　　　　　　　　　　　　　600000
　　贷：递延收益　　　　　　　　　　　　　　　　　　600000

（2）自2013年1月1日至2015年1月1日，每个资产负债表日，分配递延收益（假设按年分配）。

借：递延收益　　　　　　　　　　　　　　　300000
　　贷：营业外收入　　　　　　　　　　　　　　　　　300000

（3）2015年项目完工，假设通过验收，于5月1日实际收到拨付60万元。

借：银行存款　　　　　　　　　　　　　　　600000
　　贷：营业外收入　　　　　　　　　　　　　　　　　600000

【例15-11】按照有关规定，2013年9月甲企业为其自主创新的某高新技术项目申报政府财政贴息，申报材料中表明该项目已于2013年3月启动，预计共需投入资金2000万元，项目期2.5年，已投入资金600万元。项目尚需新增投资1400万元，其中计划贷款800万元，已与银行签订贷款协议，协议规定贷款年利率6%，贷款期2年。

经审核，2013年11月政府批准拨付甲企业贴息资金70万元，分别在2014年10月和2015年10月支付30万元和40万元。甲企业的会计处理如下：

（1）2014年10月实际收到贴息资金30万元。

借：银行存款　　　　　　　　　　　　　　　300000
　　贷：递延收益　　　　　　　　　　　　　　　　　　300000

（2）2014年10月起，在项目期内分配递延收益（假设按月分配）。

借：递延收益　　　　　　　　　　　　　　　25000
　　贷：营业外收入　　　　　　　　　　　　　　　　　25000

（3）2015年10月实际收到贴息资金40万元。

借：银行存款　　　　　　　　　　　　　　　400000
　　贷：营业外收入　　　　　　　　　　　　　　　　　400000

3. 企业确认盘盈利得、捐赠利得

企业确认盘盈利得、捐赠利得计入营业外收入时，借记"库存现金"、"待处理财产损溢"等科目，贷记"营业外收入"科目。

【例 15-12】某企业在现金清查中盘盈 200 元，按管理权限报经批准后转入营业外收入，应编制如下会计分录：

（1）发现盘盈时。

借：库存现金　　　　　　　　　　　　　　　200

　　贷：待处理财产损溢　　　　　　　　　　　　　　　200

（2）经批准转入营业外收入时。

借：待处理财产损溢　　　　　　　　　　　　200

　　贷：营业外收入　　　　　　　　　　　　　　　　200

4. 期末

期末，应将"营业外收入"科目余额转入"本年利润"科目，借记"营业外收入"科目，贷记"本年利润"科目。结转后本科目应无余额。

【例 15-13】某企业本期营业外收入总额为 180000 元，期末结转本年利润，应编制如下会计分录：

借：营业外收入　　　　　　　　　　　　　180000

　　贷：本年利润　　　　　　　　　　　　　　　　180000

【练一练】（2014 年单选）企业收到政府无偿拨付的用于购买节能设备的补助款时，应贷记的会计科目为（　　）。

A. 资本公积　　　B. 递延收益　　　　C. 固定资产　　　　D. 营业外收入

【解析】企业取得与资产相关的政府补助，应当借记"银行存款"科目，贷记"递延收益"科目。故正确答案为 B。

【练一练】（2014 年判断）企业取得与资产相关的政府补助时，应一次性全额计入营业外收入（　　）。

【解析】企业取得与资产相关的政府补助应当确认为递延收益，然后按资产的预计使用年限，将递延收益平均分摊至当期损益，计入营业外收入。故正确答案为 ×。

【练一练】（2014 年多选）下列各项中应计入营业外收入的有（　　）。

A. 出售持有至到期投资的净收益　　　B. 无法查明原因的现金溢余

C. 出售无形资产的净收益　　　　　　D. 出售投资性房地产的净收益

【解析】营业外收入主要包括：非流动资产处置利得、非货币性资产交换利得、出售固定资产、无形资产收益、债务重组利得、盘盈利得、因债权人原因确实无法支付的应付款项、政府补助、教育费附加返还款、罚款收入等。故正确答案为 BC。

二、营业外支出

(一) 营业外支出的核算内容

营业外支出是指企业发生的与其日常活动无直接关系的各项损失，主要包括非流动资产处置损失、公益性捐赠支出、盘亏损失、罚款支出、非货币性资产交换损失、债务重组损失等。

其中，非流动资产处置损失包括固定资产处置损失和无形资产出售损失。固定资产处置损失，指企业出售固定资产所取得价款，或报废固定资产的材料价值和变价收入等，抵补处置固定资产的账面价值、清理费用、处置相关税费后的净损失；无形资产出售损失，指企业出售无形资产所取得价款，抵补出售无形资产的账面价值、出售相关税费后的净损失。

公益性捐赠支出，指企业对外进行公益性捐赠发生的支出。

盘亏损失，主要指对于财产清查盘点中盘亏的资产，查明原因并报经批准计入营业外支出的损失。

非常损失，指企业对于因客观因素（如自然灾害等）造成的损失，扣除保险公司赔偿后应计入营业外支出的净损失。

罚款支出，指企业支付的行政罚款、税务罚款，以及其他违反法律法规、合同协议等而支付的罚款、违约金、赔偿金等支出。

(二) 营业外支出的账务处理

企业应通过"营业外支出"科目，核算营业外支出的发生及结转情况。该科目可按营业外支出项目进行明细核算。

企业确认处置非流动资产损失时，借记"营业外支出"科目，贷记"固定资产清理"、"无形资产"等科目。

【例15-14】2014年1月1日，某公司取得一项价值1000000元的非专利技术，2015年1月1日出售时已累计摊销100000元，未计提减值准备，出售时取得价款900000元，应交的营业税为45000元，不考虑其他因素，出售时应编制如下会计分录：

借：银行存款	900000	
累计摊销	100000	
营业外支出	45000	
贷：无形资产		1000000
应交税费——应交营业税		45000

确认盘亏、罚款支出计入营业外支出时，借记"营业外支出"科目，贷记"待处理财产损溢"、"库存现金"等科目。

【例15-15】某企业发生原材料意外灾害损失 270000 元，经批准全部转作营业外支出。不考虑相关税费。应编制如下会计分录：

（1）发生原材料意外灾害损失时。

借：待处理财产损溢　　　　　　　　　　　270000

　　贷：原材料　　　　　　　　　　　　　　　　　270000

（2）批准处理时。

借：营业外支出　　　　　　　　　　　　　270000

　　贷：待处理财产损溢　　　　　　　　　　　　　270000

【例15-16】某企业用银行存款支付税款滞纳金 30000 元，应编制如下会计分录：

借：营业外支出　　　　　　　　　　　　　30000

　　贷：银行存款　　　　　　　　　　　　　　　　30000

期末，应将"营业外支出"科目余额转入"本年利润"科目，借记"本年利润"科目，贷记"营业外支出"科目。结转后本科目应无余额。

【例15-17】某企业本期营业外支出总额为 840000 元，期末结转本年利润，应编制如下会计分录：

借：本年利润　　　　　　　　　　　　　　840000

　　贷：营业外支出　　　　　　　　　　　　　　　840000

第三节　所得税费用

企业的所得税费用包括当期所得税和递延所得税两个部分，其中，当期所得税是指当期应交所得税。递延所得税包括递延所得税资产和递延所得税负债。递延所得税资产是指以未来期间很可能取得用来抵扣可抵扣暂时性差异的应纳税所得额为限确认的一项资产。递延所得税负债是指根据应纳税暂时性差异计算的未来期间应付所得税的金额。

一、应交所得税的计算

应交所得税是指企业按照税法规定计算确定的针对当期发生的交易和事项，应交纳给税务部门的所得税金额，即当期应交所得税。应纳税所得额是在企业税前会计利润（即利润总额）的基础上调整确定的，计算公式如下：

应纳税所得额＝税前会计利润＋纳税调整增加额－纳税调整减少额

纳税调整增加额主要包括税法规定允许扣除项目中，企业已计入当期费用但超过税法规定扣除标准的金额（如超过税法规定标准的职工福利费、工会经费、职工教育经费、业务招待费、公益性捐赠支出、广告费和业务宣传费等），以及企业已计入当期损失但税法规定不允许扣除项目的金额（如税收滞纳金、罚金、罚款）。

纳税调整减少额主要包括按税法规定允许弥补的亏损和准予免税的项目，如前5年内未弥补亏损和国债利息收入等。

企业当期应交所得税的计算公式：应交所得税＝应纳税所得额×所得税税率

表 15-1　纳税调整额核算简表

项目	核算内容
纳税调整增加额	1. 实际发生的超过税法规定标准的业务招待费支出。 2. 企业已计入当期损失但税法规定不允许扣除项目的金额（如税收滞纳金、罚款、罚金）等； 3. 超过税法规定标准的职工福利费（工资薪金总额的14%）、工会经费（工资薪金总额的2%）、职工教育经费（工资薪金总额的2.5%）、公益性捐赠支出、广告费和业务宣传费等。
纳税调整减少额	1. 国债利息收入。 2. 财政补助（财政拨款等）。 3. 前五年内未弥补亏损。

【例 15-18】 甲公司 2015 年度按企业会计准则计算的税前会计利润为 19800000 元，所得税税率为 25%。甲公司全年实发工资、薪金为 2000000 元，职工福利费 300000 元，工会经费 50000 元，职工教育经费 100000 元；经查，甲公司当年营业外支出中有 120000 元为税收滞纳罚金。假定甲公司全年无其他纳税调整因素。

税法规定，企业发生的合理的工资、薪金支出准予据实扣除；企业发生的职工福利费支出，不超过工资、薪金总额14%的部分准予扣除；企业拨缴的工会经费，不超过工资、薪金总额2%的部分准予扣除；除国务院财政、税务主管部门另有规定外，企业发生的职工教育经费支出，不超过工资、薪金总额2.5%的部分准予扣除，超过部分准予结转以后纳税年度扣除。

本例中，按税法规定，企业在计算当期应纳税所得额时，可以扣除工资、薪金支出 2000000 元，扣除职工福利费支出 280000（2000000×14%）元，工会经费支出 40000（2000000×2%）元，职工教育经费支出 50000（2000000×2.5%）元。甲公司有两种纳税调整因素，一是已计入当期费用但超过税法规定标准的费用支出；二是已计入当期营业外支出但按税法规定不允许扣除的税收滞纳金，这两种因素均应调整增加应纳税所得额。甲公司当期所得税的计算如下：

纳税调整数＝（300000－280000）+（50000－40000）+（100000－50000）+120000＝

200000（元）

应纳税所得额 $= 19800000 + 200000 = 20000000$（元）

当期应交所得税额 $= 20000000 \times 25\% = 5000000$（元）

【例15-19】甲公司2015年全年利润总额（即税前会计利润）为10200000元，其中包括本年收到的国债利息收入200000元，所得税税率为25%，假定甲公司全年无其他纳税调整因素。

按照税法的有关规定，企业购买国债的利息收入免交所得税，即在计算应纳税所得额时可将其扣除。甲公司当期所得税的计算如下：

应纳税所得额 $= 10200000 - 200000 = 10000000$（元）

当期应交所得税额 $= 10000000 \times 25\% = 2500000$（元）

二、所得税费用的账务处理

企业根据会计准则的规定，计算确定的当期所得税和递延所得税之和，即为应从当期利润总额中扣除的所得税费用。即：

所得税费用 $=$ 当期所得税 $+$ 递延所得税

企业通过"所得税费用"科目，核算企业所得税费用的确认及其结转情况。期末，应将"所得税费用"科目的余额转入"本年利润"科目，借记"本年利润"科目，贷记"所得税费用"科目，结转后本科目应无余额。

递延所得税分成递延所得税资产和递延所得税负债两项。

递延所得税负债属于负债类科目，增加计入贷方，减少计入借方；递延所得税资产属于资产类科目，增加计入借方，减少计入贷方。

表15-2　递延所得税分录归纳表

项　目	核算内容
递延所得税资产（增加额）	借：递延所得税资产 　贷：所得税费用
递延所得税资产（减少额）	借：所得税费用 　贷：递延所得税资产
递延所得税负债（增加额）	借：所得税费用 　贷：递延所得税负债
递延所得税负债（减少额）	借：递延所得税负债 　贷：所得税费用

递延所得税资产的发生额（增加额或减少额）= 递延所得税资产的年末余额 − 递延所得税资产的年初数

递延所得税负债的发生额（增加额或减少额）= 递延所得税负债的年末余额 −

递延所得税负债的年初数

知识点

> 所得税费用＝当期所得税＋递延所得税（费用或减收益）
>
> 递延所得税收益＝递延所得税资产增加发生额＋递延所得税负债减少发生额
>
> 递延所得税费用＝递延所得税资产减少发生额＋递延所得税负债增加发生额

【例 15-20】 承【例 15-18】，甲公司递延所得税负债年初数为 400000 元，年末数为 500000 元，递延所得税资产年初数为 250000 元，年末数为 200000 元。甲公司应编制如下会计分录：

甲公司所得税费用的计算如下：

递延所得税费用＝（500000－400000）＋（250000－200000）＝150000（元）

所得税费用当期所得税＋递延所得税费用＝3300000＋150000＝3450000（元）

借：所得税费用　　　　　　　　　　　3450000

　　贷：应交税费——应交所得税　　　　　　　3300000

　　　　递延所得税负债　　　　　　　　　　　100000

　　　　递延所得税资产　　　　　　　　　　　 50000

第三节　本年利润

一、结转本年利润的方法

会计期末结转本年利润的方法有表结法和账结法两种。

（一）表结法

在表结法下，各损益类科目每月月末只需结计出本月发生额和月末累计余额，不结转到"本年利润"科目，只有在年末时才将全年累计余额结转入"本年利润"科目。但每月月末要将损益类科目的本月发生额合计数填入利润表的本月数栏，同时将本月末累计余额填入利润表的本年累计数栏，通过利润表计算反映各期的利润（或亏损）。表结法下，年中损益类科目无须结转入"本年利润"科目，从而减少了转账环节和工作量，同时并不影响利润表的编制及有关损益指标的利用。

（二）账结法

在账结法下，每月月末均需编制转账凭证，将在账上结计出的各损益类科目的余额结转入"本年利润"科目。结转后"本年利润"科目的本月余额反映当月实现的利润或发生的亏损，"本年利润"科目的本年余额反映本年累计实现的利润或发生的亏损。账结法在各月均可通过"本年利润"科目提供当月及本年累计的利润（或亏损）额，但增加了转账环节和工作量。

二、结转本年利润的会计处理

企业应设置"本年利润"科目，核算企业本年度实现的净利润（或发生的净亏损）。

会计期末，企业应将"主营业务收入"、"其他业务收入"、"营业外收入"等科目的余额分别转入"本年利润"科目的贷方，将"主营业务成本"、"其他业务成本"、"营业税金及附加"、"销售费用"、"管理费用"、"财务费用"、"资产减值损失"、"营业外支出"、"所得税费用"等科目的余额分别转入"本年利润"科目的借方。企业还应将"公允价值变动损益"、"投资收益"科目的净收益转入"本年利润"科目的贷方，将"公允价值变动损益"、"投资收益"科目的净损失转入"本年利润"科目的借方。结转后"本年利润"科目如为贷方余额，表示当年实现的净利润；如为借方余额，表示当年发生的净亏损。

年度终了，企业还应将"本年利润"科目的本年累计余额转入"利润分配——未分配利润"科目。如"本年利润"为贷方余额，借记"本年利润"科目，贷记"利润分配——未分配利润"科目；如为借方余额，作相反的会计分录。结转后"本年利润"科目应无余额。

【例 15-21】乙公司 2015 年有关损益类科目的年末余额如表 15-3 所示（该企业采用表结法年末一次结转损益类科目，所得税税率为 25%）。

表 15-3　2015 年有关损益类科目的年末余额表

科目名称	借或贷	结账前余额
主营业务收入	贷	6000000
其他业务收入	贷	700000
公允价值变动损益	贷	150000
投资收益	贷	600000
营业外收入	贷	50000
主营业务成本	借	4000000
其他业务成本	借	400000

科目名称	借或贷	结账前余额
营业税金及附加	借	80000
销售费用	借	500000
管理费用	借	770000
财务费用	借	200000
资产减值损失	借	100000
营业外支出	借	250000

乙公司 2015 年年末结转本年利润应编制如下会计分录：

（1）将各损益类科目年末余额结转入"本年利润"科目：

1）结转各项收入、利得类科目。

借：主营业务收入　　　　　　　　　　　6000000

　　其他业务收入　　　　　　　　　　　700000

　　公允价值变动损益　　　　　　　　　150000

　　投资收益　　　　　　　　　　　　　600000

　　营业外收入　　　　　　　　　　　　50000

　　贷：本年利润　　　　　　　　　　　　　　7500000

2）结转各项费用、损失类科目。

借：本年利润　　　　　　　　　　　　　6300000

　　贷：主营业务成本　　　　　　　　　　　　4000000

　　　　其他业务成本　　　　　　　　　　　　400000

　　　　营业税金及附加　　　　　　　　　　　80000

　　　　销售费用　　　　　　　　　　　　　　500000

　　　　管理费用　　　　　　　　　　　　　　770000

　　　　财务费用　　　　　　　　　　　　　　200000

　　　　资产减值损失　　　　　　　　　　　　100000

　　　　营业外支出　　　　　　　　　　　　　250000

（2）经过上述结转后，"本年利润"科目的贷方发生额合计 7500000 元减去借方发生额合计 6300000 元即为税前会计利润 1200000 元。

（3）假设乙公司 2015 年度不存在所得税纳税调整因素。

（4）应交所得税 = 1200000 × 25% = 300000（元）

1）确认所得税费用。

借：所得税费用　　　　　　　　　　　　300000

　　贷：应交税费——应交所得税　　　　　　　300000

2）将所得税费用结转入"本年利润"科目。

借：本年利润　　　　　　　　　　　　300000

　　贷：所得税费用　　　　　　　　　　　　300000

（5）将"本年利润"科目年末余额 900000（7500000－6300000－300000）元转入"利润分配——未分配利润"科目。

借：本年利润　　　　　　　　　　　　900000

　　贷：利润分配——未分配利润　　　　　　900000

【主要分录总结】

序号	事项			分录
1	营业外收支	营业外收入	企业确认非流动资产处置利得时	借：固定资产清理（或固定资产清理、银行存款等） 　贷：营业外收入
			确认政府补助利得　与资产相关的政府补助	【收到与资产相关的政府补助时】 借：银行存款 　贷：递延收益 【分配递延收益时】 借：递延收益 　贷：营业外收入
			与收益相关的政府补助	【收到与收益相关的政府补助时】 借：银行存款 　贷：营业外收入
			确认现金盘盈利得	借：待处理财产损溢 　贷：营业外收入
			确认接受捐赠利得	借：银行存款 　贷：营业外收入
			期末结转	借：营业外收入 　贷：本年利润
		营业外支出	固定资产发生的损失	借：营业外支出——处置非流动资产损失 　贷：固定资产清理
			固定资产盘亏	借：营业外支出——盘亏损失 　贷：待处理财产损溢
			出售无形资产	借：银行存款（实际取得的转让收入） 　　无形资产减值准备（已计提的减值准备） 　　累计摊销（已摊销的无形资产） 　　营业外支出——出售无形资产损失 　贷：无形资产（账面余额） 　　　应交税费（应支付的相关税金） 　　　营业外收入——出售非流动资产利得
			发生的罚款支出、捐赠支出	借：营业外支出——罚款支出、捐赠支出 　贷：银行存款等
			物资在运输途中发生的非常损失	借：营业外支出——非常损失 　贷：待处理财产损溢
			期末结转	借：本年利润 　贷：营业外支出

序号	事项		分录
2	所得税费用	确认相关递延所得税资产和负债	借：所得税费用 　贷：应交税费——应交所得税（当期所得税） 　　　递延所得税资产（增加在借方） 　　　递延所得税负债（减少在借方）
		期末结转	借：本年利润 　贷：所得税费用
3	本年利润	先结转收入	借：主营业务收入 　　其他业务收入 　　营业外收入 　贷：本年利润
		结转成本、费用和税金	借：本年利润 　贷：主营业务成本 　　　主营业务税金及附加 　　　其他业务支出 　　　销售费用 　　　管理费用 　　　财务费用 　　　营业外支出 　　　所得税费用
		结转投资收益	[净收益的] 借：投资收益 　贷：本年利润 [净损失的] 借：本年利润 　贷：投资收益
		年度结转利润分配	[将本年的收入和支出相抵后的结出的本年实现的净利润] 借：本年利润 　贷：利润分配——未分配利润 [如果是亏损] 借：利润分配——未分配利润 　贷：本年利润

【本章主要参考法规索引】

1. 企业会计准则——基本准则（2006 年 2 月 15 日财政部发布，自 2015 年 1 月 1 日起施行）

2. 企业会计准则第 14 号——收入（2006 年 2 月 15 日财政部发布，自 2015 年 1 月 1 日起施行）

3. 企业会计准则第 16 号——政府补贴（2006 年 2 月 15 日财政部发布，自 2015 年 1 月 1 日起施行）

4. 企业会计准则第 18 号——所得税（2006 年 2 月 15 日财政部发布，自 2015 年 1 月 1 日起施行）

5. 企业会计准则——应用指南（2006 年 10 月 30 日财政部发布，自 2015 年 1 月 1 日起施行）

【本章习题】

一、单项选择题

1. 甲企业将企业的写字楼出售给乙公司，合同价款为 15 万元，乙公司用银行存款付清。出售时，该栋写字楼的成本为 12 万元，公允价值变动为借方余额 1 万元。假定不考虑营业税等相关税费的影响，甲公司应确认的营业外收入为（　　）万元。

A. 2　　　　　　B. 15　　　　　　C. 0　　　　　　D. 13

2. 下列各项中，不需要做纳税调增的项目是（　　）。

A. 已计入投资收益的国库券利息收入

B. 超过税法规定扣除标准，但已计入当期损益的公益性捐赠支出

C. 超过税法规定扣除标准，但已计入当期损益的业务招待费支出

D. 支付并已计入当期损失的各种税收滞纳金

3. 2014 年 1 月 25 日，甲公司将一项投资性房地产出售给乙公司，出售价款为 4400 万元，甲公司该项投资性房地产采用公允价值模式计量，2014 年 1 月 25 日，该项投资性房地产的成本为 2000 万元，公允价值变动为借方余额 1200 万元。不考虑其他因素，则甲公司处置该投资性房地产对其 2014 年度营业利润的影响为（　　）万元。

A. 2400　　　　　B. 1200　　　　　C. 4400　　　　　D. −1200

4. 下列原材料损失项目中，应计入营业外支出的是（　　）。

A. 计量差错引起的原材料盘亏　　　　B. 原材料运输途中发生的合理损耗

C. 自然灾害造成的原材料净损失　　　D. 人为责任造成的原材料损失

5. 某国有工业企业，2011 年 6 月发生一场火灾，共计损失 250 万元，其中，流动资产损失 100 万元，固定资产损失 150 万元。假定不考虑相关税费，经查明事故原因是由于雷击造成的。企业收到保险公司的赔偿款 80 万元，其中，流动资产保险赔偿款 35 万元，固定资产保险赔偿款 45 万元。假定不考虑增值税，企业由于这次火灾损失而应计入营业外支出的金额为（　　）万元。

A. 65　　　　　　B. 70　　　　　　C. 170　　　　　D. 250

6. 某企业处置一项固定资产，取得价款 300 万元，该固定资产的账面原值为 700 万元，已计提折旧 450 万元，已计提固定资产减值准备 50 万元，支付清理

费用为 20 万元，则计入营业外收入的金额为（ ）万元。

    A. 80   B. 120   C. 100   D. 200

    7. 下列各项中，按规定应计入营业外支出的是（ ）。

    A. 无形资产出售净收益   B. 捐赠支出

    C. 计提的福利费   D. 计提的坏账准备

    8. 企业接受的现金捐赠，应计入（ ）。

    A. 营业外收入   B. 盈余公积   C. 资本公积   D. 未分配利润

    9. 下列交易或事项，不应确认为营业外收入的是（ ）。

    A. 接受捐赠利得   B. 罚没利得

    C. 出售无形资产净收益   D. 出租固定资产的收益

    10. 某企业 2014 年发生的销售商品收入为 1000 万元，销售商品成本为 600 万元，销售过程中发生广告宣传费用为 20 万元，管理人员工资费用为 50 万元，借款利息费用为 10 万元（不满足资本化条件），股票投资收益为 40 万元，资产减值损失为 70 万元（损失），公允价值变动损益为 80 万元（收益），处置固定资产取得的收益为 25 万元，因违约支付罚款 15 万元。不考虑其他因素，该企业 2014 年的利润总额为（ ）万元。

    A. 370   B. 330   C. 320   D. 380

    11. 某企业于 2011 年 5 月接受一项设备安装任务，安装期为 1 年，合同总收入 80 万元，预计总成本 40 万元。2011 年年末已经发生成本 25 万元，假定满足采用完工百分比法确认收入的条件，按发生成本占估计总成本比例确定完工进度。假定不考虑其他因素，该项劳务影响 2011 年度利润总额的金额为（ ）万元。

    A. 50   B. 25   C. 40   D. 15

    12. 某工业企业 2014 年度营业利润为 2520 万元，主营业务收入为 4000 万元，财务费用为 10 万元，营业外收入为 60 万元，营业外支出为 50 万元，所得税税率为 25%。假定不考虑其他因素，该企业 2014 年度的净利润应为（ ）万元。

    A. 1494   B. 1897.5   C. 1505.6   D. 4132.5

    13. 下列各项中，影响营业利润的是（ ）。

    A. 税收罚款支出   B. 管理不善造成的库存现金短缺

    C. 接受现金捐赠   D. 当期确认的所得税费用

    14. 某企业 2011 年度利润总额为 500 万元，应纳税所得额为 450 万元。假定该企业年初递延所得税资产为 10 万元，递延所得税负债为 7 万元，年末递延所得税资产为 13 万元，递延所得税负债为 15 万元。企业适用的所得税税率为

25%。该企业 2011 年所得税费用为（　　）万元。

　　A. 123.5　　　　　B. 130　　　　　C. 117.5　　　　D. 107.5

　　15. 某企业年初未分配利润为 100 万元，本年净利润为 1000 万元，按10%计提法定盈余公积，按5%计提任意盈余公积，宣告发放现金股利为 80 万元，该企业期末未分配利润为（　　）万元。

　　A. 855　　　　　　B. 867　　　　　C. 870　　　　　D. 874

　　16. 下列各项，影响当期利润表中营业利润的是（　　）。

　　A. 固定资产盘盈　　　　　　　　B. 无形资产出售损失

　　C. 无形资产减值损失　　　　　　D. 转销确实无法支付的应付账款

　　17. 某企业在 2013 年 12 月 31 日处置一项固定资产，取得价款 300 万元。该固定资产是企业在 2010 年 1 月 1 日购入的，其账面原值为 100 万元，预计使用年限为 5 年，预计净残值为 4000 元，按双倍余额递减法计提折旧。该项固定资产未计提减值准备。假定不考虑相关税费，企业处置该项固定资产确认的营业外收入为（　　）万元。

　　A. 300　　　　　　B. 289　　　　　C. 189　　　　　D. 230

　　18. 某企业 2014 年应交所得税 1000 万元；递延所得税资产年初余额为500万元，年末余额为 600 万元；递延所得税负债年初余额为 800 万元，年末余额为 600 万元。假定递延所得税的发生额只影响所得税费用，该企业 2014 年应确认的所得税费用的金额为（　　）万元。

　　A. 1000　　　　　B. 1100　　　　　C. 900　　　　　D. 700

　　19. 下列错误的会计事项，只影响"营业利润"而不影响"利润总额"的是（　　）。

　　A. 将投资收益错登为"其他业务收入"

　　B. 将罚款支出错登为"其他业务成本"

　　C. 将定额内损耗的存货盘亏错登为"销售费用"

　　D. 将出售原材料的成本错登为"主营业务成本"

　　20. 下列交易或事项中，不应确认为营业外收入的是（　　）。

　　A. 捐赠利得　　　　　　　　　　B. 收到与收益有关的政府补助

　　C. 出售无形资产的净收益　　　　D. 转让无形资产使用权的收益

　　21. 企业因债权人撤销而转销无法支付的应付账款时，应将所转销的应付账款计入（　　）。

　　A. 资本公积　　　B. 其他应付款　　　C. 营业外收入　　　D. 其他业务收入

　　22. 某企业收到用于补偿已发生费用的政府补助，应在取得时计入（　　）。

　　A. 营业外收入　　　B. 递延收益　　　C. 其他业务收入　　　D. 其他应收款

23. 下列各项中，不应计入营业外收入的是（　　）。

A. 债务重组利得

B. 处置固定资产净收益

C. 收发差错造成存货盘盈

D. 确实无法支付的应付账款

24. 根据税法规定，下列各项中，应予纳税调减的项目是（　　）。

A. 股票转让净收益

B. 国债利息收入

C. 公司债券的利息收入

D. 公司债券转让净收益

25. 甲企业 2013 年度的利润总额为 4000 万元，其中包括本年收到的国库券利息收入 80 万元；存款利息收入 40 万元，适用所得税税率为 25%。该企业 2013 年应交所得税为（　　）万元。

A. 940　　　　　B. 980　　　　　C. 1040　　　　　D. 1060

26. 某企业于 2013 年 9 月接受一项产品安装任务，安装期 5 个月，合同总收入 30 万元，上年度预收款项 12 万元，余款在安装完成时收回，当年实际发生成本 15 万元，预计还将发生成本 3 万元。2013 年年末请专业测量师测量，产品安装程度为 60%。该项劳务收入影响 2013 年度利润总额的金额为（　　）万元。

A. 不影响当年利润

B. 当年利润增加 7.2 万元

C. 当年利润增加 15 万元

D. 当年利润增加 30 万元

27. 甲公司 2014 年度税前会计利润为 9900 万元，所得税税率为 25%。甲公司全年实发工资、薪金总额为 1000 万元，职工福利费为 150 万元。经查，甲公司当年营业外支出中有 60 万元为税收滞纳罚金。假定甲公司全年无其他纳税调整因素。税法规定，企业发生的合理的工资、薪金支出准予据实扣除；企业发生的职工福利费支出，不超过工资、薪金总额 14% 的部分准予扣除；企业发生的税收滞纳金不允许扣除。则当期净利润为（　　）万元。

A. 9970　　　　　B. 2492.5　　　　　C. 7407.5　　　　　D. 7425

28. 某企业 2014 年 2 月主营业务收入为 100 万元，主营业务成本为 80 万元，购买办公用品支出 5 万元，计提坏账准备 2 万元，投资收益为 10 万元。假定不考虑其他因素，该企业当月的营业利润为（　　）万元。

A. 13　　　　　B. 15　　　　　C. 18　　　　　D. 23

29. 某企业 2012 年发生亏损 200 万元，2013 年实现税前会计利润 500 万元，其中包括国债利息收入 20 万元；在营业外支出中有税收滞纳金罚款 30 万元；所得税率为 25%。则企业 2013 年的所得税费用为（　　）万元。

A. 112.5　　　　　B. 130　　　　　C. 150　　　　　D. 77.5

30. 下列各项中，在计算应纳税所得额时，不需要做纳税调增的是（　　）。

A. 税收滞纳金支出

B. 超过税法规定标准的职工福利

C. 超标的广告费　　　　　　D. 违反销售商品合同的违约金

二、多项选择题

1. 下列各项中，不影响利润表"净利润"项目金额的有（　　）。

A. 注销库存股　　　　　　　B. 固定资产盘盈

C. 投资性房地产公允价值变动收益　　D. 可供出售金融资产减值损失

2. 下列选项中，不会引起利润表"营业利润"项目发生增减变动的有（　　）。

A. 采用权益法核算长期股权投资时被投资企业宣告分派的现金股利

B. 采用成本法核算长期股权投资时收到被投资企业分派的股票股利

C. 采用成本模式计量的投资性房地产期末可收回金额低于其账面价值的差额

D. 采用公允价值模式计量的投资性房地产期末公允价值下降

3. 下列项目中，应计入营业外支出的有（　　）。

A. 出售固定资产净损失

B. 因债务人无力支付欠款而发生的应收账款损失

C. 对外捐赠支出

D. 违反经济合同的罚款支出

4. 下列原材料损失项目中，不应计入营业外支出的有（　　）。

A. 计量差错引起的原材料盘亏　　B. 原材料运输途中发生的合理损耗

C. 自然灾害造成的原材料净损失　　D. 人为责任造成的原材料损失

5. 下列各项中，需要纳税调增的项目有（　　）。

A. 已计入投资收益的国库券利息收入

B. 超过税法规定扣除标准，但已计入当期费用的广告费支出

C. 5 年内的未弥补亏损

D. 支付并已计入当期损失的各种税收滞纳金

6. 下列各项中，既影响营业利润也影响利润总额的有（　　）。

A. 所得税费用　　B. 财务费用　　C. 营业外收入　　D. 投资收益

7. 下列错误的会计事项中，对"营业利润"和"利润总额"都不造成影响的有（　　）。

A. 将罚款支出错登为"其他业务成本"

B. 将投资收益错登为"其他业务收入"

C. 将定额内损耗的存货盘亏错登为"营业外支出"

D. 将出售原材料的成本错登为"主营业务成本"

8. 下列各项中，影响企业利润总额的有（　　）。

A. 无法查明原因的现金盘盈　　　　B. 销售应税消费品发生的消费税

C. 自然灾害造成原材料毁损　　　　D. 所得税费用

9. 下列各项，影响企业利润总额的有（　　）。

A. 资产减值损失　　　　　　　　B. 公允价值变动损益

C. 所得税费用　　　　　　　　　D. 营业外支出

10. 某企业 2014 年利润总额是 1000 万元，本年的罚款支出是 5 万元，国债利息收入是 10 万元，超过税法规定扣除标准的公益性捐赠支出是 100 万元，所得税税率是 25%，不存在其他纳税调整事项，下列说法正确的有（　　）。

A. 企业 2014 年应交所得税金额是 273.75 万元

B. 企业 2014 年的所得税费用金额是 250 万元

C. 企业 2014 年的净利润金额是 726.25 万元

D. 企业 2014 年应该纳税调增的金额是 105 万元

11. 下列各项中，影响企业营业利润的有（　　）。

A. 出售原材料的净损益　　　　　B. 计提固定资产减值准备

C. 公益性捐赠支出　　　　　　　D. 出售投资的净损益

12. 下列错误的会计事项，只影响营业利润而不影响利润总额的有（　　）。

A. 将投资收益错登为"其他业务收入"

B. 将罚款支出错登为"其他业务成本"

C. 将定额内损耗的存货盘亏错登为"营业外支出"

D. 将出售原材料的成本错登为"主营业务成本"

13. 下列各项中，不应计入营业外支出的有（　　）。

A. 处置长期股权投资的净损失

B. 处置可供出售金融资产的净损失

C. 处置持有至到期投资的投资损失

D. 处置交易性金融资产的净损失

14. 下列科目中期末余额应转入本年利润的有（　　）。

A. 财务费用　　　　　　　　　　B. 主营业务收入

C. 营业外收入　　　　　　　　　D. 递延收益

15. 下列各项中，企业不应确认为当期投资收益的有（　　）。

A. 采用成本法核算时被投资单位接受的非现金资产捐赠

B. 采用成本法核算时被投资单位宣告派发现金股利

C. 已计提资产减值准备的长期股权投资价值又恢复

D. 收到包含在长期股权投资买价中的尚未领取的现金股利

16. 下列各项中，影响利润表中"营业利润"项目金额的有（　　）。

A. 无形资产处置净损失　　　　　B. 支付合同违约金

C. 出售原材料损失　　　　　　　D. 交易性金融资产公允价值变动损失

17. 下列各项，应计入营业外收入的有（　　）。

A. 原材料盘盈　　　　　　　　　B. 无法查明原因的现金溢余

C. 转让长期股权投资取得的净收益　D. 转让固定资产所有权取得的净收益

18. 下列各事项中，会计上和税法上核算不一致，需要进行纳税调整的有（　　）。

A. 行政性罚款支出　　　　　　　B. 国债利息收入

C. 公司债券的利息收入　　　　　D. 公司债券转让净收益

19. 下列各项中，影响当期利润表中利润总额的有（　　）。

A. 交纳税收滞纳金　　　　　　　B. 固定资产盘盈

C. 长期股权投资收益　　　　　　D. 无形资产出售利得

20. 下列关于表结法的表述，正确的有（　　）。

A. 增加了转账环节和工作量

B. 各损益类科目月末只需结计出本月发生额和月末累计余额

C. 年末时将全年累计损益类科目余额转入本年利润

D. 不影响有关损益指标的利用

21. 会计期末结转本年利润的方法主要有（　　）。

A. 表结法　　　　B. 账结法　　　　C. 品种法　　　　D. 分批法

三、判断题

1. 某企业完成政府下达技能培训任务，收到财政补助资金150万元，所以该企业应当确认的递延收益为150万元。（　　）

2. 表结法在各月均可通过"本年利润"科目提供当月及本年累计的利润(或亏损)额，但增加了转账环节和工作量。（　　）

3. 企业接受非现金资产捐赠，应该计入实收资本中。（　　）

4. 企业获得的捐赠利得应该计入营业外收入中，影响利润总额。（　　）

5. 某企业年初有上年形成的亏损50万元，当年实现利润总额40万元。假设企业本期无纳税调整事项，则企业当年还应交纳一定的企业所得税。（　　）

6. 甲企业本期主营业务收入为500万元，主营业务成本为300万元，其他业务收入为200万元，其他业务成本为100万元，销售费用为15万元，资产减值损失为45万元，公允价值变动收益为60万元，投资收益为20万元，营业外收入为50万元，所得税费用为95万元，假定不考虑其他因素，该企业本期利润总额为370万元。（　　）

7. 管理费用、资产减值损失、营业税金及附加和营业外收入都会影响企业的营业利润。（　　）

8. 某企业年初有上年形成的亏损25万元，当年实现利润总额30万元。假设

企业本期无纳税调整事项，则企业当年还应缴纳一定的企业所得税。（　　）

9. 账结法下，企业的营业外收入科目在期末可以有余额。（　　）

10. 年度终了，企业还应将"本年利润"科目的本年累计余额转入"利润分配——未分配利润"科目，此时本年利润科目的本年累计余额即为净利润的金额。（　　）

11. 年度终了，只有在企业盈利的情况下，应将"本年利润"科目的本年累计余额转入"利润分配——未分配利润"科目。（　　）

12. 年度终了，应将"本年利润"科目的本年累计余额转入"利润分配——未分配利润"科目。（　　）

13. 处置投资性房地产取得的净收益，属于当期的利得。（　　）

14. 年度终了，应将"本年利润"科目的本年累计余额转入"利润分配——未分配利润"科目。（　　）

15. 某企业 2014 年年初有上年形成的亏损 25 万元，当年实现利润总额 15 万元，所得税税率为 25%。则企业 2014 年不需要交纳企业所得税。（　　）

16. 非流动资产处置损失、公益性捐赠支出、盘亏损失、出租包装物的成本、罚款支出等都计入营业外支出。（　　）

17. 企业出租固定资产净收益应该记入"营业外收入"科目。（　　）

18. 企业获得的政府补助，应该在收到时直接确认为营业外收入。（　　）

19. 企业转让无形资产使用权取得的收入应该计入营业外收入中。（　　）

20. 某企业 2011 年年初有 2010 年形成的亏损 50 万元，税法规定该亏损可以在未来 5 年内用税前利润弥补，2011 年实现利润总额 20 万元，不存在纳税调整事项，所得税税率为 25%。则企业 2011 年需要交纳企业所得税 5 万元。（　　）

21. 某企业年初有未弥补亏损 20 万元（亏损弥补已经超过五年），当年实现净利润 15 万元。按有关规定，该年不得提取法定盈余公积。（　　）

22. 对采用成本模式进行后续计量的投资性房地产计提折旧，影响营业利润。（　　）

23. 企业当期的所得税费用就等于当期的应交所得税。（　　）

24. 年度终了，"本年利润"结转后，"本年利润"科目没有余额。（　　）

四、不定项选择题

1. 远大公司平时采用表结法计算利润，所得税税率为 25%。2013 年年终结账前有关损益类科目的年末余额如下：

单位：元

收入、利得	结账前期末余额	费用、损失	结账前期末余额
主营业务收入	475000	主营业务成本	325000
其他业务收入	100000	其他业务成本	75000
投资收益	7500	营业税金及附加	18000
营业外收入	20000	销售费用	20000
		管理费用	60000
		财务费用	12500
		营业外支出	35000

其他资料：

（1）营业外支出中有 500 元为违反国家政策的罚款支出；

（2）本年国债利息收入 2000 元已入账。

除上述事项外，无其他纳税调整因素。

要求：根据上述资料，不考虑其他因素，回答下列问题。

1）下列关于"本年利润"账户的表述中，正确的是（   ）。

A.贷方登记营业收入、营业外收入等转入的金额

B.借方登记营业成本、营业外支出等转入的金额

C.年度终了结账后，该账户无余额

D.年中的月份本年利润没有余额

2）根据上述资料，下列关于远大公司的处理正确的是（   ）。

A.远大公司当年应纳税所得额为 55500 元

B.远大公司当年应交所得税金额为 13875 元

C.远大公司当年应纳税所得额为 57500 元

D.远大公司当年应转入本年利润的所得税费用金额为 13875 元

3）远大公司当年实现的净利润为（   ）元。

A.41625　　　　B.43025　　　　C.43125　　　　D.41525

2.甲公司 2013 年 11 月向乙公司销售一批商品，增值税专用发票上注明的售价为 30000 元，增值税为 5100 元，款项尚未收到。商品成本为 20000 元。乙公司收到货后发现商品存在质量问题，但不影响使用，经协商，甲公司给予 10% 的销售折让（含增值税）。假定甲公司已经确认收入，与销售折让有关的增值税额税务机关允许扣减，不考虑其他因素。

要求：根据上述材料，回答下列问题。

1）关于该项经济业务，下列表述中正确的有（   ）。

A.甲公司应确认主营业务收入

B. 发生销售折让应计入销售费用

C. 发生销售折让应冲减收入

D. 发生销售折让应冲减相应的成本

2) 该笔经济业务对于甲公司损益的影响金额为 (　　) 元。

A. 3510　　　　　B. 5100　　　　　C. 5000　　　　　D. 7000

(3) 甲公司 2012 年有关损益类科目的年末余额如下 (该企业采用表结法年末一次结转损益类科目, 适用的所得税税率为 25%):

单位: 元

科目名称	借或贷	期末余额
主营业务收入	贷	800000
其他业务收入	贷	200000
投资收益	贷	30000
营业外收入	贷	57000
主营业务成本	借	500000
其他业务成本	借	150000
营业税金及附加	借	36000
销售费用	借	40000
管理费用	借	100000
财务费用	借	32000
营业外支出	借	65000

12 月 31 日发现下列事项:

(1) 本年度国债利息收入为 6000 元, 并已经计入投资收益;

(2) 经查发现公司营业外支出中有 10000 元为税收滞纳金;

(3) 经查发现公司本年发生的职工福利费超过了税法允许税前扣除的数额为 5000 元。

要求: 根据上述资料, 回答下列问题。

1) 企业与 12 月 10 日现金清查中发现库存现金溢余 15000 元, 无法查明原因, 经批准作账务处理, 关于此事项下列表述中正确的有 (　　)。

A. 发现尚待查明原因的现金溢余, 应当增加 "库存现金" 15000 元

B. 发现尚待查明原因的现金溢余, 应当确认贷方 "待处理财产损溢" 15000 元

C. 无法查明现金溢余的情况下, 记入 "营业外收入"

D. 无法查明现金溢余的情况下, 冲减 "管理费用"

2) 甲公司本年应交所得税的金额为 (　　) 元。

A. 48000　　　　B. 44500　　　　C. 43250　　　　D. 42000

3）甲公司的本年净利润为（　　）元。

A. 131000　　　　B. 120750　　　　C. 134500　　　　D. 137000

3. A 公司 2013 年度的有关资料如下：

（1）年初未分配利润为贷方 500 万元，本年实现的利润总额为 1200 万元，适用的企业所得税税率为 25%。假定不存在纳税调整因素。

（2）按税后利润的 10% 提取法定盈余公积。

（3）提取任意盈余公积 100 万元。

（4）向投资者宣告分配现金股利 500 万元。

要求：根据上述资料，不考虑其他因素，回答下列问题。

1）A 公司 2013 年应交所得税的金额为（　　）万元。

A. 300　　　　B. 425　　　　C. 0　　　　D. 125

2）关于盈余公积，下列说法正确的是（　　）。

A. 法定盈余公积的计提金额为 90 万元

B. 法定盈余公积的计提金额为 10 万元

C. 盈余公积计提总额为 190 万元

D. 盈余公积计提总额为 110 万元

3）A 公司宣告分配现金股利的会计处理为（　　）。

A. 借：本年利润　　　　　　　　　　　　500

　　　贷：应付股利　　　　　　　　　　　　　　　500

B. 借：利润分配——应付现金股利　　　　500

　　　贷：应付股利　　　　　　　　　　　　　　　500

C. 借：利润分配——未分配利润　　　　　500

　　　贷：应付股利　　　　　　　　　　　　　　　500

D. 借：盈余公积　　　　　　　　　　　　500

　　　贷：应付股利　　　　　　　　　　　　　　　500

4）关于所得税费用，下列表述正确的是（　　）。

A. 2013 年年末"所得税费用"科目的余额是 300 万元

B. 2013 年年末"所得税费用"科目的余额是 0

C. 2013 年年末"所得税费用"科目的余额是 125 万元

D. 2013 年年末"所得税费用"科目的余额是 425 万元

5）2013 年末 A 公司"未分配利润"的余额是（　　）万元。

A. 1010　　　　B. 1210　　　　C. 710　　　　D. 810

第十六章
财务报告

财务报告是指企业对外提供的反映企业某一特定日期的财务状况和某一会计期间的经营成果、现金流量等会计信息的文件。财务报告包括财务报表和其他应当在财务报告中披露的相关信息和资料。

【学习目标】

通过本章学习，要求了解财务报告的目标、结构及编制要求；深刻理解资产负债表、利润表、现金流量表、所有者权益变动表四种主要报表的结构和内容；掌握资产负债表、利润表、现金流量表编制及会计报表附注的编写、重大会计事项的披露。

【关键词】

财务报告	Financial report
资产负债表	Balance sheet
利润表	Income statement
现金流量表	Cash flow statement
所有者权益变动表	Statement of changes in equity

【思维导图】

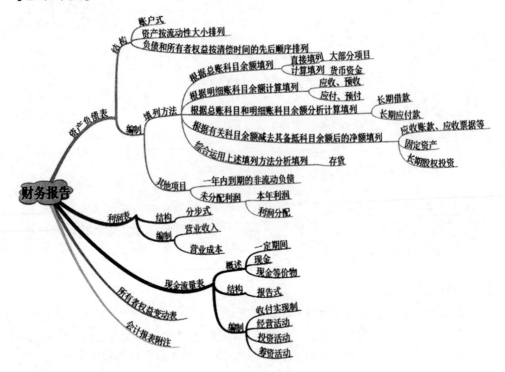

第一节　财务报告概述

一、财务报告的目标

财务报告的目标，是向财务报告使用者提供与企业财务状况、经营成果和现金流量等有关的会计信息，反映企业管理层受托责任履行情况，有助于财务报告使用者作出经济决策。财务报告使用者通常包括投资者、债权人、政府及其有关部门和社会公众等。

二、财务报表的组成

财务报表是对企业财务状况、经营成果和现金流量的结构性表述。一套完整的财务报表至少应当包括资产负债表、利润表、现金流量表、所有者权益（或股东权益）变动表以及附注。

资产负债表、利润表和现金流量表分别从不同角度反映企业的财务状况、经营成果和现金流量。资产负债表反映企业特定日期所拥有的资产、需偿还的债务以及股东（投资者）拥有的净资产情况；利润表反映企业一定期间的经营成果即利润或亏损的情况，表明企业运用所拥有的资产的获利能力；现金流量表反映企业在一定会计期间现金和现金等价物流入和流出的情况。

所有者权益变动表反映构成所有者权益的各组成部分当期的增减变动情况。企业的净利润及其分配情况是所有者权益变动的组成部分，相关信息已经在所有者权益变动表及其附注中反映，企业不需要再单独编制利润分配表。

附注是财务报表不可或缺的组成部分，是对在资产负债表、利润表、现金流量表和所有者权益变动表等报表中列示项目的文字描述或明细资料，以及对未能在这些报表中列示项目的说明等。

第二节　资产负债表

一、资产负债表概述

资产负债表是指反映企业在某一特定日期的财务状况的报表。资产负债表主要反映资产、负债和所有者权益三方面的内容，并满足"资产＝负债＋所有者权益"平衡式。

二、资产负债表的结构

我国企业的资产负债表采用账户式结构。账户式资产负债表分左右两方，左方为资产项目，大体按资产的流动性大小排列，流动性大的资产如"货币资金"、"以公允价值计量且其变动计入当期损益的金融资产"等排在前面，流动性小的资产如"长期股权投资"、"固定资产"等排在后面。右方为负债及所有者权益项目，一般按要求清偿时间的先后顺序排列，"短期借款"、"应付票据"、"应付账款"等需要在一年以内或者长于一年的一个正常营业周期内偿还的流动负债排在前面，"长期借款"等在一年以上才需偿还的非流动负债排在中间，在企业清算之前不需要偿还的所有者权益项目排在后面。

企业衍生金融工具业务具有重要性，应当在资产负债表资产项下"以公允价值计量且其变动计入当期损益的金融资产"项目和"应收票据"项目之间增设

"衍生金融资产"项目，在资产负债表负债项下"以公允价值计量且其变动计入当期损益的金融负债"项目和"应付票据"项目之间增设"衍生金融负债"项目，分别反映企业衍生工具形成资产和负债的期末余额。

账户式资产负债表中的资产各项目的合计等于负债和所有者权益各项目的合计，即资产负债表左方和右方平衡。因此，通过账户式资产负债表，可以反映资产、负债、所有者权益之间的内在关系，即"资产＝负债＋所有者权益"。我国企业资产负债表格式如表 16–1 所示。

表 16–1 资产负债表

会企 01 表

编制单位：　　　　　　　　　年　月　日　　　　　　　　　单位：元

资产	期末余额	年初余额	负债和所有者权益（或股东权益）	期末余额	年初余额
流动资产：			流动负债：		
货币资金			短期借款		
以公允价值计量且其变动计入当期损益的金融资产			以公允价值计量且其变动计入当期损益的金融负债		
应收票据			应付票据		
应收账款			应付账款		
预付款项			预收款项		
应收利息			应付职工薪酬		
应收股利			应交税费		
其他应收款			应付利息		
存货			应付股利		
划分为持有待售的资产			其他应付款		
一年内到期的非流动资产			划分为持有待售的负债		
其他流动资产			一年内到期的非流动负债		
流动资产合计			其他流动负债		
非流动资产：			流动负债合计		
可供出售金融资产			非流动负债：		
持有至到期投资			长期借款		
长期应收款			应付债券		
长期股权投资			长期应付款		
投资性房地产			专项应付款		
固定资产			预计负债		
在建工程			递延收益		
工程物资			递延所得税负债		
固定资产清理			其他非流动负债		
生产性生物资产			非流动负债合计		

资产	期末余额	年初余额	负债和所有者权益（或股东权益）	期末余额	年初余额
油气资产			负债合计		
无形资产			所有者权益（或股东权益）：		
开发支出			实收资本（或股本）		
商誉			资本公积		
长期待摊费用			减：库存股		
递延所得税资产			其他综合收益		
其他非流动资产			盈余公积		
非流动资产合计			未分配利润		
			所有者权益（或股东权益）合计		
资产总计			负债和所有者权益（或股东权益）总计		

三、资产负债表的编制

（一）资产负债表项目的填列方法

资产负债表各项目均需填列"年初余额"和"期末余额"两栏。其中，"年初余额"栏内各项数字，应根据上年年末资产负债表的"期末余额"栏内所列数字填列。"期末余额"栏主要有以下几种填列方法：

1. 根据总账科目余额填列

如"以公允价值计量且其变动计入当期损益的金融资产"、"短期借款"、"应付票据"等项目，根据"以公允价值计量且其变动计入当期损益的金融资产"、"短期借款"、"应付票据"各总账科目的余额直接填列；有些项目则需根据几个总账科目的期末余额计算填列，如"货币资金"项目，需根据"库存现金"、"银行存款"、"其他货币资金"三个总账科目的期末余额的合计数填列。

2. 根据明细账科目余额计算填列

如"应付账款"项目，需要根据"应付账款"和"预付款项"两个科目所属的相关明细科目的期末贷方余额计算填列："应收账款"项目，需要根据"应收账款"和"预收款项"两个科目所属的相关明细科目的期末借方余额计算填列。

3. 根据总账科目和明细账科目余额分析计算填列

如"长期借款"项目，需要根据"长期借款"总账科目余额扣除"长期借款"科目所属的明细科目中将在一年内到期且企业不能自主地将清偿义务展期的款项后的金额计算填列。

4. 根据有关科目余额减去其备抵科目余额后的净额填列

如资产负债表中"应收票据"、"应收账款"、"长期股权投资"、"在建工程"等项目，应当根据"应收票据"、"应收账款"、"长期股权投资"、"在建工程"等科目的期末余额减去"坏账准备"、"长期股权投资减值准备"、"在建工程减值准备"等科目余额后的净额填列。"投资性房地产"、"固定资产"项目，应当根据"投资性房地产"、"固定资产"科目的期末余额减去"投资性房地产累计折旧"、"累计折旧"、"投资性房地产减值准备"、"固定资产减值准备"等科目余额后的净额填列。"无形资产"项目，应当根据"无形资产"科目的期末余额，减去"累计摊销"、"无形资产减值准备"等科目余额后的净额填列。

5. 综合运用上述填列方法分析填列

如资产负债表中的"存货"项目，需要根据、"原材料"、"委托加工物资"、"周转材料"、"材料采购"、"在途物资"、"发出商品"、"材料成本差异"等总账科目期末余额的分析汇总数，再减去"存货跌价准备"科目余额后的净额填列。

（二）资产负债表项目的填列说明

资产负债表中资产、负债和所有者权益主要项目的填列说明如下：

1. 资产项目的填列说明

（1）"货币资金"项目，反映企业库存现金、银行结算户存款、外埠存款、银行汇票存款、银行本票存款、信用卡存款、信用证保证金存款等的合计数。本项目应根据"库存现金"、"银行存款"、"其他货币资金"科目期末余额的合计数填列。

（2）"以公允价值计量且其变动计入当期损益的金融资产"项目，反映企业持有的以公允价值计量且其变动计入当期损益的为交易目的所持有的债券投资、股票投资、基金投资、权证投资等金融资产。本项目应当根据"交易性金融资产"科目和在初始确认时指定为以公允价值计量且其变动计入当期损益的金融资产科目的期末余额填列。

（3）"应收票据"项目，反映企业因销售商品、提供劳务等而收到的商业汇票，包括银行承兑汇票和商业承兑汇票。本项目应根据"应收票据"科目的期末余额，减去"坏账准备"科目中有关应收票据计提的坏账准备期末余额后的净额填列。

（4）"应收账款"项目，反映企业因销售商品、提供劳务等经营活动应收取的款项。本项目应根据"应收账款"和"预收账款"科目所属各明细科目的期末借方余额合计数，减去"坏账准备"科目中有关应收账款计提的坏账准备期末余额后的净额填列。如"应收账款"科目所属明细科目期末有贷方余额的，应在资产负债表"预收款项"项目内填列。

（5）"预付款项"项目，反映企业按照购货合同规定预付给供应单位的款项等。本项目应根据"预付账款"和"应付账款"科目所属各明细科目的期末借方余额合计数减去"坏账准备"科目中有关预付账款计提的坏账准备期末余额后的净额填列。如"预付账款"科目所属明细科目期末有贷方余额的，应在资产负债表"应付账款"项目内填列。

（6）"应收利息"项目，反映企业应收取的债券投资等的利息。本项目应根据"应收利息"科目的期末余额，减去"坏账准备"科目中有关应收利息计提的坏账准备期末余额后的净额填列。

（7）"应收股利"项目，反映企业应收取的现金股利和应收取其他单位分配的利润。本项目应根据"应收股利"科目的期末余额，减去"坏账准备"科目中有关应收股利计提的坏账准备期末余额后的净额填列。

（8）"其他应收款"项目，反映企业除应收票据、应收账款、预付账款、应收股利、应收利息等经营活动以外的其他各种应收、暂付的款项。本项目应根据"其他应收款"科目的期末余额，减去"坏账准备"科目中有关其他应收款计提的坏账准备期末余额后的净额填列。

（9）"存货"项目，反映企业期末库存、在途和在加工中的各种存货的可变现净值。存货包括各种材料、商品、在产品、半成品、包装物、低值易耗品、委托代销商品等。本项目应根据"材料采购"、"原材料"、"低值易耗品"、"库存商品"、"周转材料"、"委托加工物资"、"委托代销商品"、"生产成本"等科目的期末余额合计数，减去"代销商品款"、"存货跌价准备"科目期末余额后的净额填列。

材料采用计划成本核算，以及库存商品采用计划成本核算或售价核算的企业，还应按加或减材料成本差异、商品进销差价后的金额填列。

（10）"一年内到期的非流动资产"项目，反映企业将于一年内到期的非流动资产项目金额。本项目应根据有关科目的期末余额分析填列。

（11）"长期股权投资"项目，反映投资方对被投资单位实施控制、重大影响的权益性投资，以及对其合营企业的权益性投资。本项目应根据"长期股权投资"科目的期末余额，减去"长期股权投资减值准备"科目的期末余额后的净额填列。

（12）"固定资产"项目，反映企业各种固定资产原价减去累计折旧和减值准备后的净值。本项目应根据"固定资产"科目的期末余额减去"累计折旧"和"固定资产减值准备"科目期末余额后的净额填列。

（13）"在建工程"项目，反映企业期末各项未完工程的实际支出，包括交付安装的设备价值、未完建筑安装工程已经耗用的材料、工资和费用支出等项目的可收回金额。本项目应根据"在建工程"科目的期末余额，减去"在建工程减值准备"科目期末余额后的净额填列。

(14)"工程物资"项目,反映企业尚未使用的各项工程物资的实际成本。本项目应根据"工程物资"科目的期末余额填列。

(15)"固定资产清理"项目,反映企业因出售、毁损、报废等原因转入清理但尚未清理完毕的固定资产的净值,以及固定资产清理过程中所发生的清理费用和变价收入等各项金额的差额。本项目应根据"固定资产清理"科目的期末借方余额填列,如"固定资产清理"科目期末为贷方余额,以"-"号填列。

(16)"无形资产"项目,反映企业持有的专利权、非专利技术、商标权、著作权、土地使用权等无形资产的成本减去累计摊销和减值准备后的净值。本项目应根据"无形资产"科目的期末余额,减去"累计摊销"和"无形资产减值准备"科目期末余额后的净额填列。

(17)"开发支出"项目,反映企业开发无形资产过程中能够资本化形成无形资产成本的支出部分。本项目应当根据"研发支出"科目中所属的"资本化支出"明细科目期末余额填列。

(18)"长期待摊费用"项目,反映企业已经发生但应由本期和以后各期负担的分摊期限在一年以上的各项费用。长期待摊费用中在一年内(含一年)摊销的部分,在资产负债表"一年内到期的非流动资产"项目填列,本项目应根据"长期待摊费用"科目的期末余额减去将于一年内(含一年)摊销的数额后的金额分析填列。

(19)"其他非流动资产"项目,反映企业除长期股权投资、固定资产、在建工程、工程物资、无形资产等以外的其他非流动资产。本项目应根据有关科目的期末余额填列。

2.负债项目的填列说明

(1)"短期借款"项目,反映企业向银行或其他金融机构等借入的期限在一年以下(含一年)的各种借款。本项目应根据"短期借款"科目的期末余额填列。

(2)"应付票据"项目,反映企业因购买材料、商品和接受劳务供应等而开出、承兑的商业汇票,包括银行承兑汇票和商业承兑汇票。本项目应根据"应付票据"科目的期末余额填列。

(3)"应付账款"项目,反映企业因购买材料、商品和接受劳务供应等经营活动应支付的款项。本项目应根据"应付账款"和"预付账款"科目所属各明细科目的期末贷方余额合计数填列。如"应付账款"科目所属明细科目期末有借方余额的,应在资产负债表"预付款项"项目内填列。

(4)"预收款项"项目,反映企业按照购货合同规定预收供应单位的款项。本项目应根据"预收账款"和"应收账款"科目所属各明细科目的期末贷方余额合计数填列。如"预收账款"科目所属明细科目期末有借方余额的，应在资产负债表"应收账款"项目内填列。

（5）"应付职工薪酬"项目，反映企业为获得职工提供的服务或解除劳动关系而给予的各种形式的报酬或补偿。企业提供给职工配偶、子女、受赡养人、已故员工遗属及其他受益人等的福利，也属于职工薪酬。职工薪酬主要包括短期薪酬、离职后福利、辞退福利和其他长期职工福利。

（6）"应交税费"项目，反映企业按照税法规定计算应交纳的各种税费，包括增值税、消费税、营业税、所得税、资源税、土地增值税、城市维护建设税、房产税、土地使用税、车船税、教育费附加、矿产资源补偿费等。企业代扣代缴的个人所得税，也通过本项目列示。企业所交纳的税金不需要预计应交数的，如印花税、耕地占用税等，不在本项目列示。本项目应根据"应交税费"科目的期末贷方余额填列，如"应交税费"科目期末为借方余额，应以"-"号填列。

（7）"应付利息"项目，反映企业按照规定应当支付的利息，包括分期付息到期还本的长期借款应支付的利息、企业发行的企业债券应支付的利息等。本项目应根据"应付利息"科目的期末余额填列。

（8）"应付股利"项目，反映企业应付未付的现金股利或利润。企业分配的股票股利，不通过本项目列示。本项目应根据"应付股利"科目的期末余额填列。

（9）"其他应付款"项目，反映企业除应付票据、应付账款、预收账款、应付职工薪酬、应付股利、应付利息、应交税费等经营活动以外的其他各项应付、暂收的款项。本项目应根据"其他应付款"科目的期末余额填列。

（10）"一年内到期的非流动负债"项目，反映企业非流动负债中将于资产负债表日后一年内到期部分的金额，如将于一年内偿还的长期借款。本项目应根据有关科目的期末余额分析填列。

（11）"长期借款"项目，反映企业向银行或其他金融机构借入的期限在一年以上（不含一年）的各项借款。本项目应根据"长期借款"科目的期末余额填列。

（12）"应付债券"项目，反映企业为筹集长期资金而发行的债券本金（和利息）。本项目应根据"应付债券"科目的期末余额填列。

（13）"其他非流动负债"项目，反映企业除长期借款、应付债券等项目以外的其他非流动负债。本项目应根据有关科目的期末余额填列。其他非流动负债项目应根据有关科目期末余额减去将于一年内（含一年）到期偿还款项的余额分析填列。非流动负债各项目中将于一年内（含一年）到期的非流动负债，应在"一年内到期的非流动负债"项目内反映。

3. 所有者权益项目的填列说明

（1）"实收资本（或股本）"项目，反映企业各投资者实际投入的资本（或股本）总额。本项目应根据"实收资本（或股本）"科目的期末余额填列。

（2）"资本公积"项目，反映企业资本公积的期末余额。本项目应根据"资本公积"科目的期末余额填列。

（3）"其他综合收益"项目，反映企业其他综合收益的期末余额。本项目应根据"其他综合收益"科目的期末余额填列。

（4）"盈余公积"项目，反映企业盈余公积的期末余额。本项目应根据"盈余公积"科目的期末余额填列。

（5）"未分配利润"项目，反映企业尚未分配的利润。本项目应根据"本年利润"科目和"利润分配"科目的余额计算填列。未弥补的亏损在本项目内以"－"号填列。

第三节　利润表

一、利润表概述

利润表是指反映企业在一定会计期间的经营成果的报表。通过利润表，可以反映企业在一定会计期间收入、费用、利润（或亏损）的数额和构成情况，帮助财务报表使用者全面了解企业的经营成果，分析企业的获利能力及盈利增长趋势，从而为其作出经济决策提供依据。

二、利润表的结构

我国企业的利润表采用多步式格式，如表 16-2 所示。

表 16-2　利润表
会企 02 表

编制单位：　　　　　　　　　　____年__月　　　　　　　　　单位：元

项目	本月数	本年数
一、营业收入		
减：营业成本		
营业税金及附加		
销售费用		
管理费用		
财务费用		
资产减值损失		

项目	本月数	本年数
加：公允价值变动收益（损失以"–"号填列）		
投资收益（损失以"–"号填列）		
其中：对联营企业和合营企业的投资收益		
二、营业利润（亏损以"–"号填列）		
加：营业外收入		
其中：非流动资产处置利得		
减：营业外支出		
其中：非流动资产处置损失		
三、利润总额（亏损总额以"–"号填列）		
减：所得税费用		
四、净利润（净亏损以"–"号填列）		
五、其他综合收益的税后净额		
（一）以后不能重分类进损益的其他综合收益		
（二）以后将重分类进损益的其他综合收益		
六、综合收益总额		
七、每股收益		
（一）基本每股收益		
（二）稀释每股收益		

三、利润表的编制

（一）利润表项目的填列方法

我国企业利润表的主要编制步骤和内容如下：

第一步，以营业收入为基础，减去营业成本、营业税金及附加、销售费用、管理费用、财务费用、资产减值损失，加上公允价值变动收益（减去公允价值变动损失）和投资收益（减去投资损失），计算出营业利润。

第二步，以营业利润为基础，加上营业外收入，减去营业外支出，计算出利润总额。

第三步，以利润总额为基础，减去所得税费用，计算出净利润（或净亏损）。

第四步，以净利润（或净亏损）为基础，计算每股收益。

第五步，以净利润（或净亏损）和其他综合收益为基础，计算综合收益总额。

利润表各项目均需填列"本期金额"和"上期金额"两栏。其中，"上期金额"栏内各项数字，应根据上年该期利润表的"本期金额"栏内所列数字填列，"本期金额"栏内各期数字，除"基本每股收益"和"稀释每股收益"项目外，应当按照相关科目的发生额分析填列。如"营业收入"项目，根据"主营业务收入"、"其他业务收入"科目的发生额分析计算填列；"营业成本"项目，根据"主营业务成本"、"其他业务成本"科目的发生额分析计算填列。

（二）利润表项目的填列说明

（1）"营业收入"项目，反映企业经营主要业务和其他业务所确认的收入总额。本项目应根据"主营业务收入"和"其他业务收入"科目的发生额分析填列。

（2）"营业成本"项目，反映企业经营主要业务和其他业务所发生的成本总额。本项目应根据"主营业务成本"和"其他业务成本"科目的发生额分析填列。

（3）"营业税金及附加"项目，反映企业经营业务应负担的消费税、营业税、城市维护建设税、资源税、土地增值税和教育费附加等。本项目应根据"营业税金及附加"科目的发生额分析填列。

（4）"销售费用"项目，反映企业在销售商品过程中发生的包装费、广告费等费用和为销售本企业商品而专设的销售机构的职工薪酬、业务费等经营费用。本项目应根据"销售费用"科目的发生额分析填列。

（5）"管理费用"项目，反映企业为组织和管理生产经营发生的管理费用。本项目应根据"管理费用"科目的发生额分析填列。

（6）"财务费用"项目，反映企业为筹集生产经营所需资金等而发生的筹资费用。本项目应根据"财务费用"科目的发生额分析填列。

（7）"资产减值损失"项目，反映企业各项资产发生的减值损失。本项目应根据"资产减值损失"科目的发生额分析填列。

（8）"公允价值变动收益"项目，反映企业应当计入当期损益的资产或负债公允价值的变动收益。本项目应根据"公允价值变动损益"科目的发生额分析填列，如为损失，本项目以"-"号填列。

（9）"投资收益"项目，反映企业以各种方式对外投资所取得的收益。本项目应根据"投资收益"科目的发生额分析填列。如为投资损失，本项目用"-"号填列。

（10）"营业利润"项目，反映企业实现的营业利润。如为亏损，本项目以"-"号填列。

（11）"营业外收入"项目，反映企业发生的与经营业务无直接关系的各项收入。本项目应根据"营业外收入"科目的发生额分析填列。

（12）"营业外支出"项目，反映企业发生的与经营业务无直接关系的各项支出。本项目应根据"营业外支出"科目的发生额分析填列。

（13）"利润总额"项目，反映企业实现的利润。如为亏损，本项目以"-"号填列。

（14）"所得税费用"项目，反映企业应从当期利润总额中扣除的所得税费用。

本项目应根据"所得税费用"科目的发生额分析填列。

(15)"净利润"项目，反映企业实现的净利润。如为亏损，本项目以"-"号填列。

(16)"每股收益"项目，包括基本每股收益和稀释每股收益两项指标，反映普通股或潜在普通股已公开交易的企业，以及正在公开发行普通股或潜在普通股过程中的企业的每股收益信息。

(17)"其他综合收益"项目，反映企业根据企业会计准则规定未在损益中确认的各项利得和损失扣除所得税影响后的净额。

(18)"综合收益总额"项目，反映企业净利润与其他综合收益的合计金额。

第四节　现金流量表

一、现金流量表概述

现金流量表是反映企业在一定会计期间现金和现金等价物流入和流出的报表。通过现金流量表，可以为报表使用者提供企业一定会计期间内现金和现金等价物流入和流出的信息，便于使用者了解和评价企业获取现金和现金等价物的能力，据以预测企业未来现金流量。

现金流量是指一定会计期间内企业现金和现金等价物的流入和流出。企业从银行提取现金、用现金购买短期到期的国债等现金和现金等价物之间的转换不属于现金流量。

现金是指企业库存现金以及可以随时用于支付的存款，包括库存现金、银行存款和其他货币资金（如外埠存款、银行汇票存款、银行本票存款等）等。不能随时用于支付的存款不属于现金。现金等价物是指企业持有的期限短、流动性强、易于转换为已知金额现金、价值变动风险很小的投资。期限短，一般是指从购买日起3个月内到期。现金等价物通常包括3个月内到期的债券投资等。权益性投资变现的金额通常不确定，因而不属于现金等价物。企业应当根据具体情况，确定现金等价物的范围，一经确定不得随意变更。

企业产生的现金流量分为三类：

（一）经营活动产生的现金流量

经营活动是指企业投资活动和筹资活动以外的所有交易和事项。经营活动主要包括销售商品、提供劳务、购买商品、接受劳务、支付工资和交纳税费等流入和流出现金和现金等价物的活动或事项。

（二）投资活动产生的现金流量

投资活动是指企业长期资产的购建和不包括在现金等价物范围内的投资及其处置活动。投资活动主要包括购建固定资产、处置子公司及其他营业单位等流入和流出现金和现金等价物的活动或事项。

（三）筹资活动产生的现金流量

筹资活动是指导致企业资本及债务规模和构成发生变化的活动。筹资活动主要包括吸收投资、发行股票、分配利润、发行债券、偿还债务等流入和流出现金和现金等价物的活动或事项。偿付应付账款、应付票据等商业应付款属于经营活动，不属于筹资活动。

二、现金流量表的结构

我国企业现金流量表采用报告式结构，分类反映经营活动产生的现金流量、投资活动产生的现金流量和筹资活动产生的现金流量，最后汇总反映企业某一期间现金及现金等价物的净增加额。我国企业现金流量表的格式如表16-3所示。

表16-3 现金流量表
会企03表

编制单位：　　　　　　　　　　　　　　　　　　年　　月　　　　　　　　　　　　单位：元

项目	行次	本期金额	上期金额
一、经营活动产生的现金流量	1		
销售商品、提供劳务收到的现金	2		
收到的税费返还	3		
收到的其他与经营活动有关的现金	4		
经营活动现金流入小计	5		
购买商品、接受劳务支付的现金	6		
支付给职工以及为职工支付的现金	7		
支付的各项税费	8		
支付的其他与经营活动有关的现金	9		
经营活动现金流出小计	10		
经营活动产生的现金流量净额	11		
二、投资活动产生的现金流量	12		
收回投资所收到的现金	13		
取得投资收益所收到的现金	14		
处置固定资产、无形资产和其他长期资产所收回的现金净额	15		
处置子公司及其他营业单位收到的现金净额	16		
收到的其他与投资活动有关的现金	17		

续表

项目	行次	本期金额	上期金额
投资活动现金流入小计	18		
购建固定资产、无形资产和其他长期资产所支付的现金	19		
投资所支付的现金	20		
取得子公司与其他营业单位支付的现金净额	21		
支付的其他与投资活动有关的现金	22		
投资活动现金流出小计	23		
投资活动产生的现金流量净额	24		
三、筹资活动产生的现金流量	25		
吸收投资收到的现金	26		
取得借款收到的现金	27		
收到的其他与筹资活动有关的现金	28		
筹资活动现金流入小计	29		
偿还债务支付的现金	30		
分配股利、利润或偿付利息支付的现金	31		
支付的其他与筹资活动有关的现金	32		
筹资活动现金流出小计	33		
筹资活动产生的现金流量净额	34		
四、汇率变动对现金及现金等价物的影响	35		
五、现金及现金等价物净增加额	36		
加：期初现金及现金等价物余额	37		
六、期末现金及现金等价物余额	38		

三、现金流量表的编制

（一）现金流量表的编制方法

企业一定期间的现金流量可分为三部分，即经营活动现金流量、投资活动现金流量和筹资活动现金流量。编制现金流量表时，经营活动现金流量的方法有两种，一是直接法，二是间接法。通常称这两种方法为编制现金流量表的直接法和间接法。直接法和间接法各有特点。

在直接法下，一般是以利润表中的营业收入为起算点，调节与经营活动有关项目的增减变动，然后计算出经营活动产生的现金流量。在间接法下，则是以净利润为起算点，调整不涉及现金的收入、费用、营业外收支等有关项目，剔除投资活动、筹资活动对现金流量的影响，据此计算出经营活动产生的现金流量。相对而言，采用直接法编制的现金流量表，便于分析企业经营活动产生的现金流量的来源和用途，预测企业现金流量的未来前景。而采用间接法不易做到这一点。

企业会计准则规定，企业应当采用直接法列示经营活动产生的现金流量。采用直接法具体编制现金流量表时，可以采用工作底稿法或 T 形账户法，也可以根据有关科目记录分析填列。

工作底稿法是以工作底稿为手段，以利润表和资产负债表数据为基础，结合有关科目的记录，对现金流量表的每一项目进行分析并编制调整分录，从而编制出现金流量表的一种方法。第一步，将资产负债表项目的年初余额和期末金额过入工作底稿中与之对应项目期初数栏和期末数栏。第二步，对当期业务进行分析并编制调整分录。在调整分录中，有关现金及现金等价物的事项分别计入"经营活动产生的现金流量"、"投资活动产生的现金流量"、"筹资活动产生的现金流量"等项目，借记表明现金流入，贷记表明现金流出。第三步，将调整分录过入工作底稿中的相应部分。第四步，核对调整分录，借贷合计应当相等，资产负债表项目期初数加减调整分录中的借贷金额以后，应当等于期末数。

现金流量表各项目均需填列"本期金额"和"上期金额"两栏。现金流量表"上期金额"栏内各项数字，应根据上一期间现金流量表"本期金额"栏内所列数字填列。

（二）现金流量表主要项目说明

1. 经营活动产生的现金流量

（1）"销售商品、提供劳务收到的现金"项目，反映企业本期销售商品、提供劳务收到的现金，以及前期销售商品、提供劳务本期收到的现金（包括应向购买者收取的增值税销项税额）和本期预收的款项，减去本期销售本期退回商品和前期销售本期退回商品支付的现金。企业销售材料和代购代销业务收到的现金，也在本项目反映。

（2）"收到的税费返还"项目，反映企业收到返还的所得税、增值税、营业税、消费税、关税和教育费附加等各种税费返还款。

（3）"收到其他与经营活动有关的现金"项目，反映企业经营租赁收到的租金等其他与经营活动有关的现金流入，金额较大的应当单独列示。

（4）"购买商品、接受劳务支付的现金"项目，反映企业本期购买商品、接受劳务实际支付的现金（包括增值税进项税额），以及本期支付前期购买商品、接受劳务的未付款项和本期预付款项，减去本期发生的购货退回收到的现金。企业购买材料和代购代销业务支付的现金，也在本项目反映。

（5）"支付给职工以及为职工支付的现金"项目，反映企业实际支付给职工的工资、奖金、各种津贴和补贴等职工薪酬（包括代扣代缴的职工个人所得税）。

（6）"支付的各项税费"项目，反映企业发生并支付、前期发生本期支付以及预交的各项税费，包括所得税、增值税、营业税、消费税、印花税、房产税、土地增值税、车船税、教育费附加等。

（7）"支付其他与经营活动有关的现金"项目，反映企业经营租赁支付的租金、支付的差旅费、业务招待费、保险费、罚款支出等其他与经营活动有关的现金流出，金额较大的应当单独列示。

2. 投资活动产生的现金流量

（1）"收回投资收到的现金"项目，反映企业出售、转让或到期收回除现金等价物以外的对其他企业长期股权投资等收到的现金，但处置子公司及其他营业单位收到的现金净额除外。

（2）"取得投资收益收到的现金"项目，反映企业除现金等价物以外的对其他企业的长期股权投资等分回的现金股利和利息等。

（3）"处置固定资产、无形资产和其他长期资产收回的现金净额"项目，反映企业出售、报废固定资产、无形资产和其他长期资产所取得的现金（包括因资产毁损而收到的保险赔偿收入），减去为处置这些资产而支付的有关费用后的净额。

（4）"处置子公司及其他营业单位收到的现金净额"项目，反映企业处置子公司及其他营业单位所取得的现金，减去相关处置费用以及子公司及其他营业单位持有的现金和现金等价物后的净额。

（5）"购建固定资产、无形资产和其他长期资产支付的现金"项目，反映企业购买、建造固定资产、取得无形资产和其他长期资产所支付的现金（含增值税款等），以及用现金支付的应由在建工程和无形资产负担的职工薪酬。

（6）"投资支付的现金"项目，反映企业取得除现金等价物以外的对其他企业的长期股权投资等所支付的现金以及支付的佣金、手续费等附加费用，但取得子公司及其他营业单位支付的现金净额除外。

（7）"取得子公司及其他营业单位支付的现金净额"项目，反映企业购买子公司及其他营业单位的购买出价中以现金支付的部分，减去子公司及其他营业单位持有的现金和现金等价物后的净额。

（8）"收到其他与投资活动有关的现金"、"支付其他与投资活动有关的现金"项目，反映企业除上述（1）~（7）项目外收到或支付的其他与投资活动有关的现金金额较大的应当单独列示。

3. 筹资活动产生的现金流量

（1）"吸收投资收到的现金"项目，反映企业以发行股票、债券等方式筹集资金实际收到的款项（发行收入减去支付的佣金等发行费用后的净额）。

（2）"取得借款收到的现金"项目，反映企业举借各种短期、长期借款而收到的现金。

（3）"偿还债务支付的现金"项目，反映企业为偿还债务本金而支付的现金。

（4）"分配股利、利润或偿付利息支付的现金"项目，反映企业实际支付的现金股利、支付给其他投资单位的利润或用现金支付的借款利息、债券利息。

（5）"收到其他与筹资活动有关的现金"、"支付其他与筹资活动有关的现金"项目，反映企业除上述（1）~（4）项目外收到或支付的其他与筹资活动有关的现金，金额较大的应当单独列示。

4. 汇率变动对现金及现金等价物的影响

"汇率变动对现金及现金等价物的影响"项目，反映下列两个金额之间的差额：

（1）企业外币现金流量折算为记账本位币时，采用现金流量发生日的即期汇率或按照系统合理的方法确定的、与现金流量发生日即期汇率近似的汇率折算的金额（编制合并现金流量表时折算境外子公司的现金流量，应当比照处理）。

（2）企业外币现金及现金等价物净增加额按资产负债表日即期汇率折算的金额。

第五节　所有者权益变动表

一、所有者权益变动表概述

所有者权益变动表是指反映构成所有者权益各组成部分当期增减变动情况的报表。

通过所有者权益变动表，既可以为报表使用者提供所有者权益总量增减变动的信息，也能为其提供所有者权益增减变动的结构性信息，特别是能够让报表使用者理解所有者权益增减变动的根源。

二、所有者权益变动表的结构

在所有者权益变动表上，企业至少应当单独列示反映下列信息的项目：①综合收益总额；②会计政策变更和差错更正的累计影响金额；③所有者投入资本和向所有者分配利润等；④提取的盈余公积；⑤实收资本或资本公积、盈余公积、未分配利润的期初和期末余额及其调节情况。

所有者权益变动表以矩阵的形式列示：一方面，列示导致所有者权益变动的交易或事项，即所有者权益变动的来源，对一定时期所有者权益的变动情况进行全面反映；另一方面，按照所有者权益各组成部分（即实收资本、资本公积、其他综合收益、盈余公积、未分配利润和库存股）列示交易或事项对所有者权益各部分的影响。

我国企业所有者权益变动表的格式如表 16-4 所示。

三、所有者权益变动表的编制

（一）所有者权益变动表项目的填列方法

所有者权益变动表各项目均需填列"本年金额"和"上年金额"两栏。

所有者权益变动表"上年金额"栏内各项数字，应根据上年度所有者权益变动表"本年金额"栏内所列数字填列。上年度所有者权益变动表规定的各个项目的名称和内容同本年度不一致的，应对上年度所有者权益变动表各项目的名称和数字按照本年度的规定进行调整，填入所有者权益变动表的"上年金额"栏内。

所有者权益变动表"本年金额"栏内各项数字一般应根据"实收资本（或股本）"、"资本公积"、"其他综合收益"、"盈余公积"、"利润分配"、"库存股"、"以前年度损益调整"科目的发生额分析填列。

企业的净利润及其分配情况作为所有者权益变动的组成部分，不需要单独编制利润分配表列示。

（二）所有者权益变动表主要项目说明

1. 上年年末余额项目

"上年年末余额"项目，反映企业上年资产负债表中实收资本（或股本）、资本公积、库存股、其他综合收益、盈余公积、未分配利润的年末余额。

2. "会计政策变更"和"前期差错更正"

"会计政策变更"、"前期差错更正"项目，分别反映企业采用追溯调整法处理的会计政策变更的累计影响金额和采用追溯重述法处理的会计差错更正的累计影响金额。

3. "本年增减变动金额"项目

（1）"综合收益总额"项目，反映净利润和其他综合收益扣除所得税影响后的净额相加后的合计金额。

（2）"所有者投入和减少资本"项目，反映企业当年所有者投入的资本和减少的资本。①"所有者投入资本"项目，反映企业接受投资者投入形成的实收资本（或股本）和资本溢价或股本溢价。②"股份支付计入所有者权益的金额"项目，反映企业处于等待期中的权益结算的股份支付当年计入资本公积的金额。

（3）"利润分配"项目，反映企业当年的利润分配金额。

（4）"所有者权益内部结转"项目，反映企业构成所有者权益的组成部分之

表16—4 所有者权益变动表

会企04表

___年__月

编制单位：   单位：元

项目	本年金额								上年金额							
	实收资本（或股本）	资本（或股本）溢价	减：库存股	其他综合收益	盈余公积	未分配利润	其他	所有者权益合计	实收资本（或股本）	资本（或股本）溢价	减：库存股	其他综合收益	盈余公积	未分配利润	其他	所有者权益合计
一、上年年末余额																
加：会计政策变更																
前期差错更正																
二、本年年初余额																
三、本年增减变动金额（减少以"—"号填列）																
（一）综合收益总额																
（二）所有者投入和减少资本																
1.所有者投入资本																
2.股份支付计入所有者权益的金额																
3.其他																
（三）利润分配																
1.提取盈余公积																
2.对所有者（或股东）的分配																

496

续表

项目	本年金额								上年金额							
	实收资本(或股本)	资本(或股本)溢价	减:库存股	其他综合收益	盈余公积	未分配利润	其他	所有者权益合计	实收资本(或股本)	资本(或股本)溢价	减:库存股	其他综合收益	盈余公积	未分配利润	其他	所有者权益合计
3. 其他																
(四) 所有者权益内部结转																
1. 资本公积转增资本(或股本)																
2. 盈余公积转增资本(或股本)																
3. 盈余公积弥补亏损																
4. 其他																
四、本年年末余额																

间的增减变动情况。①"资本公积转增资本（或股本）"项目，反映企业以资本公积转增资本或股本的金额。②"盈余公积转增资本（或股本）"项目，反映企业以盈余公积转增资本或股本的金额。③"盈余公积弥补亏损"项目，反映企业以盈余公积弥补亏损的金额。

第六节 附 注

一、附注概述

附注是对资产负债表、利润表、现金流量表和所有者权益变动表等报表中列示项目的文字描述或明细资料，以及对未能在这些报表中列示项目的说明等。附注主要起到两方面的作用：第一，附注的披露，是对资产负债表、利润表、现金流量表和所有者权益变动表列示项目的含义的补充说明，帮助使用者更准确地把握其含义。例如，通过阅读附注中披露的固定资产折旧政策的说明，使用者可以掌握报告企业与其他企业在固定资产折旧政策上的异同，以便进行更准确的比较。第二，附注提供了对资产负债表、利润表、现金流量表和所有者权益变动表中未列示项目的详细或明细说明。例如，通过阅读附注中披露的存货增减变动情况，使用者可以了解资产负债表中未单列的存货分类信息。

通过附注与资产负债表、利润表、现金流量表和所有者权益变动表列示项目的相互参照关系，以及对未能在报表中列示项目的说明，可以使报表使用者全面了解企业的财务状况、经营成果和现金流量。

二、附注的主要内容

附注是财务报表的重要组成部分。企业应按照如下顺序披露附注的内容：

（一）企业的基本情况

企业的基本情况包括以下内容：①企业注册地、组织形式和总部地址。②企业的业务性质和主要经营活动。③母公司以及集团最终母公司的名称。④财务报告的批准报出者和财务报告批准报出日。⑤营业期限有限的企业，还应当披露有关营业期限的信息。

（二）财务报表的编制基础

财务报表的编制基础是指财务报表是在持续经营基础上还是非持续经营基础上编制的。企业一般是在持续经营基础上编制财务报表，清算、破产属于非持续经营基础。

（三）遵循企业会计准则的声明

企业应当声明编制的财务报表符合企业会计准则的要求，真实、完整地反映了企业的财务状况、经营成果和现金流量等有关信息。以此明确企业编制财务报表所依据的制度基础。如果企业编制的财务报表只是部分地遵循了企业会计准则，附注中不得做出这种表述。

（四）重要会计政策和会计估计

根据财务报表列报准则的规定，企业应当披露采用的重要会计政策和会计估计，不重要的会计政策和会计估计可以不披露。

1. 重要会计政策的说明

企业在发生某项交易或事项选择不同的会计处理方法时，应当根据准则的规定从允许的会计处理方法中选择适合本企业特点的会计政策。比如，存货的计价可以有先进先出法、加权平均法、个别计价法等。为了有助于报表使用者理解，有必要对这些会计政策加以披露，需要特别指出的是，说明会计政策时还需要披露下列两项内容：

（1）财务报表项目的计量基础。会计计量属性包括历史成本、重置成本、可变现净值、现值和公允价值，这直接显著影响报表使用者的分析，这项披露要求便于使用者了解企业财务报表中的项目是按何种计量基础予以计量的，如存货是按成本还是按可变现净值计量等。

（2）会计政策的确定依据，主要是指企业在运用会计政策过程中所作的对报表中确认的项目金额最具影响力的判断。例如，企业应当根据本企业的实际情况说明确定金融资产分类的判断标准等。这些判断对在报表中确认的项目金额具有重要影响。因此，这项披露要求有助于使用者理解企业选择和运用会计政策的背景，增加财务报表的可理解性。

2. 重要会计估计的说明

财务报表列报准则强调了对会计估计不确定因素的披露要求，企业应当披露会计估计中所采用的关键假设和不确定因素的确定依据，这些关键假设和不确定因素在下一会计期间内很可能导致对资产、负债账面价值进行重大调整。在确定报表中确认的资产和负债的账面金额过程中，企业有时需要对不确定的未来事项在资产负债表日对这些资产和负债的影响加以估计。例如，固定资产可收回金额的计算需要根据其公允价值减去处置费用后的净额与预计未来现金流量的现值两者之间的较高者确定，在计算资产预计未来现金流量的现值时需要对未来现金流量进行预测，并选择适当的折现率，应当在附注中披露未来现金流量预测所采用的假设及其依据、所选择的折现率为什么是合理的等。又如，为正在进行中的诉讼确认预计负债时最佳估计数的确定依据等。这些假设的变动对这些资产和负债项目金额的确定影响很大，有可能会在下一个会计年度内做出重大调整。因此，强调这一披露要求，有助于提高财务报表的可理解性。

（五）会计政策和会计估计变更以及差错更正的说明

企业应当按照会计政策、会计估计变更和差错更正会计准则的规定，披露会计政策和会计估计变更以及差错更正的有关情况。

（六）报表重要项目的说明

企业对报表重要项目的说明，应当按照资产负债表、利润表、现金流量表、所有者权益变动表及其项目列示的顺序，采用文字和数字描述相结合的方式进行披露。报表重要项目的明细金额合计应当与报表项目金额相衔接，主要包括以下重要项目：

1. 以公允价值计量且其变动计入当期损益的金融资产

企业应当披露以公允价值计量且其变动计入当期损益的金融资产的账面价值，并分别反映交易性金融资产和在初始确认时指定为以公允价值计量且其变动计入当期损益的金融资产。对于指定为以公允价值计量且其变动计入当期损益的金融资产，应当披露下列信息：①指定的金融资产的性质；②初始确认时对上述金融资产作出指定的标准；③如何满足运用指定的标准。

2. 应收款项

企业应当披露应收款项的账龄结构和客户类别以及期初、期末账面余额等信息。

3. 存货

企业应当披露下列信息：①各类存货的期初和期末账面价值；②确定发出存货成本所采用的方法；③存货可变现净值的确定依据，存货跌价准备的计提方法，当期计提的存货跌价准备的金额，当期转回的存货跌价准备的金额，以及计提和转回的有关情况；④用于担保的存货账面价值。

4. 长期股权投资

企业应当披露下列信息：①对控制、共同控制、重大影响的判断；②对投资性主体的判断及主体身份的转换；③企业集团的构成情况；④重要的非全资子公司的相关信息；⑤对使用企业集团资产和清偿企业集团债务的重大限制；⑥纳入合并财务报表范围的结构化主体的相关信息；⑦企业在其子公司的所有者权益份额发生变化的情况；⑧投资性主体的相关信息；⑨合营安排和联营企业的基础信息；⑩重要的合营企业和联营企业的主要财务信息；⑪不重要的合营企业和联营企业的汇总财务信息；⑫与企业在合营企业和联营企业中权益相关的风险信息；⑬未纳入合并财务报表范围的结构化主体的基础信息；⑭与权益相关资产负债的账面价值和最大损失敞口；⑮企业是结构化主体的发起人但在结构化主体中没有权益的情况；⑯向未纳入合并财务报表范围的结构化主体提供支持的情况；⑰未纳入合并财务报表范围结构化主体的额外信息披露。

5. 投资性房地产

企业应当披露下列信息：①投资性房地产的种类、金额和计量模式；②采用成本模式的，投资性房地产的折旧或摊销，以及减值准备的计提情况；③采用公允价值模式的，公允价值的确定依据和方法，以及公允价值变动对损益的影响；④房地产转换情况、理由，以及对损益或所有者权益的影响；⑤当期处置的投资性房地产及其对损益的影响。

6. 固定资产

企业应当披露下列信息：①固定资产的确认条件、分类、计量基础和折旧方法；②各类固定资产的使用寿命、预计净残值和折旧率；③各类固定资产的期初和期末原价、累计折旧额及固定资产减值准备累计金额；④当期确认的折旧费用；⑤对固定资产所有权的限制及金额和用于担保的固定资产账面价值；⑥准备处置的固定资产名称、账面价值、公允价值、预计处置费用和预计处置时间等。

7. 无形资产

企业应当披露下列信息：①无形资产的期初和期末账面余额、累计摊销额及减值准备累计金额；②使用寿命有限的无形资产，其使用寿命的估计情况；使用寿命不确定的无形资产，其使用寿命不确定的判断依据；③无形资产的摊销方法；④用于担保的无形资产账面价值、当期摊销额等情况；⑤计入当期损益和确认为无形资产的研究开发支出金额。

8. 职工薪酬

企业应当披露与短期职工薪酬相关的下列信息：①应当支付给职工的工资、奖金、津贴和补贴，及其期末应付未付金额；②应当为职工缴纳的医疗保险费、工伤保险费和生育保险费等社会保险费，及其期末应付未付金额；③应当为职工缴存的住房公积金，及其期末应付未付金额；④为职工提供的非货币性福利，及其计算依据；⑤依据短期利润分享计划提供的职工薪酬金额及其计算依据；⑥其他短期薪酬。

企业应当披露所设立或参与的设定提存计划的性质、计算缴费金额的公式或依据，当期缴费金额以及应付未付金额。

企业应当披露与设定受益计划有关的下列信息：①设定受益计划的特征及与之相关的风险；②设定受益计划在财务报表中确认的金额及其变动；③设定受益计划对企业未来现金流量金额、时间和不确定性的影响；④设定受益计划义务现值所依赖的重大精算假设及有关敏感性分析的结果。

企业应当披露支付的因解除劳动关系所提供辞退福利及其期末应付未付金额。企业应当披露提供的其他长期职工福利的性质、金额及其计算依据。

9. 应交税费

企业应当披露应交税费的构成及期初、期末账面余额等信息。

10. 短期借款和长期借款

企业应当披露短期借款、长期借款的构成及期初、期末账面余额等信息。对于期末逾期借款，应分别对贷款单位、借款金额、逾期时间、年利率、逾期未偿还原因和预期还款期等进行披露。

11. 应付债券

企业应当披露应付债券的构成及期初、期末账面余额等信息。

12. 长期应付款

企业应当披露长期应付款的构成及期初、期末账面余额等信息。

13. 营业收入

企业应当披露营业收入的构成及本期、上期发生额等信息。

14. 公允价值变动收益

企业应当披露公允价值变动收益的来源及本期、上期发生额等信息。

15. 投资收益

企业应当披露投资收益的来源及本期、上期发生额等信息。

16. 资产减值损失

企业应当披露各项资产的减值损失及本期、上期发生额等信息。

17. 营业外收入

企业应当披露营业外收入的构成及本期、上期发生额等信息。

18. 营业外支出

企业应当披露营业外支出的构成及本期、上期发生额等信息。

19. 所得税费用

企业应当披露下列信息：①所得税费用（收益）的主要组成部分；②所得税费用（收益）与会计利润关系的说明。

20. 其他综合收益

企业应当披露下列信息：①其他综合收益各项目及其所得税影响；②其他综合收益各项目原计入其他综合收益、当期转出计入当期损益的金额；③其他综合收益各项目的期初和期末余额及其调节情况。

21. 政府补助

企业应当披露下列信息：①政府补助的种类及金额；②计入当期损益的政府补助金额；③本期返还的政府补助金额及原因。

22. 借款费用

企业应当披露下列信息：①当期资本化的借款费用金额；②当期用于计算确定借款费用资本化金额的资本化率。

（七）或有和承诺事项、资产负债表日后非调整事项、关联方关系及其交易等需要说明的事项

（八）有助于财务报表使用者评价企业管理资本的目标、政策及程序的信息

【本章主要参考法规索引】

1. 企业会计准则——基本准则（2014年7月23日财政部修订发布，自2014年7月23日起施行）

2. 企业会计准则第2号——长期股权投资（2014年3月13日财政部修订发布，自2014年7月1日起在所有执行企业会计准则的企业范围内施行，鼓励在境外上市的企业提前执行）

3. 企业会计准则第9号——职工薪酬（2014年1月27日财政部修订发布，自2014年7月1日起在所有执行企业会计准则的企业范围内施行，鼓励在境外上市的企业提前执行）

4. 企业会计准则第30号——财务报表列报（2014年1月26日财政部修订发布，自2014年7月1日起在所有执行企业会计准则的企业范围内施行，鼓励在境外上市的企业提前执行）

5. 企业会计准则第37号——金融工具列报（2014年6月20日财政部修订发布，执行企业会计准则的企业应当在2014年度及以后期间的财务报告中按照本准则要求对金融工具进行列报）

6. 企业会计准则第40号——合营安排（2014年2月17日财政部发布，自2014年7月1日起在所有执行企业会计准则的企业范围内施行，鼓励在境外上市的企业提前执行）

7. 企业会计准则第41号——在其他主体中权益的披露（2014年3月14日财政部发布，自2014年7月1日起在所有执行企业会计准则的企业范围内施行，鼓励在境外上市的企业提前执行）

8. 企业会计准则——应用指南（2006年10月30日财政部发布，自2007年1月1日起施行）

9. 企业会计准则解释第1号（2007年11月16日财政部发布，自2009年6月11日起施行）

10. 企业会计准则解释第2号（2008年8月7日财政部发布）

11. 企业会计准则解释第3号（2009年6月11日财政部发布，自2009年1

月 1 日起施行)

【本章习题】

一、单项选择题

1. （ ） 能反映企业一定期间的经营成果。

A. 资产负债表　　　　　　　　　B. 利润表

C. 现金流量表　　　　　　　　　D. 所有者权益变动表

2. 资产负债表中作为流动负债列示的是 （ ）。

A. 专项应付款　　　　　　　　　B. 长期借款

C. 一年内到期的非流动负债　　　D. 应付债券

3. 下列各项中，不属于现金流量表 "现金及现金等价物" 的有 （ ）。

A. 库存现金　　　　　　　　　　B. 银行本票存款

C. 银行承兑汇票　　　　　　　　D. 持有 2 个月内到期的国债

4. 支付给在建工程人员的工资应列示在现金流量表 （ ） 项目中。

A. 支付给职工以及为职工支付的现金

B. 支付其他与经营活动有关的现金

C. 购建固定资产、无形资产和其他长期资产支付的现金

D. 投资支付的现金

5. 甲公司 2013 年 12 月 31 日，库存现金账户余额为 100 万元，银行存款账户余额为 200 万元，银行承兑汇票余额为 50 万元，商业承兑汇票余额为 30 万元，信用证保证金存款余额为 15 万元，则 2013 年 12 月 31 日资产负债表中 "货币资金" 项目的金额为 （ ） 万元。

A. 395　　　　B. 315　　　　　C. 380　　　　D. 300

6. 企业 "应付账款" 科目月末贷方余额 50000 元，其中："应付甲公司账款" 明细科目贷方余额 45000 元，"应付乙公司账款" 明细科目贷方余额 20000 元，"应付丙公司账款" 明细科目借方余额 15000 元；"预付账款" 科目月末贷方余额 20000 元，其中，"预付 A 工厂账款" 明细科目贷方余额 30000元，"预付 B 工厂账款" 明细科目借方余额 10000 元。该企业月末资产负债表中 "预付款项" 项目的金额为 （ ） 元。

A. -45000　　　B. 25000　　　C. -20000　　　D. 20000

7. 企业 2013 年 10 月 31 日生产成本借方余额 50000 元，原材料借方 30000 元，材料成本差异贷方余额 500 元，委托代销商品借方余额 40000 元，工程物资借方余额 10000 元，存货跌价准备贷方余额 3000 元，则资产负债表 "存货" 项目的金额为 （ ） 元。

A. 116500　　　　B. 117500　　　　C. 119500　　　　D. 126500

8. 某企业期末"工程物资"科目的余额为 200 万元,"发出商品"科目的余额为 50 万元,"原材料"科目的余额为 60 万元,"材料成本差异"科目的贷方余额为 5 万元。假定不考虑其他因素,该企业资产负债表中"存货"项目的金额为（　　）万元。

A. 105　　　　B. 115　　　　C. 205　　　　D. 215

9. 资产负债表中"在建工程"项目应根据其（　　）填列在"期末余额"栏。

A. 总账科目余额直接

B. 总账科目和明细科目余额分析计算

C. 总账科目余额减去其备抵科目余额后的净额

D. 明细账科目余额直接

10. 下列项目中,属于资产负债表中非流动资产项目的是（　　）。

A. 应收股利　　　　B. 存货　　　　C. 长期借款　　　　D. 工程物资

11. 某企业 2013 年 12 月 31 日固定资产账户余额为 2000 万元,累计折旧账户余额为 800 万元,固定资产减值准备账户余额为 100 万元,在建工程账户余额为 200 万元。该企业 2013 年 12 月 31 日资产负债表中固定资产项目的金额为（　　）万元。

A. 1200　　　　B. 900　　　　C. 1100　　　　D. 2200

12. 企业年末"本年利润"未结转前贷方余额为 17 万元,"利润分配——未分配利润"账户期初贷方余额为 18 万元,本期分配现金股利 12 万元,则当期资产负债表中"未分配利润"项目金额应为（　　）万元。

A. 35　　　　B. 23　　　　C. 5　　　　D. 17

13. 年度终了前,资产负债表中的"未分配利润"项目,应根据（　　）填列。

A. "利润分配"科目余额

B. "本年利润"科目余额

C. "本年利润"和"利润分配"科目的余额

D. "应付股利"科目余额

14. 某企业 2013 年发生的销售商品收入为 1000 万元,销售商品成本为 600 万元,销售过程中发生广告宣传费用为 20 万元,管理人员工资费用为 50 万元,短期借款利息费用为 10 万元,股票投资收益为 40 万元,资产减值损失为 70 万元,公允价值变动损益为 80 万元（收益）,处置固定资产取得的收益为 25 万元,因违约支付罚款 15 万元。该企业 2013 年的营业利润为（　　）万元。

A. 370　　　　B. 330　　　　C. 320　　　　D. 390

15. 下列各项中,不影响营业利润的项目是（　　）。

A. 提供主营劳务收入

B. 随商品出售单独计价的包装物收入

C. 出售固定资产净收益

D. 交易性金融资产公允价值上升形成的收益

16. 下列各项中，属于经营活动现金流量的是（　　）。

A. 偿还长期借款所支付的现金　　　　B. 购买固定资产支付的现金

C. 吸收投资收到的现金　　　　　　　D. 偿还应付账款支付的现金

17. "预收账款"科目明细账中若有借方余额，应将其计入资产负债表中的（　　）项目。

A. 应收账款　　　B. 预收款项　　　C. 预付款项　　　D. 其他应收款

18. 某企业"应收账款"有三个明细账，其中"应收账款——甲企业"明细分类账月末借方余额为100000元，"应收账款——乙企业"明细分类账月末借方余额为400000元，"应收账款——丙企业"明细分类账月末贷方余额为100000元；"预收账款"有两个明细分类账，其中"预收账款——丁公司"明细分类账月末借方余额55000元，"预收账款——戊公司"明细分类账月末贷方余额为20000元；坏账准备月末贷方余额为3000元（均与应收账款相关），则该企业月末资产负债表的"预收款项"项目应为（　　）元。

A. 517000　　　　B. 152000　　　　C. 155000　　　　D. 120000

19. 在下列各项税费中，应在利润表中的"营业税金及附加"项目反映的是（　　）。

A. 耕地占用税　　　　　　　　　　B. 城市维护建设税

C. 印花税　　　　　　　　　　　　D. 房产税

20. 某企业2008年7月1日从银行借入期限为4年的长期借款600万元，2011年12月31日编制资产负债表时，此项借款应填入的报表项目是（　　）。

A. 短期借款　　　　　　　　　　　B. 长期借款

C. 其他长期负债　　　　　　　　　D. 一年内到期的非流动负债

21. 年度终了前，资产负债表中的"未分配利润"项目，应根据（　　）填列。

A. "利润分配"科目余额

B. "本年利润"科目余额

C. "本年利润"和"利润分配"科目的余额

D. "应付股利"科目余额

22. 下列各科目的期末余额，不应在资产负债表"存货"项目列示的是（　　）。

A. 库存商品　　　B. 生产成本　　　C. 工程物资　　　D. 发出商品

23. 某企业 2014 年 12 月 31 日"库存商品"科目余额为 1200 万元,"生产成本"科目余额为 500 万元,工程物资科目余额为 600 万元,委托加工物资科目余额为 300 万元,材料成本差异科目借方余额 20 万元,存货跌价准备科目贷方余额 60 万元。该企业 2014 年 12 月 31 日资产负债表"存货"项目的金额为 ( ) 万元。

    A. 2060   B. 2020   C. 1960   D. 1920

24. 下列各项中,会引起现金流量净额发生变动的是 ( )。

    A. 从银行提取现金   B. 生产领用原材料

    C. 以银行存款偿还应付账款   D. 用设备抵偿债务

25. 对于现金流量表,下列说法不正确的是 ( )。

    A. 在具体编制时,可以采用工作底稿法或 T 形账户法

    B. 在具体编制时,也可以根据有关科目记录分析填列

    C. 采用多步式

    D. 采用报告式

26. 下列各项中,不属于现金流量表中投资活动产生的现金流量的是 ( )。

    A. 支付给在建工程人员工资

    B. 转让固定资产所有权收到的现金

    C. 支付经营租赁费用所产生的现金流量

    D. 收到分派的现金股利

27. 某企业"应收账款"科目月末借方余额 80000 元,其中:"应收账款——甲公司"明细科目借方余额 100000 元,"应收账款——乙公司"明细科目贷方余额 20000 元;"预收账款"科目月末贷方余额 60000 元,其中:"预收账款——A 工厂"明细科目贷方余额 100000 元,"预收账款——B 工厂"明细科目借方余额 40000 元。"预付账款"科目月末借方余额 30000 元,其中:"预付账款——丙公司"明细科目借方余额 50000 元,"预付账款——丁公司"明细科目贷方余额 20000 元。坏账准备科目余额为 0。该企业月末资产负债表中"应收账款"项目的金额为 ( ) 元。

    A. 80000   B. 180000   C. 100000   D. 140000

28. 某企业"应付账款"科目月末贷方余额 38000 元,其中:"应付账款——甲公司"明细科目贷方余额 42000 元,"应付账款——乙公司"明细科目借方余额 4000 元;"预付账款"科目月末借方余额 23000 元,其中:"预付账款——A 工厂"明细科目借方余额 33000 元,"预付账款——B 工厂"明细科目贷方余额 10000 元。企业对预付的款项没有计提坏账准备。该企业月末资产负债表中"预付款项"项目的金额为 ( ) 元。

A. 23000　　　　　B. 32000　　　　　C. 37000　　　　　D. 73000

29. 下列各项中，应在资产负债表中货币资金项目列示的是（　　）。

A. 银行本票存款

B. 银行承兑汇票

C. 商业承兑汇票

D. 以公允价值计量且其变动计入当期损益的金融资产

30. 2013 年 12 月初某企业"应收账款"科目借方余额为 300 万元，相应的"坏账准备"科目贷方余额为 20 万元，本月实际发生坏账损失 6 万元。2013 年 12 月 31 日经减值测试，该企业应补提坏账准备 11 万元。假定不考虑其他因素，2013 年 12 月 31 日该企业资产负债表"应收账款"项目的金额为（　　）万元。

A. 269　　　　　　B. 274　　　　　　C. 275　　　　　　D. 280

二、多项选择题

1. 编制资产负债表时，应根据总账科目和明细账科目余额分析计算填列的项目有（　　）。

A. 应付账款　　　　　　　　　　B. 长期借款

C. 长期股权投资　　　　　　　　D. 长期待摊费用

2. 下列关于我国企业利润表的表述正确的有（　　）。

A. 利润表应按照多步式进行列示

B. 利润表应按照账户式进行列示

C. 利润表反映企业在一定会计期间的经营成果

D. 利润表反映企业在特定时点的经营成果

3. 下列项目中，属于筹资活动产生的现金流量的有（　　）。

A. 发行股票　　　　　　　　　　B. 分配利润

C. 偿付应付账款　　　　　　　　D. 发行债券

4. 财务报告使用者通常包括（　　）。

A. 投资者　　　　B. 债权人　　　　C. 政府　　　　　D. 社会公众

5. 下列各项中，应计入其他综合收益的有（　　）。

A. 可供出售金融资产的公允价值变动

B. 按权益法核算在被投资单位其他综合收益中所享有的份额

C. 交易性金融资产的公允价值变动

D. 投资性房地产公允价值模式下的价值变动

6. 下列各项中，属于现金流量表"经营活动产生的现金流量"的有（　　）。

A. 支付的借款利息

B. 销售商品收到的现金

C. 代扣代缴的职工个人所得税

D. 支付的行政人员因公出差的差旅费

7. 下列各项中，属于企业资产负债表存货项目范围的有（　　）。

A. 已经购入但尚未运达本企业的货物

B. 已售出但货物尚未运离本企业的存货

C. 存放外地仓库但尚未售出的存货

D. 支付手续费的委托代销方式下已发出的委托代销商品但尚未收到代销清单的存货

8. 下列账户中可能影响资产负债表"应收账款"项目金额的有（　　）。

A. 应收账款　　　　B. 预收账款　　　　C. 预付账款　　　　D. 坏账准备

9. 下列会计科目中，期末余额影响"无形资产"项目列示金额的有（　　）。

A. 无形资产　　　　　　　　　　B. 无形资产减值准备

C. 累计摊销　　　　　　　　　　D. 研发支出

10. 下列资产减值准备相关科目余额中，不在资产负债表上单独列示的有（　　）。

A. 长期股权投资减值准备　　　　B. 存货跌价准备

C. 坏账准备　　　　　　　　　　D. 固定资产减值准备

11. 下列各会计科目的期末余额，不应在资产负债表"未分配利润"项目列示的有（　　）。

A. 应付股利　　　B. 盈余公积　　　C. 利润分配　　　D. 本年利润

12. 下列各项中，影响工业企业营业利润的有（　　）。

A. 计提的工会经费　　　　　　　B. 发生的业务招待费

C. 收到退回的所得税　　　　　　D. 处置投资取得的净收益

13. 下列项目中，会影响企业利润表中"营业利润"项目填列金额的有（　　）。

A. 对外投资取得的投资收益　　　B. 出租无形资产取得的租金收入

C. 计提固定资产减值准备　　　　D. 缴纳所得税

14. 下列交易或事项中，会引起现金流量表"经营活动产生的现金流量净额"发生变化的有（　　）。

A. 支付广告费　　　　　　　　　B. 支付借款利息

C. 购入固定资产　　　　　　　　D. 收到返还的税费

15. 下列各项中，应在资产负债表"预收款项"项目列示的有（　　）。

A. "预收账款"科目所属明细科目的贷方余额

B. "应收账款"科目所属明细科目的贷方余额

C. "应付账款"科目所属明细科目的借方余额

D. "预收账款"总账科目贷方余额

16. 下列各项中，属于流动负债的有（　　）。

A. 预收款项

B. 其他应付款

C. 预付款项

D. 一年内到期的长期借款

17. 下列各项中，会使资产负债表中负债项目金额增加的有（　　）。

A. 计提坏账准备

B. 计提存货跌价准备

C. 计提一次还本付息应付债券的利息

D. 计提分期付息长期借款利息

18. 下列各项中，应在资产负债表"应交税费"项目列示的有（　　）。

A. 应交未交的营业税

B. 应交未交的所得税

C. 应交未交的增值税

D. 应交未交的印花税

19. 资产负债表项目的"期末余额"栏，主要有以下几种填列方法（　　）。

A. 根据几个总账科目的期末余额的合计数填列

B. 根据有关科目的余额减去其备抵科目余额后的净额填列

C. 根据明细科目的余额计算填列

D. 直接根据各自的总账科目的期末余额填列

20. 下列交易或事项中，会引起现金流量表"投资活动产生的现金流量净额"发生变化的有（　　）。

A. 向投资者分配股票股利

B. 向投资者派发的现金股利

C. 处置固定资产收到的净现金流入

D. 收到被投资单位分配的现金股利

三、判断题

1. 直接法，一般是以利润表中的营业收入为起算点，调节与经营活动有关的增减变动，然后计算出经营活动产生的现金流量。（　　）

2. "利润分配"总账的年末余额不一定与相应的资产负债表中"未分配利润"项目的数额一致。（　　）

3. 支付的在建工程人员薪酬属于企业现金流量表"经营活动产生的现金流量"项目。（　　）

4. 企业在编制现金流量表时，对企业为职工支付的住房公积金、为职工缴纳的商业保险金、社会保障基金等，应按照职工的工作性质和服务对象分别在经营活动和投资活动产生的现金流量有关项目中反映。（　　）

5. 所有者权益变动表中的上年金额栏应该根据上年度所有者权益变动表"本年金额"栏内所列数字进行填列，上年项目的名称和内容与本年不一致的，应按照上年的名称和数字对本年进行调整。（　　）

6. 利润表是反映企业在一定会计期间财务状况的报表。（　　）

7. 企业编制财务报表的时候如果没有需要可以不编制报表附注。（　　）

8. 企业采用计划成本法核算原材料时，如果当期的材料成本差异率为负数，那么反映在资产负债表中的原材料的实际成本大于计划成本。（　　）

9. 资产负债表中的"无形资产"项目是根据"研发支出"科目中所属的资本化支出明细科目的期末余额填列的。（　　）

10. "长期股权投资"项目应根据"长期股权投资"科目的期末余额，减去"长期股权投资减值准备"科目的期末余额后的金额填列。（　　）

11. "开发支出"项目应当根据"研发支出"科目中所属的"资本化支出"明细科目期末余额填列。（　　）

12. 所有者权益，是指企业资产扣除负债后的剩余权益，反映企业某一会计期间股东（投资者）拥有的净资产的总额。（　　）

13. "利润分配"总账的年末余额不一定与相应的资产负债表中未分配利润项目的数额一致。（　　）

14. 某企业 2013 年 1 月利润总额 100 万元，确认了所得税费用 25 万元，则在表结法下本年利润账户的月末余额为 75 万元。（　　）

15. 企业出售无形资产形成的净损失，应列入利润表的"营业外支出"项目，使得企业的营业利润增加。（　　）

16. 处置固定资产产生现金流入，应该属于经营活动的现金流量。（　　）

17. "应付债券"项目应该根据"应付债券"总账科目余额填列。（　　）

18. 财务报表提供的信息仅供外部的投资者和债权人使用。（　　）

19. 企业经营租赁支付的租金、支付的差旅费、业务招待费、保险费、罚款支出等其他的与经营活动有关的现金流出，应填列在"支付其他与经营活动有关的现金"。（　　）

20. 现金流量表中"销售商品、提供劳务收到的现金"项目，反映本企业自营销售商品或提供劳务收到的现金，不包括委托代销商品收到的现金。（　　）

四、不定项选择题

1. 甲企业为增值税一般纳税人，适用的税率为 17%，该企业 2013 年有关情况如下：

（1）本年销售商品收到货款 2200 万元，以前年度销售商品本年收回货款 200 万元，本年预收下年度款项 100 万元，本年销售本年退回商品支付退货款 200 万元，以前年度销售本年退回商品支付退货款 60 万元。

（2）本年购买商品支付 1500 万元，本年支付以前年度购买商品的所欠的款项 60 万元和本年预付下年货款 200 万元，本年发生购货退回收到 40 万元。

（3）本年确认生产人员的职工薪酬 400 万元、管理人员的职工薪酬 200 万元，"应付职工薪酬"年初贷方余额和年末贷方余额分别为 30 万元和 200 万元，假定应付职工薪酬本期减少数均为本年支付的现金。

（4）本年处置固定资产收益 120 万元，长期股权投资收益 100 万元，经营租赁租金收入 50 万元，发行债券筹资 200 万元，支付在建工程人员工资 250 万元。

（5）本年度利润表中的所得税费用为 250 万元（均为当期应交所得税产生的所得税费用），"应交税费——应交所得税"科目年初数为 10 万元，年末数为 60 万元。本期实际交纳营业税 70 万元、增值税 120 万元。假定不考虑其他税费。

要求：根据上述资料，不考虑其他因素，分析回答下列第 1)~5) 题。

1) 根据资料（1），填列现金流量表中"销售商品、提供劳务收到的现金"项目金额，说法正确的是（　　）。

A. "销售商品、提供劳务收到的现金"的填列金额为 2200 万元

B. "销售商品、提供劳务收到的现金"的填列金额为 2000 万元

C. "销售商品、提供劳务收到的现金"的填列金额为 200 万元

D. "销售商品、提供劳务收到的现金"的填列金额为 2240 万元

2) 根据资料(2)，填列现金流量表中"购买商品、接受劳务支付的现金"项目金额为（　　）万元。

A. 1520　　　　B. 1760　　　　C. 1720　　　　D. 1660

3) 根据资料（3），填列现金流量表中"支付给职工以及为职工支付的现金"项目金额为（　　）万元。

A. 630　　　　B. 600　　　　C. 430　　　　D. 400

4) 根据资料（4），投资活动产生的现金流量为（　　）万元。

A. 220　　　　B. –30　　　　C. –150　　　　D. 470

5) 根据资料（5），填列现金流量表中"支付的各项税费"项目金额为（　　）万元。

A. 450　　　　B. 380　　　　C. 320　　　　D. 390

2. 远大公司平时采用表结法计算利润，所得税税率为 25%。2013 年年终结账前有关损益类科目的年末余额如下：

单位：元

收入、利得	结账前期末余额	费用、损失	结账前期末余额
主营业务收入	475000	主营业务成本	325000
其他业务收入	100000	其他业务成本	75000
投资收益	7500	营业税金及附加	18000
营业外收入	20000	销售费用	20000
		管理费用	60000
		财务费用	12500
		营业外支出	35000

其他资料：

（1）营业外支出中有 500 元为违反国家政策的罚款支出；

（2）本年国债利息收入 2000 元已入账。

除上述事项外，无其他纳税调整因素。

要求：根据上述资料，不考虑其他因素，回答下列问题。

1）下列关于"本年利润"账户的表述中，正确的是（　　）。

A. 贷方登记营业收入、营业外收入等转入的金额

B. 借方登记营业成本、营业外支出等转入的金额

C. 年度终了结账后，该账户无余额

D. 年中的月份本年利润没有余额

2）根据上述资料，下列关于远大公司的处理正确的是（　　）。

A. 远大公司当年应纳税所得额为 55500 元

B. 远大公司当年应交所得税金额为 13875 元

C. 远大公司当年应纳税所得额为 57500 元

D. 远大公司当年应转入本年利润的所得税费用金额为 13875 元

3）远大公司当年实现的净利润为（　　）元。

A. 41625　　　　B. 43025　　　　C. 43125　　　　D. 41525

3. 长江公司 2012 年有关资料如下：

（1）本年销售商品本年收到现金 1000 万元，以前年度销售商品本年收到现金 200 万元，本年预收款项 100 万元，本年销售本年退回商品支付现金 80 万元，以前年度销售本年退回商品支付现金 60 万元。

（2）本年购买商品支付现金 700 万元，本年支付以前年度购买商品的未付款项 80 万元和本年预付款项 70 万元，本年发生的购货退回收到现金 40 万元。

（3）本年分配生产经营人员的职工薪酬为 200 万元，"应付职工薪酬"年初余额和年末余额分别为 20 万元和 10 万元，假定应付职工薪酬本期减少数均为本

年支付的现金。

(4) 本年利润表中的所得税费用为 50 万元（均为当期应交所得税产生的所得税费用），"应交税费——应交所得税"科目年初数为 4 万元，年末数为 2 万元。假定不考虑其他税费。

要求：

根据上述资料，不考虑其他因素，分析回答下列第 1）～2）小题（金额单位用万元表示）。

1）关于现金流量表的填列，下列说法中正确的是（　　）。

A. 销售商品收到的现金属于经营活动产生的现金流量

B. 购买商品支付的现金属于经营活动产生的现金流量

C. 支付的在建工程人员工资属于经营活动产生的现金流量

D. 支付的所得税属于经营活动产生的现金流量

2）关于现金流量表，下列项目中，金额正确的是（　　）。

A. 销售商品收到现金为 1160 万元

B. 购买商品支付现金为 810 万元

C. 支付给职工以及为职工支付的现金为 210 万元

D. 支付的各项税费为 52 万元

4. 大宇上市公司（简称大宇公司）为增值税一般纳税人，适用的增值税税率为 17%，商品、原材料售价中不含增值税。假定销售商品、原材料和提供劳务均符合收入确认条件，且销售商品和提供劳务均属于公司的主营业务，成本在确认收入时逐笔结转，不考虑其他因素。2013 年 3 月大宇公司发生如下交易事项：

（1）销售 A 商品，商品售价为 400 万元，由于是成批销售，对方又是老客户，大宇公司给予客户 25% 的商业折扣并开具了增值税专用发票，款项尚未收到。该批商品实际成本为 240 万元。

（2）向本公司销售人员发放自产产品作为福利，该批产品的实际成本为 30 万元，市场售价为 50 万元。

（3）向丁公司转让一项专利技术的使用权，一次性收取使用费 30 万元并存入银行，且不再提供后续服务。

（4）销售 B 原材料一批，增值税专用发票注明售价 170 万元，款项收到并存入银行。该批材料的实际成本为 140 万元。

（5）接受甲公司的原材料捐赠 165 万元，不考虑相关税费。

（6）确认本月设备安装劳务收入。该设备安装劳务合同总收入为 280 万元，预计合同总成本为 200 万元，合同价款在前期签订合同时已收取。采用完工百分比法确认劳务收入。截至本月末，该劳务的累计完工进度为 60%，前期已累计确认劳务收入 120 万元、劳务成本 85 万元。

（7）以银行存款支付管理费用 20 万元，财务费用 10 万元，销售费用 15 万元，营业外支出 5 万元。

假定该公司按季预交所得税，当月未进行所得税费用的核算，未交纳所得税。除上述业务外，大宇公司本月未发生其他相关业务。

要求：根据上述资料，不考虑其他因素，回答下列问题。

1）关于大宇公司上述交易事项（1）~（7）的会计处理，表述不正确的是（　　）。

A. 向本公司销售人员发放自产产品作为福利，应当确认产品销售收入 50 万元

B. 收取的丁公司专利权使用费一次性确认其他业务收入 30 万元

C. 接受原材料捐赠应当确认增加实收资本

D. 确认本月设备安装劳务收入金额 48 万元

2）关于大宇公司 2013 年 3 月的利润表项目的填列，正确的是（　　）。

A. "营业收入"项目金额为 598 万元

B. "营业成本"项目金额为 445 万元

C. "营业利润"项目金额为 49.5 万元

D. "利润总额"项目金额为 209.5 万元

综合练习

模拟试卷 （一）

一、单项选择题（本类题共 24 小题，每小题 1.5 分，共 36 分。在每小题备选答案中，只有一个符合题意的正确答案，多选、错选、不选均不得分）

1. 下列各项中不属于企业资产的是 （　　）。

A. 持有待售的存货　　　　　　　　B. 融资租入的固定资产

C. 存出投资款　　　　　　　　　　D. 盘亏的固定资产

2. 下列关于成本与费用的表述不正确的是 （　　）。

A. 产品成本是生产某种产品而发生的可以对象化的费用

B. 费用包括成本费用和期间费用

C. 产品成本是费用总额的一部分

D. 产品成本既包括完工产品成本费用，也包括期末未完工产品成本费用

3. 对于企业销售商品过程中收到的商业汇票在进行贴现业务时，企业支付给银行等金融机构的贴现息应计入 （　　）。

A. 销售费用　　　　B. 管理费用　　　　C. 应收票据　　　　D. 财务费用

4. 甲公司 2015 年 2 月 1 日应收账款余额为 2350 万元，当月赊销商品一批，价款 1200 万元，增值税 204 万元。当月收回应收账款 500 万元，前期已确认的坏账当月重新收回 20 万元。甲公司根据应收账款余额百分比法计提坏账准备，计提比例为 5%。则当月甲公司应当计提的坏账准备为 （　　）万元。

A. 45.2　　　　　　B. 25.2　　　　　　C. 162.7　　　　　　D. 142.7

5. 甲公司 2015 年 1 月 3 日以银行存款 985 万元购入乙公司于 2014 年 1 月 1 日发行的公司债券。该债券面值为 1000 万元，票面年利率为 5%，于次年 1 月 15 日支付上年度利息，到期归还本金。甲公司将其划分为交易性金融资产核算，购入时另支付交易费用 5 万元，则该交易性金融资产的入账金额为（　　）万元。

A. 990　　　　　　B. 985　　　　　　C. 935　　　　　　D. 955

6. 甲公司 2014 年 11 月 30 日资产负债表中"固定资产"项目金额为 2560 万元，12 月 1 日外购一项固定资产价值 500 万元，甲公司预计该固定资产使用年限为 10 年，预计净残值为 0 万元，采用年限平均法计提折旧；当月将自用的厂房对外出租，采用成本模式计量，已知厂房原值为 1000 万元，截至 12 月 31 日已计提折旧 800 万元。除当月购入固定资产及对外出租厂房以外的其他固定资产当月计提折旧为 200 万元，假定不考虑相关税费，则甲公司 2014 年 12 月 31 日资产负债表中"固定资产"项目填列的金额为（　　）万元。

A. 2860　　　　　　B. 2660　　　　　　C. 3060　　　　　　D. 2655

7. 甲公司 2015 年 3 月 1 日结存 A 商品 1200 件，单价 120 元。5 日购入 A 商品 2300 件，单价 105 元；25 日购入 A 商品 500 件，单价 130 元。当月领用 A 商品 1800 件，甲公司采用先进先出法核算存货成本，则 3 月 31 日结存 A 商品的成本为（　　）元。

A. 256300　　　　　　B. 223650　　　　　　C. 252500　　　　　　D. 243500

8. 甲公司对于原材料采用计划成本法核算，月初原材料科目借方余额 2500 万元，材料成本差异科目贷方余额 119.92 万元，当月购入原材料实际成本 1560.5 万元，计划成本 1521 万元。当月生产车间领用原材料计划成本为 821 万元。则月末结存原材料的实际成本为（　　）万元。

A. 3000　　　　　　B. 3136　　　　　　C. 3200　　　　　　D. 3264

9. 甲公司（增值税一般纳税人）2015 年 1 月 23 日发出一批原材料委托乙公司（增值税一般纳税人）进行加工，原材料计划成本 2250 万元，材料成本差异率为 5%，支付乙公司加工费取得增值税专用发票注明的价款为 120 万元，增值税税额为 20.4 万元，乙公司代收代缴消费税 1020 万元，甲公司支付往返运费取得运费增值税专用发票注明的运费 10 万元，增值税税额 1.1 万元。甲公司收回该批加工物资用于直接出售，则收回物资的实际成本为（　　）万元。

A. 3512.5　　　　　　B. 3400　　　　　　C. 3287.5　　　　　　D. 2492.5

10. 下列各项中属于现金流量表中"筹资活动产生的现金流量"的是（　　）。

A. 以银行存款清偿所欠购货款　　　　B. 支付现金股利

C. 收到现金股利　　　　　　　　　　D. 以银行存款偿还商业承兑汇票

11. 甲公司对于存货发出计价采用先进先出法核算。2014 年 12 月 1 日库存商品账面余额 5000 万元，存货跌价准备贷方余额为 200 万元。当月外购库存商品 2000 万元，当月销售库存商品 3000 万元，月末结存库存商品的可变现净值为 3850 万元，则月末应计提的存货跌价准备为（　）万元。

A. 150　　　　B. 70　　　　C. 80　　　　D. –50

12. 企业计提的下列各项减值损失，以后会计期间不得转回的是（　）。

A. 长期股权投资减值准备　　C. 持有至到期投资减值准备

B. 可供出售金融资产减值准备　　D. 坏账准备

13. 甲公司 2014 年 3 月 3 日购入某公司股票作为可供出售金融资产核算，初始投资成本 5000 万元，持有期间公允价值上升 500 万元，2015 年 2 月 1 日将其出售，取得价款 6000 万元，则该项业务对出售当期损益的影响金额为（　）万元。

A. 1000　　　　B. 500　　　　C. 1500　　　　D. 0

14. 甲公司（增值税一般纳税人）购入一台不需安装的机器设备，取得增值税专用发票注明的价款 1230 万元，增值税税额 209.1 万元，取得运费增值税专用发票注明的运费 10 万元，增值税税额 1.1 万元，支付保险费 0.8 万元。则固定资产入账价值为（　）万元。

A. 1230.8　　　　B. 1230　　　　C. 1240.8　　　　D. 1451

15. 甲公司月初在产品 1200 件，成本合计为 55 万元，本月投产 1800 件，直接材料成本为 42 万元，直接人工成本为 23 万元，制造费用成本为 15 万元，当月完工入库 1500 件。甲公司采用约当产量比例法计算完工产品成本，月末在产品完工率为 50%。则当月完工产品的单位成本为（　）元。

A. 600　　　　B. 450　　　　C. 500　　　　D. 550

16. 甲公司为增值税一般纳税人，2015 年 2 月 2 日将一批自产的产品作为职工福利发放给本公司行政管理部门员工，该批产品的成本为 100 万元，市场售价 120 万元，增值税税率为 17%，则该笔业务对当月损益的影响金额为（　）万元。

A. 120.4　　　　B. 20　　　　C. 140.4　　　　D. 23.4

17. 下列各项中，应计入管理费用的是（　）。

A. 预计产品质量保证损失　　B. 聘请中介机构年报审计费

C. 专设售后服务网点的职工薪酬　　D. 企业负担的生产职工养老保险费

18. 甲公司于 2015 年 1 月 13 日增发普通股股票 10000 万股，每股面值 1 元，发行价格为 5.5 元/股，支付券商的手续费为发行价格的 2%，则甲公司应计入资本公积的金额为（　）万元。

A. 43900　　　　B. 11000　　　　C. 39000　　　　D. 53900

19. 长江公司 2014 年 1 月 1 日未分配利润为 2300 万元,当年利润总额为 500 万元,企业所得税税率为 25%,不存在纳税调整事项,长江公司按净利润的 10% 提取法定盈余公积,则 2014 年 12 月 31 日长江公司的可供分配利润为 (　　) 万元。

A. 2800　　　　B. 2700　　　　C. 2660　　　　D. 2675

20. 根据企业会计准则的规定,下列各项中可以确认商品销售收入的是 (　　)。

A. 甲公司将商品出售给 A 公司,发票已开具并收取了贷款,但货物尚未发出

B. 甲公司将库存商品出售给 B 公司并承诺 3 个月后以固定的价格回购

C. 甲公司将原材料出售给 C 公司,但 C 公司财务状况严重恶化

D. 甲公司将某专利所有权出售给 D 公司

21. 下列各项中应在企业 "销售费用" 科目核算的是 (　　)。

A. 购入原材料支付的运费　　　　B. 随同商品出售单独计价的包装物成本

C. 预计产品质量保证损失　　　　D. 销售商品发生的现金折扣

22. 下列各项中,应在 "营业外收入" 科目中核算的是 (　　)。

A. 非专利技术使用费收入　　　　B. 债务重组利得

C. 固定资产盘盈　　　　D. 存货盘盈

23. 甲公司 2014 年度实现利润总额为 5000 万元,适用的企业所得税税率为 25%,递延所得税资产期初余额 20 万元,期末余额 50 万元,递延所得税负债期初余额 500 万元,期末余额 200 万元。假定当年应纳税所得额调整增加为 330 万元,则甲公司当年的净利润为 (　　) 万元。

A. 3750　　　　B. 3667.5　　　　C. 3997.5　　　　D. 4327.5

24. 下列会计报表中属于反映企业某一时点财务状况的是 (　　)。

A. 资产负债表　　　　B. 利润表

C. 现金流量表　　　　D. 所有者权益变动表

二、**多项选择题** (本类题共 12 小题,每小题 2 分,共 24 分。在每小题备选答案中,有两个或两个以上符合题意的正确答案,多选、少选、错选、不选均不得分)

1. 下列与存货相关会计处理的表述中,正确的有 (　　)。

A. 应收保险公司存货损失赔偿款计入其他应收款

B. 资产负债表日存货应按成本与可变现净值孰低计量

C. 按管理权限报经批准的盘盈存货价值冲减管理费用

D. 结转商品销售成本的同时转销其已计提的存货价准备

2. 下列各项中，属于投资性房地产的有（　　）。

A. 房地产企业持有的待售商品房

B. 以经营租赁方式出租的商用房

C. 以经营租赁方式出租的土地使用权

D. 以经营租赁方式租入后再转租的建筑物

3. 下列会计科目中，其期末余额应列入资产负债表"存货"项目的有（　　）。

A. 库存商品　　　　　　　　B. 材料成本差异

C. 生产成本　　　　　　　　D. 委托加工物资

4. 甲公司为增值税一般纳税人，适用的增值税税率为17%。当年利润表中营业收入为5200万元（其中赊销为1500万元），营业外收入500万元（其中包括即征即退的增值税220万元，政府补助280万元，以上款项均已到账），营业外支出为50万元（为处置固定资产净损失，固定资产处置时账面价值为500万元，处置价款为450万元）。假定不考虑其他因素；则下列说法中正确的有（　　）。

A. 甲公司当年销售商品提供劳务收到的现金为4329万元

B. 甲公司当年收到的税费返还为220万元

C. 甲公司当年收到的其他与经营活动有关的现金为280万元

D. 甲公司当年投资活动产生的现金流入为450万元

5. 企业发生的下列交易或事项不会直接影响营业利润的有（　　）。

A. 诉讼费　　　　　　　　　B. 计提的坏账准备

C. 进口环节缴纳的关税　　　D. 政府补助

6. 运通公司2014年5月将一批商品出售给甲公司，开具增值税专用发票注明的价款100万元，增值税税额17万元，该批商品的成本为80万元。给予甲公司的现金折扣为1万元，款项已全部收回。12月3日因商品出现质量问题被甲公司全部退回，运通公司开具了增值税专用发票（红字）并支付了退货款。根据企业会计准则的规定，运通公司下列会计处理正确的有（　　）。

A. 实际退货货款为116万元

B. 应冲减退货当期的主营业务收入100万元

C. 应冲减退货当期的主营业务成本80万元

D. 退货时应减少财务费用1万元

7. 下列各项中，属于企业实收资本增加途径的有（　　）。

A. 接受投资者追加投资　　　B. 资本公积转增资本

C. 盈余公积转增资本　　　　D. 未分配利润转增资本

8. 下列各项税金中，不通过"应交税费"科目核算的有（　　）。

A. 车船税　　　B. 房产税　　　C. 印花税　　　　D. 耕地占用税

9. 下列关于固定资产清查的会计表述正确的有 （　　）。

A. 盘盈固定资产应按重置成本入账

B. 盘盈固定资产不会对当期损益造成影响

C. 盘亏固定资产经批准后计入营业外支出

D. 盘盈固定资产属于企业的会计差错

10. 下列各项中属于企业投资性房地产的有 （　　）。

A. 已出租的土地使用权

B. 已出租的建筑物

C. 房地产企业准备增值后出售的建筑物

D. 经营租入后转租的建筑物

11. 甲公司在进行存货清查过程中发现一批原材料盘亏。该批原材料购入时的价款为 1000 万元，增值税税额为 170 万元。经查属于管理不善导致毁损。经确定应由责任人赔偿 20 万元，保险公司赔偿 500 万元，下列会计表述正确的有 （　　）。

A. 计入待处理财产损益的金额为 1170 万元

B. 责任人和保险公司的赔偿款在未收到前计入其他应收款

C. 报批处理后应计入营业外支出 650 万元

D. 该业务对当月营业利润的影响金额为 650 万元

12. 下列各项中属于"其他应收款"核算内容的有 （　　）。

A. 应收取的各项保险公司赔款　　　B. 收取的包装物押金

C. 租入包装物支付的押金　　　　　D. 为职工代垫的医药费

三、判断题 （本类题共 10 小题，每小题 1 分，共 10 分。请判断每小题的表述是否正确，每小题答题正确的得 1 分，答题错误的倒扣 0.5 分，不答题的不得分也不扣分，本类题最低得分为零分）

1. 企业应当根据审核无误的原始凭证编制记账凭证，银行存款余额调节表属于企业自制的原始凭证，企业应当根据银行存款余额调节表中所列示的未达账项调整账簿记录。（　　）

2. 企业发行到期一次还本付息的公司债券，在资产负债表日计提的债券利息计入应付利息。（　　）

3. 企业提取的盈余公积经批准可用于弥补亏损、转增资本、发放现金股利或利润。（　　）

4. 如果劳务的开始和完成分属于不同会计期间，且在资产负债表日提供劳务交易结果不能可靠估计的，已发生的成本如果预计全部能够得到补偿，应按能够得到补偿劳务成本的金额确认收入，并结转已发生的劳务成本。（　　）

5. 企业支付的违约金会导致企业经济利益流出企业，所以应作为企业的费用核算。（　　）

6. 附注是对企业财务报表的文字表述，在报表中无法体现的内容均需要通过附注加以阐述。（　　）

7. 委托加工的物资收回后用于连续生产的，应将受托方代收代缴的消费税计入委托加工物资的成本。（　　）

8. 投资性房地产采用公允价值模式进行后续计量的，应按资产负债表日该资产的公允价值调整其账面价值。（　　）

9. 现金流量表中"销售商品、提供劳务收到的现金"项目，反映本企业自营销售商品或提供劳务收到的现金，不包括委托代销商品收到的现金。（　　）

10. 企业所有者权益变动表中"综合收益总额"项目列示金额应当与利润表中"综合收益总额"项目列示金额相等。（　　）

四、不定项选择题（本类题共 15 小题，每小题 2 分，共 30 分，在每小题备选答案中，有一个或一个以上符合题意的正确答案，每小题全部选对得满分，少选得相应分值，多选、错选、不选均不得分）

（一）

长江公司 2014 年发生的与无形资产和固定资产有关的经济业务如下：

（1）2 月，长江公司购入一项商标权，以银行转账方式支付购买价款 500 万元和注册费 2 万元。为推广由该商标权生产的产品，长江公司发生广告宣传费 22 万元。该商标权合同约定的使用年限为 9 年，法律保护年限为 8 年。长江公司采用年限平均法计提摊销，预计净残值为 0 万元。

（2）4 月，长江公司开始自行研发某项非专利技术，发生研究阶段支出 200 万元，截至 6 月 30 日研究阶段结束，7 月 1 日开始进入开发阶段，截至 9 月 28 日开发阶段完成，共发生开发支出 120 万元，假定符合《企业会计准则第 6 号——无形资产》规定的开发支出资本化条件。因长江公司无法可靠确定经济利益的预期实现方式，所以不能合理确定其使用寿命。

（3）9 月，长江公司与甲公司签订融资租赁协议，约定长江公司于 9 月 1 日（租赁开始日）开始分 6 年融资租入甲公司机器设备一台。该设备的公允价值为 1200 万元，长江公司与甲公司签订的最低租赁付款额为 1500 万元，其现值为 1180 万元。以银行存款支付为租入该固定资产发生的初始直接费用为 20 万元。相关租赁手续于 9 月 1 日办理完毕，设备已运抵长江公司。长江公司对该设备采用年限平均法计提折旧，预计净残值为 48 万元，预计使用年限为 6 年。

（4）11 月，长江公司外购小汽车一辆，取得增值税专用发票注明的价款为 32 万元，增值税税额为 5.44 万元，购入过程中发生相关运杂费 3.2 万元。购入的小汽车免费提供给总经理使用。长江公司预计小汽车可以使用 5 年，预计净残值为 1.64 万元，采用年限平均法计提折旧。

（5）12 月 31 日，长江公司自行研发的非专利技术的可收回金额为 105 万元。

要求：根据上述资料，假定不考虑其他因素，分析回答下列第 1~5 题（答案中的金额单位用万元表示）。

1. 根据资料（1），长江公司当年对商标权应计提的摊销金额为（　　）万元。

A. 51.13　　　　　B. 53.37　　　　　C. 57.52　　　　　D. 60.04

2. 根据资料（2），下列表述中正确的是（　　）。

A. 研究阶段的支出全部计入管理费用

B. 开发阶段的支出全部计入无形资产

C. 无形资产当年无须计提摊销

D. 该无形资产要定期进行减值测试

3. 根据资料（3），长江公司应进行的会计处理正确的是（　　）。

A. 借：固定资产　　　　　　　　　　1220
　　　未确认融资费用　　　　　　　　300
　　　　贷：长期应付款　　　　　　　　　　　1500
　　　　　　银行存款　　　　　　　　　　　　　20

B. 借：固定资产　　　　　　　　　　1220
　　　未确认融资费用　　　　　　　　280
　　　　贷：长期应付款　　　　　　　　　　　1500

C. 借：固定资产　　　　　　　　　　1520
　　　　贷：长期应付款　　　　　　　　　　1500
　　　　　　银行存款　　　　　　　　　　　　　20

D. 借：固定资产　　　　　　　　　　1200
　　　未确认融资费用　　　　　　　　320
　　　　贷：长期应付款　　　　　　　　　　　1500
　　　　　　银行存款　　　　　　　　　　　　　20

4. 根据资料（4），下列说法中正确的是（　　）。

A. 固定资产的入账金额为 32 万元

B. 小汽车月折旧额为 0.56 万元

C. 小汽车的折旧金额应计入管理费用

D. 免费提供给企业职工使用应作为非货币性福利核算

5. 根据资料（1）~（5），下列说法中正确的是（　　）。

A. "无形资产——商标权"科目期末的账面价值为 444.48 万元

B. "无形资产——非专利技术"科目期末的账面价值为 105 万元

C. "固定资产——机器设备"科目期末的账面价值为 1152 万元

D. "固定资产——小汽车"科目期末的账面价值为 34.64 万元

(二)

东安公司为增值税一般纳税人，适用的增值税税率为 17%，2014 年 10 月发生如下经济业务：

（1）4 日，与甲公司签订购销合同，向甲公司销售商品一批，该批商品标价为 550 万元，由于甲公司批量购买，东安公司给予甲公司 20 万元的商业折扣，同日商品发出，该批商品的成本为 460 万元。东安公司按扣除商业折扣后的金额开具了增值税专用发票，款项尚未收到。合同约定现金折扣的条件为 2/10、1/20、N/30（计算现金折扣时不考虑增值税）。

（2）8 日，上月销售给乙公司的一批商品由于质量问题被全部退回。东安公司根据乙公司提供的销货退回证明单开具了红字增值税专用发票，发票注明的价款为 100 万元，增值税税额为 17 万元，该批商品的成本为 60 万元。东安公司以银行存款支付了上述款项。

（3）17 日，东安公司收到了甲公司支付的扣除现金折扣后的购货款，并存入银行。

（4）20 日，东安公司将一项商标权出租给丙公司，一次性收取三年租金 159 万元，并存入银行。东安公司向丙公司开具增值税发票注明的价款 150 万元，增值税税额 9 万元。根据合同约定，东安公司提供与该商标权有关的后续服务工作。该商标权的月摊销额为 3 万元。

（5）25 日，东安公司与丁公司签订代销协议，协议约定东安公司委托丁公司销售一批成本价为 800 万元的产品，东安公司与丁公司结算价格为 1000 万元，并按结算价格的 5%向丁公司支付代销手续费。当日东安公司将产品发给丁公司。

（6）28 日，收到市国税局即征即退的增值税 98 万元。

（7）30 日，东安公司一批产品可能发生减值，经减值测试该批产品的可变现净值为 1520 万元，该批产品的账面余额为 1550 万元。

其他资料：当月东安公司发生的营业税金及附加 22 万元，管理费用 45 万元，销售费用 15 万元。

要求：根据上述资料，假定不考虑其他因素，分析回答下列第 6~10 题（答案中的金额单位用万元表示）。

6. 根据以上资料，东安公司向甲公司销售产品及收款时应当编制的会计分录为（   ）。

　　A. 借：应收账款　　　　　　　　　　　　620.1

       贷：主营业务收入　　　　　　　　　　　530

　　　　　　应交税费——应交增值税（销项税额）　　90.1

B. 借：主营业务成本　　　　　　　　460

　　　贷：库存商品　　　　　　　　　　　　460

C. 借：银行存款　　　　　　　　　614.8

　　　财务费用　　　　　　　　　　5.3

　　　　贷：应收账款　　　　　　　　　　　620.1

D. 借：银行存款　　　　　　　　　609.5

　　　财务费用　　　　　　　　　10.6

　　　　贷：应收账款　　　　　　　　　　　620.1

7. 下列关于东安公司销货退回的表述中正确的是（　　　）。

A. 收到销货退回时应当冲减 10 月的主营业务收入

B. 收到销货退回时应当冲减 9 月的主营业务收入

C. 退回商品验收入库后会增加企业库存商品 60 万元

D. 收到销货退回时应当冲减退回当月的主营业务成本

8. 东安公司将商标权出租给丙公司时应当编制的会计分录为（　　　）。

A. 借：银行存款　　　　　　　　　159

　　　贷：其他业务收入　　　　　　　　　　150

　　　　应交税费——应交增值税（销项税额）　　9

B. 借：银行存款　　　　　　　　　159

　　　贷：其他业务收入　　　　　　　　　　4.17

　　　　递延收益　　　　　　　　　　　　145.83

　　　　应交税费——应交增值税（销项税额）　　9

C. 借：银行存款　　　　　　　　　159

　　　贷：其他应付款　　　　　　　　　　150

　　　　应交税费——应交增值税（销项税额）　　9

D. 借：银行存款　　　　　　　　　159

　　　贷：递延收益　　　　　　　　　　　150

　　　　应交税费——应交增值税（销项税额）　　9

9. 下列关于东安公司与丁公司签订代销协议的表述中不正确的是（　　　）。

A. 东安公司应当在发出商品时确认收入

B. 东安公司支付给丁公司的手续费应计入管理费用

C. 东安公司发出代销商品时不会减少企业的存货

D. 东安公司应在收到丁公司开具的代销清单时确认收入

10. 东安公司 10 月利润表中下列各项填列正确的是 （　　）。

A. 营业收入 580 万元　　　　　B. 营业成本 403 万元

C. 营业利润 62.7 万元　　　　　D. 利润总额 11.87 万元

（三）

运达公司为上市公司，适用的企业所得税税率为 25%。2014 年 1 月 1 日所有者权益总额为 25660 万元，其中股本为 10000 万元，资本公积为 7270 万元，其他综合收益为 500 万元，盈余公积为 3790 万元，未分配利润为 4100 万元。2014 年与所有者权益有关的交易或事项如下：

（1）3 月 8 日，经公司股东大会批准，运达公司以银行存款回购本公司股票 500 万股并注销。股票面值 1 元，回购价格为 6.5 元/股。

（2）4 月 19 日，经公司股东大会批准，宣告分派现金股利 1800 万元，股票股利 200 万元。

（3）5 月 12 日，以银行存款支付现金股利 1800 万元，股票股利相关手续同时办理完毕。

（4）9 月 30 日，运达公司持有的可供出售金融资产期末公允价值上升 100 万元。

（5）12 月 31 日，运达公司全年实现利润总额 2800 万元（假定无任何纳税调整事项），运达公司按净利的 10% 提取法定盈余公积。同日，经股东大会批准按当年提取盈余公积后盈余公积余额的 20% 转增股本（假定相关手续于当日办理完毕）。

要求：根据上述资料，假定不考虑其他因素，分析回答下列第 11~15 题。（答案中的金额单位用万元表示）

11. 下列关于运达公司回购本公司股票的会计处理正确的是 （　　）。

A. 借：库存股　　　　　　　　　　3250

　　　贷：银行存款　　　　　　　　　　　　3250

B. 借：库存股　　　　　　　　　　500

　　　　资本公积　　　　　　　　　2750

　　　贷：银行存款　　　　　　　　　　　　3250

C. 借：股本　　　　　　　　　　　500

　　　贷：库存股　　　　　　　　　　　　　500

D. 借：股本　　　　　　　　　　　500

　　　　资本公积　　　　　　　　　2750

　　　贷：库存股　　　　　　　　　　　　3250

12. 根据资料（2）和资料（3），下列会计处理正确的是 （　　）。

A. 借：利润分配　　　　　　　　　　　　1800
　　贷：应付股利　　　　　　　　　　　　　　　　1800

B. 借：应付股利　　　　　　　　　　　　1800
　　贷：银行存款　　　　　　　　　　　　　　　　1800

C. 借：利润分配　　　　　　　　　　　　 200
　　贷：股本　　　　　　　　　　　　　　　　　　 200

D. 借：应付股利　　　　　　　　　　　　 200
　　贷：股本　　　　　　　　　　　　　　　　　　 200

13. 下列关于运达公司可供出售金融资产公允价值上升的说法中正确的是（　　）。

A. 公允价值上升不会对当期损益造成影响

B. 公允价值上升会增加所有者权益 100 万元

C. 应计入资本公积 100 万元

D. 会增加其他综合收益 100 万元

14. 运达公司 2014 年 12 月 31 日所有者权益总额为（　　）万元。

A. 23510　　　　B. 22810　　　　C. 23310　　　　D. 22610

15. 下列各项中，关于运达公司 12 月 31 日所有者权益各项目的余额表述正确的是（　　）。

A. 股本为 10300 万元　　　　　　B. 资本公积为 4620 万元

C. 盈余公积为 3200 万元　　　　　D. 未分配利润为 6000 万元

模拟试卷（二）

一、单项选择题（本类题共 24 小题，每小题 1.5 分，共 36 分。在每小题备选答案中，只有一个符合题意的正确答案，多选、错选、不选均不得分）

1. 2010 年 1 月 1 日，甲公司采用分期付款方式购入大型设备一套，当日投入使用。合用约定的价款为 2700 万元，分 3 年等额支付；该分期支付购买价款的现值为 2430 万元。假定不考虑其他因素，甲公司该设备的入账价值为（　　）万元。

A. 810　　　　　B. 2430　　　　　C. 900　　　　　D. 2700

2. 甲公司年初所有者权益总额为 2563 万元，当年实现净利润 520 万元，提取盈余公积 52 万元，资本公积转增资本 1000 万元，分派现金股利 500 万元，分派股票股利 600 万元。则年末甲公司所有者权益总额为（　　）万元。

    A. 2583　　　　　B. 2353　　　　　C. 3853　　　　　D. 2801

3. 企业将款项汇往异地银行开立采购专户，编制该业务的会计分录时应当（　　）。

    A. 借记"应收账款"科目，贷记"银行存款"科目

    B. 借记"其他货币资金"科目，贷记"银行存款"科目

    C. 借记"其他应收款"科目，贷记"银行存款"科目

    D. 借记"材料采购"科目，贷记"其他货币资金"科目

4. 永发公司在产品按定额成本计价，月初 A 在产品数量为 300 个，当月投产 1200 个，当月完工 1000 个，在产品单位定额为：直接材料 1.2 万元，直接人工 0.5 万元，制造费用 0.3 万元。A 产品当月月初在产品和本月投产产品共同的成本费用为 3550 万元。则月末完工产品成本为（　　）万元。

    A. 1250　　　　　B. 2550　　　　　C. 1850　　　　　D. 1050

5. 某增值税一般纳税企业自建仓库一幢，购入工程物资 200 万元，增值税税额为 34 万元，已全部用于建造仓库；耗用库存材料 50 万元，应负担的增值税税额为 8.5 万元；支付建筑工人工资 36 万元。该仓库建造完成并达到预定可使用状态，其入账价值为（　　）万元。

    A. 250　　　　　B. 292.5　　　　　C. 286　　　　　D. 328.5

6. 下列各项中应在资产负债表中"其他应付款"项目填列的是（　　）。

    A. 应付租入包装物的租金　　　　　B. 应付甲公司的材料款

    C. 应付员工的困难补助　　　　　D. 应付乙公司借款利息

7. 下列资产负债表中的项目可以根据总账科目的余额直接填列的是（　　）。

    A. 短期借款　　　B. 货币资金　　　C. 未分配利润　　　D. 长期借款

8. 甲公司当年对外公益性捐赠支出 100 万元，管理不善造成存货毁损净损失 40 万元，支付乙公司违约金 50 万元，支付诉讼费 20 万元，非货币性资产交换损失 10 万元，固定资产盘亏损失 50 万元。则甲公司当年应计入营业外支出的金额为（　　）万元。

    A. 270　　　　　B. 250　　　　　C. 230　　　　　D. 210

9. 下列各项中应列入利润表"财务费用"项目的是（　　）。

    A. 企业发生的商业折扣　　　　　B. 筹建期间不符合资本化的借款利息

    C. 汇兑损失　　　　　D. 财务部门的办公费

10. 甲公司 2014 年 5 月承接一项工程建设，劳务合同总收入为 1500 万元，预计合同总成本为 1050 万元，合同价款在签订合同时已收取，采用完工百分比法确认劳务收入。2014 年已确认劳务收入 380 万元，截至 2015 年 12 月 31 日，

该劳务的累计完工进度为 60%。2015 年甲公司应确认的劳务收入为（　　）万元。

A. 900　　　　　B. 630　　　　　C. 500　　　　　D. 520

11. 甲公司融资租入一台固定资产，在租赁开始日该固定资产的公允价值为 500 万元，应支付最低租赁付款额的现值为 480 万元，购买过程中支付的初始直接费用为 10 万元，则该固定资产的入账金额为（　　）万元。

A. 480　　　　　B. 490　　　　　C. 500　　　　　D. 510

12. 某企业当月应当缴纳增值税 55 万元，营业税 5 万元，消费税 20 万元，印花税 1 万元，房产税 5 万元，已知城市维护建设税税率为 7%，教育费附加征收率为 3%。假定不考虑其他因素，则企业相关税费对当月损益的影响金额为（　　）万元。

A. 93　　　　　B. 32　　　　　C. 39　　　　　D. 38

13. 企业预收账款不多的情况下可以不设置"预收账款"科目，而将预收款项通过（　　）核算。

A. 应付账款的贷方　　　　　　　　B. 预收账款的贷方

C. 应收账款的贷方　　　　　　　　D. 其他应付款的贷方

14. 甲公司将持有的一项投资性房地产对外转让，取得转让价款 5000 万元。转让时该投资性房地产的账面价值为 4500 万元（其中成本为 3000 万元，公允价值变动为 1500 万元）。已知营业税税率为 5%，则甲公司转让该投资性房地产对当月损益的影响金额为（　　）万元。

A. 1750　　　　　B. 250　　　　　C. 1500　　　　　D. 1975

15. 甲公司外购工程物资一批用于仓库建设，取得增值税专用发票注明的价款 500 万元，增值税税额 85 万元，建设过程中领用本企业外购原材料一批，成本 50 万元，增值税税额 8.5 万元，该批原材料的市场售价为 60 万元，支付工程人员工资 5 万元，2015 年 3 月，仓库达到预定可使用状态，则仓库的入账金额为（　　）万元。

A. 648.5　　　　　B. 555　　　　　C. 650.2　　　　　D. 640

16. 甲公司 2015 年 3 月 2 日以 5000 万元购入乙公司 30% 的股权，投资当日乙公司可辨认净资产的公允价值为 18000 万元，甲公司另支付交易费用 50 万元，则甲公司该长期股权投资的账面价值为（　　）万元。

A. 5000　　　　　B. 5050　　　　　C. 5350　　　　　D. 5400

17. 甲公司 2014 年 1 月 1 日购入乙公司于同日发行的 5 年期公司债券，支付购买价款 1200 万元（含交易费用 20 万元）。该债券面值为 1000 万元，票面年利率为 8%，每年 1 月 5 日支付上年度利息，到期归还本金。已知同类债券的市场利率为 5%。则 2015 年 12 月 31 日该债券的摊余成本为 （　　） 万元。

    A. 1200　　　　　B. 1000　　　　　C. 1180　　　　　D. 1159

18. 甲公司 2015 年 3 月 1 日 A 商品的账面余额为 500 万元，存货跌价准备贷方余额为 20 万元，当月外购 A 商品 1500 万元。月末库存 A 商品的市场售价为 2100 万元，预计销售税费为 80 万元。则月末应计提的存货跌价准备为 （　　） 万元。

    A. 0　　　　　　B. 20　　　　　　C. 40　　　　　　D. −20

19. 某商贸企业采用售价金额法对库存商品进行核算，2014 年 12 月初库存商品的进价成本为 2400 万元，售价总额为 3000 万元，本月购进该商品的进价成本为 8520 万元，售价为 10650 万元，本月销售收入 8500 万元，则月末结存库存商品的实际成本为 （　　） 万元。

    A. 2420　　　　　B. 4520　　　　　C. 3880　　　　　D. 4120

20. 甲公司 （增值税一般纳税人） 存货发出计价采用月末一次加权平均法计算，2 月初结存存货 5200 件，成本为 125360 元，当月购入存货取得增值税专用发票注明的数量为 20200 件，价款为 525230 元，增值税税额为 89289.1 元，支付保险费等费用合计 3000 元。当月生产领用 8800 件，则月末结存存货成本为 （　　） 元。

    A. 427118　　　　B. 485550　　　　C. 472518　　　　D. 483652

21. 甲公司 （增值税一般纳税人） 2015 年 3 月 14 日购入生产用原材料一批，取得增值税专用发票注明的价款 2530 万元，增值税税额 430.1 万元。取得运输业增值税专用发票注明的运费 6 万元，增值税税额 0.66 万元，发生保险费 0.76 万元、运输过程中的仓储费 0.5 万元，原材料已验收入库，以上款项通过银行转账方式支付，则该批原材料入账成本为 （　　） 万元。

    A. 2537.42　　　　B. 2537.26　　　　C. 2536.76　　　　D. 2536.42

22. 下列交易或事项不会引起应收账款账面价值发生增减变动的是 （　　）。

    A. 已确认并转销的应收账款又重新收回

    B. 计提坏账准备

    C. 实际发生坏账

    D. 冲回多提坏账准备

23. 甲公司 2015 年 4 月 30 日取得银行转来对账单的余额为 1350300 元，而企业银行存款日记账的余额为 1302500 元，经逐步核对发现如下未达账项：银行已收到当月企业退税款 53000 元并登记入账，而企业尚未入账；企业开出转账支票 20800 元，持票单位尚未办理转账；银行替企业支付当月电费 26000 元已登记入账，但企业尚未入账。经过调节后的余额为 （　　） 元。

A. 1329500   B. 1355500   C. 1277500   D. 1358500

24. 企业对经营租赁的办公楼进行装修，发生装修费用 500 万元，下列说法中正确的是（　　）。

A. 计入在建工程 500 万元   B. 计入 A 固定资产 500 万元

C. 计入长期待摊费用 500 万元   D. 计入当期损益 500 万元

二、多项选择题（本类题共 12 小题，每小题 2 分，共 24 分。在每小题备选答案中，有两个或两个以上符合题意的正确答案，多选、少选、错选、不选均不得分）

1. 下列关于现金折扣会计处理的表述中，正确的有（　　）。

A. 销售企业在确认销售收入时将现金折扣抵减收入

B. 销售企业在取得价款时将实际发生的现金折扣计入财务费用

C. 购买企业在购入商品时将现金折扣直接抵减应确认的应付账款

D. 购买企业在偿付应付账款时将实际发生的现金折扣冲减财务费用

2. 下列各项中，属于现金流量表中"投资活动产生的现金流量"的有（　　）。

A. 购买土地使用权支付的契税   B. 出售长期股权投资取得的价款

C. 收到的债券利息   D. 吸收投资

3. 下列关于政府补助的说法中正确的有（　　）。

A. 政府补助具有无偿性

B. 政府补助分为与资产相关的政府补助和与收益相关的政府补助

C. 与资产相关的政府补助应按资产的使用年限分期计入营业外收入

D. 无法区分是与资产相关的政府补助还是与收益相关的政府补助一律作为与收益相关的政府补助

4. 下列各项税金应记入"营业税金及附加"科目的有（　　）。

A. 进口环节应交的消费税   B. 工业企业转让房产的营业税

C. 销售应税矿产品缴纳的资源税   D. 房产出租缴纳的房产税

5. 下列各项中，属于企业"营业收入"核算内容的有（　　）。

A. 工业企业销售库存原材料

B. 房地产开发企业销售自建房屋

C. 商贸企业对外转让非专利技术所有权

D. 会计师事务所提供报表审计业务

6. 下列交易或事项中，应记入"其他综合收益"科目的有（　　）。

A. 非流动资产处置利得

B. 可供出售金融资产期末公允价值变动

C. 股份有限公司发行股票，发行价款高于股票面值的差额

D. 自用资产转换为采用公允价值模式进行后续计量的投资性房地产，转换日的公允价值大于转换日自用资产账面价值的差额

7. 下列各项中属于企业"应付职工薪酬"核算内容的有（　　）。

A. 临时工工资　　　　　　　　　B. 辞退福利

C. 非货币性职工福利　　　　　　D. 离职后福利

8. 甲公司于 2014 年 2 月 2 日开始自行研发某项非专利技术，发生研究阶段支出 5000 万元，发生开发阶段支出 3000 万元（其中符合资本化条件的为 2500 万元），甲公司于 2014 年 12 月 13 日开发阶段结束并达到预定用途，形成一项非专利技术。甲公司无法合理确定其使用寿命。则下列说法中正确的有（　　）。

A. 研究阶段的支出全部费用化

B. 开发阶段支出中的 500 万元费用化

C. 无形资产当年无须进行摊销

D. 无形资产在年末应进行减值测试

9. 下列关于固定资产折旧的表述中不正确的有（　　）。

A. 固定资产计提折旧一定会影响当期损益

B. 固定资产减值准备会影响后续期间计提折旧的金额

C. 已达到预定可使用状态但尚未办理竣工决算的固定资产暂不计提折旧

D. 固定资产折旧方法的变更属于会计政策变更

10. 下列关于可供出售金融资产的表述中正确的有（　　）。

A. 取得可供出售金融资产时支付的交易费用构成其初始投资成本

B. 购买债券投资作为可供出售金融资产核算的，期末应按债券的摊余成本进行后续计量

C. 可供出售金融资产期末公允价值变动金额计入当期损益

D. 出售可供出售金融资产应将取得价款与其账面余额的差额作为投资收益处理

11. 下列各项中会影响持有至到期投资摊余成本的有（　　）。

A. 已归还的本金　　　　　　　　B. 折价的摊销额

C. 发生的减值损失　　　　　　　D. 溢价的摊销额

12. 企业委托外单位加工应税消费品支付的受托方代收代缴的消费税可能计入的会计科目有（　　）。

A. 委托加工物资　　　　　　　　B. 原材料

C. 应交税费　　　　　　　　　　D. 库存商品

三、判断题 (本类题共 10 小题，每小题 1 分，共 10 分。请判断每小题的表述是否正确，每小题答题正确的得 1 分，答题错误的倒扣 0.5 分，不答题的不得分也不扣分，本类题最低得分为零分)

1. 存货发出的计价方法一经确定，不得变更。( )

2. 企业原材料用于生产产品，其可变现净值应以原材料生产产品的估计售价减预计销售产品的销售税费和进一步加工成本确定。( )

3. 企业到期无力支付的银行承兑汇票，应将应付票据按账面余额转入短期借款。( )

4. 企业应当根据股东大会做出的利润分配方案进行账务处理。( )

5. 股份有限公司回购并注销本公司股票时，应当将回购价格与股票面值总额的差额全部计入资本公积。( )

6. 企业支付的违约金会导致经济利益流出企业，所以应作为企业的费用核算。( )

7. 根据企业会计准则的规定，企业当期计算的应交所得税即为当期的所得税费用。( )

8. 企业计提资产减值准备既可以规避风险还可以在一定程度上转移风险。( )

9. 企业应收款项发生减值时，应将该应收款项账面价值高于预计未来现金流量现值的差额，确认为减值损失，计入当期损益。( )

10. 与收益相关的政府补助，应在其补偿的相关费用或损失发生的期间计入损益。( )

四、不定项选择题 (本类题共 15 小题，每小题 2 分，共 30 分，在每小题备选答案中，有一个或一个以上符合题意的正确答案，每小题全部选对得满分，少选得相应分值，多选、错选、不选均不得分)

(一)

奥通公司为增值税一般纳税人，适用的增值税税率为 17%。2014 年 12 月 1 日"应付职工薪酬"科目的贷方余额为 258 万元 (其中工资 122 万元、工会经费 2.5 万元、职工教育经费 12 万元、设定提存计划 121.5 万元)。该企业 2014 年 12 月发生的有关职工薪酬业务如下：

(1) 12 月 5 日，以银行转账方式支付上月工资 120 万元 (已扣除代扣代缴个人所得税 2 万元)、工会经费 2.5 万元及会计继续教育培训费 1.5 万元。

(2) 12 月 10 日，奥通公司购入 2 辆小汽车，购买价款合计为 120 万元，增值税税额为 20.4 万元，支付的相关税费为 12 万元，以上款项通过银行转账方式支付。奥通公司购入的 2 辆小汽车供总裁及财务总监免费使用。

（3）12 月 15 日，以现金为职工家属代垫医药费 1.2 万元。

（4）12 月 22 日，外购一批商品，取得增值税专用发票注明的价款为 10 万元，增值税税额为 1.7 万元，奥通公司以银行承兑汇票支付上述款项。该批商品用于发放给生产车间工人作为元旦福利。

（5）12 月 30 日，以自产产品 30 件作为企业行政管理人员的元旦福利，该产品成本为 1 万元/件，市场售价为 1.5 万元/件。（假定不考虑个人所得税）

（6）12 月 31 日，本月各部门工资计算统计表如下：

单位：万元

部门	生产车间	车间管理部门	行政管理部门	销售部门	研发部门	合计
金额	35.2	10.8	33.8	22.3	15.5	117.6

奥通公司按工资总额的 2.5% 计提职工教育经费。

（7）12 月 31 日，根据设定提存计划，当月行政管理部门人员需计提的金额为 22 万元。

要求：根据上述资料，假定不考虑其他因素，分析回答下列第 1~5 题（答案中的金额单位用万元表示）。

1. 根据资料（1），下列会计处理正确的是（   ）。

A. 借：应付职工薪酬——工资　　　　　122

　　贷：银行存款　　　　　　　　　　　　　　120

　　　　应交税费——应交个人所得税　　　　　2

B. 借：应付职工薪酬——工会经费　　　2.5

　　贷：银行存款　　　　　　　　　　　　　　2.5

C. 借：应付职工薪酬——职工教育经费　1.5

　　贷：银行存款　　　　　　　　　　　　　　1.5

D. 借：管理费用　　　　　　　　　　　1.5

　　贷：应付职工薪酬——职工教育经费　　　　1.5

2. 根据资料（1）~（7），下列各项中属于职工薪酬的是（   ）。

A. 代职工家属垫付医药费　　　　　B. 外购商品用于职工福利

C. 自产产品用于职工福利　　　　　D. 设定提存计划金

3. 根据资料（4）和资料（5），下列会计处理正确的是（   ）。

A. 借：应付职工薪酬——非货币性福利　11.7

　　贷：应付票据　　　　　　　　　　　　　　11.7

B. 借：生产成本　　　　　　　　　　　11.7

　　　　　贷：应付职工薪酬——非货币性福利　　　　　11.7

　C. 借：管理费用　　　　　　　　　　　　　30

　　　　　贷：应付职工薪酬——非货币性福利　　　　　　30

　D. 借：应付职工薪酬——非货币性福利　　　　30

　　　　　贷：库存商品　　　　　　　　　　　　　　　30

4. 奥通公司 12 月 31 日"应付职工薪酬"科目的贷方余额为（　　）万元。

A. 275.74　　　　　B. 272.8　　　　　C. 274.54　　　　　D. 253.74

5. 下列各项中，关于"职工薪酬"的表述不正确的是（　　）。

A. 企业支付的工资、职工福利费及社会保险费属于短期薪酬

B. 企业计提的设定受益计划属于离职后福利

C. 企业以外购商品作为职工福利的，应当以外购商品的实际成本与增值税
　 进项税额之和作为应付职工薪酬的确认金额

D. 企业将自有资产无偿提供给企业职工使用属于非货币性职工福利

（二）

　　甲公司为增值税一般纳税人，适用的增值税税率为 17%。2014 年度发生的部分业务如下：

　　（1）1 月 5 日，甲公司自建厂房一栋。以银行存款购入工程物资 200 万元，增值税税额为 34 万元，全部用于工程建设；领用本企业生产的水泥一批，实际成本为 20 万元，市场价格为 30 万元；应支付工程人员工资 40 万元，以银行存款支付其他符合资本化条件的费用 10.9 万元，3 月 22 日工程完工并达到预定可使用状态。甲公司厂房的预计使用年限为 20 年，预计净残值为 10 万元，甲公司采用双倍余额递减法计提折旧。

　　（2）4 月 30 日，将一幢自用的办公楼出租给乙公司，确认为投资性房地产，采用公允价值模式计量。经评估，该办公楼的公允价值为 1900 万元。该办公楼自 2010 年 12 月 31 日建成并交付使用，建造成本为 1520 万元，预计使用寿命为 20 年，预计净残值 20 万元，采用年限平均法计提折旧。

　　（3）6 月 30 日，办公楼的公允价值为 1700 万元。

　　（4）7 月 9 日，甲公司对生产线进行更新改造，生产线的原值为 2350 万元，已计提折旧 223 万元，已提减值准备 27 万元。改造过程中领用本企业外购原材料一批，该批原材料的成本为 130 万元，市场价格为 150 万元。改造过程中替换某设备（未单独作为固定资产核算）的账面价值为 330 万元。8 月 15 日更新改造完成并达到预定可使用状态。甲公司该生产线预计尚可使用 5 年，预计净残值为 20 万元，采用年限平均法计提折旧。

　　（5）12 月 31 日，办公楼的公允价值为 1800 万元，厂房的可收回金额为 230

万元，生产线的可收回金额为 1800 万元。

要求：根据上述资料，假定不考虑其他因素，分析回答下列第 6~10 题（答案中的金额单位用万元表示）。

6. 下列各项中，关于甲公司建造厂房的会计处理正确的是（　　）。

A. 借：工程物资　　　　　　　　　　　　234
　　　贷：银行存款　　　　　　　　　　　　　　　234

B. 借：在建工程　　　　　　　　　　　　234
　　　贷：工程物资　　　　　　　　　　　　　　　234

C. 借：在建工程　　　　　　　　　　　　25.1
　　　贷：库存商品　　　　　　　　　　　　　　　20
　　　　　应交税费——应交增值税（销项税额）　　5.1

D. 借：在建工程　　　　　　　　　　　　50.9
　　　贷：应付职工薪酬　　　　　　　　　　　　　40
　　　　　银行存款　　　　　　　　　　　　　　　10.9

7. 下列各项中，甲公司将办公楼出租给乙公司的会计处理正确的是（　　）。

A. 借：投资性房地产——成本　　　　　　1900
　　　累计折旧　　　　　　　　　　　　250
　　　贷：固定资产　　　　　　　　　　　　　　1520
　　　　　公允价值变动损益　　　　　　　　　　630

B. 借：投资性房地产——成本　　　　　　1900
　　　累计折旧　　　　　　　　　　　　250
　　　贷：固定资产　　　　　　　　　　　　　　1520
　　　　　资本公积——其他资本公积　　　　　　630

C. 借：投资性房地产——成本　　　　　　1900
　　　累计折旧　　　　　　　　　　　　250
　　　贷：固定资产　　　　　　　　　　　　　　1520
　　　　　其他综合收益　　　　　　　　　　　　630

D. 借：投资性房地产——成本　　　　　　1900
　　　累计折旧　　　　　　　　　　　　250
　　　贷：固定资产　　　　　　　　　　　　　　1520
　　　　　以前年度损益调整　　　　　　　　　　630

8. 下列关于甲公司 6 月 30 日的各项表述正确的是（　　）。

A. 甲公司厂房的账面价值为 302.25 万元

B. 甲公司投资性房地产的账面价值为 1700 万元

C. 甲公司因投资性房地产计入所有者权益的金额为 200 万元

D. 甲公司应计提投资性房地产减值准备 200 万元

9. 甲公司对生产线进行更新改造后的入账价值为（　　）万元。

A. 1900　　　　　B. 1920　　　　　C. 1935　　　　　D. 2020

10. 下列各项中，甲公司在 12 月 31 日的正确会计处理为（　　）。

A. 借：投资性房地产——公允价值变动　　　　　　100

　　贷：公允价值变动损益　　　　　　　　　　　　　　100

B. 借：资产减值损失　　　　　　　　　　　　56.75

　　贷：固定资产减值准备——厂房　　　　　　　　　56.75

C. 借：投资性房地产——公允价值变动　　　　　100

　　贷：资产减值损失　　　　　　　　　　　　　　　100

D. 甲公司对生产线无须计提减值准备

（三）

金宏公司为增值税一般纳税人，存货采用计划成本法核算。2014 年 12 月发生如下交易或事项：

（1）12 月 1 日，"原材料"科目借方余额 1455 万元，"材料成本差异"科目贷方余额为 25 万元。

（2）12 月 3 日，外购原材料一批，取得增值税专用发票注明的价款 200 万元，增值税税额 34 万元，取得运费增值税专用发票注明的运费 10 万元，增值税税额 1.1 万元，支付保险费 1.5 万元，材料款通过银行承兑汇票方式支付，其他费用通过银行转账方式支付。当日原材料已验收入库，该批原材料的计划成本为 220 万元。

（3）12 月 14 日，委托甲公司加工某应税消费品（非金银首饰），发出原材料的计划成本为 120 万元。

（4）12 月 22 日，生产车间领用原材料 500 万元。

（5）12 月 28 日，收回委托甲公司加工的产品，支付甲公司加工费取得增值税专用发票注明的价款 20 万元，增值税税额 3.4 万元，甲公司代收代缴消费税 60 万元，以上款项通过银行转账方式支付。收回的产品直接对外出售。

要求：根据上述资料，假定不考虑其他因素，分析回答下列第 11~15 题（答案中的金额单位用万元表示）。

11. 下列关于金宏公司外购原材料的会计处理正确的是（　　）。

A. 借：材料采购　　　　　　　　　　　　　　211.5

　　　应交税费——应交增值税（进项税额）　　 35.1

　　贷：银行存款　　　　　　　　　　　　　　　　246.6

  B. 借：原材料   220

     贷：材料采购   220

  C. 借：材料采购   8.5

     贷：材料成本差异   8.5

  D. 借：材料采购   211.5

     应交税费——应交增值税（进项税额） 35.1

     贷：应付票据   234

      银行存款   12.6

12. 金宏公司发出原材料委托甲公司进行加工时，应计入"委托加工物资"
（ ）万元。

  A. 120   B. 122.4   C. 117.6   D. 118

13. 下列关于金宏公司生产车间领用原材料的表述正确的是（ ）。

  A. 生产车间领用原材料应按计划成本核算

  B. 计入生产成本的金额为 500 万元

  C. 月末应将生产车间领用原材料的计划成本调整为实际成本

  D. 领用原材料的实际成本为 490 万元

14. 下列关于金宏公司收回委托加工物资时的会计处理正确的是（ ）。

  A. 借：委托加工物资   20

     应交税费——应交增值税（进项税额） 3.4

     贷：银行存款   23.4

  B. 借：委托加工物资   60

     贷：应交税费——应交消费税   60

  C. 借：应交税费——应交消费税   60

     贷：银行存款   60

  D. 借：委托加工物资   60

     贷：银行存款   60

15. 金宏公司月末库存原材料的实际成本为（ ）万元。

  A. 1055   B. 1033.9   C. 1076.1   D. 1100

模拟试卷（三）

一、单项选择题（本类题共 24 小题，每小题 1.5 分，共 36 分。在每小题备选答案中，只有一个符合题意的正确答案，多选、错选、不选均不得分）

1. 下列关于货币资金管理规定的说法中不正确的是（　　）。

A. 开户单位现金收入应于当日送存开户银行

B. 不准谎报用途套取现金

C. 不准用银行账户代替其他单位和个人存入或支取现金

D. 向个人收购农副产品和其他物资的价款大于 1000 元的需要通过银行转账支付

2. 甲公司 2015 年 2 月 10 日销售商品，应收乙公司的一笔款项为 1200 万元，2015 年 6 月 30 日计提坏账准备 150 万元，2015 年 12 月 31 日，该笔应收账款的预计未来现金流量现值为 1000 万元。2015 年 12 月 31 日，该笔应收账款应计提的坏账准备为（　　）万元。

A. 300　　　　　B. 50　　　　　　C. 250　　　　　　D. 0

3. 甲公司采用计划成本进行材料的日常核算。2015 年 12 月，月初结存材料计划成本为 200 万元，材料成本差异为超支 4 万元；本月入库材料计划成本为 800 万元，材料成本差异为节约 12 万元；本月发出材料计划成本为 600 万元。假定甲公司按本月材料成本差异率分配本月发出材料所负担的材料成本差异，甲公司本月月末结存材料的实际成本为（　　）万元。

A. 394　　　　　B. 396.8　　　　C. 399　　　　　　D. 420

4. 2015 年 11 月 15 日，甲公司与乙公司签订了一份不可撤销的商品购销合同，约定甲公司于 2016 年 1 月 15 日按每件 2 万元向乙公司销售 W 产品 100 件。2015 年 12 月 31 日，甲公司库存该产品 100 件，每件实际成本为 1.8 万元。甲公司预计向乙公司销售该批产品将发生相关税费 10 万元。假定不考虑其他因素，甲公司该批产品在 2015 年 12 月 31 日的资产负债表中应列示的金额为（　　）万元。

A. 176　　　　　B. 180　　　　　C. 186　　　　　　D. 190

5. 甲公司 2015 年 4 月 1 日自证券市场购入乙公司发行的股票 100 万股，共支付价款 900 万元，其中包括交易费用 5 万元。购入时，乙公司已宣告但尚未发放的现金股利为每股 0.2 元。甲公司购入该股票作为交易性金融资产核算。2015

年 5 月 1 日收到价款中包含的现金股利，2015 年 8 月 1 日，乙公司宣告分配 2015 年上半年的现金股利 0.5 元/股，甲公司于 2015 年 9 月收到该项股利，2015 年 12 月 31 日该股票的市场价格为 10 元/股。甲公司 2015 年持有该交易性金融资产应确认的投资收益为（　　）万元。

A. 100 　　　　　B. 45 　　　　　C. 5 　　　　　D. 170

6. 权益工具（股票）投资不能划分为（　　）。

A. 交易性金融资产 　　　　　　　B. 持有至到期投资

C. 可供出售金融资产 　　　　　　D. 长期股权投资

7. 2015 年 1 月 1 日，甲公司从二级市场以每股 30 元（含已宣告但尚未发放的现金股利每股 0.4 元）的价格购入乙公司发行的股票 100 万股，取得乙公司有表决权股份的 5%，对乙公司无重大影响，甲公司将其作为可供出售金融资产核算。2015 年 5 月 10 日，甲公司收到乙公司上年度宣告发放的现金股利 40 万元。2015 年 12 月 31 日，该股票的市场价格为每股 26 元，甲公司预计该股票的价格下跌是暂时的。则甲公司 2015 年 12 月 31 日该项可供出售金融资产的账面价值为（　　）万元。

A. 2600 　　　　B. 2920 　　　　C. 2960 　　　　D. 3000

8. 下列不属于长期股权投资核算范围的是（　　）。

A. 对子公司投资 　　　　　　　　B. 对联营企业投资

C. 对合营企业投资

D. 对被投资单位不具有控制、共同控制或重大影响的权益性投资

9. 采用成本法核算长期股权投资的情况下，被投资企业实现净利润时，投资企业应当（　　）。

A. 借记"投资收益"科目 　　　　　B. 借记"资本公积"科目

C. 贷记"长期股权投资"科目 　　　D. 不作处理

10. 甲公司 2015 年 1 月 1 日以 3000 万元的价格购入乙公司 30010 万元的股份，另支付相关费用 15 万元。购入时乙公司可辨认净资产的公允价值为 11000 万元。乙公司 2015 年实现净利润 600 万元。甲公司取得该项投资后对乙公司具有重大影响。假定不考虑其他因素，该投资对甲公司 2015 年度利润总额的影响为（　　）万元。

A. 165 　　　　　B. 180 　　　　　C. 465 　　　　　D. 480

11. 某企业为增值税一般纳税人，2015 年 12 月购入一台需要安装的生产经营用设备，取得的增值税专用发票上注明的设备买价为 100 万元，增值税税额为 17 万元，支付的运杂费为 3 万元，设备安装时领用生产用材料价值 20 万元（不含税），购进该批材料的增值税为 3.4 万元，设备安装时支付有关人员薪酬 2.6 万

541

元。该固定资产的入账成本为（　　）万元。

    A. 126　　　　　　　B. 146　　　　　　　C. 125.6　　　　　　D. 142.6

12. 甲公司一套生产设备附带的电机由于连续工作时间过长而烧毁，该电机无法修复，需要用新的电机替换。该套生产设备原价 65000 元，已计提折旧 13000 元。烧毁电机的原价为 12000 元，购买新电机的成本为 18000 元，安装完成后该套设备的入账价值为（　　）元。

    A. 52000　　　　　　B. 58000　　　　　　C. 60400　　　　　　D. 62800

13. 甲公司 2013 年年初开始进行新产品的研究开发，2013 年度处于研究阶段，投入研究费用 300 万元，2014 年度进入开发阶段，发生支出 800 万元（其中符合资本化条件的部分是 600 万元），至 2015 年 1 月研发成功，并向国家专利局提出专利权申请且获得专利权，实际发生注册登记费等 90 万元。该项专利权的法律保护年限为 10 年，预计使用年限 12 年。则 2015 年度甲公司对该项专利权应摊销的金额为（　　）万元。

    A. 55　　　　　　　B. 69　　　　　　　C. 80　　　　　　　D. 96

14. 预收账款情况不多的企业，可以不设"预收账款"科目，而将预收的款项直接记入（　　）科目。

    A. 应收账款　　　　B. 预付账款　　　　C. 其他应收款　　　D. 应付账款

15. 企业为高管人员租赁住房作为职工福利。针对该笔业务，应编制的会计分录是（　　）。

    A. 借记"管理费用"科目，贷记"银行存款"科目

    B. 借记"管理费用"科目，贷记"应付职工薪酬"科目

    C. 借记"管理费用"科目，贷记"应付职工薪酬"科目；同时借记"应付职工薪酬"科目，贷记"银行存款"科目

    D. 借记"管理费用"科目，贷记"应付职工薪酬"科目；同时借记"应付职工薪酬"科目，贷记"累计折旧"科目

16. 某企业年初未分配利润贷方余额为 200 万元，本年实现净利润 1000 万元，按净利润的 10% 提取法定盈余公积，同时提取任意盈余公积 50 万元，该企业年末可供投资者分配的利润为（　　）万元。

    A. 1200　　　　　　B. 1100　　　　　　C. 1050　　　　　　D. 1000

17. 甲公司于 2014 年 5 月销售并已确认收入的商品，由于质量问题在 2015 年 10 月被要求退回，下列说法中正确的是（　　）。

    A. 冲减 2014 年 5 月的收入

    B. 冲减 2014 年 5 月的成本

    C. 冲减 2015 年 5 月的收入和成本

D. 冲减 2015 年 10 月的收入和成本

18. 根据税法规定，下列各项中，应予纳税调减的项目是（　　）。

A. 股票转让净收益　　　　　　　　B. 国债利息收入

C. 公司债券利息收入　　　　　　　D. 公司债券转让净收益

19. 下列各项中，（　　）会引起现金流量净额发生变动。

A. 将现金存入银行　　　　　　　　B. 用银行存款购买 2 个月到期的债券

C. 用固定资产抵偿债务　　　　　　D. 用银行存款清偿 30 万元的债务

20. 某公司对外转让一项账面净值为 35 万元的固定资产，取得收入 50 万元已存入银行，转让时以现金支付转让费 3 万元和相关税金 2 万元，此项业务在现金流量表中应（　　）。

A. 在"收到其他与经营活动有关的现金"和"支付的各项税费"2 个项目中分别填列 50 万元、5 万元

B. 在"收到其他与经营活动有关的现金"和"支付其他与经营活动有关的现金"2 个项目中分别填列 50 万元、5 万元

C. 在"处置固定资产、无形资产和其他长期资产收回的现金净额"项目中填列 45 万元

D. 在"处置固定资产、无形资产和其他长期资产收回的现金净额"项目中填列 10 万元

21. 下列各项中，根据总账科目和明细账科目余额分析计算填列的是（　　）。

A. 以公允价值计量且其变动计入当期损益的金融资产

B. 应付票据

C. 长期借款

D. 应付账款

22. 下列税金中，不应计入存货成本的是（　　）。

A. 一般纳税企业进口原材料支付的关税

B. 一般纳税企业购进原材料支付的增值税

C. 小规模纳税企业购进原材料支付的增值税

D. 一般纳税企业进口应税消费品支付的消费税

23. 2009 年 12 月 31 日，甲公司购入一台设备并投入使用，其成本为 25 万元，预计使用年限 5 年，预计净残值 1 万元，采用双倍余额递减法计提折旧。假定不考虑其他因素，2010 年度该设备应计提的折旧为（　　）万元。

A. 4.8　　　　　　B. 8　　　　　　C. 9.6　　　　　　D. 10

24. 下列各项中，应列入资产负债表"其他应付款"项目的是（　　）。

A. 应付租入包装物租金　　　　　　B. 应付融资租入固定资产租金

C. 结转到期无力支付的应付票据　　D. 应付由企业负担的职工社会保险费

二、多项选择题（本类题共 12 小题，每小题 2 分，共 24 分。在每小题备选答案中，有两个或两个以上符合题意的正确答案，多选、少选、错选、不选均不得分）

1. 甲公司周转材料采用分次摊销法核算，使用次数为两次。2015 年 8 月，公司行政管理部门领用一批新的周转材料，实际成本 9000 元；12 月末，该批周转材料全部报废。下列有关周转材料报废时的会计分录，正确的有（　　）。

A. 借：管理费用　　　　　　　　　　　　　　　　　　4000
　　　贷：周转材料——低值易耗品——在库　　　　　　　　　　4000

B. 借：管理费用　　　　　　　　　　　　　　　　　　4500
　　　贷：周转材料——低值易耗品——摊销　　　　　　　　　　4500

C. 借：管理费用　　　　　　　　　　　　　　　　　　4000
　　　贷：周转材料——低值易耗品——在用　　　　　　　　　　4000

D. 借：周转材料——低值易耗品——摊销　　　　　　　9000
　　　贷：周转材料——低值易耗品——在用　　　　　　　　　　9000

2. 采用权益法核算时，能引起长期股权投资账面价值发生增减变动的事项有（　　）。

A. 转让长期股权投资　　　　　　B. 被投资单位宣告分配现金股利
C. 计提长期股权投资减值准备　　D. 被投资单位宣告分配股票股利

3. 下列关于固定资产后续支出的表述中，正确的有（　　）。

A. 固定资产发生的不符合资本化条件的更新改造支出应当在发生时计入当期管理费用、销售费用或制造费用

B. 固定资产发生的不符合资本化条件的装修费用应当在发生时计入当期管理费用、销售费用或制造费用

C. 固定资产的日常修理费用通常不符合资本化条件，应作为当期费用处理，不得采用预提或待摊方式处理

D. 固定资产更新改造过程中，如有被替换部分，应当终止确认被替换部分的账面价值

4. 下列关于投资性房地产后续计量的表述中，正确的有（　　）。

A. 采用公允价值模式进行后续计量的不允许再采用成本模式计量

B. 采用公允价值模式进行后续计量的投资性房地产，不应计提折旧或摊销

C. 采用公允价值模式进行后续计量的投资性房地产，应当计提减值准备

D. 采用成本模式进行后续计量的投资性房地产，按月计提的折旧或进行的摊销应计入管理费用

5. 下列各项中，增值税一般纳税人需要做视同销售处理的有（　　）。

A. 自产产品用于集体福利

B. 自产产品用于对外投资

C. 外购的生产用原材料因管理不善发生火灾

D. 外购的生产用原材料改用于自建厂房

6. （　　）可以作为未确认融资费用分摊时的实际利率。

A. 租赁内含利率

B. 合同利率

C. 同期银行贷款利率

D. 以租赁资产公允价值入账的应重新计算折现率

7. 下列各项中，能够引起企业留存收益总额发生变动的有（　　）。

A. 本年度实现的净利润　　　　　　B. 提取法定盈余公积

C. 向投资者宣告分配现金股利　　　D. 用盈余公积弥补亏损

8. 劳务的开始和完成分属不同的会计期间，则关于在资产负债表日提供劳务收入确认和计量的表述中，正确的有（　　）。

A. 企业提供劳务交易结果如果能够可靠估计，应当采用完工百分比法确认提供劳务收入

B. 企业提供劳务交易结果如果能够可靠估计，当期收取的合同价款应全部确认提供劳务收入

C. 企业提供劳务交易结果如果不能可靠估计，当期不应确认提供劳务收入

D. 企业提供劳务交易结果如果不能可靠估计，但已经发生的劳务成本预计全部能够得到补偿的，应按已收或预计能够收回的金额确认提供劳务收入

9. 下列各项中，影响当期损益的有（　　）。

A. 无法支付的应付账款

B. 生产经营期间发生的不符合资本化条件的利息支出

C. 研发项目在研究阶段发生的支出

D. 可供出售权益工具投资公允价值的增加

10. 对于设定提存计划，企业应当根据在资产负债表日为换取职工在会计期间提供的服务而应向单独主体缴存的提存金，确认为应付职工薪酬，并计入当期损益或相关资产成本，借记（　　）科目，贷记"应付职工薪酬——设定提存金计划"科目。

A. 生产成本　　　B. 制造费用　　　C. 管理费用　　　D. 销售费用

11. 下列各项中，企业需暂估入账的有（　　）。

A. 月末已验收入库但发票账单未到的原材料

B. 已发出商品但货款很可能无法收回的商品销售

C. 已达到预定可使用状态但尚未办理竣工决算的办公楼

D. 董事会已通过但股东大会尚未批准的拟分配现金股利

12. 下列关于长期股权投资会计处理的表述中，正确的有（　　）。

A. 对子公司长期股权投资应采用成本法核算

B. 处置长期股权投资时应结转其已计提的减值准备

C. 成本法下，按被投资方实现净利润应享有的份额确认投资收益

D. 成本法下，按被投资方宣告发放现金股利应享有的份额确认投资收益

三、判断题（本类题共 10 小题，每小题 1 分，共 10 分。请判断每小题的表述是否正确，每小题答题正确的得 1 分，答题错误的倒扣 0.5 分，不答题的不得分也不扣分，本类题最低得分为零分）

1. 设定受益计划，是指向独立的基金缴存固定费用后，企业不再承担进一步支付义务的离职后福利计划。（　　）

2. 企业持有交易性金融资产期间，在资产负债表日按分期付息、一次还本债券投资的实际利率计算的利息收入，借记"应收利息"科目，贷记"投资收益"科目。（　　）

3. 无形资产无法可靠确定有关经济利益的预期实现方式的，应当采用直线法摊销。（　　）

4. 计量应付职工薪酬时，国家规定了计提基础和计提比例的，应当按照国家规定的标准计提；没有规定计提基础和计提比例的，企业不得预计当期应付职工薪酬。（　　）

5. 短期非带薪缺勤，是指职工虽然缺勤但企业仍向其支付报酬的安排，包括年休假、病假、婚假、产假、丧假、探亲假等，长期带薪缺勤属于其他长期职工福利。（　　）

6. 企业集团（由母公司和其子公司构成）内发生的股份支付交易，如结算企业是接受服务企业的投资者，应当按照授予日权益工具的公允价值或应承担负债的公允价值确认为对接受服务企业的长期股权投资，同时确认资本公积（其他资本公积）或负债。（　　）

7. "其他综合收益的税后净额"项目，反映企业根据企业会计准则规定未在损益中确认的各项利得和损失扣除所得税前的金额。（　　）

8. 综合收益总额反映企业净利润与其他综合收益的合计金额。（　　）

9. 委托加工的物资收回后用于连续生产的，应将受托方代收代缴的消费税计入委托加工物资的成本。（　　）

10. 投资性房地产采用公允价值模式进行后续计量的，应按资产负债表日该

资产的公允价值调整其账面价值。（　　）

四、不定项选择题 （本类题共 15 小题，每小题 2 分，共 30 分。在每小题备选答案中，有一个或一个以上符合题意的正确答案，每小题全部选对得满分，少选得相应分值，多选、错选、不选均不得分）

（一）

甲上市公司发生下列长期股权投资业务：

（1）2014 年 1 月 3 日，支付 4600 万元，购入乙公司股票 580 万股，占乙公司有表决权股份的 25%，对乙公司具有重大影响，甲公司将其作为长期股权投资核算。每股价格中包含已宣告但尚未发放的现金股利 0.25 元，另外支付相关税费 7 万元。款项均以银行存款支付。当日，乙公司所有者权益的账面价值（与其公允价值不存在差异）为 18000 万元。

（2）2014 年 3 月 16 日，收到乙公司宣告分派的现金股利。

（3）2014 年度，乙公司实现净利润 3000 万元。

（4）2014 年度，乙公司一项可供出售金融资产公允价值变动增加 100 万元。

（5）2015 年 2 月 16 日，乙公司宣告分派 2014 年度股利，每股分派现金股利 0.20 元。

（6）2015 年 3 月 12 日，甲上市公司收到乙公司分派的 2014 年度的现金股利。

（7）2015 年 5 月 4 日，甲上市公司出售所持有的全部乙公司的股票，共取得价款 5200 万元（不考虑长期股权投资减值及相关税费）。

要求：根据上述资料，假定不考虑其他因素，分析回答下列第 1~5 题。（答案中金额单位用万元表示）

1. 2014 年 1 月 3 日，该项长期股权投资的初始投资成本为（　　）万元。

A. 4600　　　　B. 4607　　　　C. 4462　　　　D. 4647

2. 2014 年 1 月 3 日，该项长期股权投资的账面价值为（　　）万元。

A. 4500　　　　B. 4607　　　　C. 4502　　　　D. 4647

3. 2014 年度由于该项投资对甲公司当期损益的影响金额为（　　）万元。

A. 38　　　　　B. 750　　　　　C. 788　　　　　D. 813

4. 2014 年 12 月 31 日，该项长期股权投资的账面价值为（　　）万元。

A. 4500　　　　B. 4607　　　　C. 4502　　　　D. 5275

5. 2015 年度该项长期股权投资应确认的投资收益为（　　）万元。

A. 64　　　　　B. 66　　　　　C. 25　　　　　D. 20

（二）

甲企业为增值税一般纳税人，适用的增值税税率为 17%，共有 1000 名职工，2015 年 11 月 30 日，应付职工薪酬为 0 元，该企业 2015 年 12 月发生的有关职工薪酬业务如下：

（1）1 日，企业将自有的房屋 5 套供管理人员免费使用，月折旧额共计 6000 元。

（2）24 日，企业以其生产的洗发水作为福利发放给直接从事生产活动的职工，该批洗发水市场售价总额为 22500 元（不含税价格），成本总额为 15000 元。

（3）31 日，本月各部门工资计算结果如下表所示：2015 年 12 月部门工资计算简表：

单位：元

部门	车间生产部门	车间管理部门	行政管理部门	销售部门	施工部门	合计
金额	129000	14850	31700	37050	29900	242500

假定该企业社会保险费的计提比例为工资总额的 20%，住房公积金的计提比例为工资总额的 15%。

（4）从 2016 年 1 月 1 日起，该企业实行累积带薪休假制度。该制度规定，每个职工每年可享受 5 个工作日带薪休假。未使用的年休假只能向后结转一个公历年度，超过 1 年未使用的权利作废，在职工离开企业时也无权获得现金支付；职工休年假时，首先使用当年可享受的权利，再从上年结转的带薪年休假中扣除。

2015 年 12 月 31 日，甲公司预计 2016 年有 900 名职工将享受不超过 5 天的带薪年休假，剩余 100 名职工每人将平均享受 6 天半带薪年休假，假定这 100 名职工全部为总部各部门经理，该企业平均每名职工每个工作日工资为 200 元。

（5）2015 年公司有 5 人各休了 6 个月的产假（产假和年假的计算基础一致）。

要求：根据上述资料，假定不考虑其他因素，分析回答下列第 6~10 题。（答案中的金额单位用元表示）

6. 根据资料（1），下列各项中，该企业会计处理正确的是（　　）。

A. 借：管理费用　　　　　　　　　　　　6000
　　　贷：银行存款　　　　　　　　　　　　　　6000

B. 借：管理费用　　　　　　　　　　　　6000
　　　贷：应付职工薪酬——非货币性福利　　　　6000

C. 借：应付职工薪酬——非货币性福利　　6000
　　　贷：累计折旧　　　　　　　　　　　　　　6000

D. 借：应付职工薪酬——非货币性福利　　6000
　　　贷：管理费用　　　　　　　　　　　　　　6000

7. 根据资料（2），下列各项中，该企业会计处理结果正确的是（　　）。

A. 库存商品减少 22500 元　　　B. 生产成本增加 26325 元

C. 制造费用增加 18825 元　　　D. 主营业务成本增加 15000 元

8. 根据资料（1）~（4），下列各项中，应通过"应付职工薪酬"科目核算的是（　　）。

A. 企业为职工缴纳的社会保险费

B. 企业确认的短期带薪缺勤

C. 企业为职工缴纳的住房公积金

D. 企业将自产洗发水作为福利发放给职工

9. 根据资料（3），下列各项中，该企业分配职工薪酬会计处理结果正确的是（　　）。

A. 制造费用增加 20047.5 元　　　B. 管理费用增加 42795 元

C. 销售费用增加 50017.5 元　　　D. 生产成本增加 174150 元

10. 根据资料（4）和资料（5），该企业 12 月应确认的应付职工薪酬是（　　）元。

A. 15000　　　B. 20000　　　C. 30000　　　D. 40000

（三）

甲企业为增值税一般纳税人，适用增值税税率为 17% 原材料按实际成本核算，2012 年 12 月初，A 材料账面余额 90000 元，该企业 12 月发生的有关经济业务如下：

（1）5 日，购入 A 材料 1000 千克，增值税专用发票上注明的价款 300000 元，增值税税额 51000 元，购入该种材料发生保险费 1000 元，发生运输费 4000 元（已取得运输发票），运输过程中发生合理损耗 10 千克，材料已验收入库，款项均已通过银行付清，运输费用的增值税扣除率 7%。

（2）15 日，委托外单位加工 B 材料（属于应税消费品），发出 B 材料成本 70000 元，支付加工费 20000 元，取得的增值税专用发票上注明的增值税额为 3400 元，由受托方代收代缴的消费税为 10000 元，材料加工完毕验收入库，款项均已支付，材料收回后用于继续生产应税消费品。

（3）20 日，领用 A 材料 60000 元，用于企业专设销售机构办公楼的日常维修，购入 A 材料的支付的相关增值税税额为 10200 元。

（4）31 日，生产领用 A 材料一批，该批材料成本 15000 元。

要求：根据上述资料，假定不考虑其他因素，分析回答下列第 11~15 题（答案中的金额单位用元表示）。

11. 材料资料（1），下列各项中，应计入外购原材料实际成本的是（　　）。

A. 运输过程中的合理损耗　　　B. 采购过程中发生的保险费

C. 增值税专用发票上注明的价款　　D. 增值税发票上注明的增值税税额

12. 根据资料（1），下列各项中，关于甲企业采购 A 材料的会计处理，结果正确的是（　　）。

A. 记入"原材料"科目的金额为 305000 元

B. 记入"原材料"科目的金额为 304720 元

C. 记入"应交税费——应交增值税（进）"科目的金额为 51000 元

D. 记入"应交税费——应交增值税（进）"科目的金额为 51280 元

13. 根据资料（2），关于甲企业委托加工业务会计处理，正确的是（　　）。

A. 收回委托加工物资成本为 90000 元

B. 收回委托加工物资成本为 100000 元

C. 受托方代收代缴的消费税 10000 元应计入委托加工物资成本

D. 受托方代收代缴的消费税 10000 元应记入"应交税费"科目的借方

14. 根据资料（3），下列各项中，甲企业专设销售机构办公楼日常维修领用A材料会计处理正确的是（　　）。

A. 借：销售费用　　　　　　　　　　　60000
　　　贷：原材料　　　　　　　　　　　　　　　　60000

B. 借：在建工程　　　　　　　　　　　70200
　　　贷：原材料　　　　　　　　　　　　　　　　60000
　　　　　应交增值税（进转出）　　　　　　　　　10200

C. 借：销售费用　　　　　　　　　　　70200
　　　贷：原材料　　　　　　　　　　　　　　　　60000
　　　　　应交增值税（进转出）　　　　　　　　　10200

D. 借：在建工程　　　　　　　　　　　60000
　　　贷：原材料　　　　　　　　　　　　　　　　60000

15. 根据期初材料（1）~（4），甲企业 31 日 A 材料结存成本（　　）元。

A. 304800　　　　　B. 31500　　　　　C. 319720　　　　　D. 320000

模拟试卷（四）

一、单项选择题（本类题共 24 小题，每小题 1.5 分，共 36 分。在每小题备选答案中，只有一个符合题意的正确答案，多选、错选、不选均不得分）

1. 甲公司 2015 年 10 月 10 日自证券市场购入乙公司发行的股票 100 万股，

共支付价款 860 万元，另支付交易费用 4 万元。甲公司将购入的乙公司股票作为可供出售金融资产核算。则该可供出售金融资产的入账价值为（　　）万元。

　　A. 860　　　　　　B. 840　　　　　C. 864　　　　　　D. 844

　　2. 某企业 2013 年 4 月 1 日从银行借入期限为 3 年的长期借款 400 万元，编制 2015 年 12 月 31 日的资产负债表时，此项借款应填入的报表项目是（　　）。

　　A. 短期借款　　　　　　　　B. 长期借款

　　C. 其他长期负债　　　　　　D. 一年内到期的非流动负债

　　3. 2014 年 1 月 1 日，甲公司购入乙公司于 2012 年 1 月 1 日发行的面值为 1000 万元、期限为 4 年、票面年利率为 8% 的债券，并将其划分为交易性金融资产，实际支付购买价款 1100 万元（包括已到付息期但尚未领取的债券利息 80 万元，交易费用 2 万元）。2014 年 1 月 5 日，收到乙公司支付的上述债券利息。2014 年 12 月 31 日，甲公司持有的该债券的公允价值为 1060 万元。2015 年 1 月 5 日，收到乙公司支付的 2014 年度的债券利息。2015 年 2 月 10 日甲公司以 1200 万元的价格将该债券全部出售，则甲公司出售该债券时应确认的投资收益为（　　）万元。

　　A. 100　　　　　　B. 102　　　　　C. 180　　　　　　D. 182

　　4. 下列针对无形资产核算的表述正确的是（　　）。

　　A. 将商誉确认为无形资产

　　B. 将以支付土地出让金方式取得的土地使用权单独确认为无形资产

　　C. 将单独估价入账的土地作为无形资产核算

　　D. 无形资产是指企业拥有或者控制的没有实物形态的可辨认货币性资产

　　5. 某企业采用先进先出法计算发出材料的成本。2015 年 3 月 1 日结存 A 材料 2000 吨，每吨实际成本为 2000 元；3 月 4 日和 17 日分别购进 A 材料 3000 吨和 4000 吨，每吨实际成本分别为 1800 元和 2200 元；3 月 10 日和 27 日分别发出 A 材料 4000 吨和 3500 吨。则 A 材料月末账面余额为（　　）元。

　　A. 3000000　　　B. 3033300　　　C. 3204000　　　D. 3300000

　　6. 某企业月初结存材料的计划成本为 100000 元，材料成本差异为节约 1000 元；本月入库材料的计划成本为 100000 元，材料成本差异为超支 400 元。当月生产车间领用材料的计划成本为 150000 元，则生产车间领用材料的实际成本为（　　）元。

　　A. 150450　　　B. 149550　　　C. 151050　　　D. 148950

　　7. 下列各项中，不属于让渡资产使用权收入的是（　　）。

　　A. 转让无形资产的所有权取得的净收入

　　B. 出租固定资产取得的租金

C. 股权投资取得的现金股利

D. 转让商标使用权取得的收入

8. 某企业于 2014 年 12 月 31 日购入一项固定资产，其原价为 200 万元，预计使用年限为 5 年，预计净残值为 0.8 万元，采用双倍余额递减法计提折旧。2015 年度该项固定资产应计提的折旧额为（　　）万元。

　　A. 39.84　　　　　B. 66.4　　　　　C. 79.68　　　　　D. 80

9. 某企业出售一幢办公楼，该办公楼账面原价 370 万元，累计折旧 115 万元，计提减值准备 10 万元。出售取得价款 186 万元，发生清理费用 10 万元，支付营业税 18 万元。假定不考虑其他相关税费，企业出售该幢办公楼确认的净损失为（　　）万元。

　　A. 77　　　　　　B. 87　　　　　　C. 95　　　　　　D. 105

10. 某公司于 2015 年 1 月 1 日将一幢商品房对外出租并采用公允价值模式进行后续计量，租期为 3 年，每年 12 月 31 日收取租金 200 万元。出租时，该幢商品房的公允价值为 4400 万元，2015 年 12 月 31 日，该幢商品房的公允价值为 5000 万元。假定不考虑其他因素，该公司 2015 年应确认的公允价值变动损益为（　　）万元。

　　A. 损失 200　　　B. 收益 200　　　C. 收益 600　　　D. 损失 600

11. 2015 年 5 月，甲公司销售商品实际应交增值税 40 万元，应交消费税 25 万元（全部为销售应税消费品所发生）；提供营业税应税劳务实际应交营业税 10 万元；适用的城市维护建设税税率为 7%。假定不考虑其他因素，甲公司当月应列入利润表“营业税金及附加”项目的金额为（　　）万元。

　　A. 7.3　　　　　　B. 38.5　　　　　C. 40. 25　　　　　D. 80.3

12. 某事业单位购入 2 个月到期的国债，购买价款为 10 万元，支付佣金和手续费 2000 元，则计入短期投资成本的金额为（　　）元。

　　A. 100000　　　　B. 102000　　　　C. 99800　　　　D. 110000

13. 某企业 2015 年年初未分配利润的贷方余额为 2000 万元，本年度实现的净利润为 1000 万元，分别按 10% 和 5% 提取法定盈余公积和任意盈余公积，向投资者分配利润 400 万元。假定不考虑其他因素，该企业 2015 年年末未分配利润为（　　）万元。

　　A. 2050　　　　　B. 2550　　　　　C. 2700　　　　　D. 2450

14. 某企业为增值税一般纳税人，2015 年应交的各项税金为：增值税 350 万元，消费税 150 万元，城市维护建设税 35 万元，房产税 10 万元，车船税 5 万元，印花税 1 万元，企业所得税 250 万元。上述各项税金应计入管理费用的金额为（　　）万元。

A. 5 B. 16 C. 50 D. 185

15. 企业采用预收款方式销售商品，确认销售收入的时点通常是（　　）。

A. 收到第一笔货款时 B. 合同约定的收款日期

C. 发出商品时 D. 收到支付凭证时

16. 甲股份有限公司委托 A 证券公司发行普通股 1000 万股，每股面值 1 元，每股发行价格为 5 元。根据约定，股票发行成功后，甲股份有限公司应按发行收入的 2% 向 A 证券公司支付发行费。假定不考虑其他因素，股票发行成功后，甲股份有限公司记入"资本公积"科目的金额应为（　　）万元。

A. 5000 B. 4000 C. 3900 D. 3000

17. 某企业 2015 年度发生以下业务：偿还因购货产生的应付账款 200 万元，本期预付货款 100 万元，支付生产人员工资 150 万元，发行股票收取银行存款 400 万元。假定不考虑其他因素，该企业 2015 年度现金流量表中"购买商品、接受劳务支付的现金"项目的金额为（　　）万元。

A. 300 B. 350 C. 650 D. 1150

18. 某企业 2015 年 12 月 31 日"无形资产"科目余额为 10000 万元，"累计摊销"科目余额为 3000 万元，"无形资产减值准备"科目余额为 500 万元。该企业 2015 年 12 月 31 日资产负债表"无形资产"项目的金额为（　　）万元。

A. 6500 B. 7000 C. 9500 D. 10000

19. 某企业 2015 年 12 月发生的费用有：计提车间固定资产折旧 10 万元，发生车间管理人员工资 40 万元，支付广告费用 30 万元，计提短期借款利息 20 万元，支付车间固定资产修理费用 10 万元，发生的停工损失为 30 万元，发生房产税为 10 万元。则该企业 12 月的期间费用总额为（　　）万元。

A. 50 B. 70 C. 100 D. 110

20. 2011 年 3 月某企业开始自行研发一项非专利技术，至 2011 年 12 月 31 日研发成功并达到预定可使用状态，累计研究支出为 160 万元，累计开发支出为 500 万元（其中符合资本化条件的支出为 400 万元）。该非专利技术使用寿命不能合理确定，假定不考虑其他因素，该业务导致企业 2011 年度利润总额减少（　　）万元。

A. 100 B. 160 C. 260 D. 660

21. 2012 年 2 月 1 日某企业购入原材料一批，开出一张面值为 117000 元，期限为 3 个月的不带息的商业承兑汇票。2012 年 5 月 1 日该企业无力支付票款时，下列会计处理正确的是（　　）。

A. 借：应付票据 117000

　　贷：短期借款 117000

    B. 借: 应付票据   117000

          其他应付款   117000

    C. 借: 应付票据   117000

          贷: 应付账款   117000

    D. 借: 应付票据   117000

          贷: 预付账款   117000

22. 某企业为增值税一般纳税人，适用的增值税税率为17%，2012年6月建造厂房领用材料实际成本20000元，计税价格为24000元，该项业务应计入在建工程成本的金额为（   ）元。

    A. 20000   B. 23400   C. 24000   D. 28000

23. 企业每期期末计提一次还本息的长期借款利息，对其中应当予以资本化的部分，下列会计处理正确的是（   ）。

    A. 借记"财务费用"科目，贷记"长期借款"科目

    B. 借记"财务费用"科目，贷记"应付利息"科目

    C. 借记"在建工程"科目，贷记"长期借款"科目

    D. 借记"在建工程"科目，贷记"应付利息"科目

24. 某企业适用的城市维护建设税税率为7%，2011年8月该企业应缴纳增值税2000000元、土地增值税30000元、营业税100000元、消费税50000元、资源税20000元，8月该企业应计入"应缴税费——应交城市维护建设税"科目的金额为（   ）元。

    A. 16100   B. 24500   C. 26600   D. 28000

二、多项选择题 (本题型共12题，每小题2分，共24分。在每小题备选答案中，至少有两个符合题意的正确答案，多选、错选、不选均不得分)

1. 下列属于职工薪酬的有（   ）。

    A. 短期薪酬   B. 离职后福利

    C. 企业提供给职工配偶的福利   D. 长期带薪缺勤

2. 下列各项中，应计入销售费用的有（   ）。

    A. 已售商品预计保修费用

    B. 为推广新产品而发生的广告费用

    C. 随同商品出售且单独计价的包装物成本

    D. 随同商品出售而不单独计价的包装物成本

3. 下列属于长期股权投资核算范围的有（   ）。

    A. 对子公司投资   B. 对联营企业投资

    C. 对合营企业投资   D. 购入的以交易为目的的短期债券投资

4. 下列各项中，应计入材料成本的有（　　）。

A. 非正常消耗的直接材料、直接人工和制造费用

B. 增值税小规模纳税人购入材料支付的增值税进项税额

C. 企业在存货采购入库后发生的储存费用

D. 进口材料支付的关税

5. 下列关于固定资产计提折旧的表述中，正确的有（　　）。

A. 提前报废的固定资产不再补提折旧

B. 单独估价入账的土地无须计提折旧

C. 已提足折旧仍继续使用的固定资产需要计提折旧

D. 企业以一笔款项购入多项没有单独标价的固定资产时，应按各项固定资产公允价值的比例对总成本进行分配，分别确定各项固定资产的成本，并以此计提折旧

6. 下列各项中，增值税一般纳税人需要视同销售计算增值税销项税额的有（　　）。

A. 自制产成品用于职工福利　　　　B. 自制产成品用于对外投资

C. 委托加工的货物用于职工福利　　D. 外购的生产用原材料改用于自建厂房

7. 关于金融资产的后续计量，下列说法中正确的有（　　）。

A. 资产负债表日，企业应将以公允价值计量且其变动计入当期损益的金融资产的公允价值变动计入公允价值变动损益

B. 持有至到期投资在持有期间应当按照摊余成本和实际利率计算确认利息收入，计入投资收益

C. 资产负债表日，可供出售金融资产应当以公允价值计量，公允价值正常变动计入其他综合收益

D. 资产负债表日，可供出售金融资产应当以公允价值计量，且公允价值变动计入当期损益

8. 下列各项中，影响企业营业利润的有（　　）。

A. 管理费用　　　　B. 财务费用　　　　C. 所得税费用　　　　D. 商品销售成本

9. 下列各项中，应在资产负债表"预付款项"项目列示的有（　　）。

A. "应付账款"科目所属明细账科目的借方余额

B. "应付账款"科目所属明细账科目的贷方余额

C. "预付账款"科目所属明细账科目的借方余额

D. "预付账款"科目所属明细账科目的贷方余额

10. 下列各项中，关于周转材料会计处理表述的有（　　）。

A. 多次使用的包装物应根据使用次数分次进行摊销

B. 低值易耗品金额较小的可在领用时一次计入成本费用

C. 随同商品销售出借的包装物的摊销额应计入管理费用

D. 随同商品出售单独计价的包装物取得的收入应计入其他业务收入

11. 下列各项中，企业可以采用的发出存货成本计价方法有（ ）。

A. 先进先出法 　　　　　　　　B. 移动加权平均法

C. 个别计价法 　　　　　　　　D. 成本与可变现净值孰低法

12. 下列各项中，属于让渡资产使用权收入的有（ ）。

A. 债券投资取得的利息 　　　　B. 出租固定资产取得的租金

C. 股权投资取得的现金股利 　　D. 转让商标使用权取得的收入

三、判断题（本类题共 10 小题，每小题 1 分，共 10 分。请判断每小题的表述是否正确，每小题答题正确的得 1 分，答题错误的倒扣 0.5 分，不答题的不得分也不倒扣分。本类题最低得分为零分）

1. 在建工程达到预定可使用状态前试运转所发生的净支出，应当计入营业外支出。（ ）

2. 如果无法可靠区分无形资产研究阶段的支出和开发阶段的支出，应将其所发生的研发支出全部费用化，计入当期损益。（ ）

3. 以经营租赁方式租入的固定资产发生的改良支出计入固定资产成本。（ ）

4. 使用寿命不确定的无形资产，其摊销年限不能超过 10 年。（ ）

5. 企业采用融资租赁方式租入的固定资产，应按最低租赁付款额，确认为应付账款。（ ）

6. 难以认定受益对象的非货币性福利，直接计入当期损益和应付职工薪酬。（ ）

7. 年度终了，"利润分配"科目下除"未分配利润"明细科目外，其他明细科目无余额。（ ）

8. 企业购入不需要安装的生产设备，购买价款超过正常信用条件延期支付，实质具有融资性质的，应当以购买价款的现值为基础确定其成本。（ ）

9. 增值税小规模纳税人购进货物支付的增值税直接计入有关货物的成本。（ ）

10. 企业采用支付手续费方式委托代销商品，委托方应在发出商品时确认销售商品收入。（ ）

四、不定项选择题 (本类题共 15 小题，每小题 2 分，共 30 分。在每小题备选答案中，有一个或一个以上符合题意的正确答案，每小题全部选对得满分，少选得相应分值，多选、错选、不选均不得分)

(一)

甲公司为增值税一般纳税人，适用的增值税税率为 17%。甲公司 2015 年度发生的部分交易或事项如下：

(1) 10 月 5 日，购入 A 材料一批，支付价款 600 万元 (不含增值税)，增值税进项税额 102 万元，另支付运杂费 20 万元。A 材料专门用于为乙公司制造 B 产品，且无法以其他原材料替代。

(2) 12 月 1 日，开始为乙公司专门制造一台 B 产品 (A 材料是为了制造 B 产品购入的)，至 12 月 31 日，B 产品已经制造完成，共计发生直接人工费用 82 万元；领用 10 月 5 日所购 A 原材料的 60%和其他材料 60 万元；发生制造费用 120 万元 (均以银行存款支付)。在 B 产品制造过程中，发生材料非常损失 (自然灾害) 20 万元。期末 B 产品全部完工入库但尚未发出。

(3) 12 月 15 日，采用自行提货的方式向丁公司销售 C 产品一批，销售价格为 200 万元 (不含增值税)，成本为 160 万元。同日，甲公司开具增值税专用发票，并向丁公司收取货款。至 12 月 31 日，丁公司尚未提货。

(4) 12 月 20 日，发出 D 产品一批，委托戊公司以收取手续费方式代销，该批产品的成本为 600 万元。戊公司按照 D 产品销售价格的 5%收取代销手续费，并在应付甲公司的款项中扣除。12 月 31 日，收到戊公司的代销清单，代销清单载明戊公司已销售上述委托代销 D 产品的 20%，销售价格为 250 万元。甲公司尚未收到上述款项。

(5) 剩余 A 材料期末可变现净值为 240 万元。

要求：根据上述资料，假定不考虑其他因素，分析回答下列第 1~5 题。(答案中的金额单位用万元表示)

1. 针对发出 A 材料的计价方法，应当选择 (　　)。

A. 先进先出法 　　　　　　　B. 个别计价法

C. 月末一次加权平均法 　　　D. 移动加权平均法

2. 下列各项关于甲公司存货确认和计量的表述中，正确的是 (　　)。

A. A 材料取得时按照实际成本计算

B. 发生材料的非常损失计入 B 产品的生产成本

C. 为制造 B 产品而发生的制造费用和直接人工计入 B 产品的生产成本

D. 制造过程中发生的非常损失 (自然灾害) 部分的增值税进项税额无须转出

3. 下列各项中，作为甲公司 2015 年 12 月 31 日资产负债表"存货"项目列示的是（　　）。

    A. 尚未领用的 A 原材料

    B. 已经制造完成但尚未发出的 B 产品

    C. 尚未提货的已销售 C 产品

    D. 已发出但尚未销售的委托代销 D 产品

    4. 甲公司 2015 年 12 月 31 日委托代销 D 产品的账面价值是（　　）万元。

    A. 280　　　　　B. 634　　　　　C. 480　　　　　D. 248

    5. 甲公司 2015 年 12 月 31 日应收戊公司账款的账面价值是（　　）万元。

    A. 280　　　　　B. 634　　　　　C. 480　　　　　D. 248

（二）

    甲上市公司（简称甲公司）为增值税一般纳税人，适用的增值税税率为 17%。除特别说明外，不考虑除增值税以外的其他相关税费；所售资产均未发生减值；销售商品为正常的生产经营活动；销售价格为不含增值税的公允价值；商品销售成本在确认销售收入时逐笔结转。

    （1）2015 年 12 月甲公司发生下列经济业务：

    1）12 月 1 日，甲公司与 A 公司签订委托代销商品协议。协议规定，甲公司以支付手续费方式委托 A 公司代销 W 商品 100 件，A 公司对外销售价格为每件 3 万元，未出售的商品 A 公司可以退还甲公司。甲公司按 A 公司对外销售价格的 1%向 A 公司支付手续费，在收取 A 公司代销商品款时扣除。该 W 商品单位成本为 2 万元。

    12 月 31 日，甲公司收到 A 公司开具的代销清单，已对外销售 W 商品 60 件。甲公司开具的增值税专用发票注明：销售价格 180 万元，增值税税额 30.6 万元。同日，甲公司收到 A 公司转来的代销商品款 208.8 万元并存入银行，应支付 A 公司的手续费 1.8 万元已扣除。

    2）12 月 5 日，甲公司收到 B 公司退回的 X 商品一批，该批商品销售价格为 100 万元，销售成本为 70 万元；该批商品已于 11 月确认收入，但款项尚未收到，且未计提坏账准备。甲公司按规定向 B 公司开具了增值税专用发票（红字）。

    3）12 月 10 日，甲公司与 C 公司签订一项为期 5 个月的非工业性劳务合同，合同总收入为 200 万元，当天预收劳务款 20 万元。12 月 31 日，经专业测量师对已提供的劳务进行测量，确定该项劳务的完工程度为 30%。至 12 月 31 日，实际发生劳务成本 40 万元（假定均为职工薪酬），估计为完成合同还将发生劳务成本 90 万元（假定均为职工薪酬）。该项劳务应交营业税（不考虑其他流转税费）税率为 5%。假定该项劳务交易的结果能够可靠估计。

    4）12 月 15 日，甲公司出售确认为交易性金融资产的 D 公司股票 1000 万股，出售价款 3000 万元已存入银行。出售前，甲公司持有 D 公司股票 1500 万股，账面价值为 4350 万元（其中，成本为 3900 万元，公允价值变动为 450 万元）。12 月 31 日，D 公司股票的公允价值为每股 3.30 元。

5）12 月 31 日，甲公司以本公司生产的产品作为福利发放给职工。发放给生产工人的产品不含增值税的公允价值为 200 万元，实际成本为 160 万元；发放给行政管理人员的产品不含增值税的公允价值为 100 万元，实际成本为 80 万元。产品当日已发放给职工。

6）甲公司 12 月 1 日购入一项股票投资，公允价值为 300 万元，支付相关交易费用 2 万元，购入时价款中不包含已宣告但尚未发放的现金股利，该公司管理层将其作为可供出售金融资产核算，12 月 31 日该项股权的公允价值为 350 万元。

（2）2015 年甲公司除上述业务以外的各损益类科目累计发生额资料如下：

单位：万元

项目	金额
一、营业收入	5000
减：营业成本	4000
营业税金及附加	50
销售费用	200
管理费用	300
财务费用	30
资产减值损失	0
加：公允价值变动收益（损失以"-"号填列）	0
投资收益（损失以"-"号填列）	100
二、营业利润（亏损以"-"号填列）	520
加：营业外收入	70
减：营业外支出	20
三、利润总额（亏损总额以"-"号填列）	570
减：所得税费用	
四、净利润（净亏损以"-"号填列）	

（3）假定 2015 年度所得税费用为 143 万元。

本题目不考虑事项 6）所涉及的所得税影响。

要求：根据上述资料，假定不考虑其他因素，分析回答下列第 6~10 题。（答案中的金额单位用万元表示）

6. 2015 年"营业收入"项目的金额为（　　）万元。

A. 5440　　　　　B. 4329　　　　　C. 5400　　　　　D. 4728

7. 2015 年"营业成本"项目的金额为（　　）万元。

A. 5440   B. 4329   C. 5400   D. 4728

8. 2014 年 12 月 31 日 "投资收益" 项目的金额为 (   ) 万元。

A. 450   B. 500   C. 550   D. 600

9. 2015 年 12 月 31 日 "营业利润" 项目的金额为 (   ) 万元。

A. 800.2   B. 790.3   C. 809.2   D. 801.3

10. 2015 年实现的净利润和所得税费用分别为 (   ) 万元。

A. 716.2、143   B. 716.2、144   C. 726.2、143   D. 726.3、144

(三)

甲企业为增值税一般纳税人，2010 年度至 2012 年度发生的与无形资产有关业务如下：

(1) 2010 年 1 月 10 日，甲企业开始自行研发一项行政管理用非专利技术，截至 2010 年 5 月 31 日，用银行存款支付外单位协作费 74 万元，领用本单位原材料成本 26 万元 (不考虑增值税因素)，经测试，该项研发活动已完成研究阶段。

(2) 2010 年 6 月 1 日研发活动进入开发阶段，该阶段发生研究人员的薪酬支出 35 万元，领用材料成本 85 万元 (不考虑增值税因素)，全部符合资本化条件，2010 年 12 月 1 日，该项研发活动结束，最终开发形成一项非专利技术投入使用，该非专利技术预计可使用年限为 5 年，预计净残值为零，采用直线法摊销。

(3) 2011 年 1 月 1 日，甲企业将该非专利技术出租给乙企业，双方约定租赁期限为 2 年，每月末以银行转账结算方式收取租金 1.5 万元。

(4) 2012 年 12 月 31 日，租赁期限届满，经减值测试，该非专利技术的可回收金额为 52 万元。

要求：根据上述资料，不考虑其他因素，分析回答下列小题：

(答案中的金额单位用万元表示)

11. 根据资料 (1) 和资料 (2)，甲企业自行研究开发无形资产的入账价值是 (   ) 万元。

A. 100   B. 120   C. 146   D. 220

12. 根据资料 (1) ~ (3)，下列各项中，关于甲企业该非专利技术摊销的会计处理表述正确的是 (   )。

A. 应当自可供使用的下月起开始摊销

B. 应当自可供使用的当月起开始摊销

C. 该非专利技术出租前的摊销额应计入管理费用

D. 摊销方法应当反映与该非专利技术有关的经济利益的预期实现方式

13. 根据资料 (3)，下列各项中，甲企业 2011 年 1 月出租无形资产和收取租金的会计处理正确的是 (   )。

A. 借: 其他业务成本   2

  贷: 累计摊销   2

B. 借: 管理费用   2

  贷: 累计摊销   2

C. 借: 银行存款   1.5

  贷: 其他业务收入   1.5

D. 借: 银行存款   1.5

  贷: 营业外收入   1.5

14. 根据资料 (4), 甲企业非专利技术的减值金额是 (　　) 万元。

A. 0   B. 18   C. 20   D. 35.6

15. 根据资料 (1) ~ (4), 甲企业 2012 年 12 月 31 日应列入资产负债表 "无形资产" 项目的金额是 (　　) 万元。

A. 52   B. 70   C. 72   D. 88

模拟试卷 (五)

一、单项选择题 (本类题共 24 小题, 每小题 1.5 分, 共 36 分。在每小题备选答案中, 只有一个符合题意的正确答案, 多选、错选、不选均不得分)

1. 下列各项中, 不应包括在资产负债表 "存货" 项目中的是 (　　)。

A. 工程物资   B. 委托加工材料成本

C. 正在加工中的在产品   D. 发出展览的商品

2. 某增值税一般纳税人因管理不善毁损一批材料 20000 元, 该批材料的增值税进项税额为 3400 元。应收到各种赔款 3000 元。报经批准后, 影响营业利润的金额为 (　　) 元。

A. 20000   B. 20400   C. 23400   D. 17000

3. 某企业 2015 年 12 月 31 日无形资产科目余额为 600 万元, 累计摊销科目余额为 200 万元, 无形资产减值准备科目余额为 100 万元。该企业 2015 年 12 月 31 日资产负债表中 "无形资产" 项目的金额为 (　　) 万元。

A. 600   B. 400   C. 300   D. 500

4. 甲公司 2015 年 12 月 25 日支付价款 2040 万元 (含已宣告但尚未发放的现金股利 60 万元) 取得一项股权投资, 另支付交易费用 10 万元, 将其划分为可供出售金融资产。2015 年 12 月 28 日, 收到现金股利 60 万元。2015 年 12 月 31

日，该项股权投资的公允价值为 2105 万元。假定不考虑所得税等因素。甲公司 2015 年因该项股权投资应直接计入其他综合收益的金额为（ ）万元。

A. 55 　　　　　　B. 65 　　　　　　C. 115 　　　　　　D. 125

5. 某企业月初结存材料的计划成本为 250 万元，材料成本差异为超支 45 万元；当月入库材料的计划成本为 550 万元，材料成本差异为节约差 85 万元；当月生产车间领用材料的计划成本为 600 万元。则本月的材料成本差异率为（ ）。

A. 5% 　　　　　　B. −5% 　　　　　　C. 18% 　　　　　　D. −15.45%。

6. 甲公司为房地产开发企业，2014 年 12 月 30 日，将一栋刚开发完成的商品房以经营租赁方式提供给乙公司使用，实际开发成本为 10000 万元，甲公司对投资性房地产采用成本模式进行后续计量，租赁期为 5 年，预计使用寿命为 10 年，预计净残值为零。假定不考虑其他因素，下列关于甲公司 2015 年 12 月 31 日资产负债表项目填列正确的是（ ）。

A. 存货 10000 万元 　　　　　　B. 固定资产 9000 万元

C. 投资性房地产 12000 万元 　　　　D. 投资性房地产 9000 万元

7. 按规定计算代扣代缴职工个人所得税，应贷记的会计科目是（ ）。

A. 应交税费 　　　　　　　　　B. 其他应付款

C. 应付职工薪酬 　　　　　　　D. 银行存款

8. 甲公司为生产企业，属于增值税一般纳税人，共有职工 150 人，其中生产人员 120 人，管理人员 30 人。公司以其生产的每件成本为 1000 元的产品作为福利发放给每名职工。假设该产品的不含税售价为 1200 元，适用的增值税税率 17%，不考虑其他相关税费，则下列会计分录中正确的是（ ）。

A. 借：应付职工薪酬　　　　　　　　210600
　　　贷：主营业务收入　　　　　　　　　　　180000
　　　　应交税费——应交增值税（销项税额）　　30600
借：主营业务成本　　　　　　　　150000
　　贷：库存商品　　　　　　　　　　　　　150000

B. 借：应付职工薪酬　　　　　　　　150000
　　　贷：库存商品　　　　　　　　　　　　　150000

C. 借：应付职工薪酬　　　　　　　　180600
　　　贷：库存商品　　　　　　　　　　　　　150000
　　　　应交税费——应交增值税（销项税额）　　30600

D. 借：生产成本　　　　　　　　　　120000
　　　管理费用　　　　　　　　　　　30000
　　　贷：库存商品　　　　　　　　　　　　　150000

9. 甲公司长期持有乙公司 25%的股权，采用权益法核算。2015 年 1 月 1 日，该项投资账面价值为 1300 万元。2015 年度乙公司实现净利润 2000 万元，乙公司用盈余公积转增资本 100 万元，乙公司可供出售金融资产公允价值上升 50 万元。假定不考虑其他因素，2015 年 12 月 31 日，甲公司该项投资的账面价值为（   ）万元。

  A. 1300   B. 1812.5   C. 3300   D. 3100

10. 2015 年 1 月 1 日，甲公司自证券市场购入面值总额为 2000 万元的债券。购入时实际支付价款 2078.98 万元，另外支付交易费用 10 万元。该债券发行日为 2015 年 1 月 1 日，系分期付息、到期还本债券，期限为 5 年，票面年利率为 5%，实际年利率为 4%，每年 12 月 31 日支付当年利息。甲公司将该债券作为持有至到期投资核算。假定不考虑其他因素，该持有至到期投资 2015 年 12 月 31 日的账面价值为（   ）万元。

  A. 2062.14   B. 2068.98   C. 2072.54   D. 2083.43

11. 甲企业以融资租赁方式租入 N 设备，该设备的公允价值为 100 万元，最低租赁付款额的现值为 93 万元，甲企业在租赁谈判和签订租赁合同过程中发生手续费、律师费等合计为 2 万元。甲企业该项融资租入固定资产的入账价值为（   ）万元。

  A. 93   B. 95   C. 100   D. 102

12. 甲公司 2010 年年初的所有者权益总额为 1250 万元，2010 年亏损 70 万元，2011 年亏损 30 万元，2012 年到 2014 年的税前利润每年均为 0，2015 年公司实现税前利润 300 万元。公司章程规定，法定盈余公积和任意盈余公积的提取比例均为 10%，适用的企业所得税税率为 25%。不考虑其他因素，则甲公司 2015 年年末所有者权益总额为（   ）万元。

  A. 1330   B. 1360   C. 1375   D. 1400

13. 甲股份有限公司委托 A 证券公司发行普通股 1000 万股，每股面值 1 元，每股发行价格为 4 元。根据约定，股票发行成功后，甲股份有限公司应按发行收入的 2%向 A 证券公司支付发行费。如果不考虑其他因素，股票发行成功后，甲股份有限公司记入"资本公积"科目的金额应为（   ）万元。

  A. 40   B. 160   C. 2920   D. 4000

14. 2014 年 1 月 1 日，甲企业按面值发行 5 年期、分期付息到期还本（每年的 12 月 31 日支付利息）、年利率为 6%（不计复利）、面值总额为 2000 万元的债券。2015 年 12 月 31 日"应付债券"科目的账面余额为（   ）万元。

  A. 2360   B. 2240   C. 2000   D. 2120

15. 甲公司于 2015 年年初将其所拥有的一座桥梁的收费权出租给 A 公司 10

年，并提供后期服务。10 年后由甲公司收回收费权，一次性取得收入 2000 万元，款项已收存入银行，则甲公司 2015 年该项业务应确认的收入为（　　）万元。

    A. 2000　　　　　B. 40　　　　　C. 0　　　　　D. 200

16. 甲公司于 2014 年 1 月 1 日向丁公司转让其商品的商标使用权，约定丁公司每年年末按年销售收入的 10% 支付使用费，使用期 10 年。2014 年丁公司实现销售收入 100 万元；2015 年丁公司实现销售收入 150 万元。假定甲公司均于每年年末收到使用费，不考虑其他因素。甲公司 2015 年应确认的使用费收入为（　　）万元。

    A. 10　　　　　B. 15　　　　　C. 25　　　　　D. 0

17. 下列各项费用支出中，应在"销售费用"科目核算的是（　　）。

    A. 专门用于运送销售商品的运输设备的日常修理费

    B. 随同产品出售单独计价的包装物成本

    C. 筹建期间发生的产品广告费

    D. 产品销售延期交货致使购货方提起诉讼，按法院判决应交纳的诉讼费

18. 某企业 2015 年 3 月发生的费用：计提车间用固定资产折旧 10 万元，发生车间管理人员工资 40 万元，支付广告费用 40 万元，预提短期借款利息 30 万元，计提并支付矿产资源补偿费 20 万元。假定不考虑其他因素，则该企业 3 月的期间费用总额为（　　）万元。

    A. 90　　　　　B. 80　　　　　C. 130　　　　　D. 140

19. 企业收到的与资产相关的政府补助款，应借记"银行存款"科目，贷记（　　）科目。

    A. 营业外收入　　B. 资本公积　　　C. 其他应付款　　D. 递延收益

20. 某企业 2015 年应交所得税为 100 万元；递延所得税资产年初余额为 20 万元，年末余额为 30 万元；递延所得税负债年初余额为 15 万元，年末余额为 10 万元。假定递延所得税资产和递延所得税负债的发生额均与所得税费用有关。则该企业 2015 年的所得税费用为（　　）万元。

    A. 100　　　　　B. 85　　　　　C. 115　　　　　D. 105

21. 下列各项业务中，不影响企业当期利润表中营业利润的是（　　）。

    A. 处置无形资产取得的净收益

    B. 无形资产研究阶段发生的研究人员工资

    C. 对外出租无形资产的摊销成本

    D. 计提无形资产减值准备

22. 某事业单位 2015 年年初事业基金为 150 万元。2015 年该单位事业收入中的非专项资金收入为 5000 万元，事业支出中的非财政非专项资金支出为 4500

万元；对外长期投资为 300 万元。假定不考虑计算缴纳所得税和计提专用基金，则该事业单位 2015 年年末事业基金为（　　）万元。

  A. 350　　　　　　B. 450　　　　　　C. 650　　　　　　D. 750

23. 下列各项中，应列入利润表"营业收入"项目的是（　　）。

  A. 销售材料取得的收入　　　　　　B. 接受捐赠收到的现金

  C. 出售专利权取得的净收益　　　　D. 出售自用房产取得的净收益

24. 2012 年 1 月 1 日，甲公司购入乙公司当月发行的面值总额为 1000 万元的债券，期限为 5 年，到期一次还本付息。票面利率为 8%，支付价款 1080 万元，另支付相关税费 10 万元，甲公司将其划分为持有至到期投资，甲公司应确认"持有至到期投资——利息调整"的金额为（　　）。

  A. 70　　　　　　B. 80　　　　　　C. 90　　　　　　D. 110

二、多项选择题（本类题共 12 小题，每小题 2 分，共 24 分。在每小题备选答案中，有两个或两个以上符合题意的正确答案，多选、少选、错选、不选均不得分）

1. 企业发生的下列费用中，不应计入存货成本的有（　　）。

  A. 采购商品过程中发生的保险费

  B. 非正常消耗的直接材料、直接人工和制造费用

  C. 购入原材料入库后的仓储费用

  D. 为特定客户设计产品所发生的设计费用

2. 以下关于投资性房地产表述正确的有（　　）。

  A. 房地产开发企业对外出售的商品房不属于投资性房地产

  B. 已经以融资租赁方式出租的土地使用权和建筑物属于投资性房地产

  C. 已出租的土地使用权是指该土地使用权必须是通过转让或通过出让方式
    获得的，而不是通过承租方式获得再出租

  D. 以经营租赁方式出租的房产应作为投资性房地产核算

3. 下列各项中，构成企业委托加工物资成本的有（　　）。

  A. 加工中实际耗用材料物资的成本

  B. 支付的加工费用和保险费

  C. 收回后直接销售物资代收代缴的消费税

  D. 收回后继续加工物资代收代缴的消费税

4. 下列各项中，关于职工薪酬的确认和计量说法正确的有（　　）。

  A. 由在建工程人员负担的职工薪酬记入"在建工程"科目

  B. 由研发无形资产人员负担的职工薪酬记入"研发支出"科目

  C. 由销售人员负担的职工薪酬记入"销售费用"科目

D. 由管理人员负担的职工薪酬记入"管理费用"科目

5. 下列项目中，可能引起资本公积变动的有（　　）。

A. 与发行股票直接相关的手续费、佣金等交易费用

B. 企业接受投资者投入的资本

C. 用资本公积转增资本

D. 处置采用权益法核算的长期股权投资

6. 下列各项中，不符合会计要素收入定义的有（　　）。

A. 出售材料收入　　　　　　　　B. 出售无形资产净收益

C. 转让固定资产净收益　　　　　D. 向购货方收取的增值税销项税额

7. 下列各项中，应计入财务费用的有（　　）。

A. 银行承兑汇票的手续费　　　　B. 短期借款的利息支出

C. 诉讼费　　　　　　　　　　　D. 购货单位享受的现金折扣

8. 下列各科目的余额，年末应结转到"本年利润"科目的有（　　）。

A. 资产减值损失　　　　　　　　B. 销售费用

C. 公允价值变动损益　　　　　　D. 其他综合收益

9. 下列关于现金流量表项目填列的说法中，正确的有（　　）。

A. 现金支付的应由在建工程负担的职工薪酬，应在"购建固定资产、无形资产和其他长期资产支付的现金"项目中反映

B. 以分期付款方式购买固定资产每期支付的现金，应在"支付其他与投资活动有关的现金"项目中反映

C. 处置子公司所收到的现金，应以减去相关处置费用后的净额在"处置子公司及其他营业单位收到的现金净额"项目中反映

D. 处置长期股权投资收到的现金应在"收回投资收到的现金"项目中反映

10. 下列属于其他综合收益的有（　　）。

A. 现金流量套期工具产生的利得

B. 外币财务报表折算差额

C. 自用房地产转为采用公允价值模式计量的投资性房地产的，转换日公允价值大于原账面价值的差额

D. 可供出售金融资产产生的利得

11. 企业应当根据（　　），采用适当的分配方法将生产成本在完工产品和在产品之间进行分配。

A. 月末在产品数量的多少　　　　B. 各月月末在产品数量变化的大小

C. 各项成本比重的大小　　　　　D. 定额管理基础的好坏

12. 下列各项中，属于资本公积来源的有（　　）。

A. 盈余公积转入　　　　　　　　B. 直接计入所有者权益的利得

C. 资本溢价或股本溢价　　　　　D. 从企业实现的净利润提取

三、判断题（本类题共 10 小题，每小题 1 分，共 10 分。请判断每小题的表述是否正确，每小题答题正确的得 1 分，答题错误的倒扣 0.5 分，不答题的不得分也不扣分，本类题最低得分为零分）

1. 企业发生的固定资产后续支出，满足资本化条件的，应当计入固定资产成本，如有被替换的部分，应同时将被替换部分的账面价值从该固定资产原账面价值中扣除。（　　）

2. 自用的房地产转为采用成本模式计量的投资性房地产，应将公允价值与账面价值的差额计入资本公积。（　　）

3. 租赁内含利率，是指在租赁期开始日，使最低租赁收款额的现值与未担保余值的现值之和等于租赁资产公允价值与出租人的初始直接费用之和的折现率。（　　）

4. 企业接受投资者作价投入的房屋、建筑物、机器设备等固定资产，应按投资合同或协议约定的价值确定固定资产价值。（　　）

5. 我国企业职工休婚假、产假、丧假、探亲假、病假期间的工资通常属于非累积带薪缺勤。由于职工提供服务本身不能增加其能够享受的福利金额，但是企业在职工未缺勤时仍需进行账务处理。（　　）

6. 企业销售商品发生的商业折扣和销售折让，直接减少主营业务收入，不确认为财务费用。（　　）

7. 对于先征后返的增值税，企业应在实际收到时，确认为营业外收入。（　　）

8. 所有者权益变动表中"未分配利润"项目的本年年末余额应当与本年资产负债表"未分配利润"项目的年末余额相等。（　　）

9. 企业租入包装物支付的押金应计入其他业务成本。（　　）

10. 已达到预定可使用状态但尚未办理竣工决算的固定资产不应计提折旧。（　　）

四、不定项选择题（本类题共 15 小题，每小题 2 分，共 30 分。在每小题备选答案中，有一个或一个以上符合题意的正确答案，每小题全部选对得满分，少选得相应分值，多选、错选、不选均不得分）

（一）

甲公司为增值税一般纳税人，适用的增值税税率是 17%，所得税税率为 25%，年末一次确认全年所得税费用。商品、材料的售价均不含增值税，商品、材料的销售成本随销售收入的确认逐笔结转。有关资料如下：

资料 1：2015 年 1 月至 11 月甲公司部分损益类科目累计发生额如下表所示：

財 务 会 计 实 务

单位：万元

科目名称	借方发生额	贷方发生额	科目名称	借方发生额	贷方发生额
主营业务收入		1650	销售费用	42	
主营业务成本	1320		管理费用	38	
其他业务收入		160	财务费用	19	
其他业务成本	85		营业外收入		90
营业税金及附加	26		营业外支出	78	

资料2：2015年12月甲公司发生如下交易或事项：

（1）12月5日，向乙公司销售商品一批，开出的增值税专用发票上注明的价款为60万元，增值税税额为10.2万元，销售商品实际成本为45万元。提货单和增值税专用发票已交购货方，并收到购货方开出的商业承兑汇票。

（2）12月10日，向丙公司销售A材料一批。该批材料的销售价格为5万元，增值税税额为0.85万元，销售材料实际成本为4万元。A材料已发出，销售款项存入银行。

（3）12月11日，甲公司支付1000万元（含交易费用）购入某公司当日上市发行的5年期债券，甲公司拟将该债券持有至到期。该项债券面值为1250万元，票面利率为4.72%，系分期付息到期还本的债券，实际利率为10%，每年12月1日支付利息。

（4）12月18日，结转固定资产处置净收益8万元。

（5）12月19日，购入一项可供出售金融资产，期末公允价值上升20万元（假定不考虑所得税影响）。

（6）12月31日，计提公司管理部门固定资产折旧5万元，摊销公司管理部门用无形资产成本8万元。

（7）12月31日，确认本月应交的城市维护建设税2万元，教育费附加1万元。

（8）12月31日，确认本年所得税费用75万元。

要求：根据上述资料，假定不考虑其他因素，分析回答下列第1~5题（答案中的金额单位用万元表示）。

1. 针对事项（2）的账务处理正确的是（　　）。

A. 借：银行存款　　　　　　　　　　　　　　5.85
　　　贷：其他业务收入　　　　　　　　　　　　　　5
　　　　　应交税费——应交增值税（销项税额）　0.85

B. 借：其他业务成本　　　　　　　　　　　　4
　　　贷：原材料　　　　　　　　　　　　　　　4

C. 借：银行存款   5.85

  贷：主营业务收入   5

    应交税费——应交增值税（销项税额） 0.85

D. 借：主营业务成本   4

  贷：原材料   4

2. 针对事项（3）正确的处理是（ ）。

A. 持有至到期投资的初始入账价值为 1000 万元

B. 本期期末确认的投资收益为 59 万元

C. 本期期末确认的投资收益为 8.33 万元

D. 本期利息调整的摊销额为 3.41 万元

3. 根据事项（4），结转固定资产的处置净收益应计入（ ）。

A. 主营业务收入   B. 管理费用

C. 营业外收入   D. 投资收益

4. 下列关于甲公司 2015 年利润表项目计算正确的是（ ）。

A. 营业收入 1875 万元   B. 营业成本 1454 万元

C. 营业外收入 78 万元   D. 营业外支出 78 万元

5. 2015 年度确认的综合收益总额为（ ）万元。

A. 233.33 B. 308.33 C. 253.33 D. 250.33

（二）

甲公司 2010 年度至 2015 年度发生的与一栋办公楼有关的业务资料如下：

（1）2010 年 1 月 1 日，甲公司与乙公司签订合同，委托乙公司为其建造一栋办公楼。合同约定，该办公楼的总造价为 5000 万元，建造期为 12 个月，甲公司于 2010 年 1 月 1 日向乙公司预付 20% 的工程款，7 月 1 日和 12 月 31 日分别根据工程进度与乙公司进行工程款结算。

2010 年 1 月 1 日，该办公楼的建造活动正式开始，甲公司通过银行向乙公司预付工程款 1000 万元；7 月 1 日，甲公司根据完工进度与乙公司结算上半年工程款 2250 万元，扣除全部预付工程款后，余款以银行存款支付给乙公司。

（2）2010 年 1 月 1 日，为建造该办公楼，甲公司向银行专门借款 2000 万元，资本化的借款利息为 155 万元。

（3）2010 年 12 月 31 日，该办公楼如期完工，达到预定可使用状态并于当日投入使用，甲公司以银行存款向乙公司支付工程款 2750 万元。该办公楼预计使用年限为 50 年，预计净残值为 155 万元，采用年限平均法计提折旧。

（4）2013 年 12 月 31 日，甲公司与丙公司签订租赁协议，约定将该办公楼以经营租赁的方式租给丙公司，租赁期为 2 年，甲公司对投资性房地产采用公允价值模式进行后续计量，2013 年 12 月 31 日该办公楼的公允价值为 5100 万元。

（5）2014 年 12 月 31 日，该办公楼公允价值为 5000 万元。

（6）2015 年 12 月 31 日，租赁合同到期，甲公司将该办公楼以 4800 万元的价格售出，款项已存银行，假定不考虑相关税费。

要求：根据上述资料，假定不考虑其他因素，分析回答下列第 6~10 题。（答案中的金额单位用万元表示）

6. 针对事项（1）和事项（2）的会计处理正确的是（　　）。

A. 借：预付账款　　　　　　　　　　　1000
　　贷：银行存款　　　　　　　　　　　　　　1000

B. 借：在建工程　　　　　　　　　　　2250
　　贷：预付账款　　　　　　　　　　　　　　1000
　　　　银行存款　　　　　　　　　　　　　　1250

C. 借：在建工程　　　　　　　　　　　155
　　贷：应付利息　　　　　　　　　　　　　　155

D. 借：财务费用　　　　　　　　　　　155
　　贷：应付利息　　　　　　　　　　　　　　155

7. 2010 年 12 月 31 日固定资产的入账价值为（　　）万元。

A. 5155　　　　B. 5000　　　　C. 4000　　　　D. 5055

8. 2011 年针对该办公楼应计提的折旧额为（　　）万元。

A. 155　　　　B. 500　　　　C. 100　　　　D. 255

9. 2013 年 12 月 31 日，应计入其他综合收益的金额为（　　）万元。

A. 240　　　　B. 245　　　　C. 250　　　　D. 255

10. 2015 年 12 月 31 日，出售该投资性房地产应确认的其他业务成本为（　　）万元。

A. 4755　　　　B. 4500　　　　C. 4855　　　　D. 4000

（三）

某棉纺企业为增值税一般纳税人，使用的增值税税率为 17%，2012 年 3 月 1 日，"应付职工薪酬"科目贷方余额为 516000 元（全部为工资），该企业 2012 年 3 月发生的有关职工薪酬业务如下：

（1）1 日，企业租入房屋 4 套供管理人员免费使用，月租金共计 12000 元，每月末支付租金，企业于当月 31 日以银行存款支付本月租金 12000 元。

（2）5 日，从月初应付职工薪酬中扣除企业代扣由职工承担的个人所得税 8900 元（尚未缴纳），为职工代垫的家庭医药费 5000 元，通过银行转账实际发放工资 502100 元。

（3）24 日，企业以其生产的毛巾被作为福利发放给直接从事生产活动的职工，该批毛巾被市场售价总额为 45000 元（不含价格），成本总额为 30000 元。

（4）31 日，本月各部门工资计算结果如下表所示。

2012 年 3 月部门工资计算简表

部门	车间生产部门	车间管理部门	行政管理部门	销售部门	施工部门	合计
金额	258000	29700	63400	74100	59800	485000

假定该企业社会保险费的计提比例为工资总额的 20%。住房公积薪金的计提比例为工资总额的 15%。

要求：

根据上述资料，不考虑其他因素，分析回答下列小题。（答案中的金额单位用元表示）

11. 根据资料（1），下列各项中，该企业会计处理正确的是（　　）。

A. 借：管理费用　　　　　　　　　　　　　12000
　　　贷：银行存款　　　　　　　　　　　　　　　　12000

B. 借：管理费用　　　　　　　　　　　　　12000
　　　贷：应付职工薪酬——非货币性福利　　　　　　12000

C. 借：应付职工薪酬——非货币性福利　　　12000
　　　贷：银行存款　　　　　　　　　　　　　　　　12000

D. 借：应付职工薪酬——非货币性福利　　　12000
　　　贷：管理费用　　　　　　　　　　　　　　　　12000

12. 根据资料（3），下列各项中，该企业会计处理结果正确的是（　　）。

A. 库存商品减少 45000 元　　　　B. 生产成本增加 52650 元

C. 制造费用增加 37650 元　　　　D. 主营业务成本增加 30000 元

13. 根据资料（2）~（4），下列项目中，应通过"应付职工薪酬"科目核算的是（　　）。

A. 企业为职工缴纳的社会保险费

B. 企业为职工家属代垫的医药费

C. 企业为职工缴纳的住房公积金

D. 企业将自产毛巾被作为福利发放给职工

14. 根据资料（4），下列各项中，该企业分配职工薪酬会计处理结果正确的是（　　）。

A. 制造费用增加 40095 元　　　　B. 管理费用增加 85590 元

C. 销售费用增加 100035 元　　　　D. 管理费用增加 125685 元

15. 根据资料（4），该企业 3 月分配职工薪酬直接影响利润表"营业利润"项目的金额是（　　）元。

A. 125685　　　　B. 140130　　　　C. 185625　　　　D. 225720

参考文献

1. 企业会计准则——基本准则（2006 年 2 月 15 日财政部发布，自 2007 年 1 月 1 日起施行）

2. 企业会计准则——基本准则（2014 年 7 月 23 日财政部修订发布，自 2014 年 7 月 23 日起施行）

3. 企业会计准则——应用指南（2006 年 10 月 30 日财政部发布，自 2007 年 1 月 1 日起在上市公司范围内施行）

4. 中华人民共和国现金管理暂行条例（1988 年 9 月 8 日中华人民共和国国务院令第 12 号发布，根据 2011 年 1 月 8 日《国务院关于废止和修改部分行政法规的决定》修订）

5. 营业税改征增值税试点方案（2011 年 11 月 16 日财政部、国家税务总局发布）

6. 营业税改征增值税试点有关企业会计处理规定（财政部 2012 年 7 月 5 日发布）

7. 中华人民共和国公司法（2005 年 10 月 27 日中华人民共和国第十届全国人民代表大会常务委员会第十八次会议修订通过，自 2006 年 1 月 1 日起施行）

8. 中华人民共和国企业法人登记管理条例（1988 年 5 月 13 日国务院第四次常务会议通过，自 1988 年 7 月 1 日起施行）

9. 中华人民共和国公司登记管理条例（1994 年 6 月 24 日中华人民共和国国务院令第 156 号发布，根据 2005 年 12 月 18 日《国务院关于修改〈中华人民共和国公司登记管理条例〉的决定》修改，自 2006 年 1 月 1 日起施行）

10. 企业会计准则第 2 号——长期股权投资（2014 年 3 月 13 日财政部修订发布，自 2014 年 7 月 1 日起在所执行企业会计准则的企业范围内施行，鼓励在境外上市的企业提前执行）

11. 企业会计准则第 4 号——固定资产（2006 年 2 月 15 日财政部发布，自 2007 年 1 月 1 日起在上市公司范围内施行）

12. 企业会计准则第 3 号——投资性房地产（2006 年 2 月 15 日财政部发布，自 2007 年 1 月 1 日起在上市公司范围内施行）

13. 企业会计准则第 6 号——无形资产（2006 年 2 月 15 日财政部发布，自 2007 年 1 月 1 日起在上市公司范围内施行）

14. 企业会计准则第 9 号——职工薪酬（2014 年 1 月 27 日财政部发布，自 2014 年 7 月 1 日起在所有执行企业会计准则的企业范围内施行，鼓励在境外上市的企业提前执行）

15. 企业会计准则第 12 号——债务重组（2006 年 2 月 15 日财政部发布，自 2007 年 1 月 1 日起施行）

16. 企业会计准则第 14 号——收入（2006 年 2 月 15 日财政部发布，自 2015 年 1 月 1 日起施行）

17. 企业会计准则第 16 号——政府补贴（2006 年 2 月 15 日财政部发布，自 2015 年 1 月 1 日起施行）

18. 企业会计准则第 18 号——所得税（2006 年 2 月 15 日财政部发布，自 2015 年 1 月 1 日起施行）

19. 企业会计准则第 22 号——金融工具确认和计量（2006 年 2 月 15 日财政部颁布，自 2007 年 1 月 1 日起在上市公司范围内施行）

20. 企业会计准则第 30 号——财务报表列报（2014 年 1 月 26 日财政部修订发布，自 2014 年 7 月 1 日起在所有执行企业会计准则的企业范围内施行，鼓励在境外上市的企业提前执行）

21. 企业会计准则第 37 号——金融工具列报（2014 年 6 月 20 日财政部修订发布，执行企业会计准则的企业应当在 2014 年度及以后期间的财务报告中按照本准则要求对金融工具进行列报）

22. 企业会计准则第 40 号——合营安排（2014 年 2 月 17 日财政部发布，自 2014 年 7 月 1 日起在所有执行企业会计准则的企业范围内施行，鼓励在境外上市的企业提前执行）

23. 企业会计准则第 41 号——在其他主体中权益的披露（2014 年 3 月 14 日财政部发布，自 2014 年 7 月 1 日起在所有执行企业会计准则的企业范围内施行，鼓励在境外上市的企业提前执行）

24. 企业会计准则解释第 1 号（2007 年 11 月 16 日财政部发布，自 2009 年 6 月 11 日起施行）

25. 企业会计准则解释第 2 号（2008 年 8 月 7 日财政部发布）

26. 企业会计准则解释第 3 号（2009 年 6 月 11 日财政部发布，自 2009 年 1 月 1 日起施行）

27. 陈强. 财务会计实务（第二版）［M］. 高等教育出版社，2014 年 8 月.

28. 财政部会计资格评价中心. 初级会计实务，中国财政经济出版社，2015.1.

29. 财政部会计资格评价中心. 中级会计实务，中国财政经济出版社，2015.5.